Veröffentlichungen
der Vereinigung der Deutschen Staatsrechtslehrer
Heft 56

Kay Hailbronner, Rüdiger Wolfrum,
Luzius Wildhaber und Theo Öhlinger

Kontrolle der auswärtigen Gewalt

Matthias Schmidt-Preuß und Udo Di Fabio

Verwaltung und Verwaltungsrecht zwischen gesellschaftlicher Selbstregulierung und staatlicher Steuerung

Berichte und Diskussionen
auf der Tagung der Vereinigung der Deutschen Staatsrechtslehrer
in Dresden vom 2. bis 5. Oktober 1996

1997

Walter de Gruyter · Berlin · New York

Redaktion: Prof. Dr. Werner Hoppe (Münster)

∞ Gedruckt auf säurefreiem Papier,
das die US-ANSI-Norm über Haltbarkeit erfüllt.

Die Deutsche Bibliothek – CIP-Einheitsaufnahme

Kontrolle der auswärtigen Gewalt / Kay Hailbronner ... Verwaltung und Verwaltungsrecht zwischen gesellschaftlicher Selbstregulierung und staatlicher Steuerung / Matthias Schmidt-Preuss und Udo Di Fabio. Berichte und Diskussionen auf der Tagung der Vereinigung der Deutschen Staatsrechtslehrer in Dresden vom 2. bis 5. Oktober 1996. – Berlin ; New York : de Gruyter, 1997
(Veröffentlichungen der Vereinigung der Deutschen Staatsrechtslehrer ; H. 56)
ISBN 3-11-015620-2 kart.

Printed in Germany
Satz und Druck: Arthur Collignon GmbH, Berlin
Bindearbeiten: D. Mikolai, Berlin

Inhalt

Jahrestagung 1996

Vom 2. bis 5. Oktober 1996 tagte die Vereinigung der Deutschen Staatsrechtslehrer in Dresden. Die Mitgliederversammlung gedachte ihrer seit der Wiener Tagung verstorbenen Mitglieder *Fritz Münch*, *Werner v. Simson* und *Roman Schnur*, deren Andenken sie in Ehren halten wird.

Seit der letzten Tagung der Vereinigung traten 31 neue Koleginnen und Kollegen bei, so daß diese nunmehr 410 Mitglieder zählt. Die nächste Jahrestagung soll in der 1. Oktoberwoche in Osnabrück stattfinden, die übernächste in Potsdam. Der amtierende Vorstand wurde wiedergewählt und kooptierte *Jörn Ipsen* als weiteres Mitglied.

An der Tagung nahmen 222 Mitglieder teil, dazu Gäste aus Italien, Japan und Korea sowie Vertreter der Fachzeitschriften und Verlage. 131 Begleitpersonen nutzten die Möglichkeiten des reichhaltigen Beiprogramms. Tagungsstätte war das Hotel Maritime Bellevue auf dem rechten Elbufer. Der „Canaletto-Blick" auf die Altstadt erinnerte die Teilnehmer daran, sich an dem Wiederaufbau der Frauenkirche durch eine Spende zu beteiligen.

Am Vormittag des 2. Oktober tagte der Gesprächskreis Verwaltungslehre unter der Leitung von *Gunnar Folke Schuppert*. Über „Verwaltungsmodernisierung in Deutschland: Eine Bestandsaufnahme" referierten dort *Harald Plamper*, Vorsitzender der kommunalen Gemeinschaftsstelle für Verwaltungsvereinfachung, und *Hermann Hill*.

Ein Empfang im Dresdener Rathaus durch Oberbürgermeister Dr. *Herbert Wagner* und den Rektor der TU Dresden, Prof. Dr. *Achim Mehlhorn*, am Abend des 2. Oktober vermittelte einen Einblick in die besondere Situation der Landeshauptstadt und der aus der renommierten TH hervorgegangenen Universität. Nach einer Begrüßung durch den Dekan der juristischen Fakultät, Prof. Dr. *Wolfgang Lüke*, begann der wissenschaftliche Teil der Tagung. Die Diskussionen leiteten *Eckart Klein* und *Werner Hoppe*. Auf einem Empfang der sächsischen Landesregierung im Blockhaus am Abend des 3. Oktober begrüßte der Ministerpräsident Prof. Dr. *Kurt Hans Biedenkopf* die Teilnehmer und gedachte der Wiedervereinigung vor sechs Jahren. Der 2. Beratungstag endete mit einer Herbstnachtfahrt auf der Elbe bis zum Schloß Pillnitz, bei der von der Gelegenheit zum Tanz fleißig Gebrauch gemacht wurde. Mit einer ganztägigen Busexkursion in die sächsische Schweiz am 5. Oktober endete die Tagung. Die Möglichkeit eines Besuchs der Semper-Oper mit Verdis „Nabucco“ nutzten noch recht viele Teilnehmer.

Den Dresdener Kollegen und ihren Damen, vor allem *Hartmut Bauer* als kooptiertem Vorstandsmitglied schuldet die Vereinigung herzlichen Dank für die ausgezeichnete Vorbereitung der Tagung und für das vielseitige und interessante Begleitprogramm.

Erster Beratungsgegenstand:

Kontrolle der auswärtigen Gewalt

1. Bericht von Prof. Dr. *Kay Hailbronner*, Konstanz

Inhalt

I. Gegenstand und Inhaber der auswärtigen Gewalt

Auswärtige Gewalt bedeutete auf der Tagung der Vereinigung im Jahre 1953[1] noch im wesentlichen Bewältigung der Kriegsfolgen, die schrittweise Wiedererlangung der Souveränität und erste Schritte der Integration in das westliche Vertragswerk. Die Veränderungen der internationalen Lage Deutschlands und der Struktur der internationalen Gemeinschaft[2] haben das Aktionsfeld und die Handlungsformen der auswärtigen Gewalt erweitert, aber auch zu neuen Beschränkungen, insbesondere als Folge der europäischen Integration geführt. Am augenfälligsten wird dies in den Verfahren über den Auslandseinsatz deutscher Soldaten[3] und den Maastrichter Vertrag[4]. Deutsche Außen- und Sicherheitspolitik ist seither Bestandteil einer gemeinsamen Politik der Europäischen Union, abhängig von den Grundsätzen, Leitlinien und Beschlüssen des Europäischen Rats.[5]

Die deutsche Wiedervereinigung, die Somalia- und AWACS-Einsätze der Bundeswehr, die Maastrichter Entscheidung des Bundesverfassungsgerichts sind außenpolitische Markierungspunkte, die über eine juristische Bestandsaufnahme hinaus einer historischen[6] und politikwissenschaftlichen Analyse[7] harren. Möglicherweise ließen sich hieraus auch Rückschlüsse auf Art und Umfang politischer und rechtlicher Kontrolle ziehen. Meine Aufgabe ist sehr viel bescheidener. Es geht darum, notgedrungen selektiv einige verfassungsrechtliche Aspekte ei-

---

[1] *Vgl. Wilhelm G. Grewe* und *Eberhard Menzel* Die auswärtige Gewalt der Bundesrepublik, VVDStRL 12 (1954) 129 ff., 179 ff.

[2] Vgl. für die Internationalisierung und Europäisierung der Verfassung *Christian Tomuschat* und *Reiner Schmidt* Der Verfassungsstaat im Geflecht der internationalen Beziehungen, VVDStRL 36 (1978) 7 ff., 65 ff.

[3] BVerfGE 90, 286; BVerfGE 89, 38.

[4] BVerfGE 90, 155.

[5] Vgl. *Günter Burghardt* und *Gerd Tebbe* Die gemeinsame Außen- und Sicherheitspolitik der Europäischen Union – Rechtliche Struktur und Politischer Prozeß, Europarecht Bd. 30, (1995) 1 ff.

[6] So unterscheidet z. B. *Michael Bothe* zwischen der Periode eines Aufbaus einer Machtposition (1951–1970), der aktivistisch-nationalistischen Periode (1972–1975), dem großen Rückzug – Außenpolitik als Reservat der Exekutive (1979–1991) und schließlich der Reparlamentarisierung und Renationalisierung, Bundesverfassungsgericht und Außenpolitik in: Beyerlin/Bothe/Hofmann/Petersmann (Hrsg.), Recht zwischen Umbruch und Bewahrung, in: FS Rudolf Bernhardt, 1995, 755 f.

[7] Vgl. hierzu *Klaus von Beyme* Verfassungsgerichtsbarkeit und Policy Analysis, in: FS Rudolf Wassermann, 1985, 259 f.; für eine politikwissenschaftliche Analyse der auswärtigen Gewalt *Hans W. Baade* Das Verhältnis von Parlament und Regierung im Bereich der auswärtigen Gewalt der Bundesrepublik Deutschland, 1962.

nes in seiner Vielfalt kaum ganz zu überblickenden Themas darzustellen.

Gegenstand unseres Themas ist die auswärtige Gewalt. Der Begriff ist irreführend. Die auswärtige Gewalt ist keine eigenständige, gegenständlich abgrenzbare Gewalt im Sinne der Gewaltentrennung, sondern eine Sammelbezeichnung für Zuständigkeiten staatlicher Organe im Bereich der auswärtigen Beziehungen.[8] Traditionell fallen darunter völkerrechtliche Verträge, aber auch sonstige völkerrechtsförmliche Akte wie zum Beispiel Anerkennung, Protest, Verzicht, Anspruchserhebung, diplomatische Schutzausübung. Freilich ist damit das Spektrum der Ausübung auswärtiger Gewalt nicht ausgeschöpft. Das Bundesverfassungsgericht bezeichnet z. B. die in einem anhängigen Verfahren erteilte Auskunft der Bundesregierung, der Sudan werde sich an seine der Bundesrepublik gegebene Zusicherung halten, als Akt der Ausübung auswärtiger Gewalt.[9] Man mag darin eine Bestätigung der These von der Ununterscheidbarkeit von Außen- und Innenpolitik sehen.[10] Es ist richtig, daß außenpolitische Aspekte in immer stärkerem Maße innenpolitische Entscheidungen beeinflussen und innenpolitische Sachverhalte Gegenstand außenpolitischer Regelungen werden. Daraus wird man folgern können, daß allein aus einer begrifflichen Zuordnung zum Begriff der auswärtigen Gewalt noch keine Schlüsse gezogen werden können.[11] Es wäre aber ein Trugschluß anzunehmen, daß damit die für die gerichtliche Kontrolle der auswärtigen Gewalt wesentlichen Besonderheiten hinfällig werden. Der umgekehrte Schluß ist richtig. Nicht nur gibt es unverändert einen Bereich klassischer Interessenwahrnehmung nach außen, der durch Behauptung von Macht und Interessen im internationalen Kräftespiel charakterisiert wird. Auch in der europäischen Bühne gehört diese Funktion der auswärtigen Gewalt noch nicht der Vergangenheit an – auch wenn man zuweilen den Eindruck hat, als

---

[8] Vgl. *Wilhelm G. Grewe* Auswärtige Gewalt, in: Isensee/Kirchhof (Hrsg.), Handbuch des Staatsrechts, Bd. III, 1988, 921, 923; *Rudolf Bernhardt* in: Isensee/Kirchhof (Hrsg.), Handbuch des Staatsrechts, Bd. VII, 1992, 571 f.; *Klaus Stern* Das Staatsrecht der Bundesrepublik Deutschland, Bd. III/1, 1988, 1361 f.

[9] BVerfG, Beschluß vom 12. 09. 1995, NVwZ 1995, Beil. Nr. 11/1995, 81 ff.

[10] Vgl. zur Verflechtung von Innen- und Außensphäre *Tomuschat* (Fn. 2) 23 ff.; *Ulrich Fastenrath* Kompetenzverteilung im Bereich der auswärtigen Gewalt, 1986, 62 f.; *Hans-Dietrich Treviranus* Außenpolitik und Innenpolitik, Außenpolitik 15 (1964) 635, 638 ff.

[11] Vgl. aber das BVerfG, das in dem Sudanesenbeschluß wesentlich auf die Qualifizierung als Akt der Ausübung auswärtiger Gewalt abstellt und daraus eine Beschränkung der verfassungsgerichtlichen Kontrollbefugnis ableitet, a. a. O. (s. Fn. 9).

sei die Bundesrepublik Deutschland der einzige Mitgliedstaat der Union, der diesen Zustand schon für überwunden hält. Auch in herkömmlich nicht der auswärtigen Gewalt zugerechneten Bereichen, wie z. B. der Ausländer- und Asylpolitik, gewinnen internationale Einbindungen und außenpolitische Belange wachsende Bedeutung. Ein Zeichen hierfür ist die gesetzliche Festlegung sicherer Drittstaaten und sicherer Herkunftsstaaten nach den in Art. 16 a GG vorgegebenen Kriterien.[12] Das Bundesverfassungsgericht hat daher folgerichtig dem Gesetzgeber einen ähnlich breiten Handlungsspielraum wie der Bundesregierung bei auswärtigen Angelegenheiten im Hinblick auf die Eigenart des in Rede stehenden Sachbereichs und die Unsicherheit eines Urteils über die Völkerrechtstreue anderer Staaten eingeräumt.[13]

Objekte gerichtlicher Kontrolle sind zunächst Akte der Bundesregierung, in zunehmendem Maße aber auch solche des Bundestags. Der eigentliche außenpolitische Akteur bleibt freilich die Bundesregierung.[14] Das Parlament ist auf die Funktion der politischen Kontrolle in der Form der Zustimmung oder Ablehnung von völkerrechtlichen Verträgen beschränkt.[15] Auch der durch das Bundesverfassungsgericht eingeführte Zustimmungsvorbehalt für den Einsatz bewaffneter Streitkräfte ändert nichts daran, daß die Bundesregierung über Art und Weise, Dauer und Umfang des Einsatzes zu entscheiden hat.[16]

Es ist ein seit Verabschiedung des Grundgesetzes ungelöster Streit, ob mit „Kontrolle" die Rolle des Bundestags im Bereich der auswärtigen Gewalt korrekt umschrieben ist.[17] Eine endgültige Klärung, ob die

---

[12] Vgl. hierzu die Urteile des BVerfG vom 14. 05. 1996, NVwZ 1996, 691 – Sichere Herkunftsstaaten; NVwZ 1996, 700 – Sichere Drittstaaten; vgl. hierzu *Kay Hailbronner* Das Asylrecht nach den Entscheidungen des BVerfG, NVwZ 1996, 626, 629.

[13] S. Fn. 12, NVwZ 1996, 695: „Danach kann das BVerfG die Unvertretbarkeit der Entscheidung des Gesetzgebers nur feststellen, wenn eine Gesamtwürdigung ergibt, daß der Gesetzgeber sich bei seiner Entscheidung nicht von guten Gründen hat leiten lassen."

[14] *Karl Doehring* Das Staatsrecht der Bundesrepublik Deutschland, 1984, 185 f.; *Hermann Mosler* Die auswärtige Gewalt im Verfassungssystem der Bundesrepublik Deutschland, in: FS Carl Bilfinger, 1954, 243, 285.

[15] Vgl. z. B. BVerfGE 84, 90, 128; dementsprechend ist nach § 82 Abs. 2 GOBT der Bundestag gehindert, Abänderungsanträge zu völkerrechtlichen Verträgen in die Beratung einzubringen.

[16] Vgl. BVerfGE 90, 286, 389; BVerfGE 68, 1, 87.

[17] Vgl. hierzu *Ulrich Fastenrath* Kompetenzverteilung im Bereich der auswärtigen Gewalt, 1986, 217 f.; *Wilhelm G. Grewe* und *Eberhard Menzel* (s. Fn. 1) 129 ff., 179 ff.; *Wilhelm G. Grewe* (s. Fn. 8) 936 f.

auswärtige Gewalt eine Domäne der Bundesregierung[18] ist oder ob sie als kombinierte Gewalt[19] oder vielleicht sogar zur gesamten Hand[20] Regierung und Parlament zukommt, ist durch Herrn *Wolfrum* zu erwarten. Auswirkungen ergeben sich daraus auch auf die Frage gerichtlicher Kontrolle. Akte der auswärtigen Gewalt, die von Art. 59 Abs. 2 S. 1 GG nicht erfaßt werden, sind nicht nur der parlamentarischen Kontrolle, sondern regelmäßig auch der gerichtlichen Prüfung entzogen.

Angesichts einer Internationalisierung vieler Lebensbereiche unter Inanspruchnahme neuer Rechtsformen und quasi-rechtlicher Absprachen kann es kaum befriedigen, daß das Parlament von der politischen Kontrolle wesentlicher politischer Entscheidungen im Bereich der auswärtigen Gewalt ausgeschlossen bleibt.[21] Die Konsequenz kann aber nicht sein, mangelnde politische Kontrolle durch stärkere gerichtliche Kontrolle zu ersetzen.[22] Gerade weil es sich hier um zentrale politische Weichenstellungen handelt, muß über Wege nachgedacht werden, die politische Kontrolle zu verstärken.[23]

II. Die gerichtliche Kontrolle der auswärtigen Gewalt

Nach diesen kurzen Bemerkungen von der politischen zur gerichtlichen, das heißt im wesentlichen verfassungsgerichtlichen Kontrolle: Ausnahmsweise steht die auswärtige Gewalt auch auf dem Prüfstand

---

[18] So im wesentlichen *Grewe* (s. Fn. 8) 942 f.; *Hermann Mosler* (s. Fn. 14) 243 f.

[19] Vgl. *Menzel* (s. Fn. 1) 179 ff.; vgl. hierzu auch aus dem neueren Schrifttum *Juliane Kokott* Kontrolle der auswärtigen Gewalt, DVBl. 1996, 937 ff.; aus politikwissenschaftlicher Sicht vgl. *Karl Kaiser* Das internationale System der Gegenwart als Faktor der Beeinträchtigung demokratischer Außenpolitik, Politische Vierteljahresschrift, Sonderheft 2/1970, 340 ff.

[20] *Ernst Friesenhahn* Parlament und Regierung im modernen Staat, VVDStRL 16 (1958) 9, 37.

[21] Vgl. *Juliane Kokott* a. a. O. (s. Fn. 19) 938 f.; *Siegfried Weiß* Auswärtige Gewalt und Gewaltenteilung, 1971, 205 f.; *Thomas Puhl* Die Minderheitsregierung nach dem Grundgesetz, 1986, 141 f.; aus rechtsvergleichender Sicht vgl. auch *Bernhard Ehrenzeller* Legislative Gewalt und Außenpolitik, 1993, 190 ff.

[22] Die verhältnismäßig geringen Einflußmöglichkeiten, die dem Parlament bei der Gestaltung der auswärtigen Beziehungen offenstehen, werden nicht selten durch eine Neigung zur Juridifizierung der Politik zusätzlich gemindert, vgl. *Hans-Jochen Vogel* Gewaltenvermischung statt Gewaltenteilung?, NJW 1996, 1505, 1510; *Hans W. Baade* (s. Fn. 7) 83.

[23] Vgl. hierzu *Siegfried Weiß* (s. Fn. 21) 205 f.; ein beachtlicher Ansatz ist in diesem Zusammenhang Art. 23 GG, der ungeachtet seines unklaren Wortlauts auch auf Maßnahmen im Bereich des Dritten Pfeilers von Maastricht anwendbar ist, vgl. *Juliane Kokott* (s. Fn. 19) 942.

der Verwaltungsgerichte. So hat z. B. das Verwaltungsgericht Oldenburg im Jahre 1989 die Bundesregierung verurteilt, mit den Nato-Mitgliedstaaten in Verhandlungen mit dem Ziel einzutreten, militärische Tiefflüge über dem Gebiet der klagenden Gemeinden nicht mehr durchzuführen.[24] Rechtlich gesehen gelten insoweit keine anderen Maßstäbe, auch wenn psychologisch die Bereitschaft der Regierung, von einem „Kleinen Verwaltungsgericht" Weisungen entgegenzunehmen, geringer sein dürfte. Im Zentrum der Ausübung der auswärtigen Gewalt steht die Bundesregierung, und zwar – wie wir gesehen haben – auch dann, wenn es um Zustimmungsgesetze zu völkerrechtlichen Verträgen geht.

Die Frage nach Art und Umfang verfassungsgerichtlicher Kontrolle der auswärtigen Gewalt beschwört die Assoziation von Recht und Politik herauf und damit eine beinahe uferlose Diskussion zur Funktion des Bundesverfassungsgerichts.[25] Die auswärtige Gewalt gilt als Inbegriff politischer Machtausübung. Es ist unbestritten, daß auch Akte der auswärtigen Gewalt, mögen sie auch im elementaren Sinne der Machtbehauptung eines Staates nach außen dienen, der gerichtlichen Kontrolle unterliegen. Der Versuch der Bundesregierung, im Verfahren über das Saarstatut die Unzulässigkeit des Normenkontrollantrags auf die Theorie der regierungfreien Hoheitsakte zu stützen,[26] ist vom Bundesverfassungsgericht zu Recht zurückgewiesen worden.[27]

Auch der Versuch, aus der Political Questions-Doktrin des US Supreme Court und verwandten Konzepten der Act of State-Doktrin[28] ein System der Beschränkung der verfassungsgerichtlichen Überprü-

---

[24] VG Oldenburg v. 22. 3. 1989, 7 VG A 172/86, 173/86, 197/86.

[25] Vgl. die Berichte von *Karl Korinek*, *Jörg P. Müller* und *Klaus Schlaich* Die Verfassungsgerichtsbarkeit im Gefüge der Staatsfunktionen, VVDStRL 39 (1981) 7 ff., 53, 99 ff.; *Gerd Roellecke* Politik und Verfassungsgerichtsbarkeit. Über immanente Grenzen der richterlichen Gewalt des Bundesverfassungsgerichts, 1961; *Martin Kriele* Recht und Politik in der Verfassungsrechtsprechung. Zum Problem des judicial self-restraint, NJW 1976, 777 ff.

[26] Vgl. hierzu *Hans Schneider* Gerichtsfreie Hoheitsakte, 1951; *Ernst Forsthoff* Lehrbuch des Verwaltungsrechts, 1961, 466.

[27] BVerfGE 4, 147, 161; vgl. auch *Wilhelm G. Grewe* (s. Fn. 8) 965; *Christian Tomuschat* (s. Fn. 2) VVDStRL 36 (1978) 55; *Gunnar F. Schuppert* Die verfassungsgerichtliche Kontrolle der auswärtigen Gewalt, 1973, 33 f.; *Franz Christoph Zeitler* Verfassungsgericht und völkerrechtlicher Vertrag, 1974, 144.

[28] Vgl. *Ernst Petermann* Act of State Doctrine, Political Question Doctrine und gerichtliche Kontrolle der Auswärtigen Gewalt, JÖR, NF Bd. 25 (1976) 587 ff.; vgl. auch *Thomas M. Franck* Political Questions / Judicial Answers: Does the Rule of Law Apply to Foreign Affairs?, Princeton 1992; *Franz Christoph Zeitler* Judicial Review und Judicial Restraint gegenüber der auswärtigen Gewalt, JÖR NF Bd. 25 (1976) 621 ff.

fung von Akten der auswärtigen Gewalt abzuleiten, ist weitgehend erfolglos gewesen.[29] Das Bundesverfassungsgericht hat aus der amerikanischen Rechtsprechung lediglich den Begriff des judicial self-restraint übernommen – bemerkenswerterweise in einer Entscheidung, die von einigen Mitgliedern dieser Vereinigung als ein typisches Beispiel von judicial activism kritisiert worden ist.[30]

Für die Ermittlung der Grenzen der rechtlichen Kontrolle auswärtiger Gewalt ist der Begriff der richterlichen Selbstbeschränkung wenig hilfreich. Zwar trägt er dem im Grundgesetz verankerten Recht des Bundesverfassungsgerichts, selbst über die Grenzen seiner Jurisdiktion zu entscheiden, Rechnung. Es geht aber nicht darum, daß das Bundesverfassungsgericht sozusagen in freier richterlicher Selbstbeschränkung Funktionen nicht ausübt, die ihm ansonsten vom Grundgesetz übertragen sind. Vielmehr müssen die im Grundgesetz ausdrücklich oder implizit enthaltenen Grenzen der richterlichen Kontrolle von Akten der auswärtigen Gewalt ermittelt werden. In erster Linie ist dies eine Frage der Kontrollmaßstäbe. Wo keine verfassungsrechtlichen Vorgaben existieren, wie zum Beispiel bei der Frage der Anerkennung fremder Staaten und Regierungen oder der Ausdehnung der deutschen Hoheitsgewässer, ist auch kein Raum für eine gerichtliche Kontrolle.[31] In zweiter Linie handelt es sich um die Ermittlung der funktionellen Grenzen der Verfassungsgerichtsbarkeit anhand der im Grundgesetz vorgenommenen Aufgabenteilung im Bereich der auswärtigen Gewalt zwischen Exekutive und Legislative einerseits und Judikative andererseits.[32] Außenpolitik und verfassungsgerichtliche Kontrolle sind unterschiedliche

---

[29] Mit Recht hat man darauf hingewiesen, daß die Political Question-Doktrin auf andersartigen verfassungsrechtlichen und politischen Gegebenheiten beruht und sich im wesentlichen als ein im übrigen nur wenig berechenbares Instrument entwickelt hat, bestimmte politische Streitigkeiten nicht zur Entscheidung anzunehmen, vgl. *Klaus Stern* Verfassungsgerichtsbarkeit zwischen Recht und Politik, 1980, 31.

[30] Vgl. *Theodor Oppermann* Urteilsanmerkung zum Grundvertragsurteil, JZ 1973, 594 ff.; *Christian Tomuschat* Auswärtige Gewalt und verfassungsgerichtliche Kontrolle. Einige Bemerkungen zum Verfahren über den Grundvertrag, DÖV 1973, 801, 807; *Gunnar F. Schuppert* Verfassungsgerichtsbarkeit und Politik, ZRP 1973, 257 ff.; *Wilke, Dieter/Koch, Gerd H.* Außenpolitik nach Anweisung des Bundesverfassungsgerichts?, JZ 1975, 233; *Jost Delbrück* Quo vadis Bundesverfassungsgericht? Überlegungen zur verfassungsrechtlichen und verfassungsfunktionalen Stellung des Bundesverfassungsgerichts, in: FS Eberhard Menzel, 1975, 83, 92.

[31] Vgl. *Klaus Stern* Außenpolitischer Gestaltungsspielraum und verfassungsgerichtliche Kontrolle – Das Bundesverfassungsgericht im Spannungsfeld zwischen Judicial Activism und Judicial Restraint, NWVBL 1994, 241, 244.

[32] Vgl. *Wilhelm G. Grewe* (s. Fn. 8) 969.

Sphären; die Anwendung rechtlicher Maßstäbe führt daher notwendigerweise zu einem Spannungsverhältnis, das sich nur durch Anerkennung der Eigengesetzlichkeit der auswärtigen Beziehungen auflösen läßt.[33] Beide Aspekte, materieller Kontrollmaßstab und funktionelle Grenzen sind freilich nicht streng voneinander zu trennen. Die verfassungsgerichtliche Funktion muß im Hinblick auf die konkreten Überprüfungsmaßstäbe abgegrenzt werden. Das schließt es nicht aus, allgemeine Überlegungen zur Rolle des Richters bei der Beurteilung auswärtiger Angelegenheiten zu berücksichtigen.

Im Kern geht es dabei darum, daß sich der Richter nicht an die Stelle des Inhabers der jeweiligen Gewalt setzen, nicht selbst zum Entscheidungsträger machen darf. Nicht, weil richterliche und politische Entscheidung schon wesensmäßig unterscheidbar wären, sondern weil die politische Entscheidung über die auswärtigen Beziehungen der demokratisch legitimierten und verantwortlichen Bundesregierung und ggfs. auch dem Bundestag übertragen worden sind.[34]

III. Verfassungsgerichtliche Kontrollmaßstäbe und die Besonderheiten der auswärtigen Gewalt

a) Dem Grundgesetz können nur vereinzelt ausdrückliche (wie z. B. bei Art. 26, 24, 87 a, 115 a, 23 GG) verfassungsrechtliche Maßstäbe für die Ausgestaltung der auswärtigen Beziehungen entnommen werden. In welcher Weise zur Erreichung welcher Ziele die Bundesregierung außenpolitisch tätig wird, ist daher eine vom Grundgesetz dem Inhaber der auswärtigen Gewalt überantwortete Frage politischer Zweckmäßigkeit. Dafür gibt es mehrere Sachgründe:

- die Unvorhersehbarkeit außenpolitischer Entwicklungen;
- die Komplexität internationaler Beziehungen;
- die enge Verknüpfung mit fremder Herrschaftsgewalt und der daraus resultierende Zwang zum politischen Kompromiß und zur Suche nach dem politisch Erreichbaren.

Daraus ergibt sich ein breiterer Handlungsspielraum als in der Innenpolitik, wo wir es ausschließlich mit der deutschen Rechtsordnung unterworfenen Akteuren zu tun haben.[35]

---

[33] *Klaus Stern* Das Staatsrecht der Bundesrepublik Deutschland, Bd. III/1, 1988, 1363.

[34] *Gunnar F. Schuppert* (s. Fn. 27) 207.

[35] *Klaus Stern* (s. Fn. 33) 1362.

b) Diesem Aspekt kommt besondere Bedeutung zu, wenn allgemeine Grundsätze der Verfassung und Grundrechte als Wertmaßstäbe zur rechtlichen Kontrolle der auswärtigen Gewalt herangezogen werden.

Vorherrschend ist in der Literatur die „Einerseits-Andererseits-Theorie". Einerseits soll die auswärtige Gewalt zu „grundrechtsfreundlichem" Verhalten verpflichtet sein.[36] Kraft ihrer objektivrechtlichen Natur bestimmen daher die Grundrechte auch die auswärtigen Beziehungen.[37] In der Rechtsprechung des Bundesverfassungsgerichts heißt es etwas sybillinischer, entscheidend sei, ob der Sinn der Grundrechte durch eine uneingeschränkte Anwendung auf auslandsbezogene Sachverhalte verfehlt würde.[38] Andererseits wird aber durchweg betont, daß die Außenpolitik auf Realitäten stoße und Grundrechte daher keine Ausschließlichkeit beanspruchen dürfen.[39]

Nun könnte man dagegen im praktischen Ergebnis kaum etwas einwenden. Die prinzipielle Anwendung der Grundrechte und anderer Verfassungsprinzipien auf die auswärtigen Beziehungen bedeutet aber doch zumindest theoretisch eine verfassungsrechtliche Bindung deutscher Mitwirkung an der Regelung internationaler Sachverhalte und – was erheblich gravierender ist – ein Letztentscheidungsrecht des Bundesverfassungsgerichts über die auswärtigen Beziehungen.[40] Gerade daran bestehen aber Zweifel. Auch dort, wo Grundrechte als objektiv-

[36] *Klaus Stern* (s. Fn. 33) 1367.

[37] Vgl. *Rudolf Geiger* Grundgesetz und Völkerrecht, 1985, 172; *Christian Tomuschat* Die staatsrechtliche Entscheidung für die internationale Offenheit, in: Isensee/Kirchhof (Hrsg.), Handbuch des Staatsrechts, Bd. VII (1992) 519.

[38] BVerfGE 31, 58, 77; vgl. dazu *Meinhard Schröder* Zur Wirkkraft der Grundrechte bei Sachverhalten mit grenzüberschreitenden Elementen, in: FS Hans-Jürgen Schlochauer, 1981, 137, 142; *Hans-Joachim Cremer* Der Schutz vor den Auslandsfolgen aufenthaltsbeendender Maßnahmen, 1994, 325 ff.; *Rainer Hofmann* Grundrechte und grenzüberschreitende Sachverhalte, 1994 (Zurücknahme des Grundrechtsschutzes bei internationalen Konstellationen auf den Kernbereich der deutschen Grundrechtsordnung, 345 f.).

[39] *Tomuschat* (s. Fn. 37); skeptisch zur Anwendbarkeit der Menschenrechte für die auswärtigen Beziehungen *Christoph Müller* Die Menschenrechte als außenpolitisches Ziel, 1986, 148 f.; *Meinhard Schröder* Nationale Souveränität und internationale Politikverflechtung, in: Peter Haungs (Hrsg.), Verfassung und politisches System, 1984, 67, 72; *Christian Starck* in: Mangoldt/Klein/Starck, Kommentar zum Grundgesetz, Bd. I, 1985, Art. 1 Rdn. 137.

[40] Für den Zusammenhang zwischen der Auslegung der Grundrechte als objektiver Grundsatznorm und der Entwicklung zum verfassungsgerichtlichen Jurisdiktionsstaat vgl. *Ernst Wolfgang Böckenförde* Grundrechte als Grundsatznormen, Der Staat 1990, 1 ff., 26 ff.

rechtliche Prinzipien die Rechtsordnung bestimmen, dienen sie dem Zweck, private Freiheitsentfaltung gegen staatliche Herrschaft, die nun einmal regelmäßig territorial beschränkt ist, zu sichern. Man braucht nicht unbedingt das Carl-Schmittsche Freund-Feind-Verhältnis zu bemühen,[41] um anzuerkennen, daß auswärtige Gewalt etwas mit der Behauptung nach außen und der Interessenwahrung bei der Gestaltung der internationalen Ordnung zu tun hat. Dafür liefern die Grundrechte keinen Entwurf. Die verfassungsrechtlichen Leitlinien liegen vielmehr im Grundsatz der internationalen Offenheit[42] und der Respektierung der allgemeinen Regeln des Völkerrechts und völkervertraglicher Bindungen.[43] Für die (ergänzende) Heranziehung der Grundrechte ist daher im Bereich der auswärtigen Beziehungen nur dort Raum, wo es – wie beim diplomatischen Schutz gegenüber fremden Staaten – um die Konkretisierung des Staatsangehörigkeitsverhältnisses oder – wie bei völkerrechtlichen Verträgen über Gegenstände der innerstaatlichen Gesetzgebung – inhaltlich um die Gestaltung der innerstaatlichen Rechtsordnung geht.[44]

c) Zurückhaltung scheint mir daher auch geboten gegenüber einer undifferenzierten Heranziehung der aus Grundrechten abgeleiteten Schutzpflichten der deutschen Staatsgewalt in bezug auf auslandsbezogene Gefahren und Risiken. Die deutsche Staatsgewalt ist nicht verantwortlich für den von einer fremden Staatsgewalt gesteuerten und von ihr zu verantwortenden Sachverhalt.[45] Diese vom völkerrechtlichen Territorialitätsprinzip vorgegebene Abgrenzung läßt sich verfassungsrechtlich auch nicht über grundrechtliche Schutzpflichten aushebeln. Bedenklich ist daher z. B. auch eine in der Rechtsprechung des Bundesverfassungsgerichts[46] angelegte Tendenz, Art. 2 Abs. 1 GG für die Begründung von Aufnahmepflichten für fremde Staatsangehörige, die in ihrem Heimatstaat nur eine unzureichende ärztliche Versorgung erhal-

---

[41] Vgl. *Carl Schmitt* Der Begriff des Politischen, Berlin 1963, unveränderter Nachdruck 1987, 45 f.

[42] Vgl. *Christian Tomuschat* (Fn. 37) 483 ff.

[43] Vgl. *Helmut Steinberger* Allgemeine Regeln des Völkerrechts, in: Isensee/Kirchhof, (Fn. 37) S. 525 f.

[44] Dem steht auch die Entscheidung des BVerfG zum Deutsch-Schweizerischen Abkommen über die Freigabe deutscher Vermögenswerte in der Schweiz nicht entgegen. Zwar führt hier das BVerfG aus, die Grundrechte seien auch für die deutsche öffentliche Gewalt bindend, soweit Wirkungen über Betätigungen im Ausland eintreten würden, vgl. BVerfGE 6, 290, 295. Der Sache nach ging es aber um eine Geltendmachung der aus der Staatsangehörigkeit abgeleiteten Schutzpflichten, nicht um die exterritoriale Wirkung von Grundrechten.

[45] Vgl. BVerfGE 66, 39, 62; 55, 349, 362; 58, 9, 23.

[46] Vgl. BVerfG vom 03. 04. 1992, NVwZ 1992, 660.

ten oder keine ausreichende Lebensgrundlage haben, heranzuziehen.[47] Auch wenn im Einzelfall nicht unmittelbar auf fremde Staaten eingewirkt wird, bedeutet doch die Ausweitung grundrechtlicher Schutzpflichten gegenüber den im Ausland drohenden Gefahren tendenziell eine wesentliche Einschränkung der Handlungsfreiheit in den auswärtigen Beziehungen. Wie und mit welchen Maßnahmen, ob durch Aufenthaltsgewährung oder Abschluß von Repatriierungsabkommen, die Bundesregierung auf unzureichende Lebensverhältnisse in fremden Staaten reagiert, liegt vielmehr – jenseits der durch Art. 16 a GG und Art. 3 EMRK i. V. mit Art. 1 Abs. 1 GG eingegangen Bindungen – im politischen Ermessen.

d) Als Kontrollmaßstab für Akte auswärtiger Gewalt kommt auch das Völkerrecht in Frage. Über Art. 25 GG werden die allgemeinen Regeln des Völkerrechts zum Prüfungsmaßstab.[48] Große praktische Bedeutung hat Art. 25 GG für die Beurteilung von Akten auswärtiger Gewalt bisher nicht entfaltet. Der Grund dafür liegt in der dispositiven Natur des Völkerrechts.[49] Vertragliche Abmachungen können daher von allgemeinen Regeln abweichen.[50] Anders verhält es sich mit zwingenden Prinzipien des Völkerrechts, die für den Bestand des Völkerrechts als internationale Rechtsordnung unerläßlich sind.[51]

Das Bundesverfassungsgericht hat jedoch eine zusätzliche Öffnung gegenüber dem Völkerrecht mit dem Grundsatz der völkerrechtskonformen Auslegung vorgenommen. Das Bundesverfassungsgericht müsse im Zweifel im Rahmen seiner Gerichtsbarkeit darauf achten, daß Verletzungen des Völkerrechts, die in der fehlerhaften Anwendung oder

---

[47] Vgl. hierzu *Hailbronner* Ausweisung und Abschiebung in der neueren Rechtsprechung und Gesetzgebung, JZ 1995, 127, 137; a. M. *Cremer* (s. Fn. 38) 425. In einer allerdings zur Auslegung von § 53 Abs. 6 S. 1 AuslG ergangenen Entscheidung hat eine Kammer des 2. Senats eine Auslegung des VG als „willkürlich" beanstandet, wonach eine nicht ausreichende medizinische Versorgung im Libanon kein Abschiebungshindernis, sondern einen bloßen tatsächlichen Duldungsgrund darstelle (BVerfG v. 19. 1. 1996, 2 BvR 521/96).

[48] Vgl. dazu *Hermann Mosler* Das Völkerrecht in der Praxis der deutschen Gerichte, 40, 44.

[49] Vgl. BVerfGE 18, 441, 448.

[50] Eine in einem deutsch-schweizerischen Vertrag geregelte Heranziehung von Ausländern zum deutschen Lastenausgleich ist daher auch dann als verfassungsrechtlich unbedenklich angesehen worden, wenn sie von einer allgemeinen Regel des Völkerrechts abweichen würde, wonach Ausländer nicht zu Kriegsfolgelasten herangezogen werden dürfen, vgl. BVerfGE 18, 441, 448.

[51] Für eine Legaldefinition der zwingenden Regeln des Völkerrechts vgl. Art. 53 der Wiener Vertragsrechtskonvention, BGBl. 1985 II, 926; s. hierzu *Dahm/Delbrück/Wolfrum* Völkerrecht, Band I/1, 2. Auflage 1989, 46; *Hermann Mosler* Jus cogens im Völkerrecht, in: Schweizerisches Jahrbuch für internationales Recht 1968, 9 ff.

Nichtbeachtung völkerrechtlicher Normen durch deutsche Gerichte liegen und eine völkerrechtliche Verbindlichkeit der Bundesrepublik Deutschland begründen könnten, nach Möglichkeit verhindert oder beseitigt werden.[52] Der Einbeziehung des Völkerrechts sind freilich Grenzen gezogen. Zur Heranziehung völkerrechtlicher Verträge als Prüfungsmaßstab bedarf es eines verfassungsrechtlichen Anknüpfungspunktes, wie er z. B. in Art. 16 a GG enthalten ist.[53] Eine unmittelbare Anwendung des Grundsatzes der Völkerrechtsfreundlichkeit als Prüfungsmaßstab kommt nur ausnahmsweise in Frage.[54] Zu beachten bleibt allerdings, daß über den Grundsatz der völkerrechtsfreundlichen Auslegung eine Bindung des Gesetzgebers an völkerrechtliche Pflichten nicht erreicht werden kann.[55]

Auch gegenüber einer allzu großzügigen Ausdehnung der Schutzwirkung deutscher Gesetze im Hinblick auf die Völkerrechtsfreundlichkeit des Grundgesetzes ist Vorsicht geboten. Die Ausdehnung der Klagebefugnis auf Ausländer, wie sie das Bundesverwaltungsgericht im Kernkraftwerk Emsland-Fall vorgenommen hat,[56] überdehnt die Völkerrechtsfreundlichkeit und führt zu einer bedenklichen Einschränkung des außenpolitischen Handlungsspielraums in bezug auf die nach Maßgabe der völkerrechtlichen Gegenseitigkeit außenpolitisch zu regelnden Belange der Staatsangehörigen anderer Staaten.[57]

---

[52] BVerfGE 58, 1, 34; 59, 63, 89; 74, 358, 370; vgl. dazu *Helmut Steinberger* Entwicklungslinien in der neueren Rechtsprechung des Bundesverfassungsgerichts zu völkerrechtlichen Fragen, ZaöRV, Bd. 48 (1988) 1, 9 f.

[53] Verfassungsbeschwerden können daher nach st. Rspr. des BVerfG nicht auf die EMRK gestützt werden, sofern nicht ausnahmsweise eine willkürliche Rechtsanwendung vorliegt, vgl. BVerfGE 64, 135, 150; 74, 102, 128; 34, 384, 395; 41, 126, 149.

[54] So hält z. B. *J. A. Frowein* einen Verstoß gegen diesen Grundsatz für möglich, wenn die nationale Umformung der Vertragssubstanz geradezu in den Völkerrechtsverstoß hineinführen müsse, vgl. *J. A. Frowein* in: BDGV 27 (1986) 172, 174; ebenso *Tomuschat* in: Isensee/Kirchhof (Hrsg.), Handbuch des Staatsrechts, Bd. VII, 496.

[55] BVerfGE 6, 309, 362 ff.

[56] BVerwGE 75, 285; vgl. dazu *Willi Blümel* Gesetzliche Regelung der Einwendungs- und Klagebefugnis ausländischer Grenznachbarn?, in: FS Karl Doehring, 1989, 89 f.; *Dietrich Murswiek* Urteilsanmerkung, in: JuS 1987, 997 f.; *Dietrich Rauschning* Klagebefugnis von Auslandsbewohnern gegen eine inländische Atomanlagengenehmigung, ArchVR 25 (1987) 312 f.; *Rüdiger Wolfrum* Die grenzüberschreitende Luftverschmutzung im Schnittpunkt von nationalem Recht und Völkerrecht, DVBl. 1984, 493, 499 f.

[57] Vgl. auch die krit. Anm. *Tomuschats* zur Entscheidung des BVerwG (Fn. 37) 504 f.; *Thomas Oppermann/Michael Kilian* Gleichstellung ausländischer Grenznachbarn im deutschen Umweltverfahren?, 1981, 89 f.; *Michael Kloepfer* Grenzüberschreitende Umweltbelastungen als Rechtsproblem, DVBl. 1984, 245, 247.

IV. Einschätzungs- und Beurteilungsspielraum, Feststellungen und Prognosen im Bereich der auswärtigen Beziehungen

Kern der verfassungsgerichtlichen Rechtsprechung zur Kontrolle der auswärtigen Gewalt ist die Gewährung eines Einschätzungs- und Beurteilungsspielraums für auslandsbezogene Feststellungen und Prognosen.[58] Das bedeutet zwar nicht, daß das Bundesverfassungsgericht von seiner Befugnis nach §§ 26 f. BVerfGG, Beweise zu erheben und Zeugen und Sachverständige zu auslandsbezogenen Sachverhalten zu vernehmen, nicht ausgiebig Gebrauch machen würde. NATO-Generalsekretäre, EG-Generaldirektoren und Verbandsvertreter geben sich in Karlsruhe die Türklinke in die Hand, ohne daß das Thema der Beweiserhebung immer in einem ausreichenden Erheblichkeitszusammenhang zu den zu prüfenden verfassungsrechtlichen Fragen stünde. Mündliche Verhandlungen ähneln gelegentlich eher einem public hearing als einer Gerichtsverhandlung. Das BVerfG ist eben auch insoweit ein besonderes Gericht. Verfassungsrechtlich relevant ist die Frage einer Überschreitung jener äußersten Grenzen, die das BVerfG in ständiger Rechtsprechung der auswärtigen Gewalt zugesteht, soweit es nicht um die in vollem Umfang überprüfbare Beachtung der Kompetenzen anderer Verfassungsorgane geht. Die Beurteilung des Saar-Statuts im Hinblick auf eine Erschwerung des künftigen Beitritts zum Grundgesetz,[59] die Einschätzung des Risikos sowjetischer Gegenmaßnahmen als Folge einer Raketenstationierung in Deutschland,[60] oder auch die Verläßlichkeit einer vom Sudan abgegebenen Zusicherung in bezug auf die Behandlung zurückkehrender Asylbewerber[61] – in allen Fällen gesteht das Bundesverfassungsgericht einen gerichtlich nur in engen Grenzen überprüfbaren Einschätzungs- und Beurteilungsspielraum zu. Begründet wird dies wahlweise mit der spezifischen Sachkunde der Bundesregierung vor Ort, der völkerrechtlichen Handlungsfähigkeit, dem Fehlen verfassungsgerichtlicher Maßstäbe oder der Komplexität auswärtiger Beziehungen.

Die manchmal fast beliebig anmutende Argumentation mit unterschiedlichen Topoi verschleiert die verfassungsrechtliche Grundlage dieser Selbstbeschränkung. Sie ergibt sich aus der Aufgabe einer effekti-

---

[58] Hierzu *Henning Schwarz* Die verfassungsgerichtliche Kontrolle der Außen- und Sicherheitspolitik, 1995, 202 f.

[59] BVerfGE 4, 157, 168.

[60] BVerfGE 66, 39, 60 f.

[61] BVerfG v. 12. 9. 1995, NVwZ 1995, 81, 83.

ven Wahrnehmung der deutschen Interessen im internationalen Spiel der Kräfte. Diese Aufgabe ist situations- und funktionsgebunden. Am nächsten kommt dem der Hinweis des BVerfG auf die völkerrechtliche Handlungsfähigkeit und die Eigenart der auswärtigen Beziehungen.

Es liegt im Kompetenzbereich der Bundesregierung, Verhandlungen mit fremden Staaten zu führen, Verträge zu schließen oder sonstige völkerrechtliche Akte vorzunehmen. Insoweit sind die Einschätzung der Lage und die Prognose des Verhaltens von Staaten der gerichtlichen Kontrolle nur beschränkt zugänglich. Beides, Einschätzung der politischen Lage und darauf gestützte Handlung sind untrennbar verbunden. So unterscheidet denn auch das BVerfG im C-Waffen-Beschluß[62] nicht trennscharf zwischen der Einschätzung der faktischen Lage, der Bewertung der politischen Handlungsmöglichkeiten, der Abschätzung von Folgen und darauf gestützten außenpolitischen Entscheidungen, sondern spricht von einem weiten Einschätzungs-, Beurteilungs- und Gestaltungsspielraum der auswärtigen Gewalt. Je nach Eigenart des in Rede stehenden Sachbereichs, der Möglichkeiten, sich ein hinreichend sicheres Urteil zu bilden und der Bedeutung der auf dem Spiel stehenden Rechtsgüter könne dieser Spielraum verfahrensrechtlich nur in begrenztem Umfang überprüft werden.[63] Damit eröffnet sich dem Gericht ein außerordentlich flexibler – man könnte auch sagen – fast beliebig einsetzbarer Prüfungsmaßstab.

Je nach Art des zugrunde liegenden Sachverhalts kann der Beurteilungsspielraum bis in die Nähe einer faktischen Bindungswirkung reichen, wenngleich es – anders als im englischen Recht – eine förmliche Bindung der Gerichte an Akte der auswärtigen Gewalt im Hinblick auf die prinzipielle Überprüfbarkeit aller Akte staatlicher Gewalt nicht geben kann. Dies gilt um so eher, je stärker sich der Akt auf spezifisch völkerrechtliche Sachverhalte bezieht, wie z. B. die Zugehörigkeit eines Gebiets zu einem bestimmten Staat, das Vorliegen eines Bündnisfalles im Rahmen eines Verteidigungsbündnisses oder die Annahme eines Aggressionsakts im Rahmen der UNO-Charta.[64]

Für die Suche nach verfassungsrechtlichen Grenzen bietet sich der Rückgriff auf die verfassungsgerichtliche Rechtsprechung über den Pro-

---

[62] BVerfGE 77, 170.

[63] BVerfGE 77, 215 unter Hinw. auf BVerfGE 50, 290, 332 f.

[64] Weitergehend ist *Helmut Steinberger* der Auffassung, derartige Akte dürften von den deutschen Gerichten nicht anders beurteilt werden als von den zuständigen Organen der auswärtigen Gewalt, Entwicklungslinien in der neueren Rechtsprechung des BVerfG zu völkerrechtlichen Fragen, ZaöRV 48 (1988) 1, 7.

gnosespielraum des Gesetzgebers an.[65] Ein einheitlicher Maßstab läßt sich daraus freilich nicht ableiten.[66] Im allgemeinen gilt, daß die Kontrollintensität zunimmt, je intensiver in Grundrechtspositionen eingegriffen wird.[67] Zurückhaltung übt dagegen das Gericht, je stärker die objektive Tatsachenfeststellung zu einer Tatsachenwürdigung und Gesamtbewertung des zu regelnden Sachverhalts übergeht.[68]

Bei der auswärtigen Gewalt liegt demgegenüber die Kontrollintensität deutlich niedriger. Im Streit um die Alteigentümer beim Einigungsvertrag wird ebenso wie im Hess-Beschluß der Bundesregierung ein äußerst weiter Spielraum bis zur Grenze der Willkür zugestanden. Nur wenn es sich der Bundesregierung aufdrängen mußte, daß sie von falschen Voraussetzungen ausging, wobei es ausreicht, daß die Bewertung der abgegebenen Erklärungen und Wertungen überhaupt noch plausibel erscheint, soll der Handlungsspielraum überschritten sein[69]. Im Hess-Beschluß wird ein Maßstab der offensichtlichen Rechtsunkenntnis oder willkürlichen Einschätzung der zugrundeliegenden Sach- und Rechtslage angewandt[70].

Für einen gegenüber dem Prognose- und Beurteilungsspielraum auf die Innenpolitik bezogenen gesetzgeberischen größeren Spielraum der auswärtigen Gewalt sprechen die erwähnten Besonderheiten, insbesondere die Komplexität der Verhältnisse, die Unkalkulierbarkeit interna-

---

[65] Vgl. dazu *Fritz Ossenbühl* Die Kontrolle von Tatsachenfeststellungen und Prognoseentscheidungen durch das Bundesverfassungsgericht, in *Christian Starck*: Bundesverfassungsgericht und Grundgesetz, Band I, 1976, 480 ff.

[66] Der Umfang der verfassungsgerichtlichen Kontrolle variiert auch bei der gewöhnlichen Normenkontrolle je nach Art der vom Gesetzgeber geregelten Materie. Wesentlich für den Kontrollumfang sind der Regelungsbereich sowie die Eingriffsintensität und Bedeutung der tangierten Rechtsgüter. Je nachdem wird der Maßstab der umfassenden Inhaltskontrolle, der Vertretbarkeitskontrolle oder der Evidenzkontrolle angewendet, vgl. *Ossenbühl* (s. Fn. 65); vgl. auch *Mahrenholz*, der in einem dissentierenden Votum zum C-Waffen-Beschluß zwischen Evidenzkontrolle, Vertretbarkeitskontrolle und intensivierter inhaltlicher Kontrolle unterscheidet (vgl. BVerfGE 77, 170, 234).

[67] *Ossenbühl* (s. Fn. 65) 480, 484; BVerfGE 7, 377; 18, 319, 35.

[68] *Ossenbühl* (s. Fn. 65) 498, weist allerdings zu Recht darauf hin, daß das Gericht bei tiefgreifenden Eingriffen in Grundrechte die gesetzgeberische Prognose inhaltlich überprüft, vgl. BVerfGE 35, 79.

[69] Vgl. BVerfG vom 18. 4. 1996, Wertpapiermitteilungen 1996, 954, 958, 960; BVerfGE 84, 90, 128.

[70] Vgl. BVerfGE 55, 349, 366. Demgegenüber stellt das Bundesverfassungsgericht im Sudanesen-Beschluß (s. Fn. 9) eine Vermutung der Richtigkeit der Einschätzung der Bundesregierung auf, die nur als widerlegt angesehen werden könne, wenn greifbare Anhaltspunkte für deren Unrichtigkeit vorlägen.

tionaler Beziehungen und die Situationsgebundenheit des politischen Entscheidungsprozesses, vor allem aber die Notwendigkeit eines Zusammenwirkens mit grundgesetzlich ungebundenen Akteuren. Die Einschätzung komplexer Verhältnisse in fremden Staaten, der Verhandlungslage in auswärtigen Beziehungen und der sich hieraus ergebenden Handlungsalternativen und daraus abgeleiteter außenpolitischer Prognosen sind daher typische Bestandteile der politischen Handlungsbefugnis der auswärtigen Gewalt. Der Vertretbarkeitsmaßstab ist insoweit ein geeignetes Kriterium, um dem politischen Handlungsspielraum Rechnung zu tragen.

Wo liegen die Grenzen? Außenpolitische Staatsräson oder die Wahrung eines ausschließlich durch die Bundesregierung einzuschätzenden Interesses an ungestörten auswärtigen Beziehungen können keinen absoluten Vorrang vor anderen verfassungsrechtlich geschützten Rechtsgütern beanspruchen.

V. Diplomatischer Schutz

Am pointiertesten zeigt sich diese Fragestellung beim diplomatischen Schutz. Aus der deutschen Staatsangehörigkeit folgt eine verfassungsrechtliche Pflicht zum Schutz deutscher Staatsangehöriger und ihrer Interessen gegenüber fremden Staaten.[71] Andererseits ist in allen Fällen, in denen bisher eine diplomatische Schutzausübung eingefordert worden ist, die Klage am Einschätzungs- und Beurteilungsspielraum der Bundesregierung gescheitert. Im Fall Hess wird die Ablehnung politischer Schutzausübung gegenüber den Alliierten durch die Bundesregierung mit dem Ziel der Freilassung von Hess aus Spandau als innerhalb des außenpolitischen Handlungsspielraums der Bundesregierung nur „in äußersten Grenzen" des offensichtlichen Rechtsirrtums oder der Willkür überprüfbar angesehen.[72] Ähnlich wird im Streit um den Restitutionsausschluß für die vor dem Jahre 1949 enteigneten Grundeigentümer die Einschätzung der Lage als prinzipiell einer verfassungsgericht-

---

[71] BVerfGE 40, 142, 177 – Ostverträge; vgl. hierzu *Eckart Klein* Diplomatischer Schutz und grundrechtliche Schutzpflicht, DÖV 1977, 704 f.; *Karl Doehring* Die Pflicht des Staates zur Gewährung diplomatischen Schutzes, 1959; *Wilhelm Karl Geck* Der Anspruch des Staatsbürgers auf Schutz gegenüber dem Ausland nach deutschem Recht, ZaöRV, Bd. 17 (1956/57) 476 f.; *Treviranus* Nochmals: Diplomatischer Schutz und grundrechtliche Schutzpflicht, DÖV 1979, 35.

[72] BVerfGE 50, 349, 366.

lichen Überprüfung nur beschränkt zugänglich bezeichnet.[73] Das Bundesverfassungsgericht hat es daher abgelehnt zu prüfen, ob die Einschätzung der Bundesregierung, Sowjetunion und DDR hätten auf dieser Regelung als Voraussetzung der Wiedervereinigung bestanden, trotz späterer entgegenstehender Äußerungen von Gorbatschow und anderer Indizien zutreffend gewesen sei.

Für die Kontrolle der Entscheidung, die Enteignungen von 1949 von der Restitutionspflicht auszunehmen, lassen sich drei Elemente unterscheiden:

1. Überprüfung der Richtigkeit der relevanten Fakten und rechtlichen Annahmen
2. Die darauf gestützte Einschätzung und Beurteilung der Verhandlungslage
3. Die Abwägung zwischen außenpolitischen Interessen am ungestörten Abschluß der Verhandlungen und den Interessen privater Eigentümer auf Gleichbehandlung mit den nach 1949 Enteigneten.

Faktenermittlung und Einschätzung der Gesamtlage können freilich nicht scharf voneinander unterschieden werden.

Daraus folgt aber keine völlige Freistellung bei der Überprüfung darauf, ob die für einen Akt der Ausübung auswärtiger Gewalt wesentlichen Fakten korrekt und vollständig zugrunde gelegt worden sind. Auch im Bereich des außenpolitischen Handelns ist die Richtigkeit der Tatsachengrundlage ein Rationalitätserfordernis der konkreten Entscheidung. So kann z. B. eine auf offensichtlich falsche faktische Annahmen gegründete Ablehnung der Ausübung diplomatischen Schutzes nicht als rechtmäßig angesehen werden.

Entsprechendes gilt auch für Beurteilungen der völkerrechtlichen Ausgangslage, so z. B. ob sich ein Staat völkerrechtswidrig verhalten hat. Der Hess-Beschluß des Bundesverfassungsgerichts[74] überdehnt insoweit den Handlungsspielraum der auswärtigen Gewalt. Die Beurteilung völkerrechtlicher Fragen gehört zu den Aufgaben gerichtlicher Kontrolle.

Es gibt auch keine Bindung an die vom Inhaber der auswärtigen Gewalt geäußerte Rechtsauffassung. Im Fall Tabatabai hatte der BGH über die diplomatische Immunität eines Iraners, der sich auf eine Immunität als Sonderbotschafter berief, zu entscheiden, nachdem er auf dem Flughafen Frankfurt mit Rauschgift im Gepäck verhaftet worden

[73] BVerfG vom 18. 04. 1996, Wertpapiermitteilungen 1996, 954.
[74] BVerfGE 55, 349, 367 f.

war.[75] Die besondere Brisanz des Falles lag darin, daß sich das Auswärtige Amt erst im Anschluß an massive diplomatische Vorstöße von seiten des Iran bereit erklärte, Herrn Tabatabai, einen engen Vertrauten des Ayatollah, durch nachträgliche Akzeptanz seiner Rolle als Sonderbotschafter eine Art „Persilschein" auszustellen. Der BGH stellt fest, eine Bindung an die Rechtsauffassung des Auswärtigen Amtes, wonach dem Angeklagten angesichts seiner Erklärungen Immunität zustehe, sei zwar nicht gegeben. Vielmehr hätten die Gerichte in eigener Zuständigkeit – ungeachtet der Kompetenz des Auswärtigen Amtes für die Gestaltung der auswärtigen Beziehungen – zu prüfen, ob im Einzelfall Immunität bestehe.[76] Ungeachtet dessen wurde Tabatabai Immunität zuerkannt, da im Hinblick auf die durch das Auswärtige Amt abgegebene Erklärung, es bestehe die Absprache einer Sondermission, ein für die Gerichte insoweit wirksamer völkerrechtlicher Tatbestand gegeben war.

Es bleibt die Frage, inwieweit der Handlungsspielraum auch die Abwägung und Prioritätensetzung umfaßt. In einer Entscheidung zur Ablehnung des diplomatischen Schutzes gegen polnische Enteignungen deutscher Staatsangehöriger verweist die Europäische Kommission zum Schutz der Menschenrechte auf das Interesse an ungestörten diplomatischen Beziehungen Deutschlands zu Polen.[77]

Läßt sich hieraus der Schluß ziehen, daß ein immer als gegeben zu unterstellendes Interesse des Auswärtigen Amtes an ungestörten Beziehungen zu fremden Staaten jegliche Entscheidung, auch z. B. diejenige, gegen drohende schwere Menschenrechtsverletzungen deutscher Staatsangehöriger im Ausland keine Schritte zu unternehmen, rechtfertigt? Der Vertretbarkeitsmaßstab bedeutet eine Überprüfung nach der Rationalität der Abwägungsentscheidung. Zwar kann sich das Bundes-

---

[75] BGHSt 32, 275; vgl. dazu *Joachim Wolf* Die völkerrechtliche Immunität des ad hoc-Diplomaten, EuGRZ 1983, 401, 403; *Bockslaff/Koch* The Tabatabai Case: The Immunity of Special Envoys and the Limits of Judicial Review, German Yearbook of International Law, Band 25 (1982) 539 ff.

[76] BGHSt 32, 275.

[77] Beschwerde No. 25045/94, *Dobberstein* / Germany, European Commission of Human Rights vom 12. 04. 1996 (unveröffentlicht): „In the latter respect the Commission had regard to the discretionary power which the High Contracting Parties to the Convention enjoy in respect of their diplomatic actions. It concluded in agreement with the Federal Constitutional Court that the general interest of establishing normal and friendly regulations with a neighbouring state prevailed over the individual interests of persons whose properties had been confiscated by Polish authorities".

verfassungsgericht in der Situation eines außenpolitischen Entscheidungsprozesses nicht an die Stelle der Bundesregierung setzen. Außenpolitische Handlungsfähigkeit erfordert daher eine Prärogative der Gewichtung der Rechtsgüter und der Prioritätensetzung. Ob der Wiedervereinigung oder der Hintanstellung der Ansprüche der Alteigentümer der Vorzug zu geben ist, kann in der politischen Entscheidungssituation nur von den politisch Verantwortlichen beurteilt werden. Daraus folgt aber keine Freiheit zu irrationalem Handeln. Im Beispielsfall drohender Folter wäre angesichts der existentiellen Angewiesenheit auf die Schutzausübung durch die deutschen Staatsorgane eine die Schutzausübung ablehnende Entscheidung unvertretbar.

Die Grenzziehung im Einzelfall mag freilich schwierig erscheinen. Vertretbarkeitskriterien für das Handeln in den auswärtigen Beziehungen lassen sich zum einen anhand der im internationalen Verkehr üblichen Verhaltensweisen ermitteln, zum anderen aus der politischen Praxis der Staatsorgane der Bundesrepublik Deutschland. Dabei sind auch der Wandel des Völkerrechts und der traditionellen Souveränitätsvorstellungen zu beachten. Als ausreichende Entscheidungsbasis wird man es daher z. B. nicht schlechthin ausreichen lassen, daß gegenüber menschenrechtswidrigen Handlungen diplomatische Untätigkeit mit der ablehnenden Haltung eines anderen Staates oder gar der Nichteinmischung in dessen innere Angelegenheiten begründet wird.[78] Ferner kann im Einzelfall auch zu berücksichtigen sein, ob es sich um Beziehungen mit Staaten vergleichbarer politischer und rechtlicher Struktur, insbesondere einer unabhängigen Gerichtsbarkeit handelt. In diesem Spektrum kann daher auch die Intensität drohender Rechtsverletzungen Berücksichtigung finden, ohne daß dies die Schlußfolgerung rechtfertigen würde, daß bei grundrechtsrelevanten Maßnahmen stets eine intensivierte Inhaltskontrolle stattzufinden hat.

VI. Völkerrechtliche Verträge

Der Abschluß völkerrechtlicher Verträge wird gemeinhin zum Kernbestand der auswärtigen Gewalt gerechnet.[79] Gegenstand der verfassungsgerichtlichen Normenkontrolle ist das Zustimmungsgesetz nach Art. 59 Abs. 2 S. 1 GG.[80] Ist Gegenstand der verfassungsgerichtlichen

---

[78] Vgl. dazu *Klein* (s. Fn. 71) 184.

[79] *Rudolf Bernhardt* Verfassungsrecht und völkerrechtliche Verträge, in: Isensee/Kirchhof, (s. Fn. 8), S. 571 ff.

[80] Vgl. hierzu *Rudolf Geiger* 1 (s. Fn. 37) 194 f.

Kontrolle der Inhalt des Vertrages, wie er im Völkerrecht gilt, ist der Vertrag in seiner völkerrechtlichen Bedeutung nach den Methoden des Völkerrechts zu ermitteln.[81] Andernfalls würde das Bundesverfassungsgericht über einen hypothetischen Gegenstand anderen Inhalts entscheiden.

Von diesem Ausgangspunkt aus ist die vom Bundesverfassungsgericht u. a. im Grundlagenvertrags-Urteil[82] praktizierte Methode der verfassungskonformen Auslegung völkerrechtlicher Verträge bedenklich. Sie führt tendenziell dazu, daß ein Vertrag in seiner völkerrechtlichen Bedeutung nicht hinreichend beachtet wird.[83]

Freilich lassen völkerrechtliche Verträge nicht selten erhebliche Auslegungsspielräume; der dilatorische Formelkompromiß ist geradezu ein Merkmal hochpolitischer Verträge. Kann nicht zumindest in derartigen Fällen die verfassungskonforme Auslegung ein adäquates Instrumentarium bieten, um einerseits der völkerrechtlichen Lage, andererseits verfassungsrechtlichen Anforderungen Rechnung zu tragen?

Soweit unterschiedliche Auslegungen nicht nur hypothetisch möglich, sondern als Ergebnis der völkerrechtlichen Analyse beabsichtigter Bestandteil eines Vertrages sind, erscheint es zulässig, verfassungsgerichtliche Einschränkungen vorzunehmen und insoweit den politischen Organen Vorgaben zu machen. Unzulässig ist dagegen die sozusagen vorausschauende, an ein Vertragswerk anknüpfende, präventative Überprüfung künftiger Vertragsauslegung und -anwendung. Im Grundlagenvertrags-Urteil sind zahlreiche hypothetische Auslegungen und potentielle Entwicklungsszenarien erörtert worden, die jedenfalls nicht un-

---

[81] *Christian Tomuschat* (s. Fn. 30) 801 f.; vgl. auch *Helmut Steinberger* Entwicklungslinien in der neueren Rechtsprechung des Bundesverfassungsgerichts zu völkerrechtlichen Fragen, ZaöRV Bd. 48 (1988) 1, 5 f.

[82] BVerfGE 36, 1, 14; 4, 157, 168.

[83] In diesem Zusammenhang ist unerheblich, ob die Kontrolle des Vertragsgesetzes vor oder nach völkerrechtlichem Inkrafttreten erfolgt. Der Hinweis darauf, daß die vom Bundesverfassungsgericht für unzulässig erklärte Auslegung verfassungsrechtlich noch durch eine Vorbehalts- oder Interpretationserklärung zur Geltung gebracht werden könne, greift in die allein der Bundesregierung zustehende Aktionsbefugnis ein und überschreitet daher die Grenzen der verfassungsgerichtlichen Kontrolle. Unklar *Henning Schwarz* (s. Fn. 58) 235, mit Recht krit. *Rudolf Bernhardt* Völkerrechtliche Bemerkungen zum Grundvertrags-Urteil des Bundesverfassungsgerichts, in: FS Eberhard Menzel (s. Fn. 30) 109–123; *ders.* Bundesverfassungsgericht und völkerrechtliche Verträge, in: Christian Starck (Hrsg.), Bundesverfassungsgericht und Grundgesetz, Bd. II, 154, 185.

mittelbar durch die Entscheidung des aktuellen Streitgegenstandes veranlaßt waren.[84]

Auch das Maastricht-Urteil ist hiervon nicht frei. Es unterscheidet sich zwar vom Grundlagenvertrags-Urteil dadurch wesentlich, daß jede Bestimmung des Unionsvertrages nach europarechtlichen Maßstäben ausgelegt und in dieser Form verfassungsrechtlich überprüft worden ist.[85] Nicht unproblematisch sind aber auch hier die zahlreichen, über die Prüfung des Vertrages weit hinausgehenden hypothetischen Szenarien zur Handhabung oder Fortbildung des EU-Vertrages und die sich hieraus ergebenden Folgen.

Dabei wird man dem Bundesverfassungsgericht in seiner Analyse in vielem zustimmen können. Die richtige Antwort gegenüber tatsächlichen oder vermeintlichen künftigen Fehlentwicklungen der EG liegt aber im Bereich außenpolitischen Handelns. Auch andere Unionsstaaten pochen daher von Zeit zu Zeit auf ihre Souveränität, um eine ihrer Auffassung nach überbordende Entwicklung von seiten der EG-Organe zu bremsen.

Für die Kontrollmaßstäbe der Überprüfung völkerrechtlicher Verträge gelten im übrigen die allgemeinen Grundsätze über den Einschätzungs- und Beurteilungsspielraum. Daraus folgt aber nicht, daß völkerrechtliche Verträge generell i. S. eines favor conventionis[86] einer geringeren Kontrolle unterliegen würden, als dies bei einer rein innerstaatlichen Regelung der Fall wäre.[87]

Bei der Beurteilung des deutsch-schweizerischen Doppelbesteuerungsabkommens ist daher das Rückwirkungsverbot zur Anwendung gekommen, ohne daß sich in der Entscheidung irgendein Hinweis auf besondere Handlungsspielräume bei der Ausübung der Vertragsgewalt ableiten ließ.[88] Andererseits weist im Salzburger Flughafenfall, in dem es um die Regelung der Auswirkung des Betriebs des Flughafen Salzburg auf die deutschen Anlieger in Grenznähe ging, das Bundesverfassungsgericht auf die gutnachbarlichen Beziehungen zu Österreich hin und schließt darauf, der Gesetzgeber habe unter diesen Umständen den

---

84 Vgl. hierzu auch generell die von *Hans-Jochen Vogel* mit Recht kritisierte Tendenz zur präventiven verfassungsgerichtlichen Prüfung (s. Fn. 22).

85 Vgl. z. B. zur Auslegung des Art. F Abs. 3 EUV BVerfGE 89, 155, 197; zu Art. 109 j Abs. 4 EGV, a. a. O., 201 f.; vgl. auch *Hans Hugo Klein* Maastrichter Vertrag und nationale Verfassungsgerichtssprechung, 1993, 14 f.

86 Vgl. hierzu *Zeitler* (s. Fn. 27) 50.

87 Vgl. dazu *Bernhardt* (s. Fn. 79), 183.

88 Vgl. BVerfGE 72, 200, 264.

Betrieb des Flughafens rechtlich anerkennen dürfen, wenn im Rahmen einer Gesamtregelung der Schutz der deutschen Bevölkerung vor unzumutbarem Fluglärm ausreichend berücksichtigt werde.[89] Damit bestätigt sich die These, daß der der auswärtigen Gewalt zustehende, von verfassungsgerichtlicher Überprüfung freigestellte, politische Handlungsbereich keinen abstrakt zu definierenden, ein für alle Mal feststehenden Gehalt aufweist. Er richtet sich, wie das Bundesverfassungsgericht im Saar-Urteil festgestellt hat, nach der politischen Ausgangslage und dem konkreten Vertragsgegenstand.

Als allgemeine Leitlinie läßt sich vielleicht folgendes feststellen: Je politischer der Vertragsgegenstand ist, je stärker er primär internationale Sachverhalte betrifft, desto größer ist im allgemeinen der dem Inhaber der auswärtigen Gewalt zustehende Einschätzungs- und Beurteilungsspielraum. Auf der anderen Seite der Skala steht der nicht politische Vertrag, der primär innerstaatliche Sachverhalte im Hinblick auf mögliche Kollisionen infolge grenzüberschreitender Aspekte regelt. Hier ergeben sich in der verfassungsgerichtlichen Praxis keine Anhaltspunkte auf einen besonderen politischen Handlungsspielraum.[90]

In besonderen Fällen kann der Handlungsspielraum der auswärtigen Gewalt allerdings sogar soweit reichen, daß spezifisch für die auswärtige Gewalt geltende verfassungsrechtliche Maßstäbe zeitweilig außer acht gelassen werden dürfen, wenn das im Vertrag erreichte Ergebnis näher am Grundgesetz ist als der bisher erreichte Zustand.[91] Im Saar-Urteil hat das Bundesverfassungsgericht in der Akzeptierung des Saar-Statuts einen dem Art. 23 Abs. 2 GG a. F. „nicht voll entsprechenden Zustand" hingenommen[92] mit dem Argument, eine volle Einbeziehung des Saargebiets sei nicht erreichbar gewesen. Einschränkungen anderer als der in Art. 79 Abs. 3 GG genannten Verfassungsnormen könnten daher für eine Übergangszeit hingenommen werden, wenn sie in einem unmittelbaren Zusammenhang mit der Regelung stünden, die in ihrer gesamten Tendenz darauf gerichtet sei, dem der Verfassung voll entsprechenden Zustand näher zu kommen.[93]

Eine Verallgemeinerung der Nähertheorie setzt einen auf die Beseitigung einer extern verursachten, verfassungswidrigen Ausgangslage ge-

---

[89] BVerfGE 72, 66, 79 f.

[90] Vgl. BVerfGE 30, 72, 72, 200.

[91] BVerfGE 4, 157 ff., 168 ff.; Zur Annäherungstheorie vgl., *Franz-Christoph Zeitler* (s. Fn. 27) 262 ff.; *Karl Doehring* in: Doehring/Ress (Hrsg.), Staats- und völkerrechtliche Aspekte der Berlin-Regelung, 1972, 13 ff.

[92] BVerfGE 4, 157, 178.

[93] BVerfGE 4, 170.

richteten Akt der auswärtigen Gewalt im Zusammenhang mit einem der deutschen Staatsgewalt nicht unterworfenen internationalen Akteur voraus. Weitere Voraussetzung ist, daß es sich um eine vorläufige Regelung handelt, die im Hinblick auf die Erreichung des grundgesetzmäßigen Zustandes getroffen wird.

VII. Wirkungen verfassungswidriger Akte der auswärtigen Gewalt

Die Feststellung der Verfassungswidrigkeit eines Aktes der auswärtigen Gewalt ändert im Grundsatz nichts an der nach völkerrechtlichen Regeln zu beurteilenden völkerrechtlichen Bindung. Wird daher ein Zustimmungsgesetz zu einem bereits in Kraft getretenen völkerrechtlichen Vertrag für verfassungswidrig und nichtig erklärt,[94] ergibt sich ein Konflikt zwischen der völkerrechtlichen Pflicht zur Beachtung des Vertrages und dem verfassungsrechtlichen Gebot, im innerstaatlichen Bereich den Vertrag nicht anzuwenden.[95] Intern setzt sich in dieser Konfliktslage das verfassungsrechtliche Gebot zur Nichtbeachtung des Vertrags durch. Es ist Sache der für die auswärtige Gewalt politisch Verantwortlichen, die sich hieraus für die auswärtigen Beziehungen ergebenden Schlüsse zu ziehen, zum Beispiel in der Form einer Vertragskündigung, einer einvernehmlichen Vertragsänderung oder einer abweichenden Vertragspraxis.[96] Das Bundesverfassungsgericht würde in den der auswärtigen Gewalt vorbehaltenen Kompetenzbereich eingreifen, würde es die Bundesregierung zu einem Vorbehalt oder einer Interpretationserklärung verpflichten.[97]

Im Prinzip gilt auch für einseitige Akte der Ausübung auswärtiger Gewalt die Unterscheidung zwischen völkerrechtlicher Wirksamkeit und innerstaatlicher Verfassungswidrigkeit. Probleme ergeben sich aber, wenn das innerstaatliche Recht auf einen völkerrechtlichen Tatbestand Bezug nimmt. Eine z. B. wegen mangelnder Zuständigkeit oder Verstoßes gegen materielle Grundsätze der Verfassung verfassungswidrige

---

94 Vgl. BVerfGE 72, 200, 264 ff.

95 Vgl. BVerfGE 35, 257, 261; *Zeitler* (s. Fn. 27) 301 ff.

96 In letztem Fall ergeben sich allerdings bei einer Nichtigerklärung Schwierigkeiten. Es spricht daher einiges für eine Beschränkung der verfassungsgerichtlichen Entscheidung auf Verfassungswidrigerklärung; vgl. hierzu *Jochen Abraham Frowein* Die Bindungswirkung von Akten der auswärtigen Gewalt, in: FS Eberhard Menzel, 1975, 129.

97 Wohl anderer Meinung: *Zeitler* (s. Fn. 27) 309 ff.

Maßnahme könnte z. B. eine völkerrechtlich wirksame Freistellung von der deutschen Gerichtsbarkeit oder einen Verzicht auf völkerrechtliche Rechtspositionen begründen. Durch die verfassungsgerichtliche Feststellung wird der Akt in seiner völkerrechtlichen Wirkung nicht tangiert. Vielmehr richtet sich die völkerrechtliche Wirksamkeit einseitiger völkerrechtlicher Akte allein nach den allgemeinen Grundsätzen des Völkerrechts.[98] So kann z. B. auch der Verzicht auf Rechtspositionen eine völkerrechtliche Bindung erzeugen, die auch bei innerstaatlicher Verfassungswidrigkeit nicht mehr einseitig rückgängig gemacht werden könnte.

Insoweit läuft die verfassungsrechtliche Überprüfung ins Leere. So wäre z. B. auch eine materiell verfassungswidrige, jedoch völkerrechtlich wirksame Freistellung von der deutschen Gerichtsbarkeit zu respektieren, weil insoweit die Tatbestandswirkung der völkerrechtlich wirksamen Immunitätsgewährung durchschlägt.

VIII. Verfahrensfragen

Zustimmungsgesetze zu völkerrechtlichen Verträgen unterliegen der abstrakten Normenkontrolle nach Art. 93 Abs. 1 Ziffer 2 GG, sofern sich ein Antragsberechtigter findet. Im allgemeinen gibt dies der politischen Opposition hinreichend Möglichkeiten, Verträge, die dem Zustimmungserfordernis nach Art. 59 Abs. 2 Satz 1 GG unterliegen, auf ihre Verfassungsmäßigkeit hin überprüfen zu lassen.[99]

Prozessuale Fragen im Bereich der Kontrolle der auswärtigen Gewalt stellen sich vor allem in Hinblick auf die Rechte einzelner angesichts einer stärkeren internationalen Verflechtung. Soweit internationale Vereinbarungen in der Form von zustimmungsbedürftigen völkerrechtlichen Verträgen geschlossen werden, ist grundsätzlich auch eine Verfas-

---

[98] *J. A. Frowein* (s. Fn. 96) 130 ff.

[99] Der Organstreit nach Art. 93 Abs. 1 Ziffer 1 GG eignet sich dagegen zur Klärung der Zuständigkeiten im Verhältnis zwischen den an der Ausübung der auswärtigen Gewalt beteiligten Organen, insbesondere Bundestag und Bundesrat. Das Bundesverfassungsgericht gewährt in ständiger Rechtsprechung auch den Fraktionen das Recht, im eigenen Namen Rechte des Bundestages geltend zu machen. Dies setzt allerdings voraus, daß es tatsächlich um die Durchsetzung der Rechte der Antragsteller, nicht lediglich um eine verkappte gutachtliche Klärung einer Frage geht. Ein Indiz hierfür ist, wenn der Antragsteller keine parlamentarischen Möglichkeiten ergriffen hat, um seine Rechte durchzusetzen; vgl. hierzu *Eckart Klein* in: Benda/Klein (Hrsg.), Lehrbuch des Verfassungsprozeßrechts, 1991, S. 277 ff.; *Gerd Sturm* in: Michael Sachs (Hrsg.), Grundgesetzkommentar, 1996, Art. 93, Rdn. 43.

sungsbeschwerde nach Art. 93 Abs. 1 Ziffer 4 a GG eröffnet. Erforderlich ist dabei allerdings, daß der Beschwerdeführer selbst, gegenwärtig und unmittelbar durch ein Zustimmungsgesetz zu einem völkerrechtlichen Vertrag oder einen sonstigen Akt der Ausübung auswärtiger Gewalt in einem Grundrecht verletzt sein kann.[100] Das Bundesverfassungsgericht hat daher Verfassungsbeschwerden gegen Zustimmungsgesetze zu den Verträgen von Moskau und Warschau als unzulässig zurückgewiesen.[101]

Es stellt sich die Frage, ob diese Anforderungen, die für innerstaatliche Gesetze entwickelt worden sind, die Besonderheiten der auswärtigen Gewalt ausreichend berücksichtigen. Grundsätzlich besteht zwar auch bei Akten auswärtiger Gewalt die Möglichkeit, nachfolgende innerstaatliche Vollzugsmaßnahmen anzugreifen. Faktisch wird sich aber wegen der völkerrechtlichen Bindungen die Beeinträchtigung individueller Rechtspositionen nicht oder nur sehr schwer rückgängig machen lassen.[102] Dies gilt auch im Bereich des europäischen „soft law“ im dritten Pfeiler des Maastrichter Vertrags, in dem, von der Öffentlichkeit weitgehend unbemerkt und der gerichtlichen Kontrolle entzogen, die Grundstrukturen der künftigen europäischen Innen- und Justizpolitik gebildet werden. Eine stärkere Verrechtlichung der europäischen Koordination durch Abschluß bindender Verträge ist daher erforderlich.

Die Schwierigkeiten einer Kontrolle politischer Verträge führen zur Überlegung, neue prozessuale Möglichkeiten verfassungsgerichtlicher Überprüfung einzuführen. Gegen eine Wiederbelebung der früher einmal in § 97 BVerfGG vorgesehenen Zuständigkeit, auf Antrag Rechtsgutachten zu erstatten, sprechen indes auch gewichtige Bedenken. Zwar wäre damit eine Möglichkeit eröffnet, ohne Rücksicht auf die Geltendmachung konkreter Rechtsbeeinträchtigungen eine verfassungsgerichtliche Überprüfung von Zustimmungsgesetzen zu völkerrechtlichen Verträgen herbeizuführen. Im Hinblick auf drohende Rechtsschutzlücken sind diese Überlegungen nicht leicht von der Hand zu weisen. Andererseits erhöhen sie die Gefahr einer politischen Instrumentalisierung.[103]

---

100 Vgl. BVerfGE 40, 141, 156; 89, 153.

101 Bemerkenswert ist allerdings, daß das Bundesverfassungsgericht in diesem Zusammenhang auf mehr als zwanzig Druckseiten anschließend die tatsächlichen und rechtlichen Wirkungen dieser Verträge analysiert.

102 Vgl. *Rudolf Bernhardt* (s. Fn. 8) 174, der dafür plädiert, die ernsthafte Möglichkeit einer Rechtsverletzung ausreichen zu lassen.

103 Erwägenswert erscheint immerhin der Vorschlag, zur frühzeitigen Überprüfung völkerrechtlicher Verträge ein Gutachtenverfahren einzuführen, sofern der Vertrag bereits vollständig ausgehandelt worden ist, vgl. *Meinhard Hilf* Gutachten des

IX. Einstweiliger Rechtsschutz

Der drohende Eintritt völkerrechtlicher Wirkungen verleiht bei Akten auswärtiger Gewalt Fragen des vorläufigen Rechtsschutzes besondere Brisanz. In nahezu allen wichtigen außenpolitische Fragen betreffenden Verfahren sind einstweilige Anordnungen beantragt worden – fast immer ohne Erfolg. Das Bundesverfassungsgericht legt an die Voraussetzungen nach § 32 Abs. 1 BVerfGG einen besonders strengen Maßstab an, wenn eine Maßnahme mit völkerrechtlichen oder außenpolitischen Auswirkungen betroffen ist.[104] Erstmals wird im Verfahren über den Einsatz der Bundeswehr in Somalia zwar nicht dem vollen Antrag der Antragsteller, die Operation einstweilen einzustellen, stattgegeben; das Bundesverfassungsgericht hat aber angeordnet, die Aktion dürfe vorläufig nur mit Zustimmung des Bundestages fortgeführt werden.[105]

Kein Maßstab für die Gewährung des einstweiligen Rechtsschutzes sind für das Bundesverfassungsgericht die Erfolgsaussichten. Vielmehr läßt das Gericht die Gründe, welche für oder gegen die Verfassungswidrigkeit sprechen, prinzipiell außer Betracht, es sei denn das Begehren erweist sich als von vornherein unzulässig oder offensichtlich unbegründet. Maßstab ist eine Abwägung der Nachteile, die einträten, wenn die einstweilige Anordnung nicht erginge, die Maßnahme aber später für verfassungswidrig erklärt würde, gegen diejenigen, die entstünden, wenn die Maßnahme nicht in Kraft träte, sie sich aber im Hauptsacheverfahren als verfassungsgemäß erwiese.[106]

Diese Methode führt zu einem kaum lösbaren Dilemma.[107] Da die Einschätzung der politischen Lage prinzipiell im nicht überprüfbaren Beurteilungsermessen der Regierung steht, ist letztlich die Argumentation, eine Verzögerung führe zu erheblichen außenpolitischen Nachteilen oder zu einer Störung des Verhandlungsklimas, kaum widerlegbar.

BVerfG zu völkerrechtlichen Verträgen?, in: Due/Luther/Schwarze (Hrsg.), FS Ulrich Everling, Band 1, 1995, S. 463, 471 ff.

[104] Vgl. BVerfGE 88, 173, 179; vgl. ferner BVerfGE 1, 281 – Ablehnung eines Antrags eines Oppositionsabgeordneten, der Bundesregierung aufzugeben, bei Unterzeichnung des Vertragswerks über die Europäische Verteidigungsgemeinschaft einen Vorbehalt zu erklären, wonach die Verträge nicht in Kraft treten könnten, bis das BVerfG nicht über die verfassungsrechtlichen Voraussetzungen entschieden habe.

[105] BVerfGE 89, 38.

[106] Vgl. BVerfGE 86, 390, 395.

[107] Vgl. dazu insbes. *Friedrich Schoch* und *Rainer Wahl* Die einstweilige Anordnung des BVerfG in außenpolitischen Angelegenheiten, in: Grundrechte, soziale Ordnung und Verfassungsgerichtsbarkeit, FS für Ernst Benda zum 70. Geburtstag, 1995, 265 f.

Der Hinweis im Verfahren über den Grundlagenvertrag darauf, daß die Exekutive ein beim Bundesverfassungsgericht anhängiges Verfahren nicht überspielen dürfe, hat demgegenüber nahezu ausschließlich Appellcharakter; das Bundesverfassungsgericht betont nämlich, es liege in der Verantwortung der Bundesregierung, die sich hieraus ergebenden Grenzen zu bestimmen.[108]

Die Kritik, daß das Bundesverfassungsgericht mit diesem Abwägungsmodell sich aller rechtlichen Maßstäbe entledigt und auf das Feld ausschließlich politischer Zweckmäßigkeitserwägungen begeben habe,[109] erscheint daher berechtigt. Freilich ist der Vorschlag einer summarischen Prüfung der Erfolgsaussichten, wie es im verwaltungsgerichtlichen Verfahren schon seit eh und je üblich ist, auch nicht völlig unproblematisch. Zum einen wird durch eine derartige Prüfung das Hauptsacheverfahren in erheblicher Weise präjudiziert; zum anderen scheint der Zeitfaktor ein nahezu unüberwindliches Hindernis. Freilich läßt sich auch darauf verweisen, daß faktisch auch heute schon die Erfolgsaussichten in einstweilige Rechtsschutzverfahren einbezogen werden – auch wenn das Bundesverfassungsgericht dies nicht offen ausspricht. Oder läßt sich ernsthaft bezweifeln, das Gericht habe bei der Anordnung des Zustimmungserfordernisses des Bundestags beim Bundeswehreinsatz in Somalia nicht bereits das Endergebnis mit in sein Kalkül einbezogen?[110] Eine Vorteil-Nachteil-Abwägung auf der Basis einer summarischen Erfolgsaussichtenprüfung könnte daher ein überzeugenderes Modell verfassungsgerichtlichen Eilrechtsschutzes sein. Der Zeitfaktor könnte einen heilsamen Einfluß auf das Bundesverfassungsgericht ausüben, sich an den verfassungsrechtlichen Kern zu halten. Hinzu kommt, daß gerade bei außenpolitischen Entscheidungen ohnedies eine unterschiedliche Beurteilung im einstweiligen Rechtsschutzverfahren und Hauptsacheverfahren nur schwer vorstellbar ist. Insgesamt spricht daher einiges für eine Einbeziehung der Prüfung der Erfolgsaussichten in das einstweilige Rechtsschutzverfahren.

Fazit

Das Fazit fällt zwiespältig aus. Das Bundesverfassungsgericht hat der auswärtigen Gewalt im großen und ganzen die ihr zukommende Gestaltungsfreiheit belassen. Gefahren für eine Juridifizierung der Außen-

---

108 Vgl. BVerfGE 35, 257, 262.

109 *Schoch/Wahl* (Fn. 107) 295 ff.

110 Vgl. zur faktischen Berücksichtigung der Erfolgsaussichten auch *Eckart Klein* in: Benda/Klein (Hrsg.), Lehrbuch des Verfassungsprozeßrechts, Bd. Nr. 1136.

politik ergeben sich aus der allgemeinen Neigung des Gerichts, auch die Zukunft mitentscheiden zu wollen, und aus der Instrumentalisierung des Verfassungsrechts für politische Ziele. Der Gang nach Karlsruhe erscheint auch in der Außenpolitik nicht selten als Fortsetzung der Politik mit anderen Mitteln.

Was den Schutz von Individualinteressen betrifft, so scheint das Gericht mit seiner hohen Willkürschwelle gelegentlich sogar die Grenzen zu eng zu ziehen – möglicherweise eine späte Folge der besonderen Situation Deutschlands. Mit der zunehmenden Europäisierung und Internationalisierung innerstaatlicher Sachverhalte, die sich der verfassungsgerichtlichen Kontrolle teilweise entzieht, entsteht die Notwendigkeit des verstärkten Ausbaus europäischer Rechtsschutzinstrumte.

Leitsätze des 1. Berichterstatters über:

Kontrolle der auswärtigen Gewalt

I. Objekte gerichtlicher Kontrolle der auswärtigen Gewalt sind in erster Linie Akte der Bundesregierung, in zweiter Linie solche des Bundestages. De lege ferenda erscheint es unbefriedigend, daß das Parlament von der politischen Kontrolle wesentlicher politischer Entscheidungen im Bereich der auswärtigen Gewalt ausgeschlossen bleibt. Eine Kompensation mangelnder politischer Kontrolle durch gerichtliche Kontrolle stellt keine brauchbare Lösung dar.

II. Für die gerichtliche Kontrolle der auswärtigen Gewalt ist der Begriff der richterlichen Selbstbeschränkung wenig hilfreich. Art und Umfang der gerichtlichen Kontrolle bestimmt sich nach den im Einzelfall anwendbaren verfassungsrechtlichen Prüfungsmaßstäben einerseits und den funktionellen Grenzen der Verfassungsgerichtsbarkeit andererseits.

III.1. Für die Gestaltung der auswärtigen Beziehungen bereichsspezifische Kontrollmaßstäbe finden sich im Grundgesetz in Art. 23, 24, 26, 87 a und 115 a sowie in dem Grundsatz der internationalen Offenheit und der Respektierung des Völkergewohnheitsrechts (Art. 25 GG). Im übrigen legt das Grundgesetz die Gestaltung internationaler Sachverhalte und die Wahrung deutscher Interessen nach außen in das Handlungsermessen des Inhabers der auswärtigen Gewalt.

2. Die Grundprinzipien der Verfassung (Art. 20) und die Grundrechte stellen – von Art. 23 GG abgesehen – keinen Entwurf für die Gestaltung der internationalen Beziehungen oder die zwischenstaatliche Regelung ausländischer Sachverhalte dar. Als Prüfungsmaßstäbe für Akte der auswärtigen Gewalt kommen Grundrechte in Bezug auf innerstaatliche Auswirkungen (territoriale Anknüpfung) oder im Hinblick auf die Ausgestaltung des Staatsangehörigkeitsverhältnisses (personale Anknüpfung) in Betracht.

3. Aus den Grundrechten lassen sich – über Art. 16 a Abs. 1 GG und Art. 1 Abs. 1 S. 2 GG hinausgehend – keine die auswärtige Gewalt determinierende Pflichten zum Schutz fremder Staatsangehöriger gegenüber fremder Herrschaftsgewalt ableiten.

4. Ansatzpunkte für eine stärkere Einbeziehung des sachnäheren Völkerrechts als Kontrollmaßstab für die auswärtige Gewalt bieten der Grundsatz der Völkerrechtsfreundlichkeit und die Bindung an die allgemeinen Regeln des Völkerrechts. Einer weiterreichenden Prüfung am Maßstab des Völkervertragsrechts setzt jedoch das Grundgesetz enge Grenzen.

IV.1. Der auswärtigen Gewalt kommt ein Einschätzungs- und Beurteilungsspielraum zur Wahrung der Interessen der Bundesrepublik Deutschland nach außen zu. Die Einschätzung der Verhandlungslage und darauf gestützte politische Entscheidungen unterliegen daher nur einer begrenzten Überprüfbarkeit im Hinblick auf deren „Vertretbarkeit".

2. Die für die verfassungsgerichtliche Kontrolle des Gesetzgebers entwickelten abgestuften Prüfungsmaßstäbe eignen sich nur bedingt für die Kontrolle der auswärtigen Gewalt. Der Einschätzungs- und Beurteilungsspielraum ist umso größer, je gewichtiger im Einzelfall die spezifisch außenpolitischen Gesichtspunkte (völkerrechtliche Handlungsfähigkeit) sind. „Hochpolitische Verträge" und die Regelung internationaler Sachverhalte unterliegen im allgemeinen einer weniger intensiven Kontrolle. In besonderen Fällen kann die Pflicht zur Beachtung des Kompetenzbereichs der auswärtigen Gewalt bis zu einer faktischen Bindungswirkung der Gerichte an völkerrechtlich wirksame Maßnahmen oder Feststellungen der Bundesregierung führen.

V.1. Entsprechende Grundsätze kommen auch bei der Ausübung diplomatischen Schutzes und anderen grundrechtstangierenden Akten auswärtiger Gewalt zur Anwendung. Die Grenzen des Einschätzungs- und Beurteilungsspielraums sind überschritten, wenn die für eine Ablehnung der Schutzausübung entscheidungsrelevanten Tatsachen nicht zutreffen oder die Bundesregierung die völkerrechtliche Ausgangslage falsch beurteilt hat.

2. Maßstäbe für die Vertretbarkeitsprüfung lassen sich aus den im internationalen Verkehr üblichen Verhaltensweisen und aus der außenpolitischen Praxis der Organe der Bundesrepublik Deutschland ableiten. Dabei sind der Wandel des Völkerrechts und die Art und Qualität der im konkreten Fall bestehenden zwischenstaatlichen Beziehungen zu berücksichtigen. Mit heranzuziehen ist ferner die Intensität einer durch fremde Staaten drohenden Rechtsbeeinträchtigung.

VI.1. Die Überprüfung von Zustimmungsgesetzen zu völkerrechtlichen Verträgen nach den Grundsätzen über die verfassungskonforme Auslegung trägt der völkerrechtlichen Rechtsnatur von Verträgen nicht ausreichend Rechnung.

2. Präventive, die Entwicklung vorausnehmende verfassungsgerichtliche Aussagen zu Handhabung und Entwicklung hochpolitischer Verträge mit dem Ziel, die Außenpolitik verfassungsrechtlich einzuschränken, überschreiten die Grenzen verfassungsgerichtlicher Kontrolle.

3. Ein „favor conventionis" im Sinne eines prinzipiell größeren Handlungsspielraums für völkerrechtliche Verträge im Vergleich zu gleichartigen innerstaatlichen Regelungen läßt sich aus der funktionellen Besonderheit der auswärtigen Gewalt nicht ableiten.

4. Die „Annäherungstheorie" des Bundesverfassungsgerichts hat auch außerhalb der besonderen politischen Lage, in der sie entstanden ist, einen Anwendungsbereich. Voraussetzung ist ein auf die Beseitigung einer extern verursachten, verfassungswid-

rigen Ausgangslage gerichteter Akt der auswärtigen Gewalt im Zusammenwirken mit internationalen Akteuren.

VII.1. Für die Wirkungen verfassungswidriger Akte der auswärtigen Gewalt ist zwischen der nach völkerrechtlichen Regeln zu beurteilenden völkerrechtlichen Wirksamkeit und innerstaatlicher Bindung zu unterscheiden. Daraus kann sich eine unlösbare Konfliktlage ergeben.

2. Ungeachtet dessen können auch verfassungswidrige Akte der auswärtigen Gewalt innerstaatliche Wirksamkeit entfalten, soweit das innerstaatliche Recht direkt oder indirekt auf völkerrechtliche Tatbestände Bezug nimmt. Die verfassungsgerichtliche Prüfung geht insoweit ins Leere und könnte sich allenfalls auf die Feststellung einer Überschreitung der verfassungsrechtlichen Grenzen beschränken.

VIII. Verfahrensrechtliche Fragen bei der Kontrolle auswärtiger Gewalt stellen sich insbesondere im Hinblick auf den Zugang einzelner zu gerichtlicher Kontrolle. Sowohl die hohen Anforderungen an die unmittelbare und gegenwärtige Betroffenheit bei Zustimmungsgesetzen zu völkerrechtlichen Verträgen als auch der Ausschluß gerichtlicher Kontrolle bei neuen Instrumenten abgestufter völkerrechtlicher Verbindlichkeit können zu Rechtsschutzlücken führen.

IX. Der Verzicht auf eine summarische Prüfung der Erfolgsaussichten im einstweiligen Rechtsschutzverfahren führt zu einer Preisgabe rechtlicher Maßstäbe und zu einer letztlich an politischen Zweckmäßigkeitserwägungen ausgerichteten Rechtsprechung.

Erster Beratungsgegenstand:

Kontrolle der auswärtigen Gewalt

2. Bericht von Prof. Dr. *Rüdiger Wolfrum*, Heidelberg

Inhalt

I. Die Verteilung der auswärtigen Gewalt zwischen Exekutive und Legislative

1. *Einführung*

Im November 1995 nahm der Bundestag folgenden Entschließungsantrag an: „Die Bundesregierung wird aufgefordert, den iranischen Außenminister Welajati von der bevorstehenden Islam-Konferenz auszuladen. Der Vertreter eines Regimes, dessen Präsident den Mord am israelischen Ministerpräsidenten Rabin als „Strafe Gottes" rechtfertigt, ist in unserem Land nicht willkommen".[1] Lag, angesichts der weitreichenden Konsequenzen[2] für die Iran-Politik der Bundesregierung, in diesem Beschluß ein Eingriff in deren Ausübung der auswärtigen Gewalt?

Das Grundgesetz verwendet den Begriff auswärtige Gewalt nicht.[3] Er wurde von der Wissenschaft[4] entwickelt und bezeichnet keine eigenständige Typologie von Staatsaufgaben mit einem eigenen Platz in der Gewaltenteilungslehre,[5] sondern umschreibt die verfassungsrechtlichen Kompetenzen, die auswärtigen Angelegenheiten zu gestalten.[6] Eine derartige inhaltliche Bestimmung des Begriffs „auswärtige Gewalt" nimmt bewußt Abstand von einer Beschränkung auf völkerrechtlich

---

1 BT-Drucks. 13/2983 (10. November 1995).

2 Deutscher Bundestag, Stenographische Berichte, 13. Wahlperiode, 69. Sitzung, 10. November 1995.

3 Es spricht u. a. von der Pflege der Beziehungen zu auswärtigen Staaten, Art. 32 GG, den auswärtigen Angelegenheiten als Gegenstand der ausschließlichen Gesetzgebung des Bundes, Art. 73 Ziff. 1 GG, der völkerrechtlichen Vertretung des Bundespräsidenten, Art. 59 Abs. 1 GG, der Mitwirkung der für die Gesetzgebung zuständigen Körperschaften bei dem Abschluß völkerrechtlicher Verträge, Art. 59 Abs. 2 GG bzw. bei der Verwirklichung eines vereinten Europas, Art. 23 GG, der Feststellung des Verteidigungsfalles, Art. 115a GG bzw. seiner Beendigung, Art. 115l GG. Umstritten ist bereits, ob alle staatlichen Funktionen mit Außenbezug die Ausübung der auswärtigen Gewalt ganz oder nur teilweise umschreiben oder ob ein Teil dieser Funktionen nicht mehr der auswärtigen Gewalt zuzurechnen ist.

4 Der Begriff wurde wohl erstmalig von *Albert Haenel* Deutsches Staatsrecht, 1892 verwandt.

5 Krit. bereits *Hermann Mosler* Die völkerrechtliche Wirkung bundesstaatlicher Verfassungen, in: FS Thoma, 1950, 149; *Wilhem Grewe* Die auswärtige Gewalt der Bundesrepublik, VVDStRL 12 (1954) 129 (130); *ders.* Auswärtige Gewalt, in: Isensee/Kirchhof (Hrsg.), Handbuch des Staatsrechts, Bd. III, 1988, § 77, 921 (922 f.).

6 *Hermann Mosler* Die Auswärtige Gewalt im Verfassungssystem der Bundesrepublik Deutschland, in: FS Bilfinger, 1954, 243 (246); *Christian Tomuschat* Ergänzbares Lexikon des Rechts, Stichwort Auswärtige Gewalt, Nr. 5/30; *Günter Püttner/Gerald Kretschmer* Die Staatsorganisation, 2. Aufl. 1993, 269; *Rudolf Geiger* Grundgesetz und Völkerrecht, 2. Aufl. 1994, 142.

unmittelbar relevantes Handeln.[7] Zum Bereich der auswärtigen Gewalt zählt auch die Mitwirkung in den Gremien der Europäischen Union; sie kann nicht als „europäische Innenpolitik"[8] aus der auswärtigen Gewalt ausgegliedert werden.

Die auswärtige Gewalt gehört wesensmäßig nicht grundsätzlich zu dem Bereich der Regierung und Verwaltung,[9] sondern sie wird von Regierung und Parlament gemeinsam ausgeübt.[10] Dies ist durch die Fortentwicklung des Europarechts und strukturelle Veränderungen im Völkerrecht bedingt. Der neue Art. 23 GG trägt der Entwicklung des Europarechts Rechnung.

---

[7] *Bernhard Ehrenzeller* Legislative Gewalt und Außenpolitik, 1993, 165; *Wilfried Fiedler* Auswärtige Gewalt und Verfassungsgewichtung. Zum Problem des internationalen Verfassungsrechts, in: FS Schlochauer, 1981, 57 (74); *Michael Müller* Die innerstaatliche Umsetzung von einseitigen Maßnahmen der auswärtigen Gewalt, 1994, 22 f. Ein auf völkerrechtlich relevantes Handeln beschränktes Verständnis würde außer acht lassen, daß die Gestaltung dieser Beziehungen sich in einer Vielzahl von Fällen nicht in Formen unmittelbar völkerrechtsgestaltender Handlungen vollzieht; *Ondolf Rojahn* in: von Münch/Kunig (Hrsg.), Grundgesetz-Kommentar, Bd. II, 3. Aufl. 1995, Art. 32, Rdn. 2; a. A. *Ulrich Fastenrath* Kompetenzverteilung im Bereich der auswärtigen Gewalt, 1986, 68 ff., der zwischen einem politologischen und einem rechtlichen Begriff der auswärtigen Gewalt unterscheiden will.

[8] *Juliane Kokott* Kontrolle der auswärtigen Gewalt, Begleitaufsatz zur Staatsrechtslehrertagung 1996 in Dresden, DVBl. 1996, 937 (938), m. w. N.; krit. *Christian Tomuschat* Bundesstaats- und Integrationsprinzip in der Verfassungsordnung des Grundgesetzes, in: Magiera/Merten (Hrsg.), Bundesländer und Europäische Gemeinschaft, 1988, 21 (40). Die Verhandlungen im Rat entsprechen weiterhin denen in einer internationalen Organisation. Gleiches gilt für die Verhandlungen im Europäischen Rat gem. Titel V und VI des Vertrages über die Europäische Union; so auch *Bernhard Lange* Die Gemeinsame Außen- und Sicherheitspolitik der Europäischen Union, JZ 1996, 442.

[9] So vor allem *Grewe* HStR (Anm. 5) 921 ff. m. w. N.; *Walter Rudolf* Völkerrecht und deutsches Recht, 1967, 180 ff. Dieser Ansatz wird durch die Rspr. des Bundesverfassungsgerichts (E 1, 351 [369] bzw. 372 [394]) gestützt, das diese bis zum Nachrüstungsurteil (E 68, 1 [Ls. 4]) uneingeschränkt aufrechterhalten hat. Erst das Urteil zum Einsatz der Streitkräfte in Somalia und zu AWACS-Aufklärungsflügen über der Adria (E 90, 286 [381]) fordert für einen Teilbereich – die Entscheidung über den Auslandseinsatz der Bundeswehr – eine verstärkte parlamentarische Mitwirkung an der Ausübung der auswärtigen Gewalt, wobei aber weiter – wenig konsequent – von der grundsätzlichen Zuordnung der auswärtigen Gewalt zur Regierung ausgegangen wird (E 90, 286 [Ls. 7]).

[10] *Eberhard Menzel* Die auswärtige Gewalt der Bundesrepublik, VVDStRL 12 (1954) 179 (194 ff.); *Hans Baade* Das Verhältnis von Parlament und Regierung im Bereich der auswärtigen Gewalt der Bundesrepublik Deutschland, 1962, 118 ff. spricht von einer „gemischten Gewalt"; *Ernst Friesenhahn* Parlament und Regierung im modernen Staat, VVDStRL 16 (1958) 9 ff. (37 f., 70) von einer gesamthänderischen Wahrnehmung.

Die Fortentwicklung des Europarechts und die strukturellen Veränderungen des Völkerrechts verbieten es, hinsichtlich der Verteilung der auswärtigen Gewalt auf ein tradiertes Verständnis[11] von dieser zurückzugreifen. Das Völkerrecht besteht nicht mehr im wesentlichen aus Verträgen, die die innerstaatliche Ordnung, wenn überhaupt, nur am Rande berühren.

Die wachsende Bedeutung von Völker- und Europarecht für die Gestaltung und Anwendung des Rechts in den nationalen Rechtsräumen beruht auf drei Phänomenen struktureller Natur: Der zunehmenden Bedeutung des Völkerrechts und des Europarechts für die Rechtstellung des einzelnen, der Internationalisierung bzw. Europäisierung immer weiterer Regelungsbereiche sowie der Vergrößerung der Zahl der Akteure auf dem Feld der internationalen Beziehungen.

Der einzelne wird zunehmend zum Träger völkerrechtlicher Rechte und auch von Pflichten, eine Entwicklung, die vor allem durch die steigende Bedeutung der Menschenrechte und deren verfahrensmäßige Sicherung ausgelöst wurde. Beispiele für eine völkerrechtliche Inpflichtnahme des einzelnen sind u. a. die Fortentwicklung und Kodifizierung eines Völkerstrafrechts[12] und vor allem die Begründung von Individualpflichten über das nationale Recht wie z. B. das Strafrecht oder das Umweltrecht. So inkorporiert beispielsweise das Außenwirtschaftgesetz unmittelbar Sicherheitsratsresolutionen in den Straftatbestand des § 34 Abs. 4;[13] die Reichweite des Artenschutzrechts bestimmt sich – auch für das Strafrecht – nach Völkerrecht.[14]

Für das supranationale europäische Gemeinschaftsrecht ist der unmittelbare Durchgriff auf das Individuum charakteristisch.[15]

Je stärker das Völkerrecht oder das Europarecht Auswirkungen auf die Rechtstellung des einzelnen gewinnt bzw. wesentliche innerstaatliche Regelungsmaterien erfaßt, umso mehr besteht unter dem Gesichtspunkt des Gesetzesvorbehaltes bzw. der Wesentlichkeitstheorie[16] das Gebot einer parlamentarischen Mitwirkung an seiner Gestaltung. Dabei

---

[11] So aber *Wilhelm Grewe* Zum Verfassungsrecht der Auswärtigen Gewalt, AöR 1987, 521 (527); *Karl Doehring* Das Staatsrecht der Bundesrepublik Deutschland, 3. Aufl. 1985, 194 f.

[12] Vgl. dazu m. w. N. *Knut Ipsen* Völkerrecht, 3. Aufl. 1990, 488 ff.; diese Entwicklung manifestiert sich insbes. in der Errichtung der beiden internationalen Strafgerichte für Jugoslawien und Ruanda durch den Sicherheitsrat.

[13] Vgl. dazu BGHSt, Urteil vom 21. April 1995 – 1 StR 700/94 (LG Mannheim), wistra 1995, 224.

[14] BGHSt, Beschluß vom 16. August 1996 – 1 StR 745/96.

[15] *Kokott* (Anm. 8) 938.

[16] Vgl. BVerfGE 48, 89 (126 f.).

kann nicht von Relevanz sein, ob es sich bei der Maßnahme der Regierung um die Zustimmung oder den Beitritt zu einem völkerrechtlichen Vertrag, die Mitwirkung an einem bindenden Beschluß einer internationalen Organisation oder einen einseitigen Rechtsakt handelt.

Das Völkerrecht erfaßt immer weitere Bereiche, deren Regelung bislang durch nationale Gesetze erfolgte. Verwiesen sei in diesem Zusammenhang u. a. auf den Einfluß der neuen Welthandelsordnung[17] auf das Wirtschaftsrecht und den des sich erweiternden und ständig ausdifferenzierenden internationalen Umweltrechts[18] auf das nationale Umweltrecht. Neue Sachgebiete erfaßt aber vor allem das Recht der Europäischen Union; zu nennen ist in diesem Zusammenhang u. a. die Schaffung einer gemeinsamen Währungsunion, die gemeinsame Außen- und Sicherheitspolitik sowie die Zusammenarbeit bei innen- und justizpolitischen Fragen.[19] Angelegenheiten des Universaldienstes in der Telekommunikation, die Förderung kleiner und mittlerer Unternehmen, die Anwendung genetisch veränderter Mikroorganismen in geschlossenen Systemen, Rechtsvorschriften über Verbraucherkredite und die Veterinärpolitik – dies sind einige der Anfang Juli 1996 im Bundesrat behandelten Vorlagen für europäische Rechtsakte.

Neben die Staaten sind vor allem internationale Organisationen als Ort für eine Gestaltung der internationalen Beziehungen und als Mitgestaltende an den internationalen Beziehungen getreten. Dabei werden in wachsendem Umfang einzelstaatliche Kompetenzen auf internationale Organisationen übertragen.[20] Dies führt zu einem weiteren Aufgabenverlust auf seiten des Parlaments, wenn die Entscheidungen dieser Organisationen unmittelbar rechtsverbindlich sind. Aber auch Entschei-

---

[17] *Tobias Stoll* Die WTO: Neue Welthandelsorganisation, neue Welthandelsordnung. Ergebnisse der Uruguay-Runde des GATT, ZaöRV 1994, 241 (279 ff.); *Rüdiger Wolfrum* Das internationale Recht für den Austausch von Waren und Dienstleistungen, Enzyklopädie der Rechts- und Staatswissenschaft, Öffentliches Wirtschaftsrecht, Besonderer Teil 2, Reiner Schmidt (Hrsg.), 1996, 535 ff.; auf die steigende Relevanz des internationalen Wirtschaftsrechts für das nationale Recht hat bereits *Reiner Schmidt* Der Verfassungsstaat im Geflecht der internationalen Beziehungen, VVDStRL 36 (1978) 66 (71 ff.) hingewiesen.

[18] Vgl. dazu allgem. *Patricia W. Birnie/Alan E. Boyle* International Law and the Environment, 1992, 188 ff.

[19] Vgl. dazu *Knut Werner Lange* Die Gemeinsame Außen- und Sicherheitspolitik der Europäischen Union, JZ 1996, 442 ff.; *Armin v. Bogdandy/Martin Nettesheim* Die Verschmelzung der Europäischen Gemeinschaften in der Europäischen Union, NJW 1995, 2324 ff.; *Kokott* (Anm. 8) 940 ff.

[20] *Christian Tomuschat* Der Verfassungsstaat im Geflecht der internationalen Beziehungen, VVDStRL 36 (1978) 7 (32).

dungen empfehlenden Charakters gestalten die internationalen Beziehungen mit,[21] ihre Bedeutung ist unter dem Gesichtspunkt einer Kontrolle der auswärtigen Gewalt bislang unterschätzt worden.

Der Strukturwandel, der im Völkerrecht und im stärkeren Umfang im Europarecht festzustellen ist, führt dazu, daß die traditionelle Unterscheidung zwischen Innen- und Außenpolitik verwischt wird.[22] Es kommt zu einer wechselseitigen Durchdringung von Innen- und Außenpolitik, wobei der Außenpolitik in verschiedenen Bereichen ein Übergewicht zukommt. Durch die Verschmelzung von Innen- und Außenpolitik wird letztere in immer größerem Umfang Gegenstand des innerstaatlichen Entscheidungsprozesses.[23] Die Regierung sieht sich zunehmend gezwungen, die Gründe für außenpolitisches Handeln offenzulegen und um deren Akzeptanz zu werben. Immer stärker fließen aber auch innenpolitische Erwägungen in außenpolitische Positionen ein und erschweren damit eine internationale Entscheidungsfindung. Die amerikanische Verfassungstheorie spricht insoweit von einer „domestication of international policy".[24] Diese Entwicklung verstärkt das Spannungsverhältnis zwischen dem Anspruch auf demokratische Legitimation der Außenpolitik und der Notwendigkeit, die außenpolitische Handlungsfähigkeit der Regierung zu erhalten.

Das gesteigerte Hineinwirken von Völker- und Europarecht in den nationalen Rechtsraum verlangt eine Weiterentwicklung der parlamentarischen Mitwirkung an der Ausübung der auswärtigen Gewalt. Vor allem verlangt es deren Vorverlagerung. Dem tragen die verfassungsrechtliche Entwicklung und Praxis Rechnung.

Der Umfang der parlamentarischen Mitwirkungsrechte an der Ausübung der auswärtigen Gewalt bestimmt sich zunächst nach der konkreten Ausgestaltung der gewaltenteilenden Verfassung. Das Grundgesetz hat positiv für eine Reihe wesentlicher Akte eine Mitwirkung der Legislative an der Ausübung der materiellen auswärtigen Gewalt vorgesehen.[25]

---

21 *Tomuschat* (Anm. 20) 32 f.

22 *Tomuschat* (Anm. 20) 32 f.

23 *Ehrenzeller* (Anm. 7) 167.

24 Nach *Lawrence H. Tribe* Constitutional Law, 2. Aufl. 1988, 219, Anm. 2 handelt es sich bei der Trennung von Innen- und Außenpolitik um die „inceasingly false premise that steps taken abroad have little influence at home and vice versa"; *Miroslav Nincic* United States Foreign Policy, Choices and Tradeoffs, 1988, 57 ff.

25 Bei der Weiterentwicklung der Europäischen Union (Art. 23 GG), bei der Übertragung von Hoheitsrechten an internationale Organisationen (Art. 24 GG), beim Abschluß bestimmter völkerrechtlicher Verträge (Art. 59 Abs. 2 GG), hinsichtlich der Feststellung des Verteidigungsfalles (Art. 115 a GG) sowie dem Abschluß von Friedensverträgen (115 l Abs. 3 GG). Zudem steht dem Bundestag die Gesetzge-

Die Zuordnung bestimmter Sachgebiete der auswärtigen Gewalt in die Mitbeteiligung der Legislative besagt nicht, daß alle übrigen Bereiche der Regierung zustünden.[26] Soweit keine ausdrückliche Zuweisung der auswärtigen Gewalt an die Exekutive bzw. die Legislative durch das Grundgesetz erfolgt, ist für die Kompetenzverteilung auf die Gesichtspunkte der Organadäquanz und der Funktionsgerechtigkeit zurückzugreifen, wie sie das Bundesverfassungsgericht zur Konkretisierung des Gewaltenteilungsprinzips entwickelt hat.[27]

Art. 23, 24, 59 Abs. 2, 1. Alternative und 115a sowie 115l GG ist zu entnehmen, daß die eigentlichen staatsleitenden Entscheidungen in der Außenpolitik vom Bundestag in Form eines Beschlusses oder Gesetzes mitgestaltet werden müssen.[28] Dies hat das Bundesverfassungsgericht allerdings im Nachrüstungsurteil abgelehnt. Aus Art. 23 und 59 Abs. 2, 2. Alternative GG ergibt sich des weiteren, daß die Schaffung von völkerrechtlichen bzw. europarechtlichen Normen auf Gebieten, für die eine parlamentarische Zuständigkeit besteht, nicht zu Lasten der parlamentarischen Kompetenzen erfolgen soll und eine Kompensation für den Funktionsverlust durch Verfahrensbeteiligung erforderlich ist.

Die parlamentarische Mitwirkung muß nicht stets in der Form eines Gesetzes erfolgen.[29] Der neugefaßte Art. 23 GG und die Rspr. des Bundesverfassungsgerichts zu Auslandseinsätzen der Bundeswehr[30] be-

---

bungskompetenz für bestimmte Sachbereiche zu, die auswärtige Angelegenheiten berühren. Zu verweisen ist insoweit auf Art. 73 Ziff. 1, 3, 5; Art. 74 Ziff. 4, 10, 17, 21 GG. Vgl. zu letzterem *Rudolf Bernhardt* Der Abschluß völkerrechtlicher Verträge im Bundesstaat, 1957, 150; *Siegfried Weiß* Auswärtige Gewalt und Gewaltenteilung, 1971, 64.

[26] So aber *Grewe* VVDStRL 12 (Anm. 5), Leits. I.2, 135f. Dieser Regel-Ausnahme-Schluß ließe unberücksichtigt, daß das Grundgesetz einzelne Bereiche der auswärtigen Gewalt ausdrücklich der Exekutive zuweist (Art. 87 GG [auswärtiger Dienst], Art. 32 Abs. 3 GG [Erfordernis der Bundesregierung zum Abschluß von Länderverträgen], Art. 115a GG [Antrag der Bundesregierung auf Freistellung des Verteidigungsfalles]); s. hierzu *Weiß* (Anm. 25) 64f.

[27] BVerfG 68, 1 (86); zum Gewaltenteilungsprinzip vgl. *Eberhard Schmidt-Aßmann* Der Rechtsstaat, in: Josef Isensee/Paul Kirchhof (Hrsg.), Handbuch des Staatsrechts, Bd. I, 1987, § 24, 1010ff. m. w. N.

[28] *Ondolf Rojahn* in: von Münch/Kunig (Hrsg.), Grundgesetz-Kommentar, Bd. II, 3. Aufl. 1995, Art. 59, Rdn. 22; *Baade* (Anm. 10) 77ff.; *Ehrenzeller* (Anm. 7) 187. Dies hat letztlich auch das Bundesverfassungsgericht mit seinem Urteil zum Auslandseinsatz der Bundeswehr bestätigt, wenn auch der Parlamentsvorbehalt auf die Wehrverfassung und nicht auf eine Gesamtschau der einzelnen Regelungen zur Verteilung der auswärtigen Gewalt gestützt wird (BVerfGE 90, 286 [378ff., 381ff.]); so auch *Michael Sachs* Grundgesetzkommentar, 1996, Art. 59, Rdn. 27.

[29] BVerfGE 68, 1, Ls. 1b); *Weiß* (Anm. 25) 67.

[30] BVerfGE 90, 286 (381).

legen, daß die parlamentarische Kontrolle der auswärtigen Gewalt auch durch andere Formen der Mitwirkung, insbes. durch schlichte Parlamentsbeschlüsse, erfolgen kann.

2. *Parlamentarische Mitwirkung bei dem Abschluß völkerrechtlicher Verträge*

Der Abschluß der in Art. 59 Abs. 2 GG genannten völkerrechtlichen Verträge erfolgt im Zusammenwirken zwischen der Bundesregierung und den gesetzgebenden Körperschaften. Einem Vertragsgesetz kommt eine doppelte Funktion zu: Kontrolle der Regierung in der Form einer Ermächtigung zum Vertragsschluß[31] und Sicherung des innerstaatlichen Vertragsvollzugs.[32]

Den Kontrollrechten sind durch die Beschränkung der parlamentarischen Mitwirkung auf Verträge, die die politischen Beziehungen des Bundes regeln,[33] und Verträge, die sich auf Gegenstände der Bundesgesetzgebung beziehen, Grenzen gesetzt. Die zunehmende Bedeutung des Völkerrechts für das nationale Recht beeinflußt die Auslegung dieser Begriffe. Die Stellung Deutschlands in der Staatengemeinschaft wird aber auch durch völkerrechtliche Verträge berührt, die auf eine staatenkooperative Wahrnehmung bisher in einzelstaatlicher Verantwortung liegender Belange zielen. Dies gilt beispielsweise für die Gründung einer deutsch-französischen Brigade bzw. des EUROCORPS.[34]

---

[31] BVerfGE 36, 1 (13); 90, 286 (358); *Rudolf* (Anm. 9) 200; *Geiger* (Anm. 6) 154 f.

[32] *Sachs* (Anm. 28), Art. 59, Rdn. 60; es handelt sich hierbei um einen Rechtsanwendungsbefehl, vgl. dazu BVerfGE 46, 342 (363); 90, 286 (354); *Helmut Steinberger* Entwicklungslinien in der neueren Rspr. des Bundesverfassungsgerichts zu völkerrechtlichen Fragen, ZaöRV 48 (1988), 1 (4); zur Transformationslehre vgl. *Rudolf* (Anm. 9) 205 ff.; a. A. *H. W. Bayer* Die Aufhebung völkerrechtlicher Verträge im deutschen parlamentarischen Regierungssystem, 1969, 113 ff., für den die Kontrollfunktion dominant ist.

[33] Nach der st.Rspr. des Bundesverfassungsgerichts muß es sich um Verträge handeln, die „die Existenz des Staates, seine territoriale Integrität, seine Unabhängigkeit, seine Stellung oder sein maßgebliches Gewicht in der Staatengemeinschaft" berühren (BVerfGE 1, 372 [381]; 90, 286 [359]; vgl. dazu *Sachs* [Anm. 28], Art. 59, Rdn. 29). Dagegen kommt Handels-, Freundschafts- und Schiffahrtsverträgen sowie sonstigen Verträgen, die sich auf wirtschaftliche, soziale und kulturelle Bereiche beziehen, in aller Regel nicht das politische Gewicht zu, um sie Art. 59 Abs. 2 GG zu unterwerfen. Entscheidend bleibt aber letztlich der Einzelfall (*Rojahn* [Anm. 28], Art. 59, Rdn. 22; BVerfGE 1, 372 [383]).

[34] Vgl. hierzu *Klaus Dau* Rechtliche Rahmenbedingungen einer deutsch französischen Brigade, NZWehrR, 1989, 177 ff.; zum EUROCORPS vgl. Bulletin der Bundesregierung Nr. 133, 1218 vom 9. 12. 1992.

Wann eine völkerrechtliche Verpflichtung allein durch Bundesgesetz erfüllt werden kann,[35] richtet sich nach den verfassungsrechtlichen Grundsätzen zum Gesetzesvorbehalt.[36] Zustimmungspflichtig sind Verträge, die unmittelbar Rechte und Pflichten für den einzelnen begründen, aufheben oder modifizieren, sowie Verträge, die innerstaatliche Gesetze ändern. Die strukturellen Änderungen des Völkerrechts führen zu einer Intensivierung parlamentarischer Mitwirkungskompetenzen. Zustimmungsbedürftig sind mit Rücksicht auf die Haushaltskompetenzen des Bundestages auch Verträge, die zu einer finanziellen Belastung Deutschlands führen.

Der Vorbehalt des förmlichen Gesetzes in Art. 59 Abs. 2 GG setzt einer Delegation der parlamentarischen Zustimmungskompetenzen enge Grenzen.[37] Unzulässig ist eine generelle Ermächtigung der Bundesregierung, Verträge bestimmter Kategorien abzuschließen und in Kraft zu setzen.[38] Aus der Sicht der Praxis bestünde für ein derartig abgekürztes und das Parlament entlastendes Verfahren ein Bedürfnis. Mit Art. 59 Abs. 2 GG unvereinbar ist es, das Inkrafttreten eines völkerrechtlichen Vertrages auf die Verordnungsermächtigung in einem Gesetz zu stützen, das keinen Bezug zu dem betreffenden Vertrag aufweist.[39]

Zustimmungsbedürftig sind Parallelverträge.[40]

Mit Art. 59 Abs. 2 GG vereinbar ist die antizipierte Zustimmung des Bundestages durch Erlaß eines Gesetzes, welches die Bundesregierung zum Abschluß eines völkerrechtlichen Vertrages und zu dessem innerstaatlichen Vollzug mittels Rechtsverordnung ermächtigt. Die parlamentarische Kontrollfunktion ist zumindest dann gewahrt, wenn Inhalt, Zweck und Ausmaß des Vertrages im Sinne von Art. 80 Abs. 1 GG in dem Gesetz hinreichend umrissen und der Bundesregierung insoweit

---

[35] BVerfGE 1, 372 (389); *Sachs* (Anm. 28), Art. 59, Rdn. 31.

[36] *Rojahn* (Anm. 28), Art. 59, Rdn. 25; *Sachs* (Anm. 28), Art. 59, Rdn. 32.

[37] BVerfGE 58, 1 (35 ff.); so bereits ausdrücklich BVerfGE 1, 372 (395); BVerfGE 58, 1; BVerfGE 68, 1 (89 ff., 121); BVerfGE 77, 170 (232); *Müller* (Anm. 7) S. 41; zust. *Meinulf Dregger* Die antizipierte Zustimmung des Parlaments zum Abschluß völkerrechtlicher Verträge, die sich auf Gegenstände der Bundesgesetzgebung beziehen, 1989.

[38] BVerfGE 1, 372 (395); *Dregger* (Anm. 37) 26, 70 f.; *Helmut Schulze-Fielitz* Theorie und Praxis parlamentarischer Gesetzgebung, 1988, 82.

[39] *Dregger* (Anm. 37) 70; *Rojahn* (Anm. 28), Art. 59, Rdn. 42; a. A. *Fastenrath* (Anm. 7) 220.

[40] *Maunz* in: Maunz/Dürig/Herzog (Hrsg.), Kommentar zum Grundgesetz, 6. Aufl. 1994, Art. 59, Rdn. 4; *Rudolf* (Anm. 9) 218; *Fastenrath* (Anm. 7) 222 f. In diesem Fall wird eine weitere Gesetzgebungstätigkeit des Bundestages präjudiziert; zukünftige Gesetze erfordern eine Berücksichtigung des völkerrechtlichen Vertrages.

ein Verhandlungsrahmen gesetzt wird.[41] Allerdings ist zu erwägen, ob die strenge Form der Gesetzesakzessorietät völlig angemessen ist. De lege ferenda erscheint eine vorsichtige Ergänzung des Art. 59 Abs. 2 GG diskussionswürdig, die es dem Gesetzgeber erlaubt, die Bundesregierung unter leichteren Bedingungen zum Abschluß völkerrechtlicher Verträge zu ermächtigen. Eine antizipierte Zustimmung des Bundestages erfolgte beispielsweise zum Durchführungsübereinkommen des Internationalen Seerechtsübereinkommens; dieser Mechanismus fand auch im Rahmen des Einigungsprozesses Anwendung.[42]

In der Praxis führt das Verfahren der antizipierten Zustimmung zu völkerrechtlichen Verträgen zu einer Verstärkung der parlamentarischen Mitwirkung. Es zwingt die Bundesregierung dazu, den Bundestag vor Abschluß des Vertrages umfassend zu informieren und gibt diesem die Möglichkeit, auf die noch laufenden Vertragsverhandlungen Einfluß zu nehmen.

Die verfahrensrechtlichen Einschränkungen parlamentarischer Mitwirkung am Abschluß völkerrechtlicher Verträge gehen weniger weit als von der herrschenden Meinung angenommen.

Die Initiative zur Aufnahme von Vertragsverhandlungen liegt zwar bei der Bundesregierung.[43] Beschlüsse des Bundestages, mit denen die Bundesregierung aufgefordert wird, bestimmte Vertragsverhandlungen aufzunehmen, sind aber zulässig.[44]

---

[41] Die zu regelnde Materie darf zudem nicht dem Vorbehalt des förmlichen Gesetzes unterliegen, muß also für eine Regelung durch Rechtsverordnung offen sein; vgl dazu *Dregger* (Anm. 37) 73 f.

[42] BGBl. 1994 II, 1798; der endgültige Text für das Durchführungsübereinkommen lag noch nicht vor; die Bundesregierung wurde ermächtigt, ein Abkommen abzuschließen, das „nach Zielsetzung, Inhalt und Art der Regelung dem Entwurf eines solchen Übereinkommens i. d. F. vom 8. April 1994" entsprach. Es blieb der Bundesregierung also ein gewisser Verhandlungsspielraum.
Das Einigungsvertragsgesetz vom 23. 9. 1990 (BGBl. II, 885) enthielt in seinem Art. 2–5 antizipierte Zustimmungen zum Abschluß völkerrechtlicher Verträge in bezug auf die Integration der früheren DDR in das System sozialversicherungsrechtlicher Abkommen und das Rechtssystem der EG sowie die korrespondierende Ermächtigung zur innerstaatlichen Umsetzung im Wege der Rechtsverordnung. Dagegen wurde in einer Präambel zu dem Gesetz über die Inkraftsetzung von Vereinbarungen betreffend den befristeten Aufenthalt von Streitkräften der Siegermächte des Zweiten Weltkrieges auf dem durch den Beitritt nach Art. 23 Abs. 2 GG erweiterten Gebiet der Bundesrepublik Deutschland auf die „Einmaligkeit" der in ihm enthaltenen antizipierten Zustimmung verwiesen.

[43] *Mosler* (Anm. 6) 290; *Baade* (Anm. 10) 109; *Weiß* (Anm. 25) 119.

[44] In der Praxis ist der Bundestag über derartige Beschlüsse für die Vertragspolitik durchaus wegweisend gewesen. So hat die Entschließung vom 2. Juli 1953 (BT-Drucks. I/4436, Verhandlungen des Deutschen Bundestages I. Wahlperiode 1949,

Es ist mit dem Grundgesetz vereinbar,[45] den Entwurf zu einem Zustimmungsgesetz aus der Mitte des Bundestages einzubringen;[46] ein derartiges Recht nimmt der Bundestag zunehmend für sich in Anspruch. Das Grundgesetz sieht für das Einbringen von Vertragsgesetzen keine Einschränkung des parlamentarischen Initiativrechts vor, obwohl ihm für andere Fälle eine derartige Einschränkung bekannt ist (Art. 110 Abs. 3, Art. 115 a Abs. 1 GG).[47] Für die Anerkennung eines parlamentarischen Initiativrechts spricht zudem die Rspr. des Bundesverfassungsgerichts zum Auslandseinsatz der Bundeswehr.[48] Die Initiative zur Verabschiedung eines Beschlusses, wonach ein derartiger Einsatz zulässig ist, kann aus der Mitte des Bundestages erfolgen.[49]

Über völkerrechtliche Verträge kann nur en bloc abgestimmt werden; Änderungsanträge zum Vertragstext sind nicht zulässig.[50] Damit wird

---

Stenographische Berichte, 279. Sitzung, 2. Juli 1953) den späteren Saar-Vertrag vorbereitet; der Beschluß vom 24. Juni 1964 (BT-Drucks. IV/2377, Verhandlungen des Deutschen Bundestages, IV. Wahlperiode, Stenographische Berichte, Bd. 55, 6460) bereitete die Festlandsockelverträge mit den Nachbarstaaten Deutschlands vor, und die große Anfrage zur Ratifikation des ILO-Abkommens Nr. 87 (so der schriftliche Bericht des Ausschusses für Arbeit [Verhandlungen des Bundestages, Bd. 33, 9577]) führte zur Ratifikation dieses Vertrages.

[45] A. A. BVerfGE 90, 286 (358); *Doehring* (Anm. 11) 194 f.; *Mosler* (Anm. 6) 290; *Brun-Otto Bryde* in: v. Münch/Kunig (Hrsg.), Grundgesetz-Kommentar, Bd. III, 2. Aufl. 1983, Art. 76, Rdn. 5; *Hans Schneider* Lehrbuch zur Gesetzgebung, 2. Aufl. 1991, Rdn. 224; a. A. *Maunz* (Anm. 40), Art. 59, Rdn. 21; *Fastenrath* (Anm. 7) 240 f.

[46] Der Gesetzentwurf der SPD-Fraktion in der 11. Legislaturperiode zur Konvention gegen Folter (BT-Drucks. 11/6370; PlPr 11/194, 14907 A) wurde vom Bundestag behandelt und lediglich wegen der Annahme des Gesetzesentwurfes der Bundesregierung für erledigt erklärt (PlPr 12/113, 9600 A); weitere Fälle gibt es seit der 2. Wahlperiode; vgl. dazu *Gerald Kretschmer* Gesetzesentwürfe aus der Mitte des Bundestages und völkerrechtliche Verträge, in: FS Helmrich, 1994, 537 (537 f.). Die Fraktionen der CDU/CSU und F. D. P. haben in der 11. Wahlperiode sowohl den Gesetzesentwurf zu dem Vertrag vom 18. Mai 1990 über die Schaffung einer Währungs-, Wirtschafts- und Sozialunion zwischen der Bundesrepublik Deutschland und der DDR (BT-Drucks. 11/7171) als auch den Entwurf des Gesetzes zum Einigungsvertrag (BT-Drucks. 11/7760), den Gesetzesentwurf zum Vertrag mit der UdSSR über Aufenthalt und Abzug sowjetischer Truppen (BT-Drucks. 11/8154) sowie zum Vertrag mit Polen über soziale Sicherheit (BT-Drucks. 12/303) eingebracht. In der 12. Wahlperiode wurde der Gesetzesentwurf der SPD-Fraktion zu dem Fakultativprotokoll des Paktes über Bürgerliche und Politische Rechte von 1966 vom Bundestag angenommen.

[47] *Kretschmer* (Anm. 46) 541 f.

[48] BVerfGE 90, 286 (381 ff.).

[49] Hierauf verweist *Kretschmer* (Anm. 46) 544.

[50] §§ 81 Abs. 4, 82 Abs. 2 GeschO BT.

dem Bundestag eine unmittelbare inhaltliche Einflußnahme auf den Vertragsinhalt versagt. Dennoch bestehen für den Bundestag Möglichkeiten einer inhaltlichen Mitgestaltung. Zulässig sind Änderungsanträge zum Vertragsgesetz,[51] sowie die Beschlußfassung mit der Maßgabe, daß ein bestimmter Vorbehalt erklärt wird.[52] Diese Maßgabe ist gegenüber Bundespräsident und Bundesregierung bindend.[53] Die gleichen Mitwirkungsrechte stehen dem Bundestag hinsichtlich von Vorbehalten zu, die nach Ratifikation eingelegt werden.[54]

Der Bundestag kann auf den Inhalt völkerrechtlicher Verträge auch dadurch modifizierend Einfluß nehmen, indem er diesen eine Präambel voranstellt[55] bzw. eine Entschließung dazu verabschiedet.[56] Beides läßt den Inhalt des Vertrages zwar formal unberührt, ist jedoch politisch für die Aussage der Vertrages von wesentlicher Bedeutung.[57]

---

[51] BVerfGE 77, 170 (231); *Hermann Mosler* Internationale Organisation und Staatsverfassung, in: FS Hans Weinberg, 1956, 273 ff.; *Weiß* (Anm. 25) 138; *Baade* (Anm. 10) 89.

[52] Vgl. dazu *Weiß* (Anm. 25) 141; *Walther Wiese* Verfassungsrechtliche Aspekte der Vorbehalte zu völkerrechtlichen Verträgen, DVBl. 1975, 73 (77); allgem. zu Vorbehalten u. a. *Rolf Kühner* Vorbehalte zu multilateralen völkerrechtlichen Verträgen, 1986, 8 ff. Verwiesen sei insoweit auf die Entschließung, wonach die Bundesregierung aufgefordert wurde, einen Vorbehalt gegen Art. 7 Abs. 2 EMRK zu erklären (BT-Drucks. I/3338; Verhandlungen des Deutschen Bundestages, 1949, Stenographische Berichte, Bd. 12, 9511).

[53] So *Karl Josef Partsch* Parlament und Regierung, VVDStRL 16 (1958) 97; *Wiese* (Anm. 52) 77. Ein derartiges Vertragsgesetz entfaltet einerseits nicht die volle Zustimmung, andererseits erfaßt die Ablehnung auch nur einen Teil des Vertragsinhaltes. Ebenso kann der Bundestag die Bundesregierung dazu verpflichten, keine Vorbehalte einzulegen; unklar *Weiß* (Anm. 25) 141.

[54] *Hans D. Jarass* Die Erklärung von Vorbehalten zu völkerrechtlichen Verträgen, DÖV 1975, 117; *Rojahn* (Anm. 28), Art. 59, Rdn. 40. Zwar erfaßt Art. 59 Abs. 2 GG seinem Wortlaut nach nur völkerrechtliche Verträge, zu berücksichtigen ist aber, daß ein derartiger Vorbehalt eine völkerrechtliche Verpflichtung Deutschlands modifiziert, die unter Mitwirkung des Bundestages zustande gekommen ist. Sinn und Zweck von Art. 59 Abs. 2 GG gebieten es, in die Zustimmungsbedürftigkeit auch diejenigen einseitigen Maßnahmen miteinzubeziehen, die das Zustimmungsgesetz nachträglich modifizieren; a. A. *Müller* (Anm. 7) 79 mit der formalistischen Begründung, dabei handele es sich um einen einseitigen Rechtsakt.

[55] BGBl. 1963 II, 705; s. dazu *Michael Bothe* Praxisbericht, ZaöRV 1965, 223 (271 ff.).

[56] Entschließung zu den Ostverträgen, BGBl. 1972 II, 354; vgl. dazu *Friedrich Klein* Zur Anwendbarkeit der Gemeinsamen Entschließung vom 17. 5. 1972 auf den Grundlagenvertrag, in: FS Weber, 1974, 105.

[57] Nach *Waldemar Besson* Die Außenpolitik der Bundesrepublik Deutschland. Erfahrungen und Maßstäbe, 1970, 313, hat die Präambel zum deutsch-französischen Vertrag den Sinn des Abkommens in seinem Kern verändert.

Zustimmungsbedürftig und damit parlamentarischer Kontrolle unterworfen ist die vertragliche Änderung zustimmungsbedürftiger Verträge.[58] Gleiches gilt für konkludent geschlossene Änderungsverträge.[59] Die Kündigung eines Vertrages, dem der Bundestag zugestimmt hat, bedarf, entgegen der herrschenden Ansicht, der parlamentarischen Mitwirkung. Nicht entscheidend ist der einseitige Charakter der Kündigung,[60] sondern die Funktion der parlamentarischen Mitwirkung beim Abschluß völkerrechtlicher Verträge. Bei politischen Verträgen besteht ein Bedürfnis nach parlamentarischer Kontrolle bei Abschluß wie bei Kündigung in gleichem Maße. Die Kündigung eines die politischen Beziehungen regelnden Vertrages kann ebenso maßgeblich für die Existenz des Staates, seine territoriale Integrität, seine Unabhängigkeit bzw. sein Gewicht in der Staatengemeinschaft sein wie der Abschluß eines derartigen Vertrages.[61] Bei einer Kündigung von Verträgen, die sich auf die Gegenstände der Bundesgesetzgebung beziehen, genügt nicht, auf die Wiedergewinnung der vorvertraglichen Gestaltungsfreiheit des Bundestages zu verweisen.[62] Dabei bleibt unberücksichtigt, daß Art. 59 Abs. 2 GG nicht lediglich dem Schutz parlamentarischer Kompetenzen, sondern ebenfalls dem Schutz von Individualrechten dient. In diese kann durch die Kündigung ebenso eingegriffen werden wie durch den Beitritt zu einem völkerrechtlichen Vertrag.[63]

---

[58] *Rojahn* (Anm. 28), Art. 59, Rdn. 44; BVerfGE 90, 286 (361); *Rudolf* (Anm. 9) 211. Die Zustimmungsbedürftigkeit gilt allgem.; eine Unterscheidung danach, ob Bestandteile eines Vertrages geändert werden, die die Zustimmungsbedürftigkeit ausgelöst haben, ist, da völkerrechtliche Verträge als Einheit zu sehen sind, nicht möglich.

[59] BVerfGE 90, 286 (360 f.); nach der Rspr. des Bundesverfassungsgerichts zum Auslandseinsatz der Bundeswehr gilt dies allerdings nicht für eine dynamische Interpretation des Vertrages und eine hierauf gestützte Praxis der Vertragsparteien (361).

[60] BVerfGE 68, 1 (83 f.); *Wolfram Diehl* Die Mitwirkung des Parlaments bei der Kündigung völkerrechtlicher Verträge, 1967, 58 ff.; *Partsch* (Anm. 53); a. A. *Friesenhahn* (Anm. 10) 70; hinsichtlich von politischen Verträgen *Juliane Kokott* Art. 59 Abs. 2 GG und einseitige völkerrechtliche Akte, in: FS Doehring, 1989, 503 (512).

[61] Man denke an den Versuch, den Zwei-plus-Vier-Vertrag zu kündigen; vgl. dazu auch *Kokott* (Anm. 60) 512.

[62] A. A. BVerwGE DÖV 1980, 679 (680) zur Kündigung des NDR-Staatsvertrages durch Schleswig-Holstein; ebenso *Wilhelm Kewenig* Zu den Voraussetzungen und Wirkungen der Kündigung des NDR-Staatsvertrages durch den schleswig-holsteinischen Ministerpräsidenten, in: Hoffmann-Riem/Kewenig/v. Münch/Ramm (Hrsg.), Die Kündigung des NDR-Staatsvertrages, 1980, 155 (177); *Kokott* (Anm. 60) 513.

[63] Die Verfassung von Dänemark (Art. 19 Abs. 1) sowie diejenige der Niederlande (Art. 64) verlangt eine parlamentarische Mitwirkung bei der Kündigung völkerrechtlicher Verträge.

3. *Parlamentarische Mitwirkung bei dem Beitritt zu internationalen Organisationen und nationaler Umsetzung von deren Beschlüssen*

Der Beitritt Deutschlands zu internationalen Organisationen erfolgt, soweit diese mit Hoheitsrechten ausgestattet werden, gem. Art. 24 Abs. 1 GG in einem engen Zusammenwirken von Exekutive und Parlament; er bedarf der parlamentarischen Zustimmung durch Gesetz.[64] Mit dem Vorbehalt des förmlichen Gesetzes weist Art. 24 Abs. 1 GG die Letztverantwortung für die Übertragung von Hoheitsrechten an internationale Organisationen und die damit verbundene Souveränitätseinbuße dem Bundestag zu.[65] Die Mitwirkung des Bundestages an der Gründung bzw. dem Beitritt zu internationalen Organisationen stellt eine verfassungsorganisatorische Kompensation für die dem Bundestag durch die Überlassung von Regelungsgewalt an überstaatliche Organe entzogene Regelungsgewalt dar.[66]

Auch die Auflösung oder der Austritt aus einer internationalen Organisation bedarf der parlamentarischen Mitwirkung, da dies die Ablösung des Sekundärrechts erforderlich macht.

Die Beitrittserklärung zu internationalen Organisationen, denen keine Hoheitsrechte zur Ausübung übertragen werden, ist rechtstechnisch die Annahme eines Vertragsangebots im Sinne von Art. 59 Abs. 2 GG.[67] In der Praxis besteht allerdings Unsicherheit, wann es sich bei einem Beitritt zu einer internationalen Organisation um einen die politischen Beziehungen regelnden Vertrag handelt.[68] Davon ist bei einem Beitritt zu internationalen Organisationen, die auf eine kooperative Wahrnehmung internationaler Sachkomplexe angelegt sind, grundsätzlich auszugehen.

Das Grundgesetz enthält, anders als zum Beispiel die Verfassung der Niederlande,[69] keine Regelung über die innerstaatliche Geltung von Beschlüssen internationaler Organisationen.

---

[64] *Christian Tomuschat* Bonner Kommentar, Art. 24 Rdn. 26; aus Art. 24 Abs. 1 GG ergibt sich ein Delegationsverbot; die Zustimmung zu einem Übertragungsakt muß zwingend in Form eines Gesetzes ergehen – ein schlichter Parlamentsbeschluß ist nicht ausreichend; BVerfGE 58, (35); *Tomuschat* Rdn. 32; *Rojahn* (Anm. 28), Art. 24, Rdn. 31.

[65] BVerfGE 89, 155 (183).

[66] BVerfGE 58, 1 (36); *Rojahn* (Anm. 28), Art. 24 Rdn. 30.

[67] *Rojahn* (Anm. 28), Rdn. 45; *Fastenrath* (Anm. 7) 230.

[68] Der Beitritt zu den Vereinten Nationen, zur NATO und zur WTO erfolgte beispielsweise mit einem Zustimmungsgesetz, dagegen wurde für den Beitritt zur FAO und zur UNESCO die Zustimmung des Bundestages nicht eingeholt.

[69] Art. 67 Abs. 2.

Grundsätzlich sind derartige Beschlüsse im Rahmen internationaler Organisationen Akte körperschaftlicher Willensbildung, bei denen jedes Mitglied des Organs sein Recht auf Mitgestaltung wahrnimmt.

Die rechtliche Bindung Deutschlands durch Beschlüsse internationaler Organisationen ist durch das Zustimmungsgesetz grundsätzlich legitimiert.[70] Einer zusätzlichen parlamentarischen Mitwirkung bedarf es nicht; eine Sonderregelung gilt gem. Art. 23 GG für Rechtsetzungsakte der Europäischen Union.

Rechtsverbindliche Beschlüsse internationaler Organisationen unterliegen, soweit ihre Umsetzung in nationales Recht erforderlich ist, parlamentarischer Kontrolle. Eine besondere – angesichts der strukturellen Veränderungen des Völkerrechts zunehmende – Bedeutung kommt insoweit der antizipierten parlamentarischen Zustimmung zu. Ein Beispiel hierfür bietet das Außenwirtschaftsgesetz. Dieses ermächtigt zum Erlaß von Rechtsverordnungen zur Durchführung von Sanktionsbeschlüssen des Sicherheitsrates gem. Kapitel VII der Charta der Vereinten Nationen. Der Bundestag kann die Aufhebung dieser oder anderer zur Erfüllung von zwischenstaatlichen Vereinbarungen ergangenen Rechtsverordnungen nicht verlangen; er hat seine Rechte bereits durch die Zustimmung zu diesen Vereinbarungen wahrgenommen.[71] Eine derartige antizipierte Befassung des Bundestages mit Beschlüssen internationaler Organisationen trägt der Kontrollfunktion des Bundestages Rechnung und ist flexibel genug, um auf die von internationalen Organisationen ausgehende Rechtsgestaltung zu reagieren.

Das Bundesverfassungsgericht macht die Zulässigkeit von Bundeswehreinsätzen im Rahmen von kollektiven Sicherheitssystemen von einer vorherigen konstitutiven Zustimmung in Form eines Parlamentsbeschlusses abhängig.[72] Damit wird die Nachrüstungsentscheidung de facto modifiziert,[73] wonach sich die parlamentarische Mitwirkung in der Zustimmung zu einem völkerrechtlichen Vertrag erschöpft und dem Bundestag bei der Verwirklichung völkerrechtlicher Verträge keine weiteren Entscheidungsbefugnisse zukommen, soweit der von dem Vertrag gesetzte Rahmen nicht gesprengt wird.[74]

---

[70] Beschlüsse mit rein empfehlendem Charakter erfordern ebenfalls keine parlamentarische Mitwirkung, auch wenn ihre Bedeutung für die Gestaltung des Völkerrechts nicht zu leugnen ist.

[71] *Hocke/Berwald/Maurer* Außenwirtschaftsrecht, Kommentar, § 27, 2.

[72] BVerfGE 90, 286 (381 ff.).

[73] BVerfGE 68, 1 (100 ff.).

[74] Durch den Beitritt Deutschlands zu den Vereinten Nationen wurde die Möglichkeit geschaffen, den Vereinten Nationen Streitkräfte gem. Art. 43 UN-Charta zur Verfügung zu stellen, bzw. vom Sicherheitsrat gem. Art. 42 i. V. m. Art. 48 UN-

Dem Urteil zur Zulässigkeit von Bundeswehreinsätzen ist im Ergebnis, nicht in seinem Ansatz zuzustimmen. Der Einsatz von Streitkräften im Rahmen von internationalen Friedenssicherungssystemen unterfällt der auswärtigen Gewalt, deswegen war nicht auf eine Gesamtschau der Wehrverfassung[75] abzuheben.[76] Einer Gesamtschau der auf die Ausübung der auswärtigen Gewalt bezogenen Regelungen ist zu entnehmen, daß die eigentlichen staatsleitenden Entscheidungen in der Außenpolitik durch einen parlamentarischen Zustimmungsakt mitverantwortet werden müssen.[77] Mit seiner Konzentration auf die Wehrverfassung begibt sich das Bundesverfassungsgericht der Möglichkeit, dem konstitutiven Parlamentsbeschluß ein breiteres Anwendungsfeld zu eröffnen und damit die Beschränkung des Bundestages auf eine rechtsverbindliche Handlungsform – das Gesetz – aufzuheben.

Bei einer Veränderung der politischen Situation kann der Bundestag seine Zustimmung zum Einsatz zurücknehmen.[78] Insoweit bietet sich ein analoger Rückgriff auf Art. 115l Abs. 2 GG an. Eine sonstige Einflußnahme auf die Modalitäten des Auslandseinsatzes von Bundeswehreinheiten ist dem Bundestag verwehrt.

Charta für militärische Einsätze in Anspruch genommen zu werden. Vgl. dazu *Jochen Abr. Frowein* Kommentierung zu Art. 42 und 43, in: Bruno Simma (Hrsg.), The Charter of the United Nations: A Commentary, 1994, m. w. N. Dies gilt auch für die Beteiligung an Friedenstruppen; vgl. zu deren Einbettung in das Friedenssicherungssystem der Vereinten Nationen *Michael Bothe* Peace-Keeping, in: Bruno Simma (Hrsg.), The Charter of the United Nations: A Commentary, 1994, m. w. N. sowie *Rüdiger Wolfrum* Deutschlands Mitgliedschaft in NATO, WEU und KSZE, in: Isensee/Kirchhof (Hrsg.), Handbuch des Staatsrechts, Bd. VIII (1995), 281 (315) zur Zulässigkeit einer Beteiligung nach Art. 24 Abs. 2 GG.

[75] BVerfGE 90, 286 (387); krit. hierzu *Georg Nolte* Bundeswehreinsätze in kollektiven Sicherheitssystemen. Zum Urteil des Bundesverfassungsgerichts vom 12. Juli 1994, ZaöRV 1994, 652 (674 ff.).

[76] Der von dem Bundesverfassungsgericht vertretene Ansatz führt, konsequent zu Ende gedacht, zu einer Trennung zwischen außenpolitischen und militärischen Fragen, die gerade durch die militärische Integration der europäischen Staaten überwunden worden ist.

[77] Vgl. dazu oben.

[78] Das Urteil des Bundesverfassungsgerichts enthält keine eindeutige Aussage dazu, ob sich die parlamentarische Mitwirkung mit dem konstitutiven Zustimmungsbeschluß erschöpft oder ob der Bundestag die Zustimmung wieder zurücknehmen kann. Das Gericht spricht allerdings davon (BVerfGE 90, 286 [389]), daß die Entscheidung über die Modalitäten, den Umfang und die Dauer der Einsätze in der Verantwortung der Exekutive liege.

4. *Dynamische Fortentwicklung völkerrechtlicher Verträge und Organisationen und parlamentarische Kontrolle*

Unter dem Gesichtspunkt der parlamentarischen Kontrolle ist die Fortentwicklung völkerrechtlicher Verträge, einschließlich der Fortentwicklung von Funktionen internationaler Organisationen problematisch.[79,80]

Die Fortentwicklung eines völkerrechtlichen Vertrages kann, ohne diesen formal zu ändern, durch ein konsensuales Zusammenwirken der Vertragsparteien oder durch entsprechende Praxis erfolgen. Zudem sind für einzelne völkerrechtliche Verträge Mechanismen geschaffen worden, die deren kontinuierliche Fortentwicklung erlauben. Ein Beispiel hierfür ist die Aufstellung der deutsch-französichen Brigade durch den deutsch-französichen Verteidigungsrat.[81] Über Mechanismen einer dynamischen Fortentwicklung verfügen vor allem internationale Organisationen.

Wann die Notwendigkeit für eine parlamentarische Mitwirkung besteht, bestimmt sich nach Art. 24 Abs. 1 GG bzw. Art. 59 Abs. 2 Satz 1 GG.[82] Beide verlangen die Deckungsgleichheit von völkerrechtlichen Verpflichtungen und parlamentarischer Zustimmung. Entscheidend ist, ob – gemessen an dem Übertragungs- bzw. Zustimmungsgesetz – Pflichten für die Bundesrepublik Deutschland entstehen, die von der ursprünglichen Zustimmung noch nicht erfaßt wurden. Auch insoweit ist der Gesichtspunkt der antizipierten parlamentarischen Zustimmung

---

[79] Das Bundesverfassungsgericht hatte sich in mehreren Entscheidungen mit dieser Frage auseinanderzusetzen (z. B. BVerfGE 58, 1 [35 f.]) [EUROCONTROL]; 89, 155 [188] [Maastricht]; 90, 286 [361, 375 f.] [AWACS, Somalia]).

[80] Davon zu unterscheiden ist allerdings deren dynamische Interpretation. Im Völkerrecht ist eine trennscharfe Abgrenzung zwischen parlamentarisch mitwirkungsbedürftiger Vertragsänderung und nicht mitwirkungsbedürftiger Vertragsauslegung nicht immer möglich. Das konsensuale Element (Interpretationskonsens bzw. Änderungskonsens) des Vorgangs ist nicht immer einer Analyse auf der Basis objektiver Kriterien zugänglich; vgl dazu *Georg Ress* Verfassungsrechtliche Auswirkungen der Fortentwicklung völkerrechtlicher Verträge, in: FS Zeidler, 1987, 1775 (1779).

[81] Der deutsch-französiche Verteidigungsrat wurde durch das Protokoll vom 22. Januar 1988 zu dem deutsch französischen Vertrag von 1964 geschaffen. Der Bundestag hat dem Protokoll gem. Art. 59 Abs. 2 GG zugestimmt; (vgl. dazu den Text des Protokolls BT/Drucks. 11/3258 sowie die Begründung des Vertragsgesetzes). Der Beschluß zur Aufstellung der Brigade wurde auf der 4. Ratstagung am 17./18. September gefaßt; die Brigade wurde einen Monat später in Dienst gestellt. Eine zwischen beiden Regierungen abgeschlossene Verwaltungsvereinbarung regelt Betrieb und Organisation der Brigade.

[82] A. A. offenbar BVerfGE 90, 286 (363).

relevant. Der Umfang der Zustimmung wird davon bestimmt, ob, erstens, das ursprüngliche völkerrechtliche Übereinkommen Mechanismen der Fortentwicklung vorsah und, zweitens, die generelle Linie der weiteren Entwicklung erkennen ließ. Sind beide Bedingungen erfüllt, erfaßt die ursprüngliche Zustimmung des Bundestages die in dem Vertrag bereits angelegte Fortentwicklung. Im übrigen bedarf die Fortentwicklung des Vertrages oder der internationalen Organisation parlamentarischer Mitwirkung. Auch wenn die Konstruktion der antizipierten parlamentarischen Zustimmung sich an Art. 80 GG orientiert, ist zu berücksichtigen, daß völkerrechtliche Verträge nicht die Regelungsdichte von Gesetzen aufweisen. Ausreichend, aber auch notwendig ist es, daß bei Integrationsorganisationen der künftige Integrationsverlauf, insbes. aber das Integrationsziel in dem Gründungsvertrag hinreichend bestimmt war. Dabei ist ebenfalls von Bedeutung, welche Hoheitsrechte Deutschlands durch die Integration betroffen sind. Sind diese mehr technischer Natur (Gebührenerhebung – EUROCONTROL), so stellt sich das Bedürfnis nach parlamentarischer Mitwirkung weniger, als wenn von der Integration ganze Politikbereiche erfaßt werden.[83]

Der Gefahr einer weiteren Aushöhlung parlamentarischer Kompetenzen durch die Fortentwicklung völkerrechtlicher Verträge und internationaler Organisationen kann der Bundestag durch Ausschöpfung seiner allgemeinen Kontrollbefugnisse entgegenwirken. Über die parlamentarischen Frage-, Debatten- und Entschließungsrechte ist sicherzustellen, daß objektiv wesentliche Entscheidungen nicht am Bundestag vorbei getroffen werden.[84]

5. *Mitwirkung von Bundestag und Bundesrat an Angelegenheiten der Europäischen Union*

Der neu geschaffene Art. 23 GG soll Bundestag und Bundesrat eine begleitende und vor allem vorverlagerte Mitwirkung in Angelegenheiten der Europäischen Union sichern. Mittel hierzu sind die Information von Bundestag und Bundesrat sowie deren Recht zur Stellungnahme.[85]

---

[83] BVerfGE 58, 36 f.; insoweit nicht konsequent BVerfGE 89, 155 (202 f.); diese Differenzierung fehlt dem Nachrüstungsurteil BVerfGE 68, 1 (98 f.); krit. zu Recht *Brun-Otto Bryde* Sicherheitspolitik zwischen Regierung und Parlament, Jura 1986, 363 (368).

[84] Hierauf hat das Bundesverfassungsgericht in der Nachrüstungsentscheidung zu Recht verwiesen (BVerfGE 68, 1 [109 f.]).

[85] Vgl. dazu *Franz Möller/Martin Limpert* Informations- und Mitwirkungsrechte des Bundestages in Angelegenheiten der Europäischen Union, ZParl 1993, 21 ff.

Ziel des Art. 23 GG ist es, integrationsbedingte Verluste an legislativen Kompetenzen auszugleichen.[86]

Stellungnahmen des Bundestages über zur Entscheidung anstehende Rechtsetzungsakte der Europäischen Union sind von der Bundesregierung gem. Art. 23 Abs. 3 GG zu berücksichtigen, nach § 5 ZusammenarbeitsG BT hat sie diese ihren Verhandlungen zugrunde zu legen. Art. 23 Abs. 3 GG und § 5 ZusammenarbeitsG BT stehen nicht in Widerspruch; § 5 reflektiert die Strukturen des europäischen Verhandlungs- und Entscheidungsprozesses. Die Stellungnahme des Bundestages bestimmt die Ausgangsposition des Bundes bei den Verhandlungen. Erfolgt die Entscheidung im Rat mehrheitlich, so muß die Bundesregierung ihre Verhandlungsposition modifizieren können, soll sie nicht ihre Handlungsfähigkeit verlieren. Erfolgt dagegen die Entscheidung einstimmig, so ergibt sich – je nach der Fassung der Stellungnahme des Bundestages – die Pflicht für die Bundesregierung, auf den darin enthaltenen Vorgaben, d. h. der Ausgangsposition, zu beharren und gegebenenfalls einen entsprechenden Beschluß zu verhindern, soweit nicht übergreifende Interessen eine andere Entscheidung erfordern.[87] Damit behält die Bundesregierung die Letztentscheidung für die Entscheidung im Rat.[88]

Art. 23 Abs. 3 GG kommt für die Mitwirkung des Bundestages bei der Fortentwicklung der Europäischen Union eine zentrale Bedeutung

---

[86] Es muß allerdings berücksichtigt werden, daß zunächst die Länder ihre Mitwirkungsrechte über den Bundesrat eingefordert haben und es eines der Motive für die Schaffung von Art. 23 Abs. 2 und 3 GG war, den Bundestag in dieser Hinsicht nicht gegenüber dem Bundesrat zu benachteiligen. Vgl. dazu *Wolfgang Fischer* Die Europäische Union im Grundgesetz: Der neue Artikel 23, ZParl 1993, 32 (41). *Eckart Klein* Der Verfassungsstaat als Glied einer europäischen Gemeinschaft, VVDStRL 50 (1991) 56 (75) und Leitsatz 12, hat bereits darauf verwiesen, daß der Verlust an Legislativkompetenzen durch Vorverlagerung des parlamentarischen Einflusses auszugleichen ist. Vgl. zu diesem Komplex *Meinhard Hilf* Europäische Union: Gefahr oder Chance für den Föderalismus in Deutschland, Österreich und der Schweiz?, VVDStRL 53 (1994) 7; *Torsten Stein* ebd. 26; *Michael Schweitzer* ebd. 48. Die Pflichten der Bundesregierung werden durch das auf Art. 23 Abs. 3 GG beruhende Gesetz über die Zusammenarbeit von Bundesregierung und Deutschem Bundestag in Angelegenheiten der Europäischen Union (BGBl. 1993 I, 311 [ZusammenarbeitsG BT)] näher konkretisiert.

[87] Für eine geringere Bedeutung der Berücksichtigungspflicht *U. Everling* Überlegungen zur Struktur der Europäischen Union und zum neuen Europa-Artikel des Grundgesetzes, DVBl. 1993, 936 (946); *Rojahn* (Anm. 28), Art. 23, Rdn. 62 m. w. N.

[88] *Hans-Peter Donoth* Die Bundesländer in der Europäischen Union: Die bundesstaatliche Ordnung in der Bundesrepublik Deutschland bei der Verwirklichung der Europäischen Union – Eine Analyse unter besonderer Berücksichtigung des neugefaßten Art. 23 GG, Diss. Kiel, 1997.

zu.[89] Dies gilt auch für die Verwirklichung der Währungsunion gem. Art. 109 j ff. EGV. Die parlamentarische Kontrolle über eine etwaige Aus- oder Umgestaltung der Konvergenzkriterien ist gesichert. Sie erfolgt in einem über die Zeit gestreckten Vorgang, der mit der Zustimmung zum Vertrag von Maastricht beginnt und sich über die Mitwirkung des Bundestages im Rahmen von Art. 23 Abs. 3 GG fortsetzt. Die von dem Bundestag in diesem Zusammenhang verabschiedeten Stellungnahmen, einschließlich der Entschließung vom 2. Dezember 1992,[90] sind von der Bundesregierung in ihren Verhandlungen im Rat über die Konvergenzkriterien[91] gem. § 5 ZusammenarbeitsG BT zugrunde zu legen. Da gem. Art. 6 des 6. Protokolls über Konvergenzkriterien eine Entscheidung über den Inhalt der maßgeblichen Konvergenzkriterien nur einstimmig erfolgen kann, vermag der Bundestag seine Forderung, diese strikt einzuhalten, durchzusetzen.[92]

Eine parlamentarische Kontrolle in bezug auf Gemeinsame Aktionen im Rahmen der Gemeinsamen Außen- und Sicherheitspolitik[93] bzw. Gemeinsame Maßnahmen im Rahmen der Zusammenarbeit in den Bereichen Justiz und Inneres[94] ist über Art. 59 Abs. 2 GG gegeben. Soweit Gemeinsame Aktionen gem. Art. J.3. Nr. 4 EUV verbindlich sind, handelt es sich nicht um eine supranational,[95] sondern um eine völkervertraglich bewirkte Verbindlichkeit, da dem Unionsrat die Kompetenz zum Erlaß unmittelbar verbindlicher Rechtsnormen fehlt.[96] Die fehlende Zuständigkeit des EuGH zur Überprüfung Gemeinsamer Aktionen (Art. L EUV) ist ein Beleg für deren völkerrechtlichen Charakter. Die nach Art. J.3. Nr. 4 EUV vorgesehene rechtliche Verbindlichkeit bezieht sich allein auf die völkerrechtliche Verbindlichkeit. Insoweit ent-

---

[89] So ausdrücklich BVerfGE 89, 155 (203); krit. dagegen *Kokott* (Anm. 8) 942. Das Bundesverfassungsgericht hat in dem Maastricht-Urteil (E 89, 155 [203]) festgestellt, daß der Übergang in die 3. Stufe der Währungsunion parlamentarisch verantwortbar sein müsse.

[90] Abgedruckt in BVerfGE 89, 155 (163 f.).

[91] Vgl. dazu Art. 109 j EUV i. V. m. dem 6. Protokoll über Konvergenzkriterien.

[92] A. A. *Kokott* (Anm. 8) 941 f.

[93] Titel V des Vertrags von Maastricht.

[94] Titel VI des Vertrags von Maastricht.

[95] *Christian Koenig/Matthias Pechstein* Die Europäische Union: Der Vertrag von Maastricht, 1995, 83; BVerfGE 89, 155 (175).

[96] *Koenig/Pechstein* (Anm. 95) S. 96 f.; *Torsten Stein* Das Zusammenspiel von Mitgliedstaaten, Rat und Kommission bei der gemeinsamen Außen- und Sicherheitspolitik der Europäischen Union, in: Ress/Schwarze/Stein (Hrsg.), Die Organe der Europäischen Union im Spannungsfeld zwischen Gemeinschaft und Zusammenarbeit, Europarecht, Beiheft 2/1995, 69 (71); *Lange* (Anm. 8) 444; *Kokott* (Anm. 8) 944 f.

fällt die Möglichkeit parlamentarischer Kontrolle für politische Verträge durch ein Zustimmungsgesetz; diese parlamentarische Kontrolle ist jedoch über Art. 23 Abs. 3 GG gewährleistet. Soweit es sich bei Gemeinsamen Aktionen inhaltlich um Verträge handelt, die sich auf Gegenstände der deutschen Gesetzgebung beziehen, bedürfen sie der Zustimmung des Bundestages,[97] auch wenn das Verfahren zu ihrer Verabschiedung von dem traditionellen Vertragsabschlußverfahren abweicht. Eine Durchgriffswirkung haben Gemeinsame Aktionen nicht. Ob der Bundestag seine Zustimmung zur nationalen Umsetzung einer Gemeinsamen Aktion wirklich verweigern wird, hängt wesentlich von seiner vorherigen Beteiligung ab.

Der Anwendung von Art. 59 Abs. 2 GG auf Gemeinsame Aktionen kann nicht entgegengehalten werden, die Regelung des Art. 23 Abs. 2 und 3 GG schlösse diese aus. Dies entspräche nicht der Intention von Art. 23 GG, dessen Sinn und Zweck es ist, die parlamentarische Zustimmung vorzuverlagern, nicht aber insgesamt zu schwächen.[98] Eine antizipierte Zustimmung des Bundestages zu Gemeinsamen Aktionen durch Zustimmung zu dem Vertrag von Maastricht scheidet aus. Art. J.3. läßt die zukünftigen Regelungen nicht mit hinreichender Präzision erkennen.

Hinsichtlich von Gemeinsamen Maßnahmen im Rahmen der Zusammenarbeit in den Bereichen Justiz und Inneres ist die parlamentarische Kontrolle gewahrt, bevor diese rechtlich verbindlich werden. Art. K.3. fehlt eine Regelung entsprechend Art. J.3. Nr. 4 EUV.

Parallel zu den Mitwirkungsrechten des Bundestages begründen Art. 23 Abs. 2 Satz 1 sowie Abs. 4 und 5 GG die Mitwirkungsrechte der Länder durch den Bundesrat. Art. 23 Abs. 4 und 5 GG stellen eine Modifikation von Art. 32 Abs. 1 GG dar. Die Mitwirkungsrechte des Bundesrates bestimmen sich nach zwei alternativen Gesichtspunkten: Der innerstaatlichen Kompetenzverteilung zwischen Bund und Ländern bzw. den Mitwirkungsrechten des Bundesrates an einer entsprechenden innerstaatlichen Maßnahme.[99]

---

[97] *Koenig/Pechstein* (Anm. 95) 86; a. A. *Kokott* (Anm. 8) 944.

[98] So aber *Kokott* (Anm. 8) 943; in letzter Konsequenz würden damit Maßnahmen im Rahmen der GASP bzw. der ZBJ in den Rechtsakten der EU gleichgestellt. Dies war nicht die Intention des EUV-Vertrages.

[99] Der Bundesrat ist immer dann an der Willensbildung des Bundes in Angelegenheiten der Europäischen Union zu beteiligen, wenn die innerstaatliche Maßnahme in der Form eines Gesetzes zu erlassen gewesen wäre; so *Paul Wilhelm* Europa im Grundgesetz: Der neue Art. 23, BayVBl. 1992, 705; § 3 des Gesetzes über die Zusammenarbeit zwischen Bund und Ländern in Angelegenheiten der Europäischen

Die Stellungnahme des Bundesrates ist gem. Art. 23 Abs. 5 GG zu berücksichtigen, soweit im Bereich der Gesetzgebungskompetenz des Bundes durch Rechtsetzungsakte der Europäischen Union Interessen der Länder berührt werden. Insoweit verbleibt das Recht zur endgültigen Entscheidung bei der Bundesregierung. Dagegen kommt dem Bundesrat ein Letztentscheidungsrecht zu, „wenn im Schwerpunkt Gesetzgebungsbefugnisse der Länder oder die Einrichtung ihrer Behörden oder ihre Verwaltungsverfahren betroffen sind",[100] in diesen Fällen ist die Auffassung des Bundesrates bei der Willensbildung des Bundes gem. Art. 23 Abs. 5 Satz 2 GG „maßgeblich" zu berücksichtigen. Gesetzgebungsbefugnisse der Länder bestehen, wenn eine ausdrückliche Kompetenzzuweisung an den Bund fehlt (Art. 70 GG) oder wenn eine konkurrierende oder Rahmenkompetenz des Bundes zwar besteht, er aber wegen fehlender Voraussetzungen des Art. 72 Abs. 2 GG kein Recht zur Gesetzgebung hat. Sind diese Voraussetzungen gegeben, hat aber der Bund von seinem Gesetzgebungsrecht noch keinen Gebrauch gemacht, so ist die Auffassung des Bundesrates gem. Art. 23 Abs. 5 Satz 1 GG lediglich zu berücksichtigen.[101] § 5 Abs. 2 Satz 1 1. Alt. ZBLG folgt diesem Ansatz.

Das Letztentscheidungsrecht des Bundesrates ist in mehrfacher Hinsicht eingeschränkt. Konflikte zwischen ihm und der Bundesregierung, was die gesamtstaatliche Verantwortung des Bundes angeht, werden verfahrensmäßig gelöst.[102,103]

Union (ZBLG) geht weiter; vgl. dazu *Rudolf Morawitz/Wilhelm Kaiser* Die Zusammenarbeit von Bund und Ländern bei Vorhaben der Europäischen Union, 1994, 90 f.

[100] *Rupert Scholz* Grundgesetz und europäische Einigung, NJW 1992, 2593 (2600); *ders.* Europäische Union und deutscher Bundesstaat, NVwZ 1993, 817 (823); *Wilhelm* (Anm. 99) 709.

[101] A. A. *Scholz* (Anm. 100), NJW 1992, 2593 (2600); wie hier Stellungnahme der *Bundesregierung* BR-Drucks. 501/92, 19 ff.; *Georg-Berndt Oschatz/Horst Risse* Die Bundesregierung an der Kette der Länder? – Zur europapolitischen Mitwirkung des Bundesrates –, DÖV 1995, 437 (442). Gegen diese Interpretation von Art. 23 Abs. 5 GG spricht, daß der Bund vor Erlaß einer europarechtlichen Maßnahme ein Gesetz erlassen müßte, um seine volle europapolitische Handlungsfähigkeit zu wahren. Die hieraus resultierende doppelte Normierung kann nicht Ziel von Art. 23 Abs. 5 Satz 1 GG sein.

[102] Gem. § 5 Abs. 2 ZBLG ist zunächst eine Einigung anzustreben. Kommt diese nicht zustande, so kann der Bundesrat seine Meinung mit einer Zweidrittelmehrheit gegenüber der Bundesregierung durchsetzen. Im übrigen fällt das Letztentscheidungsrecht der Bundesregierung zu. Vgl. dazu insgesamt *Scholz* (Anm. 100), NVwZ 1993, 823.

[103] Für den Fall, daß durch die europäische Maßnahme im Schwerpunkt ausschließliche Gesetzgebungsbefugnisse der Länder betroffen sind, soll die Wahrnehmung der Rechte, die Deutschland als Mitglied der Europäischen Union zustehen,

6. *Einseitige völkerrechtliche Rechtsakte außerhalb von Vertragsverfahren und parlamentarische Kontrolle*

Das Völkerrecht kennt eine Vielzahl einseitiger Akte, die unmittelbare oder mittelbare völkerrechtliche Wirkung haben.[104] Bei der Behandlung einseitiger Rechtsakte ist unter dem Gesichtspunkt einer parlamentarischen Mitwirkung eine differenzierende Betrachtung geboten.[105] Wesentlich ist zunächst, ob die jeweilige Erklärung nicht doch im Kontext vertraglicher Beziehungen zu sehen ist. Entscheidend ist nicht die gewählte Form, sondern die Gestaltung der Rechtsbeziehungen im konkreten Fall. Es besteht für die Regierung nicht die Möglichkeit, sich durch entsprechende Formenwahl einer parlamentarischen Kontrolle zu entziehen.[106] Problematisch war unter diesem Gesichtspunkt die Zustimmung der Bundesregierung vom 14. Dezember 1979 zur Stationierung von Mittelstreckenraketen.[107]

Keiner parlamentarischen Mitwirkung bedürfen Erklärungen zur Unterwerfung unter die Gerichtsbarkeit des Internationalen Gerichtshofes gem. Art. 36 IGH-Statut bzw. Erklärungen gem. Art. 25 und 46 EMRK oder Erklärungen zur Unterwerfung unter das Individualbeschwerdeverfahren gem. Art. 14 des Übereinkommens zur Beseitigung jeder Form von Rassendiskriminierung bzw. Art. 21 des Übereinkommens gegen Folter. Die Grundlage für derartige Erklärungen findet sich in den betreffenden Verträgen und wird von der parlamentarischen Zustimmung zu diesen erfaßt.[108]

---

einem vom Bundesrat benannten Vertreter der Länder übertragen werden. Ausnahmen sind nur in engen Grenzen möglich.Die Wahrnehmung dieser Rechte erfolgt in Abstimmung mit der Bundesregierung. Die Zulassung von Ländervertretern bedeutet eine Durchbrechung des Außenvertretungsrechts des Bundes nach Art. 32 Abs. 1 GG, sie erscheint aus der Sicht von Art. 146 EGV problematisch.

[104] Vgl. dazu allgem. *Ipsen* (Anm. 12) 210 ff. Dazu gehören u. a. die Anerkennung, der Verzicht, der Protest und die Inanspruchnahme bzw. Erweiterung von Meereszonen (Küstenmeer, ausschließliche Wirtschaftszone, Festlandsockel).

[105] Die überwiegende Meinung des Schrifttums verneint die parlamentarische Zustimmungsbedürftigkeit dieser einseitigen Rechtsakte unter Berufung auf den Wortlaut von Art. 59 Abs. 2 GG. Dem ist das Bundesverfassungsgericht gefolgt. (BVerfGE 68, 1 [83 f., 88]); 60, 162.

[106] So abw. Meinung des Richters *Mahrenholz* BVerfGE 61, 111 (128).

[107] Vgl. dazu i. d. S. *Bryde* (Anm. 83) 366.

[108] Das Zustimmungsgesetz zur Europäischen Menschenrechtskonvention enthält allerdings Bestimmungen, die die Bundesregierung ausdrücklich ermächtigen, die Zuständigkeit der Kommission und die Gerichtsbarkeit des Europäischen Gerichtshofes für Menschenrechte anzuerkennen; vgl. dazu *Tomuschat* (Anm. 64), Art. 24 Rdn. 207; nicht überzeugend *Kokott* (Anm. 60) 526.

Bei einer einseitigen Erweiterung der nationalen Hoheitsrechte, wie der Ausdehnung der Küstenmeergrenzen oder der Ausweisung einer ausschließlichen Wirtschaftszone sprechen wesentliche Gründe für eine Mitwirkung des Bundestages. Die räumliche Ausdehnung staatlicher Hoheitsgewalt erfaßt Aktivitäten einzelner. Dies führt, soweit nicht gleichzeitig Gesetze zur Regelung der Aktivitäten in dem Meeresgebiet erlassen werden, zu einer Erweiterung des Anwendungsbereichs bestehender Rechtsnormen, die allein in die Kompetenz des Bundestages fällt.[109] Von daher liegt eine analoge Anwendung von Art. 59 Abs. 2 Satz 1 GG nahe.[110]

7. *Institutionelle Absicherung parlamentarischer Mitwirkung*

Die Kontrolle der auswärtigen Gewalt erfolgt weitgehend über den Auswärtigen Ausschuß und die beiden Unterausschüsse Menschenrechte und Vereinte Nationen. Zur institutionellen Absicherung der Mitwirkung des Bundestages bei dem Ausbau der Europäischen Union sieht der neugeschaffene Art. 45 GG die Einrichtung eines ständigen Europaausschusses vor. Ihm werden sämtliche europabezogene Angelegenheiten querschnittartig zugeordnet, an denen vorher einzelne Fachausschüsse entsprechend ihrem Mandat zu beteiligen waren.[111] Er kann nach Art. 45 Satz 2 GG durch das Parlament ermächtigt werden, die Mitwirkungsrechte gegenüber der Regierung nach Art. 23 Abs. 2 GG auszuüben.[112] In der Praxis nimmt der Europaausschuß diese Aufgabe, für den Bundestag aufzutreten, allerdings nicht wahr. Er versteht sich primär als Begleiter des politischen Integrationsgeschehens und weniger als Forum für die Erörterung einzelner geplanter europäischer Maßnahmen.

Die institutionelle Absicherung der Mitwirkungsrechte des Bundesrates bei der Fortentwicklung der europäischen Integration erfolgte über die Bildung einer Europakammer (Art. 52 Abs. 3 a GG). Die Europakammer kann stellvertretend für den Bundesrat Beschlüsse fassen; ihre Befugnisse gehen insoweit über diejenigen eines Ausschusses hinaus.

---

[109] Vgl. dazu u. a. *Jochen Abr. Frowein* Verfassungsrechtliche Probleme um den deutschen Festlandsockel, ZaöRV 25 (1965), 1 (4).

[110] Zurückhaltend *Kokott* (Anm. 60) 518 und *Karl Doehring* VVDStRL 36 (1978) 147 f., die für eine Lösung de lege ferenda plädieren und einer analogen Anwendung von Art. 59 Abs. 2 GG skeptisch gegenüberstehen.

[111] Vgl. dazu *Everling* (Anm. 87) 936 (946).

[112] *Möller/Limpert* (Anm. 85) 21 (31).

Nach der bisherigen Praxis hat die Europakammer die in sie gesetzten Erwartungen nicht erfüllt. Die regulären Sitzungen des Bundesrates reichen aus, um die Wahrnehmung der Beteiligungsrechte der Länder in der Form von Bundesratsbeschlüssen sicherzustellen. Der Schwerpunkt der europarechtlichen Aktivitäten liegt daher bei dem Europaausschuß des Bundesrates und dessen Plenum.

II. Zusammenfassung

Die verfassungsrechtliche Praxis weist einen deutlichen Trend zur Parlamentarisierung der auswärtigen Gewalt auf. Dies reflektiert den zunehmenden Einfluß, den das Europarecht und das Völkerrecht auf die Rechtsgestaltung in Deutschland ausübt. Die Parlamentarisierung ist als notwendiger Ausgleich für die durch die Internationalisierung des Rechts bedingte Kompetenzeinbuße zu verstehen. Dieser Trend ist jedoch weder durchgängig noch völlig frei von Brüchen.

Parlamentarisierungstendenzen bestehen für den Bereich der europäischen Integration. Durch Art. 23 Abs. 2 und 3 GG werden die Mitwirkungsrechte des Bundestages hinsichtlich der Fortführung der europäischen Integration wesentlich gestärkt. Dabei liegt die Stärkung vor allem darin, daß der Bundestag in einem frühen Stadium des Verhandlungsprozesses gehört wird und auf diesen durch seine Stellungnahmen gestaltend einwirken kann. Die Reduktion seiner Mitwirkungsmöglichkeiten auf Zustimmung bzw. Ablehnung, wie sie Art. 59 Abs. 2 GG eigen ist, ist aufgehoben.

Hinsichtlich der Beteiligung des Bundesrates ist zu unterscheiden zwischen seiner Beteiligung aus eigenem Recht und seiner Mitwirkung als Treuhänder von Länderinteressen, insbes. ausschließlichen Landesgesetzgebungskompetenzen.[113] Letzteres führt im Ergebnis zu einer Verstärkung der Exekutive im genuin legislativen Bereich.[114] Diese Entwicklung verläuft konträr zu derjenigen im Verhältnis von Bundesregierung und Bundestag. Faßt man beide Entwicklungslinien zusammen, so ist – bedingt durch den europäischen Einigungsprozeß – eine Zentralisierung der Kompetenzen bei Bundesregierung, Bundestag und Bundesrat zu Lasten der Länderparlamente festzustellen.

---

[113] *Schweitzer* (Anm. 86) 60.

[114] *Schweitzer* (Anm. 86) 61 f.; *Stein* (Anm. 86) 36 f. *Wolfgang Graf Vitzthum* Der Föderalismus in der Europäischen und internationalen Einbindung der Staaten, AöR 115 (1990) 281, 286, spricht von Exekutivföderalismus.

Die Parlamentarisierung der auswärtigen Gewalt hat insgesamt zu einer stärkeren Ausdifferenzierung parlamentarischer Handlungsformen geführt. Eine Konzentration auf das Gesetzgebungsverfahren als die einzige Form der parlamentarischen Mitwirkung an der Ausübung der auswärtigen Gewalt wird weder dem Grundgesetz noch der parlamentarischen Praxis gerecht. Neben die parlamentarische Mitwirkung an der Ausübung der auswärtigen Gewalt durch Zustimmung zu einem Vertrag durch Gesetz ist die antizipierte Zustimmung getreten. Diese stellt einen innovativen und weiter ausbaufähigen Mechanismus dar, um die Lücke zwischen der Völkerrechtsentwicklung und der parlamentarischen Legitimation zu schließen.

Schließlich hat die Parlamentarisierung der auswärtigen Gewalt zu einer Aufwertung der parlamentarischen Handlungsform des schlichten Parlamentsbeschlusses geführt. Zu unterscheiden sind nunmehr der konstitutive Parlamentsbeschluß, die Stellungnahme gem. Art. 23 Abs. 3 GG sowie der gezielte schlichte Parlamentsbeschluß, mit dem der Bundestag in unterschiedlicher Weise an der Gestaltung der auswärtigen Beziehungen mitwirkt. Mit Entschließungen zu außen-, europa- und sicherheitspolitischen bzw. zu Fragen des Menschenrechtsschutzes dokumentiert er oder seine Mehrheit eine Position zu wesentlichen Grundfragen der Politik.[115] Ihre Bedeutung liegt in der nach außen getragenen Unterstützung der Regierungspolitik bzw. deren Kritik. Diese Stellungnahmen sind für die Gestaltung der außenpolitischen Beziehungen Deutschlands von Relevanz. Andere schlichte Parlamentsbeschlüsse enthalten – wie im Fall Welajati – an die Regierung gerichtete Arbeitsaufträge. Sie steuern die Regierungspolitik punktuell und enthalten ein Element der Kontrolle.

Im Vergleich zum förmlichen Gesetz hat der Parlamentsbeschluß den Vorteil größerer Flexibilität. Damit bietet er sich als Formenelement für eine verstärkte parlamentarische Kontrolle und Mitwirkung an der Außenpolitik an. Ein Blick auf Verfassungen anderer Staaten belegt, daß auch dort Parlamentierungstendenzen zu beobachten sind. Die Mechanismen unterscheiden sich, teilweise kommt einer regelmäßigen parlamentarischen Debatte der Außenpolitik besondere Bedeutung zu (Frankreich, Estland).[116]

---

[115] Vgl. dazu *Hermann Patzer* Der Bereich des schlichten Parlamentsbeschlusses, AöR 119 (1994) 61, 72 ff.

[116] Vgl. dazu Council of Europe, European Commission for Democracy through Law, Report, CDL (1996) 3.

Leitsätze des 2. Berichterstatters über:

Kontrolle der Auswärtigen Gewalt

1. Der Begriff der auswärtigen Gewalt bezeichnet keine eigenständige Typologie von Staatsaufgaben mit einem eigenen Platz in der Gewaltenteilungslehre. Er umfaßt die verfassungsrechtlichen Kompetenzen, die auswärtigen Angelegenheiten zu gestalten.

2. Die auswärtige Gewalt wird von Parlament und Regierung gemeinsam ausgeübt. Dies ist durch die Fortentwicklung des Europarechts und strukturelle Veränderungen im Völkerrecht bedingt. Der neue Art. 23 GG trägt der Entwicklung des Europarechts Rechnung.

3. Der Umfang der parlamentarischen Mitwirkungsrechte an der Ausübung der auswärtigen Gewalt bestimmt sich zunächst nach der konkreten Ausgestaltung der gewaltenteilenden Verfassung. Im übrigen ist für die Kompetenzverteilung zwischen Exekutive und Legislative auf die Gesichtspunkte der Organadäquanz und der Funktionsgerechtigkeit zurückzugreifen.

4. Einer Gesamtschau der auf die Ausübung der auswärtigen Gewalt bezogenen Regelungen des Grundgesetzes ist zu entnehmen, daß die eigentlichen staatsleitenden Entscheidungen in der Außenpolitik vom Bundestag in Form eines Beschlusses oder Gesetzes mitgestaltet werden müssen.

5. Das Grundgesetz kennt für die Mitwirkung des Bundestages an der Ausübung der auswärtigen Gewalt keinen generellen Formenzwang.

6. Der Vorbehalt des förmlichen Gesetzes des Art. 59 Abs. 2 GG setzt einer Delegation der parlamentarischen Zustimmungskompetenz enge Grenzen.

7. Zulässig ist die antizipierte Zustimmung des Bundestages zum Abschluß völkerrechtlicher Verträge. Eine derartige antizipierte Zustimmung muß Inhalt, Zweck und Ausmaß des Vertrages durch Gesetz hinreichend umreißen. De lege ferenda ist eine vorsichtige Lockerung der Gesetzesakzessorietät zu erwägen. Das Verfahren der antizipierten Zustimmung führt zu einer Verstärkung der parlamentarischen Mitwirkung an der Vertragsgestaltung.

8. Der Bundestag hat ein Initiativrecht zur Einbringung eines Zustimmungsgesetzes. Er hat die Möglichkeit, auf den Inhalt völkerrechtlicher Verträge modifizierend Einfluß zu nehmen. Zustimmungsbedürftig ist die Änderung völkerrechtlicher Verträge sowie deren Kündigung.

9. Die rechtliche Bindung Deutschlands durch Beschlüsse internationaler Organisationen ist durch die Zustimmung des Bundestages zum Beitritt legitimiert. Soweit die Umsetzung der Beschlüsse in nationales Recht erforderlich ist, unterliegen sie parlamentarischer Kontrolle. Eine besondere Bedeutung kommt insoweit der antizipierten parlamentarischen Zustimmung zu.

10. Der vom Bundesverfassungsgericht entwickelte Parlamentsvorbehalt für einen Einsatz der Bundeswehr im Rahmen von kollektiven Sicherheitssystemen läßt sich auch aus einer Gesamtschau der Regelungen zur auswärtigen Gewalt rechtfertigen. Der Bundestag kann seinen konstitutiven Zustimmungsbeschluß zurücknehmen, wenn sich die politische Situation geändert hat. Eine sonstige Einflußnahme auf die Modalitäten des Auslandseinsatzes von Bundeswehreinheiten ist dem Bundestag verwehrt.

11. Unter dem Gesichtspunkt der parlamentarischen Kontrolle ist eine dynamische Fortentwicklung völkerrechtlicher Verträge, einschließlich der Fortentwicklung von Funktionen internationaler Organisationen, problematisch. Art. 24 Abs. 1 bzw. Art. 59 Abs. 2 GG verlangen die Deckungsgleichheit von völkerrechtlichen Verpflichtungen und parlamentarischer Zustimmung. Eine dynamische Fortentwicklung kann von einer antizipierten parlamentarischen Zustimmung legitimiert werden.

12. Ziel von Art. 23 GG ist es, durch eine begleitende, vor allem vorverlagerte Mitwirkung von Bundestag und Bundesrat in Angelegenheiten der Europäischen Integration deren integrationsbedingte Verluste an legislativen Kompetenzen auszugleichen.

13. Die parlamentarische Verantwortung für den Übergang in die dritte Stufe der Währungsunion ist ein über die Zeit gestreckter Vorgang, der mit der Zustimmung zum Vertrag von Maastricht beginnt und sich über die Mitwirkung des Bundestages im Rahmen von Art. 23 Abs. 3 GG fortsetzt.

14. Eine parlamentarische Kontrolle in bezug auf Gemeinsame Aktionen im Rahmen der Gemeinsamen Außen- und Sicherheitspolitik bzw. Gemeinsame Maßnahmen im Rahmen der Zusammenarbeit in den Bereichen Justiz und Inneres ist gegeben. Soweit Gemeinsame Aktionen verbindlich sind, handelt es sich nicht um eine supranational, sondern um eine völkerrechtlich bewirkte Verbindlichkeit.

15. Die Mitwirkungsrechte des Bundesrates gemäß Art. 23 GG bestimmen sich nach zwei alternativen Gesichtspunkten, der innerstaatlichen Kompetenzverteilung zwischen Bund und Ländern bzw. den Mitwirkungsrechten des Bundesrates an einer entsprechenden innerstaatlichen Maßnahme. Art. 23 Abs. 4 und 5 GG stellen eine Modifikation von Art. 32 Abs. 1 GG dar.

16. Bei der Behandlung einseitiger Rechtsakte ist unter dem Gesichtspunkt der parlamentarischen Mitwirkung eine differenzierende Betrachtung geboten. Wesentlich ist, ob die jeweilige Erklärung nicht doch im Kontext vertraglicher Beziehungen zu sehen ist. Dabei ist nicht die gewählte Form maßgebend, sondern die Gestaltung der Rechtsbeziehung im konkreten Fall.

17. Bei einer einseitigen Erweiterung der nationalen Hoheitsrechte, wie der Ausdehnung der Küstenmeergrenzen oder der Ausweisung einer ausschließlichen Wirtschaftszone, sprechen wesentliche Gründe für eine Mitwirkung des Bundestages.

18. Die Einsetzung des Europaausschusses gemäß Art. 45 Satz 2 GG erfüllt in der Praxis die in sie gesetzten Erwartungen nicht. Er versteht sich primär als Begleiter des politischen Integrationsgeschehens und weniger als Forum für die Erörterung einzelner geplanter europäischer Maßnahmen.

19. Die Europakammer des Bundesrates hat in der Praxis die in sie gesetzten Erwartungen nicht erfüllt. Die regulären Sitzungen des Bundesrates reichen aus, um die Wahrnehmung der Beteiligungsrechte der Länder in der Form von Bundesratsbeschlüssen sicherzustellen.

20. Die verfassungsrechtliche Praxis weist einen deutlichen Trend zur Parlamentarisierung der auswärtigen Gewalt auf. Dieser Trend ist weder durchgängig noch völlig frei von Brüchen. Für den Bundestag liegt die Stärkung seiner Wirkungsrechte in der Vorverlagerung seines Einflusses.

21. Die Beteiligungsrechte des Bundesrates führen im Ergebnis zu einer Verstärkung der Exekutive im legislativen Bereich. Der europäische Einigungsprozeß stärkt auf nationaler Ebene letztlich Zentralisierungstendenzen zu Lasten der Länderparlamente.

22. Die Parlamentarisierung der auswärtigen Gewalt hat zu einer stärkeren Ausdifferenzierung parlamentarischer Handlungsformen geführt. Neben die parlamentarische Mitwirkung an der Ausübung der auswärtigen Gewalt durch Zustimmung zu einem Vertrag durch Gesetz ist die antizipierte Zustimmung getreten. Diese stellt einen innovativen und weiter ausbaufähigen Mechanismus dar, um die Lücke zwischen Völkerrechtsentwicklung und parlamentarischer Legitimation zu schließen.

23. Die Parlamentarisierung der auswärtigen Gewalt hat zu einer Aufwertung der parlamentarischen Handlungsform des schlichten Parlamentsbeschlusses geführt. Zu unterscheiden sind der konstitutive Parlamentsbeschluß, die Stellungnahme gemäß Art. 23 Abs. 3 GG sowie der schlichte Parlamentsbeschluß. Durch den schlichten Parlamentsbeschluß wirkt der Bundestag in unterschiedlicher Weise an der Gestaltung der auswärtigen Beziehungen mit. Mit Entschließungen zu außen-, europa- und sicherheitspolitischen Fragen bzw. Fragen des Menschenrechtsschutzes dokumentiert er oder seine Mehrheit seine Position zu wesentlichen Grundfragen der Politik. Andere schlichte Parlamentsbeschlüsse steuern die Regierungspolitik punktuell und enthalten ein Element der Kontrolle. Im Vergleich zum förmlichen Gesetz hat der Parlamentsbeschluß den Vorteil erhöhter Flexibilität. Damit bietet er sich als Formenelement für eine verstärkte parlamentarische Kontrolle und Mitwirkung an der Außenpolitik an.

Kontrolle der auswärtigen Gewalt

3. Länderbericht Schweiz von Prof. Dr. *Luzius Wildhaber*, Basel*

Inhalt

* Meiner Assistentin lic. iur. *Eva Kornicker* danke ich vielmals für ihre Hilfe bei der Erstellung des Anmerkungsapparates.

I. Einleitung

Ich kann nur in sehr dürren Worten ausdrücken, daß es eine Ehre und ein Vergnügen ist, vor Ihnen den Schweizer Landesbericht zu einem alten Lieblingsthema halten zu dürfen. Für begrüßende, verspielte oder gar ausschweifende Ausführungen reicht die Zeit nicht. Dementsprechend werde ich auch gar nichts sagen können über die spezifisch bundesstaatlichen Aspekte unserer Thematik[1]. Und zu meinem Bedauern muß ich es mir auch versagen, der Fragestellung der „Kontrolle der auswärtigen Gewalt" vorzuhalten, daß sie die Introvertiertheit des Verfassungsbildes und des Verfassungsdenkens eines demokratisch-nationalistischen Konstitutionalismus sowie die Domestizierung der internationalen Politik allzu bereitwillig als vorgegeben hinnimmt. Sollte man die Fragestellung nicht dadurch ergänzen, daß man vermehrt das Augenmerk über das Erfordernis innerstaatlicher Demokratie und Rechtsstaatlichkeit hinaus auch auf die demokratisch-rechtsstaatliche Natur der internationalen Strukturen, Prozesse und Organisationen richtet[2]?

Indessen werde ich mich im folgenden auf drei Punkte konzentrieren.

---

[1] Vgl. dazu *Yves Lejeune* Le statut international des collectivités fédérées à la lumière de l'expérience suisse, Diss. Louvain-la-Neuve; 1984, Hans J. Michelmann/Panayotis Soldatos (Hrsg.), Federalism and International Relations – The Role of Subnational Units, 1990; *Dietrich Schindler* Kommentar zu Art. 8, 9 und 10 BV, in: Jean-François Aubert et al., Kommentar zur Bundesverfassung der Schweizerischen Eidgenossenschaft vom 29. Mai 1874, 1988; *Luzius Wildhaber* Außenpolitische Kompetenzordnung im schweizerischen Bundesstaat, in: Alois Riklin/Hans Haug/Raymond Probst (Hrsg.), Neues Handbuch der schweizerischen Außenpolitik, 1992, 121 ff., 122–132; ebd., Territorial Modifications and Breakups in Federal States, in: Canadian Yearbook of International Law 33 (1995) 1–34. – In der Schweiz kann der Bund an sich alle Arten von internationalen Verträgen eingehen. Daran soll auch die geplante und zur Zeit hängige Verfassungsreform nichts ändern. Am meisten zu Diskussionen Anlaß gab bei dieser Verfassungsreform die Frage eines selbständigen Vertragsschließungsrechts der Kantone ohne Genehmigungs- oder Aufsichts- oder auch nur Informationsrechte des Bundes. Zudem ist ein Bundesgesetz über die Außenpolitik der Kantone in Vorbereitung, welches für die frühzeitige Information der Kantone und ihre Anhörung bei Verträgen sorgen soll, welche sie direkt betreffen oder welche von ihnen vollzogen werden sollen.

[2] Zur zunehmenden Interdependenz und Verflechtung von Innen- und Außenpolitik schon *Hans Huber* Weltweite Interdependenz – Gedanken über die grenzüberschreitenden gesellschaftlichen Verhältnisse und die Rückständigkeit des Völkerrechts, 1968, 8 f. und 11 ff.; *Walter Kälin* Verfassungsgrundsätze der schweizerischen Außenpolitik, Zeitschrift für Schweizerisches Recht (ZSR) N. F. 105 (1968 II) 249, 262 f.; *Luzius Wildhaber* Rechtsvergleichende Bemerkungen zur sogenannten vertragsschließenden Gewalt, ZSR N. F. 86 (1967 I) 33, neu abgedruckt in: Wechselspiel

II. Zur Rolle des Parlaments

Der erste betrifft die schweizerischen Diskussionen über eine verstärkte Rolle des Parlaments in den auswärtigen Angelegenheiten. Aus der Doktrin der jüngsten Zeit sticht Bernhard Ehrenzellers Buch „Legislative Gewalt und Außenpolitik" hervor[3]. Der Autor spricht darin ähnlich, nur vielleicht noch prononcierter, als es vorher Herr Wolfrum getan hat, dem Parlament kraft seines politischen Legitimationsvorsprungs eine generelle Leitentscheidungskompetenz zu. Alle wichtigen, außenpolitischen Entscheide müßten auf einer kollektiven Beurteilung von Bundesversammlung und Bundesrat beruhen, welche in einem dauernden, dynamischen, politischen Prozeß immer wieder zu finden oder zu bestätigen sei. Dementsprechend argumentiert Ehrenzeller für eine sinngemäß verstärkte Rolle der Bundesversammlung bei der Kündigung internationaler Verträge, bei der Behandlung nicht bindender Abmachungen und des „soft law", bei einseitigen Erklärungen und Rechtsakten, z. B. der Übernahme von UNO-Sanktionen sowie bei den Grenzen exekutiver Vertragsauslegung nach Vertragsabschluß[4]. Die hemmenden, selbstfesselnden Gefahren einer Demokratisierung der Außenpolitik, Schwerfälligkeit und Immobilisierungstendenzen, internationale Sachzwänge oder der völkerrechtliche Vertrauensschutz rücken zwar für meinen Begriff zu stark in den Hintergrund. Wie Thomas Franck, Michael Glennon und Louis Henkin bei ihrer Forderung nach einer stärkeren Betonung gerichtlicher Kontrollelemente in der amerikanischen Außenpolitik[5] meint auch Bernhard Ehrenzeller, daß die meisten Sach-

---

zwischen Innen und Außen, 1996, 122–142. – Zum Demokratie-Grundsatz im modernen Völkerrecht vgl. *Denise Brühl-Moser* Die Entwicklung des Selbstbestimmungsrechts der Völker unter besonderer Berücksichtigung seines innerstaatlich-demokratischen Aspekts und seiner Bedeutung für den Minderheitenschutz, Diss. Basel, 1994, 219–294; *James Crawford* Democracy in International Law, 1994; *Thomas M. Franck* The Emerging Right to Democratic Governance, American Journal of International Law (AJIL) 86 (1992) 46–91.

[3] *Bernhard Ehrenzeller* Legislative Gewalt und Außenpolitik, 1993; vgl. auch rechtsvergleichend Stefan A. Riesenfeld/Frederick M. Abbott (Hrsg.), Parliamentary Participation in the Making and Operation of Treaties: A Comparative Study, 1994; ferner zur Situation in den U. S. A. *Michael J. Glennon* Constitutional Diplomacy, 1990; *Louis Henkin* Constitutionalism, Democracy, and Foreign Affairs, 1990.

[4] *Ehrenzeller* (Anm. 3) 537–553, 502–537, 553–565, 477–485.

[5] *Thomas M. Franck* Courts and Foreign Policy, in: Foreign Policy 83 (1991) 66–86; ebd., Political Questions/Judicial Answers – Does the Rule of Law Apply to Foreign Affairs?, 1992; *Michael J. Glennon* Foreign Affairs and the Political Question Doctrine, in: Louis Henkin/Michael J. Glennon/William D. Rogers (Hrsg.), Foreign Affairs and the U. S. Constitution, 1990, 107–114; *Louis Henkin* Is there a „Political Question" Doctrine?, Yale L. J. 85 (1976) 597–625. S. a. *Ralph G. Steinhardt* Human

zwänge entweder nur behauptet oder gar von der Exekutive aufgebauscht werden, oder aber daß sie nicht von vornherein Grundgegebenheiten der Verfassung, der Gewaltenteilung und der Demokratie geopfert werden dürften.

Da er seine Forderungen unter einen generellen Wesentlichkeitsvorbehalt stellt, ließe sich leben mit einer solcherart ausgedehnten parlamentarischen Beteiligung. Die Hauptthese der Mitgestaltung des Parlaments bei der Formulierung der Ziele der Außenpolitik ist ohnehin wenig bestritten. Fraglich ist vor allem, was diese Aussage im einzelnen bedeutet. Die schweizerische Praxis ist freilich bisher wenig in die von Ehrenzeller aufgezeigte Richtung gegangen, zu einem erheblichen Teil auch, weil das Parlament sich selbst im Bewußtsein seiner institutionellen und informationellen Schwächen zurückgehalten hat.

Im Bereich der Gesetzgebung ist 1991 ein neuer Art. 47bis a über die parlamentarische Mitwirkung im Bereich der Außenpolitik in das Bundesgesetz über den Geschäftsverkehr der Bundesversammlung von 1962 eingefügt worden[6]. Der Bundesrat übernahm murrend die meisten Vorschläge der Bundesversammlung, wobei es ihm gelang, zwei spezifische Vorschläge wieder zu beseitigen. Erstens hätte die Regierung vor der Erteilung von Verhandlungsmandaten die außenpolitischen Kommissionen des Parlaments „begrüßen"[7] und dann deren Stellungnahmen „berücksichtigen" sollen. Zweitens hätten diese Kommissionen aus ihren Mitgliedern Beobachter an internationale Konferenzen entsenden können. Diesen beiden Punkten hielt der Bundesrat entgegen, die Verantwortlichkeiten und die Funktionenordnung zwischen Exekutive und Legislative würden dadurch vermischt[8].

Hingegen soll der Bundesrat nun gemäß dem geänderten Geschäftsverkehrsgesetz die außenpolitischen Kommissionen „regelmäßig, frühzeitig und umfassend über die Entwicklung der außenpolitischen Lage, über die Vorhaben im Rahmen von internationalen Organisationen und über die Verhandlungen mit auswärtigen Staaten" informieren. Ferner

---

Rights Litigation and the „One-Voice" Orthodoxy in Foreign Affairs, in: World Justice? U. S. Courts and International Human Rights, 1991, 23–58.

[6] Bundesgesetz über den Geschäftsverkehr der Bundesversammlung sowie über die Form, die Bekanntmachung und das Inkrafttreten ihrer Erlasse vom 23. März 1962, Systematische Rechtssammlung (SR) 171.11.

[7] „Begrüßen" ist ein Helvetismus, der zweckmäßigerweise mit „Informieren und Konsultieren" übersetzt werden kann.

[8] Parlamentarische Initiative: Parlamentsreform – Stellungnahme des Bundesrates, BBl 1991 III 812–827, 816–820 und 826.

soll er sie „zu den Richt- und Leitlinien für das Verhandlungsmandat" konsultieren, worauf die Kommissionen ihm „ihre Stellungnahmen" dazu „zur Kenntnis bringen" können[9].

III. Zum Staatsvertragsreferendum

Wenn man es als einsichtig oder gar als folgerichtig ansieht, daß dem Parlament in auswärtigen Angelegenheiten eine akzentuierte Rolle zukommen sollte, so liegt es in der Logik der Schweizer halbdirekten Abstimmungsdemokratie, daß man dann auch dem Volk und dem Referendum erhöhte Bedeutung beimessen könnte oder sollte – und damit bin ich beim zweiten Punkt angelangt.

Die Bundesversammlung lehnte in den Jahren 1871–1872 und 1897 die Einführung eines Staatsvertragsreferendums ab, änderte aber ihre Meinung nach dem Ersten Weltkrieg, worauf 1921 ein neuer Art. 89 Abs. 4 BV eingeführt wurde[10]. Das heutige, dreistufige System geht auf das Jahr 1977 zurück[11]. Es sieht erstens ein obligatorisches Referendum von Volk und Ständen für den Beitritt zu Organisationen für kollektive Sicherheit und zu supranationalen Gemeinschaften vor. Solche Referenden gab es bisher zwei, und beide gingen negativ aus: Sowohl der UNO-Beitritt 1986[12] wie auch die Annahme des EWR-Abkommens 1992[13] wurden verworfen. Zweitens kann die Bundesversammlung ad hoc die Genehmigung völkerrechtlicher Verträge dem fakultativen Referendum unterstellen. Ein solches Behördenreferendum wurde bisher nur ein einziges Mal beschlossen[14]. Drittens unterstehen drei Kategorien von Verträgen dem fakultativen Referendum, nämlich unbefristete

---

[9] Vgl. dazu die parlamentarische Initiative: Parlamentsreform – Bericht der Kommission des Nationalrates, BBl 1991 III 617–811, 625, 639, 648–658, 708–709, 728–729, 757.

[10] *Georg Kreis* Die Anfänge der Direkten Demokratie im Bereich der Außenpolitik, in: Andreas Auer (Hrsg.), Die Ursprünge der schweizerischen direkten Demokratie, 1996, 333–354.

[11] Botschaft des Bundesrates an die Bundesversammlung über die Neuordnung des Staatsvertragsreferendums, BBl 1974 II 1133–1176.

[12] Botschaft über den Beitritt der Schweiz zur Organisation der Vereinten Nationen, BBl 1982 I 497–583, sowie BBl 1986 II 97.

[13] Botschaft zur Genehmigung des Abkommens über den Europäischen Wirtschaftsraum, BBl 1992 IV 1–542, sowie BBl 1993 I 167.

[14] Im Falle zweier mit der Internationalen Entwicklungshilfeorganisation (IDA) geschlossener Darlehensumwandlungsverträge, vgl. dazu *Jörg Paul Müller/Luzius Wildhaber* Praxis des Völkerrechts, 2. Aufl., 1982, 62–63.

und unkündbare Verträge, Beitritte zu internationalen Organisationen und multilaterale Rechtsvereinheitlichungsverträge. Aufgrund dieser dritten Kategorie sind etwa ein Sechstel aller internationalen Verträge dem fakultativen Referendum unterstellt[15]. Faktisch ist das fakultative Referendum nur einmal ergriffen worden, worauf das Schweizer Volk 1992 dem Beitritt zur Weltbank-Gruppe zustimmte[16].

1977 war klar, daß man nicht alle verfassungsändernden Verträge dem obligatorischen Referendum von Volk und Ständen unterstellen wollte und ebensowenig alle gesetzesändernden Verträge dem fakultativen Referendum des Volkes. Die Gründe dafür scheinen mir nach wie vor überzeugend. Aber daraus erwachsen auch Spannungen. Ein nichtreferendumspflichtiger Vertrag kann z. B. Gesetzesbestimmungen, welche dem Referendum unterstanden, vorgehen. Wenn man umgekehrt eine durchgehende Parallelität von Staatsvertrags- und Gesetzesreferendum verlangen wollte, könnte man ein doppeltes Referendum herbeiführen, was nicht nur schwerfällig wäre, sondern auch zu widersprüchlichen Resultaten führen könnte[17].

Auf indirektem Wege werden übrigens auch die Verfassungsinitiative und sogar das Gesetzesreferendum[18] relevant in auswärtigen Belangen. Die schweizerische Praxis hat die Existenz von materiellen Schranken der Verfassungsrevision bisher üblicherweise abgelehnt[19]. Dies hatte zur Folge, daß Volk und Stände auch über möglicherweise völkerrechtswidrige oder vertragsbeendigende Verfassungsinitiativen oder -änderungsvorlagen abzustimmen hatten. 1995/96 folgte nun das Parlament dem Antrag der Regierung und erklärte erstmals eine Volksinitiative wegen Verstoßes gegen zwingendes Völkerrecht – in casu gegen das Rückschiebungsverbot im Asylrecht – für ungültig[20]. Damit ist zu-

[15] Gem. Reform der Bundesverfassung – Erläuterungen zum Verfassungsentwurf (1995) 237 Anm. 50 unterstanden zwischen 1977 und 1995 60 völkerrechtliche Verträge dem fakultativen Referendum nach Art. 89 Abs. 3 BV.

[16] BBl 1992 V 451.

[17] Dazu *Dietrich Schindler* Krit. Bemerkungen zur vorgeschlagenen Reform des Staatsvertragsreferendums, in: Die Reform der Bundesverfassung aus der Sicht der Vereinigung Rechtsstaat, 1996, 31–40.

[18] So lehnte das Volk am 12. 6. 1994 ein Bundesgesetz über schweizerische Truppen für friedenserhaltende Operationen (UNO-Blauhelm-Beteiligung) mit 57,2% Nein-Stimmen gegen 42,8% Ja-Stimmen ab, s. BBl 1994 III 1251.

[19] *Luzius Wildhaber* Kommentar zu Art. 118 BV, in: Kommentar zur Bundesverfassung (Anm. 1), Rdn. 65–123 (1988).

[20] Botschaft über die Volksinitiativen „für eine vernünftige Asylpolitik" und „gegen die illegale Einwanderung", BBl 1994 III 1486–1524, 1488, 1494–1500, 1520 f.; BBl 1996 I 1355; Amtliches Bulletin Ständerat 1995, 334–349, 348 f., und Nationalrat 1996, 303–334, 331–333. – *Walter Kälin* Internationale Menschenrechtsgaran-

gleich gesagt, daß wohl inskünftig internationales jus cogens eine materielle Schranke der Verfassungsrevision darstellen wird.

Soweit man das Staatsvertragsreferendum oder die Verfassungsinitiative als Formen der „Kontrolle der auswärtigen Gewalt" gelten lassen will, handelt es sich natürlich um eminent politische Instrumente. Frühere Generationen von Autoren haben zwar gemeint, das Volk übe dabei eine Art von Verfassungsgerichtsbarkeit aus. Aber dies ist eine stark fiktive Sicht der Dinge. Die Kontrolle ist eindeutig direktdemokratischer und politischer Art.

Ich kann längst nicht alle Aspekte dieser Aussagen ausloten. Lassen Sie mich nur einen einzigen Punkt – unter zwei Aspekten – aufgreifen. Er betrifft die bange Frage, ob sich die Volksrechte in außenpolitischen Belangen anders auswirken als in innenpolitischen. Zu unserem inneren System haben wir Schweizer häufig bemerkt, Referendum und Initiative würden zwar zu eigenwilligen Ergebnissen und Akzentsetzungen führen, aber es lasse sich leben damit. Die Häufung negativer Abstimmungsresultate in auswärtigen Angelegenheiten, speziell die Ablehnung von UNO und EWR, sowie die daraus resultierende Bremswirkung in bezug auf die Fragestellungen, bei denen von vornherein mit einem ablehnenden Abstimmungsausgang zu rechnen ist[21], hat in der Schweiz Besorgnis ausgelöst. Kann ein faktisch-ökonomisch so stark integriertes Land sich wirklich unter Berufung auf Demokratie und Souveränität auf Dauer der politischen und völkervertraglichen Integration entziehen[22]? Oder läßt sich die Introvertiertheit eben gerade als

tien als Schranke der Revision von Bundesverfassungsrecht, in: Aktuelle juristische Praxis (AJP) 2 (1993) 243–257; *Daniel Thürer* Bundesverfassung und Völkerrecht, in: Kommentar zur Bundesverfassung (Anm. 1), Rdn. 16 f. (1995).

21 Das typische Beispiel eines völkerrechtlichen Vertrages, welcher bisher von der Bundesversammlung nicht genehmigt worden ist, weil man ihn vermutlich dem fakultativen Referendum unterstellt hätte, worauf dieses Referendum negativ ausgegangen wäre, ist die Europäische Sozial-Charta. Der Bundesrat hatte 1983 die Genehmigung der Sozial-Charta beantragt (BBl 1983 II 1241). Stände- und Nationalrat folgten diesem Antrag jedoch nicht (Amtliches Bulletin SR 1984 28–44, NR 1987 1560–1594). Aufgrund einer parlamentarischen Initiative aus den Reihen des Nationalrats wurde 1993 die Genehmigung der Sozial-Charta erneut an die Hand genommen (BBl 1996 II 721). In diesem zweiten Anlauf entschied nun allerdings der Bundesrat im September 1996, die Ratifikation sei zwar wünschenswert, aber nicht prioritär. Vgl. *Dietrich Schindler* Rechtshindernisse eines Beitritts zur Europäischen Sozialcharta, Neue Zürcher Zeitung vom 25. April 1996.

22 Verschiedene Autoren schlagen eine starke Einschränkung oder gar eine Abschaffung direkt-demokratischer Institutionen vor, so *Silvio Borner/Aymo Brunetti/Thomas Straubhaar* Die Schweiz im Alleingang, 1994, 124–139, und *Raimund E. Germann* Die Europatauglichkeit der direkt-demokratischen Institutionen der Schweiz (Cahiers de l'IDHEAP No 68, 1991) 4.

Reaktion auf den hohen Grad der faktischen Interdependenz erklären? Würde das Volk in anderen europäischen Staaten gleich reagieren, wenn man dort die Volksrechte ausbauen würde[23]? Ist die Angst vor Dissensen, Populismen, Nationalismen und Atavismen aller Art einfach zu groß, als daß man Volksabstimmungen über auswärtige Angelegenheiten riskieren möchte?

Typisch ist die Behandlung des Staatsvertragsreferendums in der zur Zeit in der Schweiz hängigen Verfassungsreform. Dort wird vorgeschlagen, daß Beschlüsse über die Genehmigung völkerrechtlicher Verträge in Zukunft vorsehen sollen, Gesetzesänderungen, welche aufgrund eines Vertrags innerstaatlich notwendig wären, unter Ausschluß des Referendums vorzunehmen[24]. Der geplante Referendumsausschluß zielt speziell auf die Problematik der langfristigen Integrationsverträge. Er würde verhindern, daß das Referendum als Instrument der nachträglichen und einseitigen Verhinderung oder Vereitelung von völkerrechtlich gefordertem Durchsetzungsrecht eingesetzt werden könnte. Dafür würde der bisherige Begriff eines Vertrages, welcher eine multilaterale Rechtsvereinheitlichung herbeiführt, ausgedehnt[25]. Ob mit dieser Ausdehnung die vom Bundesrat angestrebte „Verwesentlichung" der Volksrechte und die „Konzentration auf Wichtiges und Grundsätzliches" erreicht werden kann[26], ist zwar zweifelhaft, aber vermutlich nicht zentral. Zentral ist meines Erachtens das Problem, das bei der Verfassungsreform überhaupt nicht angegangen wird, nämlich das Obligatorium des Referendums von Volk und Ständen gerade bei den wichtigsten Verträgen, also einem UNO-, NATO-, EWR- und EU-Beitritt. Man

---

[23] Dazu rechtsvergleichend Europäisches Parlament/Generaldirektion Wissenschaft, Das Verhältnis zwischen Völkerrecht, Gemeinschaftsrecht und dem Verfassungsrecht der Mitgliedstaaten (Arbeitsdokument, Reihe Recht, W-6, DE 12–1995) 4–24; Staatsrechtliche Auswirkungen der Mitgliedschaft in den europäischen Gemeinschaften, Zwölf Länderberichte (Veröffentlichungen des Schweizerischen Instituts für Rechtsvergleichung Nr. 18, 1991); *Cédric Chapuis* Die Übertragung von Hoheitsrechten auf supranationale Organisationen (Diss. Basel, 1993); *Stephan Körkemeyer* Direkte Demokratie und europäische Integration (Diss. Münster, 1995); *Norbert Lorenz* Die Übertragung von Hoheitsrechten auf die europäischen Gemeinschaften (Diss. Bonn/Frankfurt a. M., 1990).

[24] Vgl. Art. 124 der Reformvorschläge Volksrechte (Reform der Bundesverfassung – Verfassungsentwurf, 1995, 54) und den dazugehörigen Kommentar (Reform der Bundesverfassung – Erläuterungen zum Verfassungsentwurf, 1995, 226).

[25] Vgl. Art. 125 Reformvorschläge Volksrechte (Anm. 24), 54.

[26] So die Aussage von Bundesrat *Arnold Koller* Direkte Demokratie und Staatsverträge: Die Verfassung auf dem Prüfstand, in: Gesetzgebung heute 1993 I, 11–24, 17. Krit. dazu *Schindler* (Anm. 17).

stellt (in Klammern gesagt) diese Regelung vor allem deshalb nicht in Frage, weil das einmal eingeführte Obligatorium – praktisch-politisch gesprochen – kaum mehr aufgehoben werden kann, müßten doch Volk und Stände einer solchen Aufhebung des Obligatoriums wieder zustimmen. An sich läge das Problem darin, ob direkt-demokratische Beteiligungsformen notwendigerweise bedeuten müssen, daß man nach innen blickt und internationalen Ereignissen hintendrein hinkt, und ob die Außenpolitik infolge ihrer Besonderheiten repräsentative Entscheidträger erfordert. Man kann nicht unbedingt schlüssige Antworten auf diese Art von Fragen anbieten, außer daß man wegen der völkerrechtlichen Konsequenzen betonen muß, daß Kontrollen auf dem Wege des Referendums präventiv zu erfolgen haben, nicht nachträglich.

IV. Zur Rolle der Gerichte

Nun gehe ich über zum dritten und letzten Abschnitt, der Rolle der Schweizer Gerichte in den auswärtigen Beziehungen. Es fällt auf, daß dies in der Schweiz ein Un-Thema ist, welches praktisch kaum erörtert wird[27]. Alles scheint klar zu sein. Natürlich ist bei näherem Zusehen längst nicht alles derart unproblematisch[28].

Ich beginne mit einigen konkreten Akzentsetzungen. Schweizer Gerichte hatten nichts zu tun mit den in der Bundesrepublik Deutschland so ausgiebig behandelten Fragen der Abtretung von Hoheitsrechten und des Ausmaßes der zulässigen Überprüfung von EG-Rechtsakten anhand höherrangiger Grundsätze des nationalen Verfassungsrechts. Bundesgesetze mit außenpolitischen Akzentsetzungen können vom Bundesgericht gemäß Art. 113 Abs. 3 BV nicht auf ihre Verfassungsmäßigkeit hin überprüft werden. Das Bundesgesetz über die Organisation

---

[27] S. immerhin *Olivier Jacot-Guillarmod* Le juge suisse face au droit européen, in: ZSR N. F. 112 (1993 II) 228–576 passim. – Ferner zur Lage im amerikanischen Recht die in Anm. 5 zit. Autoren und *Thomas M. Franck/Michael J. Glennon* Foreign Relations and National Security Law – Cases, Materials and Simulations, 1987, 723–855.

[28] In einem gewissen Sinn könnte man die Rspr. des Bundesgerichts über das Verhältnis zwischen früheren Staatsverträgen und späteren Bundesgesetzen als eine Art Reflexion der Political-Question-Doctrin betrachten. Es gibt in der Tat zu dieser Fragestellung zwei Entscheidlinien. Die eine behauptet den Vorrang des Völkerrechts auch gegenüber späteren Gesetzen, währenddem die andere, die sogenannte Schubert-Rechtsprechung, den Entscheid BGE 99 Ib 39 (1973) als nach wie vor maßgeblich ansieht, wonach es die „Möglichkeit einer bewußten Abweichung seitens des Gesetzgebers" von Völkerrecht gebe und geben müsse. Dazu *Yvo Hangartner* Völkerrecht und schweizerisches Landesrecht, in: FS Arnold Koller, 1993, 651–681.

der Bundesrechtspflege schließt auch die meisten außenpolitischen Regierungsakte des Bundesrates von gerichtlicher Überprüfung aus[29].

Konflikte über die Auswirkungstheorie im internationalen Kartellrecht sind praktisch immer den politischen Behörden überlassen und kaum je vor schweizerische Gerichte gezogen worden, obwohl die restriktive Doktrin der offiziellen Schweiz eigentlich den Anlaß hätte bilden können, die Auswirkungen von als unzulässig empfundenen ausländischen Hoheitsakten mit Hilfe der schweizerischen Gerichte abzuwehren[30]. Im Bereich der Staatenimmunität haben demgegenüber Schweizer Gerichte seit jeher mit erstaunlicher Unbekümmertheit angenommen, daß acta iure gestionis keinen Immunitätsschutz zu genießen hätten, und zwar nicht nur bei Verfahren vor den Gerichten anderer Staaten, sondern auch auf der Ebene der Zwangsvollstreckung. Gewissermaßen als Kompensation zu dieser expansiven Rollendeutung, welche dem Staat außenpolitische Komplikationen bescheren kann, entwickelten die Gerichte dafür die Theorie, daß eine ausreichende Binnenbeziehung bestehen müsse, ehe in der Schweiz vollstreckt werden könne[31].

Was das weite Feld der Menschenrechte betrifft, so hat das schweizerische Bundesgericht eine große und beachtliche Bereitwilligkeit an den Tag gelegt, die Straßburger Rechtsprechung zur EMRK in die Rechtsprechung zu den nationalen Grundrechtsgarantien einfließen zu lassen, die Entwicklung zu harmonisieren und Konflikte zwischen der europäischen und der nationalen Ebene zu vermeiden[32]. Im Bereiche

---

[29] Art. 100 des Bundesgesetzes über die Organisation der Bundesrechtspflege (OG) vom 16. 12. 1943, SR 173.110. – Interessant ist, daß dennoch beispielsweise gewisse Verfügungen im Bereich der Aufenthalts- und Niederlassungsbewilligung auf dem Umweg über die Anrufung von Art. 8 EMRK gerichtlicher Kontrolle zugänglich gemacht worden sind, vgl. *Stephan Breitenmoser* Das Recht auf Achtung des Privat- und Familienlebens in der Schweizer Rspr. zum Ausländerrecht, in: EuGRZ 20 (1993) 537–546. Vgl. auch die neuere bundesgerichtliche Rspr. in BGE 109 Ib 183 = EuGRZ 1984 82 sowie Schweizerische Zeitschrift für internationales und europäisches Recht (SZIER) 5 (1995) 385–391, 4 (1994) 568–571.

[30] Vgl. *Luzius Wildhaber* Jurisdiktionsgrundsätze und Jurisdiktionsgrenzen im Völkerrecht, SJIR 41 (1985) 99–109, neu abgedruckt in: Wechselspiel zwischen Innen und Außen (Anm. 2) 60–72.

[31] Vgl. die Praxis des Bundesgerichts zum Immunitätsschutz von acta iure gestionis und der erforderlichen Binnenbeziehung: BGE 82 I 86 (1956), 86 I 28 (1960), 104 Ia 370 (1978), 106 Ia 147 (1980), 108 III 109 f. (1982), 110 Ia 43 (1984), 111 Ia 57 (1985), 112 Ia 150 (1986), 113 Ia 175 (1987), 113 Ib 162 (1987), 120 II 402 (1994) und 120 II 409 (1994). Vgl. auch die unveröffentlichten Entscheide in SZIER 1 (1991) 546 und 2 (1992) 585.

[32] *Olivier Jacot-Guillarmod* (Anm. 27) 344–352; *Giorgio Malinverni* La Suisse et les droits de l'homme, in: Schweizerisches Jahrbuch für internationales Recht (SJIR) 45 (1989) 153, 186–190; *Rainer J. Schweizer* Die schweizerischen Gerichte und das

des internationalen Wirtschaftsrechts haben die Gerichte umgekehrt dazu geneigt, EFTA-, GATT- und OECD-Bestimmungen als non-self-executing anzusehen und somit die Probleme ihrer Anwendbarkeit weitgehend der Exekutive zu überlassen[33].

Lassen Sie mich nun diese sehr kursorische Bestandesaufnahme mit den Aussagen amerikanischer Autoren vergleichen, welche für eine verstärkte Rolle nationaler Gerichte im Bereich der auswärtigen Beziehungen und für eine entsprechende Zurückdrängung der political question-doctrine eintreten. Thomas Franck argumentiert beispielsweise, daß amerikanische Gerichte in Gebieten wie etwa der Staatenimmunität oder der act of state-doctrine eine legitime Rolle auszuüben hätten[34]. Ihre Urteile würden die außenpolitischen Entscheidträger nicht notwendigerweise in ihrer Ermessensfreiheit beeinträchtigen, sondern könnten im Gegenteil gewisse Konflikte sogar entpolitisieren. In einem Gewaltenteilungssystem wie dem amerikanischen müßten die nationalen Gerichte in allen Sektoren und daher auch in der Außenpolitik dafür sorgen, daß die Politik zwischen zahlreichen Optionen frei wählen könne, daß ihr aber einzelne Optionen verschlossen und verboten blieben. Auffallend ist, daß Franck die nationalen Gerichte nicht – im Sinne von George Scelle's „dédoublement fonctionnel[35]" – als Instrumente zur Wahrung des Völkerrechts auffaßt, ja daß er überhaupt nicht vom Verhältnis zwischen Völkerrecht und Landesrecht spricht, sondern nur vom verfassungsrechtlichen Gewaltenteilungssystem.

Anhänger der realistischen Schule würden zunächst einmal unterstreichen, daß auch diejenigen nationalen Gerichtsurteile, welche eine verstärkte Rolle der Gerichte in auswärtigen Angelegenheiten bejahen

---

europäische Recht, in: ZSR N. F. 112 (1993 II) 578–766, 628–630; *Luzius Wildhaber* Die Schweiz und die Europäische Menschenrechtskonvention im Rahmen neuerer Entwicklungen (Vorträge, Reden und Berichte aus dem Europa-Institut der Universität des Saarlandes Nr. 173, 1989).

33 *Olivier Jacot-Guillarmod* L'applicabilité directe des traités internationaux en Suisse: Histoire d'un détour inutile, SJIR 45 (1989) 129, 137–141; ebd. (Anm. 27) 352–364, 401 f.; *Ernst-Ulrich Petersmann* Die Verfassungsentscheidung für eine völkerrechtskonforme Rechtsordnung als Strukturprinzip der Schweizer Bundesverfassung, in: Archiv des öffentlichen Rechts (AöR) 115 (1990) 537 ff., 560 f., 571.

34 *Thomas M. Franck* Foreign Policy 83 (1991) 66–86 (Anm. 5), 76–78, 86; ebd. (Anm. 5), Political Questions/Judicial Answers, 97–106, 158 f.

35 *Georges Scelle* Le phénomène du dédoublement fonctionnel, in: FS Hans Wehberg (Walter Schätzel/Hans-Jürgen Schlochauer (Hrsg.), Rechtsfragen der internationalen Organisation), 1956, 324–342; ebd. Précis de droit des gens (2 Bde, Paris 1932 und 1934) Bd. 1, 43, 56, 217, und Bd. 2, 10 f., 439, 442, 450–455.

und somit nach „judicial activism" aussehen – wie die Entscheidungen des Bundesverfassungsgerichts zum Maastrichter Vertragswerk[36] und zum Bundeswehreinsatz in Somalia und zu den AWACS-Aufklärungsflügen[37] – aller Regel nach dann in „judicial self-restraint" ausmünden, wenn es um die Entscheidung in der Sache selbst geht. Bei solchen Urteilen geht es mehr um die Legitimierung außenpolitischer Entscheide – und allenfalls um deren künftige und denkbare Schranken – als um eine reale Teilhabe an der auswärtigen Gewalt. Nationale Gerichte zeigen eben sofort ein erhebliches Unbehagen, sobald ihnen zugemutet wird, hochbrisante Entscheide im Bereich der Außenpolitik zuungunsten der politischen Behörden des eigenen Staates ausfallen zu lassen.

Wie erklärt sich dieses Unbehagen? Meines Erachtens ist es bedeutsam, welche Grundhaltung man hat, wenn man eine verstärkte Rolle für nationale Gerichte in auswärtigen Belangen fordert: Will man die Gerichte als Instrumente zur Legitimierung der nationalen Außenpolitik einsetzen und erwartet man von ihnen eine natürliche Präferenz, ja sogar „Schlagseite" für solche außenpolitische Anliegen? Oder sieht man die Gerichte einfach als einen Teil der internen „checks and balances" und macht sich dabei keine großen Gedanken über allfällige völkerrechtliche Komplikationen? Oder möchte man die Gerichte umgekehrt als Wahrer des Völkerrechts sehen, welche den Vorrang völkerrechtlicher Regeln selbst gegenüber anderslautenden außenpolitischen Postulaten ihres Staates durchsetzen sollten, vielleicht sogar gegenüber den Völkerrechtsverletzungen ihres Staates?

Wenn man die Rolle der Gerichte entweder in der nach innen gerichteten Kontrolle oder in der Legitimierung der staatlichen Außenpolitik sieht, so läuft man Gefahr, das alte Souveränitätsmodell in den auswärtigen Angelegenheiten zu sehr zu betonen. Das Risiko liegt darin, daß man die Gerichte im Namen des nationalen Interesses instrumentalisiert. Ferner kann die Betonung verfassungsrechtlicher Schranken darauf hinauslaufen, daß der Vertrauensschutz anderer Völkerrechtssubjekte und Vertragsparteien zu kurz kommt, und daß die Kontrolle der nationalen Gerichte aus der Sicht des Völkerrechts auf eine einseitige und daher unzulässige Vertragsumdeutung oder Vertragsbeendigung hinausläuft.

Wenn man umgekehrt die Rolle nationaler Gerichte in der strikten Wahrung des Völkerrechtsprimats erblickt, mutet man ihnen mehr zu,

---

[36] BVerfGE 89, 155 (1993).

[37] BVerfGE 90, 286 (1994).

als sie leisten können oder leisten wollen. Scelle's Vorstellung des nationalen Richters als eines automatisch auch internationalen Richters war eben utopisch und ist es in gewissem Maße immer noch. Nationale Gerichte bleiben in weitem Maß ihrem Landesrecht, dessen Verfassung und dessen Grundsätzen verpflichtet. Kann man wirklich realistischerweise von einem nationalen Gericht erwarten, daß es eine von der Regierung (mit oder ohne Parlament) ausgelöste oder gebilligte militärische Intervention oder einen Krieg für verfassungs- oder völkerrechtswidrig erklären wird?[38] Ich will meine rhetorische Frage nicht von vornherein und für alle Fälle verneinen. Aber es wird die natürliche Neigung der Gerichte bleiben, solchen Fragen wenn immer möglich aus dem Wege zu gehen.

Wenn ich meine Fragestellung nun auf die schweizerischen Gerichte übertrage, so fällt es schwer, zu sagen, welche Rolle ihnen zugedacht ist. Welche Rolle es auch sein mag, sie sollte jedenfalls nicht speziell bedeutsam sein. Denn in der halbdirekten Demokratie schweizerischer Prägung ist die Skepsis gegenüber einer allzu sichtbaren oder herausgehobenen Bedeutung des Richters unübersehbar. In gewissen Bereichen – wie etwa den Menschenrechten oder der Staatenimmunität – ist man offensichtlich eher bereit, der richterlichen Rechtsentwicklung ihren Lauf zu lassen und somit auch in Kauf zu nehmen, daß dynamische Abläufe der europäischen Ebene durch die Gerichte ins Landesrecht transferiert werden. Wo hingegen die Bundesversammlung als Volksvertretung oder erst recht das Volk in einer Referendumsabstimmung ihren Willen kundgetan haben, war traditionellerweise wenig Platz mehr für schweizerische Gerichte als Wahrer von allenfalls anderslautenden Völkerrechts- oder auch Verfassungsprinzipien. Diese Ausgangsposition läßt sich nur graduell und behutsam ändern, am ehesten durch die vorgeschlagene Justizreform im Rahmen der Verfassungsreform.

V. Schlußwort

Damit darf ich – wiederum reichlich kurz, dafür aber unter Einhaltung der Zeitlimite und der Schweizer Uhrwerkertradition – das Ende verkünden und Ihnen für Ihre Aufmerksamkeit danken.

---

[38] So hielt der U. S. Supreme Court in *Korematsu v. United States*, 323 U. S. 214 (1944), die Festhaltung oder Umsiedlung aller Personen japanischer Herkunft (auch amerikanischer Bürger) an der amerikanischen Westküste nach dem japanischen Angriff auf Pearl Harbour nach einer unübersehbar langen Wartezeit für verfassungsmässig.

Leitsätze des 3. Länderberichterstatters über:

Kontrolle der auswärtigen Gewalt

1. Die Kontrolle der auswärtigen Gewalt in der Schweiz ist mehr politischer als rechtlicher Art. Ein besonderer Akzent liegt auf dem Staatsvertragsreferendum und seinen Auswirkungen. Gewissermaßen als Korrelat dazu kann die unübersehbare Skepsis gegenüber einer allzu sichtbaren oder herausgehobenen Bedeutung des Richters gelten.

2. Im Bereiche der parlamentarischen Kontrolle wurden 1991 die Informations- und Konsultationsrechte der Bundesversammlung ausgebaut. Auf eine Pflicht des Bundesrates, Stellungnahmen der außenpolitischen Kommissionen zu „berücksichtigen", und auf ein Recht des Parlaments, aus seiner Mitte Beobachter an internationale Konferenzen zu entsenden, wurde verzichtet. In der Doktrin werden weitergehende Forderungen nach parlamentarischer Mitbeteiligung und -entscheidung erhoben.

3. Ein weiterer Ausbau des (1977 erweiterten) Staatsvertragsreferendums wird im Rahmen der zur Zeit hängigen Verfassungsreform diskutiert. Das Hauptproblem liegt darin, wie man einen – aus innenpolitischer Warte folgerichtig erscheinenden – Ausbau direktdemokratischer Entscheidungsrechte des Volkes mit den Erfordernissen einer stetig zunehmenden Interdependenz vereinbaren kann.

4. Die Kontrolle der auswärtigen Gewalt durch nationale Gerichte ist in der Schweiz weitgehend kein Thema. Tatsächlich müsste man näher untersuchen, worum es eigentlich geht. Will man die Gerichte als Instrumente zur Legitimierung der nationalen Außenpolitik einsetzen, oder sieht man sie als einen Teil der internen checks and balances, oder möchte man sie als Medium zur Wahrung des Völkerrechts einsetzen?

Kontrolle der auswärtigen Gewalt

4. Länderbericht Österreich von Prof. Dr. *Theo Öhlinger*, Wien

Inhalt

I. Auswärtige Gewalt als auswärtige Verwaltung

„Kontrolle der auswärtigen Gewalt" ist kein österreichisches Thema – und dies schon deshalb, weil „auswärtige Gewalt" kein Begriff der österreichischen Staatsrechtslehre ist.[1] So wie die *Gewalt* des Volkes im ersten Artikel der Bundesverfassung zum *Recht* der Republik, das vom Volk ausgeht, mutierte, so hat die österreichische Staatsrechtslehre auch alle besonderen Gewaltverhältnisse und Gewaltbegriffe aus ihrem terminologischen Repertoire eliminiert. Außenpolitik, sofern sie von Organen des exekutiven Zweigs der Staatsorganisation betrieben wird, ist *auswärtige Verwaltung*[2] – so wie im übrigen die gesamte Regierung im Verwaltungsbegriff aufgelöst wurde[3], sodaß es schon an einem Träger einer eigenständigen auswärtigen Gewalt mangelte.

Das ist mehr als nur eine terminologische Spitzfindigkeit. Wenn und soweit Außenpolitik von Verwaltungsorganen gemacht wird – zu denen, wie gesagt, auch die Regierung zählt –, so gilt auch für sie ein zentraler Satz der Bundesverfassung (auf den in österreichischen Länderberichten vor diesem Forum schon oft Bezug genommen wurde): „Die gesamte staatliche Verwaltung darf nur auf Grund der Gesetze ausgeübt werden" (Art 18 Abs 1 B-VG). Die österreichische Staatsrechtslehre hat diesen Satz schon immer auch als *Garantie der parlamentarisch-demokratischen Herrschaft und Kontrolle über die Verwaltung* verstanden.[4] Mit der Deutung der auswärtigen Gewalt als auswärtige Verwaltung wird der in dieser Bestimmung inkludierte Kontrollanspruch des Parlaments auch auf die Außenpolitik der Bundesregierung erstreckt.[5] Mit anderen Worten: *Parlamentarisierung der Außenpolitik* war in der Bundesverfassung von Anfang an angelegt. Daß dies mit jenen Ideen einer Demokratisierung der Außenpolitik zusammenhängt, die nach dem er-

---

[1] Dazu ausführl. *Th. Öhlinger* Der völkerrechtliche Vertrag im staatlichen Recht, 1973, 1 ff. Eine Ausnahme bildet *K. Berchtold* Der Bundespräsident, 1969, 23 ff. Der dort postulierte verfassungsdogmatische Ansatz einer dem Legalitätsprinzip entzogenen „auswärtigen Gewalt", nämlich die Vertretungsbefugnis des Staatsoberhauptes (Art 65 Abs 1 B-VG), wurde von der Staatsrechtslehre nicht weiter verfolgt.

[2] Grundlegend *A. Merkl* Allgemeines Verwaltungsrecht, 1969, 49 f.; dazu *Öhlinger* (Fn. 1) S. 93. Paradigmatisch *H. Tichy* Die Anerkennung der PLO durch Österreich als verfassungsrechtliches Problem, ÖZÖR 33 (1982) 53 (57); *R. Kneucker* in: Kicker/Khol/Neuhold (Hrsg.), Außenpolitik und Demokratie in Österreich, 1983, 31. Krit. allerdings *F. Ermacora* in: Neuhold/Hummer/Schreuer (Hrsg.), Österreichisches Handbuch des Völkerrechts[2], 1991, 120.

[3] S. *Öhlinger* (Fn. 1) S. 89 ff.; *Antoniolli/Koja* Allgemeines Verwaltungsrecht[3], 1996, 10 ff.; *F. Koja* Allgemeine Staatslehre, 1993, 276 ff.

[4] Grundlegend VfSlg 176/1923; s. a. bei Fn. 8.

[5] S. *R. Kicker* in: Kicker/Khol/Neuhold (Fn. 2) S. 24; *Kneucker* (Fn. 2) S. 34 ff.

sten Weltkrieg im Schwange und mit der (wie wir wissen: vergeblichen) Hoffnung nach einer dauerhaften Friedensordnung verknüpft waren, sei nur am Rande vermerkt.

II. Die parlamentarische Beteiligung an der auswärtigen Gewalt

1. *Völkerrechtliche Verträge*

Nun wird freilich auch in Österreich das, was der Begriff der auswärtigen Gewalt der Sache nach meint, kaum durch formelle Gesetze geregelt. Wenn beispielsweise der österreichische Vertreter im Sicherheitsrat der Vereinten Nationen wissen will, wie er in einer bestimmten Angelegenheit stimmen soll, so schlägt er wohl kaum im Bundesgesetzblatt nach (auch wenn jede Botschaft ein solches im Abonnement hat), sondern erkundigt sich allenfalls am Ballhausplatz. Um dennoch dem selbstgestellten theoretischen Anspruch, daß es keine gesetzesfreie auswärtige Gewalt begrifflich geben könne, Rechnung zu tragen, stellt die österreichische Staatsrechtslehre – genauer müßte man sagen: eine nicht allzu tief reflektierende Praxis – das Problem gewissermaßen auf den Kopf: Sie macht auswärtige Gewalt, die nicht gesetzlich geregelt ist und sich gesetzlich nun einmal nicht so ohne weiteres regeln läßt, selbst zum „Gesetz".

Den Ansatzpunkt dieser Lösung bildet die Position des völkerrechtlichen Vertrages in der österreichischen Rechtsordnung. Völkerrechtliche Verträge – oder, wie es in der veralteten Terminologie der Bundesverfassung heißt: Staatsverträge – gelten mit ihrem Abschluß (sowie ihrer Kundmachung im Bundesgesetzblatt) automatisch als Bestandteile des österreichischen Rechts, ohne noch einer „speziellen" Transformation zu bedürfen.[6] Sie haben, wenn sie vom Parlament genehmigt wurden, den Rang von Bundesgesetzen, ja sie sind *„Gesetze" im Sinne des eben zitierten Art 18 B-VG.*[7] Sie bedürfen stets einer solchen parlamentarischen Genehmigung, sofern sie – und sei es auch nur in einer einzigen Bestimmung – nicht in einem formellen Gesetz oder einem bereits parlamentarisch genehmigten Staatsvertrag eine hinreichend bestimmte Grundlage besitzen (Art 50 Abs 1 B-VG). Immer dort, wo Außenpolitik in einen völkerrechtlichen Vertrag mündet, bedarf somit dieses Produkt der Außenpolitik der parlamentarischen Mitwirkung, soferne das

---

[6] Dazu ausführl. *Öhlinger* (Fn. 1) S. 110 ff.

[7] Zum Gesetzesbegriff des Art 18 B-VG *Öhlinger* (Fn. 1) S. 178 ff.; *Öhlinger* Legalitätsprinzip und Europäische Integration, in: Österreichische Parlamentarische Gesellschaft (Hrsg.), FS 75 Jahre Bundesverfassung, 1995, 633 (641 f.).

Parlament nicht alle wesentlichen Punkte eines solchen Vertrages bereits vorweg durch ein formelles Gesetz oder einen anderen parlamentarisch genehmigten Staatsvertrag hinreichend determiniert hat. (Eine antizipierte Zustimmung im Sinne einer bloßen gesetzlichen Ermächtigung zum Abschluß eines Vertrages würde nicht reichen, sondern als „formal-gesetzliche Delegation" verfassungswidrig sein.) Ein prominenter Mitautor der Bundesverfassung, *Hans Kelsen*, erklärte diese Regelung mit dem „Prinzip der Parlamentsherrschaft": ihm entspreche es, „dem Nationalrat eine möglichst weitgehende Ingerenz, wie auf die Außenpolitik überhaupt, so insbes. auf den Abschluß von Staatsverträgen einzuräumen".[8]

2. *Einseitige Völkerrechtsakte*

Außenpolitik erschöpft sich freilich nicht im Aushandeln und Abschließen völkerrechtlicher Verträge. Einiges läßt sich allerdings durch eine äußerst *weite Interpretation des verfassungsrechtlichen Begriffs des Staatsvertrages* einfangen. Nicht nur, daß mancher völkerrechtliche Vertrag in Österreich der parlamentarischen Genehmigung bedarf, der in den Partnerstaaten ohne Einschaltung des Parlaments abgeschlossen werden kann – es gibt dafür Beispiele vor allem im multilateralen, aber auch im bilateralen Bereich[9] –, auch auf einseitige, aber auf völkerrechtliche Verträge bezogene Akte läßt sich das für Staatsverträge geltende verfassungsrechtliche Regime erstrecken. Es ist daher in Österreich seit langem selbstverständlich, daß Vorbehalte zu einem parlamentarisch genehmigten Vertrag oder seine Kündigung ebenfalls der parlamentarischen Genehmigung bedürfen.[10,11,12,13]

---

[8] *Kelsen/Froehlich/Merkl* Die Bundesverfassung vom 1. Oktober 1920, (1922), 134.

[9] S. den Notenwechsel zwischen Österreich und dem Commonwealth der Bahamas über die Weiteranwendung des österreichisch-britischen Auslieferungsvertrages, BGBl 1970/168. Vgl dazu die Erläuterungen zur RV 356 BlgNR 15. GP, abgedruckt auch bei *Fischer/Hafner* Aktuelle österreichische Praxis zum Völkerrecht, ÖZÖR 31 (1980) 327 f.

[10] Dazu ausführlicher *Öhlinger* (Fn. 1) S. 366 ff. S. ferner *M. Lang* Probleme des Revisionsprotokolls zum Doppelbesteuerungsabkommen Österreich-Deutschland, Steuer & Wirtschaft International, Zeitschrift für internationales Steuer- und Wirtschaftsrecht 1992, 40 (42). Anders – mit Hinweisen auf die ältere Praxis – noch *R. Walter* Österreichisches Bundesverfassungsrecht, 1972, 183.

[11] Jüngste Beispiele: die parlamentarische Genehmigung der Kündigung von Sozialabkommen mit den Nachfolgestaaten von Jugoslawien, der Türkei und Tunesien BGBl 1996/345–351. Bemerkenswert ist, daß hier die Bundesregierung dem Nationalrat zwei alternative Fassungen vorgelegt hatte (118–124 BlgNR 20. GP). Dem Parlament wurde dadurch allerdings nur scheinbar ein Entscheidungsspielraum einge-

Aber auch einseitige Völkerrechtsgeschäfte, die nicht diesen inneren Konnex zu einem Vertrag besitzen, werden dem Verfahren der parlamentarischen Genehmigung von „Staatsverträgen" unterzogen, so beispielsweise Erklärungen bei sog „Pledging-Konferenzen" (Zusagen über finanzielle Beiträge in internationalen Organisationen)[14] oder die Unterwerfungserklärung unter die Gerichtsbarkeit des IGH.[15] Eine gewisse Unsicherheit der Praxis besteht allerdings und wird daran deutlich, daß die Unterwerfungserklärungen nach der EMRK durch die Bundesregierung ohne parlamentarische Beteilung erfolgten,[16] was allerdings als verfassungswidrig kritisiert wurde, weil es der Bundesregierung an der erforderlichen gesetzlichen Ermächtigung dazu fehle,[17] sodaß eben diese Erklärung selbst durch ein „Gesetz" (im zuvor skizzierten Sinn) erfolgen hätte müssen.

---

räumt, weil die Wahl der Alternativen von im Zeitpunkt der Vorlage noch ungewissen Verhandlungsergebnissen abhing. Die RV wurde denn auch noch vor der Beschlußfassung des Nationalrats auf die jeweils erste Alternative eingeengt.

12 Zur Suspension eines Vertrages s. *E. Melichar* Zur Wirkung der Suspension eines Staatsvertrages auf seine innerstaatliche Anwendbarkeit in Österreich, in: K. Ebert (Hrsg.), FS Hermann Baltl, 1978, 349. Zur einseitigen Erklärung betreffend die Verlängerung der Laufzeit eines Vertrages s. BGBl 1979/360 und dazu die RV 1175 BlgNR 14. GP. Zum Fall einer „Obsoleterklärung" – nämlich von Bestimmungen des Wiener Staatsvertrages – *Hecht/Muzak* Zur Geltung der für obsolet erklärten Bestimmungen des Staatsvertrags von Wien 1955, JBl 1994, 720 (730: Obsoleterklärung als „Staatsvertrag" im Sinne des Art 50 B-VG). Diese wurde allerdings dem Nationalrat nicht als solcher vorgelegt. Deutet sich hier ein neuer Trend der Praxis an?

13 Bemerkenswert die einseitige Erklärung gem. Art 4 Abs 1 des ILO-Übereinkommens Nr. 102, die im „Erfüllungsvorbehalt" expressis verbis als „Staatsvertrag" bezeichnet wird: BGBl 1978/506.

14 Dazu die Stellungnahmen des Bundeskanzleramtes-Verfassungsdienst sowie des Völkerrechtsbüros des BMAA, abgedruckt bei *Fischer/Hafner* Aktuelle österreichische Praxis zum Völkerrecht, ÖZÖR 35 (1985) 345 (375 f.). Zur Qualifikation einer solchen Erklärung als „Staatsvertrag" s. a. die EB zum Entwurf eines Bundesgesetzes über die Leistung eines österreichischen Beitrages zur 7. allgemeinen Wiederauffüllung der Mittel des Afrikanischen Entwicklungfonds (ADF VII), versendet vom Bundesministerium für Finanzen am 22. 7. 1996 unter GZ IF-7350/32-III/15/96.

15 BGBl 1971/249; dazu *Öhlinger* (Fn. 1) S. 377 f.

16 S. zuletzt BGBl 1994/820–822. Zu dieser Widersprüchlichkeit auch *H. Miehsler* in: Neuhold/Hummer/Schreuer (Fn. 2) S. 105.

17 Vgl *H. P. Rill* Die Artikel 5 und 6 der Europäischen Menschenrechtskonvention, die Praxis der Straßburger Organe und des Verfassungsgerichtshofes und das österreichische Verfassungssystem, in: B. Raschauer (Hrsg.), Beiträge zum Verfassungs- und Wirtschaftsrecht, FS G. Winkler, 1989, 13 (34 f.).

3. Ein Fallbeispiel: Die Anerkennung ausländischer Staaten und Regierungen

Gewisse Unsicherheit herrschte einige Zeit auch über die Anerkennung ausländischer Staaten oder Regierungen, deren Qualität als „Staatsvertrag“ – und als solcher der parlamentarischen Genehmigung bedürftig – durchaus zur Diskussion stand,[18] wenn sie auch im Ergebnis verneint wurde. Bei der 1971 international noch strittigen Anerkennung der Regierung der Volksrepublik China wählte man eine Beteiligung des Parlaments außerhalb des Staatsvertragsgenehmigungsverfahrens.[19] Als dann einige Monate später die Bundesregierung dem Nationalrat über die Anerkennung von Bangla Desh erst im nachhinein berichtete, trug dies dem Außenminister unter dem Aspekt einer von ihm selbst proklamierten „demokratischen Transparenz der Außenpolitik“ Kritik ein.[20] Der Minister konnte sich aber damit rechtfertigen, daß außer durch seine eigene China-Vorlage der Nationalrat noch nie mit der Anerkennung eines Staates befaßt worden war. Der strittigen Anerkennung der Nachfolgestaaten Jugoslawiens 1991/92[21] waren zwar mehrere parlamentarische Debatten und Resolutionen vorangegangen.[22] Aber allein schon die Wahl dieses Instrumentariums implizierte die Qualifikation dieser Akte als – der Regierung vorbehaltene – „Gegenstände der Vollziehung“, zu denen sich das Parlament nur mit „Wünschen“ äußern kann (Art 52 Abs 1 B-VG). Umgekehrt kam in diesen „Wünschen“ oder Resolutionen mehr an parlamentarischer Initiative und Einflußnahme zum Ausdruck als bei den verfassungsrechtlich vorgesehenen formellen Mitwirkungsbefugnissen. Ich werde darauf noch zurückkommen.[23]

4. Lücken im vorausgesetzten Konzept

Aus der Sicht des Legalitätsprinzips bleiben jedenfalls einige „weiße Flecken“ der parlamentarischen Kontrolle. Auch das eingangs angesprochene Verhalten des österreichischen Vertreters im Sicherheitsrat der Vereinten Nationen ist weder durch formelle Bundesgesetze noch

---

[18] S. dazu auch *Tichy* (Fn. 2) S. 57.

[19] S. 341 BlgNR 12. GP und StenProt NR 12. GP, 2853 ff.

[20] Insbes. vom Abg. *Ermacora*. S. StenProtNR 13. GP, 2056 (2059 f.).

[21] Dazu *W. Hummer* Probleme der Staatennachfolge am Beispiel Jugoslawien, SZIER/RSDIE 1993, 425 (445 ff.).

[22] S. dazu *H. Wohnout* Politische Bilanz der XVIII. Gesetzgebungsperiode des Nationalrates, in: Österreichisches Jahrbuch für Politik '94 (1995) 737 (743 f.).

[23] S. u. VI.

durch parlamentarisch genehmigte Staatsverträge in einer dem Art 18 B-VG gemäßen Weise gesetzlich geregelt. Es läßt sich zwar auf die Satzung der Vereinten Nationen stützen, die in Österreich selbstverständlich Gesetzesrang hat, aber diese Satzung „determiniert" das Handeln Österreichs im Rahmen der Vereinten Nationen nicht inhaltlich in jenem Maß, das Art 18 B-VG im allgemeinen verlangt. Faktisch läßt sich eine „verdünnte Legalität" der auswärtigen Gewalt nicht bestreiten.[24] Daß dies zugleich Raum für eine profilierte und innenpolitisch durchaus kontroversielle Außenpolitik der Regierung läßt, illustrieren die Namen Bruno Kreisky oder Alois Mock. Deren Außenpolitik als bloße „Vollziehung der Gesetze" zu begreifen, würde wohl ihre Essenz verfehlen.

Daß solche Lücken das vorausgesetzte Konzept nicht „falsifizieren" konnten, dürfte zwei Gründe haben. Zum einen scheint das hier skizzierte staatsrechtliche Konzept von der Praxis, insbes. auch von den Parlamentariern selbst, gar nicht voll apperzipiert worden zu sein.[25] Die parlamentarische Praxis scheint die Dinge pragmatischer zu sehen und auf die ihr von der Theorie zuerkannten Rechte gar nicht in jedem Fall zu bestehen. Die Beglückung von oben – hier: durch die Verfassungsinterpreten – wird eben von den Untertanen – hier: den Parlamentariern – nicht immer richtig verstanden.

III. Exkurs: Gerichtliche Kontrolle der auswärtigen Gewalt

Ein weiterer Grund dafür, daß die auswärtige Verwaltung weitgehend unangefochten, aber ohne dogmatische Begründung, dem Legalitätsprinzip entzogen bleibt, dürfte aber auch darin liegen, daß ihre Akte *nur eingeschränkt einer gerichtlichen Kontrolle unterliegen.* Dies ist deshalb der Fall, weil die gerichtliche Kontrolle staatlichen Handelns in Österreich auf bestimmte Handlungsformen eingeschränkt ist, zu denen neben formellen Gesetzen, Verordnungen, Bescheiden und Akten des Polizeizwanges zwar auch Staatsverträge gehören, aber nicht das, was selbst bei extensivster Interpretation dieses Begriffs nicht mehr darunter subsumierbar ist. Außenpolitische Akte außerhalb von „Staatsverträgen"

---

[24] Kein Problem sieht darin noch *Merkl* (Fn. 2) S. 146, für den „Außenverwaltung" ein typisches Beispiel für weites behördliches „Ermessen" bildet. Dazu auch *Koja* (Fn. 3) S. 277.

[25] Für verstärkte außenpolitische Bildung und Bewußtseinsbildung der Parlamentarier plädiert denn auch die Studie von *Kicker/Khol/Neuhold* (Fn. 2) S. 428 f.

(in dem skizzierten weiteren Sinn) erfolgen aus dieser Sicht „formlos" und bleiben insofern einer gerichtlichen Überprüfbarkeit entzogen.[26] Bestenfalls käme eine gerichtliche Prüfung im Rahmen einer „Vorfrage" in Betracht, doch gibt es auch dafür kaum Beispiele.

Hinzuzufügen ist, daß es bisher auch noch nie zu einer verfassungsgerichtlichen Prüfung eines Staatsvertrages gekommen ist, was – angesichts der skizzierten rechtlichen Gleichwertigkeit von Staatsverträgen und formellen Gesetzen – rechtsimmanent eigentlich nur schwer erklärbar ist. Topoi wie *judicial self-restraint*, *political question*-Doktrin oder *favor conventionis* können dies jedenfalls nicht, weil sie nicht schon den Zugang zum Gericht (VfGH) regieren, der in bezug auf Staatsverträge in keiner Weise anders gestaltet ist als in bezug auf Gesetze oder Verordnungen (Art 140 a B-VG). Eine partielle Erklärung dürfte die offenkundige Tendenz aller Gerichte liefern, Staatsverträge als nicht self-executing zu qualifizieren, weil sie nicht dem (wiederum von Art 18 B-VG vorgegebenen) Maß an hinreichender Bestimmtheit genügen. Damit wird die Sache freilich wieder auf den Gesetzgeber abgeschoben, der die erforderlichen Durchführungsregelungen zu erlassen hat.

IV. Praktische Grenzen der parlamentarischen Mitwirkung

Damit wieder zurück zur parlamentarischen Kontrolle! Auf einem anderen Blatt steht, daß in dem skizzierten Ansatz die Beteiligung des Parlaments zwar quantitativ vergleichsweise weit reicht, daß diese Beteiligung aber erst zu einem Zeitpunkt stattfindet, in dem die realen politischen Entscheidungen in der Regel längst gefallen sind.[27] Lediglich bei multilateralen Verträgen besteht noch die Möglichkeit, im parlamentarischen Genehmigungsverfahren Vorbehalte oder interpretative Erklärungen zu formulieren, wovon der Nationalrat auch schon Gebrauch

---

[26] Zur gerichtlichen Kontrolle der auswärtigen Gewalt auch *Ch. Grabenwarter* Die Verteilung völkerrechtsbezogener Zuständigkeiten nach der österreichischen Bundesverfassung, ÖZÖR 48 (1995) 79 (108 ff.).

[27] Es könne sich nur „um ein ‚Nachkeppeln' handeln, da der Inhalt des Vertrages bereits feststehe" – so angeblich *Bruno Kreisky* laut Salzburger Nachrichten vom 15. 7. 1972 zu einer von der Opposition verlangten Sondersitzung des Nationalrats über die Genehmigung des Freihandelsabkommens Österreichs mit der EWG. Dazu auch *H. F. Köck* Die Rolle des Parlaments in der Außenpolitik, in: Schambeck (Hrsg.), Parlamentarismus und öffentliches Recht in Österreich, 1993, 297 (303); *H. Wittmann* in: Kicker/Khol/Neuhold (Fn. 2) S. 123 („strukturelle Unterlegenheit des Parlaments").

gemacht hat.[28,29] Im Regelfall steht das Parlament vor der Alternative, entweder vorbehaltlos zuzustimmen oder die Vorlage der Regierung pauschal zurückzuweisen, und es ist auch bei dieser Wahl durch außenpolitische Zwänge weitgehend präjudiziert.[30] Die notwendige Einschaltung des Parlaments am Ende eines außenpolitischen Prozesses mag zwar eine gewisse präventive Wirkung ausüben – die Regierung wird bei Vertragsverhandlungen auf die potentielle Reaktion des Parlaments Bedacht nehmen –, ihr Kontrolleffekt ist jedoch begrenzt.[31] Staatsrechtslehre und Praxis verstehen denn auch diese Mitwirkung des Parlaments heute – anders als noch Kelsen[32] – mehr als eine formale Legitimierung denn als Kontrolle der auswärtigen Verwaltung.[33]

---

[28] S. die Vorbehalte zu den Zusatzprotokollen zu den Genfer Abkommen vom 12. August 1949 über den Schutz der Opfer internationaler bewaffneter Konflikte (Protokoll I) und nicht internationaler bewaffneter Konflikte (Protokoll II) BGBl 1982/527. Zu der „in diesem Konnex aufgeworfenen Frage, inwieweit der Nationalrat kompetent sei, von der Bundesregierung vorgelegte Vorbehalte und Erklärungen zu ändern" (*Fischer/Hafner* Aktuelle österreichische Praxis zum Völkerrecht, ÖZÖR 33 [1982], 307 [346]), s. a. das Bundeskanzleramt-Verfassungsdienst, zit bei *Fischer/Hafner* a. a. O., 349 ff.

[29] Im Schrifttum wird gelegentlich der „Erfüllungsvorbehalt" (Art 50 Abs 2 B-VG) als Instrument der Einflußnahme des Parlaments hervorgehoben (so etwa *Kicker* [Fn. 5] S. 26; *Wittmann* [Fn. 27] S. 118). Damit kann der Nationalrat freilich nur die unmittelbare Anwendbarkeit eines von ihm genehmigten völkerrechtlichen Vertrages ausschließen. In der Praxis erfolgt ein solcher Beschluß fast immer nur dann, wenn ein Vertrag die verfassungsrechtlichen Voraussetzungen seiner unmittelbaren Anwendbarkeit, dh seine hinreichende Bestimmtheit (vgl *Öhlinger* [Fn. 1] S. 152 ff.), ohnehin nicht erfüllt. Überdies folgt der Nationalrat dabei regelmäßig der Vorlage der Bundesregierung (s. allerdings – als Ausnahme – 951 BlgNR 14. GP zu BGBl 1978/506).

[30] Im Regelfall der parlamentarischen Genehmigung von Staatsverträgen erfolgt daher nicht einmal eine Beratung in einem Unterausschuß und damit in jener Phase des parlamentarischen Verfahrens, in dem allein ein sachlicher und einigermaßen offener Diskussionsprozeß stattfindet; s. *Wittmann* Regierung und Opposition im parlamentarischen Prozeß, in: Österreichisches Jahrbuch für Politik '77 (1978) 21 (57 f.).

[31] S. die Analyse der Praxis von 1945–1970 bei *P. Gerlich* Parlamentarische Kontrolle im politischen System, 1973, 186 ff.

[32] S. zuvor bei Fn. 8.

[33] Aus der Sicht des Parlamentariers: s. *H. Fischer* Die Mitwirkung der Vollziehung an der Gesetzgebung, ÖJZ 1969, 253; ähnlich auch *Kicker* Demokratisierung der Außenpolitik und öffentliche Meinung, in: Reformen des Rechts. FS zur 200-Jahr-Feier der Rechtswissenschaftlichen Fakultät der Universität Graz (1979) 849 (861 f.): die Mitwirkungs- und Kontrollmöglichkeiten des Parlaments würden im Bereich der Außenpolitik nur pro forma eingesetzt; trotz aller formalen Mitwirkungsrechte sei die Außenpolitik in Österreich eine Domäne der Exekutive geblieben.

V. Der Außenpolitische Rat

Ein auch faktisch wirksameres Kontrollinstrument ist dagegen der 1976 durch ein Bundesgesetz[34] eingerichtete Rat für Auswärtige Angelegenheiten, dem neben dem Bundeskanzler, dem Vizekanzler, dem Außenminister und allenfalls sachlich beteiligten Bundesministern oder Staatssekretären auch – nach einem bestimmten Proporzschlüssel (derzeit 10) – Vertreter der *im Nationalrat vertretenen politischen Parteien* angehören.[35] Dieses Gremium ist in allen außenpolitischen Fragen zu hören, die nach Ansicht des Bundeskanzlers, des Außenministers oder eben eines Vertreters einer politischen Partei von grundsätzlicher Bedeutung sind.[36] Es zwingt die Bundesregierung zu einem permanenten Dialog nicht nur mit Vertretern der Regierungsparteien, sondern auch der Opposition. Seit 1989[37] besteht ein ähnlich zusammengesetzter „Rat für Fragen der österreichischen Integrationspolitik", in dem auch die großen Verbände einbezogen sind, was aber den Effekt einer (über die Parteien vermittelten) parlamentarischen Kontrolle – zugunsten einer mehr sachbezogenen Diskussion – eher wieder abschwächen dürfte.

VI. Spezifische parlamentarische Kontrollinstrumente

Im übrigen besitzt das Parlament in bezug auf die Außenpolitik der Regierung alle auf die Verwaltung („Vollziehung") bezogenen parlamentarischen Kontrollinstrumente, von Anfragen über Untersuchungsausschüsse bis hin zur Rechnungshofkontrolle.

Ältere Analysen zeigen, daß das Parlament von diesen Kontrollinstrumenten in bezug auf die Außenpolitik lange Zeit nur sehr spärlichen Gebrauch gemacht hat. Ein später noch prominent gewordener Abgeordneter, der heutige Erste Präsident des Nationalrats, konstatierte vor 25 Jahren, daß „die parlamentarische Kontrolle auf dem Gebiet der Außenpolitik unterentwickelt" sei, ortete allerdings „noch beachtliche

---

[34] BGBl 1976/330. Dazu auch *Wittmann* (Fn. 27) S. 124ff.

[35] Die Entsendungsrechte der politischen Parteien sind auf die damaligen (lange Zeit sehr stabilen) Mehrheitsverhältnisse im Nationalrat im Sinne eines hinkenden Zweiparteiensystems zugeschnitten: Danach entsendet die im Hauptausschuß des Nationalrats am stärksten vertretene Partei 4, die zweitstärkste Partei 3 und jede andere im Hauptaussschuß vertretene Partei je einen Vertreter. Dieser Proporz ist im Lichte des Gleichheitssatzes wohl verfassungswidrig.

[36] „Da die Parteien den Volkswillen im Parlament repräsentieren, sind sie mit dem Parlament gleichzusetzen" (*Kicker* [Fn. 5] S. 24).

[37] BGBl 1989/368.

Entwicklungsmöglichkeiten".[38] Für die Achtzigerjahre weisen die Statistiken kein signifikant abweichendes, nämlich besonders zurückhaltendes, Verhalten des Nationalrats im Vergleich zu anderen Politikfeldern mehr aus.[39] Und seit Beginn der Neunzigerjahre hat der Nationalrat seine Kontrollbefugnisse in bezug auf die Außenpolitik „in einer verstärkten und bisher unbekannten Weise wahrgenommen". Der Zusammenbruch des sowjetischen Imperiums, vor allem aber der Zerfall des benachbarten Jugoslawiens, aber auch der Golfkrieg mit seiner Belastung der österreichischen Neutralität rückten die Außenpolitik „von einem parlamentarischen Randthema in das Zentrum der Tätigkeit des österreichischen Nationalrates".[40] Grenznahe Atomkraftwerke in den Nachbarstaaten als ein weiteres Thema parlamentarischer Aufmerksamkeit[41] illustrieren zugleich die Einebnung der Differenz von Außenpolitik und Innenpolitik. Mit Resolutionen, obwohl zweifelsfrei rechtlich unverbindlich, ist der Nationalrat zu einem eigenständigen Akteur auf dem Feld der Außenpolitik geworden, und dies in einem Maße, wie er es bei Ausübung seiner rechtlich verbindlichen Kompetenzen niemals war. Er hat entweder Akzente gesetzt, die nicht unbedingt jene waren, die auch die Bundesregierung ohne parlamentarische Kontrolle gesetzt hätte – etwa in der Haltung gegenüber Atomkraftwerken im Ausland –, oder er hat eine innerhalb der Bundesregierung durchaus strittige Außenpolitik in eine bestimmte Richtung gelenkt – so in der Jugoslawienfrage.

VII. Die Mitwirkung des Nationalrats an Vorhaben der europäischen Integration

Zu einem Großteil geht das wachsende Interesse der Parlamentarier an außenpolitischen Fragen auf das Konto der Europapolitik.

---

[38] *Fischer* Der Außenpolitische Ausschuß des Nationalrates, Die Zukunft 21/1971, 24; ferner *Kicker-Rottensteiner* Die Willensbildung in der österreichischen Außenpolitik, in: Fischer (Hrsg.), Das politische System Österreichs[3], 1982, 361 (383: von der Kontrollmöglichkeit werde „im Bereich der Außenpolitik kaum Gebrauch gemacht"); ähnlich *Wittmann* (Fn. 27) S. 119 ff. (bis Ende der Siebzigerjahre).

[39] So rangierte der Bundesminister für Auswärtige Angelegenheiten in den Legislaturperioden von 1979 bis 1994 stets im Vorderfeld der Adressaten mündlicher Anfragen, und aktuelle Stunden mit außenpolitischen Themen waren vergleichsweise häufig. Dagegen nahmen dringliche Anfragen an den Außenminister in einer Gliederung nach Ressorts regelmäßig einen der letzten Plätze oder überhaupt den letzten Platz ein. S. dazu *A. Nödl* Parlamentarische Kontrolle, 1995, 143 ff.

[40] *Wohnout* (Fn. 22) S. 742 f.

[41] S. beispielsweise die Entschließung des Nationalrats (zum Kernkraftwerk Mochovce) vom 9. 2. 1995, 89 BlgNR 19. GP.

Der Nationalrat hat sich in diesem Bereich, und zwar bemerkenswerterweise auf eigene Initiative,[42] ein sehr effizientes Mitwirkungsrecht geschaffen.[43] Ich kann dies hier nur in wenigen Sätzen skizzieren. Über jedes „Vorhaben im Rahmen der Europäischen Union", wie es die Bundesverfassung etwas papieren formuliert, ist der Nationalrat zum frühestmöglichen Zeitpunkt zu informieren. Der Nationalrat – genauer: der Hauptausschuß oder (seit kurzem) ein besonderer Unterausschuß des Hauptausschusses (ständiger Unterausschuß in Angelegenheiten der Europäischen Integration),[44] an denen auch bemerkenswert ist, daß sie grundsätzlich öffentlich tagen[45] – kann zu einem solchen „Vorhaben" Stellung nehmen. Eine solche Stellungnahme ist, sofern das „Vorhaben" Gesetzgebungskompetenzen des Bundes berührt,[46] für das österreichische Mitglied im Rat prinzipiell verbindlich; der jeweilige Bundesminister darf davon zwar aus „zwingenden außen- und integrationspolitischen Gründen" abweichen, muß aber zuvor den Nationalrat von dieser seiner Absicht informieren. Der Nationalrat hat sogar ein absolutes Veto, wenn die Umsetzung des europäischen Rechtsetzungsaktes eine Änderung von Bundesverfassungsrecht erfordern würde, was angesichts des extrem dichten Regelungsbestandes des Bundesverfassungsrechts rascher der Fall sein mag, als man sich dies in anderen Ländern vielleicht vorstellen kann.[47] In jedem Fall einer bindenden Stellungnahme ist dem Nationalrat nach Beendigung des europäischen Rechtsetzungsverfahrens ein Bericht zu erstatten, was allein schon den jeweiligen Bundesminister davon abhalten wird, sich über eine Stellungnahme des Nationalrats leichtfertig hinwegzusetzen.

Es handelt sich somit um ein durchaus effektives Instrument der Mitwirkung eines nationalen Parlaments an der Schaffung von Gemein-

---

[42] S. *M. Körner* Das EU-Begleit-Bundesverfassungsgesetz – die Mitwirkung der Parlamente von Bund und Ländern bei der Schaffung von neuem EU-Recht, in: Österreichisches Jahrbuch für Politik '94 (1995) 513 (519 f.); *M. Meyer* Bundesstaatsreform und Umweltschutz. Die Verhandlungen im Parlament, ebendort, 525 (540).

[43] S. Art 23 e B-VG. Dazu zuletzt *Öhlinger* Die Mitwirkung des Bundesparlamentes sowie der Länder in Österreich an der Entstehung von Europäischem Recht, ZG 1996, 57; *H. Schäffer* Österreichs Beteiligung an der Willensbildung in der Europäischen Union, insbes. an der europäischen Rechtssetzung, ZÖR 50 (1996) 3.

[44] § 31 c Abs 5 GONR.

[45] Art 23 e Abs 5 B-VG sowie §§ 31 – 31 e GONR 1975 idF BGBl 1996/438; s. dazu auch *A. Khol* Demokratieabbau durch EU-Regierungsgesetzgebung?, in: FS 75 Jahre Bundesverfassung (Fn. 7) S. 271 (284 ff.); *Körner* (Fn. 42) S. 522 f.

[46] Das Recht zur Stellungnahme selbst ist kompetenzrechtlich unbeschränkt. S. dazu – die Problematik dieser Unbeschränktheit illustrierend – Informationsblatt des Instituts für Föderalismusforschung Nr. 3/96.

[47] Näher *Öhlinger* ZG 1996, 72 ff.

schaftsrecht, von dem der Nationalrat in den ersten eineinhalb Jahren der österreichischen EU-Mitgliedschaft auch schon zwanzigmal Gebrauch gemacht hat.[48] In dieser Effektivität liegt freilich auch eine europarechtliche Problematik.[49] Zwar sind die Mitglieder des Rates „Vertreter" ihrer Mitgliedstaaten (Art 146 Abs 1 EGV) und es kann daher dem nationalen Verfassungsrecht nicht verwehrt sein, dieses Vertretungsverhältnis näher auszugestalten. Doch dürfte es eine gemeinschaftsrechtliche Grenze dieser Ausgestaltungsbefugnis geben, die überschritten wird, wenn die Funktionsfähigkeit des Rates gefährdet oder wenn der Rat aus einem Gemeinschaftsorgan, das er ist, in eine Konferenz von Staatenvertretern rückgebildet würde – was beides wohl der Fall wäre, wenn sämtliche nationale Parlamente dem österreichischen Beispiel folgen würden. Die „österreichische Lösung" lebt also gewissermaßen von der Toleranz der anderen Mitgliedstaaten, aber auch von einem maßvollen und flexiblen Gebrauch, dessen sich die Mehrheit im Nationalrat auch durchaus bewußt zu sein scheint.[50]

Was an diesem Beispiel aber auch deutlich wird, ist, daß die parlamentarische Kontrolle der Europapolitik (im Sinne von europäischer Gemeinschaftspolitik der jeweiligen staatlichen Exekutive) in einem ganz anderen politischen wie rechtlichen Kontext steht als die parlamentarische Kontrolle traditioneller Außenpolitik. Europapolitik ist offener gegenüber parlamentarischer Mitwirkung, bedarf ihrer sogar in einem gewissen Maß zur demokratischen Legitimation ihrer rechtlichen Ergebnisse, ihr sind aber auf der anderen Seite auch (europa-)rechtliche Schranken gesetzt.[51] Staatlich-gouvernementale Europapolitik läßt sich damit kaum mehr unter das traditionelle Verständnis von „auswärtiger Gewalt" subsumieren und bestätigt so die österreichische Skepsis gegenüber diesem Begriff.

VIII. Außenpolitik der Länder[52]

Ein letzter Aspekt, den ich hier noch ansprechen möchte, ist ein *föderaler.* Die österreichischen Länder betreiben seit vielen Jahren

[48] Auskunft der Parlamentsdirektion im September 1996.

[49] Dazu ausführl. *Öhlinger* ZG 1996, 69 ff. Dort auch zu der – deutlich schwächeren – Mitwirkungsmöglichkeit des Bundesrates sowie dem Länderbeteiligungsverfahren, a. a. O., 59 ff. S. ferner *Griller* Verfassungsfragen der österreichischen EU-Mitgliedschaft, ZfRV 1995, 89 (105 ff.).

[50] S. dazu die Debatte im Nationalrat am 9. 3. 1995, StenProt NR 19. GP, 23. Sitzung, 162 ff.

[51] Dazu auch illustrativ aus Schweizer Sicht *D. Thürer* Demokratie in Europa, in: Rack (Hrsg.), Eine Verfassung für Europa (1995) 45 ff.

[52] Dieser Abschnitt wurde aus Zeitgründen nicht mehr mündlich vorgetragen.

Außenpolitik,[53] obwohl „äußere Angelegenheiten" nach der bundesstaatlichen Kompetenzverteilung Bundessache in Gesetzgebung und Vollziehung sind.[54] Die Länder stützen ihre einschlägigen Aktivitäten auf jene Bestimmung der Bundesverfassung, die besagt, daß Bund und Länder als Träger von Privatrechten durch die bundesstaatliche Kompetenzverteilung in keiner Weise eingeschränkt werden.[55] Die Lehre hat für diese aus der Kompetenzverteilung ausgeklammerte Verwaltungstätigkeit den mißverständlichen Begriff der „Privatwirtschaftsverwaltung" geprägt[56], ihn aber zugleich sehr weit gefaßt – was nichts besser illustriert als die auf diese Bestimmung gestützte Außenpolitik der Länder.[57]

Der Bund beobachtet diese Außenpolitik mit Mißtrauen. Um die einschlägigen Aktivitäten der Länder rechtlich eindeutiger zu legitimieren, aber zugleich zu kontrollieren, wurde den Ländern 1988 verfassungsrechtlich die Möglichkeit eingeräumt, im Rahmen ihres selbständigen Wirkungsbereiches völkerrechtliche Verträge mit angrenzenden Staaten, Gliedstaaten oder Regionen abzuschließen.[58] Zugleich wurden solche Verträge aber einer sehr strikten Aufsicht des Bundes unterworfen: Der Bund hat Informations-, Zustimmungs-, Überwachungs- und Kündigungsbefugnisse, die die Verfahrensabläufe insgesamt kompliziert und schwerfällig machen.[59] Die Folge ist, daß noch kein einziger Vertrag dieser Art von einem Land abgeschlossen wurde, die Länder aber weiterhin Außenpolitik als „Träger von Privatrechten" betreiben – ein Beispiel, wie allzu strikte Kontrolle zu Umgehungshandlungen motiviert.

---

[53] S. als Fallstudie etwa *H. Dachs* u. a., Die regionale Außenpolitik des Landes Salzburg, 1993, ferner *F. Staudigl* Zur Rolle der österreichischen Länder im europäischen Integrationsprozeß, ÖZÖR 46 (1993) 41 ff.

[54] Art 10 Abs 1 Z 2 B-VG.

[55] Dazu grundlegend *P. Pernthaler* Die Zuständigkeit der Länder zum Verkehr mit ausländischen Staaten und anderen Völkerrechtssubjekten und deren Vertretungsbehörden in Österreich, in: Köchler (Hrsg.), Transnationale Zusammenarbeit in der Alpenregion, juristische und politikwissenschaftliche Aspekte, 1973, 31 ff. Zur Rechtssituation seit 1988 *R. Rack* in: Pernthaler (Hrsg.), Außenpolitik der Gliedstaaten und Regionen, 1991, 41 (71); *Pernthaler* ebd. 67.

[56] Dazu ausführl. *Öhlinger* Rechtsverhältnisse in der Leistungsverwaltung, VVDStRL 45, (1987) 184 ff.

[57] Dazu – aus deutscher Sicht – *U. Fastenrath* in: Pernthaler (Hrsg.), Außenpolitik der Gliedstaaten und Regionen, 1991, 24: „Etikettenschwindel ...: grenzüberschreitende Koordinierung von Politiken ist weder private noch wirtschaftliche Betätigung, sondern gehört zur Erfüllung der hoheitlichen Aufgaben."

[58] Art 16 Abs 1–3 B-VG. Dazu zuletzt *St. Hammer* Länderstaatsverträge, 1992; *Grabenwarter* (Fn. 26) S. 84 ff.

[59] So *Rack* Österreichs Länder und das Völkerrecht, ArchVR 27 (1989) 40.

Leitsätze des 4. Berichterstatters über:

Kontrolle der auswärtigen Gewalt

I. Auswärtige Gewalt als auswärtige Verwaltung

1. Auswärtige Gewalt gilt nach überwiegendem Verständnis in Österreich als auswärtige Verwaltung. Sie unterliegt so dem uneingeschränkten Vorrang und Vorbehalt des Gesetzes (Art 18 B-VG), die die österreichische Staatsrechtslehre seit jeher auch als Garantie der parlamentarischen Herrschaft und Kontrolle über die Verwaltung versteht.

II. Die parlamentarische Beteiligung an der auswärtigen Gewalt

2. Um diesem verfassungstheoretischen Anspruch einigermaßen gerecht zu werden, macht die Praxis auswärtige Gewalt, die nicht gesetzlich geregelt ist, selbst zum „Gesetz". Den Ansatzpunkt bildet der Gesetzesbegriff des Art 18 B-VG, der auch parlamentarisch genehmigte völkerrechtliche Verträge („Staatsverträge") umfaßt: Solche Verträge bedürfen stets einer parlamentarischen Genehmigung, sofern sie nicht in einem formellen Gesetz oder in einem parlamentarisch genehmigten Staatsvertrag eine hinreichend bestimmte „gesetzliche" Grundlage besitzen.

3. Um den Anspruch des Legalitätsprinzips über völkerrechtliche Verträge hinaus verwirklichen zu können, wird der Staatsvertragsbegriff auch auf einseitige Akte ausgedehnt, so auf Kündigungen sowie Vorbehalte zu einem Vertrag, aber auch auf Unterwerfungserklärungen u. a. Diese bedürfen entweder einer gesetzlichen Grundlage oder der parlamentarischen Genehmigung.

4. Die Grenze dieses Ansatzes einer parlamentarischen Kontrolle exekutiver Außenpolitik markiert das Beispiel der Anerkennung ausländischer Staaten oder Regierungen, deren Rechtsqualität als „Staatsvertrag" einige Zeit strittig war.

III. Exkurs: Gerichtliche Kontrolle der auswärtigen Gewalt

5. Die gerichtliche Kontrolle der auswärtigen Gewalt ist – kraft der Einschränkung dieser Kontrolle auf bestimmte Formen des staatlichen Handelns – im wesentlichen auf Staatsverträge (im skizzierten weiten Sinn) beschränkt. Sie hat nur geringe praktische Bedeutung.

IV. Zur Praxis der parlamentarischen Kontrolle

6. Die parlamentarische Genehmigung von Staatsverträgen erfolgt, nachdem die Entscheidung faktisch gefallen ist, und ist auf die Alternative einer Genehmigung oder Ablehnung des Vertrages in toto beschränkt. Eine Ausnahme bildet die Möglichkeit, noch im parlamentarischen Verfahren Vorbehalte zu multilateralen Verträgen zu formulieren. Der faktische Entscheidungsspielraum des Parlaments ist jedenfalls äußerst gering. Die parlamentarische Genehmigung wird von den Akteuren selbst vielfach nur als eine formale Prozedur verstanden.

7. Ein praktisch wirksameres Kontrollinstrument ist der Außenpolitische Rat.

8. Die klassischen parlamentarischen Kontrollrechte (Interpellationen, Untersuchungsausschüsse, Resolutionen) wurden lange Zeit in bezug auf die Außenpolitik nur selten eingesetzt. Hier hat bereits in den Achtzigerjahren eine Tendenzwende stattgefunden. In der Legislaturperiode 1990/94 rückte die Außenpolitik in das Zentrum parlamentarischen Interesses.

V. Die Mitwirkung des Nationalrats an Vorhaben der europäischen Integration

9. Der Nationalrat kann zu Vorhaben im Rahmen der EU in einer das österreichische Ratsmitglied prinzipiell bindenden Weise Stellung nehmen. Die Effektivität dieser Bindung impliziert eine europarechtliche Problematik. Zwar sind die Mitglieder des Rates „Vertreter" ihrer Mitgliedstaaten und es kann daher dem nationalen Verfassungsrecht nicht verwehrt sein, dieses Vertretungsverhältnis näher auszugestalten. Doch dürfte es eine gemeinschaftsrechtliche Grenze dieser Ausgestaltungsbefugnis geben, die überschritten wird, wenn die Funktionsfähigkeit des Rates gefährdet oder wenn der Rat aus einem Gemeinschaftsorgan in eine „bloße" Konferenz von Staatenvertretern traditioneller Art rückgebildet würde.

10. Parlamentarische Kontrolle der Europapolitik der jeweiligen Regierung steht in einem anderen politischen wie rechtlichen Kontext als die parlamentarische Kontrolle klassischer Außenpolitik. Gemeinschaftspolitik ist alles andere als „auswärtige Gewalt".

VI. Außenpolitik der Länder

11. Die Länder stützen ihre „Außenpolitik" auf ihre verfassungsrechtlich verankerte Privatrechtsfähigkeit (Art 17 B-VG). Die ihnen 1988 eingeräumte Befugnis, mit angrenzenden Staaten oder Regionen völkerrechtliche Verträge abzuschließen, wurde bislang nicht in Anspruch genommen – dies auch, um dem sehr intensiven Aufsichtsrecht des Bundes auszuweichen.

Kontrolle der auswärtigen Gewalt

Vorsitzender: Meine Damen und Herren, wir freuen uns jetzt auf die Diskussion, die sicher angesichts der zahlreichen Wortmeldungen sehr anregend und spannend sein wird. Es liegen bisher 25 Wortmeldungen vor, weitere sind natürlich möglich. Wie immer gibt es auch die Möglichkeit der Spontanmeldung. Ich bitte aber, davon sparsam Gebrauch zu machen und sie nicht als Vehikel zu benutzen, die von mir festgelegte Reihenfolge der Diskussionsredner auszuhebeln.

Ich habe noch folgende Bitte. Es war in der letzten Zeit oft üblich, daß einzelne, aber nicht alle Diskussionsbeiträge mit Beifall aufgenommen wurden. Ich meine – und das ist auch aus den Reihen der Mitglieder an mich herangetragen worden, und ich halte das für richtig –, daß dies einer wissenschaftlichen Diskussion nicht unbedinigt zuträglich ist, und möchte Sie daher bitten, entsprechend zu verfahren. Diese Bitte bezieht sich nicht auf die Äußerungen der Referenten, die stets beifallswürdig sind!

Ich möchte die ersten drei Redner nennen. Ich werde immer eine solche Vorausschau geben, damit sich die nachfolgenden Diskutanten einrichten können. Wir wollen zunächst Herrn *Stern* zu seinem Beitrag bitten, dann Herrn *Schachtschneider* und anschließend Herrn *Roellecke*. Bitte schön Herr *Stern*.

Stern: Herr Vorsitzender, meine Damen und Herren,
nicht aus eigenem Antrieb stehe ich hier als Erster, sondern kraft der Auswahl des Vorsitzenden, der mich wohl deshalb gewählt hat, weil ich einige grundsätzliche Bemerkungen zum Grundtenor der beiden Referate machen wollte.

Die auswärtige Gewalt ist mittlerweile komplizierter geworden. Das ist ein Faktum, das wir zu registrieren haben, und zwar in völkerrechtlicher und in verfassungsrechtlicher Hinsicht. Auf dieser Tagung sprechen wir vor allen Dingen über die verfassungsrechtlichen Gesichtspunkte. Wenn wir uns in die Zeiten des Konstitutionalismus zurückdenken und etwa Bismarck als den Außenpolitiker *par excellence* heranziehen, dann würde klar sein, daß das Thema „Kontrolle der auswärtigen Gewalt", sei es durch Gerichte, sei es durch Parlamente, wenig Anklang finden würde. Aber schon zu Ende des Kaiserreiches und dann vor allen Dingen in der Weimarer Republik war die Parlamentarisierung deutlich fortgeschritten. Unter der Herrschaft des Grundgesetzes ist dann – Herr *Hailbronner* hat es hervorgehoben – die gerichtliche Kontrolle hinzugetreten. Und wenn wir uns erinnern, daß 1953 *Wilhelm Grewe* und *Eberhard Menzel* ja um diese Fragen hauptsächlich ihre Referate kreisen ließen, dann war es vor allem das Wort von *Menzel* „auswärtige Gewalt als kombinierte Gewalt", und zwar kombinierte Gewalt zwischen Regierung und Parlament, das besondere Beachtung fand. Sie, Herr *Wolfrum*, haben das ja wiederum aufgegriffen. Hinzugekommen ist jetzt, insbesondere durch den Art. 23 GG, die Föderalisierung der auswärtigen Gewalt. Alle drei Einbindungen der auswärtigen Gewalt sind unser Thema heute. Ich stelle die Frage, was bleibt heute nach diesen vielfältigen Einbindungen überhaupt noch für die Regierung übrig? War die auswärtige Gewalt nicht einmal in ihrem Kern, in ihrer Substanz, gouvernemental? Jetzt ist sie als kombinierte Gewalt parlamentarisch, föderativ, justiziell eingebundene Gewalt. Was bleibt noch? Herr Kollege *Wildhaber* hat aus schweizerischer Sicht ja einiges für die auswärtige Gewalt zu Gunsten der Regierung retten wollen. Bei Herrn *Öhlinger* war, gewissermaßen durch Art. 18 BVG bedingt, kaum mehr etwas zu Gunsten der Regierung übrig geblieben. Dennoch an ihn die Frage: Wie wäre es denn bei dem Staatsvertrag in den 50iger Jahren in Österreich gewesen, wenn nicht hier die Regierung doch eine sehr starke eigenständige Kraft zu entfalten vermocht hätte? Am heutigen Tage und an diesem Ort ist auch daran zu erinnern, daß der Zwei-plus-Vier-Vertrag eine große Stunde der Regierung im Bereich der auswärtigen Gewalt gewesen ist. Denken wir an die dramatischen Tage im September 1990 in Moskau zurück. Wäre es möglich gewesen, in diesen Nachtsitzungen das Parlament irgendwie zu beteiligen oder gar den Bundesrat, wenn die Gedanken des Art. 23 GG schon Fuß gefaßt hätten? Also ich meine, wir müssen – und das ist meine grundsätzliche Kritik zu beiden Referaten – wieder versuchen, die Regierung, die Exekutive, im Bereich der auswärtigen Gewalt etwas zu stärken. Beide Referenten haben zu stark die Kontrolle betont, wenngleich Herr *Hailbronner* etwas weniger stringent. Ich meine, Sie haben gegenüber der Rechtsprechung des Bundesverfassungsgerichts eine mittlere Linie eingehalten, die ich unterstütze und ich würde auch sagen, das Bundesverfassungsgericht hat durchaus diese mittlere Linie insgesamt durchgehalten. Gewiß, wir sind einig, keine *political-question-Doktrin*, kein unkontrollierbarer Regierungsakt und ähnliches. Die Entscheidung über den Einsatz der Streitkräfte – und da stimme ich Ihnen zu, Herr *Hailbronner*, wenn Sie gesagt haben, man hätte eigentlich ausgehen müssen von den

Grundsätzen der auswärtigen Gewalt und nicht von den Grundsätzen des Wehrverfassungsrechts –, hat zu einer – wie ich es nennen möchte – bedenklichen wehrverfassungsrechtlichen Wesentlichkeitstheorie geführt. Ich glaube, da sind doch einige Punkte zu Gunsten der Regierung unter den Tisch gefallen. So meine ich beispielsweise, Art. 65a GG ist nicht hinreichend berücksichtigt worden. Er gibt doch über den Einsatz der Streitkräfte einiges her. Wir sollten uns klar sein, der Bosnien-Einsatz der Bundeswehr ist noch nicht beendet. Der geht über das Ende des Jahres hinaus.

Noch ein Punkt: Der favor conventionis und dessen Anwendung in ihren Thesen 2, 3 und 4 spielt eine wichtige Rolle. Ich würde sagen, er greift dann ein, wenn es um den Zweifelsfall geht, mehr zur gerichtlichen Kontrolle oder mehr zu Gunsten der Regierung.

Herr *Wolfrum*, Sie haben sehr stark für die Parlamentarisierung und auch Föderalisierung der auswärtigen Gewalt votiert. Art. 23 Abs. 3 bis 6 GG gibt Ihnen ja in Bezug auf die Europapolitik, die Sie zutreffend als Teil der auswärtigen Gewalt angesehen haben, durchaus Recht, indem hier eine Reihe von Mitwirkungsbefugnissen normiert worden ist, vom Verfassungsänderungsgesetzgeber, zu Gunsten von Bundestag, Bundesrat und der Länder. Dennoch muß hierbei gesehen werden: Die Gemeinsame Verfassungskommission, die den Art. 23 geschaffen hat, war ausnahmslos mit Mitgliedern des Bundestages und des Bundesrates besetzt. Daß da nur etwas herauskommen konnte zu Gunsten des Bundestages und des Bundesrates, war evident. Ich hatte die Gelegenheit, bei einer Anhörung zu Art. 23 dabei zu sein. Der Sachverständige, der etwas zu Gunsten der Exekutive, der Regierung, gesagt hat, der stand auf verlorenem Posten und die Regierungsleute in der Sitzung haben vornehm geschwiegen, so daß also dann herausgekommen ist, was Sie genannt haben, „begleitende Mitwirkung von Bundesrat und Bundestag" in Ihrer These 12. Nur, ich frage mich, wie soll das in der Praxis funktionieren? Insbesondere dann, wenn etwa ein Landesvertreter in den europäischen Gremien die Stimme der Bundesregierung abgeben soll mit den Einbindungen, die dann noch zusätzlich eine Rolle spielen. Ich habe da meine ernsthaften Bedenken, ob solches wirklich funktionieren kann.

Herr *Wolfrum*, Sie haben sich durchaus nicht positiv geäußert zum Europaausschuß des Bundestages und der Europakammer des Bundesrates. Ich meine, wenn man Ihre Konzeption der stärkeren Parlamentarisierung und Föderalisierung teilt, dann sind doch gerade diese verkleinerten Gremien wichtiger, weil in ihnen die meist sensiblen Fragen der Außenpolitik besser erörtert werden können als in den immer auf Öffentlichkeitswirkung nach außen dringenden Plenarsitzungen. Insgesamt – Herr *Wolfrum*, Sie sprachen von der *Domestication of International Policy* als einem Trend, der auch in anderen Ländern sichtbar ist, wobei in Amerika die Gerichtskontrolle weitgehend zurückgenommen ist –, ist es die Wissenschaft, wie Herr *Wildhaber* betonte, die diese Begrenzung hervorhebt. Aber immer wieder stellt sich das Problem: Wir müssen auch auf die außenpolitische Handlungsfähigkeit der Regierung achten, und die scheint mir in sehr starkem Maße gefährdet.

Schlichte sowie konstitutive Parlamentsbeschlüsse und Beschlüsse nach Art. 23 Abs. 3 haben Sie unterschieden. Ich frage, wo ist jetzt eigentlich die Gewaltenteilung geblieben? Den schlichten Parlamentsbeschluß haben wir schon gut untergebracht. Der konstitutive Parlamentsbeschluß ist mehr, der Beschluß nach Art. 23 Abs. 3 liegt offenbar dazwischen. Da stellt sich einfach die Frage: Ist die Gewaltenteilung nicht nur ein Problem der Zuordnung der Gewalt zu einem Träger oder mehreren Trägern, sondern steckt nicht da auch eine Verantwortlichkeitszuordnung dahinter? Und die Gefahr bei kombinierter Verantwortlichkeit ist letztlich die, daß niemand die Verantwortung trägt.

Schachtschneider: Herr Vorsitzender, meine Damen und Herren, erlauben Sie zunächst eine allgemeine Bemerkung zum Begriff der auswärtigen Gewalt, den auch schon Herr *Stern* angesprochen hat. Auswärtige Gewalt kann nicht mehr als unabhängige, gewissermaßen vierte Gewalt konzipiert werden, wie von *John Locke*. Sie ist auch keine quasi monarchische Gewalt unter begrenzter richterlicher Kontrolle. Sie ist vielmehr eine Gewalt des Volkes. Es gibt verschiedene Organe der auswärtigen Gewalt, auch die der Europäischen Gemeinschaften oder, wenn man so will, die der Europäischen Union. Inhaber der auswärtigen Gewalt sind in der Europäischen Union immer noch die Völker; denn die europäische Integration hat eine internationale, nicht eine supranationale Organisation hervorgebracht. Internationalität und Supranationalität sind für die Lehre von der auswärtigen Gewalt leitende Begriffe. Auch das Maastricht-Urteil konzipiert die Gemeinschaft international, nämlich als Staatenverbund der Völker. Supranationalität würde bedeuten, daß über den Völkern eine eigenständige staatliche Gewalt existiert. Dem entsprach die Lehre von der autonomen Rechtsordnung. Solange die Träger der Gemeinschaften und der Union jedoch die Völker sind, bleiben diese Inhaber der auswärtigen Gewalt. Die Völker haben auch außenpolitische Kompetenzen als Hoheitsrechte auf die Union und deren Gemeinschaften übertragen, etwa handelspolitische Kompetenzen. Die Wirtschafts-, Währungs- und auch die Sozialunion der Europäischen Gemeinschaft ist ebenfalls eine Organisation der auswärtigen Gewalt der Völker. Die Kontrolle der auswärtigen Gewalt läßt sich nicht auf die Frage reduzieren, welchen Spielraum die Gerichte der Regierung als, wie es hieß, der Inhaberin der auswärtigen Gewalt lassen müssen, denn die auswärtige Gewalt ist Staatsgewalt, also Hervorbringung von Recht. Herr *Oehlinger* hat das anhand der österreichischen Verfassung deutlich gemacht. Wenn auswärtige Gewalt Hervorbringung von Recht ist, darf die Klärung des Rechts keine Einbußen erleiden. Im Bereich der auswärtigen Gewalt stellen sich allerdings die Rechtsfragen um der vom Bundesverfassungsgericht betonten Integrationsoffenheit Deutschlands anders, selbst bestimmte Grundrechtsfragen. Jedenfalls gibt es keine besondere Unabhängigkeit der Regierung oder des Parlaments, besser der Legislative, in auswärtigen Angelegenheiten. Die Kritik an dem außenpolitischen Einfluß des Bundesverfassungsgerichts überzeugt mich deswegen nicht, weil die auswärtige Gewalt keine Abstriche an Rechtlichkeit verträgt, zumal sie intensiv die innerstaatliche Rechtsordnung bestimmt, wie die europäische Internationalität erweist. So war es tragfähig, den Maastricht-Vertrag verfassungskonform zu interpretieren, um dessen Ratifikation zu ermöglichen. Das Bundesverfassungsgericht hat im Maastricht-Prozeß Erklärungen der Regierungen der Mitgliedstaaten zu bestimmten Interpretationen des Maastricht-Vertrages der Bundesregierung eingeholt, um dem Vorwurf von Vertragsverletzungen durch seine Vertragsinterpretation aus dem Wege zu gehen. Dieser Vorgang ist völkerrechtlich noch nicht recht dogmatisiert. Die Interpretation hat den von vielen Völkern geschlossenen Vertrag unter das Grundgesetz gebeugt, durchaus zu Recht, weil das Grundgesetz der Integration Grenzen zieht. Wenn auch nicht alle Mitgliedstaaten der vorgeschlagenen Interpretation in allen Fragen zugestimmt haben, so waren doch die wesentlichen interpretativen Vertragsänderungen durch Erklärungen der Mitgliedstaaten abgefedert. Erlauben Sie eine weitere Bemerkung zu den Konvergenzkriterien. Nach dem Maastricht-Vertrag sind sie nicht verbindlich, wenn sie auch die deutschen Organe aufgrund deren eigener Erklärungen binden. Wenn Deutschland entgegen den Konvergenzkriterien an der dritten Stufe der Währungsunion mitwirken sollte, dürfte das eine Maßnahme sein, welche Deutschlands Interessen elementar berührt. Dadurch wären die Grenzen des Mehrheitsprinzips erreicht. Weiterhin möchte ich anregen, das Verhältnis des europäischen Gemeinschaftsrechts zu den weltweit wirksamen Regeln der Welthandelsordnung zu erörtern, weil deren Widerspruch handfeste Konflikte mit sich bringt. Kernproblem ist die jeweilige Verbindlichkeit der Ordnungen. Die alte Begrifflichkeit dürfte die gegenwärtigen Probleme des Weltrechts und des Gemeinschaftsrechts nicht mehr zu lösen geeignet sein.

Roellecke: Ich habe bei beiden Referaten eine Klarstellung des Grundproblems vermißt und möchte deshalb zunächst sagen, wie ich das Problem sehe: Man muß davon ausgehen, daß das Parlament zu allen außenpolitischen Fragen Stellung nehmen kann. Diese Stellungnahmen werden natürlich für die, die Außenpolitik machen, relevant sein. Besonders die Bundesregierung begibt sich ungern in eine Situation, die zeigen könnte, daß sie das Vertrauen des Parlaments nicht oder nicht vollständig genießt. Auf der politischen Ebene ist die Regierung also faktisch an Parlamentsäußerungen gebunden. Diese Bindung ist aber keine rechtliche. Das hat erhebliche Vorteile. Notfalls kann die Bundesregierung sagen, sie fühle sich an die Meinungsäußerungen des Parlaments nicht gebunden, und sich dadurch außenpolitischen Spielraum verschaffen. Das Problem ist nun, ob diese faktische Bindung der Regierung an die Beschlüsse des Parlaments über das hinaus, was im Grundgesetz steht, verrechtlicht werden sollte, Herr *Wolfrum* ist grundsätzlich dieser Ansicht.

Ich meine, man muß an den Verfassungstext anknüpfen. Der Text des Grundgesetzes erlaubt es aber nicht, zu sagen, Maßnahmen der auswärtigen Gewalt seien gemeinsame Angelegenheiten von Parlament und Regierung. Dafür sind die im Text verankerten Kompetenzen des Parlaments im Vergleich zu den Möglichkeiten der Regierung zu deutlich reduziert. Methodisch ist aber weiter zu fragen: Kann man die Kompetenzen des Parlaments verallgemeinern? Das heißt, kann man aus der im Text vorgesehenen, eingeschränkten Mitwirkung des Parlaments den allgemeinen Grundsatz ableiten, daß es in der Außenpolitik stets auf ein Zusammenwirken von Parlament und Regierung ankommt?

Aber lassen wir die Probleme der Textauslegung beiseite. Herr *Wolfrum* hat zwei Gründe genannt, aus denen die Mitwirkungsbefugnis des Parlaments über den Text hinaus rechtlich zu erweitern sei: Organadäquanz und Funktionsgerechtigkeit. Allerdings hat er dann nicht dargelegt, inwiefern eine Mitwirkung des Parlaments in außenpolitischen Fragen organadäquat oder funktionsgerecht ist.

Besonders organadäquat scheint mir die Mitwirkung des Bundestages nicht zu sein. Der Bundestag entscheidet nach öffentlicher Diskussion. Wenn er über außenpolitische Fragen diskutiert, müssen viele Themen öffentlich angeschnitten werden, die besser der Diplomatie im Vorfeld von Vertragsschlüssen oder anderen außenpolitischen Entscheidungen überlassen blieben. Im internationalen Verkehr haben wir es mit souveränen Staaten zu tun, die größten Wert darauf legen müssen, das Gesicht zu wahren. Auf Gesichtsmassage ist der Bundestag aber nicht eingestellt. Im Bundestag soll möglichst alles ausgesprochen werden.

Das tut der Anbahnung von völkerrechtlichen Verträgen nicht gut. Auch die Funktionsgerechtigkeit spricht nicht für eine Ausweitung der Mitwirkung des Parlaments in außenpolitischen Fragen. Das Parlament soll politische Probleme aus der Gesellschaft aufnehmen, diskutieren und in politische Entscheidungen umsetzen. Aus diesem Grund werden die Abgeordneten gewählt. Für die Abgeordneten ist ihr Mandat indessen eine Karrierefrage. Deshalb orientieren sie sich bei ihren politischen Aktionen im Parlament vornehmlich daran, ob sie ihrer Wiederwahl dienlich sind oder nicht. Die Abgeordneten des Deutschen Bundestages werden nun in Dresden oder in Unna, aber nicht in New York oder Paris gewählt. Also sprechen sie nach Dresden oder Unna und nicht nach New York oder Paris. Das heißt, die Diskussionen im Bundestag werden von innenpolitischen Fragestellungen bestimmt. Das ergibt sich aus seiner Funktion. Dieser Funktion entspricht es daher nicht, die außenpolitischen Kompetenzen des Bundestages über das hinaus auszudehnen, was der Verfassungstext vorschreibt.

Badura: Herr Vorsitzender, verehrte Kollegen. Das sehr schmissig formulierte Thema „Kontrolle der auswärtigen Gewalt" verbirgt unter seinem Mantel eine hochgradige Komplexität und auch dadurch die Möglichkeit von Mißverständnissen. Kontrolle kann ja bedeuten: jemand kontrolliert jemanden anderen. Eine Gewalt kann man eigentlich nicht kontrollieren. Man müßte also fragen, „wer kontrolliert eigentlich wen?". Nach der klassischen Vorstellung würde man einerseits sagen, wir haben eine gerichtliche Kontrolle gegenüber der öffentlichen Gewalt im übrigen. Das wäre eine Bedeutung von Kontrolle, bei der Kontrolle im wesentlichen bedeutet: die Überwachung der Einhaltung der verfassungsrechtlichen Grenzen der Außenpolitik; das wäre die Aufgabe eines Gerichtes. Wenn wir dagegen die andere Bedeutung nehmen, die parlamentarische Kontrolle, muß das ja offensichtlich etwas ganz anderes sein. Denn die parlamentarische Kontrolle reicht ja weit über die verfassungsrechtlichen Grenzen der Regierungsgewalt hinaus. Sie hat im Kern eine politische Funktion. Also sind das eigentlich zwei ganz verschiedene Begriffe.

Was nun den ersten Punkt anbetrifft, die gerichtliche Kontrolle der auswärtigen Gewalt, so hat sie durch die jüngere Rechtsprechung des Zweiten Senats des Bundesverfassungsgerichtes, dem Zug der Zeit folgend und die Verfassung weiterbildend – vorsichtig gesagt – eine Art kooperativen Parlamentarismus installiert, der, wenn man fragen würde, wo seine verfassungsrechtlichen Gründe eigentlich sind, keinen rechten Grund aufweist, jedenfalls habe ich ihn bisher noch nicht finden können. Die Idee von dem „konstitutiven Parlamentsbeschluß" ist nicht aus dem Grundgesetz ableitbar, in meinen Augen. Sie ist nichts anderes als eine Weiterbildung gewisser Ansätze oder möglicher Ansätze im geltenden Verfassungsrecht. Sie ist vor allem, was ein weiterer Punkt ist, in der einstweiligen Anordnung in dem Somalia-Fall und in der Hauptsacheentscheidung in verschiedener Weise verwendet. Während sie in der einstweiligen Anordnung eine Art Brückenfunktion haben soll, um die vorläufige Regelung zu schaffen, verwandelt sich diese – offenbar zwischen Parlament und Regierung bestehende – „Brücke" in der Hauptsacheentscheidung in eine verfassungsrechtliche Anforderung an die Tätigkeit der Exekutive. Die Bundesregierung mußte sich also das Verdikt gefallen lassen, sie habe verfassungswidrig gehandelt, obwohl sie auf dem Boden des geltenden Verfassungsrechts gehandelt hat, aber das neue Verfassungsrecht natürlich nicht berücksichtigen konnte. Das ist eine Konsequenz, die auch noch gewisse politische Seitenwirkungen hat, wenn ein Gericht – das höchste Gericht unseres Landes – der Regierung sagt, sie habe verfassungswidrig gehandelt, obwohl sie das nicht hatte vorhersehen können.

Der kooperative Parlamentarismus ist eine Verschiebung im parlamentarischen Regierungssystem, weil damit das Verhältnis von Verantwortung und Kontrolle in derselben Weise wie bisher nicht mehr fortbesteht. Wenn das Parlament entscheidet, dann kontrolliert es nicht, sondern es entscheidet. Und wem gegenüber ist es eigentlich verantwortlich? Das Verhältnis von Kontrolle und Verantwortung ist nur möglich zwischen zwei im Grunde selbständigen von der Verfassung eingerichteten Institutionen: der Regierung, die die Verantwortung für die Außenpolitik hat, weil die Verfassung nicht ausdrücklich eine Mitwirkung des Parlaments vorsieht, wie etwa bei völkerrechtlichen Verträgen bestimmter Art, und dem Bundestag, der die Regierung kontrolliert.

Die Sache ist dadurch noch weiter – wie ich glaube – verwischt worden, daß in dem Maastricht-Urteil nicht klar gesagt wird, ob denn nun der Eintritt der Bundesrepublik in die Wirtschafts- und Währungsunion rechtlich eine Mitwirkung durch einen Beschluß, der wohl wiederum konstitutiv sein müßte, von Bundestag und Bundesrat voraussetzt. Ich darf daran erinnern, daß ja auch der Bundesrat beansprucht hat, da noch ein Wort mitzusprechen. Das ist in der Verfassung überhaupt nicht mehr aufzufinden. Und ich meine, nachdem nun der MaastrichtVertrag wirksam ist – verfassungsrechtlich und völkerrechtlich wirksam –, kann sich die Frage des Beitritts der Bundesrepublik nur noch nach Gemeinschaftsrecht richten. Und wenn darüber ein Streit entstehen würde, dann müßte das Bundesverfassungsgericht nach Art. 177 EG-Vertrag den Europäischen Gerichtshof anrufen. Die Schwierigkeit – ich will sie nicht unterschätzen –, die das Gericht vor sich sieht, wenn es eine so komplexe Frage beurteilen muß, wie den Maastrichter Vertrag, liegt darin, daß es sich hier auf ein Gebiet begibt, wo es eigentlich nur sagen müßte: Ja oder Nein, Verfassungsmäßigkeit ja oder nein. Die Schwierigkeit vertieft sich, wenn das Gericht darüber hinausgeht und – wie soll man es sagen – eine Art zusätzlicher Erläuterungen in verschiedenen Richtungen abgibt, die teils Begründung, aber teils vielleicht auch mehr, nämlich tragende Gründe sind. Das ist insgesamt eine Schwierigkeit, die entstanden ist – glaube ich –, so daß die Kontrolle der Außenpolitik am Maßstab der Verfassung, über die hauptsächlich Herr *Hailbronner* gesprochen hat, sich mit dem anderen Thema, der parlamentarischen Kontrolle, überschneidet. Durch die Weiterentwicklung des Vertragsrechts sehen wir uns der Lage gegenüber, daß unser parlamentarisches Regierungssystem sich jedenfall in der Frage der Außenpolitik deutlich verändert hat.

Dies alles ist natürlich noch verschärft – um abzuschließen –, wenn wir Art. 23 GG nehmen, der schon mehrmals zitiert wurde. In dieser Verfassungsnorm ist das eben geschilderte System in gewisser Weise, wenn auch unklar, angelegt. Unklar beispielsweise deswegen, weil in Art. 23 Abs. 3 GG – wie von Herrn *Stern* zitiert – eine andere Formulierung über die Rolle des Bundestages steht – es heißt dort: Die Bundesregierung „berücksichtigt" die Stellung des Bundestages – wie in dem Gesetz, das auf dieser Grundlage erlassen worden ist, wo es heißt: Es muß die Stellungnahme „zugrundgelegt" werden. Abgesehen davon ist durch Art. 23 GG die weitere Integration Europas, soweit die Bundesrepublik beteiligt ist, im wesentlichen von verfassungsändernden Gesetzesbeschlüssen abhängig gemacht worden. Das ist ja in föderativer Hinsicht der eigentliche Kern des Art. 23 GG. Praktisch bedeutet das aber, daß nur noch, wenn Regierung und Opposition übereinstimmen, weitere integrationspolitische Schritte möglich sind. Und das ist eine ganz wesentliche Änderung gegenüber der bisherigen Rechtslage, wonach die Mehrheit das Recht hatte, kraft der Verfassung durch Bundesgesetz – sogar ohne daß der Bundesrat im Wege des Zustimmungsgesetzes mitwirken mußte – integrationspolitische Schritte von wesentlicher Bedeutung vorzunehmen. Die beiden sehr schönen Referate und die beiden Korreferate haben die Lage gut gezeichnet, zum Teil vielleicht würde man nicht derselben Meinung sein, aber dahinter finden sich, wie ich glaube, weitläufige Verschiebungen im Grundgefüge unserer verfassungsrechtlichen Institutionen.

Häberle: Verehrte Kolleginnen und Kollegen. Es gibt viele Möglichkeiten, vortreffliche Referate, auch Landesberichte zu würdigen. Ich wähle den Weg, mich zu drei von Ihnen berührten Problemkreisen inspirieren zu lassen, wobei eher fußnotenhaft auch eine kleine Kritik verborgen sein mag – Rechtswissenschaft lebt ja auch von Inspiration und gewiß von Kritik: Erstens zum Begriff der „auswärtigen Gewalt", seinen propria und den diesbezüglich *gewandelten* Staatsaufgaben im modernen Verfassungsstaat. Herr *Wolfrum* lehnt ja eine eigenständige Typologie der auslandsbezogenen Staatsaufgaben ab (LS 2); zweitens zur, „Relativierung des Innen-Außen-Schemas", z. B. in den Öffnungen dank extrovertierter Nachbarschafts- und Europaartikel greifbar, Stichwort: grenznachbarschaftlicher Regionalismus nach Art. 24 Abs. 1 a und andere europaweite Beispiele, auch Art. 23 Grundgesetz. Drittens ein Wort zur „Regionalen Außenpolitik", inspiriert durch Leitsatz 11 unseres österreichischen Kollegen *Öhlinger.* Herr *Wildhaber* hat ja aus Zeitgründen die rege Außenpolitik der Schweizer Kantone leider ausklammern müssen.

Zunächst zum *ersten Punkt.* Wenn wir nach „Kontrolle" der Auswärtigen Gewalt fragen, müssen wir uns doch zuerst *den Begriff* der auswärtigen Beziehungen, die *Funktion* des „Auswärtigen" im Verfassungsstaat erfragen. Hier stehen wir offenkundig vor großen Wandlungen. Es wurde nur angedeutet, daß es heute nicht nur um den Bestand des Staates, die Staatsräson und die Interessen- bzw. Machtdurchsetzung geht. Wir sollten uns nicht nur sensibel die Staatspraxis vergegenwärtigen, sondern i. S. der Textstufenanalyse die Entwicklungen der geschriebenen Verfassungen verarbeiten, zumal sie oft aussagekräftiger sind als dicke Kommentare. Zum Wandel der auslandsbezogenen Aufgaben gehören die neuen Texte zur Menschenrechts- und Grundrechtspolitik, die Hinweise auf Entwicklungshilfe, Friedenssicherung und „ökologischen Aufbau" in benachteiligten Ländern, die Aufgabe des Abbaus der Armut und des Hungers in der Welt, überhaupt die Verpflichtung auf humanitäre Aufgaben, wie sie einer großen Tradition der Schweiz entspricht. Diese Stichworte finden Sie in neuen Verfassungen, z. B. der vorbildlichen des Kantons Bern (1993), in den Entwürfen der „nachführenden" Bundesverfassung (1995) oder dem innovationsreichen Privatentwurf *Kölz/Müller* (3. Aufl. 1995). All dies gehört auch zu den Propria des auslandsbezogenen Handelns des Verfassungsstaates und seinen ihn legitimierenden Aufgaben. – *Zweitens* zur Fragwürdigkeit des Innen/Außen-Dualismus. Hier ist uns Aufsatzschreibern ein Text in der Präambel der neuen Verfassung Appenzell Ausserrhoden (1995) weit voraus, der kantonales Denken und Handeln „über Grenzen hinweg" verlangt, aktuell etwa im Umweltschutz – hier wie bei anderen Verfassungsfragen scheinen die Flügel des Weltgeistes das so oft als rückständig gescholtene Appenzell gestreift zu haben; Innerrhoden hat – spät genug – das Frauenstimmrecht eingeführt. Diese Texte müssen wir ernst nehmen und z. B. über den Begriff „Grenze" neu nachdenken. Denn die Texte haben – besonders verdichtet – viel Aussagekraft. Hinzu kommen die Nachbarschafts- und Europa-Artikel unserer Zeit, wie überhaupt die EU-Staaten einander nicht mehr „Ausland" sind. Erinnert sei an Art. 24 Abs. 1 a GG und an ähnliche grenzüberschreitende bzw. nachbarliche Kooperations-Verfassungsnormen. So habe ich vor zwei Wochen in meinem wissenschaftlichen Eröffnungsvortrag vor der Verfassungskommission zur Totalrevision der St. Galler Kantonsverfassung dort einen „kleinen Europa-Artikel" im Blick auf den Bodenseeraum bzw. die „Arge Alp" vorgeschlagen. Vorbildlich sind hier – trotz *Lafontaine* – der neue Art. 60 der Verfassung des Saarlandes oder ähnliche Klauseln in den neuen Bundesländern im Blick auf Polen (so Brandenburg) oder den Ostseeraum (so Mecklenburg Vorpommern). Das „Ausländische" wird unversehens zum „Inland". *Drittens*: Derzeit, kommt es in Europa oft zu „kleiner" grenzüberschreitender Außenpolitik von Ländern, Regionen und Kommunen. Was sind ihr Grund und ihre Grenzen? Sie alle kennen die „Bindlacher Erklärung" vom Frühjahr 1996. Es ging um eine europäische Konferenz zum Thema „Gemeinsam gestalten im Ost/West-Grenzbereich", veranstaltet u. a. vom EU-Ausschuß der Regionen und der Europäischen Kommission und eröffnet vom bayerischen Ministerpräsidenten *Stoiber*; dabei wurde ausdrücklich „Rücksichtnahme auf die anliegenden Grenzregionen" gefordert, also neue Solidarität. Wir denken auch an die Euro Egrensis oder Basilenis. Freilich ist zu fragen, wer die oft ehrgeizige „Außenpolitik" mancher westlichen Bundesländer mit fernen Regionen normativ und politisch kontrolliert. So gibt es schon Kooperationen, ja „Ehen" oder Verlöbnisse ehrgeiziger Landesfürsten, wie des Niedersachsen *Schröder* mit Teilrepubliken Russlands und Kooperationen Nordrhein-Westfalens, Bayerns und Baden-Württembergs mit Transvaal bzw. dem Ost- und Westkap in Südafrika. Und, Herr *Öhlinger*, wer kontrolliert solche auch in Österreich mögliche „Außenpolitik" mit den in Europa ja immer mehr zusammenrückenden Nachbarn?

Frowein: Herr Vorsitzender, meine Damen und Herren. Ich möchte vier Bemerkungen zu den so eindrucksvollen Referaten machen, die sich ja auch in besonderer Weise ergänzt haben. Den Schüler von *Ernst Friesenhahn* freut es natürlich besonders, daß seine Äußerungen von 1958, wonach die Staatsleitung zur gesamten Hand bei Exekutive und Legislative, bei Regierung und Parlament liegen, so stark als Hintergrund und zum Teil auch direkt zitiert, für die Referate galten. Mir scheint freilich, daß von besonderer Bedeutung – hier schließe ich an das an, was schon Herr *Stern* und Herr *Roellecke* gesagt haben – die Unterscheidung zwischen dem ist, was sich unmittelbar aus dem parlamentarischen System ergibt, und den bindenden oder, um die Formulierung des Gerichts aufzugreifen, konstitutiven Mitwirkungsakten. Mir scheint, daß diese Unterscheidung gelegentlich nicht völlig vorhanden war, aber sehr wichtig ist, damit wir wissen, worüber wir sprechen. Ich möchte an den zweiten Satz der Thesen von Herrn *Hailbronner* anknüpfen und an ihn die Frage stellen, was hier genau gemeint ist, wenn gesagt wird, daß das Parlament von der politischen Kontrolle wesentlicher politischer Entscheidungen ausgeschlossen bleibt. Dieser Satz scheint mir so mit deutschem Verfassungsrecht nicht vereinbar zu sein. Was man allenfalls sagen kann, ist, daß diese Kontrolle manchmal – aus Gründen, die im Parlament oder sonstwo liegen – nicht funktioniert. Dann erklärt sich auch der folgende Satz, und das Beispiel ist ja wohl Maastricht: Weil eine politische Diskussion im Parlament bei uns nicht oder sehr unvollkommen stattgefunden hatte, kam es, wenn wir das politikwissenschaftlich analysieren, zu einem Ersatzvorgang. Ich glaube, daß wir das aber nicht eigentlich als Rechtsfrage sehen können und dürfen und meine, daß es eben deswegen sehr darauf ankommt zu unterscheiden, wann das Parlament verfassungsrechtlich tätig ist, und wann in seinem allgemeinen parlamentarischen – natürlich auch insoweit verfassungsrechtlich – geprägten Mandat der bloßen Kontrolle der Politik der Regierung.

Hier würde ich gerne in demselben Zusammenhang an Herrn *Wolfrum* die Frage richten, ob diese Unterscheidung nicht auch in seinen Thesen 4 und 5 stärker herausgearbeitet werden muß. Denn es ist eben doch ein großer Unterschied, ob es sich um die allgemeinen Beschlüsse handelt, mit der die Parlamentsmehrheit die Regierung stützt, oder ob es eines solchen formalisierten Beschlusses bedarf. Hier würde ich auch gerne anknüpfen an seine sehr interessante These, daß eine antizipierte Zustimmung die formelle Zustimmung in weitem Umfang ersetzen kann, und die Frage damit verbinden, ob man hier nicht die Gefahr erkennen muß, daß die sehr frühzeitige Einbindung dann unter Umständen gerade dem Gewaltenteilungsmechanismus entgegenwirkt und unter Umständen zu einer Gefährdung des Systems führen kann. Ich will das nur sehr kurz andeuten, aber darauf hinweisen – ich habe es selber miterlebt – daß bekanntlich Abgeordnete der Regierungsfraktionen bei den Moskauer Verhandlungen 1970 dabei waren. Die CDU/CSU-Fraktion hatte sich an diesen Verhandlungen nicht beteiligt. Wie wäre es denn gewesen, wenn alle Fraktionen an diesen Verhandlungen bereits beteiligt gewesen wären?

Meine zweite Frage ist sehr viel stärker technischer Natur. Sie knüpft an die These von Herrn *Hailbronner* in Ziff. 3 an. Ich möchte die sehr knappe Erwähnung von Art. 1 Abs. 1 Satz 2 des Grundgesetzes als Grenze der formulierten These besonders betonen und die Frage stellen, ob wir nicht in Art. 3 Abs. 3 GG eine nicht unwichtige Begrenzung haben. Verträge, die Apartheid stützen, wären nach deutschen Grundrechten für die Bundesrepublik Deutschland nicht abschließbar.

Meine dritte Frage ist wieder an Herrn *Wolfrum* gerichtet und bezieht sich auf die Thesen 16 und 17 und hier auf die Unterscheidung, was durch die ursprüngliche Zustimmung gedeckt ist, und was einer neuen Zustimmung bedarf. Hier gestehe ich, daß mir die Grenzen bisher nicht deutlich geworden sind. Ich mag voreingenommen sein, weil ich Herrn *Preuß* gegenüberstehend die These vertreten und schließlich auch bestätigt bekommen habe, daß es für die Nachrüstung keines erneuten Beschlusses bedurfte. Mir will nicht einleuchten, wieso dieses hierfür gefordert werden sollte, für die Unterwerfung unter Gerichtsbarkeiten dagegen, auch wenn sie für den Bürger unmittelbar wirkt, nicht. Ich würde sogar im Gegenteil sagen: Wenn ich an der Bedeutung für die Bürger gemäß Art. 59 Abs. 2 ansetze, könnte man zu dem gegenteiligen Ergebnis kommen. Meine These wäre allerdings eher die: alles, was im Vertrage deutlich angelegt ist, und das ist meines Erachtens für die Unterwerfung nach Art. 25 oder nach dem Protokoll der Fall, bedarf nicht eines neuen Beschlusses. Die Stationierung von Waffen war sehr deutlich angelegt.

Meine letzte und vierte Frage schließt an Herrn *Hailbronners* These V 1 an und möchte eine etwas vorsichtigere Beurteilung der letzten Formel, nämlich der Überprüfung der völkerrechtlichen Ausgangslage, empfehlen. Die völkerrechtliche Ausgangslage kann in der Tat von einer Komplexität sein, wie wir sie etwa bei der Frage der Stationierung von Nuklearwaffen erlebt haben. Die These der Antragsteller im Organstreitverfahren war unter anderem die: Heute sind Nuklearwaffen generell illegal, ihre Stationierung, ihr Einsatz ist immer illegal. Vergegenwärtigen Sie sich, was der Internationale Gerichtshof in einem halbsalomonischen Spruch eben in seinem Gutachten gesagt hat. Dann werden Sie erkennen, wie wenig es möglich ist, zu einer leichten Antwort zu kommen. Ich glaube, das Bundesverfassungsgericht war gut beraten zu sagen: Die Bundesregierung trägt etwas vor, was nicht nur ihre Rechtsansicht, sondern die Rechtsansicht aller verbündeten Regierungen ist, und diese ist nicht außerhalb des Vertretbaren.

Meyer: Die Referenten haben zu dem Thema gesprochen: „Parlamentarische Mitwirkung an der Gestaltung der auswärtigen Politik und die Verfassungsgerichtskontrolle der auswärtigen Politik“. Sie haben, Gott sei Dank, nicht zu dem Thema gesprochen, das der Vorstand vorgegeben hat. Ich halte dieses Thema in beiden Aussagen für antiquiert. Wenn man von Gewalt spricht, dann hat man sofort die Vorstellung, daß es ein sich geschlossenes System ist, das man Verfassungsorganen und Handlungsformen zuordnen muß. Dies ist für das Thema aber inadäquat und die Aussage von Herrn *Stern*, auswärtige Politik sei in der Substanz gouvernemental – eine Aussage, die sicherlich für das Bismarck-Reich zutrifft –, ist in der Demokratie in meinen Augen falsch. Im Gegenteil, die Aussage müßte heißen: „Auswärtige Politik ist in der Demokratie in der Substanz, freilich nicht in der Ausgestaltung im einzelnen, eine parlamentarische Agende". Warum sprechen wir nicht statt von auswärtiger Gewalt von auswärtiger Politik oder von Außenpolitik? Darüber ist geredet worden, die Referenten haben das Wort häufig genug benutzt. Tun wir das, dann liegt auf der Hand, daß wir die Parallele zur Innenpolitik haben. Und es müßte wohl begründet werden, warum in der Außenpolitik das Verhältnis der Verfassungsorgane untereinander denn so verschieden sein soll von dem Verhältnis der Organe in der Innenpolitik. Daß es nicht der Fall ist, ersehen Sie daran, wenn Sie den Begriff der Kontrolle kritisch betrachten. Herr *Badura* hat das schon gemacht. In meinen Augen zu Recht. Er hat in meinen Augen nur die falschen Folgerungen gezogen. Kontrolle übt natürlich das Bundesverfassungsgericht aus. Nämlich anhand des Maßstabs der Verfassung. Ob es das immer getan hat, ist eine andere Frage. Aber das ist seine Funktion. Kontrolle übt auch das Parlament aus, die Parlamentskontrolle ist aber relativ uninteressant. Entscheidend ist vielmehr das Mitgestaltungsrecht des Parlaments. Das mit Kontrolle zu umschreiben wäre ein völliges Fehlverständnis der Funktion des Parlaments. Wenn Herr *Frowein* auf das Wort unseres gemeinsamen Lehrers *Friesenhahn* verwiesen hat, das auf die gemeinsame Kompetenz von Parlament und Regierung für die Staatsagenden hingewiesen hat, so müssen wir uns, glaube ich, bewußt machen, daß diese Aussage verfassungsrechtlich zu fundieren ist. Und ich glaube, Herr *Badura*, die Fundierung, die Sie vermissen, liegt in dem Begriff der Demokratie. Sie liegt darin, daß die Volksvertreter Vertreter sind, Vertreter des Volkes, und folglich auch verantwortlich gegenüber den Vertretenen, und zwar für alles das, was im Staat gemacht wird. Wenn Sie das akzeptieren, haben Sie eine völlig gleiche Art der Behandlung der Innenpolitik und der Außenpolitik und zugleich die Übereinstimmung mit der Staatspraxis. Sie ist nicht etwa, wie Ihnen, Herr *Badura*, das vorschwebt, zu einem falschen Verhältnis von Parlament und Regierung gekommen. Wir befinden uns im Bereich der Außenpolitik letztlich auf dem Weg zur Normalisierung des Verhältnisses der beiden Gewalten.

Paul Kirchhof: Wir haben in den Referaten so viele Anregungen und Nachdenklichkeiten gehört, daß wir in erster Linie vor der Aufgabe stehen, aus der Verfassung ein Koordinatensystem zu entwickeln, um die verschiedenen Verfassungsfragen praktisch entscheiden zu können. Zu diesem Thema will ich fragend – nicht Thesen formulierend – einige Bemerkungen machen. Verfassungsrechtlicher Ausgangspunkt ist die verfassungsrechtliche Gebundenheit aller Staatsgewalt, so daß die auswärtige Gewalt die Verfassung nicht ändern kann, auch nicht durch völkerrechtlichen Vertrag. Diese Frage hatte das Bundesverfassungsgericht im Zusammenhang mit der Wiedervereinigung zu entscheiden, als es um das Problem ging, ob der Einigungsvertrag – damals noch ein völkerrechtlicher Vertrag – durch ausdrückliche Bestimmung das Grundgesetz ändern dürfe. Die Antwort war, daß eine solche Änderung der Verfassung auf der Grundlage des damaligen Art. 23 Satz 2 GG – also der Beitrittsklausel – möglich sei. Diese Entscheidung wurde in dem Bewußtsein getroffen, daß just diese Beitrittsklausel durch die vertraglich vorgesehene Verfassungsänderung entfallen werde. Die Entscheidung bietet also keinen Präzedenzfall, sondern betrifft eine Besonderheit der Wiedervereinigung, die sich im tatsächlichen Vorgang wie im Rechtsmaßstab nicht wiederholt.

Die zweite Problemgruppe – und das ist heute schon zu Recht hervorgehoben worden – bildet das Europaverfassungsrecht, das wir nicht mit den allgemeinen völkerrechtlichen Fragen vermengen sollten. Im Europarecht haben wir eine spezielle verfassungsrechtliche Ermächtigung zur europavertraglichen Verfassungsmodifikation mit ausdrücklich benannten Grenzen. Derartige Regelungen enthalten Art. 23 GG, Art. 88 der französischen Verfassung und Art. 92 der spanischen Verfassung, der notwendig geworden war, weil das spanische Verfassungsgericht sonst verfassungsrechtliche Bedenken gegenüber dem Eintritt Spaniens in die Europäische Union gehabt hätte. Diese Verfassungsbestimmungen begründen einen klaren verfassungsrechtlichen Prüfungsauftrag für die Rechtsprechung, aber auch einen kompetenzrechtlich definierten parlamentarischen Mitwirkungsvorbehalt für das primäre Europarecht, das als Verfassungsänderung verstanden wird, und für das sekundäre Europarecht, für das Art. 23 GG eine breite Palette von parlamentarischen Mitwirkungsmöglichkeiten eröffnet. Im Hinblick auf die Bemerkung von Herrn *Badura* möchte ich daran erinnern, daß Bundestag und Bundesrat in übereinstimmenden Erklärungen vor der Zustimmung zum Maastricht-Vertrag betont haben, daß sie die Konvergenzkriterien für die dritte Stufe Währungsunion strikt verstehen und sich vorbehalten, diese im Tatsächlichen zu überprüfen; der deutsche Außenminister hat dieses auf Anregung des Bundesverfassungsgerichts den Vertragspartnern zur Kenntnis gegeben. Hier entwickeln sich Formen der Kooperation, die auch in den Gesprächen der Verfassungsgerichte untereinander und insbesondere mit dem Europäischen Gerichtshof bedacht und möglicherweise auf eine einheitliche Grundlinie zurückgeführt werden.

Die dritte Kategorie betrifft Regelungen, die eine Entparlamentarisierung hoher Entscheidungen zur Folge haben. Innerhalb der europäischen Gemeinschaft wird Recht im wesentlichen durch den Europäischen Rat, also durch die Exekutive gesetzt. Daneben stellt sich die Frage der auch europa- und völkerrechtlich veranlaßten Nebenhaushalte, die in beachtlichem Umfang das Budgetrecht des Parlaments aushöhlen. Schließlich ist das Grundverständnis des Parlamentarismus berührt, wenn ein besonderer Sachverstand der parlamentarischen demokratischen Legitimation entgegengestellt wird. Wenn wir für das Währungswesen in der Europäischen Zentralbank, die in der Deutschen Bundesbank ein Vorbild und für Deutschland in Art. 88 GG eine spezielle verfassungsrechtliche Grundlage hat, Hoheitsentscheidungen gegen parlamentarischen Einfluß abgeschirmt haben, so ist dieses dort von dem besonderen Entscheidungsgegenstand gerechtfertigt. Es bleibt jedoch die Grundsatzfrage, ob die Wahrnehmung von Hoheitsgewalt um des Sachverstandes willen, das heißt umgekehrt: zur Vermeidung einer Verfremdung der sachverständigen Entscheidung durch parlamentarische Entscheidung, aus dem Kompetenzbereich des demokratisch gewählten Parlaments ausgenommen werden darf.

Die vierte Kategorie bilden die herkömmlichen völkerrechtlichen Verträge mit grundrechtserheblicher Wirkung. Paradebeispiele bieten – von bedeutenden Mitgliedern unserer Vereinigung schon weitgehend entfaltet – die Doppelbesteuerungsabkommen, die für den Steuerpflichtigen unmittelbar Rechte und Pflichten begründen und deshalb an den Grundrechten zu messen sind. Das Bundesverfassungsgericht muß in naher Zukunft einen völkerrechtlichen Vertrag beurteilen, dessen Inhalt nach Vorbringen der Beschwerdeführer den Anforderungen des deutschen Arbeitsverfassungsrechts nicht genügt. Hier wird zu beurteilen sein, inwieweit deutsche Grundrechte, die nur einen Vertragspartner binden, im Gegeneinander zweier Vertragspartner vollständig verwirklicht werden können. Kann die Gegenseitigkeit völkerrechtlicher Verträge Inhalt oder Gestaltungskraft des – nur die eine Seite bindenden – Verfassungsrechts verändern?

Die fünfte Kategorie ist heute morgen eher beiläufig angeklungen: die völkerrechtlichen Verträge mit haushaltserheblicher Wirkung, die deshalb möglicherweise dem Budgetvorbehalt des Parlaments unterliegen. Auch wenn die Bundestagsdrucksachen zu diesen Verträgen oft vermerken: „Kosten: keine“, kann ich mir kaum einen Vertrag vorstellen, der kostenneutral ist. Wenn wir nun aber für diese Verträge wegen ihrer Haushaltserheblichkeit gemäß Art. 110 GG generell einen Parlamentsvorbehalt begründen würden, gewännen wir durch eine sehr dynamische Interpretation der Verfassung vielleicht andere Kompetenzlinien, als sie im Grundgesetz ursprünglich angelegt sind. In dieser Sichtweite bleibt es nicht bei einem möglichen Konflikt zwischen Völkerrechtsvertrag und Gesetzesrecht, den das Parlament bei der Entscheidung über die jeweils spätere Regel zu vermeiden hat. Vielmehr könnte sich wegen der Einschlägigkeit eines Verfassungsmaßstabes auch für die Verfassungsgerichtsbarkeit die Frage stellen, ob hier Völkerrecht am Maßstab des Haushaltsverfassungsrechts geprüft werden muß oder ob dieser verfassungsrechtliche Maßstab hier unerheblich oder nur sehr bedingt erheblich ist. Auch hier will ich nur Fragen stellen und keine Thesen formulieren.

Ihre Überlegungen zur dynamischen Vertragshandhabung, Herr *Wolfrum*, haben aktuelles Gewicht. Als der NATO-Vertrag sich in jüngster Vergangenheit – insbesondere durch die Petersberger Gespräche – ohne förmliche Vertragsänderung weiter entwickelt hatte, war die Verfassungsgerichtsbarkeit vor die Frage gestellt, ob das Verfassungsrecht in der organischen Entwicklung des Völkerrechts den Vertragspartnern bei der Handhabung des Vertrages eine gewisse Experimentierphase zubilligen solle, die möglicherweise eine behutsame faktische Neuhandhabung des Vertrages bedingt, oder ob das deutsche Verfassungsrecht den deutschen Vertragspartner zu einer Formalisierung des jeweiligen Wendepunktes zwingt. Sollte das Verfassungsrecht einen Fixpunkt definieren, bis zu dem hin Deutschland bei der gemeinsamen diplomatischen Vertragsfortbildung durch die Vertragsparteien mitschreiten darf, über den hinaus aber die auswärtige Gewalt strikten Gesetzen unterworfen ist, so dürften diese Grenzen jedenfalls erst bei einer Vertragsüberschreitung mit einer gewissen Offenkundigkeit angesiedelt sein.

Meine letzte Bemerkung gilt dem Verfassungsmaßstab der Somalia-Entscheidung. Diese Entscheidung stand nach dem tatsächlichen Problem und dem Vorbringen der Äußerungsberechtigten völlig unter der Perspektive der deutschen Wehrverfassung. Hätte das Bundesverfassungsgericht die damalige Porblematik allein am Maßstab der auswärtigen Gewalt, nicht der Verteidigungsgewalt beurteilt, so hätte man dem Gericht zu Recht vorgeworfen, das Thema verfehlt und das Gespräch mit den Beteiligten über ihren Vortrag verweigert zu haben. Heute – das ist die Souveränität des Referenten, vielleicht auch Folge der inzwischen gewonnenen vollen Souveränität Deutschlands – wird gesagt, die damaligen Fragen, die dem Gericht und vielen Mitgliedern unserer

Vereinigung als Thema der Wehrverfassung Kopfzerbrechen bereitet haben, beträfen vorwiegend oder ausschließlich die Handlungsmaßstäbe der auswärtigen Gewalt. Wir leben in einer faszinierenden, einer schnellebigen, volle verfassungsrechtliche Konzentration fordernden Zeit.

Tomuschat: Herr Vorsitzender, meine Damen und Herren. Vier Bemerkungen: Zunächst zum Begriff der Kontrolle, der schon zu einigen Kontroversen Anlaß gegeben hat. Herr *Meyer* hat ihm einige Bemerkungen gewidmet. Hier haben wir es mit einem schillernden Begriff zu tun. Er bedeutet einerseits, daß überprüft wird, was andere Organe entschieden und getan haben. Kontrolle kann aber auch bedeuten, daß man mitentscheidet, daß man mitgestaltet, das ist der Sinn des Wortes „Control" im Englischen. Dort wird Kontrolle in diesem umfassenden Sinne verstanden, und ich glaube, in den Referaten schwingt das hin und her. Bei Herrn *Hailbronner* habe ich mehr den Begriff der Kontrolle im ersten Sinne gefunden, bei Herrn *Wolfrum* war es mehr Mitgestaltung der auswärtigen Politik. Wir sollten uns dieses Doppelsinnes bewußt sein.

Meine zweite Bemerkung richtet sich an den Leitsatz 32 von Herrn *Hailbronner*, wo er die Grundrechte als Parameter der auswärtigen Politik beiseite zu schieben trachtet. Für ihn gibt es nur eine territoriale und eine personale Anknüpfung. Meines Erachtens steht dieses im Gegensatz zu Art. 1 Abs. 3 des Grundgesetzes, der ja die Staatsgewalt in allen ihren Handlungsbereichen an die Grundrechte bindet und demzufolge auch im Gebiet der auswärtigen Politik. Es ist selbstverständlich, daß eine Grundrechtsbindung für die auswärtige Politik, die auf Drittländer oder – „Zweitländer" – gerichtet ist, etwas anderes bedeutet als Grundrechtsverwirklichung innerhalb der Bundesrepublik Deutschland. Es gibt objektive Hindernisse, es gibt insbesondere die Souveränität der fremden Staaten, die zu achten ist. Man kann nicht mit dem Kopf durch die Wand gehen, und Beschlüsse des Bundestages, die z. B. einen mächtigen anderen Staat wegen Menschenrechtsverletzungen kritisieren, mögen zur Realisierung der Menschenrechte in diesem Staat nicht viel beitragen. Dennoch meine ich, daß die Grundrechte zumindest als Zielrichtung der auswärtigen Politik beachtet werden müssen. Herr *Frowein* hatte schon gesagt, wir können keine Politik betreiben, die etwa die Apartheid stützt, oder um ein neueres Beispiel zu gebrauchen, wir könnten auch kein Regime aktiv stützen, das eine Diskriminierung der Frauen betreibt, etwa mit einer islamischen Politik, die den Frauen lediglich einen Platz im Heim und am Herde beläßt und sie aus dem öffentlichen Leben verbannt. Eine unmittelbare Unterstützung einer solchen Politik wäre meines Erachtens eine Politik, die mit dem Grundgesetz nicht im Einklang stünde. Es ist selbstverständlich, daß es hier einen weiten Ermessensspielraum der auswärtigen Politik gibt. Aber ich glaube, prinzipiell muß man daran festhalten, daß es die Bindung gibt, und das bedeutet auch keine Anmaßung, da ja das Wertsystem des Grundgesetzes voll im Einklang steht mit dem Wertsystem, wie es sich heute auf der internationalen Ebene entwickelt hat, insbesondere in Gestalt der Europäischen Menschenrechtskonvention und der beiden internationalen Pakte der Vereinten Nationen von 1966.

Lassen Sie mich dann zu dem Referat von Herrn *Wolfrum* übergehen. In seinem Leitsatz 11 spricht er das Problem an, das soeben von Herrn *Kirchhof* auch angesprochen worden ist. Es ist die Frage, was eigentlich zu geschehen hat, wenn eine internationale Organisation sich dynamisch fortentwickelt, ob dann irgendwann bei einem qualitativen Sprung nach vorne das Parlament erneut um einen Formalbeschluß gebeten werden muß. Ich halte es für eine Illusion zu glauben, man könne eine solche Entwicklung mit formalen Handlungsmitteln erfassen. Denken Sie etwa an das System der Vereinten Nationen, wo der Sicherheitsrat seit kurzem die Begriffe Weltfrieden und internationale Sicherheit in einem sehr expansiven Sinne versteht. Soll man nun erneut dem Bundestag und dem Bundesrat die Charta der Vereinten Nationen vorlegen? Welchen Sinne hätte das auch? Das Parlament könnte ja auch gar nicht nein sagen, denn völkerrechtlich sind wir gebunden. Ich meine, daß man deswegen für andere Abhilfe sorgen muß. Es müssen Kommunikationskanäle geschaffen werden. Es bedarf einer Informationspolitik der Bundesregierung, die das Parlament auf dem laufenden hält, so daß das Parlament rechtzeitig seine Vorstellungen artikulieren kann, die man dann einbringen kann in das internationale System. Man lebt nun einmal mit diesem System. Man ist mit ihm verhaftet, man kann gar nicht aussteigen, so daß es eigentlich darauf ankommt, dort selbst entsprechende Mechanismen der Mitwirkung zu schaffen, damit es nicht zu Entwicklungen kommt, die dann möglicherweise gar nicht mehr mitvollzogen werden können von uns.

Meine letzte Bemerkung bezieht auf die Frage der einseitigen Akte, wo Herr *Wolfrum* weitgehend eine parlamentarische Zustimmung fordern will, wenn ich seine Leitsätze 4 und 16 richtig verstehe. Diese Forderung ist natürlich nach dem Urteil des Bundesverfassungsgerichts populär, dem Urteil vom 12.7.1994. Der konstitutive Parlamentsbeschluß hat dem Parlament einen gewaltigen Schub nach vorne gebracht, es ist plötzlich als Akteur sehr viel deutlicher auf der Bühne der auswärtigen Gewalt, als Herr *Steinberger* das noch für richtig hielt: Der Beschluß im 68. Bande reduziert die Mitwirkung des Parlaments ja im wesentlichen auf die Fälle des Art. 59 Abs. 2 GG. Ich möchte hier zur Vorsicht mahnen, denn die Fülle der einseitigen Akte und Handlungen ist kaum zu übersehen. Es gibt eine ungeheure Spielbreite von einseitigen Handlungen, aus denen sich rechtliche Bindungen ergeben können. Wenn man hier in jedem Falle eine vorherige parlamentarische Absicherung verlangen würde, wäre die Regierung möglicherweise in vielen Situationen, die schnelles Handeln erfordern, gelähmt, und ich denke nicht, daß sich der Raum mit Zuverlässigkeit abstecken läßt, in dem dann nach dieser neuen Lehre ein Parlamentsvorbehalt bestünde.

Paul Kirchhof: Beim Bundesverfassungsgericht ist der konstitutive Parlamentsvorbehalt Thema der Wehrverfassung, nicht der auswärtigen Gewalt. Dieser Unterschied ist die Pointe von Herrn *Wolfrum*, die ich im Bewußtsein zu halten bitte.

Schilling: Herr Vorsitzender, meine Damen und Herren. Ich möchte nur eine ganz kurze Bemerkung machen, die fast überflüssig geworden ist nach allem, was die Vorredner schon gesagt haben. Mir ist bei der Betonung des Gestaltungsspielraums und des Ermessens der auswärtigen Gewalt, insbesondere im Zusammenhang der EG, der Grundsatz etwas zu kurz gekommen, der Grundsatz, daß die Bundesregierung an der Schaffung von Rechtsakten des EG-Rates zwar als auswärtige Gewalt mitwirken mag, daß aber die Wirkungen eminent innenpolitisch sind, jedenfalls bei bindenden Rechtsakten, also bei Verordnungen und Richtlinien. Daraus kann eigentlich nur folgen, daß die Bundesregierung bei solchen Mitwirkungsakten an das Grundgesetz, insbesondere an die Grundrechte gebunden ist. Dem sollte man nicht entgegenhalten, daß die EG, der Rat, lahmgelegt würden, wenn alle Mitgliedstaaten eine solche Auffassung verträten. Eine solche Lahmlegung wird zwar öfters behauptet, kann aber eigentlich nur eintreten, wenn die Verfassungen der Mitgliedstaaten antagonistisch wären, und das dürfte höchstens ganz ausnahmsweise der Fall sein. Das ganze ist auch keine Frage des Vorrangs des Gemeinschaftsrechts. Zum einen geht es um den Erlaß von Gemeinschaftsrecht, wo also noch kein Vorrang besteht, zum anderen bleiben die Grundrechte für die Bundesregierung natürlich selbst dann bindend, wenn entgegenstehendes Gemeinschaftsrecht besteht. Dann wird es zu einer Pflicht der Bundesregierung führen müssen, im Rahmen des ihr Möglichen für eine Abänderung des Gemeinschaftsrechts einzutreten. Ähnliche Gedanken gelten im übrigen auch – das hat nichts mit dem heutigen Thema zu tun – für landesverfassungsrechtliche Vorschriften, die von Bundesrecht überlagert sind, aus denen sich eine Pflicht der Landesregierung wird ableiten lassen, im Rahmen des Möglichen für eine Änderung des Bundesrechts zu sorgen.

Pernice: Herr Vorsitzender, meine Damen und Herren. Einiges von dem was ich sagen wollte, haben mir berufenere Personen schon vorweg genommen. Ich möchte nur einige Überspitzungen hinzufügen. Zunächst zustimmend: Ich glaube beide Referenten haben gesagt, daß Innen- und Außenpolitik nicht mehr trennbar seien. In meinen Augen ist das sehr wichtig. Herr *Meyer* hat darauf hingewiesen, auch institutionell sind sie nicht trennbar. Für mich bedeutet das, daß das Innen- und Außenschema eigentlich überholt ist und damit auch der Begriff der auswärtigen Gewalt. Öffentliche Gewalt wird nach innen für die Bürger ausgeübt; Herr *Schilling* sagte, im europäischen Bereich mit Wirkung für den nationalen Bürger. Es ist kein Grund sichtbar, warum man grundsätzliche Unterschiede sehen sollte zwischen Ausübung innerer und auswärtiger Gewalt. Im Gegenteil, ich meine, daß die Kontrolle bzw. die Mitwirkung des Parlaments gerade im Bereich der auswärtigen Politik wegen der Rückwirkungen auf den Bürger besondere Bedeutung hat. Deshalb meine Frage: Wie ist es zu begründen, daß die Grundrechte – die ja innerstaatlich nicht nur Grenzen der öffentlichen Gewalt darstellen, sondern als Wertordnung auch Leitlinien staatlichen Handels – insofern keinen Entwurf für die auswärtige Gewalt oder die Gestaltung internationaler Beziehungen darstellen sollen? Herr *Hailbronner*, das würde ich Sie gerne fragen. Dabei möchte ich gleich auch wieder Ihrer These und der These von Herrn *Wolfrum* zustimmen, daß nämlich die Globalisierung der Märkte und die Internationalisierung der Probleme – Stichwort Umwelt, Drogen, Terrorismus usw. – notwendig dazu führen, im auswärtigen Bereich aktiv zu werden, d. h. eigene Probleme, Staatsaufgaben kooperativ international zu lösen. Daher meine ich, gerade, wo es um Umweltschutz – Art. 20 a ist jetzt die neue Staatszielbestimmung –, Drogenbekämpfung, Terrorismusbekämpfung und um Herstellung einer internationalen Wirtschaftsordnung, einer gerechten und sozialen Wirtschaftsordnung, geht, haben auch die Grundrechte als wertbestimmende Faktoren, als Richtlinien sowie Motivation der staatlichen Tätigkeit besondere Bedeutung. Ein erstes Beispiel war bereits die Gründung der EG, zur Erweiterung der Grundrechtsausübung, zur Effektivierung der Ziele sozialen Schutzes, sozialen Wohlstands vor allem aber des Friedens. Europäische Einheit und Frieden sind in den Staatszielbestimmungen in der Präambel des Grundgesetzes ausdrücklich aufgeführt. Umweltrechtliche Konventionen zum Schutz der Ozonschicht, zum Klimaschutz etc., dienen sie nicht der Umsetzung auch von grundrechtlichen Schutzpflichten, jetzt neuerdings auch der Umsetzung dessen, was in Art. 20a als Umweltschutz-Staatszielbestimmung eingeführt worden ist? Ich denke ja. Und auch der diplomatische Schutz ist meines Erachtens nicht ein Recht, was sich aus der Staatsangehörigkeit ableitet, sondern primär aus den Grundrechten, nämlich aus Schutzpflichten aufgrund von Grundrechten und ihres objektiven Gehalts. Die Staatsangehörigkeit ist dabei nur Kriterium für den persönlichen Schutzbereich. Und man denke daran, daß jetzt mit der europäischen Unionsbürgerschaft gerade auch im Bereich des diplomatischen Schutzes der persönliche Schutzbereich erweitert worden ist. Alle Unionsbürger haben, soweit es entsprechende Vereinbarungen mit Drittstaaten gibt, auch das Recht auf diplomatischen Schutz auch durch die anderen Mitgliedstaaten – und dies ist ein weiteres Beispiel der Erweiterung grundrechtlicher Schutzansprüche durch die europäische Ebene. Die Bürger erwarten, daß die öffentliche Gewalt – im Mehrebenenmodell öffentlicher Aufgabenwahrnehmung und Kompetenz – die Staatsaufgaben grundrechtskonform erfüllt. Und zwar auf derjenigen Ebene jeweils, wo es angemessen ist, wo wirksames Handeln möglich ist. Darin liegt meines Erachtens auch die Rechtfertigung der Übertragung von Hoheitsgewalt auf supranationale Organisationen aber auch der internationalen Zusammenarbeit im Rahmen von Umweltregimes oder internationalen Organisationen. Jetzt stellt sich dabei die Frage der Kontrolle. Konsequenz der Aufgabe des Innen- und Außenschemas wäre, daß es auch in bezug auf die gerichtliche Kontrolle überhaupt keinen Unterschied zwischen innerstaatlichem Handeln und auswärtiger Gewalt geben dürfte. Und das meine ich, ist auch der Fall. Soweit Grundrechte oder andere Rechtssätze der Verfassung in Frage gestellt sind, muß das Bundesverfassungsgericht prüfen. Ob die Prüfung nun innere oder auswärtige Gewalt betrifft, spielt überhaupt keine Rolle. Was das Parlament und seine Mitwirkung angeht, sieht die Sache vielleicht ein klein wenig anders aus, weil speziell im Bereich, wo konventionales also nicht autonomes Handeln im auswärtigen Bereich notwendig ist, also verhandelt werden muß, natürlich die Handlungsfähigkeit der Regierung gewahrt bleiben muß. Wenn das Parlament in jedem Moment zu jeder Frage erstmal einen Beschluß fassen müßte, bräuchten wir auf der internationalen Bühne gar nicht erst zu erscheinen. Aber trotzdem, auch hier gilt dasselbe, was Herr *Meyer* bereits angesprochen hat: Natürlich liegt die Verantwortung beim Parlament, und die Regierung verhandelt gemäß den Leitlinien, welche das Parlament der Regierung jederzeit an die Hand geben könnte (die parlamentarische Kontrolle könnte indessen gestärkt werden, wenn die Regierung einem Verfahren von Verhandlungsmandat und Richtlinien des Parlaments entsprechend der für Kommission und Rat in Art. 228 I

EGV getroffenen Regelung unterworfen würde). Wo Hoheitsgewalt, also Verantwortung, übertragen ist auf eine supranationale Organisation, wie etwa die Europäische Union oder Gemeinschaft, bedarf es aber einer zusätzlichen parlamentarischen Kontrolle und Legitimation – insofern gebe ich dem Beschluß des Bundesverfassungsgerichts im Maastricht-Fall gerne recht – neben der mittelbaren Legitimation über die gewählten Regierungen und eine eigenständige, durch ein direkt gewähltes Parlament auszuübende parlamentarische Kontrolle muß dann auf der europäischen Ebene hinzukommen.

Herdegen: Meine erste Bemerkung gilt der Frage, wie weit der Gestaltungsspielraum der auswärtigen Gewalt ein Absenken verfassungsrechtlicher Standards abdeckt, insbesondere inwiefern Rechtsakte im Rahmen der auswärtigen Gewalt einen Verlust an grundrechtlicher Substanz decken. Wir haben es ja hier häufig mit gestreckten Kausalketten zu tun. Ein Glied in dieser Kausalkette ist die deutsche Mitwirkung an einem solchen Rechtsakt.

Ich meine, vielleicht sollte man noch stärker als bisher die einzelnen partiarischen Kompetenzverhältnisse zu typisieren versuchen. Sie reichen hin bis zu gesamthänderischen Entscheidungsprozessen wie etwa im Rahmen der ersten Säule der Europäischen Union. Zu einer anderen Typik gehört etwa der Fall, den das Bundesverfassungsgericht bei der Zweitregisterentscheidung zu beurteilen hatte, also der Fall, in dem die Betroffenen hinausgestoßen werden in einen Raum, der dem Zugriff mehrerer Rechtsordnungen ausgesetzt ist, ohne daß wir eigentlich von der partiarischen oder gesamthänderischen Entscheidung sprechen können. Auch sonst ist das vorliegende Fallmaterial reich: Embargomaßnahmen, Quotenregelungen im Medienbereich oder die Festlegung von Umrechnungskursen, die am Ende zu einer Minderung des Tauschwerts von DM-Guthaben führen. All das ist ja auch grundrechtlich nicht ohne Relevanz. Die deutsche Staatsrechtslehre hält hier die Formel von der Abwägung bereit – die nach gegenwärtigem Stand noch etwas bläßlich ausgeprägt ist. Meine Frage – insbesondere an Herrn *Hailbronner* – ist, ob man vielleicht die folgenden Erwägungen zu einer Verdichtung des hier angesprochenen Abwägungsmodells anstellen könnte.

Erst einmal die Frage: „Was sind relevante Abwägungsbelange?“ Sind das nur Grundrechte und sonstige Belange von Verfassungsrang oder sind es – wie ich meine – auch sonstige wirtschaftspolitische Belange.

Die zweite Alternative hätte zur Folge, daß man im Rahmen einer Gesamtabwägung etwa Meinungsfreiheit gegen die Belange der deutschen Automobilindustrie abwägen könnte, wenn sich die Frage im

Rahmen einer Paketlösung stellt. Auch hier weist die Zweitregisterentscheidung in die richtige Richtung: Absenkung der grundrechtlichen Standards, um ein grundrechtliches Substrat vor der Abwanderung ins Ausland zu bewahren. Zweitens meine ich, daß nicht entscheidend ist, ob wir es mit unmittelbar anwendbaren Rechtsakten zu tun haben oder nicht, sondern daß vielmehr entscheidend ist, ob wir einen Rechtsakt haben, an dem die Bundesrepublik mitwirkt, der nach innen keinen Gestaltungsspielraum mehr läßt; es sei denn um den Bruch einer völkerrechtlichen Verpflichtung. Ich gebe aber zu, daß das nicht die Sichtweise ist, die der Rechtsprechung des Verfassungsgerichts, etwa der Entscheidung zur Tabaketikettierungsrichtlinie, zugrundeliegt. Dort war entscheidender Gedanke, daß wir abwarten können, bis der deutsche Umsetzungsakt kommt.

Drittens scheint mir entscheidend zu sein – und Herr *Wolfrum* hat das in einem anderen Zusammenhang angedeutet –, wie das Verfahren ausgestaltet ist, wie stark das Maß der deutschen Teilhabe, der deutschen Ingerenz ist. Am stärksten natürlich dann, wenn wir ein Entscheidungsverfahren haben, das nur mit Einstimmigkeit zu einem Rechtsakt führen kann. Man wird vielleicht hier darüber nachdenken können, ob wir hier zu einer Annäherung an den vollen Bindungsstandard kommen müssen. Mit einem kleinen Vorbehalt, den Sie, Herr *Hailbronner*, in Ihrer Annäherungsformel angesprochen haben, die ich ein bißchen weiter ausdehnen würde. Nicht nur die weitgehende Heilung vorgefundener Verfassungswidrigkeiten, sondern auch die teilweise Abwendung des Risikos einer künftigen Verfassungswidrigkeit gestattet ein Abrücken vom vollen Grundrechtsstandard des deutschen Rechts. Schließlich die Besonderheiten im Rahmen der Europäischen Union: Ich meine, Art. 23 Abs. 1 GG ist nicht nur eine Deskription der Strukturen der Europäischen Union, sondern sie ist auch Handlungsanweisung für die Mitwirkung im Rat der Europäischen Union. Es muß danach ein Standard eingehalten werden, der *grosso modo* dem entspricht, was unser Grundgesetz im Grundrechtsteil vorgibt, aber auch nicht mehr. Insoweit würde ich mich hier von einem meiner Vorredner deutlich unterscheiden.

Herr *Wolfrum*, Sie haben sehr stark die parlamentarische Mitwirkung einmal ganz allgemein im vertragsrechtlichen Bereich und dann insbesondere im Rahmen der Entwicklung der Europäischen Union gefordert. Meine Frage ist zunächst: Würden Sie sagen, das Parlament muß bei allen Formen des Ausstiegs aus der vertraglichen Bindung mitwirken, bei der Suspendierung, bei der Kündigung als Reaktion auf den Vertragsbruch oder Wegfall der Geschäftsgrundlage? Würden Sie das alles hineinpacken unter Ihrer Forderung der gebotenen parlamentarischen Mitwirkung? Wenn ja, scheint mir das eine radikale, aber konsequente Entwicklung zu sein. Sie haben dann den Art. 23 Abs. 3 GG im Hinblick auf die Mitwirkung des Parlaments an Rechtsakten im Rahmen der Europäischen Union mit einem Inhalt aufgeladen, der sich mir nicht aus einer unbefangenen Exegese des Textes zu erschließen scheint. Sie haben, wenn ich Sie richtig verstanden habe, die Berücksichtigung der Position des Bundestages im Ergebnis mit dem gleichgesetzt, was der übernächste Absatz (beim Bunderat) als „maßgebliche Berücksichtigung" bezeichnet. Sie haben offengelassen, wie es aussieht, wenn wir konfligierende Stellungnahmen von Bundestag und Bundesrat hätten. Weder der verfassungsändernde Gesetzgeber noch der einfache Gesetzgeber haben beim Erlaß des Ausführungsgesetzes über diese Frage nachgedacht. Das legt es doch nahe, das Wort „Berücksichtigung" so zu verstehen, wie man es bei der einfachen Wortinterpretation verstehen würde. Ich meine jedenfalls, daß insoweit die Entschließung des Bundestags und auch des Bundesrates vom Dezember 1992 von Erwartungen bestimmt worden ist, die eines Tages die Regierungspraxis einlösen mag, aber nicht dem staatsrechtlichen Standard für die Mitwirkung des deutschen Parlaments entspricht.

Hailbronner: Ich werde versuchen, eine Zwischenbilanz zu ziehen. Ich werde dabei nicht der Reihenfolge nach vorgehen, sondern meine Bemerkungen bündeln. Einer der Hauptpunkte, die öfters angesprochen sind, war die These 32 – also die Frage der Grundrechte.

Zu Herrn *Tomuschat*: Im Prinzip ist der Hinweis auf Art. 1 Abs. 3 GG richtig. Allerdings glaube ich, daß Art. 1 Abs. 3 GG die Frage nicht beantwortet, sondern sie nur verschiebt. Die Bindung der Grundrechte ist allgemein garantiert. Alle Staatsgewalt ist an die Grundrechte gebunden. Aber was die Grundrechte in ihrer Substanz beinhalten, das beantwortet Art. 1 Abs. 3 GG nicht. Ich glaube, hier befinde ich mich auch in guter Gesellschaft. Herr *Böckenförde* hat einmal in einem Aufsatz über die Grundrechte als objektive Normen gesagt, daß Art. 1 Abs. 3 GG keine Antwort auf die Frage gibt, ob den Grundrechten über ihren individualrechtlichen Gehalt hinaus eine objektivrechtliche Bedeutung als verbindliche Leitlinie allen staatlichen Handels zukommt. Man muß daher unabhängig von Art. 1 Abs. 3 GG die Frage nach der Reichweite der einzelnen Grundrechte für die auswärtige Gewalt beantworten – vielleicht auch differenziert zwischen den einzelnen Grundrechten. Und da meine ich doch, daß die Grundrechte als solche keine allgemeine Bindungswirkung weder im Sinne einer „Wertordnung" noch als verbindliche Zielrichtung für die Gestaltung dessen, was sich im internationalen Bereich abspielt, entfalten. Viele von den Beispielen, die gebracht worden sind – Herr *Frowein* und andere haben z. B. die Antiapartheidgesetzgebung erwähnt – lösen sich dadurch, daß wir auf der völkerrechtlichen Ebene u. a. an die allgemeinen Regeln des Völkerrechts gebunden sind. Das Völkerrecht halte ich für den sachnäheren Maßstab. Hier haben wir diejenigen Kriterien, die das BVerfG auf die auswärtige Gewalt anwenden kann. Damit beantwortet sich z. B. meiner Meinung nach auch die Frage eines Verstoßes gegen die Antiapartheidregeln oder die Regeln über Rassendiskriminierung im Völkerrecht.

Zu Herrn *Schilling*: Ich glaube, daß Art. 23 GG etwas völlig anderes ist und daß er meine These eher stützt. Art. 23 GG beinhaltet nämlich keine volle Grundrechtsbindung, sondern er gibt für einen besonderen Fall, nämlich die europäische Integration, die verfassungsrechtlichen Maßstäbe vor. Erforderlich ist u. a. ein im wesentlichen gleichartiger Grundrechtsstandard. Das ist nicht identisch mit einer umfassenden Bindung aller auswärtigen Gewalt an die Grundrechte als verbindliche Ordnung. Wir bräuchten Art. 23 GG gar nicht, wenn wir eine derartige umfassende Bindung bereits kraft Art. 1 Abs. 3 GG hätten. Für den speziellen Bereich der Übertragung deutscher Hoheitsgewalt auf die Europäische Union hat somit der Gesetzgeber eine eindeutige Entscheidung getroffen dahin, daß ein im wesentlichen gleichartiger Grundrechtsstandard gegeben sein muß. Daß das BVerfG insoweit Art. 23 GG als Kontrollmaßstab für die Ausübung auswärtiger Gewalt anzuwenden hat, steht außer Frage.

Zu Herrn *Pernice* und zum Begriff der auswärtigen Gewalt: Es ist ohne Zweifel richtig, daß wir die klassischen Unterscheidungen nicht mehr machen können. Vielleicht hätte man noch im 19. Jahrhundert oder auch Anfang des 20. Jahrhunderts sagen können, Außenpolitik und auswärtige Gewalt sind im wesentlichen Krieg und Diplomatie und noch einige weitere Angelegenheiten, die Handel und Freundschaftsverträge betreffen. Heute kann man das nicht mehr sagen. Die Verflechtung und Einbeziehung der auswärtigen Angelegenheiten in die Innenpolitik ist offenkundig. Nur – es erscheint mir nicht richtig, den Schluß daraus zu ziehen, daß das, was wir für die auswärtige Gewalt als Besonderheiten entwickelt haben, nun völlig obsolet geworden sei und daß die für die Innenpolitik geltenden verfassungsrechtlichen und sonstigen Maßstäbe nunmehr auch für die Außenpolitik gelten. Der umgekehrte Schluß ist richtig. Es sind die Besonderheiten der internationalen Rücksichtnahme, des Sich-Abstimmen-Müssens mit anderen Akteuren auf der internationalen Ebene, auch im innenpolitischen Bereich stärker zu beachten. Deshalb möchte ich eher den Schluß ziehen, daß wir den Begriff der auswärtigen Gewalt – wenn Sie so wollen – „ausdehnen" und hier die Kriterien und Besonderheiten berücksichtigen, die für die klassische auswärtige Gewalt gegolten haben.

Zu Herrn *Herdegen*: Ich bin durchaus mit Ihnen einig darin, daß in den Bereichen, in denen wir eine territoriale oder personale Anknüpfung haben, die Grundrechte nicht außer acht gelassen werden dürfen; es gibt hierzu – was bisher vielleicht auch in der Rechtsprechung nicht hinreichend exakt entwickelt worden ist – ein Raster verschiedener Maßstäbe. Die reine Abwägungstheorie führt jedoch sehr stark in eine Beliebigkeit. Wenn man also nur sagt, „irgendwie müssen die Grundrechte mit anderen Interessen der Bundesrepublik Deutschland auf der internationalen Ebene abgewogen werden", so führt das letztlich zur reinen Dezision des BVerfG. Dies ist der Grund für ein gewisses Unbehagen an einer verfassungsgerichtlichen Kontrolle der auswärtigen Gewalt; ich gebe allerdings gerne zu, daß es hierfür keine Patentrezepte gibt. Ich hatte versucht, einige Überlegungen über Vertretbarkeit und ähnliches – orientiert an der Rechtsprechung des BVerfG – zu entwikkeln. Freilich sind wir in der Tat, so meine ich, erst am Anfang des Nachdenkens darüber, wie außenpolitische Interessen eigentlich bewertet und festgestellt werden sollen.

In diesem Zusammenhang kommt man unvermeidlich zu den von Herrn *Wolfrum* angesprochenen institutionellen Fragen. Die Frage der materiellen Maßstäbe ist daher letztlich von der Frage der parlamentarischen Kontrolle und der Abgrenzung von Parlament und Regierung nicht völlig zu trennen. Ich hatte zwar die institutionellen Fragen weitgehend ausgeklammert, aber doch gelegentlich implizit darauf hingewiesen. Wichtig scheint mir die Frage – Herr *Stern* hat das gleich am Anfang gesagt –, was bleibt von der auswärtigen Gewalt eigentlich, wenn man generell eine Tendenz weitgehender Parlamentarisierung verfolgt. Das ist auch bei Herrn *Roellecke* und bei Herrn *Badura* – in gleicher Weise als Einwand gegenüber der Rechtsprechung des BVerfG zum konstitutivem Parlamentsbeschluß erwähnt worden. Meine Aussage – auf die mich Herr *Frowein* angesprochen hat –, was eigentlich mit der Feststellung gemeint sei, daß das Parlament von wesentlichen politischen Entscheidungen ausgeschlossen bleibe, bezieht sich darauf, daß ich einen allgemeinen Wandel auch der völkerrechtlichen Handlungsformen feststelle. Es wird ausgewichen auf neuartige völkerrechtliche Handlungsformen. Vom völkerrechtlichen Vertrag wird in vielen Fällen nicht mehr Gebrauch gemacht. Es werden vorläufige Absprachen getroffen, z. B. zur vorläufigen Inkraftsetzung von völkerrechtlichen Verträgen ohne Ratifikation und ohne Beteiligung der nationalen Parlamente. Hier scheint mir in der Tat ein Bedarf dafür gegeben zu sein, über neuartige Beteiligungsformen des Parlaments analog Art. 23 GG verstärkt nachzudenken. Die Lücke, die sich auftut als Folge eines Wandels der völkerrechtlichen Handlungsformen, könnte, wenn nicht geschlossen, so doch verringert werden, indem man *de lege ferenda* das Parlament entsprechend Art. 23 GG stärker beteiligt, als das bisher der Fall war. Allerdings – ich habe doch erhebliche Zweifel daran, ob *de lege lata* die Konstruktion eines bindenden Parlamentsbeschlusses – wie er im Somalia-Beschluß vom BVerfG kreiert worden ist – eine ausreichende Grundlage in der Verfassung hat. Ich habe auch erhebliche Zweifel daran, ob man Art. 59 Abs. 2 Satz 1 GG wirklich ausdehnen sollte. Wenn ich mir anschaue, wie schwierig es heute schon ist, völkerrechtliche Verträge abzuschließen und vor allem in Kraft zu setzen, werden diese Bedenken verstärkt. Häufig dauert es Jahre und Jahrzehnte, bis ein Vertrag in Kraft tritt. Wenn man bei dieser Ausgangslage die Pflicht zur vorherigen Genehmigung der Parlamente erweitert oder gar einen Gesetzesvorbehalt auf alle Formen völkerrechtlicher „Absprachen" postuliert, kann ich mir nicht mehr vorstellen, wie die Bundesrepublik Deutschland sich effektiv an internationalen Rechtsetzungsverfahren beteiligen könnte. Dennoch – ich glaube, es ist richtig, was Herr *Badura* und Herr *Roellecke* gesagt haben, und was auch in den Äußerungen von Herrn *Stern* zum Ausdruck gekommen ist, daß eine gewisse Verschiebung im Gefüge der verfassungsrechtlichen Institutionen unverkennbar ist. Auch wenn diese Verschiebung prinzipiell eine Verstärkung parlamentarischer Mitwirkungsformen gebietet, sollte doch eine klare Trennung insofern erhalten bleiben, als die Bundesregierung aktiver außenpolitischer Akteur bleiben muß. Sie hat die konkreten Entscheidungen zu treffen. Es gibt daher auch – insofern kann ich der Formulierung von *Friesenhahn* nicht zustimmen – keine gleichberechtigte Mitwirkung von Parlament und Regierung an der auswärtigen Gewalt. Wie sollte man sich das auch in der Praxis vorstellen, wenn man sich die heutige Praxis internationaler Verhandlungen und internationaler Diplomatie vergegenwärtigt? Ich meine daher, daß die Bundesregierung immer noch als entscheidender außenpolitischer Akteur im verfassungsrechtlichen Sinne anzusehen ist.

Noch ein Wort zu Herrn *Häberle*: Auch ich sehe einen Wandel der Aufgaben des Staates, einschließlich der humanitären Verpflichtungen im grenzüberschreitenden Bereich. Ich möchte die Schweizer Kantonalverfassung, die Sie erwähnt haben, keinesfalls schlecht machen. Vielleicht ist aber auch manches, was in den Kantonsverfassungen steht, gelegentlich eher eine Huldigung an den Zeitgeist, als der Ausdruck eines echten Bedürfnisses – aber darüber kann man sicherlich unterschiedlicher Meinung sein. Der Weltgeist hat vielleicht Appenzell-Außerrhoden gestreift; ob es ein beständiger Weltgeist ist, wird man vielleicht der Zukunft überlassen müssen.

Herr *Frowein* hat einige konkrete Punkte angesprochen. Apartheid habe ich bereits erwähnt. Sie hatten mich ferner auf die völkerrechtliche Ausgangslage angesprochen. Meiner Auffassung nach geht der Beurteilungsspielraum nicht soweit, daß er eine erkennbare falsche völkerrechtliche Ausgangslage außenpolitischer Entscheidungen umfassen kann. Es muß eine gewisse Kontrolle darüber geben, ob die Bundesregierung die relevante rechtliche Ausgangslage zutreffend beurteilt hat. Ich gebe aber gerne zu, daß es zweifelhafte Situationen im Völkerrecht gibt, bei denen sich mit guten Gründen vertreten läßt, die Lösung solcher Lagen müsse der auswärtigen Gewalt obliegen. Jedoch ist die Grenze überschritten, wenn, wie z. B. im Fall diplomatischer Schutzausübung, aufgrund einer falschen völkerrechtlichen Analyse ein bestehender außenpolitischer Handlungsspielraum überhaupt nicht ausgeübt wird. Insoweit muß das BVerfG auch die Bundesregierung kontrollieren können. Aber es gibt – wie Sie richtig sagen – völkerrechtlich zweifelhafte Ausgangslagen, völkerrechtlich umstrittene Sachverhalte, bei denen die außenpolitische Beurteilungsprärogative der Bundesregierung, in die das BVerfG nicht eingreifen kann, zum Tragen kommt. Wenn – und das ist tatsächlich für das Völkerrecht in manchen Bereichen typisch – auch gewisse völkerrechtliche Kontroversen nur durch Erklärungen der Staaten beigelegt werden können, handelt es sich um die Ausübung eines originär außenpolitischen Ermessensspielraums. Die Bundesregierung muß insoweit außenpolitisch handlungsfähig bleiben und nach politischen Gesichtspunkten entscheiden können.

Zuletzt noch zu Herrn *Kirchhof*: Ich stimme Ihnen völlig darin zu, wenn Sie sagen, man darf bei der Frage auswärtiger Gewalt und Kontrolle die allgemeinen internationalrechtlichen Lagen und Art. 23 GG nicht vermengen. Wir – und diese rechtliche Ausgangslage besteht nicht in jedem europäischen Staat – haben ganz spezifische Regelungen für die Übertragung von Hoheitsgewalt an die Europäische Union. Art. 23 GG ist der alleinige Maßstab und dieser Maßstab muß selbstverständlich auch vom BVerfG angewandt werden. Im wesentlichen enthält Art. 23 Abs. 1 GG relativ klare Vorgaben, wenn auch bei der Frage der Mitwirkung des Parlaments durchaus offene Fragen bestehen. Das gilt z. B. für die Mitwirkung an Rechtsetzungsakten der Europäischen Union. Ganz eindeutig ist die Praxis nicht. Sie geht offenbar über das hinaus, was man an sich aus dem Wortlaut des Art. 23 Abs. 3 GG schließen könnte, nämlich eine Beschränkung der Mitwirkung auf echte Rechtsetzungsakte. Die Praxis geht wohl davon aus, daß auch unverbindliche Beschlüsse unter Art. 23 Abs. 3 GG fallen, wie mir scheint, im Ergebnis zu Recht. Sie haben unterschiedliche völkerrechtliche Kategorien im wesentlichen zu der Frage der parlamentarischen Kontrolle herausgearbeitet. Diese Kategorien lassen sich aber meines Erachtens auch durchaus für die verfassungsgerichtliche Kontrolle fruchtbar machen – möglicherweise mit gewissen Modifikationen. Auch für die verfassungsgerichtliche Kontrolle scheint mir z. B. die Berücksichtigung der spezifischen politischen Lage einzelner Kategorien von Verträgen, deren Nähe zu außenpolitischen Gegebenheiten ganz wesentlich zu sein. Insofern, meine ich, läßt sich der flexible Maßstab, den das BVerfG gewählt hat – ich kann mir auch keinen wesentlich anderen vorstellen – ein sehr tauglicher Beurteilungsmaßstab für unterschiedliche Kategorien von Völkerrechtsverträgen zu sein.

Wolfrum: Ich möchte ebenso wie Herr *Hailbronner* einzelne Themenkomplexe ansprechen und werde damit auf einzelne Interventionen mehrfach eingehen. Da ich mich auf zehn Minuten zu beschränken habe, werde ich einige Punkte für die Schlußbetrachtung zurückstellen.

Lassen Sie mich einen Punkt vor die Klammer ziehen. Thematisiert wurde die Frage nach dem Verhältnis von Mitwirkung und Kontrolle. Herr *Roellecke*, Herr *Badura*, Herr *Frowein*, Herr *Meyer* und Herr *Tomuschat* haben diesen Gesichtspunkt angesprochen. Sie haben auch zu Recht darauf hingewiesen, daß das Wort „Kontrolle" in bezug auf mein Referat anders zu bewerten ist als für das von Herrn *Hailbronner* vorgestellte Thema. Dies liegt auf der Hand. Herrn *Frowein* hat in diesem Zusammenhang auf das Referat von Herrn *Friesenhahn* verwiesen, wonach die hier angesprochene Kontrolle eine Kontrolle durch Mitwirkung ist. Nach meiner Vorstellung ist Mitwirkung ein begleitender und gleichzeitig gestaltender Prozeß, der parallel zu einer Willensbildung der Regierung verläuft. Demgegenüber vermag ich nicht der Ansicht zuzustimmen, wonach das Parlament hinsichtlich der Ausübung auswärtiger Gewalt zu einen feststehenden Tatbestand nur zustimmend oder ablehnend Stellung zu nehmen hat. Der Wortlaut des Art. 59 Abs. 2 GG deutet zwar in diese Richtung. Die Praxis unter Art. 59 GG entspricht diesem Ansatz nicht; Art. 23 GG sieht nunmehr ein Zusammenwirken von Parlament und Regierung vor. Aus diesem Grund habe ich dafür plädiert, die antizipierte Zustimmung stärker als eine Methode anzuwenden, die diese parallele Mitwirkung und damit ein Ausbrechen aus den Restriktionen des Art. 59 GG erlaubt. Die Konzentration des Art. 59 GG auf Verträge und auf die Zustimmung durch Gesetz resultiert in der Praxis in einer Einschränkung der parlamentarischen Mitwirkung und damit der Kontrolle. Diese Einschränkung wird durch die antizipierte Zustimmung sowie die anderen Formen der parlamentarischen Kontrolle, auf die ich noch eingehen werde, in Teilen aufgehoben.

Eine zweite Gruppe von Intervention bezog sich auf den Begriff der auswärtigen Gewalt. Hierauf möchte ich nur kurz eingehen. Herr *Schachtschneider*, Ihre Definition von Supranationalität teile ich nicht. Der entscheidende Gesichtspunkt liegt im Durchgriffscharakter des europäischen Rechts. Im übrigen möchte ich wiederholen, daß das Referat sich generell mit der Kontrolle der auswärtigen Gewalt befaßt. Dabei werden die auswärtigen Beziehungen auch durch außerrechtliche Akte bestimmt. Deren Bedeutung nimmt zu; insoweit verweise ich auf die Ausführungen von Herrn *Tomuschat* in diesem Kreis.

Herr *Häberle*, Sie haben einen wesentlichen Punkt angesprochen, wobei Sie verschiedene Kantonatsverfassungen herangezogen haben. Ich möchte Ihnen im Grundsatz zustimmen, daß die auswärtige Gewalt mitbestimmt werden muß von Solidaritätserwägungen zugunsten nicht nur der Nachbarstaaten, sondern aller Staaten. Entscheidungen der auswärtigen Gewalt müssen die Auswirkungen auf die Beziehungen zu und die Belange in anderen Staaten mitberücksichtigen. Das gilt nicht nur für den Bereich der Menschenrechte, bzw. im Bereich des Umweltschutzes; sondern dies gilt generell. Insofern ist die Staatengemeinschaft eine Solidargemeinschaft und diese Solidarpflicht verdichtet sich zu einer Rechtspflicht. Dieser Prozeß ist aber noch nicht abgeschlossen.

Die meisten Interventionen beschäftigten sich mit der Parlamentarisierung der auswärtigen Gewalt und dort mit dem konstitutiven Parlamentsbeschluß.

In meinem Referat habe ich, bedingt durch die verfassungsrechtlichen Änderungen, drei verschiedene Beschlußformen unterschieden: Der schlichte Parlamentsbeschluß, den Sie, Herr *Stern*, angesprochen haben, hinzugetreten ist durch Art. 23 GG die Stellungnahme, und weiter hinzugetreten ist der konstitutive Parlamentsbeschluß, wie er vom Bundesverfassungsgericht entwickelt worden ist. Hierbei handelt es sich um eine Sequenz in der Verbindlichkeit. Der konstituierte Parlamentsbeschluß ist verfassungsrechtlich verbindlich, der schlichte Parlamentsbeschluß ist politisch verbindlich und die Stellungnahme liegt dazwischen. Dabei gibt es zwei Typen von Stellungnahmen: Die eine hat zwar keine völlige rechtliche Verbindlichkeit, aber kommt ihr schon sehr nahe; die andere geht nicht ganz so weit. Herauf will ich später noch einmal eingehen.

Hinsichtlich der Beurteilung des Verhältnisses von Regierung und Parlament bei der Ausübung der auswärtigen Gewalt ist ein Umdenken erforderlich; exekutive Aktion und parlamentarische Mitwirkung sind nicht hintereinander, sondern parallel geschaltet; d. h. es besteht anstelle eines horizontal gegliederten ein vertikal gegliedertes System. Dies gilt selbst für völkerrechtliche Verträge. Zwar liegt bei der Regierung die

Initiative zur Anbahnung völkerrechtlicher Verträge. Parallel dazu verläuft die Information in das Parlament und damit gleichzeitige Kontrolle. Herr *Frowein* hat in diesem Zusammenhang gefragt, ob ich nicht besser zwischen allgemeinen Kontrollmechanismen und den besonderen Kontrollmechanismen unterschiede. Dem möchte ich entgegenhalten, daß beide Kontrollmechanismen einander ergänzen und sich nicht gegenseitig ausschließen. Konkreter, Art. 23 Abs. 3 GG schließt nicht die Anwendung der allgemeinen Kontrollmechanismen aus; dieser Kontroll- bzw. Mitwirkungsmechanismus ist ein Novum und gleichzeitig die Reflektion der europäischen Intergration, auf die Herr *Hailbronner* und ich vorhin abgestellt haben. Neben die Kontrollmittel des Art. 59 Abs. 2 GG tritt die antizipierte Zustimmung als eine flexible Form parlamentarischer Mitwirkung sowie die Parlamentsbeschlüsse, wie ich sie eben skizziert habe. Das heißt, die Regierung muß immer wieder Initiativen in das Parlament hineintragen und Reaktionen aus dem Parlament entgegennehmen. Es handelt sich sehr wohl um eine Aufgabenwahrnehmung zur gesamten Hand oder ein Miteinander, wie es Herr *Friesenhahn* skizziert hat, wobei Herr *Friesenhahn* von einem anderen Ansatz ausging als ich heute. Herr *Friesenhahn* hat seinen Ansatz parlamentstheoretisch gerechtfertigt und ich rechtfertige den meinen aus der Fortentwicklung des Völkerrechts. Wir kommen zum gleichen Ergebnis.

Herr *Roellecke*, Sie haben mir die Frage gestellt, woraus ich die parlamentarische Mitwirkung rechtfertige, wenn keine geschriebene Zuweisung im Verfassungsrecht vorhanden ist. Für mich ist dies der Gesichtspunkt der Funktionsgerechtigkeit, der sich nach moderner Sicht dem Prinzip der Gewaltenteilung entnehmen läßt. Eingriffe in oder Änderungen von Gesetzen, Haushaltsentscheidungen, bedingen unter dem Gesichtspunkt der Funktionsgerechtigkeit die Mitwirkung des Parlaments.

Ich möchte Ihnen vehement widersprechen wollen, soweit Sie auf die Notwendigkeit von Geheimdiplomatie verweisen. Weder besteht eine dogmatische Rechtfertigung für einen Schutz der Geheimdiplomatie noch besteht dafür in der Praxis ein so weitreichendes Bedürfnis, als daß sich hieraus eine Einschränkung parlamentarischer Mitwirkungs- bzw. Kontrollreche begründen ließe. Dies hängt mit strukturellen Veränderungen des Verhandlungsprozesses zusammen. Die großen Konferenzen der letzten drei Jahre, z. B. die Wiener Menschensrechtskonferenz, war weitgehend transparent. Zurückzuführen ist dies auf die gewandelte Rolle von Nichtregierungsorganisationen. Diese initiieren bestimmte Projekte auf nationaler Ebene; dies führt zu Konferenzen unter Beteiligung dieser Organisationen. Wenn es dann zu einer Konvention und deren nationaler Umsetzung kommt, überprüfen diese Organisationen die Durchsetzung.

Herr *Badura*, Sie haben in Zweifel gezogen, ob der konstitutive Parlamentsbeschluß wirklich aus der Verfassung heraus gerechtfertigt werden kann. Herr *Kirchhof* hält daran fest. Wobei er es vorzieht, ihn aus der Wehrverfassung herzuleiten. M. E. läßt er sich aus den Regeln zur auswärtigen Gewalt entwickeln. Art. 23, 24 und 59 GG deuten auf eine Mitwirkungskompetenz des Bundestages bei der Ausübung der auswärtigen Gewalt. Mit in die Erwägung einzubeziehen sind die Vorschriften über den Verteidigungsfall. Sie sind Bestandteil der Regelungen über die Ausübung der auswärtigen Gewalt. Die Integration von militärischen Aktionen in die auswärtige Gewalt halte ich unter einem demokratischen System für geradezu geboten. Die Gesamtschau dieser Regeln führt zu dem Vorbehalt des konstitutiven Parlamentsbeschlusses. Hierin liegt eine Verschiebung im System des Grundgesetzes in Richtung auf eine Parlamentarisierung der auswärtigen Gewalt. Dies ist eine funktionsgerechte Reaktion auf Entwicklungen im Völkerrecht und im Europarecht.

Lassen Sie mich noch auf die Dynamisierung völkerrechtlicher vertraglicher Pflichten eingehen. Diese hat eine völkerrechtliche und eine verfassungsrechtliche Seite; nur letztere steht hier zur Diskussion.

Es gibt Mechanismen, die die in der Dynamisierung völkerrechtlicher Pflichten liegende Einschränkung parlamentarischer Mitwirkungsrechte teilweise ausgleichen. Dazu gehört die antizipierte Zustimmung. Über die Antizipation der Dynamisierung kann eine parlamentarische Legitimation erreicht werden. Erforderlich ist lediglich, daß man sich dessen bei Beitritt zu einer internationalen Organisation bewußt ist und dies offengelegt wird. Dies ist – und insofern komme ich auf Herrn *Frowein* zurück – durch den Einsatz der allgemeinen Kontrollelemente zu gewährleisten. *De lege ferenda* wäre es sinnvoll, die Regierung zu einem periodischen Bericht über internationale Organisationen und bestimmte internationale Abkommen an den Bundestag zu verpflichten, damit die Entwicklung nicht an diesen vorübergeht.

Die extensive Auslegung von Art. 39 NN Charta, auf die Herr *Tomuschat* verwiesen hat, ist ein gutes Beispiel für eine dynamische Fortentwicklung einer Norm, deren Anwendung einer permanenten parlamentarischen Befassung bedarf.

Ein letztes Wort zu Herrn *Herdegen*, zu Suspension und Kündigung. Suspendion bedarf m. E. keiner parlamentarischen Zustimmung, sie ist temporär. Alle anderen Formen der Kündigung halte ich allerdings für zustimmungsbedürftig.

Wildhaber: Ich möchte zu einigen Dingen ein paar vor allem rechtsvergleichende Bemerkungen machen. Die Herren *Stern*, *Schachtschneider* und *Frowein* haben auf die frühen Formeln von Herrn *Menzel* über die auswärtige Gewalt als gemischte Gewalt und von Herrn *Friesenhahn* über die Staatsleitung gewissermaßen zu gesamter Hand hingewiesen. Für den ausländischen Beobachter ist es eigentlich eher auffallend, wie spät diese Formeln Eingang finden in das deutsche Rechtsdenken. Dogmengeschichtlich beginnt die Diskussion nicht mit *Hobbes*, sondern mit *Locke*, welcher die *Federative Power* als eine Besonderheit im Gewaltengefüge deutet. Dann geht es weiter mit der amerikanischen Verfassung von 1789 und der darin vorgeschriebenen *advice and consent*-Funktion des Senats. In den parlamentarischen Systemen führte schon die belgische Verfassung von 1831 einen allgemeinen Wesentlichkeitsvorbehalt ein, indem sie die Genehmigung und Mitbeteiligung des Parlaments für alle wichtigen Verträge vorsah. Sogar das dualistische britische System hat die Praxis des *Tabling* (des Auflegens von völkerrechtlichen Verträgen im Parlament noch vor der Ratifikation) schon in der ersten Hälfte dieses Jahrhunderts eingeführt. Der Gedanke einer konsequenten Miteinbeziehung der Legislative ist somit nicht so neu.

Das Gleiche könnte man wohl auch sagen zu Herrn *Häberles* Bemerkung über die regionale Außenpolitik. Für mich liegt eine gewisse Parallelität zur Parlamentarisierung in der Föderalisierung der Außenpolitik. In der pluralistischen Gesellschaft ist es nun einmal so, daß man nicht mehr alle auswärtigen Beziehungen durch das Nadelöhr des Außenministeriums einfädeln und abwickeln kann. So liegt es eigentlich auf der Hand, daß man auch zur Regionalisierung (in der Schweiz würden wir sagen zu einer Kantonalisierung) der Außenpolitik kommt. Man überschätzt dann leicht die politische Bedeutung einer solchen Außenpolitik im Gesamtzusammenhang, obwohl sie absolut spannende rechtliche Fragen aufwirft und sowohl verfassungsrechtlich wie auch völkerrechtlich erstaunliche Ungewißheiten aufweist.

Nun noch eine Bemerkung zu den Herren *Frowein* und *Tomuschat*, die über die Verfassungsgrenzen der auswärtigen Gewalt gesprochen haben anhand der Beispiele von Rassen- und Frauendiskriminierung. Es ist undenkbar, daß wesentliche Demokratien Hand bieten würden dazu, solche Diskriminierungen zu zementieren. Hingegen wird es weiterhin erforderlich sein, Verträge mit Staaten, die derartige Diskriminierungen praktizieren, abzuschließen, ganz einfach, weil solche Verträge zum Beispiel zur Leistung von humanitärer Hilfe wünschenswert sein können. Ich denke, daß das Problem in derartigen Fällen eigentlich weniger bei den Verfassungsschranken liegt, sondern eher beim internationalen Privatrecht und den Schranken des *ordre public*.

Schließlich noch ein letztes Wort zur Dynamisierung von Verträgen. Das scheint mir eigentlich das spannendste aktuelle Problem zu sein aus dem Bereich Völkerrecht und Landesrecht, wohl auch deswegen, weil es weitgehend unlösbar ist. Ich weiß wirklich beim besten Willen nicht, wie man damit zu Rande kommen kann. Jede nachträgliche Einschaltung von parlamentarischen oder direkt-demokratischen Genehmigungsrechten, die bedeuten sollte, daß man einen dynamisierten Vertrag wieder abschütteln und auflösen darf, ist völkerrechtlich nicht tragbar. Wenn die Genehmigungsrechte aber nur ein Ja-Sagen und Kopfschütteln bedeuten sollen, so besteht die Gefahr, daß man sie zum Ritual verkommen läßt. Wie wir damit umgehen sollen, das scheint mir von zentraler Bedeutung, aber weitgehend ungelöst.

Öhlinger: Ich beginne, obwohl ich nicht ausdrücklich angesprochen wurde, mit einer Bemerkung von Herrn *Meyer*: Auswärtige Politik ist in der Demokratie eine parlamentarische Angelegenheit. Das ist, auf eine Kurzformel gebracht, das österreichische Verfassungskonzept seit 1920. Ich kann trotzdem Ihren daraus gezogenen Konsequenzen nicht ganz folgen. Ihr Argument, es gehe nicht um Kontrolle, sondern um Mitgestaltungsfunktionen des Parlamentes, ist am Wort „Kontrolle" aufgehängt. Dabei handelt es sich, wie schon Herr *Tomuschat* gesagt hat, um einen vielschichtigen Begriff. Aber es geht auch noch um etwas anderes. Es geht um das Verhältnis von Regierung und Parlament. Das sind – und wir mußten uns in unseren Referaten damit begnügen – Kurzformeln für sehr komplexe Organe, die in einem noch komplexeren Verhältnis zueinander stehen. Wir müssen daher dahinter das parlamentarische Regierungssystem in der konkreten Form sehen, in der es in unseren Staaten ausgebildet ist. In dem radikal parlamentarischen Regierungssystem Österreichs, in dem die Mitgestaltungsbefugnisse des Parlamentes Ihrer These entsprechen, haben sich diese in Wahrheit weitgehend zu einer Legitimationsfunktion der Regierung entwickelt. Das hat gewiß auch seine Bedeutung. Nur ist es keine Mitgestaltungsbefugnis, sondern es ist eine unterstützende Befugnis, bei der die Parlamentsmehrheit genau genommen von der Regierung geleitet wird. Wir hatten – und das habe ich versucht herauszuarbeiten – in Österreich zum einen die Entwicklung der sehr weitreichenden Mitgestaltungsbefugnisse zu formalen Prozeduren, aber andererseits entwickelten sich die nicht rechtlich verbindlichen Kontrollbefugnisse im engeren Sinne, wie parlamentarische Anfragen, zu einem echten Mittel der Steuerung der Regierung. Damit verkehrt sich in Wahrheit das Verhältnis der Begriffe. Ich meine daher, daß wir zu Recht unter dem Titel „Kontrolle" über diese unterschiedlichen Beteiligungsformen des Parlamentes gesprochen haben.

Das führt mich zu der Frage, die Herr *Stern* an mich richtete: Wie wäre der Staatsvertrag von 1955 zustande gekommen, wenn es eine aktive Rolle des Parlamentes gegeben hätte. Nun, Fragen dieser Art kann man nie mit Sicherheit beantworten. Es ist aber völlig berechtigt, die Frage nach der – jemand hat das so genannt – Organadäquanz des Parlamentes zu stellen. Sie stellt sich bei uns sehr konkret im Zusammenhang mit den sehr intensiven Mitwirkungsrechten, die das Parlament in Angelegenheiten der Europapolitik hat. Daß dabei vor dem Fenster des österreichischen Publikums manchmal anders gesprochen wird als dann in Brüssel, ließe sich mit Beispielen belegen.

Herr *Schachtschneider* hat meinem Ansatz, der ein beschreibender Ansatz der österreichischen Verfassungslage war – auswärtige Gewalt sei Staatsgewalt und daher Hervorbringung von Recht –, zugestimmt. Ich freue mich über diese Zustimmung. Nicht würde ich aber der damit in Zusammenhang gebrachten Denaturierung der Supranationalität des europäischen Rechts folgen. Mein Ansatz ist, daß europäisches Recht nicht mehr Völkerrecht ist, sondern eine eigenständige Qualität hat. Daß Sie diesen Standpunkt, den ich auch in einer älteren Entscheidung Ihres Bundesverfassungsgerichtes gefunden habe, so rasch über Bord werfen, sehe ich nicht mit Freude. Aber ich stimme Ihnen zu, daß alte Begriffe nicht unbedingt zur Lösung sehr andersartiger neuer Probleme taugen.

Herr *Häberle* hat meine These 11 zitiert, und damit genau jene These, die ich in meinem Referat nicht mehr ausführen konnte und wollte – zum einen, weil meine Zeit begrenzt war, und zum anderen, weil ich als der Vertreter jenes Bundesstaates, der diesen Titel in Wahrheit am wenigsten verdient, die föderale Problematik nicht allein anschneiden wollte, nachdem sie von den Repräsentanten aller anderen, viel entwikkelteren Bundesstaaten ausgeklammert blieb. Aber ich kann zu Ihrer konkreten Frage, wer die Außenpolitik der Länder kontrolliert, folgendes sagen: Es gibt die parlamentarische Kontrolle in dem von mir skizzierten Sinne auch auf der Landesebene. Es gibt ja auch Landesparlamente, warum sollten sie nicht tun dürfen, was ein Bundesparlament der Bundesregierung gegenüber machen kann. Dazu kommt – und das sollte eigentlich das Thema dieses letzten Punktes meines Referates sein –, daß es eine Kontrolle des Bundes gegenüber der Außenpolitik der Länder gibt. Dazu hätte ich an einigen Beispielen zeigen können, wie die österreichischen Länder, die schon seit langem eine sehr aktive Außenpolitik führen – Tirol als eine europäische grenzüberschreitende Region, um nur ein einziges Beispiel zu nennen –, sehr geschickte

Verhaltensweisen entwickeln, um einer allzu intensiven Bundeskontrolle auszuweichen.

Ich möchte noch gerne zu einem Punkt sprechen, der in meinem Referat fehlte, und zwar aus folgendem Grund. Es ist dies die Frage der Bindung der auswärtigen Gewalt, in welchem Sinn auch immer, an die Grundrechte. Auch ich komme aus einem Staat, der etwas verspätet, aber schließlich doch, die Grundrechte nicht mehr als bloße Abwehrrechte gegenüber bestimmten Typen staatlicher Eingriffe versteht, sondern auch als objektive Grundprinzipien im Sinne von Leitlinien des gesamten staatlichen Handelns. Als solche sind sie natürlich auch für die Außenpolitik verpflichtend. Aus einer gewissen österreichischen Tradition kommend stelle ich mir dann freilich die Frage: Wie ist diese Bindung justiziabel zu machen? Und da beginnen, meine ich, die eigentlichen Probleme. Um bei Ihrem Beispiel, Herr *Tomuschat*, zu bleiben. Ein Vertrag zwischen einem unserer Staaten und dem Iran, in dem die Diskriminierung der Frauen ausdrücklich gutgeheißen würde, wäre natürlich eine Verletzung von Grundrechten, aber einen solchen Vertrag wird es wahrscheinlich nie geben. Insofern ist dies ein sehr akademisches Beispiel. Aber schon die Frage, ob ein Handelsvertrag mit einem solchen Staat dessen Politik stärkt oder schwächt, läßt sich schwer beantworten. Da gibt es sehr verschiedene außenpolitische Konzeptionen, und ich meine, daß man diese Frage nicht am Maßstab der Grundrechte entscheiden kann. Es gibt wohl nur sehr wenige Fälle außenpolitischen Handelns, die sich an einem justiziablen Maßstab der Grundrechte messen lassen. Beispielsweise: Man lädt einen Politiker eines großen Landes mit hohem Wirtschaftswachstum ein, und dieser hat sogar noch einige Aufträge, vielleicht für notleidende Werften oder verstaatlichte Industrien in Österreich, in der Tasche. Und nun untersagt die Regierung in einem bestimmten Umkreis Demonstrationen, die gegen die Menschenrechtspolitik dieses Landes gerichtet sind. Das ist eine Grundrechtsfrage, bei der aber immer noch offen ist, wie man das Interesse an Arbeitsplätzen mit der Meinungs- und Versammlungsfreiheit abzuwägen hat.

Zacher: Herr Vorsitzender, ich glaube, wir haben heute früh ausgezeichnete Referate gehört, die den Weg beschrieben haben, den die Internationalität im Gefüge unseres Regierungssystems (das Bundesverfassungsgericht eingeschlossen) unter dem Grundgesetz genommen hat. Was ich aber vermißt habe, ist etwas Genaueres über die Entwicklung der Internationalität im Verfassungsstaat als Ganzem. Nur Herr *Wildhaber* hat diese Frage aufgegriffen. Herr *Stern* hat ganz am Anfang der Diskussion gesagt, die Dinge seien komplexer geworden. Aber alle Beteiligten haben dieses Wachstum der Komplexität bisher auf sich beruhen lassen. Ich glaube aber, daß wir gerade dieses Wachstum an Komplexität angehen müssen. Und dabei müssen wir den ganzen Verfassungsstaat einbeziehen – nicht nur das Regierungssystem im engeren Sinne und die verfassungsgerichtliche Kontrolle.

Meine zentrale Aussage dazu ist: Zu Beginn der Entwicklung des Verfassungsstaates war das Auswärtige etwas Besonderes, Ausscheidbares; heute ist es etwas Allgegenwärtiges, etwas Alltägliches, etwas Vielfältiges, etwas nach innen und nach außen Integrales für unseren Staat. Zu Beginn der Entwicklung war es der spezifische Auftrag des Auswärtigen, die eigenen nationalen Werte nach außen zu entfalten, durchzusetzen, zu verteidigen, aber auch zu verhandeln, und zwar sowohl in der Konkurrenz mit anderen eigenen nationalen Werten als auch in der Konkurrenz und im Konflikt mit fremden nationalen Werten. Das machte die im damaligen Bild der Diplomatie sich ausdrückende Autonomie der Sache der auswärtigen Gewalt gegenüber der allgemeinen, vor allem der inneren Politik aus. Und dieser Autonomie entsprach die institutionelle Eigenständigkeit der auswärtigen Gewalt. Heute ist diese Ausscheidbarkeit nicht mehr gegeben. Internationalität ist in der ganzen Politik gegenwärtig. Nicht nur die Konkurrenz der eigenen nationalen Verfassungswerte, sondern auch Konkurrenz und Konflikt zwischen den eigenen nationalen Verfassungswerten und den Verfassungswerten anderer Staaten können in so gut wie allen politischen Fragen eine Rolle spielen. Und nicht nur in der Politik des Staates. Die Internationalität durchdringt die ganze Dialektik von Staat und Gesellschaft. Ich bin Herrn *Wolfrum* dankbar, daß er die NGOs noch ins Spiel gebracht hat. Das ist ein Phänomen, das sehr vielschichtig ist. Es ist auch nicht nur so, daß die NGOs auf die Regierungstätigkeit einwirken. Vielmehr sind auch die Regierungen längst auf die Idee gekommen, daß sie ihre Aufgaben auf die NGOs delegieren könnten und daß die NGOs auch Geschäfte der Regierungen besorgen könnten. Internationalität und Transnationalität gehen ineinander über.

Die Vielschichtigkeit der Entwicklung zeigt sich auch in folgendem Phänomen: Wenn ich davon ausgehe, daß auswärtige Gewalt damit zu tun hat, Rechtswerte zu entfalten und zu verteidigen, aber auch solche zu verhandeln, so ist eine neue Situation dadurch eingetreten, daß supranationale und internationale Rechtsordnungen immer häufiger und immer weitergreifend definieren, welche Rechtswerte maßgeblich sein sollen und welche nicht. Ich denke vor allem an Menschenrechtsordnungen, aber auch an Ordnungen der Konfliktbeilegung. Da haben wir dann auch ganz neue Institutionen, die der nationalen auswärtigen Gewalt die Auseinandersetzung über die konkurrierenden oder in Konflikt tretenden Rechtswerte mehr oder weniger weitgehend vorwegnehmen.

Aber auch im Inneren der Staaten erfaßt die Verallgemeinerung des Auswärtigen nicht nur das Verhältnis von Regierung und Parlament und eventuell Verfassungsgericht, sondern gerade auch unspezifische Dimensionen wie das Verhältnis zwischen dem Bund und den Ländern oder der Regierung und der Verwaltung. Als ich im Jahr 1955 als Regierungsassessor in die bayerische Verwaltung eintrat, durfte eine bayerische Verwaltungsbehörde einen Brief an eine ausländische Behörde nur über „sein“ Ministerium, „seine“ Staatskanzlei und über das Auswärtige Amt des Bundes führen; und von da ging das dann erst weiter an den anderen Staat. Und heute wird seelenruhig von einer inländischen Behörde zu ausländischen Behörden geschrieben und umgekehrt. Die Unmittelbarkeit der Internationalität hat das ganze Gemeinwesen erfaßt.

Doehring: Herr *Hailbronner* hat von der Kontrolle der auswärtigen Gewalt durch das Bundesverfassungsgericht gesprochen. Ich finde, es handelt sich wirklich um eine Kontrolle. Ob man nun Kontrolle als Mitwirkung oder als Überwachung konzipiert, jedenfalls ist es eine Kontrolle. Herr *Hailbronner* war aber doch recht zurückhaltend im Hinblick auf die Kontrolle einseitiger Akte, etwa der Anerkennung eines fremden Staates. Es muß doch darauf hingewiesen werden, daß nur Art. 25 GG den Maßstab hergeben kann. Er läßt keine Völkerrechtswidrigkeit zu. Wenn es um die Anerkennung eines fremden Staates geht, ein solcher aber objektiv nicht besteht und so auch keine Staatsangehörigkeit festgestellt werden kann, darf das Verfassungsgericht nicht sagen, die Regierung könne doch anerkennen, wenn sie es wolle. Das gilt vor allem deswegen, weil die Anerkennung deklaratorisch und nicht konstitutiv wirkt.

Herr *Hailbronner* hat dann darauf hingewiesen, daß das Verfassungsgericht es genügen läßt, wenn ein Rechtszustand „näher am Grundgesetz“ liege. Aber gerade das kann für die Anwendung des Völkerrechts nicht gelten. Eine andere Frage ist, ob das Völkerrecht durchgesetzt werden kann. Aber etwas „näher am Grundgesetz“ rechtfertigt die Entscheidung als solche nicht. Das Bundesverfassungsgericht hat – ich glaube, es war die Teso-Entscheidung – gesagt, es werde nicht eingreifen, wenn die Regierung ein wenig völkerrechtswidrig handele. Das hat mich empört, denn Art. 25 des Grundgesetzes steht dem klar entgegen. Die Fragen nach dem judicial self restraint und der *political question-Doktrin* liegen gar nicht so weit auseinander. Je weiter das Ermessen der Regierung zugebilligt wird, desto näher rückt die *political question-Doktrin*, denn ein sehr weites Ermessen entzieht sich der Kontrolle. Auch wenn eine Kammerentscheidung eine Verfassungsbeschwerde einstimmig abweist und keine Begründung geben muß, sind wir dicht an der *political question-Doktrin*, denn es kann doch sein, daß das Gericht sich mit der Sache nicht befassen wird.

Zu Herrn *Wolfrum*: Die einfachen Parlamentsbeschlüsse, die bindend sein sollen, sind für mich die Kaninchen, die der Zauberer aus dem Zylinderhut zieht. Im Grundgesetz kann ich diese Kompetenz nicht finden. Ebenso ist es mit der Vorauskontrolle des Parlaments. Das geht im amerikanischen Recht und im britischen Recht, aber wir haben diese Möglichkeit nicht. Der Art. 23 GG, der richtigerweise im Zentrum des Referats stand – alle anderen Fragen sind im Grunde „abgeklappert" – ist hier das Neue. Aber er stellt für mich einen Schuß dar, der nach hinten losgegangen ist. Das Parlament soll etwas bekommen, doch letztlich hat man ihm etwas genommen, gemessen an dem Zustand vorher. Die Verbindung mit Art. 59 GG ist mir nicht klar. Die Entscheidungen der Europäischen Union, ihre Ausgestaltung, bedürfen keiner Zustimmung des Parlaments, nur einer Mitwirkung durch Anhörung. Die Regierung bleibt frei. Wenn Art. 23 GG einen Sinn haben sollte, dann sollte er etwas ersetzen, was sonst weggefallen wäre, nämlich die Mitwirkung des Parlaments durch Anwendung des Art. 59 GG. Aber der greift nun nicht mehr ein. So ist die Mitwirkung des Parlaments vermindert. Die Anhörung des Parlaments ist ein Trostpflaster für den Wegfall der Mitwirkung. So sind die Rechte des Parlaments nicht vergrößert, sondern verkleinert.

Rupp: Zunächst zu Ihnen, Herr *Hailbronner*, Punkt 6. Nr. 1: Sie haben verhalten Kritik geübt an der verfassungskonformen Auslegung des Maastricht-Vertrages durch das Bundesverfassungsgericht. Im Grundsätzlichen teile ich Ihre Meinung, daß völkerrechtliche Verträge natürlich nicht nach dem Verfassungsrecht der den Vertrag abschließenden Länder beurteilt werden können. Nur in diesem Fall war es anders. Sie wissen ja, daß das Bundesverfassungsgericht die Wirksamkeit des Maastricht-Vertrages ausgesetzt hat bis zu seiner Entscheidung. Ich weiß nicht, ob Herr *Kinkel* die Entscheidung des Bundesverfassungsgerichts dann hinterlegt hat als Vorbehalt der Bundesrepublik. Jedenfalls: Das Bundesverfassungsgericht hätte die juristisch völlig einwandfreie Möglichkeit gehabt, das Zustimmungsgesetz nach deutschem Verfassungsrecht für nichtig zu erklären mit der Folge, daß dann der Vertrag für Deutschland nicht wirksam geworden wäre. Ein Minus ist die verfassungskonforme Auslegung, aufgrund deren dann der Vertrag völkerrechtlich ratifiziert worden ist. Insofern ist Ihre Kritik meiner Ansicht nach nicht angebracht.

Zweiter Punkt, zu Ihnen, Herr *Wolfrum*: Ich finde Ihre Argumentation außerordentlich erfreulich, und ich möchte Ihnen persönlich dafür danken. Denn mit der zunehmenden Verflechtung insbesondere des Europarechts mit dem, was wir inneres Recht nennen, ist eine Goubernalisierung eingetreten, die zu Lasten des parlamentarischen Systems geht. Denn ausgeformte demokratische Modelle für Europa, wie das von Europarechtlern immer angesprochen wird, habe ich bisher noch von keinem Europarechtler vernommen. Es bleibt also gar keine andere Wahl als die Einschaltung unseres Parlamentes, so wie Sie es versucht haben, und zwar, wie ich betonen möchte, in vorsichtiger und behutsamer Weise und unter Berücksichtigung des Verfassungsrechts. Wenn Ihnen vorgeworfen wird, Sie hätten Ihre Phantasie hier zu stark walten lassen, dann möchte ich den Kritikern ihr Schweigen entgegenhalten, wenn der EuGH Kaninchen aus dem Zylinder zieht und beispielsweise die Richtlinien, die im Vertrag ganz anders gemeint sind, wie Verordnungen behandelt oder wenn er den effet utile benutzt, um alle möglichen Schadensersatzansprüche bei Nichteinhaltung der Richtlinien zu verordnen. Das sind Kaninchen, die meiner Ansicht nach wesentlich größer sind als diejenigen, die das Bundesverfassungsgericht ganz bescheiden aus der Verfassung zieht.

Schließlich ein Letztes: Ich fürchte, die Länder mit längerer demokratischer Tradition werden sich auf Dauer die Goubernalisierung ihrer Demokratie nicht gefallen lassen. Und daß dann, wenn wir nicht vorbeugen im Sinne der von Ihnen genutzten vorsichtigen Parlamentarisierung, eines Tages der offene Konflikt ausbricht und dann Europa ein großes Stück zurückgeworfen wird, ist eine Befürchtung, die nur für im Zeittakt ihrer Amtsperioden denkende Politiker nicht existiert.

Engel: Mein Anliegen ist weniger, Ihnen neue Argumente vorzutragen, als der Versuch, den Zusammenhang zwischen den schon präsenten Argumenten etwas deutlicher zu machen. Das gelingt nach meiner Überzeugung am ehesten, wenn man das Problem auf seinen verfassungspolitischen Kern reduziert. Der scheint mir in der Frage zu liegen, in welchem Ausmaß wir eigentlich als deutsche Verfassungsinterpreten bei der Entscheidung frei sind. Mir scheint, das Ausmaß dieser Freiheit wird häufig überschätzt. Das hängt mit zwei Dingen zusammen, die in einem inneren Zusammenhang stehen: mit den Besonderheiten auswärtiger Angelegenheiten und mit den im deutschen Verfassungsrecht und der deutschen Verfassungswirklichkeit vorgefundenen Verfahren und Organisationsstrukturen, in denen diese Angelegenheiten bewältigt werden sollen.

Daß die auswärtige Politik auf fremde Souveränität Rücksicht nehmen muß, ist eine Selbstverständlichkeit. Darin erschöpfen sich die Besonderheiten der auswärtigen Angelegenheiten aber nicht. Viehmehr hat Völkerrecht auch eine völlig andere Struktur als nationales Recht. Schlagwortartig ist Völkerrecht eine Koordinationsrechtsordnung, das deutsche Recht wie alle anderen nationalen Rechtsordnungen dagegen eine Subordinationsrechtsordnung. Was das bedeutet, erschließt sich am leichtesten durch einen Blick in die UN-Charta. Dort heißt es bekanntlich, daß Völkerrecht nur ein, gar nur ein subsidiäres Mittel ist, um Streitigkeiten zwischen den Staaten beizulegen. Koordinationsrechtsordnung bedeutet zugleich, daß die Rechtsunterworfenen des Völkerrechts, also die Staaten, gleichzeitig die Herren dieser Rechtsordnung sind. Deshalb ist für sie der Inhalt des Völkerrechts in jedem Moment vollständig disponibel. Der heute mehrfach verwendete Begriff der Dynamik ist eigentlich noch viel zu zaghaft. Es geht darum, Streitigkeiten beizulegen oder Streitigkeiten vorzubeugen. Da mag es nützlich sein, lange Zeit mit Formelkompromissen zu leben und sie dann schleichend aufzulösen.

Auch bei der Eignung der vorgefundenen Verfahren und Organisationsstrukturen zur Bewältigung dieser Besonderheiten des Auswärtigen müssen wir unterscheiden. Das Verhältnis der Auswärtigen Gewalt zu den Gerichten ist im Grunde nur ein Sonderfall der allgemeinen Frage, wie weit die Rechtsprechung sinnvoll imstande ist, politische Fragen zu lösen. Im Prinzip ist sie das nicht. Sie braucht den passenden Einzelfall, der nur zufällig hochkommt. Diejenigen, die zu entscheiden sind, sind nur persönlich, nicht aber sachlich demokratisch legitimiert.

Schwieriger ist das Verhältnis der auswärtigen Gewalt zum Parlament, und zwar gerade auch dann, wenn wir nicht die Legislativfunktion, sondern die Kontrollfunktion ins Zentrum der Überlegungen rükken. Die subsidiäre und vornehmlich politische Funktion des Völkerrechts verträgt sich schlecht mit einem subordinationsrechtlich gedachten Parlament. Ebenso verhält es sich mit der Kontrolle der eigentlichen Außenpolitik. Die Stichworte sind oft genug genannt worden: Geheimhaltung, Eilbedürftigkeit, Kompromißcharakter. Herr *Wolfrum* hat zurecht gesagt, diese Elemente sind nicht immer präsent. Aber das beseitigt das Problem nicht, erlaubt uns nur, es präziser zu formulieren: kann jemand anders als die Bundesregierung darüber entscheiden, ob etwas geheimhaltungsbedürftig, eilbedürftig oder kompromißbedürftig ist? Ich glaube nicht.

Da unser Problem aus der Inkongruenz von Außenpolitik und Völkerrecht einerseits und den vorgefundenen Verfahrens- und Organisationsstrukturen herrührt, scheint sich die Lösung aufzudrängen: Wir könnten Verfahren und Organisation ändern. So habe ich den Vorschlag von Herrn *Stern* gedeutet, Entscheidungen mit unmittelbar auswärtigem Bezug kleinen Parlamentsgremien anzuvertrauen, die schnell und möglicherweise auch geheim entscheiden könnten. Was ist damit aber in einer parlamentarischen Demokratie gewonnen? Daß Regierung und Parlamentsmehrheit unterschiedlicher Meinung sind, ist doch die seltene Ausnahme. Die Einschaltung des Parlaments macht deshalb nur dort Sinn, wo es sich funktionell von der Regierung unterscheidet. Das ist aber gerade die Öffentlichkeit, gerade die breite Diskussion, die mit dieser Änderung des Verfahrens beseitigt würde.

Vogel: Wer spät zu Wort kommt, ist darauf beschränkt, die Splitter zusammenzuklauben, die die früheren Redner liegengelassen haben. Also bitte verargen Sie es mir nicht, wenn Sie keine großen Linien finden.

Erster Splitter: Herr *Meyer* hat eine Auffassung, die ich zumindest teilweise für richtig halte, mit einem Argument begründet, das logisch nicht tragfähig ist. Daraus, daß die Abgeordneten Vertreter des Volkes sind, folgt nicht, daß sie für alles im Staat verantwortlich sind. Sie sind vielmehr verantwortlich nur im Rahmen ihrer Zuständigkeiten – und diese gilt es zu klären.

Zweiter Splitter: Mir scheint, man muß differenzieren. Ich beschränke mich auf den Fall der vorwegnehmenden Einschaltung des Bundestages bei Verträgen, für die sich Herr *Wolfrum* ausgesprochen hat. Das Bedürfnis nach einer solchen Einschaltung erwächst schon daraus, daß, wie die Referenten erwähnt haben, der Bundestag nach Abschluß des Vertrags nur noch Ja oder Nein sagen kann. Es gilt die Regel ‚Friß Vogel oder stirb', wobei ich solche Redeweisen nicht auf mich persönlich beziehe. Der Kollege *Lehner* hat in einem Symposium in München im vergangenen Dezember nach meiner Meinung überzeugend begründet, warum hier in der Tat das Parlament vorab eingeschaltet werden muß. Er hat damals die Zustimmung von Herrn *Bernhard* und von Herrn *Rudolf* gefunden. Ich nehme an, das steht schon in Ihren Fußnoten, Herr *Wolfrum*, und ich kann mich auf diesen Hinweis beschränken.

Schließlich dritter Splitter: Die Kontrolle der Ausübung auswärtiger Gewalt, Herr *Zacher* hat schon darauf hingewiesen, beschränkt sich nicht nur auf die Kontrolle der für Außenpolitik zuständigen Ressorts der Bundesregierung und der ihnen etwa nachgeordneten Behörden. Ausübung auswärtiger Gewalt, wenngleich nicht Außenpolitik, gibt es beispielsweise auch bei den Finanzbehörden. Denn wir haben zwischen 60 und 70 Verträge, die Finanzbehörden ermächtigen, miteinander unmittelbar, ohne Einschaltung des auswärtigen Dienstes, in Kontakt zu treten und über die Anwendung dieser Verträge Vereinbarungen zu treffen. In diesen Abkommen werden die Verwaltungsbehörden zum

Teil auch ermächtigt, bestimmte Begriffe verbindlich zu definieren, und zwar ohne, daß die Ermächtigung nach Inhalt und Ausmaß bestimmt und begrenzt wäre. Das, denke ich, ist evident verfassungswidrig und wenn eine solche Abrede vor deutsche Gerichte kommen sollte, werden sie sie vermutlich als verfassungswidrig nicht anwenden. Ja, aber wie ist es, wenn solch eine Vereinbarung vor ein Gericht des anderen Vertragsstaates kommt? Oder wie, wenn der andere Vertragsstaat der Vereinbarung gemäß gehandelt hat, mehrfach vielleicht und eines Tages kommt ein Fall vor ein deutsches Gericht und jetzt müssen unsere Behörden ihrem Vertragspartner achselzuckend sagen, es tut uns leid, wir sind nicht in der Lage, die Vereinbarung einzuhalten? Ich meine, wir sollten uns auch einmal die Frage nach einer Vorabkontrolle in solchen Fällen stellen.

Alexy: Von den zwei hier erörterten Formen der Kontrolle der auswärtigen Gewalt, der parlamentarischen und der verfassungsgerichtlichen, will ich mich nur mit letzterer befassen. Herr *Hailbronner* hat treffend ausgeführt, daß die verfassungsgerichtliche Kontrolle des Gesetzgebers im Felde der Außenpolitik wesentlich eine Frage des Beurteilungs- und des Einschätzungsspielraums ist. Es geht also um eine Spielraumfrage. Der Umfang der Kontrollkompetenz des Verfassungsgerichts soll dabei durch eine Abwägung bestimmt werden. Die Ergebnisse einer Abwägung hängen entscheidend davon ab, was in die Abwägung eingestellt wird, und genau hierauf zielt meine Frage. In der These IV 2 von Herrn *Hailbronner* findet sich ein Je-desto- bzw. Je-um-so-Satz, nach dem der Einschätzungs- und Beurteilungsspielraum um so größer ist, „je gewichtiger im Einzelfall die spezifisch außenpolitischen Gesichtspunkte (völkerrechtliche Handlungsfähigkeit) sind". Dieser Satz scheint mir deutungsbedürftig zu sein. Nach einer ersten Deutung käme es nur ganz allgemein darauf an, wie wichtig oder gewichtig die Dinge materiell sind, die als Gegenstände der Außenpolitik jeweils auf dem Spiel stehen, mag es nun um ein Problem der Doppelbesteuerung oder um ein Rüstungsproblem gehen.

Eine zweite Deutung wäre, daß es für den Umfang des Spielraumes nicht auf die allgemeine Wichtigkeit der jeweiligen außenpolitischen Gegenstände oder Gesichtspunkte ankommt, sondern auf ihren politischen Charakter. So spricht Herr *Hailbronner* in dem der erwähnten Je-desto-Formel folgenden Satz von „hochpolitischen Verträgen", die im allgemeinen einer weniger intensiven Kontrolle unterliegen sollen. Ganz offensichtlich gibt es Grade des Politischen. Die Doppelbesteuerung etwa ist relativ wenig politisch, während die Stationierung von Marschflugkörpern eine hochgradig politische Angelegenheit ist. Wie das Politische allerdings im einzelnen zu graduieren ist, ist sicherlich keine einfache Frage.

Eine dritte Deutung scheint mir die interessanteste zu sein. Sie führt auf das eigentliche Problem. Herr *Hailbronner* präzisiert in seinem Jedesto-Satz die spezifisch außenpolitischen Gesichtspunkte durch den Begriff der völkerrechtlichen Handlungsfähigkeit. Konzentriert man sich hierauf, so kommt es bei der Abwägung jedenfalls nicht nur auf die materielle Wichtigkeit der jeweiligen Gegenstände der Außenpolitik und auch nicht nur auf den Grad ihres politischen Charakters an, sondern wesentlich auch auf die Wahrnehmung und Erhaltung der völkerrechtlichen Handlungsfähigkeit. Gibt es unter dem Grundgesetz heute noch so etwas wie ein Prinzip der völkerrechtlichen Handlungsfähigkeit? Man könnte es auch so formulieren: Gibt es unter dem Grundgesetz ein Prinzip der außenpolitischen Handlungsfreiheit, die sich Parlament und Regierung, wie auch immer, teilen? Wenn es dieses Prinzip gibt, dann existiert eine genuin außenpolitische Begründung für eine eingeschränkte Kontrollkompetenz des Bundesverfassungsgerichts. Ob es dieses Prinzip gibt, ob es also gilt, hängt davon ab, ob es sich auf Bestimmungen oder Normen des Grundgesetzes stützen läßt. Das wäre zu zeigen. Sollte es dieses Prinzip nicht geben, hätte Herr *Pernice* recht. Dann würde sich daraus, daß es um Außenpolitik oder um Innenpolitik geht, kein grundsätzlicher Unterschied hinsichtlich der verfassungsgerichtlichen Kontrolle ergeben. Die Grenze bräche zusammen. Meine These lautet also: Die Unterscheidung von Außenpolitik und Innenpolitik, von außen und innen, ist im Hinblick auf die verfassungsgerichtliche Kontrollintensität sinnvoll und folgenreich, wenn so etwas wie ein Prinzip der außenpolitischen Handlungsfreihheit existiert. Ein solches Prinzip existiert oder gilt, wenn es sich auf Bestimmungen oder Normen des Grundgesetzes zurückführen läßt. Ob letztes möglich ist, muß und mag hier offenbleiben.

Schneider: Vielleicht kann ich den Faden von Herrn *Alexy* aufnehmen. Ich habe bei allem verdienten Lob, das den Referaten gezollt worden ist, und dem ich mich uneingeschränkt anschließe, Herr *Wolfrum*, eine wichtige Feststellung vermißt, nämlich die, daß es sich bei dem Begriff, der in unserem Thema die zentrale Rolle spielt und auch Gegenstand unserer Diskussion ist, nicht um einen Verfassungsrechtsbegriff handelt. Der Begriff der „auswärtigen Gewalt" kommt im Grundgesetz nicht vor. Das Grundgesetz spricht von auswärtigen Angelegenheiten, von der Pflege auswärtiger Beziehungen, aber eben nicht von der auswärtigen Gewalt. Es geht also schlicht um die Erfüllung einer Staatsaufgabe, nicht mehr und nicht weniger. Dafür sieht das

Grundgesetz im Rahmen der Kompetenzordnung bestimmte Organe und Verfahren vor, und unterscheidet eben nicht zwischen innen und außen. Die Frage nach der Kontrolle der Erfüllung dieser Staatsaufgabe richtet sich in erster Linie nach der Rechtsform, in der diese Staatsaufgabe erfüllt wird, und in zweiter Linie nach dem, was wir klassisch Funktionsverteilung zwischen den Organen nennen, horizontal und vertikal. Also ich denke, daß wir den Begriff der auswärtigen Gewalt nicht zu verabschieden brauchen, weil es ihn verfassungsrechtlich gar nicht gibt. Die Pflege auswärtiger Beziehungen ist eine schlichte Staatsaufgabe wie jede andere und wer etwas anderes möchte oder behauptet, trägt dafür die Beweislast. Ich vermag jedenfalls im Grundgesetz jene Differenzierung, die mit dem Begriff der auswärtigen Gewalt aus dem Zylinder hervorgezaubert wird, nicht zu erkennen. Es gibt dafür keinen verfassungsrechtlichen Anhalt.

Ich möchte noch zu einem zweiten Punkt kommen. Ich finde es bemerkenswert, daß im Hinblick auf die vertikale Funktionsteilung der Art. 32 Abs. 3 GG von keinem der Referenten erwähnt worden ist. Nur bei Punkt 11 von Herrn *Öhlinger* spielte der föderative Aspekt eine Rolle, obwohl doch gerade dieser Bereich aus dem Ruder zu laufen droht. Hier zeigt sich allerdings, daß die Regierung offenbar doch, vom Grundgesetz so gewollt, eine gewisse Prärorative bei der Kontrolle jener auswärtigen Gewalt hat, die die Länder im Bereich ihrer Gesetzgebungszuständigkeit originär wahrnehmen. Ich darf mich korrigieren: die Pflege auswärtiger Beziehungen. Auch die originäre Funktion der Länder ist also hier zu berücksichtigen. Das läuft, wie wir alle wissen, im Augenblick völlig aus dem Ruder. Das Lindauer Abkommen ist überholt. Man überlegt, es zu ändern und neue Koordinierungs- und Kooperationsmöglichkeiten zwischen Bund und Ländern zu schaffen. Ich will mit einer Erfahrung schließen, die kürzlich der Bundesinnenminister machen mußte, als er nach Namibia kam. Es waren dort kurz vorher drei Innenminister deutscher Bundesländer auf höchster Ebene empfangen worden. Ihm wurde dann die Frage gestellt, wie es denn die Bundesrepublik Deutschland mit ihrer inneren Sicherheit vereinbaren könne, einen so raschen Wechsel von Innenministern verkraften zu müssen? Das ist der jetzige Zustand. Er ist höchst unbefriedigend und ich denke, hier muß sehr bald etwas geschehen.

Dörr: Auch ich möchte mich angesichts der fortgeschrittenen Zeit wie Herr *Alexy* auf einige ganz kurze Bemerkungen zum Umfang der verfassungsgerichtlichen Kontrolle beschränken. Ich stimme Herrn *Hailbronner* ausdrücklich zu, daß er die Begriffe und die Überlegungen aus dem amerikanischen Recht nicht unbesehen übernommen hat, auch wenn Herr *Doehring* natürlich Recht hat, daß wir so weit davon nicht entfernt sind, weder von der *political question doctrine* noch von *Judicial-Self-Restraint.* Aber beide Begriffe sind nicht nur begrifflich problematisch, sondern haben auch eine ganz andere verfassungsrechtliche Herkunft. *Judicial-Self-Restraint* setzt nämlich auch Selbstermächtigung durch ein Gericht voraus, der *US-Supreme-Court* hat sich selbst zum Verfassungsgericht gemacht und konnte deshalb auch *Self-Restraint* üben und *political question doctrine* stammt aus ähnlichen Überlegungen. Deshalb meine ich, daß man diese Überlegungen nicht ohne weiteres auf unsere Verfassungsgerichtsbarkeit übertragen darf und sollte.

Der zweite Punkt betrifft das Völkerrecht als Überprüfungsmaßstab, da habe ich eine Frage an Herrn *Hailbronner.* Ich stimme zu, daß man das Völkerrecht nur dann als Kontrollmaßstab heranziehen kann, wenn es sich um allgemeine Regeln handelt. Aber sie haben dann auch den Grundsatz der Völkerrechtsfreundlichkeit des Grundgesetzes angesprochen. Dieser Grundsatz läßt sich sicherlich aus unserer Verfassung ebenso ableiten wie der Grundsatz der Europarechtsfreundlichkeit des Grundgesetzes, aber ich glaube, er kann nur dazu dienen, z. B. die Grundrechte im Sinne des Völkerrechts und des Europarechts erweiternd zu interpretieren. Aber mir ist nicht klar, wieso er, und so hatte ich Sie verstanden, jedenfalls in Ausnahmefällen als eigenständiger Kontrollmaßstab herangezogen werden kann.

Der dritte Punkt betrifft die dynamische Auslegung vor allem des Europarechts und die verfassungsgerichtliche Kontrolle. Ich knüpfe hier an Herrn *Rupp* an, möchte aber den Aspekt ein wenig verändern. Sie haben, Herr *Hailbronner,* vorsichtige Kritik an der Maastricht-Entscheidung geübt und haben ausgeführt, daß man sich doch am bestehenden Vertrag orientieren und nicht darüber spekulieren solle, auch bei anderen völkerrechtlichen Überprüfungen, was die Zukunft mit sich bringen, wohin sich die Gemeinschaft also entwickeln könne. Ich meine aber, man steht hier vor einem Dilemma und dieses Dilemma läßt sich auch gar nicht leicht lösen. Das Verfassungsgericht muß sich m. E. mit der Frage beschäftigen, ob das Parlament die Rechtsübertragung in diesem Umfang vornehmen, man kann auch sagen die Rechtsordnung, insoweit öffnen sollte und durfte, sei es früher im Hinblick auf die Grundsätze des Art. 79 Abs. 3 GG, die der Sache nach auch für die Übertragung von Hoheitsrechten galten, sei es heute wegen der Verfassungsbestimmung des Art. 23 GG. Und dies läßt sich nur ermitteln, wenn man auch die dynamische Fortentwicklung des Gemeinschaftsrechts im Auge behält. Denn man kann überhaupt nur ein Urteil darüber fällen, was übertragen worden ist, wenn man auch im Blick behält, was die Rechtsprechung des EuGH voraussichtlich daraus machen wird. Und hier war es sehr wichtig, daß der Maastrichter-Vertrag Änderungen mit sich brachte. Er hat ausdrücklich festgelegt, daß die Vertragsparteien Herren der Verträge sind und er hatte erstmals Kompetenzgrenzen, jedenfalls konnte man das so verstehen, festgelegt. Und deshalb hat, um das Beispiel aufzugreifen, das Bundesverfassungsgericht sich natürlich mit der Frage beschäftigen müssen, wieviele Bereiche übertragen und ob bestimmte Bereiche den Mitgliedstaaten und ihren Regionen als eigene Aufgabe vorbehalten wurden. Wie ist also z. B. die Bestimmung des Art. 128 EGV zu verstehen, als Kompetenzgrenze oder als Kompetenzerweiterung? Das Bundesverfassungsgericht hat bekanntermaßen ausgeführt, daß dies in erster Linie eine Begrenzung der Kompetenzen darstelle, eine Sichtweise, der ich voll zustimmen würde. Und dieses Dilemma haben Sie, glaube ich, bei der verfassungsgerichtlichen Kontrolle zwangsläufig, ich weiß auch keinen geeigneten Ausweg, das gleiche Problem stellt sich natürlich bei den parlamentarischen Zustimmungsabläufen, aber auch bei der gerichtlichen Kontrolle. Und ich meine schon, daß das Verfassungsgericht richtig beraten war, dies mitzubehandeln. Dies zeigt sich auch bei den Auswirkungen der Entscheidung. Denn interessanterweise hat es ja nach ersten Konflikten zwischen dem EuGH und dem Bundesverfassungsgericht eine interessante Annäherung gegeben. Die Rechtsprechung des EuGH weist durchaus vorsichtige, aber deutliche Tendenzen hin zu mehr Kompetenzkontrolle und weniger zur dynamischen Fortentwicklung des Gemeinschaftsrechts auf.

Kaiser: Sehr kurz, Herr Vorsitzender, zu wenigen europarechtlichen Aspekten der auswärtigen Gewalt und ihrer Kontrolle. Für Juristen ist es nicht ungewohnt, an große Fälle anzuknüpfen. Maastricht wurde genannt. Ich empfehle, das Zustandekommen des Vertrages in die Beurteilung einzubeziehen. Auf unsere Verfassungslage fällt Licht aus der Rolle, die nicht die Bundesregierung, sondern der Bundeskanzler in Maastricht gespielt hat. Er hat souverän gehandelt, völlig unbehindert durch deutsche Instanzen, nicht behindert auch durch die Zusagen, die er gegenüber der Bundesbeank getroffen hatte: keine Währungsunion ohne wirkliche politische Union. Er stand allerdings unter außerordentlich starkem Druck durch *Mitterrand* und *Andreotti*, im Ausland hat man darüber Deutlicheres lesen können als bei uns, und hat dann der Währungsunion zugestimmt. Das hat für uns unbequeme Folgen. Die Finanzmärkte gehen heute schon davon aus, daß der Euro, wenn er kommt, eine schwache Währung sein wird, für die wir die gelegentlich auch schon schwächliche, aber im Grunde immer noch ziemlich starke DM opfern sollen, und ich halte es im Gegensatz zu dem vorausgehenden Votum für durchaus angemessen und sogar dringlich, darüber zu spekulieren, was kommen wird.

Die parlamentarische Agenda in dieser Sache, Herr *Meyer*, sollte ernsthaft ins Auge gefaßt werden: Der Bundestag hat sich lückenhaft und zum Teil oberflächlich damit befaßt.

Was die Akzeptanz angeht, die wir auch ins Auge fassen sollten: Die Akzeptanz der Europapolitik und der Europarechtsetzung durch den demokratischen Souverän nimmt ab. Es steht damit beklagenswert schlecht, Kontrolle wird durch mangelnde Transparenz erschwert; die Akzeptanz nimmt ab, was sich auch darin ausdrückt, daß deutsche und andere Regierungen offen und unbefangen gegen EG-Recht verstoßen, so ja auch hier in Dresden: Subventionierung von VW, und ich glaube, mit ziemlich guten politischen und rechtlichen Gründen. Die Leute in Deutschland und anderwso finden immer weniger Gefallen an dem, was aus Brüssel und aus Luxemburg kommt. Ziemlich schlimm die Bananen-Verordnung. Ein ehemaliger Richter des EuGH, *Ulrich Everling*, hat die Rechtsprechung des EuGH in dieser Sache mit Recht kritisiert. Noch schärfer ist die Ablehnung einer Währungsunion durch die Mehrheit der Deutschen. Diese Deutschen, die sie ablehnen, sind nicht schlechtere Europäer, sie sind auch nicht dümmer und nicht weniger integer als die politische Klasse, die die Währungsunion will. Das Ganze ist wenig demokratisch, auch wenn man die Regeln einer repräsentativen Demokratie selbstverständlich auch in dieser Sache gelten läßt.

Kokott: Herr Vorsitzender, meine Damen und Herren,
angesichts der vorgerückten Zeit werde ich mich auf einen einzigen „Splitter" beschränken. Dieser bezieht sich auf Punkt 14 von Herrn *Wolfrum*. Sie möchten hier in parlementsfreundlicher Weise den Art. 59 Abs. 2 auf gemeinsame Aktionen anwenden, die der Europäische Rat unter Beteiligung von Parlament und Kommission zum Teil mehrheitlich nach Art. J3 EUV beschließt. In Betracht kommt eine direkte und eine analoge Anwendung des Art. 59 Abs. 2. Zur analogen Anwendung ist zu sagen, daß das Verfassungsgericht den Art. 59 Abs. 2 restriktiv und eben nicht analog anwendet. Zur direkten Anwendung des Art. 59 Abs. 2 auf gemeinsame Aktion ist zu sagen, daß diese Aktion eben keine völkerrechtlichen Verträge sind. Die gemeinsamen Aktionen werden, wie gesagt, zum Teil mehrheitlich beschlossen. Das ist bei völkerrechtlichen Verträgen nicht der Fall. Außerdem verkennt Ihre These 14 meiner Auffassung nach den integrationspolitischen Impetus des Art. J 3. Es sollten ja gerade neue Instrumente einer engeren Zusammenarbeit im Rahmen der gemeinsamen Außen- und Sicherheitspolitik geschaffen

werden. Wenn sich J 3 nur auf völkerrechtliche Verträge beziehen würde, dann wäre er überflüssig. Ich plädiere also auf die Anwendung des Art. 23 auf Beschlüsse im Rahmen der Europäischen Union. Art. 23 ist die Spezialvorschrift und schließt den Art. 59 Abs. 2 in diesem Bereich aus.
Dankeschön.

Riedel: Auch für mich gilt, daß ich aus Zeitgründen nur splitterhaft vortrage, was ich eigentlich sagen wollte. Ich bin der Meinung, daß wir uns in Anknüpfung an Art. 23 Abs. 3 GG eine Typologie der Handlungsformen der auswärtigen Gewalt vor Augen führen sollten. Lassen Sie mich das noch an einem Beispiel zur GASP und zur ZJI verdeutlichen, wonach wir grundsätzlich zwischen gemeinsamen Standpunkten und gemeinsamen Aktionen dreistufig unterscheiden müssen:

1. Bei gemeinsamen Standpunkten, etwa zur Formulierung einer gemeinsamen Nahost-Politik, wird wohl selten mehr als eine „Berücksichtigung“ des Parlamentswillens in Betracht kommen. Hierbei handelt es sich völkerrechtlich um den klassischen Bereich des „Soft-“ oder „Soft-Law“, bei dem die künftige Rechtsentwicklung allenfalls vorgezeichnet wird, freilich sollte man dies durchaus ernst nehmen, denn hier wird über Art. 23 Abs. 3 GG eine *ex ante*-Beteiligung ins Blickfeld genommen und eine spätere Entwicklung der Dinge dergestalt vorgezeichnet, daß künftig gemeinsame Aktionen mit sehr viel stärkeren Beteiligungsformen im innerstaatlichen Bereich erforderlich werden.

2. Bei gemeinsamen Aktionen, die keine unmittelbare Binnenwirkung entfalten – wie etwa die Entsendung eines EU-Administrators nach Mostar – die natürlich nicht unmittelbar in der Bundesrepublik Deutschland wirken, reicht die Beteiligung nach Art. 23 Abs. 3 GG m. E. völlig aus.

3. Anders aber verhält es sich bei gemeinsamen Aktionen und vor allen Dingen bei gemeinsamen Maßnahmen der ZJI mit unmittelbarer Grundrechtsrelevanz, etwa bei Bundeswehrinvolvierung im Ausland oder bei der Bekämpfung der Drogenkriminalität – Fälle, bei denen Fragen der Wesentlichkeitstheorie aufgeworfen werden. Und insoweit würde ich mich Herrn *Wolfrum* anschließen, daß in solchen Fällen mindestens ein Parlamentsbeschluß erforderlich wäre. Unabhängig davon bleibt aber immer die Befassungskompetenz des Bundestages, Sachen an sich zu ziehen. Wie die Welajati-Entschließung des Bundestages zeigte, gibt es dort freilich auch eine Grenze, bei der exekutivische Eigenverantwortung für Handeln jenseits paralleler parlamentarischer Befassung besteht. Das Parlament hätte dann allenfalls Sanktionsmöglichkeiten in Form von Mißbilligungsanträgen oder ähnlichem.

Konstatiert man eine Skala der Handlungsmöglichkeiten bei der Auswärtigen Gewalt, so lassen sich Situationen nach Art. 59 Abs. 2 GG bis hin zu reinen politischen Aktionen noch unterhalb von Verwaltungsabkommen differenzieren, die Eigenbereiche der Exekutive tangieren. Prüfungsmaßstab für parlamentarische Beteiligung wäre dann die jeweilige Grundrechtsrelevanz im Binnenbereich: Je außengerichteter und politischer sich eine Handlungsweise darstellt, desto stärker wird der Anspruch der Einschätzungsprärogative der Exekutive, und umgekehrt, je binnengerichteter sich die Maßnahmen darstellen, desto größer wird der Bereich parlamentarischer Beteiligung.

Unabhängig von diesen Fragen bleibt es aber bei dem von Herrn *Roellecke* eingangs aufgezeigten Dilemma, dem Streit zwischen der Scylla der Gubernalisierung und der Charybdis der Parlamentarisierung. Herr *Wolfrum* entscheidet sich für ein Mitwirkungsmodell, bei dem immer die Möglichkeit bleibt, daß der Bundestag Sachen an sich zieht. Meines Erachtens gibt es da aber auch Grenzen. Und sind diese Grenzen nicht vielleicht der Interorganrespekt, wie wir ihn aus dem klassischen Verfassungsrecht kennen?

Bothe: Vielen Dank Herr Vorsitzender. Wir haben uns hier mit den Folgen des Phänomens auseinanderzusetzen, daß die internationalen Beziehungen sich in einer Form intensiviert haben, die zu einer stärkeren Betroffenheit von Individuen führt. Was auch dazu führt, daß Individuen und Gruppen – davon war hier öfter die Rede – stärker an den internationalen Beziehungen teilnehmen. Internationale Beziehungen als Domäne der Bürokratien oder gar als Domäne der Bürokratien der auswärtigen Ämter – das entspricht nicht mehr der Realität. Daraus sind Folgerungen zu ziehen, auch solche verfassungsrechtlicher Art. Ich glaube, daß die Tendenz des Referates von Herrn *Wolfrum* darum völlig richtig ist, eine angemessene Änderung parlamentarischer Beteiligung in den internationalen Beziehungen zu befürworten. Die klassischen Formen der Kontrolle greifen vielfach nicht. Es muß über Neues nachgedacht werden.

Diese Intensivierung der internationalen Beziehungen hat aber auch Konsequenzen für die Grundrechte. Die Wahrscheinlichkeit, daß Akte des Staates in den internationalen Beziehungen grundrechtsrelevant sind, den Schutzbereich von Grundrechten berühren, ist einfach größer geworden. Deshalb verstehe ich nicht ganz die Thesen von Herrn *Hailbronner*, der offenbar diese Grundrechtsgeltung beschränken möchte auf den Aspekt der Territorialhoheit und auf den der Staatsangehörigkeit, also der Personalhoheit. Es kann doch nicht wahr sein, daß ein Polizist, in dem Moment, wo er völkerrechtsmäßig – weil eine Zustimmung vorliegt – die Grenze überschreitet, um dort weiter Strafverfolgungshandlungen vorzunehmen, die Grundrechtsbindungen an diesen Punkt ablegt, weil er außerhalb des Territoriums handelt und auch nicht gegenüber einem deutschen Staatsangehörigen. Wenn die GSG 9 eine Befreiungsaktion wie die damals in Mogadishu durchführt – ich kann es mir nicht anders vorstellen: sie muß doch an die Grundrechte gebunden sein und die Grundrechte beachten und zwar sowohl die Grundrechte der Geiseln als auch die Grundrechte der Geiselnehmer. Auch so etwas gibt es.

Die Diversifizierung der Akteure und die Intensivierung der internationalen Beziehungen schlägt sich auch nieder – so meine ich – in den Fragen der grenzüberschreitenden Klagebefugnis. Herr *Hailbronner*, Sie wissen es, wir sind uns in dieser Frage nicht einig. Ich halte das Abschneiden der Klagebefugnis an der Grenze für einen Anachronismus und dies nicht nur wegen der grenznachbarlichen Thematik, die Herr *Häberle* viel beredter angeschnitten hat als ich. Es ist einfach mit den Realitäten der internationalen Beziehungen nicht vereinbar anzunehmen, daß der ausländische Grenznachbar bei der Schutzausübung durch den Heimatstaat hinreichend aufgehoben ist. Die Intensivierung der internationalen Beziehungen führt auch dazu, daß die Bürokratien kooperieren, und wenn die sich einmal über etwas einig sind, kooperieren sie auch zum Nachteil der Rechte des einzelnen. Dafür gibt es viele schöne oder, wenn Sie es wollen, unschöne Beispiele.

Zustimmen möchte ich Ihnen allerdings in einer anderen Richtung, die ein bißchen im Widerspruch zu der übrigen Tendenz Ihres Referates steht, nämlich der vollen Berücksichtigung verfassungsrechtlicher Maßstäbe bei der Kontrolle von Grundrechtskonformität. Also kein „*favor conventionis*". Es geht hier, und das haben Sie richtig gesagt und das ist auch in der Diskussion wieder gesagt worden, vor allem um Fragen von Einschätzungsprärogativen. Ihrer Kritik an dem Hess-Urteil möchte ich folgen. Hier ist die Einschätzungsprärogative in der Tat überdehnt worden. Ich möchte Sie fragen, ob Sie diese Kritik auch auf das C-Waffen-Urteil des Bundesverfassungsgerichts ausdehnen würden, wo zu lesen steht, daß die Kriterien der Kalkar-Entscheidung dafür, wann eine gesetzliche Grundlage für die Schaffung eines Risikos notwendig ist, für einen völkerrechtlichen Vertrag nicht anwendbar sind und darum eine wesentlich allgemeinere und unspezifischere Grundlage für einen Eingriff auf völkerrechtlicher Grundlage ausreichen würde. Ich verkenne nicht, daß die Art möglicher Grundrechtsbeeinträchtigungen durch Akte der auswärtigen Gewalt – entschuldigen Sie das Kürzel – sich von manchen typischen Beeinträchtigungen im innerstaatlichen Bereich unterscheidet. Aber gerade die Fragen der Einschätzungsprärogativen sind Fragen, wo wir uns ohnehin an Falltypen orientieren müssen. Sie finden einiges von diesen Falltypen in der Entscheidung zum Mitbestimmungsurteil. Die Bildung sachgerechter Falltypen, glaube ich, ist für Grundrechtsbeeinträchtigungen in den internationalen Beziehungen richtiger als eine pauschale Sonderstellung für „Akte der auswärtigen Gewalt".

Maurer: Herr Vorsitzender, meine Damen und Herren, kein Schlußwort, sondern nur drei kurze Bemerkungen: Zuerst zum Begriff der Kontrolle. Traditionell versteht man darunter die nachträgliche Überprüfung einer Entscheidung mit der Befugnis, die überprüfte Entscheidung zu bestätigen oder zu verwerfen, oder der Befugnis, gegen die Entscheidung ein suspensives oder absolutes Veto einzulegen. Neben diesem engen Begriff der Kontrolle wird zunehmend ein weiter Begriff der Kontrolle verwendet, nämlich die Kontrolle als Mitwirkung oder sogar Mitentscheidung. Man müßte, wenn man von Kontrolle spricht, klarstellen, welcher Kontrollbegriff verwendet wird. Herr *Hailbronner*, der die verfassungsgerichtliche Kontrolle erörtert hat, bezieht sich natürlich auf den engeren Kontrollbegriff. Das Bundesverfassungsgericht hat die getroffenen Entscheidungen zu überprüfen und ggf. als verfassungswidrig zu verwerfen. Dagegen ging es im Referat von Herrn *Wolfrum* vornehmlich um den weiteren Begriff der begleitenden Kontrolle. Wenn ich schon beim Begrifflichen bin, ganz kurz zu Ihnen, Herr *Schneider*. Sie sagten, daß der Begriff der Auswärtigen Gewalt im Grundgesetz nicht erscheine. Das ist richtig, wenn man auf das Wort abstellt. Daraus lassen sich aber keine weiteren Konsequenzen ziehen. Denn wenn man den altertümlichen Begriff der Auswärtigen Gewalt übersetzt, dann besagt er: Zuständigkeit zur Pflege der auswärtigen Beziehungen. Sie ist im Grundgesetz geregelt.

Zweitens ist mehrfach Herr *Friesenhahn* mit der Formel der „Staatsleitung zur gesamten Hand" zitiert worden. Diese Formel war mehr als plakative Metapher gedacht, um das Verhältnis von Regierung und Parlament zu veranschaulichen und zu verdeutlichen, daß keine strikte Trennung zwischen beiden besteht. Sie darf aber nicht im zivilrechtlichen Sinne mißverstanden werden; sie besagt nicht, daß jeder alles tun und alles lassen darf. Vielmehr hat auch in diesem Verhältnis jeder – Regierung und Parlament – seinen Part, seine besonderen Zuständigkeiten und Rechte. Es ist daher zu fragen, was zu den wesentlichen Aufgaben der Regierung gehört. Geht man dieser Frage nach, dann zeigt sich, daß dazu auch und vor allem die auswärtigen Angelegenheiten gehören. Das ergibt sich einmal aus dem Rechtsbegriff der Regierung und zum anderen schon aus der Sache. Nur die Regierung kann die erforderlichen Verhandlungen mit anderen Staaten aufnehmen und führen, nur sie kann den Kontakt mit den Vertretern ausländischer Staaten und internationaler Organisationen pflegen. Das Parlament ist weitgehend auf die anschließende Zustimmung oder Ablehnung beschränkt, die allerdings gewisse Mitsprachemöglichkeiten implizieren. Sie haben, Herr *Wolfrum*, die schöne Formulierung von der Organadäquanz und Funktionsgerechtigkeit gebraucht. Genau das führt zu der Folgerung, daß, was auch Herr *Stern* betont hat, die Außenpolitik zu den Regierungsaufgaben gehört. Auch wenn die Regierung die Außenpolitik nicht allein, sondern nur im Zusammenwirken mit dem Parlament betreiben kann, so ist doch festzustellen, daß sie primär für diesen Bereich verantwortlich ist. Insofern ist Herrn *Hailbronner* durchaus zuzustimmen.

Drittens noch zum Verhältnis von Innenpolitik und Außenpolitik. Es ist immer wieder betont worden, daß zwischen Innenpolitik und Außenpolitik eigentlich kein Unterschied mehr bestehe, beide vielmehr ineinander übergingen. Das ist weitgehend, aber auch nur weitgehend zutreffend. Die beiden Bereiche lassen sich nicht nur sachlich unterscheiden, sondern müssen auch in rechtlicher Hinsicht unterschieden werden. Die Außenpolitik kann nur im Wege der Kooperation betrieben werden. Einseitige Anordnungen scheiden aus. Es besteht nur die Möglichkeit, im Wege der Verhandlungen und des Vertrages zum Ziel zu kommen. Anders liegt es im innenpolitischen Bereich. Auch hier setzt sich zwar das Kooperationsprinzip immer mehr durch. Daneben besteht aber immer noch die Möglichkeit der einseitigen Anordnung. Was nicht im Wege der Kooperation erreicht wird, kann durch einseitige staatliche Entscheidungen, durch Gesetz oder Verwaltungsakt, durchgesetzt werden. Daraus ergeben sich auch rechtliche Folgerungen, insbesondere im Blick auf die Rechtsbindung. Im innenpolitischen Bereich besteht die Rechtsbindung der staatlichen Organe, insbesondere die Grundrechtsbindung, uneingeschränkt. Im außenpolitischen Bereich wird es dagegen schwieriger. Da das Mittel der einseitigen Anordnung nicht zur Verfügung steht, muß eventuell ein Kompromiß unter Verzicht auf gewisse Rechtspositionen geschlossen werden. Das ist auch die Grundtendenz des Saar-Urteils. Das BVerfG hat den Saar-Vertrag akzeptiert, obwohl er den Anforderungen des Grundgesetzes nicht voll entsprach, weil der durch den Vertrag erreichte Zustand jedenfalls dem Grundgesetz näher stand als der vorherige Zustand. Daher meine ich schon, daß die Unterscheidung zwischen Innen- und Außenpolitik möglich und rechtlich notwendig ist.

Schneider: Es ist überhaupt nicht einzusehen, warum es ein Naturgesetz sein muß, daß die Regierung im Zentrum der Außenpolitik steht.

Ich könnte mir durchaus vorstellen, daß etwa der auswärtige Ausschuß die Grundsätze für den Verhandlungsauftrag festlegt, also das Mandat bestimmt, wie das zum Teil ja auch in England geschieht. Es wird sicher das Außenministerium zuarbeiten müssen. Ich möchte nur feststellen, daß wir mit der Parlamentarisierung der Außenpolitik noch lange nicht am Ende sind.

Öhlinger: Ich kann mich kurz fassen und spreche nur noch zu einem Punkt. Ich komme aus einem Land, in dem wir die Differenzierung zwischen „Innen" und „Außen" als Rechtsbegriff – nicht nur im Sinne des positiven Rechts, sondern auch im Sinne der das positive Recht beschreibenden Theorie – nicht kennen. Das ist wahrscheinlich auf die Erkenntnis zurückzuführen, daß Innen- und Außenpolitik nicht etwas völlig Verschiedenes sind. Aber man darf nicht übersehen, daß wir diesen Standpunkt nicht uneingeschränkt in dem Sinne durchhalten können, daß wir, um das Beispiel zu wiederholen, das Abstimmungsverhalten des österreichischen Vertreters im Sicherheitsrat an genau den gleichen Kriterien messen wie etwa den Verwaltungsakt eines Finanzamtes. Auswärtige Gewalt ist – hier folge ich Herrn *Schneider* – eine Staatsaufgabe, aber eine Staatsaufgabe mit spezifischen Eigenheiten. Mit der Qualifikation als Staatsaufgabe verschwinden wahrscheinlich manche dogmatischen Probleme. Man darf aber nicht übersehen – sonst könnte passieren, was sich mit einigen Beispielen aus Österreich illustrieren ließe – daß man gewisse Probleme nur deshalb nicht hat, weil man dafür keinen Begriff hat. Außenpolitik ist gerade im österreichischen Ansatz eine Staatsaufgabe, doch die Eigenarten dieser Staatsaufgabe dürfen auch nicht außer acht gelassen werden.

Wolfrum: Ich möchte zunächst auf die Intervention von Herrn *Zacher* eingehen und vielleicht an dem Punkt ansetzen, an dem er aufgehört hat. Nach meinem Dafürhalten hat sich inzwischen eine Wertegemeinschaft überstaatlicher Natur entwickelt. Hieraus ergeben sich weitere Konsequenzen, wobei zwischen einer innerstaatlichen und einer Konsequenz auf völkerrechtlicher Ebene zu unterscheiden ist. Innerstaatlich stellt sich die Frage, wie eine derartige Wertegemeinschaft entsteht. Auf das behandelte Thema bezogen möchte ich betonen, daß die Herausbildung von Werten in demokratisch verfaßten Staaten eine mitgestaltende Wirkung der Parlamente verlangt. Auf der Ebene des Völkerrechts werden Werte geschaffen und implementiert. Dabei muß man sich von der Vorstellung lösen, daß die Implementierung durch internationale Organe oder Organisationen, wie z. B. dem Ruanda-Gerichtshof erfolgt. In vielen Fällen werden Staaten hierfür in Anspruch genommen; sie setzen völkerrechtliche Normen durch. Dabei handelt es sich um eine Form der Organleihe. Insofern führt diese völkerrechtliche Entwicklung in bestimmten Bereichen zu Souveränitätseinbußen; sie führt aber gleichzeitig zu Funktionsgewinnen auf Seiten der Staaten.

Lassen Sie mich nun auf die Diskussion zwischen Herrn *Schneider* und Herrn *Maurer* eingehen, wobei ich vor allem auf Herrn *Öhlinger* verweisen möchte, der die aufgeworfenen Fragen beantwortet hat. Dabei ist selbstverständlich, daß nach außen die Regierung agiert. Hierin liegt kein Widerspruch zum Zusammenwirken zwischen Regierung und Parlament. Ich hatte ausdrücklich betont, daß trotz dieses Zusammenwirkens das Initiativrecht bei der Regierung verbleibt.

Lassen Sie mich dann auf das sehr komplexe Thema der Dynamisierung, das von Herrn *Doehring*, Herrn *Frowein* und Herrn *Kirchhof* angesprochen worden ist, eingehen. Das geltende Recht eröffnet Möglichkeiten, auf eine dynamische Entwicklung des Völkerrechts zu reagieren. Diese sollten ausgeschöpft werden. Hierbei handelt es sich um die antizipierte Zustimmung und den Einsatz allgemeiner Kontrollmechanismen, auf die insbesondere Herr *Frowein* verwiesen hat. Dieses System ist in der Praxis verbesserbar, ohne die Notwendigkeit einer Modifikation des geltenden Rechts. Dabei ist, wie ausgeführt, zwischen folgenden Fallgruppen zu unterscheiden: Erstens, wenn eine Dynamisierung in der Organisation bzw. dem Vertrag angelegt und das Integrationsziel wirklich erkennen läßt. Dann kann man von der antizipierten parlamentarischen Zustimmung ausgehen.

Erfolgt eine Dynamisierung völkerrechtlicher Pflichten außerhalb dieser Rahmenbedingungen, ist eine parlamentarische Einschaltung zwangsläufig notwendig.

Kommen wir damit zu den beiden Punkten, die Herr *Doehring* angesprochen hat. Konstitutiver Parlamentsbeschluß und die verfassungsrechtliche Herleitung der antizipierten Zustimmung. Lassen Sie mich auf den letztgenannten Punkt zunächst eingehen. Art. 59 GG verlangt ein Zustimmungsgesetz; er besagt nicht, daß ein Zustimmungsgesetz nicht auch mit der Klausel verabschiedet werden kann, daß weitere Regelungen durch Rechtsverordnungen in Kraft gesetzt werden können. Insofern ist für mich *sedes materiae* Art. 59 GG in Verbindung mit Art. 80 GG. Ich sehe in einer antizipierten parlamentarischen Zustimmung, ich wiederhole es gern, eine Verbesserung der Position für das Parlament. Die Reduktion parlamentarischer Mitwirkung auf Annahme oder Ablehnung, wie sie für Art. 59 GG typisch ist, ist bei der antizipierten Zustimmung nicht gegeben. Man konnte dies gut beobachten, als der Bundestag darum gebeten wurde, eine antizipierte Zustimmung zu einem Durchführungsabkommen zum internationalen Seerechtsübereinkommen zu geben. Das Durchführungsübereinkommen lag in seiner Endfassung nicht vor. Die Formulierung lautet: Die Bundesregierung wird ermächtigt, ein Durchführungsübereinkommen zu akzeptieren und zwar, wenn es in Inhalt und Gestaltung in etwa dem uns vorliegenden Entwurf entspricht. Der dem Bundestag vorliegende Entwurf und die endgültige Fassung fielen nicht stark auseinander. Es bedurfte aber eminenter Aufklärungsarbeit gegenüber dem Bundestag, insbesondere dem Auswärtigen Ausschuß.

Herr *Kirchhof*, Sie haben in diesem Zusammenhang noch zwei Punkte angesprochen, die ich bislang ausgespart habe; dies gilt vor allem für das Verhältnis von Europarecht und Völkerrecht. Ich sehe die Unterschiede zwischen dem Europarecht und dem Völkerrecht sehr wohl. Worauf sich meine Äußerungen bezogen, ist die Verhandlungstätigkeit im Rat. Diese unterscheidet sich nicht von der Verhandlungstätigkeit in anderen internationalen Organisationen. Insoweit besteht also kein Unterschied zwischen Europarecht und Völkerrecht. Daß das Europarecht in der Praxis stärker als das Völkerrecht das nationale Recht beeinflußt, steht außerhalb der Diskussion. Hierauf hat – wie ich finde zurecht – der Grundgesetzgeber mit der Schaffung des neuen Art. 23 GG reagiert. Es handelt sich dabei um eine – wie ich sagte – funktionsgerechte Lösung.

Kommen wir zu dem Gesichtspunkt, der von Ihnen, Herr *Kirchhof*, angesprochenen Parlamentisierung des Völkerrechts. Sie sprachen mehrere Komplexe an; einen möchte ich besonders hervorheben. Nach meinem Dafürhalten bedarf Art. 59 Abs. 2 zweite Alternative einer Neuinterpretation. Es existiert die alte Formulierung des Bundesverfassungsgerichts, wenn ein Vertrag vorliegt, der die politischen Beziehungen regelt. Ich habe in meinem Referat ausgeführt, daß dazu auch der Beitritt zur internationalen Organisation, die auf eine kooperative Wahrnehmung internationaler Sachkomplexe angelegt ist, zählt. Dies ist die angemessene Reaktion auf die völkerrechtliche Entwicklung, wonach internationalen Organisationen eine wesentliche Bedeutung bei der Gestaltung der auswärtigen Beziehungn zukommt.

Vom Haushaltsrecht möchte ich nicht jede haushaltsrechtliche Auswirkung erfaßt sehen, aber es berührt schon merkwürdig, daß der Beitritt zur IMO mit Zustimmungsgesetz und zur UNESCO ohne solches erfolgt. Beitragszahlungen erfolgen in beiden.

Zu einseitigen Rechtsakten Leitsatz 4 und 16: Herr *Tomuschat* und Herr *Kirchhof* haben beide zur Vorsicht hinsichtlich einer Notwendigkeit zur parlamentarischen Mitwirkung gemahnt, dem will ich nicht widersprechen. Mein Hauptanliegen war jedoch, dem Formenmißbrauch zu begegnen, daß hier nicht in einseitigen Erklärungen, nämlich Erklärungen, die an sich in Verträge hätten gegossen werden müssen, ausgewichen wird. Viele einseitige Rechtsakte im übrigen haben nicht die Qualität, daß hierzu die Zustimmung des Parlaments erforderlich wäre.

Mein vorletzter Punkt ist die Institutionalisierung, die Herr *Stern* ansprach. Herr *Stern*, ich gebe Ihnen völlig recht, daß die kleineren Gremien, also Europakammer, Europaausschuß, die richtige Antwort auf den Zwang zur stärkeren Einbindung des Parlaments sind. Was ich lediglich geschildert habe ist, daß weder die Mitglieder des Bundesrates, noch die Mitglieder des deutschen Bundestages die hierin liegenden Möglichkeiten sehen. Dies sehe ich besonders kritisch beim Bundestag. Beim Bundesrat ergeben sich kaum – so wie ich es verstehe – praktische Probleme, während beim Bundestag eine Lücke klafft. Insofern ist die institutionelle Folgerung aus Art. 23 GG auf Seiten des Bundestages noch nicht erfüllt. Ich glaube darin sind wir uns einig.

Lassen Sie mich kurz noch auf Art. 23 GG eingehen. Herr *Herdegen*, Herr *Doehring*, Frau *Kokott* und Herr *Riedel* haben diesen Gesichtspunkt angesprochen, auch Herr *Hailbronner* hat vorhin darauf Bezug genommen. Herr *Doehring* und Frau *Kokott* haben gefragt, wie ich Art. 59 in den 23 GG hineinlesen kann. Meine Frage geht an Sie, wie und woher Sie entnehmen, daß 23 GG den 59 GG verdrängt. Ich glaube, diese Frage ist genauso berechtigt. Ich darf wiederholen, was ich gesagt habe. Bei gemeinsamen Aktionen, das sind ja die einzigen, die verbindlich werden können, kann diese Verbindlichkeit entweder nur eine supranational bedingte oder eine völkerrechtlich bedingte sein. Wenn eine völkerrechtlich bedingte Verbindlichkeit vorliegt, dann ist die gemeinsame Aktion ein völkerrechtlicher Vertrag und ich sehe keinen Grund der dagegen spräche. Aus der Entstehungsgeschichte dieser Vorschrift ergibt sich, daß hier eben gerade nicht die Durchgriffsmöglichkeit geschaffen werden sollte, wie sie der EG eigen ist. Dazu, Frau *Kokott*, kämen Sie nämlich, wenn ich Ihrem Ansatz folgen würde. Insofern unterscheide ich nach politischen Verträgen und Verträgen, die sich auf die Gesetzgebung beziehen. Bei politischen Verträgen ergibt sich die völkerrechtliche Verbindlichkeit aus der gemeinsamen Aktion. In diesem Fall besteht nicht mehr die Möglichkeit, diese durch Zustimmungsgesetz zu bewirken. Insofern muß der 23 GG – da gebe ich Ihnen recht – eingreifen. Bei gemeinsamen Aktionen, die innerstaatlich umgesetzt werden müssen, d. h. sich auf die Gesetzgebung beziehen, ergibt sich eben kein Durchgriffseffekt. Eine innerstaatliche Verbindlichkeit läßt sich nur über Art. 59 GG bewirken. Ich will nicht leugnen, daß hier ein Auseinanderfallen zwischen europäischem und nationalem Recht erfolgen kann. Ob der Bundestag in der Praxis seine Zustimmung verweigern wird, wird, wie ich sagte, in der Praxis davon abhängen, wie stark er beteiligt worden ist. Aber ich bestehe darauf, daß Art. 23 Art. 59 GG nicht verdrängt, sondern zu dessen Ergänzung geschaffen worden ist. Er sollte die Rechte des Parlaments stärken, nicht verringern. Ich glaube, damit habe ich die an mich gerichteten Fragen beantwortet und bedanke mich für Ihre Geduld.

Hailbronner: Ich möchte noch einige Bemerkungen anschließen an die Ausführungen zu Art. 23 GG. Ich teile die Auffassung von Herrn *Wolfrum*, daß Art. 59 Abs. 2 GG nicht verdrängt werden kann durch Art. 23 GG. Man muß allerdings sehen, daß das Verhältnis von Art. 59 und Art. 23 GG einige interessante Probleme und bisher noch nicht hinreichend gelöste Fragen aufwirft. Der Rat der Europäischen Union hat gemeinsame Standpunkte verabschiedet, in denen ausdrücklich festgestellt ist, sie seien zwar nicht im üblichen Sinne völkerrechtlich bindend, sie bänden jedoch die Regierungen, nicht aber die Gerichte. Inwiefern man derartige eingeschränkte Bindungswirkungen in das herkömmliche Instrumentarium völkerrechtlicher Absprachen einordnen kann, ist bisher ebensowenig geklärt wie die Frage der innerstaatlichen Auswirkungen solcher Rechtsakte. Es gibt hier zahlreiche Probleme, die noch der Lösung harren. Zu der Frage von Herrn *Maurer*, Herrn *Schneider* und Herrn *Alexy* nach dem verfassungsrechtlichen Begriff der auswärtigen Gewalt: Die auswärtige Gewalt ist, worauf verschiedentlich hingewiesen worden ist, kein einheitlicher verfassungsrechtlicher Begriff. Ich bin Herrn *Schneider* dankbar, daß er auf Art 32 Abs. 1 GG hingewiesen hat. Auch in anderen Grundgesetzbestimmungen findet sich der Begriff der Beziehungen zu auswärtigen Staaten oder der Begriff der auswärtigen Angelegenheiten (Art. 73 Nr. 1 GG). Insgesamt läßt sich also ein Konglomerat aus diesen Bestimmungen bilden, die insgesamt die auswärtige Gewalt als verfassungsrechtlichen Begriff konstituieren. Daraus ergibt sich zugleich die Antwort auf die Frage von Herrn *Alexy*, woraus sich die völkerrechtliche Handlungsfähigkeit grundgesetzlich legitimiert. Es handelt sich sicher um eine berechtigte Frage; ich glaube aber doch, daß ungeachtet aller Verflechtungen von Innen- und Außenpolitik das Grundgesetz einen hinreichenden Anhaltspunkt nicht nur in der staatsrechtlichen Praxis dafür bietet, daß die auswärtigen Beziehungen etwas „Besonderes“ sind und daß die besondere Handlungsfähigkeit als notwendiger Bestandteil eines Kernbestands der Handlungsfähigkeit der Exekutive verstanden werden muß. Die Handlungsfähigkeit der Bundesregierung nach außen ist mehr denn je unabdingbar, wenn die innenpolitischen Gestaltungsaufgaben adäquat erfüllt werden sollen. Herr *Zacher* hat das Stichwort „Verfassungsstaat im Geflecht der internationalen Beziehungen“ aufgeworfen. Unser heutiges Thema führt die schon früher von unserer Vereinigung begonnene Auseinandersetzung über dieses Thema weiter. Dabei zeigt sich, daß wir heute im Grunde unverändert vor der gleichen Fragestellung stehen, die Herr *Tomuschat* damals in seinem Referat unter Hinweis auf die völkerrechtlichen Entwicklungen aufgeworfen hatte. Herr *Wolfrum* und ich haben, so glaube ich, versucht, diese Entwicklungen im Hinblick auf die institutionellen Verschiebungen und die Frage der Kontrollmaßstäbe nachzuvollziehen. Herr *Doehring* hat mit Recht auf die allgemeinen Regeln des Völkerrechts, Art. 25 GG hingewiesen. Dieser Gesichtspunkt scheint mir wichtig, auch wenn ich ihn nur kurz erwähnt hatte. Ein Zusammenhang ist sicherlich gegeben mit meiner zugegebenermaßen restriktiven These zu der Bedeutung der Grundrechte für die auswärtige Gewalt. Man muß allerdings beachten, daß es nicht darum geht, eine völlige Freiheit der auswärtigen Gewalt von normativen Ordnungen zu postulieren und einen rechtsfreien Raum in Anspruch zu nehmen. Auch eine Einschränkung der Bedeutung der Grundrechte im Bereich der auswärtigen Gewalt kann nicht darauf hinauslaufen, die absolute Herrschaft der Exekutive, ein monarchisches Prinzip der Außenpolitik wiederzubeleben. Es geht darum, daß sachnähere rechtliche Kontrollmaßstäbe im Völkerrecht vorhanden sind, insbesondere im Bereich der allgemeinen Regeln des Völkerrechts. Etwaige Lücken lassen sich daher meines Erachtens durch das Völkerrecht schließen. Auf diese Weise erledigen sich wohl auch eine ganze Reihe von Kritikpunkten und Einwänden, die gegen die These einer eingeschränkten Bindung an Grundrechte erhoben worden sind. Der Maßstab der auswärtigen Gewalt ist primär das Völkerrecht und damit die im internationalen Konsens geltenden Regeln des Rechts. Das führt zu einer anderen Beurteilungsgrundlage als wenn einseitig eine von innen her bestimmte Grundrechtsordnung als verbindlicher Maßstab für die Regelung internationaler Angelegenheiten, wie z. B. die Frage der Gleichberechtigung der Geschlechter, herangezogen wird. Praktisch sind die Unterschiede vielleicht nicht ganz so gewichtig, wie es manchmal scheinen mag. Herr *Bothe*, Sie haben mich zu Recht mit dem Hinweis auf den Somalia-Mogadischu-Einsatz der Bundeswehr auf einen kritischen Punkt hingewiesen. Die ausschließliche Anknüpfung an territoriale und personale Anknüpfungspunkte kann in einem solchen Fall sicherlich Kopfzerbrechen bereiten. Freilich handelt es sich um einen sozusagen von der Normallage der Ausübung auswärtiger Gewalt abweichenden Sachverhalt, wenn deutsche Behörden oder deutsche Truppen auf fremdem Boden Hoheitsgewalt ausüben. Es wird hier mit Zustimmung eines anderen Souveräns deutsche Staatsgewalt auf fremdem Boden ausgeübt. Im Ergebnis wird man sicher nicht bestreiten können, daß hier ein hinreichender verfassungsrechtlicher Anknüpfungspunkt für die Bindung an Grundrechte vorliegt. Die Ausübung deutscher Staatsgewalt auf fremdem Boden mit Zustimmung eines fremden Souveräns muß im Ergebnis der Ausübung von Staatsgewalt auf deutschem Staatsgebiet insoweit gleichgestellt werden.

Abgesehen davon, stellt sich natürlich die Frage, ob die Ausübung von Hoheitsgewalt durch die Bundeswehr im Ausland in diesem Sinne Ausübung auswärtiger Gewalt ist. Es besteht sicher ein grundsätzlicher Unterschied zur Frage, ob und inwieweit Grundrechte als Parameter für die Gestaltung auslandsbezogener internationaler Sachverhalte heranzuziehen sind. Was die C-Waffen-Entscheidung des Bundesverfassungsgerichts betrifft, meine ich, daß eine wesentlich andere Ausgangslage besteht, als in dem von mir angesprochenen Fällen der Ausübung diplomatischen Schutzes, insbesondere bei der Hess-Entscheidung. Meine Kritik richtete sich dagegen, daß das Bundesverfassungsgericht festgestellt hatte, es könne die Richtigkeit einer völkerrechtlichen Grundlage für die Ausübung diplomatischen Schutzes nicht überprüfen. Das scheint mir zu weit zu gehen. Die C-Waffen-Entscheidung liegt hier doch auf einer etwas anderen Ebene.

Herr *Rupp* hat die Frage der verfassungskonformen Auslegung aufgeworfen. Ihr Argument, daß das Bundesverfassungsgericht ja auch die Möglichkeit gehabt hätte, die ganze Regelung zu kippen, überzeugt mich nicht ganz. Meine Kritik an der verfassungskonformen Auslegung völkerrechtlicher Verträge bezog sich gerade darauf, daß wir uns hier in einem Bereich bewegen, in dem sowohl auf der völkerrechtlichen als auch auf der innerstaatlichen Ebene Wirkungen erzeugt werden. Deshalb war es richtig, daß das BVerfG das Zustimmungsgesetz zum Maastrichter Vertrag auch an europarechtlichen Kriterien gemessen hat. Von der Befugnis, den gesamten Vertrag für verfassungswidrig zu erklären, kann man m. E. nicht auf eine Befugnis schließen, dem Vertrag eine Bedeutung zu geben, die nicht mit dem in Einklang steht, was auf der völkerrechtlichen oder europarechtlichen Ebene als Verhandlungsergebnis maßgeblich ist. Den Ausführungen von Herrn *Engel*, wonach die Völkerrechtsordnung prinzipielle Koordinationsordnung ist und von daher prinzipielle Unterschiede zur nationalen Rechtsordnung aufweist, kann ich völlig zustimmen. Dies ist für mich ein wesentlicher Grund dafür, daß die auswärtige Gewalt auch verfassungsrechtlich gewisse Besonderheiten aufweist. Sie haben auch davon gesprochen, daß mit der Völkerrechtsordnung eine prinzipiell andersartige Rechtsordnung, nämlich die innerstaatliche Rechtsordnung, „zusammenprallt". Deshalb können eben bei der auswärtigen Gewalt nicht einfach Grundsätze der Innenpolitik angewendet werden. Es ist diese völkerrechtliche

Einbettung, die verfassungsrechtlich eine Besonderheit der auswärtigen Gewalt gebietet. Herr *Kaiser* und Herr *Doerr* haben das Problem der dynamischen Auslegung angesprochen. Hierzu eine ganz kurze Bemerkung: Richtig ist, daß sich der Vertrag von Maastricht erheblich von anderen „gewöhnlichen“ völkerrechtlichen Verträgen unterscheidet. Es handelt sich hier um einen Vertrag, der von vornherein auf eine Fort-/Weiterentwicklung angelegt ist. Deshalb war es wohl prinzipiell auch richtig, daß das BVerfG eine potentielle Weiterentwicklung des Maastrichter Vertrags in seine verfassungsrechtliche Prüfung mit einbezogen hat. Nun ist es eine ganz andere Frage, ob man es für richtig hält, theoretische Entwicklungen und Auslegungen, die im Maastrichter Vertrag jedenfalls bei richtigem Verständnis nicht angelegt sind, von vornherein auf den Prüfstand des Verfassungsrechts zu stellen und damit zu unterstellen, daß der Vertrag von den europäischen Organen nicht eingehalten wird. Ich halte es nicht für geboten, im Rahmen der verfassungsgerichtlichen Überprüfung darüber Aussagen zu machen, welche Auswirkungen eine evidente Überschreitung der durch den Vertrag verliehenen Kompetenzen auf die innerstaatliche deutsche Rechtsordnung hätte. Im übrigen ist es vielleicht nicht ganz untypisch, daß die deutsche Antwort auf einen derartigen Fall die Verweisung auf die Gerichte ist. In anderen Mitgliedsstaaten der Europäischen Union sind das typische Aspekte der auswärtigen Politik. Es handelt sich sozusagen um den Kern der europapolitischen Kompetenz der Regierung. Wenn eine evidente Kompetenzüberschreitung vorliegt, die essentielle Interessen eines Mitgliedsstaates berührt, ist die Außenpolitik gefragt. Gewisse Unterschiede in der Betrachtungsweise zwischen den einzelnen Mitgliedsstaaten der Union sind hier unverkennbar. Als letzten Punkt möchte ich noch eingehen auf die Bemerkungen von Herrn *Doerr* zur *political question doctrine.* Ich glaube, es ist ganz richtig, wenn man feststellt, daß in mancher Beziehung das Ergebnis dessen, was in der amerikanischen Rechtsprechung unter der *political question doctrine* praktiziert wird, zur deutschen Konzeption der auswärtigen Gewalt nicht so verschieden ist. Man könnte vielleicht noch einen Punkt weitergehen und argumentieren, es sei gelegentlich sinnvoller, wenn ein Gericht eine Entscheidung im Hinblick auf die *political question doctrine* völlig ablehnt, als wenn verfassungsgerichtlich entschieden wird und damit zugleich ein bestimmter verfassungsrechtlicher Zustand auch für die Zukunft verbindlich verfassungsrechtlich festgelegt wird. Insoweit kann die *political question doctrine* durchaus flexibler und offener für künftige Entwicklungen sein als unsere Konzeption der auswärtigen Gewalt. Richtig ist, daß es im praktischen Ergebnis häufig auf das gleiche herauskommt. Das Völkerrecht als Überprüfungsmaßstab und der Grundsatz der völkerrechtsfreundlichen Auslegung können mit verfassungsrechtlichen Überprüfungsmaßstäben verbunden werden. Ich könnte mir auch vorstellen, daß der Grundsatz der internationalen Offenheit bei bestimmten Sachverhaltsgestaltungen mit Grundsätzen, wie z. B. dem Prinzip der Völkerrechtsfreundlichkeit, kombiniert und für die verfassungsgerichtliche Überprüfung nutzbar gemacht wird.

Zweiter Beratungsgegenstand:

Verwaltung und Verwaltungsrecht zwischen gesellschaftlicher Selbstregulierung und staatlicher Steuerung

1. Bericht von Prof. Dr. *Matthias Schmidt-Preuß*, Erlangen

Inhalt

I. Grundlagen und Themenabgrenzung

1. *Aktueller Befund*

Die moderne Verwaltung agiert zunehmend in neuartigen Aktionsfeldern zwischen den Polen gesellschaftlicher Selbstregulierung und staatlicher Steuerung. Kennzeichnend hierfür ist die Abkehr vom klassischen *Gestaltungsmodus* imperativer Zweckverwirklichung[1] zugunsten arbeitsteiliger Gemeinwohlkonkretisierung durch Staat *und* Private. Als Beleg seien aktuelle Stichworte angeführt wie Duales System, Öko-Audit, Baugenehmigungsfreistellung, Umweltverträglichkeitsprüfung, Vorhaben- und Erschließungsplan oder Klimaschutzabkommen. Diese wenigen Beispiele deuten die *ungeheure Vielfalt und Heterogenität* der Gestaltungsmodi im Spannungsfeld zwischen gesellschaftlicher Selbstregulierung und staatlicher Steuerung an. Beide konträren Leitbegriffe stekken das Spektrum ab, auf dem Verwaltung und Verwaltungsrecht einem rasanten Strukturwandel unterliegen und nachhaltig herausgefordert sind.[2]

2. *Ausgangspositionen und begriffliche Klärungen*

Dabei verstehe ich unter *gesellschaftlicher Selbstregulierung*[3] *die individuelle oder kollektive Verfolgung von Privatinteressen in Wahrnehmung grundrechtlicher*

---

[1] Ihr Kennzeichen sind Verbote und Gebote, einerlei, ob sie auf der Ebene des Gesetzes (z. B. Gebot der Inlandsbeseitigung von Abfall gem. § 10 Abs. 3 S. 1 KrW-/AbfG), der Verordnung (z. B. Chemikalien-Verbotsverordnung in der Neufassung vom 19. 7. 1996, BGBl. I, 1151) oder des Einzelakts (z. B. bauordnungsrechtliche Stillegungsverfügung) begründet werden. Weitgehend synonym wird auch die Kategorie der „direkten Verhaltenssteuerung" verwendet, s. etwa *Hoppe/Beckmann* Umweltrecht, 1989, § 8 Rdn. 1 ff.; *Kloepfer* Umweltrecht, 1989, § 4 Rdn. 31 („Modus des ‚Befehls'"); *Sellner/Schnutenhaus* NVwZ 1993, 928 r. Sp.: „command and control"; zum „Ordnungsrecht" aus ökonomischer Sicht *Gawel* Umweltallokation durch Ordnungsrecht, 1994, 6 ff., 41 ff.

[2] Vgl. *Hoppe* in: Ders./J. Bauer/Faber/Schink (Hrsg.), Rechts- und Anwendungsprobleme der neuen Bauordnung NW, 1996, 1 (4), der von „sektoralen Systemänderungen der Verwaltung zwischen gesellschaftlicher Selbstregulierung und staatlichen Ingerenzen" spricht.

[3] Die Begriffsbildung ist noch nicht einheitlich. Vielfach wird auch von Selbststeuerung gesprochen, s. aus der sozialwissenschaftlichen Lit. z. B. *Teubner/Willke* Zeitschrift für Rechtssoziologie 6 (1984) 4 (15); offenbar synonym verwenden die Termini der Selbststeuerung, -regulierung und -regelung etwa *Mayntz/Scharpf* in: Dies., Gesellschaftliche Selbstregelung und politische Steuerung, 1995, 9 (20 f., 23 mit Fn. 5 sowie S. 29); *Mayntz* in: Jahrbuch zur Staats- und Verwaltungswissenschaft, Bd. 1/1987, 89 (95); *Spies* in: Staatswissenschaften und Staatspraxis, 1994, 267 (268, 280, 296); aus dem rechtswissenschaftlichen Schrifttum s. beispielsweise *Hoffmann-*

Freiheiten zum legitimen Eigennutz. Als Kontrapunkt hierzu ist *staatliche Steuerung*[4] im weiteren Sinn jede Gestaltung der Lebensverhältnisse durch einen Träger öffentlicher Gewalt.[5] Insoweit steht, da nach der Rolle von Verwaltung und Verwaltungsrecht gefragt ist, die *operative – i. d. R. administrative, bisweilen gouvernementale – Beeinflussung des Verhaltens Privater zur Durchsetzung von Gemeinwohlzielen* als *staatliche*[6] *Steuerung im*

Riem, in: Ders./J.-P. Schneider (Hrsg.), Verfahrensprivatisierung im Umweltrecht, 1996, 9 (21): „Steuerung durch hoheitlich regulierte gesellschaftliche Selbstregulierung"; *Trute* in: Hoffmann-Riem/Schmidt-Aßmann (Hrsg.), Öffentliches Recht und Privatrecht als wechselseitige Auffangordnungen, 1996, 167 (200); *Schuppert* Privatisierung und Regulierung – Vorüberlegungen zu einer Theorie im kooperativen Verwaltungsstaat, Manuskript, 1996, 29 ff. Demgegenüber wird hier der Terminus der *Steuerung* dem *staatlichen* Gestaltungsmodus vorbehalten. Nur der Staat bzw. sonstige Hoheitsträger verfügt über rechtliche Befugnisse und den Apparat zur definitiven Gestaltung der Lebensverhältnisse (zum Kriterium der Letztverbindlichkeit als Element innerer Souveränität s. *Randelzhofer* in: Isensee/Kirchhof [Hrsg.], HdbStR I, 1987, § 15 Rdn. 39); auf dieses *Lenkungsmonopol* soll die Bezeichnung „Steuerung" hinweisen.

[4] Zum Begriff in sozialwissenschaftlicher Perspektive z. B. *Voigt* in: König/Dose (Hrsg.), Instrumente und Formen staatlichen Handelns, 1993, 289 (290 ff.); *Willke* in: Grimm (Hrsg.), Staatsaufgaben, 1994, 685 (705 ff.); *Mayntz* in: Jahrbuch zur Staats- und Verwaltungswissenschaft, Bd. 1/1987, 89 (91 ff.); *Teubner/Willke* (Fn. 3) S. 7; *G. Ulrich* Politische Steuerung, 1994, 84 ff.; zum Verwaltungsrecht als Steuerungswissenschaft s. *Schuppert* in: Hoffmann-Riem/Schmidt-Aßmann/Schuppert (Hrsg.), Reform des Allgemeinen Verwaltungsrechts, 1993, 65 (68 ff.); *ders.* (Fn. 3) S. 19 ff.; s. a. *Hoffmann-Riem* in: Ders./Schmidt-Aßmann (Hrsg.), Öffentliches Recht und Privatrecht als wechselseitige Auffangordnungen, 1996, 261 (300): „staatliche imperative Regulierung". Vgl. ferner Fn. 3.

[5] Das schließt zum einen auf der Ebene der *Gesetzgebung* die Konfliktschlichtung mit den Mitteln des *Zivilrechts* (s. dazu u. IX.1 a. E.), zum anderen im *Innenbereich des Staates* und seiner Untergliederungen die vielfältigen Entscheidungs-, Weisungs- und Aufsichtsvorgänge ein, s. insoweit zur Steuerung der dortigen Abläufe und Entscheidungsprozesse durch Verwaltungsvorschriften und Weisungen *Erichsen* Verwaltungsrecht und Verwaltungsgerichtsbarkeit I, 2. Aufl., 1984, 36 f.; zu Reformansätzen im Sinne eines Verwaltungsmanagements vgl. *König* DÖV 1995, 349 (350 ff.), sowie – aus dem Bereich der Sozialverwaltung (Jugendhilfe) – *Merchel* NDV 1996, 213 ff.; zur Aufsicht über Verwaltungsträger und zu intrapersonalen Kontrollbeziehungen *Krebs* in: Isensee/Kirchhof (Hrsg.), HdbStR III, 1988, § 69 Rdn. 40 ff.

[6] Hierzu gehört im Grundsatz auch die *mittelbare Staatsverwaltung*. Insbes. ist Selbstverwaltung kein Synonym für Selbstregulierung (s. bereits *Hufen* VVDStRL 47 [1989] 142 [158]). Jene stellt vielmehr die begrenzte Auslagerung von Aufgabenbereichen zur Erledigung *innerhalb* des staatlichen Steuerungsgefüges dar. Daher ist z. B. die *kommunale Selbstverwaltung* nicht Ausdruck gesellschaftlicher Selbstregulierung: Zwar genießen die Gemeinden eine historisch gewachsene, verfassungsrechtlich verbürgte relative Autonomie im Interesse der verantwortlichen Gestaltung eigener Angelegenheiten (*von Mutius* Kommunalrecht, 1996, Rdn. 158 ff., 173 ff.; *Maurer* DVBl. 1995,

engeren Sinn im Mittelpunkt. Damit klingt thematisch die Antithetik von Gesellschaft und Staat[7], von Freiheit und imperativem Zwang, von Ko-

---

1037 [1040 ff.]; *Schuppert* AöR 114 [1989] 127 [129 ff.]; BVerfGE 79, 127 [143 ff.]). Ungeachtet dessen gehören sie zur organisierten Staatlichkeit; sie sind Verwaltungsträger und unabhängig von ihrer unmittelbaren demokratischen Legitimationsbasis der Exekutive zuzurechnen, vgl. *Schmidt-Aßmann* in: Ders. (Hrsg.), Besonderes Verwaltungsrecht, 10. Aufl., 1995, 1. Abschn. Rdn. 8; *Knemeyer* Bayerisches Kommunalrecht, 9. Aufl., 1996, Rdn. 8). Die Eingliederung in das gesamtstaatliche Funktionsgefüge wird auch daran deutlich, daß sie im übertragenen Wirkungskreis mit der Erledigung staatlicher Aufgaben betraut werden können und dabei der Rechts- und Fachaufsicht unterliegen. Nach außen nimmt die Gemeinde hoheitliche Kompetenzen incl. imperativer Zwangsmittel – etwa bei der Erhebung kommunaler Abgaben – wahr. Zur Qualifizierung der Landkreise unter dem Aspekt der Verwaltungsträgerschaft vgl. *Schmidt-Aßmann* DVBl. 1996, 533 (534). –
Der staatlichen Steuerung zuzuordnen sind weitere mit dem Selbstverwaltungsrecht ausgestattete Organisationseinheiten. Dies gilt einmal für sonstige *Körperschaften des öffentlichen Rechts* wie namentlich die Sozialversicherungsträger, die sich dabei freilich nur auf eine einfachgesetzliche Garantie stützen können, s. *Ruland* in: Schmidt-Aßmann (Hrsg.), Besonderes Verwaltungsrecht, 10. Aufl., 1995, 7. Abschn. Rdn. 220 ff.; zur organisatorischen Ausgestaltung s. Bundesministerium für Arbeit und Sozialordnung (Hrsg.), Sozialrecht, 3. Aufl., 1995, 123 f. (Krankenversicherung), S. 265 f. (Rentenversicherung) sowie S. 410 ff. (Berufsgenossenschaften der Unfallversicherung); hinzuweisen ist ferner auf die Körperschaften in der Wirtschaftsverwaltung (z. B. die Industrie- und Handelskammern, die Handwerkskammern oder die Kammern der freien Berufe, s. *Badura* in: Schmidt-Aßmann [Hrsg.], Besonderes Verwaltungsrecht, 10. Aufl., 1995, 3. Abschn. Rdn. 56 ff.; *Stober* Wirtschaftsverwaltungsrecht, 10. Aufl., 1996, § 43; *Hendler* Selbstverwaltung als Ordnungsprinzip, 1984, 229 ff., 249 ff.). –
Im Prinzip noch stärker in den staatlichen Entscheidungsstrang einbezogen sind *Anstalten des öffentlichen Rechts*, auch wenn sie bisweilen außerordentlich weitgehende Selbständigkeit genießen (speziell für die Treuhandanstalt *Schmidt-Preuß* in: Isensee/Kirchhof [Hrsg.], HdbStR IX, 1997, § 219 Rdn. 13 ff.). Eine Besonderheit stellt die Bundesanstalt für Arbeit – die trotz § 189 Abs. 1 S. 1 AFG mangels Mitglieder eine *Anstalt* ist (s. *Maurer* Allgemeines Verwaltungsrecht, 10. Aufl., 1995, § 23 Rdn. 48; *Wolff/Bachof/Stober* Verwaltungsrecht II, 5. Aufl., 1987, § 100 Rdn. 4) – dar, da sie auf Grund der Repräsentation von Staat, Arbeitgebern und Gewerkschaften im drittelparitätisch besetzten Verwaltungsrat selbstregulativem Einfluß offen steht. Selbst eine Behörde kann erhebliche Teilautonomie genießen, s. etwa die gruppenpluralistisch ausgestaltete Bundesprüfstelle für jugendgefährdende Schriften (§§ 8 ff. GjS), aber auch das Bundeskartellamt (§ 48 GWB). –
Nicht hierher, sondern zur gesellschaftlichen Selbstregulierung gehören öffentlich-rechtlicher Rundfunk und Universitäten. Jener weist zwar eine anstaltsrechtliche Verfassung (einschließlich Rechtsaufsicht) auf, die jedoch nur die organisationsrechtliche Abschirmung und Sicherung der Freiheit der Rundfunkberichterstattung gem. Art. 5 Abs. 1 S. 2 GG in diesem Segment der dualen Rundfunkordnung bezweckt (vgl. *Breuer* VVDStRL 44 [1986] 211, 229 [235]). Die Rundfunkräte, in denen die bedeutsa-

operation[8] und Subordination, von privatem und öffentlichem Recht an. Nicht aber diese markanten Gegenpole, sondern die neuartigen Formen der Verzahnung und Durchmischung *gesteuerter Selbstregulierung* ziehen die Aufmerksamkeit auf sich. Es geht zentral um die Art und Weise, *wie* der Staat die Erfüllung von Gemeinwohlzielen sicherstellt, also um eine *modale Problemsicht.*[9] Hiervon abzugrenzen ist die zwar z. T. sachlich verknüpfte, aber doch zu unterscheidende Frage nach der „richtigen" Zuordnung von Sachbereichen zum privaten oder öffentlichen Sektor, die Gegenstand der Diskussion um die *material* orientierte Aufgabenprivatisierung ist.[10] Im Zentrum unserer heutigen Betrachtungen steht somit der Staat, der nicht mehr nur durch verfahrensrechtliche Kontrolle und Überwachung oder verhaltensbeeinflussende materiellrechtliche Anforderungen steuert, sondern *freiwillige private Initiative und Aktivität als Beitrag zur Erfüllung öffentlicher Aufgaben*[11] *induziert*. In die-

---

men Gruppen repräsentiert sind (s. z. B. Art. 6 Abs. 2 und 3 des Bayerischen RundfunkG), sollen das ausgewogene Meinungsspektrum im Interesse der Rundfunkfreiheit gewährleisten; insofern geht es um „Rundfunkkontrolle der gesellschaftlich relevanten Kräfte" (BVerfGE 83, 238 [334]; s. a. BVerfG, DVBl. 1996, 97 [98]). Entsprechendes gilt für die als Körperschaften des öffentlichen Rechts verfaßten Universitäten, die zwar – wie die öffentlich-rechtlichen Rundfunkanstalten – (auch) mittelbare Staatsverwaltung darstellen, aber gleichfalls die Garantie eines staatsfernen Bereichs grundrechtlicher Freiheitsrealisierung (Art. 5 Abs. 3 S. 1 GG) in Anspruch nehmen können; vgl. hierzu *Schmidt-Aßmann* AöR 116 (1991) 329 (381 f.), der von „grundrechtlich-funktionaler Selbstverwaltung" spricht; s. a. *Hufen* SDSRV 34 (1991) 43 (54 f.): Selbstverwaltung als „gemeinsame Wahrnehmung des Grundrechts freier Selbstbestimmung im Rahmen des Öffentlichen Rechts zur Erfüllung öffentlicher Aufgaben".

[7] S. hier nur *Rupp* in: Isensee/Kirchhof (Hrsg.), HdbStR I, 1987, § 28 Rdn. 29 ff.; *Böckenförde* „Staat und Gesellschaft", in: StL, 7. Aufl., 5. Bd., 1989, Sp. 228 (230); *Grimm* in: Ellwein/J. J. Hesse (Hrsg.), Staatswissenschaften: Vergessene Disziplin oder neue Herausforderung?, 1990, 13 (21 ff.).

[8] Vgl. *Rengeling* Das Kooperationsprinzip im Umweltrecht, 1988, bes. S. 3 ff., 69 ff.; s. a. § 6 des von *Kloepfer/Rehbinder/Schmidt-Aßmann/Kunig* Umweltgesetzbuch – Allgemeiner Teil, 1990, vorgeschlagenen Gesetzentwurfs (im folgenden: UGB-AT-E), dazu krit. *Breuer* Gutachten für den 59. DJT, 1992, B 94 f.: das „amorphe Erscheinungsbild des Kooperationsprinzips".

[9] Der Staat ist auch dort, wo er eine Aufgabe übernommen hat, in der *Art und Weise* ihrer Wahrnehmung grundsätzlich frei. Er muß sie nicht eigenhändig vornehmen, sondern kann sie auch durch Induzierung privater Beiträge erfüllen, vgl. in diesem Sinne BVerfGE 22, 180 (204).

[10] Vgl. *Osterloh* und *Bauer* VVDStRL 54 (1995) 204 (223) bzw. S. 243 (251 mit Fn. 41); *Schoch* DVBl. 1994, 962 f., 974; *Lecheler* BayVBl. 1994, 555 (559).

[11] Zum Begriff *Isensee* in: Ders./Kirchhof (Hrsg.), HdbStR III, 1988, § 57 Rdn. 136; s. ferner nach wie vor *H. Peters* in: FS Nipperdey, Bd. II, 1965, 877 (878 ff.).

sem Sinne wirken Staat und Private verstärkt zusammen – freilich nicht, wie der Begriff der Verantwortungsteilung[12] nahezulegen scheint, mit identischen Rollen: Nur der Staat ist auf das öffentliche Interesse verpflichtet. Leitmotiv privaten Handelns bleibt hingegen die legitime Verfolgung eigennütziger Ziele im Rahmen der Gesetze.[13] Als rechtliche Kategorie heißt Verantwortung hier *nicht* – wie auf Seiten des Staates[14] – *Pflicht*, sondern selbst auferlegte Bindung in der Freiheit

---

[12] Vgl. *Hoffmann-Riem* (Fn. 4) S. 298: „Verantwortungsverteilung"; *H.-J. Koch* NVwZ 1996, 215 (218): kumulative Verantwortung; *Trute* DVBl. 1996, 950 (956): „Verantwortungsteilungen"; *Pitschas* Verwaltungsverantwortung und Verwaltungsverfahren, 1990, 286: „Verantwortungsgemeinschaft zwischen Staat und Bürger". Zutr. betont *Hufen* ZLR 1993, 233 (237), daß Grundrechte und Rechtsstaatsprinzip „eine Verwischung von Verantwortlichkeit" verbieten.

[13] Sofern das Gesetz von „*Verantwortung*" spricht, begründet dies allein noch keine durchsetzbaren Rechtspflichten. So liegt es bei § 22 Abs. 1 und 2 KrW-/AbfG; die Bestimmung von Adressaten wie Produkten wird ausdrücklich den konkretisierenden Rechtsverordnungen vorbehalten (vgl. § 22 Abs. 4 KrW-/AbfG). Insofern vermag diese Vorschrift nicht die Rechtsqualität der Grundpflichten nach § 5 Abs. 1 BImSchG (s. dazu *Kutscheidt* in: Landmann/Rohmer, Umweltrecht I, § 5 Rdn. 4 ff. [Loseblatt, Stand: Oktober 1995]; *Jarass* BImSchG, 3. Aufl., 1995, § 5 Rdn. 1, 57 f.) zu erreichen, vgl. *Fritsch* Das neue Kreislaufwirtschafts- und Abfallrecht, 1996, Rdn. 412; *Fluck* Kreislaufwirtschafts- und Abfallrecht, § 22 Rdn. 64 (Loseblatt, Stand: 1995): „Appellregelung"; *von Köller* Kreislaufwirtschafts- und Abfallgesetz, 2. Aufl., 1996, § 22 Anm. 2 (S. 208): ohne Verordnung sei die Produktverantwortung „nicht verpflichtend"; vgl. insoweit auch *Petersen/Rid* NJW 1995, 7 (10): „latente Pflicht". Demgegenüber geht es bei den Erzeuger- und Besitzerpflichten (§§ 5 Abs. 2, 11 Abs. 1 KrW-/AbfG) um echte verwaltungsrechtliche Pflichtenpositionen (s. zu diesen Grundpflichten *Hoppe* in: 4. Kölner Abfalltage: Kreislaufwirtschafts- und Abfallgesetz, 1996, 123 [128]), deren privative Übertragung die §§ 16 Abs. 2, 17 Abs. 3 KrW-/AbfG ermöglichen, s. dazu *Breuer* Private Kreislaufwirtschaft und öffentlich-rechtliche Entsorgungsträger, Manuskript, S. 13 (demnächst in der Reihe RdWWi). – Allg. betont *Schmidt-Aßmann* in: Hoffmann-Riem/Schmidt-Aßmann (Hrsg.), Öffentliches Recht und Privatrecht als wechselseitige Auffangordnungen, 1996, 7 (29 f.), daß Verantwortung „kein rechtsdogmatischer Begriff" sei. Zur Kategorie der Bürgerverantwortung s. *Merten* und *Depenheuer* VVDStRL 90 (1996) 7 (13 ff.) bzw. S. 90 (94 ff.), zu allgemeinen Grundlagen des Verantwortungsbegriffs *Würthwein/Merk* Verantwortung, 1982, 9 ff.; *Picht*, Wahrheit – Vernunft – Verantwortung, 1969, S. 318 ff.; *Forschner* „Verantwortung", in: StL, 7. Aufl., 5. Bd., 1989, Sp. 590 ff.

[14] Als Stufen staatlicher Verantwortung unterscheidet *Hoffmann-Riem* (Fn. 3) S. 24 ff., 28 ff., zwischen „Gewährleistungsverantwortung" und „Auffangverantwortung"; *ders.* (Fn. 4) S. 315 f.: „Reserveverantwortung". S. a. bereits *Schmidt-Aßmann* in: Hoffmann-Riem/Schmidt-Aßmann/Schuppert (Hrsg.), Reform des Allgemeinen Verwaltungsrechts, 1993, 11 (44): „volle Erfüllungsverantwortung", ferner Beratungs-, Überwachungs-, Organisations- und Einstandsverantwortung; *Schuppert* DÖV 1995, 761 (768 ff.); *Bauer* VVDStRL 54 (1995) 243 (277 ff.); *Trute* (Fn. 3) S. 198: „Rahmenverantwortung"; *ders.* DVBl. 1996, 950 (958).

oder allenfalls *Obliegenheit.* Institute der Verwaltungspflichten[15], der Beleihung[16] und der Verwaltungshilfe[17] einbeziehend, aber sie transzendierend,[18] hat sich damit eine kooperativ-arbeitsteilige Erledigung öf-

---

[15] Vgl. *Ossenbühl* VVDStRL 29 (1971) 137 (154 f.). Ein Hauptbeispiel ist die Straßenreinigungspflicht, vgl. etwa Art. 51 Abs. 4 und 5 BayStrWG. Als „Verwaltungspflicht" ist auch die gesetzlich geregelte Indienstnahme Privater (dazu *Ipsen* AöR 90 [1965] 393 [417 ff.]; BVerfGE 30, 292 [310 ff.]) einzustufen, also z. B. die Heranziehung der Unternehmen zur Abführung von Lohn-, Kapitalertrag- und Kirchensteuer sowie nunmehr zur Auszahlung des Kindergelds, dazu krit. *Depenheuer* BB 1996, 1218 ff.

[16] Vgl. – mit z. T. unterschiedlichen Akzenten – *Erichsen* in: Ders. (Hrsg.), Allgemeines Verwaltungsrecht, 10. Aufl., 1995, § 12 Rdn. 14; *Krebs* (Fn. 5) § 69 Rdn. 39; *Maurer* (Fn. 6) § 21 Rdn. 11 und § 23 Rdn. 56 ff.; *von Heimburg* Verwaltungsaufgaben und Private, 1982, 30 ff., 112 ff.; *Steiner* Öffentliche Verwaltung durch Private, 1975, 46 ff.; *Rengeling* Erfüllung staatlicher Aufgaben durch Private, 1986, 26 ff.; *Brohm* Strukturen der Wirtschaftsverwaltung, 1969, 202 ff.; *Ossenbühl* VVDStRL 29 (1971) 137 (138 ff.); s. a. die Modellnorm des § 44 Abs. 3 BHO sowie § 1 Abs. 3 FStrPrivFinG, dazu krit. *W. Schmidt* NVwZ 1995, 38 f. S. ferner Fn. 18.

[17] Für sie ist die unselbständige Tätigkeit zugunsten der auftraggebenden, weisungsberechtigten Behörde kennzeichnend, vgl. *Maurer* (Fn. 6) § 23 Rdn. 60; *Weis* Verfassungsrechtliche Fragen einer weiteren Privatisierung der juris GmbH, 1996, S. 38; *Steiner* (Fn. 16) S. 233 ff., 240 ff.; *von Heimburg* (Fn. 16) S. 130 ff. S. a. *Hoffmann-Riem* (Fn. 4) S. 281, der vom privaten „Vollzugshelfer" spricht. – Im staatshaftungsrechtlichen Kontext vgl. *Ossenbühl* Staatshaftungsrecht, 4. Aufl., 1991, 17 ff., m. Hinw. auf die Differenzierung zwischen dem (unselbständigen) Verwaltungshelfer und dem zur Erfüllung von Staatsaufgaben herangezogenen Privatunternehmer; s. insoweit BGHZ 121, 161 (164 ff.), m. Anm. *Würtenberger* JZ 1993, 1003 f., für den der BGH in diesem Urteil die Unterscheidung zwischen unselbständiger und selbständiger Verwaltungshilfe aufgegeben hat. Gesetzliche Regelungen der Verwaltungshilfe sind § 16 Abs. 1 S. 1 und 2 sowie § 17 Abs. 1 KrW-/AbfG oder § 9 a Abs. 3 S. 2 AtG, wonach sich der für die Erledigung der Aufgaben Verantwortliche zu ihrer Erfüllung eines beauftragten Dritten bedienen kann.

[18] Konstitutives Merkmal der Beleihung ist die staatliche Ermächtigung zur Ausübung von Hoheitsgewalt im eigenen Namen des Privaten. Hieran fehlt es in typischen Fällen der *grundrechtlich fundierten Erbringung privater Beiträge zum legitimen Eigennutz im Rahmen gesteuerter Selbstregulierung* wie z. B. bei (1) der Anerkennung von Sachverständigen gem. §§ 2 ff., 8 ff., 13 ff., 17 ff. der Verordnung über staatlich anerkannte Sachverständige nach der Landesbauordnung NW (SV-VO) vom 14. 6. 1995 (GVBl. NW, 592), dazu *Dahlke* in: Hoppe/J. Bauer/Faber/Schink (Hrsg.), Rechts- und Anwendungsprobleme der neuen Bauordnung NW, 1996, 62 (69); (2) der Akkreditierung von Prüfstellen gem. § 9 GSG (zutr. *Peine* Gesetz über technische Arbeitsmittel [Gerätesicherheitsgesetz], 2. Aufl., 1995, § 9 Rdn. 23; ebenso nach Maßgabe des Gesetzes über technische Arbeitsmittel vom 21. 6. 1968 [BGBl. I, 717] BGH, NJW 1978, 2548 f. (nicht überzeugend hierzu *Backherms* GewArch. 1979, 119 [120 f.]), sowie – zu § 3 Abs. 4 GSG a. F. – OLG Hamm, NVwZ 1990, 1105 r. Sp.: „Eigenverantwortung der Hersteller und Importeure", die sich der Zertifizierer bedienen; (3)

fentlicher Aufgaben entwickelt.[19] *Privatautonomie* entfaltet sich hierbei auch als eine spezifisch verwaltungsrechtliche Kategorie. Aus dieser Perspektive kann man von einer *Privatisierung der Aufgabenerfüllung* sprechen. *Verfahrensprivatisierung*[20] ist damit die *Aktivierung selbstregulativer Beiträge im Rahmen staatlicher Steuerungsprozesse.* Erfaßt werden hiervon vor allem administrative Prozeduren, aber etwa auch die projektbezogene Satzungsgebung.[21] Es kennzeichnet diesen Gestaltungsmodus, daß der

---

der Anerkennung von Entsorgergemeinschaften gem. § 52 Abs. 3 KrW-/AbfG oder schließlich (4) der Zulassung von Umweltgutachtern im Rahmen des Öko-Audit (s. dazu u. IV.2.b sowie VI.4). In all diesen Fällen wird durch den Staat nur eine *Befähigung* ausgesprochen, die verwaltungsrechtliche Voraussetzung für die Prüftätigkeit Privater ist. Da es in den bezeichneten vier Fallgruppen im übrigen an Weisungsabhängigkeit fehlt, lassen sie sich auch nicht dem Institut der Verwaltungshilfe zuordnen. Vgl. insges. unter dem Aspekt der Kontrolle der Kontrolle unten Fn. 38.

[19] Zu Erscheinungsformen der Beteiligung Privater vgl. *Krebs* (Fn. 5) § 69 Rdn. 10; *Steiner* (Fn. 16) S. 106 ff.; *von Heimburg* (Fn. 16) S. 30 ff., 61 ff.; *Dagtoglou* DÖV 1970, 532 (534 ff.); *Berg* in: FS Scupin, 1983, 519 (523 ff.).

[20] An einer einheitlichen Terminologie fehlt es noch, vgl. einerseits in einem weiten Sinne *Hoffmann-Riem* (Fn. 3) S. 12 ff.; ferner *H.-J. Koch* in: Hoffmann-Riem/J.-P. Schneider (Hrsg.), Verfahrensprivatisierung im Umweltrecht, 1996, 170 (171); *Schuppert* (Fn. 3) S. 5; *Trute* DVBl. 1996, 950 (960); andererseits erheblich enger, weil ein bestehendes Verwaltungsverfahren voraussetzend, *Pietzcker* in: Hoffmann-Riem/J.-P. Schneider (Hrsg.), Verfahrensprivatisierung im Umweltrecht, 1996, 284 (285 f.); *Peine* ebd., S. 95 (101 f.); *Ritter* in: Hoppe/J. Bauer/Faber/Schink (Hrsg.), Rechts- und Anwendungsprobleme der neuen Bauordnung NW, 1996, 6 (16 f.). – Namentlich ist die Verfahrensprivatisierung zu unterscheiden von den sonstigen Privatisierungsformen wie Organisations-, Finanzierungs- und Aufgabenprivatisierung und besonders auch von der sog. funktionellen Privatisierung; diese erfaßt den Tatbestand, daß der Staat weiterhin Träger der Aufgabe bleibt, sich aber zu ihrer Erfüllung eines Privaten bedient, vgl. insoweit *Osterloh*, VVDStRL 54 (1995) 204 (223); *Bauer* ebd., S. 243 (252); *Schoch* DVBl. 1994, 962 (963, 974); *Erbguth* UPR 1995, 369 ff.; *Hoffmann-Riem* (Fn. 4) S. 309; unter dem Aspekt des „public private partnership" *Tettinger* DÖV 1996, 764 (765 ff.). Allerdings werden die Grenzen nicht ganz klar, wenn davon gesprochen wird, daß die Verfahrensprivatisierung „in die Nähe der Aufgabenprivatisierung" gelangen könne (*Hoffmann-Riem* [Fn. 3] S. 13).

[21] Die Definition schließt damit u. a. ein: (1) über den Begriff des Verwaltungsverfahrens i. S. v. § 9 VwVfG hinaus auch jenes, das auf den Erlaß von schlichtem Verwaltungshandeln abzielt (vgl. zur analogen Anwendung für den Fall des Realakts bereits BT-Drucks. 7/910, S. 41 f.; *Maurer* [Fn. 6] § 19 Rdn. 2); (2) kooperativ-informale Kontakte außerhalb formeller Verfahren; (3) kontextsteuernde Systeme wie das Öko-Audit – kumulativ zu bestehenden Genehmigungsvorbehalten oder diese substituierend; (4) private Normgebung im Rahmen steuernder Rezeption; (5) in Übereinstimmung mit dem Begriff der Steuerung i. e. S. (s. o. bei Fn. 4) Selbstbeschränkungsabkommen zur Abwehr drohender Gesetz- oder Verordnungsgebung.

Staat zur Hervorbringung von Gemeinwohlergebnissen Privatinteressen mobilisiert,[22] sich aber zugleich vorbehält, sie – wenn im öffentlichen Interesse geboten – zu kanalisieren.

3. *Selbstregulativer Strukturwandel und staatliche Steuerungskapazität*

Die gegenwärtige Prinzipienwende von imperativer Gestaltung hin zu gesellschaftlicher Selbstregulierung[23] artikuliert sich in programmatischen Stichworten wie Deregulierung, Entbürokratisierung, Entlastung, Verschlankung, ja Entschlackung des Staates.[24] Hiermit kontrastiert auffällig eine skeptisch-resignative Sichtweise, die – vor allem in den Sozialwissenschaften entwickelt – die *Steuerungskapazität des Staates*, ja des Rechts schlechthin, in Zweifel zieht. Folgt man diesen – vornehmlich systemtheoretisch bestimmten, z. T. in autopoietischer Spielart[25] variierten – Erklärungsversuchen, so besteht der Staat heute nur noch als eines von mehreren je für sich autonomen, an eigener Überlebensfähigkeit ausgerichteten und gegenüber externem Einfluß weitgehend resistenten Subsystemen in einer ausdifferenzierten, hochkomplexen Ge-

---

[22] Vgl. zur Verbindung von Eigennutz und Gemeinwohl *Isensee* Regierbarkeit in einer parlamentarischen Demokratie, in: Verfassungsgerichtsbarkeit, Gesetzgebung und politische Funktion (15. Cappenberger Gespräch der Freiherr-vom-Stein-Gesellschaft), 1980, 15 (26).

[23] S. zu Erklärungsansätzen mit verschiedenen Akzentuierungen z. B. *Schuppert* DÖV 1995, 761 (763 ff.); *Mahrenholz* Lob des Abstands, FAZ vom 3. 11. 1995, S. 39; *J. J. Hesse* in: Ellwein/J. J. Hesse (Hrsg.), Staatswissenschaften – vergessene Disziplin oder neue Herausforderung?, 1990, 151 ff.; *Grimm* Die Zukunft der Verfassung, 2. Aufl., 1994, 159 (169 f.: „Private Folgebereitschaft wird durch staatliches Entgegenkommen honoriert."), sowie in: *ders.* Staatsaufgaben, 1994, 613 (621 ff.); *Schulze-Fielitz* in: Voigt (Hrsg.), Abschied vom Staat – Rückkehr zum Staat?, 1993, 95 (108 ff.); *Leisner* Der unsichtbare Staat, 1994, 193 ff., mit der Grundthese einer immer weniger greifbaren, aber nicht minder wirksamen Manifestation von Hoheitsgewalt; *Würtenberger* Die Akzeptanz von Verwaltungsentscheidungen, 1996, 73 ff., 98 ff.; zugespitzt *Isensee* (Fn. 22) S. 15: Das „System gründet nicht auf einseitiger, ausschließlicher, letztverantwortlicher Entscheidungskompetenz, wie es der Souveränitätsidee entspricht, sondern auf Kompetenz-Pluralismus; auf Konflikt und Vertrag; auf Suggestion und Pression, Nachgiebigkeit und Widerstand; auf Ausgleich, Arrangement, konzertierter Aktion; Lavieren und Balancieren von Kompromiß zu Kompromiß".

[24] Dazu *Schmidt-Jortzig* „recht" 4/96, S. 50 ff.; *Stober* DZWir 1996, 133 (138 ff.); *Kolb* ZG 1993, 337 (339 ff.); *Möschel* JZ 1988, 885 (888 ff.); *Angelika Benz* in: FS König, 1995, 45 ff., 56 ff.; *dies.* Die Verwaltung 28 (1995) 337 (343 ff.); *Oberndorfer* in: Ders. (Hrsg.), Deregulierung, 1992, 11 ff.; *Ronellenfitsch* Selbstverantwortung und Deregulierung im Ordnungs- und Umweltrecht, 1995, 40 ff.

[25] S. *Teubner* Recht als autopoietisches System, 1989, 21 ff.; hierzu *I. Maus* KJ 1986, 390 (401 ff.).

samtgesellschaft[26] – oder wie prägnanter formuliert wurde: als „nützliches Haustier“[27] – im Vergleich mit dem Leviathan früherer Tage eine erstaunliche Metamorphose! Kritisch werden Kooperationsformen als Versuch des Staates angesehen, wenigstens im Wege von Austauschgeschäften noch Gemeinwohlziele zu realisieren. Auch wenn man diese – m. E. empirisch nicht abgesicherte – Zustandsbeschreibung und -bewertung nicht teilen mag, ist doch mit ihr die drängende Frage nach der Rolle von Staat und Verwaltung in einem *Umfeld gesellschaftlicher Differenzierung und Eigendynamik* richtig gestellt. Anders als die These eines inhärenten Mangels an staatlicher Steuerungskapazität läßt sich allerdings der Verzicht auf den Einsatz imperativer Machtmittel zugunsten dialogischer Formen der Gemeinwohlverwirklichung durchaus auch als Zeichen der Handlungsfähigkeit deuten – nicht als Krisensymptom und Indiz der Ohnmacht, sondern als Steuerungsstrategie, die private Effizienzvorteile nutzt und knappe staatliche Ressourcen schont.[28]

II. Verfassungsrechtliche Eckwerte

1. *Das Postulat größtmöglicher Aktivierung selbstregulativer Beiträge*

Wie immer man hier die Dinge sehen mag, unausweichlich bedarf es der Klärung, ob es normative Vorgaben für die Bestimmung des richtigen Maßes gesellschaftlicher Selbstregulierung einerseits und staatlicher Steuerung andererseits gibt. Explizite Aussagen zur Verfahrensprivati-

---

[26] Vgl. z. B. *Luhmann* Die Wirtschaft der Gesellschaft, 1994, 324 ff.; *Willke* Ironie des Staates, 1992, 327 ff., sowie *ders.* in: Jahrbuch zur Staats- und Verwaltungswissenschaft, Bd. 1/1987, 285 (287 ff.): „Entzauberung des Staates“ (S. 304); dazu *Schuppert* Der Staat 28 (1989) S. 91 ff.; mit der These einer „Krise der regulativen Politik“ bereits *Mayntz* in: Matthes (Hrsg.), Sozialer Wandel in Westeuropa. Verhandlungen des 19. Soziologen-Tages in Berlin, 1979, 55 (71 ff.). Bisweilen wird immerhin konzediert, daß zwar die Fähigkeit des Staates „zu einseitig hierarchischer Steuerung eng“ begrenzt sei, die staatlichen Instanzen aber doch immerhin „über einzigartige Handlungsorientierungen und Handlungspotentiale“ verfügen, „die auch in komplexen Verhandlungsnetzen wirksam werden“, *Scharpf* in: Kohler-Koch (Hrsg.), Staat und Demokratie in Europa, 1992, 93 (108).

[27] *Denninger* in: Ders., Der gebändigte Leviathan, 1990, 9 (29); s. dazu *Schulze-Fielitz* (Fn. 23) S. 95 ff. Vgl. auch *Willke* (Fn. 26) S. 11 ff.

[28] Insofern bedeutet innere Souveränität (dazu *Randelzhofer* [Fn. 3] § 15 Rdn. 35 ff.; *Isensee* in: Ders./Kirchhof [Hrsg.], HdbStR I, 1987, § 13 Rdn. 87 ff.; *Wildhaber* in: FS Eichenberger, 1982, 131 [140 ff.]) die Kompetenz des Staates, Aufgaben als eigene zu definieren und zu erfüllen (s. *Ossenbühl* VVDStRL 29 [1971] 137 [154]); dies schließt ein, prozedurale Tätigkeitsbereiche an Private abgeben oder ihnen von vornherein überlassen zu können.

sierung finden sich im *Verfassungstext* nicht.[29] Freilich lassen sich auf der Habenseite zunächst die Grundrechte verbuchen – insbesondere die allgemeine Handlungsfreiheit und die *wirtschaftsspezifischen Freiheitsrechte*.[30] Dazu kommt das Ordnungsprinzip der freiheitlich-sozialen Marktwirtschaft.[31] Aus beidem ergeben sich leitbildhaft Elemente der Privatinitiative, des Wettbewerbs und der individuellen Risikoübernahme, die sich in der Summe zu einem *Postulat größtmöglicher Aktivierung selbstregulativer Beiträge* verdichten.[32] Auf *europäischer* Ebene läßt sich eine solche Richtungsaussage ansatzweise aus den Gemeinschaftsgrundrechten[33] sowie aus dem weit gefaßten Erforderlichkeitsprinzip[34] entnehmen.

---

[29] Dies gilt namentlich auch im Blick auf Art. 87 d, e und f GG, die Fälle der Organisations- oder Aufgabenprivatisierung betreffen, vgl. *Windthorst* in: Sachs (Hrsg.), GG, 1996, Art. 87 d Rdn. 1, 8, 32 ff. (Organisationsprivatisierung); Art. 87 e Rdn. 4 f., 31, 41 (gestufte Aufgaben- bzw. Organisationsprivatisierung); Art. 87 f Rdn. 1, 25 ff. (differenzierte Aufgaben- bzw. Organisationsprivatisierung). Der Funktionsvorbehalt des Art. 33 Abs. 4 GG (dazu allg. *Lecheler* in: Isensee/Kirchhof [Hrsg.], HdbStR III, 1988, § 72 Rdn. 23 ff.) ist hier bereits deshalb nicht einschlägig, weil Verfahrensprivatisierung *modaler* Natur (s. o. bei Fn. 9) ist, also nicht mit einer Übertragung von hoheitsrechtlichen Befugnissen einhergeht. –
Die Kategorie der Staatsaufgabe ermangelt verfassungsrechtlich fester Konturen. Insoweit bleibt es dabei, daß mit diesem Begriff jene Bereiche beschrieben sind, die der Staat in verfassungsrechtlich zulässiger Weise an sich gezogen hat (vgl. *Isensee* [Fn. 11] Rdn. 137; *Ossenbühl* VVDStRL 29 [1971] 137 [153 ff.]; *H. Peters* in: FS Nipperdey, Bd. II, 1965, 877 [880]; zum „Rückzug des Staates als Aufgabenabbau" *Schuppert* DÖV 1995, 761 [764 ff.]). Damit lassen sich aus dem Begriff der Staatsaufgabe keine allgemeingültigen Markierungen für die Reichweite selbstregulativer Gestaltung entnehmen.

[30] Zu Art. 12 Abs. 1 GG vgl. *Tettinger* in: Sachs (Hrsg.), GG, 1996, Art. 12 Rdn. 14, 17; *Breuer* in: Isensee/Kirchhof (Hrsg.), HdbStR VI, 1989, § 147 Rdn. 19, 61 ff.; zu den wirtschaftlichen Freiheitsrechten insges. *Ossenbühl* AöR 115 (1990) 1 (12 ff.).

[31] Vgl. dazu *Schmidt-Preuß* DVBl. 1993, 236 ff.; unter dem Aspekt wirtschaftsverfassungsrechtlicher Grundaussagen des GG *Papier* in: Benda/Maihofer/Vogel (Hrsg.), Handbuch des Verfassungsrechts, 2. Aufl., 1994, § 18 Rdn. 14 ff.

[32] S. auf der Grundlage des Subsidiaritätsprinzips *Isensee* (Fn. 11) § 57 Rdn. 165 ff.; *ders.* Subsidiaritätsprinzip und Verfassungsrecht, 1968, 220 ff., 295 ff.; UGB-AT-E (Fn. 8) S. 159; *Schmidt-Aßmann* (Fn. 13) S. 36 f.; *Hoffmann-Riem* (Fn. 4) S. 310 ff.; zum Vorrang selbstregulativer Eigenvornahme in einfachgesetzlichen Ausprägungen s. u. VIII.1.

[33] Vgl. zum Eigentumsrecht bzw. zum Recht der freien Berufsausübung EuGH, Slg. 1995, S. I – 3115 (3152) – Fishermen's Organisations u. a.; Slg. 1994, S. I – 4973 (5065 ff.) – Bananenmarktordnung; Slg. 1979, 3727 (3745, 3750) – Hauer; s. a. Art. F Abs. 2 Unions-Vertrag. Die Grundrechts-Judikatur des EuGH (vgl. im einzelnen *Schwarze* Zeitschrift für Verwaltung 1993, 1 [4 ff.]; *Pernice* in: Grabitz/Hilf, Kommentar zur Europäischen Union, Art. 164 Rdn. 42 ff. [Loseblatt, Stand: Mai 1995]; *Rengeling* Grundrechtsschutz in der Europäischen Gemeinschaft, 1993, 165 ff.) steht

2. Grundrechtliche Schutzpflicht, staatliche Begleitkontrolle und Zugriffsoption

Auf der anderen Seite der Bilanz setzen *verfassungsrechtliche Eckwerte* gesellschaftlicher Selbstregulierung Grenzen. Diese ergeben sich zunächst aus der *grundrechtlichen Schutzpflicht*, die den Staat in der multipolaren Konfliktlage zur Verhinderung von Schädigungen Privater durch Private auf den Plan ruft.[35] Sie limitiert den Verzicht auf das staatliche Steuerungsmandat. Je mehr sich der Staat zugunsten selbstregulativer Beiträge zurücknimmt und je größer die involvierten Risiken sind, desto stärker trifft ihn eine aus der Schutzpflicht folgende *Gewährleistungsverantwortung*.[36] Sie bedeutet eine *Beobachtungspflicht*, der er durch Wahrneh-

---

freilich noch nicht auf festem dogmatischen Fundament; krit. *P. M. Huber* Recht der Europäischen Integration, 1996, § 6 Rdn. 43 ff.; *Coppel/O'Neill* CML Rev. 1992, 669 (681 ff.).

[34] Art. 3 b Abs. 3 EGV regelt zwar zum einen unbestritten das Verhältnis zwischen Gemeinschaft und Mitgliedstaaten (vgl. *Geiger* EGV, 2. Aufl., 1995, Art. 3 b Rdn. 11; *Streinz* Europarecht, 3. Aufl., 1996, Rdn. 145 b). Zum anderen aber beschränkt er darüber hinaus auch die Einwirkungsmöglichkeiten der Gemeinschaftsorgane gegenüber dem Unionsbürger (s. *Pernice* Schriftliche Stellungnahme für die Anhörung des Ausschusses für Angelegenheiten der Europäischen Union – Deutscher Bundestag – und des Ausschusses für Fragen der Europäischen Union – Bundesrat – am 8. 5. 1996, S. 4; *Schweitzer* Staatsrecht III, 5. Aufl., 1995, Rdn. 290; *Jarass* EuGRZ 1994, 209 [214 f.]; *von Bogdandy/Nettesheim* in: Grabitz/Hilf, Kommentar zur Europäischen Union, Art. 3 b Rdn. 55, 57 [Loseblatt, Stand: September 1994]); vgl. auf der Grundlage von Art. 3 b EGV insges. auch *Lecheler* Das Subsidiaritätsprinzip, 1993, 65, 135 ff. Dagegen bezieht sich das Subsidiaritätsprinzip des Art. 3 b Abs. 2 EGV nur auf das Verhältnis Gemeinschaft – Mitgliedstaat. – S. im übrigen zur Wirtschaftsverfassung der Gemeinschaft *R. Schmidt* Die Verwaltung 28 (1995) S. 281 (286 ff.); *Schmidt-Preuß* DVBl. 1993, 236 (243 ff.).

[35] Vgl. allg. *Isensee* in: Ders./Kirchhof (Hrsg.), HdbStR VI, 1992, § 111 Rdn. 86 ff.; *ders.* Das Grundrecht auf Sicherheit, 1983, 34 ff.; *Stern* Das Staatsrecht der Bundesrepublik Deutschland, Bd. III/1, 1988, 937 ff., 984 ff.; *Böckenförde* Der Staat 29 (1990) 1 (12 f.); *Hesse* in: Benda/Maihofer/Vogel (Hrsg.), Handbuch des Verfassungsrechts der Bundesrepublik Deutschland, 2. Aufl., 1994, § 5 Rdn. 49 ff.; *Badura* in: FS Eichenberger, 1982, 481 (489 ff.); *Häberle* AöR 114 (1989) 361 (378); *E. Klein* NJW 1989, 1633 (1636 ff.); *Schmidt-Aßmann* AöR 106 (1981) 205 (215 ff.); *Horn* Die Verwaltung 26 (1993) 545 (571). – Aus der Rspr. BVerfGE 49, 89 (141 f.); 77, 170 (214 f.); 88, 203 (254): „Untermaßverbot"; BVerfG, 1. Kammer des 1. Senats, NJW 1996, 651 l. Sp.; BVerfG, 2. Kammer des 1. Senats, DVBl. 1996, 558 f.; BVerwG, DVBl. 1996, 563 f.

[36] S. Fn. 35; ferner Art. 87 e Abs. 4 S. 1 sowie Art. 87 f Abs. 1 GG: Nach *Pieroth* in: Jarass/Pieroth, GG, 3. Aufl., 1995, Art. 87 e Rdn. 4, bedeutet „Gewährleistung" mehr als nur „die Sicherstellung einer politischen Verantwortung des Bundes" (so BT-Drucks. 12/6280, S. 8), „sondern eine – wenn auch vage – rechtliche Verpflichtung". S. a. *Schmidt-Aßmann/Röhl* DÖV 1994, 577 (583 ff.); allg. zur Gewährleistungsverantwortung *Hoffmann-Riem* (Fn. 3) S. 24 ff.; vgl. unter dem Gesichtpunkt einer „Garantenstellung" *Gallwas* VVDStRL 29 (1971) 211 (221 ff., 229 ff.).

mung einer *Begleitkontrolle* nachkommen muß. Dabei kann der Staat zwar Prüftätigkeiten auch Privaten überlassen, hat dann aber eine dem Gefahrenpotential adäquate[37] *Kontrolle der Kontrolle*[38] sicherzustel-

---

[37] Zum Kompensationsgebot *Scholz* Deutsches Ingenieurblatt 1995, 44 (45 f.); *Steiner* DVBl. 1987, 1133 (1136): Erfordernis der Gleichwertigkeit von Eigen- und (staatlicher) Fremdüberwachung; UGB-AT-E (Fn. 8) S. 177 f.

[38] Die für gesteuerte Selbstregulierung typische Kontrolle der Kontrolle ist dadurch gekennzeichnet, daß der Staat fachlich-qualitative Maßstäbe normativ vorgibt und sich im übrigen auf administrative *Kreation* (Zulassung, Anerkennung, Benennung, Akkreditierung etc.) *und maßstabssichernde Überwachung „privater Kontrolleure"* konzentriert. Dies dürfte der Grundtypus sein, der künftig – von der Rücknahme der Präventivkontrolle bis hin zur harmonisierten Produkteinführung – immer mehr in den Vordergrund rückt (vgl. z. B. zu Formen der Akkreditierung und Zertifizierung *Hufen* in: R. Schmidt [Hrsg.], Öffentliches Wirtschaftsrecht, Besonderer Teil 2, 1996, § 12 Rdn. 136 f.; *Di Fabio* Produktharmonisierung durch Normung und Selbstüberwachung, 1996, 77, zur „Kontrolle der betrieblichen Kontrollsysteme" im Lebensmittelbereich; *Pietzcker* [Fn. 20] S. 300 f., zum Öko-Audit und zur Bauprodukten-Richtlinie; s. a. *Steiner* DVBl. 1987, 1133 [1134]: „Kontrolle der Kontrolleure"; *Lübbe-Wolff/Steenken* ZUR 1993, 263 [267, 268]; *Stober* DZWir 1996, 133 [141]). Damit erschließt sich der Systematik staatlicher Kontrolle (dazu *P. Kirchhof* in: Isensee/Kirchhof [Hrsg.], HdbStR III, 1988, § 59 Rdn. 188 ff.; *Krebs* Kontrolle in staatlichen Entscheidungsprozessen, 1984, 18 ff.) eine neue Gestaltungsvariante. Zur Differenzierung zwischen Eigen- und (staatlicher) Fremdüberwachung *P. Kirchhof* NVwZ 1988, 97 (100), zu Kooperationsformen *Krebs* ZLR 1990, 362 (366 f.); *Hufen* ZLR 1993, 233 (241); ferner *Kloepfer* (Fn. 1) § 4 Rdn. 115; *Lübbe-Wolff* Modernisierung des Umweltordnungsrechts, 1996, 27 f. –
Die „privaten Kontrolleure" haben weder den Status eines Beliehenen noch den eines Verwaltungshelfers, s. dazu o. Fn. 18. Vielmehr leisten sie *grundrechtlich fundierte private Beiträge zum legitimen Eigennutz im Rahmen gesteuerter Selbstregulierung.* Da der Staat somit gezielt privater Eigeninitiative und -verantwortung Raum gibt und der private Kontrolleur bei seiner Prüfarbeit Spielraum hat, scheidet ein Zugriff im Wege der Amtshaftung gem. Art. 34 GG/§ 839 BGB auch nach der modifizierten „Werkzeug"-Doktrin (s. BGHZ 121, 161 [164 ff.]; *Maurer* [Fn. 6] § 25 Rdn. 13) aus. Zutr. hat der BGH (NJW 1978, 2548 [2549]) i. d. S. bereits im Hinblick auf die Prüfstelle nach dem Gesetz über technische Arbeitsmittel vom 21. 4. 1968 (BGBl. I, 717) entschieden: keine hinreichend enge Einbeziehung in die hoheitliche Verwaltungstätigkeit, die eine Zurechnung der Prüftätigkeit zu Lasten der Behörde rechtfertigen würde. Anders liegen die Dinge dagegen beim amtlich anerkannten Prüfingenieur für Baustatik, s. BVerwG, DÖV 1972, 500 (501); bestätigt in BVerwGE 57, 55 (58), sowie beim anerkannten Sachverständigen im Bereich überwachungsbedürftiger Anlagen, vgl. BGHZ 122, 85 (89 f.). Bei Zugrundelegung eines funktionsbezogenen Ansatzes (so *Ossenbühl* [Fn. 17] S. 22 ff.) fehlt es in den Fällen privater Prüftätigkeit im Rahmen gesteuerter Selbstregulierung an der Wahrnehmung staatlicher Aufgaben. Möglich ist freilich ein Amtshaftungsanspruch gegenüber dem die *Befähigung* erteilenden Staat, soweit er die diligentia in eligendo vel instruendo vel custodiendo mißachtet hat. Hiervon abgesehen kann der Geschädigte (Bauherr, Hersteller, Abfallbesitzer, Unternehmer etc.) lediglich den von ihm zivilrechtlich beauftragten privaten Kontrolleur

len. Für den Fall, daß die privaten Kräfte Gemeinwohlergebnisse verfehlen, muß er sich eine *Zugriffsoption* vorbehalten. Ihr instrumenteller Zuschnitt hängt von dem jeweiligen Steuerungssystem und seinen Funktionsbedingungen ab.[39] Auslöser staatlichen Zugriffs ist *gesellschaftlich-selbstregulative Schlechterfüllung*[40]. Die Beurteilungskriterien hierfür legt in erster Linie der Gesetzgeber selbst fest. Das plakative Schlagwort der *Prozeduralisierung* bietet für eine Überformung des materiellen Rechts keine Handhabe.[41]

3. *Grundrechte in negatorischer Funktion*

Kommt es im Zuge Privatinitiative induzierender Steuerungsmodelle zu punktuellen Belastungseffekten, stehen selbstverständlich *grundrechtliche Abwehrpositionen* uneingeschränkt zu Gebote.[42] Dies gilt insbeson-

---

in Anspruch nehmen. Dessen risikogerechte *Versicherung* stellt damit einen integralen Bestandteil des Gesamtmodells gesteuerter Selbstregulierung dar; zu dieser Kombination von Zivil- und Verwaltungsrecht s. u. IX.1 a. E.

[39] Dabei kann „Zugriff" erstmalige staatliche Präsenz, die Aktualisierung bereits bestehender ordnungsrechtlicher Primärpflichten, repressive Wiederherstellung der Rechtsordnung oder schließlich die Reaktivierung staatlicher Ingerenzen bedeuten; vgl. zu letzterem bereits *Ossenbühl* VVDStRL 29 (1971) 137 (190), der in Bezug auf „Staatsfunktionen", die Privaten zur Ausübung „übertragen" sind, von einem „Rückholrecht" des Staates spricht.

[40] Vgl. *Schmidt-Aßmann* (Fn. 14) S. 44: „Einstandsverantwortung in den Fällen gesellschaftlicher ‚Schlechterfüllung'".

[41] So aber *Hagenah* Prozeduraler Umweltschutz, 1996, 40 ff., bes. S. 50; *R. Wolf* in: Roßnagel/Neuser (Hrsg.), Reformperspektiven im Umweltrecht, 1996, 57 (59); jedenfalls im Sinne von Wechselwirkungen mit dem materiellen Recht *Hoffmann-Riem* (Fn. 3) S. 12 ff., 17, sowie gesondert zur Prozeduralisierung S. 11 f.; *H.-J. Koch* NVwZ 1996, 215 (220). Zu Recht hat daher das BVerwG (E 100, 238 [242 ff.]) mit wünschenswerter Klarheit festgestellt, daß weder die EG-UVP-Richtlinie noch das umsetzende deutsche UVPG bzw. – für die straßenrechtliche Planfeststellung – § 17 Abs. 1 S. 2 FStrG 1990 – eine Verschärfung des materiellen Rechts herbeigeführt hat; zum verfahrensrechtlichen Charakter der Umweltverträglichkeitsprüfung *Schmidt-Preuß* DVBl. 1995, 485 ff.; a. A. VGH München, DVBl. 1994, 1198 (1200), mit dem Hinw. auf eine „Richtigkeitsgewähr durch Verfahren" sowie die Feststellung, daß die UVP „die materiellen Maßstäbe ... um eine verfahrensrechtliche Komponente angereichert (‚prozeduralisiert')" habe; ebenso OVG Koblenz, U. v. 29. 12. 1994 – 1 C 10893/92, Ausfertigung, S. 37, insoweit nicht abgedruckt in ZUR 1995, 146; s. ferner ausdrücklich für materielle Wirkung *Erbguth/Schink* UVPG, 2. Aufl., 1996, Vor §§ 5 – 12 Rdn. 8 ff., 12 a.; *Steinberg*, DÖV 1996, 221 (227); in der Sache eher zurückhaltend *Beckmann* in: Hoppe (Hrsg.), UVPG, 1995, § 12 Rdn. 3 ff.

[42] Insofern ist zu betonen, daß die konzeptionelle Ausrichtung selbstregulativer Systeme auf die Freisetzung von Privatinitiative und -interessen gleichwohl nicht etwa eine Reduzierung von Rechtspositionen legitimieren kann. Vgl. insoweit auch – im Hinblick auf ökonomische Instrumente – *Kloepfer* ZAU 1989, 355 (358).

dere für *drei Gruppen*, nämlich diejenigen, die sich – erstens – einem selbstregulativen System nicht oder nicht in der vorgesehenen Weise anschließen wollen, die sich – zweitens – bei der Erbringung flankierender Dienstleistungen im Interesse der Gewährleistungsfunktion erhöhten Anforderungen ausgesetzt sehen, und die – schließlich – als systemexterne Dritte nachteilig betroffen werden.[43]

4. *Demokratie- und Rechtsstaatsprinzip: Verwaltungskompetenz*

Weitere Restriktionen gesteuerter Selbstregulierung folgen aus dem *Demokratieprinzip.*[44] Es begründet die *Verwaltungskompetenz* als verfassungsrechtliche Funktionsgarantie.[45] Ihre – wenn auch mehrfach vermittelte – demokratische Legitimation[46] verpflichtet die Verwaltung zu verantwortlicher Entscheidung nach Gesetz und Recht. Dies bedeutet *Verfahrensherrschaft*[47] und *Letztentscheidungsmandat* der Behörde.[48] Das

---

[43] S. zum ersten Fall BVerfG, 1. Kammer des 1. Senats, BB 1993, 2105 f. (betr. VerpackV), zum zweiten BVerfGE 86, 28 (41 ff.), sowie VGH Mannheim, ESVGH 46, 65 (67 ff.), zu den Anforderungen des Art. 12 Abs. 1 GG an zugangsbeschränkende Regelungen, und zum dritten die Konstellation möglicher Belastungen von Außenseitern durch Selbstbeschränkungsabkommen wie im Fall der Asbestzement-Absprache (s. dazu *Schulte* Schlichtes Verwaltungshandeln, 1995, 98 f.) oder eventueller Auswirkungen auf Dritte im Rahmen des Baugenehmigungsfreistellungsverfahrens.

[44] Vgl. hier nur *Stern* Das Staatsrecht der Bundesrepublik Deutschland, Bd. I, 2. Aufl., 1984, 599 ff.; *Badura*, Staatsrecht, 2. Aufl., 1996, Rdn. D 6 ff.; *Zippelius* Zur Rechtfertigung des Mehrheitsprinzips in der Demokratie, 1987, 21 ff.; *Herzog* in: Maunz/Dürig, GG, Art. 20 II Rdn. 2 ff., 74 ff. (Loseblatt, Stand: Juni 1978); BVerfGE 83, 60 (71 ff.).

[45] Vgl. *Schmidt-Aßmann* AöR 116 (1991) 329 (355 ff.); zur Eigenständigkeit der Verwaltung *Schmitt Glaeser* VVDStRL 31 (1973) 175 (244); *Maurer* VVDStRL 43 (1985) 135 (158): „Vollzugskompetenz der Verwaltung"; *M. Schröder* in: Isensee/Kirchhof (Hrsg.), HdbStR III, 1988, § 67 Rdn. 31; *H. Peters* Die Verwaltung als eigenständige Staatsgewalt, 1965, 6 ff.

[46] Zu ihren drei Elementen s. *Böckenförde* in: Isensee/Kirchhof (Hrsg.), HdbStR I, 1987, § 22 Rdn. 15 ff., von denen hier die organisatorisch-personelle Legitimation im Mittelpunkt steht, die sich durch die (mittelbare) Rückbindung des Amtswalters an einen demokratischen Wahlakt auszeichnet (s. bes. Rdn. 20); vgl. auch *Schmidt-Aßmann* AöR 116 (1991) 329 (366 f.); *Battis/Kersten* DÖV 1996, 584 (585).

[47] Vgl. *Steinberg* in: Hoffmann-Riem/Schmidt-Aßmann (Hrsg.), Konfliktbewältigung durch Verhandlungen, Bd. I, 1990, 295 (307); *Pietzcker* (Fn. 20) S. 305 f.; auch die Stellungnahme des Bundesrates zum Regierungsentwurf des Genehmigungsverfahrensbeschleunigungsgesetzes stützt sich ausdrücklich auf das Prinzip der „Verfahrensherrschaft" (BT-Drucks. 13/3995, S. 12).

[48] S. namentlich zum Zusammenhang zwischen Demokratieprinzip und staatlicher Letztverantwortung *Kunig* in: Hoffmann-Riem/Schmidt-Aßmann (Hrsg.), Konfliktbewältigung durch Verhandlungen, Bd. I, 1990, 43 (62), sowie S. 66, mit der

Rechtsstaatsprinzip[49] verpflichtet überdies zu behördlichem Handeln, das von Klarheit und Transparenz ebenso getragen ist wie von Neutralität, Distanz, Fairneß und Objektivität.[50] Die Rolle eines *bloßen Moderators* ist hiermit genausowenig kompatibel wie die eines Akteurs unter anderen.

III. Administrative Entscheidungsautonomie

1. *Verfahrensherrschaft in der Entscheidungsvorbereitung*

All dies läßt Spielräume für Verfahrensprivatisierung *bei der administrativen Entscheidungsvorbereitung.*[51] Sie finden aber ihre Grenze in den Erfordernissen der *Verfahrensherrschaft.*

a) Kooperativ-informaler Dialog – Vorstadium und Verfahrensbegleitung

Von Bedeutung ist hier zunächst der *kooperativ-informale Dialog,* der in Form exploratorischer Kontakte zwischen Behörde und Betreiber *außer-*

Feststellung, daß „der demokratische Rechtsstaat nicht abdanken" dürfe, „um den ‚Betroffenen' das Feld zu überlassen"; *Schuppert* DÖV 1995, 761 (769); *Brohm* in: Hoffmann-Riem/Schmidt-Aßmann (Hrsg.), Konfliktbewältigung durch Verhandlungen, Bd. II, 1990, 221 (238); *Böckenförde* (Fn. 46) § 22 Rdn. 20; *Schulte* (Fn. 43) S. 121 („Verfahrensveranwortung"), 173 ff.; *Steinberg* (Fn. 47) S. 306 ff.; *Hill* DVBl. 1993, 973 (978); *Tomerius* Informelle Projektabsprachen im Umweltrecht, 1995, 128 ff.; *Jestaedt* Demokratieprinzip und Kondominialverwaltung, 1993, 302 ff.; zur Letztentscheidungsverantwortung der Planfeststellungsbehörde bei Straßenplanungen *Wahl* DVBl. 1993, 517 (521); auf der Grundlage eines umfassenden Verfahrensansatzes *Pitschas* (Fn. 12) S. 287 ff. Zur administrativen Letztentscheidungskompetenz s. aus der Rspr. BVerfGE 93, 37 (66 ff.); 9, 268 (281 f.); VerfGH Rh.-Pf., AS 24 (1993), 321 (343).

[49] Vgl. *Schmidt-Aßmann* in: Isensee/Kirchhof (Hrsg.), HdbStR I, 1987, § 24 Rdn. 75 ff.; *Stern* (Fn. 44) S. 781 ff.; *Badura* (Fn. 44) Rdn. D 46 ff.; für eine Lösung der gesamten „rechtsstaatlichen Probleme ... im Verfassungsgesetz" *Kunig,* Das Rechtsstaatsprinzip, 1986, 259 ff., 464 ff.

[50] Vgl. *Hufen* Fehler im Verwaltungsverfahren, 2. Aufl., 1991, Rdn. 52 ff., 67 ff.; BVerwGE 75, 214 (230 f.); zur Transparenz auch *Trute* DVBl. 1996, 950 (956), unter dem Aspekt der Verwaltungslegitimation.

[51] In diesem Zusammenhang wird vielfach von einem kooperativen Verwaltungsverfahrensrecht gesprochen, s. *Schuppert* (Fn. 3) S. 6; *Hoffmann-Riem,* AöR 119 (1994) 590 (623 ff.), dort auch „Privatverfahrensrecht" (S. 623); *Schmidt-Aßmann* (Fn. 13) S. 28: „Privatverwaltungsrecht"; *Schoch* in: Hoffmann-Riem/Schmidt-Aßmann (Hrsg.), Innovation und Flexibilität des Verwaltungshandelns, 1994, 199 (222): „Einbeziehung des *Kooperationsprinzips* in das Verwaltungsverfahren" (kurs. i. O.); *ders.* DVBl. 1994, 962 (975): „private Verfahrensverantwortung" (i. O. kurs.); *Pitschas* (Fn. 12) S. 687 ff.; *J.-P. Schneider* VerwArch. 87 (1996) 38 (40 f., 50 ff.).

halb formeller Verwaltungsverfahren stattfindet[52] – sei es im *Vorstadium*, d. h. im ungeregelten Bereich noch vor Antragstellung oder Planeinreichung, sei es danach *verfahrensbegleitend*. Wenn diese flexible Form des Austausches von Informationen und Bewertungen *ohne imperative Förmlichkeit*[53] trotz unbestreitbarer Gefährdungslagen[54] aus dem claire-obscure rechtsstaatlicher Zweifelhaftigkeit entwachsen ist,[55] dann ist ebenso klar auf die *rechtlichen Bindungen* hinzuweisen, die sich aus der demokratisch-rechtsstaatlichen Verwaltungskompetenz ableiten lassen.[56] Aus ihr folgt

---

[52] S. speziell zur Sachverhaltsfeststellung – auch „schon vor Beginn des eigentlichen Verwaltungsverfahrens" – *Bullinger* EuR 1995, 35 (47). Vgl. ansonsten aus der Fülle der Lit. *Schulte* (Fn. 43) S. 40 ff. („Interaktion"); *Kunig* (Fn. 48) S. 51 ff.; *Arthur Benz* Kooperative Verwaltung, 1994, 81 ff., 171 ff.; *Tomerius* (Fn. 48) S. 32 ff.; *von Wedemeyer* Kooperation statt Vollzug im Umweltrecht, 1995, 26 ff.; *Rengeling* (Fn. 8) S. 3 ff., 58 ff., 90 ff.; *Hill/A. Weber* Vollzugserfahrungen mit umweltrechtlichen Zulassungsverfahren in den neuen Ländern, 1996, 95 ff.

[53] Von daher ist der Verwaltungsakt nicht notwendig rein hierarchisch-imperativer Natur, sondern vielfach Produkt eines iterativen Austauschprozesses zwischen Behörde und Antragsteller. Das betrifft namentlich Genehmigungsinhaltsbestimmungen und Auflagen; s. insoweit den Bericht von *Fluck* VerwArch. 86 (1995) 466 (472 f.). In dieser Hinsicht kann in der Tat von einem „konsentierten Verwaltungakt" (*Schoch* [Fn. 51] S. 231 ff.) gesprochen werden; ferner *Schmidt-Salzer* VerwArch. 62 (1971) 135 (141 ff.).

[54] Auf sie hat frühzeitig *Bohne* Der informale Rechtsstaat, 1981, 20 ff., 49 ff., 69 ff., 144 ff.; *ders.* VerwArch. 75 (1984) 343 (347 ff.), hingewiesen; ferner etwa *Hoffmann-Riem* und *Scheuing* VVDStRL 40 (1982) 153 (179 ff.), sowie 187 (204 ff.); *Bauer* VerwArch. 78 (1987) 241 (254 ff.).

[55] Vgl. – mit unterschiedlichen Akzenten im einzelnen – *Maurer* (Fn. 6) § 15 Rdn. 14 ff., 19: „nicht per se unzulässig"; *Erichsen* (Fn. 16) § 32 Rdn. 3 ff.; *Bauer* in: Hoffmann-Riem/Schmidt-Aßmann (Hrsg.), Innovation und Flexibilität des Verwaltungshandelns, 1994, 245 (258); *ders.* VerwArch. 78 (1987) 241 (260 f.); *Brohm* DVBl. 1994, 133 (139); *Kunig* DVBl. 1992, 1193 (1197 ff.); *Schulte* (Fn. 43) S. 40 ff.; *Breuer* in: Hoffmann-Riem/Schmidt-Aßmann (Hrsg.), Konfliktbewältigung durch Verhandlungen, Bd. I, 1990, 231 (241 f.); *Stober* Rückzug des Staates im Wirtschaftsverwaltungsrecht?, 1997, 66 ff., 73; demgegenüber krit. unter dem Aspekt faktischer Bindung *Hoffmann-Riem* VVDStRL 40 (1982) 187 (200 f., 203 ff., 212); *P. Kirchhof* (Fn. 38) § 59 Rdn. 157, 161 ff.; abl. *Burmeister* VVDStRL 52 (1993) 190 (233 ff., 241 f.), für den Bereich gesetzlich oder grundrechtlich geschützter Verfahrensteilhabe Dritter. – Letztlich bezieht der informal-kooperative Dialog seine prinzipielle Rechtfertigung als Annexgarantie aus den *Zulassungs- und Eingreiftatbeständen* selbst.

[56] Vgl. *Erichsen* (Fn. 16) § 32 Rdn. 5; mit anderem Begründungsansatz – für Analogie zu Anforderungen des allgemeinen Verfahrensrechts, soweit es nicht auf die Förmlichkeit des Vertrags bezogen ist – *Kunig* (Fn. 48) S. 54 f.; *Kunig/Rublack* Jura 1990, 1 (5 f.); *Hoppe* DVBl. 1994, 255 (261); *Würtenberger* in: Kroeschell (Hrsg.), Recht und Verfahren, 1993, 183 (189); *Tettinger* Fairneß und Waffengleichheit, 1984, 46 ff.; *Dreier* in: Staatswissenschaften und Staatspraxis, 1993, 647 (668); *Schulze-Fielitz* in: Arthur Benz/Seibel (Hrsg.), Zwischen Kooperation und Korruption, 1992, 233

namentlich ein *Vorbelastungsverbot*, das es der Behörde verbietet, sich durch einseitige, präjudizielle Parteinahme ihrer inneren Entscheidungsfreiheit zu begeben und damit Belange Dritter und der Allgemeinheit zu mißachten.[57]

b) Verfahrensprivatisierung im Vor- und Hauptverfahren

Des weiteren ergeben sich Anforderungen aus der Verfahrensherrschaft für die Einbeziehung privater Beiträge in den *formell-verfahrensrechtlich* ausgeformten Prozeß administrativer Entscheidungsvorbereitung.[58] Dies betrifft zunächst den *geregelten Bereich* vor Antragstellung oder Planeinreichung, also das *Vorverfahren.* Hier hat sich der Gesetzgeber zur *Formalisierung des Informalen* entschlossen. Einen ersten Testlauf stellt das fakultative *Scoping* zur frühzeitigen Bestimmung des voraussichtlichen Rahmens der Umweltverträglichkeitprüfung dar.[59] Diesen Modellfall verallgemeinernd sieht die soeben in Kraft getretene *Novelle des Verwaltungsverfahrensgesetzes* nunmehr umfassend die Erörterung der durch den zukünftigen Antragsteller zu erbringenden Nachweise und Unterlagen vor.[60] Einer noch intensiveren Normierung des Vorverfah-

---

(246); *Bonk* in: Stelkens/Bonk/Sachs, VwVfG, 4. Aufl., 1993, § 1 Rdn. 19. S. aus der Rspr. BVerwGE 75, 214 (230 f.); weiterhin zum Grundsatz des fairen Verfahrens BVerwGE 55, 355 (360); 70, 143 (151); VGH Mannheim, NVwZ-RR 1993, 342 l. Sp.; OVG Schleswig, DÖV 1993, 169 r. Sp.

[57] Vgl. *Hufen* (Fn. 50) Rdn. 108 f.; zum Aspekt der „vollendeten Tatsachen" *Wahl* DVBl. 1993, 517 (523).

[58] Zum Begriff der Verfahrensprivatisierung s. o. I.2 bei Fn. 20.

[59] Vgl. § 5 UVPG, § 2a Abs. 1 der 9. BImSchV und § 1b AtVfV; s. a. Nr. 0.4 der Allgemeinen Verwaltungsvorschrift zur Ausführung des Gesetzes über die Umweltverträglichkeitsprüfung (UVPVwV) vom 18. 9. 1995, GMBl. 1995, 671; zu Einzelheiten *Nisipeanu* NVwZ 1993, 319 (321 f.); *Mayen* NVwZ 1996, 319 (321). Zutreffend *Schoch* (Fn. 51) S. 230, nach dem Vorab-Verständigungen durch das sog. Scoping-Verfahren eine „teilweise gesetzliche Anerkennung" erfahren haben; ebenso *Schulte* (Fn. 43) S. 42. In einigen Bundesländern findet eine UVP auf der ersten Stufe im Rahmen des Raumordnungsverfahrens statt, vgl. für Baden-Württemberg § 13 UVPG BW vom 12. 12. 1991, GBl. S. 848, und § 13 Abs. 3 S. 2 LPlG vom 8. 4. 1992 (GBl. S. 120), ferner VGH Mannheim, NuR 1995, 552 r. Sp. Zur geplanten Etablierung des Scoping auf EG-Ebene s. Art. 5 Abs. 1 (neu) des Vorschlags für eine Richtlinie des Rates zur Änderung der Richtlinie 85/337/EWG über die Umweltverträglichkeitsprüfung bei bestimmten öffentlichen und privaten Projekten, KOM (93) 575 endg. – 94/0078 (SYN), ABl. C 130 (vom 12. 5. 1994) S. 8.

[60] § 71c Abs. 2 Nr. 1 VwVfG, eingefügt durch das Gesetz zur Beschleunigung von Genehmigungsverfahren vom 12. 9. 1996 (BGBl. I, 1354); dazu BT-Drucks. 13/3995, S. 9. § 25 VwVfG regelt dagegen die Phase ab Antragstellung bzw. Planeinreichung, s. *Ule/Laubinger* Verwaltungsverfahrensrecht, 4. Aufl., 1995, § 26 Rdn. 19; a. A. *Stelkens* in: Ders./Bonk/Sachs, VwVfG, 4. Aufl., 1993, § 25 Rdn. 15. S. zu § 71c

rens ist mit Skepsis zu begegnen, da jede Formalisierung wiederum zur weiteren Vorverlagerung des Informalen tendiert.[61] Darüber hinaus können Beratungs- und Kooperationspflichten wegen befürchteter Amtshaftungsansprüche[62] mit hieraus folgenden Regreßforderungen eher retardierend und damit kontraproduktiv wirken. Im Zusammenhang hiermit entsteht das unvermeidliche Strukturproblem der *Bindungswirkung* administrativer Handlungen im Vorverfahren, wie das Beispiel der sog. *Mitteilung* des voraussichtlichen Untersuchungsrahmens als Schlußakt des Scoping zeigt.[63] Was durch Absprachen im Vorverfahren gefährdete Drittbelange angeht, so besteht zwar kein strikter Anspruch auf Beteiligung. Immerhin aber ist im Scoping die Hinzuziehung Dritter in das Verfahrensermessen der Behörde gestellt, das sachgerecht ausgeübt werden muß.[64] Gegenläufig hat sie hierbei freilich die legitimen, grundrechtlich fundierten *Geheimhaltungsinteressen des Betreibers* zu berücksichtigen.[65]

VwVfG *Schmitz/Wessendorf* NVwZ 1996, 955 (959): „keine neue Verfahrensart", die Vorschrift stelle lediglich „eine besondere Ausprägung der allgemein geltenden Auskunfts- und Beratungspflicht der Behörden" dar (sub III.2).

[61] Zutr. *Schulte* (Fn. 43) S. 112 f.; *Kunig/Rublack* Jura 1990, 1 (5). – Bei allem Bemühen um Verfahrensbeschleunigung mit Hilfe prozeduraler Instrumente ist freilich nicht zu übersehen, daß die beklagten Verzögerungen zu einem guten Teil auch Folge mangelnder Personalkapazität und -ausstattung sind, s. *Dolde* Statement, in: Umweltschutz als Standortfaktor – Investitionssicherung und Möglichkeiten zur Beschleunigung immissionsschutzrechtlicher Industriezulassungen, 1994, 20 (21 ff.); *Sellner* Statement, ebd., S. 30 (31 f.).

[62] Vgl. insoweit *Kopp* VwVfG, 6. Aufl., 1996, § 25 Rdn. 12 f.; *E. König/Meins* Verwaltungsverfahrensgesetz des Freistaates Bayern unter Berücksichtigung des Verwaltungsverfahrensgesetzes des Bundes, 1993, Art. 25 Rdn. 25 ff.; nach der st. Rspr. des BGH (Z 121, 65 [69]; 117, 83 [87 f.]), müssen Auskünfte und Belehrungen eines Amtsträgers „klar, unmißverständlich, eindeutig und vollständig" sein.

[63] Vgl. einerseits die Befürwortung eines weitgehenden Spielraums der Behörde für Abweichungen bei *Haneklaus* in: Hoppe (Hrsg.), UVPG, 1995, § 5 Rdn. 25; *Erbguth/Schink* (Fn. 41) § 5 Rdn. 23, andererseits *Schmidt-Preuß* in: Vollkommer (Hrsg.), Die Erhaltung der Umwelt als Herausforderung und Chance, 1995, 19 (34 f.): Grundsatz des venire contra factum proprium, der eine „Freizeichnung der Behörde" – vorbehaltlich einer Änderung der Sach- und Rechtslage – ausschließt; s. a. *Weber/Hellmann* NJW 1990, 1625 (1630).

[64] Hierzu *Erbguth/Schink* (Fn. 41) § 5 Rdn. 13 a; *Haneklaus* in: Hoppe (Fn. 63) § 5 Rdn. 22.

[65] S. *Schmidt-Preuß* (Fn. 63) S. 44 f. Dies ist bei der Anwendung der Abwägungsklausel der Nr. 0. 4. 6 Abs. 2 S. 5 UVPVwV (Fn. 59), nach der zwischen den Interessen des Vorhabenträgers an Vertraulichkeit und den Belangen einer frühzeitigen Klärung des Untersuchungsrahmens abgewogen werden muß, zu beachten. – Anders der Ansatz des § 36 UGB-AT-E (Fn. 8), der eine Verbands- und Behördenbeteiligung

Ein weiteres Aktionsfeld für private Beiträge ist das – mit Antragstellung oder Planeinreichung beginnende – *Hauptverfahren.* Hier eröffnen die neuen Institute des *Sternverfahrens* und der *Antragskonferenz* Möglichkeiten zügiger Abklärung und Information – unter Einschluß nicht-staatlicher Träger öffentlicher Belange und privater Stellen.[66] Noch bedeutsamer erscheinen die umfassenden *Beibringungsobliegenheiten im Recht der Umweltverträglichkeitsprüfung,*[67] die keine Einschränkung der Verfahrensherrschaft darstellen. Nach dem Gesetzeswortlaut hat der Antragsteller im *Hauptverfahren* nunmehr den umweltrelevanten Sachverhalt insgesamt beizubringen, also auch dann, wenn dieser sachthematisch *seiner Sphäre nicht zugehört.*[68] Dies führt zu einer bemerkenswerten *Verschiebung* der Gewichte von der Amtsermittlungpflicht[69] mit

---

im Rahmen einer Umweltfolgenuntersuchung vorschlägt und das Scoping des § 5 UVPG kritisch als „Geheimverfahren" (S. 241) bezeichnet.

[66] Vgl. zum *Sternverfahren* § 71 d VwVfG, eingefügt durch das Gesetz zur Beschleunigung von Genehmigungsverfahren vom 12. 9. 1996 (BGBl. I, 1354); zur Einbeziehung auch Privater als Träger öffentlicher Belange s. BT-Drucks. 13/3995, S. 9 r. Sp.; zur Begriffsdeutung i. S. d. § 4 Abs. 1 BauGB s. *Bielenberg* in: Ernst/Zinkahn/Bielenberg, BauGB, § 4 Rdn. 5 ff. (Loseblatt, Stand: 1. November 1995); *Battis* in: Ders./Krautzberger/Löhr, BauGB, 5. Aufl., 1996, § 4 Rdn. 3. – Zur *Antragskonferenz* s. den ebenfalls neuen § 71 e VwVfG; der dort verwendete Begriff der „Stelle" (insoweit in Bezug auf den Behördenbegriff *Stelkens* [Fn. 60] § 1 Rdn. 132) umfaßt offensichtlich neben Behörden auch Private. S. a. die Vorschläge der Unabhängigen Expertenkommission zur Vereinfachung und Beschleunigung von Planungs- und Genehmigungsverfahren, in: Bundesministerium für Wirtschaft (Hrsg.), Investitionsförderung durch flexible Genehmigungsverfahren, 1994, Tz. 255, 257.

[67] § 6 Abs. 3 und 4 UVPG (dazu BVerwGE 98, 339 [358 f.]); § 4e der 9. BImSchV, § 3 Abs. 2 AtVfV; Art. 5 der Richtlinie des Rates über die Umweltverträglichkeitsprüfung bei bestimmten öffentlichen und privaten Projekten vom 27. 6. 1985 (85/337/EWG), ABl. L Nr. 175 (vom 5. 7. 1985) S. 40. Strukturell lassen sich hiermit die Nachweispflichten im Hinblick auf die Erfüllung der Erfassungs-, Sortier- und Verwertungsquoten gem. VerpackV Anhang II S. 1, 3 und 5, III S. 2 und IV S. 2 vergleichen.

[68] Vgl. *Wahl* in: Kroeschell (Hrsg.), Recht und Verfahren, 1993, 155 (169 f., 173), der das Novum des UVPG zutr. darin sieht, daß „die Sachverhaltsermittlung durch den Antragsteller/Projektträger auf Umstände *außerhalb* seiner Sphäre ausgedehnt wird" (kurs. i. O.). Hierbei darf allerdings nichts Unmögliches oder Unzumutbares gefordert werden, was auch für die obligatorischen Angaben gem. § 6 Abs. 3 UGB gelten muß, s. *Haneklaus* in: Hoppe (Fn. 63) § 6 Rdn. 16; *Schmidt-Preuß* (Fn. 63) S. 46. Nur bei Beachtung dieses Grundsatzes kommt eine etwaige Antragsablehnung mangels Sachverhaltsbeibringung in Betracht, vgl. dazu *J.-P. Schneider* Nachvollziehende Amtsermittlung bei der Umweltverträglichkeitsprüfung, 1991, 123. S. a. § 20 Abs. 2 S. 2 der 9. BImSchV.

[69] S. *Badura* in: Erichsen (Hrsg.), Allgemeines Verwaltungsrecht, 10. Aufl., 1995, § 36 Rdn. 2 ff.

ihren schon bislang geläufigen Mitwirkungslasten[70] hin zu nachhaltiger privater Verfahrensverantwortung.[71] Ihr entspricht eine spiegelbildliche Entlastung der Behörde, die sich zunächst im Sinne einer Plausibilitätskontrolle auf eine *nachvollziehende Ermittlung* beschränken kann.[72] Die aus der Verwaltungskompetenz abgeleitete Verfahrensherrschaft berechtigt und verpflichtet sie aber bei Anhaltspunkten *unzureichender oder einseitiger* privater Sachverhaltsermittlung zur *Vollprüfung*, wenn nötig unter Einschaltung externer Sachverständiger.[73]

2. *Staatliche Letztentscheidungskompetenz*

Demokratisch-rechtsstaatliche Verwaltungskompetenz kulminiert mit Verfahrensabschluß im Mandat zu *autonomer administrativer Letztentscheidung.*[74] Es begründet zugleich die Verantwortung der Behörde und ihre Pflicht zur Konfliktschlichtung nach Gesetz und Recht. Diese verfassungsrechtlich fundierte *Entscheidungsautonomie* darf von privater Seite nicht ursurpiert werden.[75] Anders als in der Phase der Entscheidungs-

---

[70] Vgl. *Schmitt Glaeser* in: Lerche/Schmitt Glaeser/Schmidt-Aßmann, Verfahren als staats- und verwaltungsrechtliche Kategorie, 1984, 35 (66 ff.).

[71] Vgl. *Erbguth/Schink* (Fn. 41) § 6 Rdn. 1; *J.-P. Schneider* (Fn. 68) S. 136 ff.; *ders.* VerwArch. 87 (1996) 38 (40 f., 55 f.).

[72] Näher *J.-P. Schneider* (Fn. 68) S. 126 ff.; *Wahl* (Fn. 68) S. 173 ff.

[73] Vgl. § 13 Abs. 1 der 9. BImSchV; hat der Antragsteller die Erteilung eines Gutachtens mit der Genehmigungsbehörde abgestimmt, gilt dieses als behördliches Gutachten (Abs. 2 S. 2); restriktiv hierzu *Jarass* (Fn. 13) § 10 Rdn. 41. – Zu externem Sachverstand *Brohm* in: Isensee/Kirchhof (Hrsg.), HdbStR II, 1987, § 36 Rdn. 46, auch mit dem Hinw., daß Beratung vielfach „inhaltlich gesehen ‚Mitentscheidung'" sein könne (Rdn. 31); ferner *Di Fabio* VerwArch. 81 (1990) 193 (216 ff.); zur Tätigkeit des Sachverständigen im atomrechtlichen Genehmigungs- und Aufsichtsverfahren s. *Lukes* in: Ders./Bischof/Pelzer, Sachverständigentätigkeit in atomrechtlichen Genehmigungs- und Aufsichtsverfahren, 1980, 13 (43 ff.); *Fiebig* in: Pelzer (Hrsg.), Neues Atomenergierecht – Internationale und nationale Entwicklungen, 1996, 251 (262 ff.).

[74] Dabei erfolgt die Verwaltungsentscheidung nicht voraussetzungslos, sondern vermittelt durch das Verwaltungsverfahren und im Lichte der in ihm gewonnenen Erkenntnisse; vgl. *Schmitt Glaeser* VVDStRL 31 (1973) 179 (193 ff.). Maßstab ist das materielle Recht. Somit erscheint das Verwaltungsverfahren als der „Verwirklichungsmodus des verfahrensabhängigen Verwaltungsrechts" (*Wahl* VVDStRL 41 [1983] 151 [155]); ebenso anhand der Umweltverträglichkeitsprüfung *Schmidt-Preuß* DVBl. 1995, 485 (488 ff.); anders der Ansatz der „Prozeduralisierung", s. o. bei Fn. 41.

[75] Einen Sonderfall stellt die Bundesprüfstelle für jugendgefährdende Schriften dar, die in der Besetzung von zwölf Mitgliedern entscheidet, von denen sich nach dem Gesetz acht aus Vertretern der beteiligten Kreise rekrutieren und vom zuständigen Minister ernannt werden, § 9 Abs. 1 und 2 GjS. Diese Konstruktion ist ausnahmsweise gerechtfertigt, um im Hinblick auf Art. 5 Abs. 3 S. 1 GG eine weitestge-

vorbereitung ist daher im Zeitpunkt des Steuerungsaktes für selbstregulative Einflußnahme kein Raum mehr. Das schließt korporatistische oder sonstige Entscheidungsteilhabe von Partialinteressen aus.[76] Unbedenklich sind dagegen Ausschüsse, in denen Private aus Gründen wissenschaftlicher Expertise, praktisch-technischen know-hows oder interessen-pluralistischer Ausgewogenheit beratend zu Worte kommen, wie dies z. B. bei der Strahlenschutz- und der Reaktorsicherheitskommission[77] der Fall ist.[78] Auch die qualifizierte Form der Empfehlung mit Begründungspflicht im Abweichungsfall – so die Regelung zur Zentralen Kommission für Biologische Sicherheit[79] – läßt der *administrativen Entscheidungsautonomie* genügend Raum. Dies gilt selbst dort, wo sich der Staat dazu entschließt, die Voten eines Gremiums wie der privat organisierten Freiwilligen Selbstkontrolle der Filmwirtschaft „als eigene" zu übernehmen, sich aber eine anderweitige Entscheidung im Einzelfall vorbehält.[80] An Grenzen administrativer Verfahrensherrschaft und Letzt-

---

hend authentische Gesetzeskonkretisierung zu ermöglichen, vgl. auch BVerfGE 83, 130 (149 ff.); BVerwG, U. v. 28. 6. 1996 – 6 C 15.94, Ausfertigung, S. 7 ff.; s. ferner *Schreyer* Pluralistische Entscheidungsgremien im Bereich sozialer und kultureller Staatsaufgaben, 1982, 52 ff., 142 ff.; zur Bestellung nicht-staatlicher Funktionsträger sub specie Demokratieprinzip *Jestaedt* (Fn. 48) S. 383 ff.; zur Kategorie des ministerialfreien Raums *Krebs* (Fn. 5) § 69 Rdn. 82 f.; *Lerche* in: Maunz-Dürig, GG, Art. 86 Rdn. 70 ff. (Loseblatt, Stand: Dezember 1989).

[76] Vgl. unter dem Aspekt der inneren Souveränität *Isensee* (Fn. 28) § 13 Rdn. 87; s. a. *Schmitt Glaeser/Mackeprang* Die Verwaltung 24 (1991) 15 (28), am Beispiel des öffentlich-rechtlichen Beauftragten; ferner *Jestaedt* (Fn. 48) S. 367 ff.

[77] S. die Bekanntmachung des Bundesministers für Umwelt, Naturschutz und Reaktorsicherheit vom 29. 1. 1990, BAnz. Nr. 36 vom 21. 2. 1990, S. 891. Zur rechtlichen Qualifikation *Nolte* Rechtliche Anforderungen an die technische Sicherheit von Kernanlagen, 1984, 100: teilrechtsfähiger Verband des öffentlichen Rechts; dagegen *Jarass* in: Lukes (Hrsg.), Reformüberlegungen zum Atomrecht, 1991, 367 (408).

[78] Vgl. *Böckenförde* (Fn. 46) § 22 Rdn. 20; BVerfGE 93, 37 (66 ff.); 9, 268 (279 ff.).

[79] § 11 Abs. 8 S. 3 GenTG; ebenso strukturiert ist § 25 Abs. 6 AMG (Anhörung der Zulassungskommission vor Entscheidung über die beantragte Zulassung eines Arzneimittels).

[80] So Art. 1 der Bekanntmachung der Vereinbarung der Länder über die Durchführung der §§ 6, 7 JÖSchG vom 19. 1. 1987 (BAnz. Nr. 24 vom 5. 2. 1987, S. 1134). Zum Filmjugendschutz nach diesen Vorschriften *Weides* NJW 1987, 224 (226 f.). Bei der „Freiwilligen Selbstkontrolle der Filmwirtschaft (FSK)" handelt es sich um eine von der Spitzenorganisation der Filmwirtschaft e.V. (SPIO) getragene private Einrichtung, in deren Arbeitsausschüssen ein Ständiger Vertreter der Obersten Landesbehörden den Vorsitz führt; s. zu Aufbau und Prüfungspraxis *von Gottberg* Jugendschutz in den Medien, 1995, 14 ff.; unter dem Aspekt der Selbstregulierung *Hoffmann-Riem* in: R. Schmidt (Hrsg.), Öffentliches Wirtschaftsrecht, Besonderer Teil 1, 1995, § 6 Rdn. 112, 114. – Vgl. auch § 3 Abs. 5 des Rundfunkstaatsvertrags i. d. F. v. 1. 8. 1994 (RfStV), nach dem die Landesmedienanstalten bei der Überwachung

entscheidungskompetenz kann aber die Einsetzung eines *privaten Konfliktmittlers*[81] oder Mediators stoßen – jedenfalls dann, wenn ihm die Vornahme *präjudizieller Verfahrenshandlungen* wie die Durchführung einer Beweisaufnahme oder darüber hinaus sogar Sachentscheidungsbefugnisse übertragen werden sollen.[82] Die Verfahrensrechts-Beschleunigungsnovelle hat denn auch auf die Einführung eines solchen Instruments verzichtet. Unbedenklich zulässig – auch schon nach geltendem Recht – ist dagegen der behördliche Konfliktmittler.

3. Entscheidungsautonomie, „Infizierung" und Fehlerfolgen

a) Behördliche Einzelfallentscheidungen

Fehler in der Entscheidungsvorbereitung – namentlich auch im kooperativ-informalen Bereich – *infizieren* die nachfolgende Sachentscheidung und führen zu ihrer Rechtswidrigkeit. Hat sich die Behörde z. B. dem Vorbelastungsverbot zuwider selbst gebunden und sodann den Erörterungstermin nur noch pro forma durchgeführt, liegt ein Verstoß gegen die Amtsermittlungspflicht vor. Macht sich die Behörde bei Erlaß eines abfallrechtlichen Planfeststellungsbeschlusses Ergebnisse eines privaten Standortauswahlverfahrens, das sich aufdrängende Alternativen außer Acht läßt, zu eigen, führt dies zum Abwägungsfehler.[83] Allerdings läßt

---

privater Fernsehanbieter „Gutachten freiwilliger Selbstkontrolleinrichtungen ... bei ihren Entscheidungen einzubeziehen" haben. Zur hiermit angesprochenen „Freiwilligen Selbstkontrolle Fernsehen (FSF)" s. u. Fn. 126.

[81] S. den Vorschlag der Unabhängigen Expertenkommission (Fn. 66) Tz. 284; ferner *Hoffmann-Riem* Konfliktmittler in Verwaltungsverhandlungen, 1989, 15 ff., 24 ff. Zur rechtlichen Würdigung auch *Schmidt-Aßmann* in: Hoffmann-Riem/Schmidt-Aßmann (Hrsg.), Konfliktbewältigung durch Verhandlungen, Bd. II, 1990, 9 (18 ff.); *Schulze-Fielitz* ebd., S. 55 (60 ff.); *J.-P. Schneider* VerwArch. 87 (1996) 38 (60 ff.); zurückhaltend bis skeptisch *Brohm* (Fn. 48) S. 229 ff., am Beispiel des Raumordnungsverfahrens; *Steinberg* (Fn. 47) S. 295 ff.; *Schulte* (Fn. 43) S. 114 ff., 121.

[82] Die Grenze der Letztentscheidungsmacht der Behörde betonen zu Recht *Kunig/Rublack* Jura 1990, 1 (8 f.); *Brohm* in: Hoffman-Riem/Schmidt-Aßmann (Hrsg.), Konfliktbewältigung durch Verhandlungen, Bd. I, 1990, 253 (257); *ders.* (Fn. 48) S. 237, für die Benennung des Verhandlungsleiters; *Hoffmann-Riem* in: Ders./Schmidt-Aßmann, (Hrsg.), Konfliktbewältigung durch Verhandlungen, Bd. I, 1990, S. 13 (40); *Schulte* (Fn. 43), S. 121; *Schulze-Fielitz* (Fn. 81) S. 60. Vgl. demgegenüber Unabhängige Expertenkommission (Fn. 66) Tz. 284, mit Vorschlägen „Leit" 23 und 24, wonach nicht ausgeschlossen ist, daß ein privater Konfliktmittler auch Anhörungen durchführt.

[83] Vgl. hierzu *Hoppe* in: Hoffmann-Riem/J.-P. Schneider (Hrsg.), Verfahrensprivatisierung im Umweltrecht, 1996, 275 (282); *ders.* DVBl. 1994, 255 (261); *Hoppe/Bleicher* NVwZ 1996, 421 (422 ff.); *Bleicher* Standortauswahlverfahren bei der Planung von Abfallentsorgungsanlagen durch private Gutachter, 1996, 173 ff., 184 ff.

sich in diesen Fällen ein automatischer Aufhebungsanspruch weder aus den allgemeinen Regeln der Verfahrensfehlerlehre[84] noch aus den Grundsätzen subjektiv-rechtlicher Fehlerkorrektur bei Planungsentscheidungen ableiten.[85]

b) Exkurs: Projektbezogene Satzung

Die *Infizierung* der Sachentscheidung durch vorgelagerte Defizite im informalen Bereich findet ihre Parallele auf der Ebene – projektbezogener – Satzungsgebung. Hier hat der Gesetzgeber in Form des *Vorhaben- und Erschließungsplans* in Fortentwicklung der Floatglas-Doktrin[86] die planerische Arbeitsteilung zwischen privatem Investor und Kommune – bald dauerhaft – normiert[87] und damit erneut ein Stück selbstregulativer Informalität formalisiert. Diese wegweisende Inkorporierung privater Planung in kommunale Satzungen bedarf der Balance: Einerseits wird Freiraum für Selbstregulierung, ja sogar die rechtsverbindliche Vorabbindung in Form des Durchführungsvertrags ausdrücklich anerkannt. Andererseits wirkt das *Gebot abwägungsfehlerfreier Entscheidung* durch die Gemeinde unverkürzt;[88] dem *Hoheitsträger ist die Letztkontrolle richtiger Gemeinwohlkonkretisierung vorbehalten.*

---

[84] S. *Badura* (Fn. 69) § 38 Rdn. 30 ff.; *Schmidt-Preuß* Kollidierende Privatinteressen im Verwaltungsrecht, 1992, 520 ff.; BVerwGE 85, 368 (377); BVerwG, DVBl. 1994, 886 (887); BVerwG, DVBl. 1996, 908 (911), im Zusammenhang mit einer straßenrechtlichen Planfeststellung; s. aber auch *Hufen* (Fn. 50) Rdn. 545 ff.

[85] Vgl. BVerwGE 87, 332 (342); 67, 74 (75 ff.); 48, 56 (66 ff.); BVerwG, NVwZ 1989, 619 (620); *Schmidt-Preuß* (Fn. 84) S. 320 ff.; krit. – aus unterschiedlichen Blickwinkeln – *Steinberg* Fachplanung, 2. Aufl., 1993, 232 ff.; *Bartlsperger* in: Erbguth/Oebbecke/Rengeling/Schulte (Hrsg.), Abwägung im Recht. Symposium zur Emeritierung von Werner Hoppe, 1996, 79 (87 ff.).

[86] BVerwGE 45, 309 (316 ff.); s. a. BVerwG, DVBl. 1987, 1273 (1274); dazu *Hoppe/Beckmann* DVBl. 1987, 1249 (1251 ff.).

[87] S. § 12 BauGB i. d. F. v. Art. 1 Nr. 13 des Gesetzentwurfs der Bundesregierung zur Änderung des Baugesetzbuchs und zur Neuregelung des Rechts der Raumordnung (Bau- und Raumordnungsgesetz 1998 – BauROG), BT-Drucks. 13/6392. – Zum Vorhaben- und Erschließungsplan als Ausdruck des Kooperationsprinzips *J.-P. Schneider* VerwArch. 87 (1996) 38 (41 ff., 56 ff.).

[88] Vgl. *Hoppe/Grotefels* Öffentliches Baurecht, 1995, § 5 Rdn. 179; *Hoffmann-Riem* (Fn. 3) S. 28; *Schmidt-Preuß* Die Verwaltung 26 (1993) 489 (496 f.); s. a. *Gaentzsch* in: Berliner Kommentar, 2. Aufl., 1995, § 7 BauGB-MaßnG Rdn. 18; skeptisch im Hinblick auf die tatsächlichen Möglichkeiten der Gemeinde, der Letztverantwortung durch „‚nachvollziehende' Abwägung" nachkommen zu können, *H.-J. Koch* (Fn. 20) S. 183 ff.; weiterhin *J.-P. Schneider* VerwArch. 87 (1996) 38 (41 ff.); *Maslaton* in: Hoffmann-Riem/J.-P. Schneider (Hrsg.), Verfahrensprivatisierung im Umweltrecht, 1996, 125 (141 ff.); zur Parallelproblematik der privatisierten Verkehrswegeplanung *Steinberg*

IV. Kontextsteuerung

1. Motivationaler Systemdruck und Induzierung

Ganz neuartige, für die Verwaltungsrechtsdogmatik schwerwiegende Probleme wirft der Typus der *Kontextsteuerung* auf.[89] Diese Bezeichnung verwende ich, wenn der Staat selbstregulative, gemeinwohlfördernde Systeme installiert, den Privaten aber die Freiheit läßt, ob sie sich hieran *beteiligen* und wie sie die *systeminternen Ziele und Anforderungen erreichen* oder *verwirklichen* wollen. In beiderlei Hinsicht werden freilich die Verhaltensalternativen strukturell vorgeprägt. Insofern sind die Privaten einem *motivationalen Systemdruck* ausgesetzt. Damit kommt es zu der für gesteuerte Selbstregulierung typischen *Induzierung* von privaten Beiträgen, die dem legitimen Eigennutz dienen, aber zugleich das Gemeinwohl befördern.

2. Gestaltungsvarianten

Instrumentell lassen sich *drei Gruppen der Kontextsteuerung* unterscheiden.

a) Ordnungsrechtliche Primärpflicht mit Abwendungsbefugnis

An *erster* Stelle steht die Kombination von *ordnungsrechtlichen Primärpflichten* mit einer *Abwendungsbefugnis* zugunsten derjenigen, die sich dem selbstregulativen, gemeinwohlrealisierenden System anschließen. Prototyp ist die *Verpackungsverordnung*, die zugleich Vorbildcharakter für die Entsorgungsfelder Elektroschrott, Batterien oder Altpapier hat.[90] Der

---

ebd., S. 116 (120): Die Planfeststellungsbehörde gerate in eine „Ratifikationslage"; *Peine* ebd., S. 95 (108 ff.). – Zur Frage, ob im Zeitpunkt des Satzungsbeschlusses ein rechtswirksam abgeschlossener Durchführungsvertrag vorliegen muß, bejahend OVG Bautzen, NVwZ 1995, 181 f. (noch zu § 55 BauZVO); unter Aspekten der Abwägungserheblichkeit ist demgegenüber ausreichend, daß mindestens eine Einigung über die wesentlichen Punkte vorliegt, sofern der Vertragsschluß vor der Bekanntmachung erfolgt, vgl. *K. Müller* BauR 1996, 491 (501); Bericht der Expertenkommission zur „Novellierung des Baugesetzbuches" vom 28. 10. 1995, Tz. 162.

[89] Vgl. zum Kontextbegriff in steuerungstheoretischer Perspektive *Teubner/Willke* (Fn. 3) S. 13 ff.

[90] S. zum Steuerungskonzept von VerpackV und Dualem System *H.-J. Koch* NVwZ 1996, 215 (218 f.); *Flanderka* BB 1996, 649 ff.; *Spies* in: Staatswissenschaften und Staatspraxis, 1994, 267 (284 ff.); *Schmidt-Preuß* in: FS Lieberknecht, 1997 (sub I.2); Begründung der Bundesregierung zum Entwurf der Verpackungsverordnung, BR-Drucks. 817/90, S. 24: Es sei „zu besorgen, daß ohne einen bestimmten ordnungsrechtlichen Rahmen nicht alle beteiligten Wirtschaftskreise zum Aufbau und zur Beteiligung an freiwilligen Rücknahmesystemen bereit sind". In dem vom Dualen

Wirkungsmix von Freiheit und Zwang ist hier besonders augenfällig: Auf der *Primärebene* werden zunächst – die Produktverantwortung[91] konkretisierend – Rücknahme-, Verwertungs- und Pfanderhebungspflichten[92] statuiert. Sodann wird auf der *Sekundärebene* den Verursachern von Verpackungsmüll nachgelassen, diese *Pflichten abzulösen*, indem sie sich freiwillig an einem privaten System flächendeckender Entsorgung beteiligen.[93]

b) Faktisch-ökonomischer Druck

An *zweiter* Stelle sind kontextsteuernde Systeme zu nennen, bei denen der verhaltensinduzierende motivationale Druck *ökonomischer Natur* ist. Paradefall ist das angelsächsisch inspirierte, gemeinschaftsrechtlich eingeführte *Öko-Audit.*[94] Hier sind systembedingte Vorteile – Imagegewinn, Stärkung der Marktposition, Vergünstigungen bei Zulieferern, Versicherungen und Banken – verhaltensbestimmende Faktoren mit

---

System wahrgenommenen Bereich sind die öffentlich-rechtlichen Entsorgungsträger nicht mehr entsorgungspflichtig, vgl. VGH Kassel, ZfW 1995, 240 (242).

[91] Vgl. *Beckmann* UPR 1996, 41 (46 ff.); s. aber *Friauf* in: FS Börner, 1992, 701 (709): Der „Rekurs auf den Verursachungszusammenhang" erscheine „zunächst gewiß populär und verführerisch"; zum programmatischen Charakter des § 22 Abs. 1 und 2 KrW-/AbfG unter dem Aspekt der Obliegenheit s. o. Fn. 13.

[92] §§ 6 Abs. 1, 1 a und Abs. 2 sowie §§ 7 und 8 VerpackV.

[93] S. zu Aufbau und Wirkungsweise des Dualen Systems *Peine* in: R. Schmidt (Hrsg.), Öffentliches Wirtschaftsrecht, Besonderer Teil 2, 1996, 371 (439 ff.); *Klowait* Die Beteiligung Privater an der Abfallentsorgung, 1995, 163 ff.; *Thomé-Kozmiensky* Die Verpackungsverordnung, 1994, 88 ff.; *Spies* in: Staatswissenschaften und Staatspraxis, 1994, 267 (289 ff.); *H.-J. Koch* NVwZ 1996, 215 (217 ff.); *Scholz/Aulehner* BB 1993, 2250 (2252 r. Sp.): „mittlere, zwischen dem konkret-individuellen verwaltungsmäßigen Einzelvollzug und der generell-abstrakten gesetzlichen Vorgabe angesiedelte Konkretisierungsebene, auf der rechtliche Steuerung durch Pläne, Normen, Organisationsstrukturen und Rahmenabsprachen erfolgt."

[94] Verordnung (EWG) Nr. 1836/93 des Rates über die freiwillige Beteiligung gewerblicher Unternehmen an einem Gemeinschaftssystem für das Umweltmanagement und die Umweltbetriebsprüfung vom 29. 6. 1993, ABl. L Nr. 168 (vom 10. 7. 1993) S. 1 (im folgenden: Öko-Audit-VO). Zu Einzelheiten s. hier nur *Feldhaus* in: Kormann (Hrsg.), Umwelthaftung und Umweltmanagement, UPR-Special (Heft 5) 1994, 9 (13 ff.); *Lübbe-Wolff* DVBl. 1994, 361 (362 ff.); *Sellner/Schnutenhaus* NVwZ 1993, 928 (929 ff.); *Schmidt-Preuß* in: FS Kriele, 1997 (sub III, IV). Zum Öko-Audit als „Scharnier in einer ganzheitlichen Regulierungsstrategie" *J.-P. Schneider* Die Verwaltung 28 (1995) 361 ff. (365): „zwischen Selbstregulierung und staatlichen Ingerenzen".

beträchtlichem *Sogeffekt.*[95] Mit dem freiwilligen Systembeitritt ist das Unternehmen gehalten, dem internen Reglement der EG-Verordnung zu entsprechen und sich im Rahmen eines Managementsystems u. a. zu Verbesserungen des betrieblichen Umweltschutzes auch über das geltende Recht hinaus zu verpflichten.[96] Verweigert der unabhängige Umweltgutachter[97] die Validierung der „Umwelterklärung", droht ein kaum wiedergutzumachender Imageverlust. Von daher erscheint das Öko-Audit als *unentrinnbares selbstregulatives perpetuum mobile.* Dabei erweisen sich die Mobilisierung der *Öffentlichkeit*[98] und der hierdurch ausgelöste *Prangereffekt* als ein – für das EG-Umweltrecht charakteristischer[99] – nicht gering zu erachtender Steuerungsfaktor, der sich z. B. auch in den Richtlinien zur Umweltverträglichkeitsprüfung bzw. zum freien Zugang zu Umweltinformationen[100] manifestiert und an den sich das

---

[95] Vgl. Bundesumweltministerium und Bundesumweltamt (Hrsg.), Handbuch Umweltcontrolling, 1995, 581 f. Skeptisch insoweit zum Konzept des Öko-Audit unter ordnungspolitischen Aspekten *Maier-Rigaud* Wirtschaftsdienst 1993, 193 (194 ff.).

[96] Art. 3 a Öko-Audit-VO.

[97] S. Art. 4 Abs. 3 Öko-Audit-VO, wonach der zugelassene Umweltgutachter Umweltpolitik, Umweltprogramm, Umweltmanagementsystem, Umweltprüfungs- und Umweltbetriebsprüfungsverfahren sowie Umwelterklärung „auf Übereinstimmung mit den Bestimmungen dieser Verordnung" prüft. In der Streitfrage, ob sich dies auch auf die Einhaltung des materiellen Umweltrechts bezieht (dafür *Lübbe-Wolff* DVBl. 1994, 361 [369]; *Waskow* Betriebliches Umweltmanagement, 2. Aufl., 1997, S. 27 ff.; *Falk/Frey* UPR 1996, 58 [59 f.]; *Schottelius* DB 1996, 1169 [1170 f.]; dagegen *Bohne* in: Rengeling [Hrsg.], Integrierter und betrieblicher Umweltschutz, 1996, 105 [132 f.]: keine compliance-, sondern nur performance-Prüfung; *Förschle/Hermann/Mandler* DB 1994, 1093 [1099]; *Müggenborg* BB 1996, 1125 [1127]; *Wiebe* NJW 1994, 289 [292]; *Köck*, Verw Arch. 87 [1996] 644 [663 ff.]), ist ein differenzierender Standpunkt einzunehmen: Zwar darf sich der Umweltgutachter generell nicht mit einer bloßen Systemprüfung begnügen, doch kann auch eine flächendeckende Detailprüfung nicht verlangt werden. Nur wenn sich anläßlich stichprobenartiger Prüfmaßnahmen im Einzelfall der begründete Verdacht eines Legalitätsdefizits ergibt, muß dem näher nachgegangen werden; vgl. *Schmidt-Preuß* in: FS Kriele, 1997 (sub VI.1).

[98] Die Umwelterklärung wird der Öffentlichkeit zugänglich gemacht, s. Art. 5 Abs. 2 Öko-Audit-VO.

[99] Vgl. *Scheuing* in: Hoffmann-Riem/Schmidt-Aßmann (Hrsg.), Innovation und Flexibilität des Verwaltungshandelns, 1994, 289 (345): „Öffentlichkeit als Kontrollinstanz"; *Erichsen* NVwZ 1992, 409 (419), der im Hinblick auf die EG-Umweltinformations-Richtlinie von einem „Musterbeispiel für die systemverändernde Kraft und Bedeutung des Europarechts" spricht. S. a. *Sellner/Schnutenhaus* NVwZ 1993, 928 f., für das Öko-Audit; *Wahl/Appel* in: Kroeschell/Cordes (Hrsg.), Vom nationalen zum transnationalen Recht, 1995, 197 (218 f.).

[100] Vgl. Richtlinie des Rates vom 7. 6. 1990 über den freien Zugang zu Informationen über die Umwelt (90/313/EWG), ABl. L 158 (vom 23. 6. 1990) S. 56, sowie das Umweltinformationsgesetz (UIG = Art. 1 des Umsetzungsgesetzes vom 8. 7. 1994, BGBl. I, 1490); s. dazu *Erichsen* NVwZ 1992, 409 (410 ff.); *Kloepfer* NuR

deutsche Verwaltungsrecht erst noch gewöhnen muß. Hier dokumentiert sich eine kaum zu überschätzende *Europäisierung* als ein Strukturmerkmal gesteuerter Selbstregulierung.[101]

c) Zielvorgaben

Zu den kontextsteuernden Systemen zählen – zum dritten – *Zielvorgaben*. Nach bisherigem Abfallrecht bereits praktiziert,[102] haben sie auch im neuen Kreislaufwirtschafts- und Abfallgesetz ihren Platz gefunden.[103] Sie geben selbstregulativer Zielerfüllung eine Chance und sperren jedenfalls zeitweise imperativen Zwang.[104]

1993, 353 (355 ff.); *Theuer* NVwZ 1996, 326 ff.; zum „Öffentlichkeitsprinzip des EG-Umweltrechts" *von Schwanenflügel* DVBl. 1991, 93 (97 ff.). Zur Reichweite des Informationsanspruchs gem. § 4 Abs. 1 S. 1 UIG vor dem Hintergrund des Schutzes von Betriebs- und Geschäftsgeheimnissen (§ 8 Abs. 1 S. 2 UIG) *Turiaux* UIG, 1995, § 8 Rdn. 41 ff.; *Berg* GewArch. 1996, 177 (180 ff.); VG München, NVwZ 1996, 410 (411 f.).

101 Vgl. auch *Hoppe* (Fn. 2) S. 3; weiterhin *Erichsen* NVwZ 1992, 411 (419); *Scheuing* (Fn. 99) S. 331 ff., 350 ff.; *Hufen* (Fn. 38) § 12 Rdn. 153 ff. – Allg. *Schoch* JZ 1995, 109 (112 ff.); *Schmidt-Aßmann* DVBl. 1993, 924 (929 ff.); *Steinberg* AöR 120 (1995), 549 (551 ff.); *Ladeur* EuR 1995, 227 (238 ff.); *Ehlers* in: Erichsen (Hrsg.), Allgemeines Verwaltungsrecht, 10. Aufl., 1995, § 3 Rdn. 19 ff., 43 ff.; *Schwarze* in: Ders. (Hrsg.), Das Verwaltungsrecht unter europäischem Einfluß, 1996, 123 (168 ff.).

102 S. die Bekanntmachung der Zielfestlegungen der Bundesregierung zur Vermeidung, Verringerung und Verwertung von Abfällen aus Verpackungen für Getränke vom 26. 4. 1989, BAnz. Nr. 84 vom 6. 5. 1989, S. 2237, sowie die Bekanntmachung betr. Verkaufsverpackungen aus Kunststoff für Nahrungs- und Genußmittel sowie Konsumgüter vom 17. 1. 1990, BAnz. Nr. 20 vom 30. 1. 1990, S. 513 ff. (jeweils auf der Grundlage von § 14 Abs. 2 S. 1 AbfG). – Vgl. allg. zum Stellenwert des § 14 Abs. 2 AbfG *Kloepfer* in: H.-J. Koch (Hrsg.), Auf dem Weg zum Umweltgesetzbuch, 1992, 90 (94 f.), zu pro et contra im Gesetzgebungsverfahren BT-Drucks. 10/5656, S. 77 ff.

103 Vgl. BT-Drucks. 12/5672, S. 48: Zielfestlegungen „als mögliche Alternative zu Rechtsverordnungen". – Dagegen im Sinne einer weit darüber hinausgehenden allgemeinen steuerungspolitischen Kategorie *Lange* VerwArch. 82 (1991) 1 (5 ff.); zur Charakterisierung von Ziel- und Mittelvorgaben *Lübbe-Wolff* (Fn. 38) S. 146 ff. S. a. zur Ermittlung von Umweltqualitätszielen unter Bedingungen des gesellschaftlichen Konsenses *Sandhövel* in: Dörhöfer/Thein/Wiggering (Hrsg.), Umweltqualitätsziele – natürliche Variabilität – Grenzwerte, 1995, 17 (20 ff.).

104 Dies gilt auch für den neuen § 25 KrW-/AbfG, wenngleich der Wortlaut dies nicht mehr wie § 14 Abs. 2 AbfG nahelegt, vgl. *Fluck* (Fn. 13) § 25 Rdn. 56. S. zur bisherigen Rechtslage *Versteyl* in: Kunig/Schwermer/Versteyl, AbfG, 2. Aufl., 1992, § 14 Rdn. 24 f.; *Schmidt-Aßmann* (Fn. 13) S. 32; *Atzpodien* DVBl. 1990, 559 (560); gegen eine Sperre *Jekewitz* DÖV 1990, 51 (57). – Hiervon zu unterscheiden ist die weitere – zu verneinende – Frage, ob einer Verordnung zwingend der Erlaß von Zielvorgaben vorangehen muß. § 25 KrW-/AbfG sieht einen solchen Primat ebenso wenig wie § 14 Abs. 2 AbfG vor. Im Rahmen der Einschätzungsprärogative des Verord-

3. Ordnungsrechtliche Flankierung

Kontextsteuerung aktiviert Privatinitiative, überläßt sie aber nicht sich selbst. Vielmehr ist sie in allen Varianten im Sinne der Gewährleistungsfunktion auf *staatliche Rahmenbedingungen und Vorgaben, auf Begleitkontrollen und Zugriffsoptionen* angewiesen. So definiert der Staat die Systembedingungen – etwa in Form quantitativer Quoten oder qualitativer Verhaltensziele. Die Verwaltung kontrolliert, ob das *materiell-rechtlich vorgegebene Gemeinwohlziel* im Wege der Selbstregulierung erreicht wird. Das Ordnungsrecht hat hier eine komplementäre, flankierende Aufgabe. Dabei übernimmt der Verwaltungsakt eine innovative Verklammerungsfunktion als Scharnier an der *Schnittstelle zwischen gesellschaftlicher Selbstregulierung und staatlicher Steuerung.* Im Beispiel der Verpackungsverordnung transportiert er durch öffentlich bekanntzugebende Allgemeinverfügung[105] die Freistellung[106] zugunsten der Systemteilnehmer und führt bei Unterschreitung der Quoten – also privater Schlechterfüllung – als Widerruf zum Aufleben der Primärpflichten.[107]

4. Erwirkung und Rechtsschutz

Einige Mühe bereitet es, im *diffusen Sogeffekt kontextsteuernder Systeme* einen Eingriff zu identifizieren,[108] selbst wenn man die fortentwickelte

---

nungsgebers ist aber das Postulat größtmöglicher Aktivierung selbstregulativer Kräfte (s. o. II.1) zu beachten; vgl. auch Sondergutachten des Rates von Sachverständigen für Umweltfragen vom September 1990 „Abfallwirtschaft", BT-Drucks. 11/8493, Tz. 162; ferner *Jekewitz* DÖV 1990, 51 (56); dagegen für den vorrangigen Einsatz von Zielvorgaben *Atzpodien* DVBl. 1990, 559 (560).

[105] § 6 Abs. 3 S. 6, Abs. 4 VerpackV; dazu *Weidemann* DVBl. 1992, 1568 (1573 ff.). Die Freistellungen sind mit vielfältigen Nebenbestimmungen – etwa zur Vorlage der Mengenstromnachweise (s. Anhang II und III der VerpackV) oder Nachreichung von sog. Abstimmungsvereinbarungen – versehen. Deren Unzulässigkeit nimmt allerdings das VG Potsdam, NVwZ 1994, 925 (926 f.) an; dazu *Wolnicki* NVwZ 1994, 872 (873 ff.).

[106] Vgl. z. B. die vom Bayerischen Staatsministerium für Landesentwicklung und Umweltfragen öffentlich bekanntgegebene „Feststellung gemäß § 6 Abs. 3 Satz 6 Verpackungsverordnung" vom 22. 12. 1992, BayStAnz. Nr. 52/53 vom 31. 12. 1992, S. 5.

[107] Zu den Voraussetzungen *Flanderka* in: Brück/Flanderka, Verpackungsrecht, § 6 Rdn. 65 ff. (Loseblatt, Stand: Juni 1995); *Rummler/Schutt* Verpackungsverordnung, 1991, § 6 Anm. 13. – Beim Öko-Audit vermittelt der Verwaltungsakt Systemein- und -austritt in Form der Eintragung bzw. Löschung im Standortregister, vgl. Art. 8 Abs. 3 und 4 Öko-Audit-VO; die Registerführung liegt bei den Industrie- und Handelskammern bzw. den Handwerkskammern; hierzu *Stober* in: Festgabe zum 180jährigen Bestehen der Carl Heymanns Verlag KG, 1995, 639 (644 ff.).

[108] Zu Stellenwert und Wirkungsweise des Öko-Audit für das deutsche Verwaltungsrecht vgl. *Schoch* (Fn. 51) S. 243: Das Öko-Audit bringe „nicht nur neue Koope-

Dogmatik zu faktischen Grundrechtsbeeinträchtigungen in Anschlag bringt.[109] Hilfreich kann hier die Kategorie der *Erwirkung* sein: Der motivationale Druck induziert gemeinwohlfördernde Beiträge privater Wirtschaftssubjekte, indem er ihnen einen Entscheidungszwang zumutet und die Alternativen ordnungsrechtlich oder ökonomisch-faktisch vorprägt. Diese *objektiv-finale Logik*[110] gestattet es, in der Erwirkung den Eingriff – vor allem in die Berufsfreiheit[111] – zu sehen.[112] Von mangelnder Rechtfertigung ließe sich erst dann sprechen, wenn die Primärpflicht *praktisch unerfüllbar*[113] sein oder der ökonomisch-faktische Druck *keine echte Ent-*

---

rationsformen" mit sich, vielmehr könne „die rechtliche Zuordnung von Verantwortlichkeiten zwischen Verwaltung und Privaten in bezug auf die Umwelt eine veränderte Qualität erfahren"; im selben Sinne *Scheuing* (Fn. 99) S. 350: Die Einführung des Öko-Audit könne sich „letztlich folgenreicher gestalten, als dies auf den ersten Blick zu erwarten sein mag".

[109] S. *Schmidt-Aßmann* in: FS Redeker, 1993, 225 (235 ff.); *Pietzcker* in: FS Bachof, 1984, 131 (138 ff.); *Schulte* (Fn. 43) S. 72 ff.; *A. Roth* Verwaltungshandeln mit Drittbetroffenheit und Gesetzesvorbehalt, 1991, 188 ff.; *W. Roth* Faktische Eingriffe in Freiheit und Eigentum, 1994, 225 ff.; *Späth* Grundrechtseingriff durch Information, 1995, 127 ff.; speziell zur Beurteilung der VerpackV *Di Fabio* NVwZ 1995, 1 (5).

[110] Vgl. für die VerpackV *Papier* UTR 26 (1994) 105 (127): „Anreiz"; stärker akzentuierend *Scholz/Aulehner* BB 1993, 2250 (2255): „meßbar faktischer Zwang"; *Tettinger* DVBl. 1995, 213 (219), der von einer „normativ forcierten Konzentrationsbewegung" spricht, „garniert mit einem kommunal dirigierten Trend zu public-private-partnership"; *Trute* DVBl. 1996, 950 (960): „Zwang zur rechtlichen Selbstregulierung"; s. demgegenüber aber auch VG Freiburg, NuR 1995, 565 (568): „*freiwilliges* Engagement der Industrie und des Handels" (kurs. v. Verf.). – Für das Öko-Audit *Feldhaus* (Fn. 94) S. 19:" ... ein hybrides System ..., das im Inhalt teils auf selbstgesteckten, teils auf staatlich verordneten Zielen beruht, in der Umsetzung teils auf Selbstkontrolle, teils auf Fremdkontrolle". Allg. zur Steuerung mit „Anreizinstrumenten" *Hoffmann-Riem* in: Ders./Schmidt-Aßmann (Hrsg.), Innovation und Flexibilität des Verwaltungshandelns, 1994, 9 (53 f.).

[111] Bei drohender Existenzgefährdung kommt auch ein Verstoß gegen Art. 14 GG in Betracht, vgl. *Ossenbühl* AöR 115 (1990) 1 (28 f.); *Schmidt-Preuß* DVBl. 1993, 236 (239).

[112] „Freiwilligkeit" steht dem nicht entgegen, vgl. insoweit *Hoffmann-Riem* (Fn. 4) S. 314: „trotz ‚freiwilliger' Mitwirkung eingriffsgleiche Wirkungen"; zur Problematik *Kloepfer* in: Baumeister (Hrsg.), Wege zum Ökologischen Rechtsstaat, 1994, 42 (44); s. im übrigen *Schmidt-Aßmann* (Fn. 14) S. 44, der im Hinblick auf staatliche Verantwortungsbereiche von „Bewirkungstypen" spricht.

[113] Vgl. pointiert *Franßen* in: FS Redeker, 1993, 457 (471): Der Verordnungsgeber habe „das Unmögliche" gefordert, „um das ihm möglich Erscheinende zu erreichen"; s. a. *Friauf* in: FS Börner, 1992, 701 (705), der die verwaltungsrechtliche Parallele eines „unzulässigen Ermessensvorwands" zieht. Von der Verfassungswidrigkeit der Rücknahmepflichten – bis hin zur Annahme eines Verstoßes gegen die Menschenwürde – geht *G. Meier* BB 1995, 2381 (2384 ff.), aus, der die §§ 6–8 VerpackV für nicht erfüllbar hält und sie lediglich als „Druckpotential" eingesetzt sieht; ferner

scheidungsalternative zulassen sollte.[114] Insoweit wäre die Regelung *allein aus diesen Gründen* verfassungswidrig. Ist diese Hürde jedoch genommen, kommt es *zusätzlich* darauf an, ob die nach Beitritt induzierten systemimmanenten Belastungen[115] ihrerseits das grundrechtlich zulässige Niveau wahren. Zielvorgaben sind unverbindlich und entbehren eines systematisch-gebündelten Sogeffektes; hier kann von einem Eingriff keine Rede sein.

Prozessual ist Rechtsschutz gegenüber Kontextsteuerung im Wege der *allgemeinen Feststellungsklage* denkbar, die eine Inzidentkontrolle der *systemtragenden Norm* zuläßt, freilich nur eine Urteilswirkung inter partes kennt. Das konkrete Rechtsverhältnis[116] ergibt sich aus der umstrittenen Reichweite von *Primärpflichten*, wird – was den ökonomischen Sogeffekt angeht – aber kaum in Betracht kommen können. Eine *prinzipale Normenkontrolle* scheidet schon deshalb aus, weil typischerweise Bundesrecht im Spiel ist. Soweit es an einem konkreten Rechtsverhältnis fehlt, bleibt die *Rechtssatzverfassungsbeschwerde*. Das Kriterium der *Unmittelbarkeit*[117] ist bei qualifiziertem Erwirkungseffekt erfüllt.[118] Soweit ein

---

nehmen Verfassungswidrigkeit an *Scholz/Aulehner* BB 1993, 2250 (2254 ff., 2259 ff.), die das Duale System als „sukzessives faktisches Staatsmonopol" qualifizieren, das auf einer „kaum in ökonomischer Weise" erfüllbaren Verpflichtung zu Rücknahme und Verwertung beruhe: ebenso *Kiethe/Sproll* ZIP 1994, 275 (280); s. demgegenüber *Di Fabio* NVwZ 1995, 1 (5 f.), der als „Rechtfertigungspotential" auf „überragend wichtige Gemeinschaftsgüter" hinweist. In der Entscheidung BVerfG, 1. Kammer des 1. Senats, BB 1993, 2105 f., zum Antrag auf Erlaß einer einstweiligen Anordnung wurde – im Rahmen der Abwägung – nur die gegenwärtige Belastung des Antragstellers durch Zahlung der Lizenzgebühren an das Duale System thematisiert.

[114] Insoweit läge ein Formenmißbrauch und damit ein Verstoß gegen das Übermaßverbot vor; vgl. *Lerche* Übermaß und Verfassungsrecht, 1961, 45 f., sowie *Pestalozza* Formenmißbrauch des Staates, 1973, 39 ff.

[115] Z. B. in Form von Entgeltleistungen wie beim Dualen System.

[116] Zum einen ist kein Raum für die Klärung abstrakter Rechtsfragen, zum anderen können reine Tatumstände bzw. faktische Abläufe nicht Gegenstand eines konkreten Rechtsverhältnisses sein, vgl. *Hufen* Verwaltungsprozeßrecht, 2. Aufl., 1996, § 18 Rdn. 17, 20; *Schmitt Glaeser* Verwaltungsprozeßrecht, 14. Aufl., 1997, Rdn. 330 f.; *Schenke* Verwaltungsprozeßrecht, 4. Aufl., 1996, Rdn. 379 ff.; *Pietzcker* in: Schoch/Schmidt-Aßmann/Pietzner, VwGO, § 43 Rdn. 17 f. (Loseblatt, Stand: 1. 4. 1996); *Kopp* VwGO, 5. Aufl., 1994, § 43 Rdn. 17; *Papier* in: FS Menger, 1985, 517 (519 f.); BVerwG, DÖV 1983, 548 f.

[117] Vgl. BVerfGE 90, 128 (136); zur Problematik *Pestalozza* Verfassungsprozeßrecht, 3. Aufl., 1991, § 12 Rdn. 36 ff.; s. krit. *Lechner/Zuck* BVerfGG, 4. Aufl., 1996, § 90 Rdn. 143: Die „immer weiter verschärfte Rechtsprechung des BVerfG" habe „inzwischen fast zum Ausschluß von Verfassungsbeschwerden gegen Gesetze und Verordnungen geführt". Im Kontrast zu dieser Diagnose die Forderung von *Kloepfer* in: König/Dose (Hrsg.), Instrumente und Formen staatlichen Handelns, 1993, 329 (353), den Rechtsschutz gem. Art. 19 Abs. 4 GG auch gegenüber Legislativakten zu

Steuerungssystem wie das Öko-Audit durch *EG-Verordnung* eingeführt wird, kann der Unionsbürger die Verletzung gemeinschaftsrechtlicher Grundrechte – etwa der Berufsfreiheit – vor dem EuGH rügen, sofern ihm der nicht einfache Nachweis der Klagebefugnis – namentlich der individuellen Betroffenheit – gelingt.[119]

V. Reflexive Steuerung

Ein weiterer Typus nicht-imperativer staatlicher Beeinflussung des Verhaltens Privater ist die *reflexive Steuerung.*[120] Sie ist dadurch gekennzeichnet, daß der Staat private Wirtschaftssubjekte internen *Informations-, Lern- und Selbstkontrollprozessen* aussetzt, die sie zu den gewünschten Gemeinwohlbeiträgen – gleichsam aus freier Einsicht – veranlassen sollen.[121] Induktiv wirkt hier Selbsterkenntnis, nicht Fremdbestimmung. Erste vorsichtige Ansätze reflexiver Steuerung finden sich bereits bei der *obligatorischen Selbstkontrolle durch Betriebsbeauftragte*[122] im Immis-

---

aktivieren; zur Qualifizierung der Gesetzgebung als Ausübung öffentlicher Gewalt im Sinne dieser Vorschrift *Krüger* in: Sachs (Hrsg.), GG, 1996, Art. 19 Rdn. 123.

[118] Damit sind prozessuale Voraussetzungen gegeben, die gebotenen Rechtsschutz auch gegenüber diffusen Beeinträchtigungen durch kontextsteuernde Maßnahmen zur Geltung bringen können, s. insoweit das Petitum von *Kloepfer* (Fn. 117) S. 352 f., der angesichts einer „Lockerung der Eingriffsintensität" im Zuge des Einsatzes ökonomischer Instrumente „neuartige Rechtsschutzmöglichkeiten" anmahnt, „welche die insbesondere durch die Zurücknahme der Verwaltungs-Einzelentscheidung bewirkte Schwäche des Rechtsschutzes" gegen „Motivationsbeeinflussung" auszugleichen imstande sind. Vgl. hierzu *Schmidt-Aßmann* (Fn. 14) S. 57.

[119] Vgl. insoweit zu Art. 173 Abs. 4 EGV *Rengeling/Middeke/Gellermann* Rechtsschutz in der Europäischen Union, 1994, Rdn. 156 ff., 162; *Geiger* (Fn. 34) Art. 173 Rdn. 26 f.; *Gröpl* EuGRZ 1995, 583 (586 ff.); *Ress* in: FS Winkler, 1989, 71 (81 ff.); EuGH, Slg. 1994, S. I – 1853 (1885 f.) – Codorniu/Rat; EuZW 1990, 161 f. – Nashua u. a./Kommission und Rat.

[120] Zu sozialwissenschaftlichen Kategorien der Reflexivität, der Selbstreferenz und des reflexiven Rechts s. *Teubner* in: Archiv für Rechts- und Sozialphilosophie 68 (1982) 13 (25 ff.); im steuerungstheoretischen Gesamtzusammenhang *Teubner/Willke* (Fn. 3) S. 13 ff., 19 ff.; s. a. *Ladeur* Das Umweltrecht der Wissensgesellschaft, 1995, 252 ff.

[121] Vgl. am Beispiel des Umweltschutzbeauftragten *Schmidt-Aßmann* (Fn. 13) S. 33; s. ferner *Lübbe-Wolff* (Fn. 38) S. 150 ff.; *Rehbinder* in: Jahrbuch für Rechtssoziologie und Rechtstheorie, Bd. XIII, 1988, 109 (115 ff.); *Engel* in: FS Mestmäcker, 1996, 119 (130); allg. *Pitschas* (Fn. 12) S. 87 mit Fn. 153, S. 152 f. mit Fn. 80 und 82, S. 198 ff., 283.

[122] Vgl. §§ 53–58, §§ 58 a – d BImSchG i. V. m. der 5. BImSchV (Immissionsschutz- bzw. Störfallbeauftragter) sowie die Regelungen der Betriebsbeauftragten für Abfall (§§ 54 f. KrW-/AbfG), für Gewässerschutz (§§ 21 a–g WHG; dazu *Breuer*

sionsschutz-, Abfall-, Wasser- und Strahlenschutzrecht sowie in weiteren Formen der über das Wasserrecht[123] hinaus immer wichtiger werdenden *Eigenüberwachung.*[124] Zu nennen ist hier auch die Einführung

---

Öffentliches und privates Wasserrecht, 2. Aufl., 1987, Rdn. 518 ff.), §§ 29 ff. StrlSchV für den Strahlenschutzbeauftragten (dazu *Kramer/Zerlett* Strahlenschutzverordnung – Strahlenschutzvorsorgegesetz, 3. Aufl., 1990, C § 29 Anm. 7 ff.). S. insges. *Kloepfer* (Fn. 1) § 3 Rdn. 46 sowie § 4 Rdn. 128 ff.; *Kotulla* Umweltschutzbeauftragte, 1995, 25 ff., 111 ff., 145 ff.; *Rehbinder* in: Jahrbuch für Rechtssoziologie und Rechtstheorie, Bd. XIII, 1988, 109 (115 ff.); *Steiner* DVBl. 1987, 1133 (1137 ff.); zur Effizienz *Theißen* Betriebliche Umweltschutzbeauftragte, 1990, 39 ff.; unter Aspekten prozeduraler Steuerung *Hagenah* in: Grimm (Hrsg.), Staatsaufgaben, 1994, 487 (507 ff.); schließlich im Vergleich mit den gesetzlichen Regelungen die §§ 95 ff. UGB-AT-E (Fn. 8) sowie S. 377 ff. –

Die Betriebsbeaufragten sind weder Beliehene (vgl. *Schmidt-Aßmann* [Fn. 13] S. 33; *Hansmann* in: Landmann/Rohmer [Hrsg.], Umweltrecht I, Vor § 53 BImSchG Rdn. 17 [Loseblatt, Stand: Oktober 1990]; *Tettinger* DVBl. 1976, 752 [755 ff.]) noch Verwaltungshelfer, sondern bleiben uneingeschränkt Angehörige des Unternehmers/Arbeitgebers, der allein einer verwaltungsrechtlichen (Organisations-)Pflicht unterliegt (vgl. *Maurer* [Fn. 6] § 23 Rdn. 63). Damit ist die Grenze der „persona mixta ... im *Zwischen*bereich zwischen Staat und Betrieb" (*Steiner* DVBl. 1987, 1133 [1140], kurs. i. O.) im geltenden Recht nicht überschritten.

[123] S. z. B. Art. 70 BayWG sowie die Verordnung zur Eigenüberwachung von Wasserversorgungs- und Abwasseranlagen des Staatsministeriums für Landesentwicklung und Umweltfragen vom 20. 9. 1995, GVBl. Bayern S. 769; dazu *Knopp* Der Bayerische Bürgermeister 1996, 15 ff. S. a. § 11 UGB-AT-E (Fn. 8) mit S. 177 f.; aus der Lit. *Kloepfer* (Fn. 1) § 11 Rdn. 183, 185; *Gieseke/Wiedemann/Czychowski* WHG, 5. Aufl., 1992, § 21 Rdn. 39 f.; *Breuer* (Fn. 122) Rdn. 361 f.; näher zu landesrechtlichen Selbstüberwachungspflichten *Reinhardt* AöR 118 (1993) 617 (641 ff.). Zur Auferlegung von Maßnahmen der Eigenüberwachung auf Grund des Zulassungsbescheids bzw. ex lege s. § 4 Abs. 2 Nr. 1 bzw. § 5 Abs. 1 S. 1 Nr. 2 WHG; speziell für Anlagen zum Umgang mit wassergefährdenden Stoffen s. § 19 i Abs. 2 S. 1 WHG.

[124] Vgl. z. B. (1) die von Art. 3 Abs. 2 der Richtlinie 93/43/EWG des Rates vom 14. 6. 1993 über Lebensmittelhygiene (ABl. L Nr. 175 [vom 19. 7. 1993] S. 1) vorgesehene Selbstkontrolle der Lebensmittelunternehmen, die in § 4 der geplanten Lebensmittelhygiene-Verordnung („Betriebseigene Maßnahmen und Kontrollen") umgesetzt werden soll; (2) die nach Maßgabe behördlicher Anordnungen vom Betreiber auf seine Kosten durchzuführenden Messungen bzw. sicherheitstechnischen Prüfungen sowie die gesetzliche Pflicht zur Abgabe einer Emissionserklärung (§§ 26 ff. BImSchG); (3) die Eigenprüfung bei überwachungsbedürftigen Anlagen i. S. d. § 14 GSG, soweit in den auf Grund von § 11 Abs. 1 GSG erlassenen Verordnungen – wie z. B. § 16 Abs. 1 Nr. 2, Abs. 2 VbF – vorgesehen (dazu *Peine* [Fn. 18] § 14 Rdn. 2; zur Selbstkontrolle im Rahmen des § 24 c Abs. 1 S. 1 GewO a. F. *Steiner* DVBl. 1987, 1133 [1136]); (4) die Pflichten des Arbeitgebers gem. §§ 3 ff. des Gesetzes über die Durchführung von Maßnahmen des Arbeitsschutzes zur Verbesserung der Sicherheit und des Gesundheitsschutzes der Beschäftigten bei der Arbeit (Arbeitsschutzgesetz) = Art. 1 des Gesetzes vom 7. 8. 1996, BGBl. I, 1246. Allg. zur

von *Abfallwirtschaftskonzepten und -bilanzen.*[125] Herausragendes Beispiel reflexiver Steuerung aber ist das fakultative Öko-Audit – neben seiner soeben beschriebenen kontextspezifischen Wirkungsweise. Hier wird dem Unternehmen ein wirkungsvoller Selbstkontroll- und Erkenntnismechanismus geradezu *implantiert.* Wer z. B. entdeckt, daß er zu viel Energie verbraucht, wird versuchen, den Mangel abzustellen. Daß dies aus Kostengründen zugleich im ureigensten Unternehmensinteresse liegt, mindert nicht den Wert dieses Gestaltungsmodus, sondern charakterisiert nur ein weiteres Mal die strategische Verbindung von Privatinteressen und Gemeinwohl, die für gesteuerte Selbstregulierung symptomatisch ist. Freilich dürfen dort keine übertriebenen Erwartungen an gemeinwohlfördernde Verhaltensänderungen kraft Selbsterkenntnis gehegt werden, wo diese mit – mittelfristig nicht hereinholbaren – Kostenbelastungen verbunden sind.

VI. Verzicht auf administrative Präventivkontrolle

1. Steuerungseffekt

Der Trend zu weniger Steuerung und mehr Selbstregulierung manifestiert sich handgreiflich auch dort, wo *staatliche Präventivkontrolle zu-*

Eigenüberwachung UGB-AT-E (Fn. 8) S. 280, 294 f. (mit § 70); *Lübbe-Wolff* (Fn. 38) S. 29 f., 33 ff.; *Kloepfer* (Fn. 1) § 4 Rdn. 113 ff.; s. demgegenüber zur (administrativen) Überwachung *Breuer* in: Schmidt-Aßmann (Hrsg.), Besonderes Verwaltungsrecht, 10. Aufl., 1995, 5. Abschn. Rdn. 83, 207, die auch als Befolgungskontrolle bzw. – im Atomrecht – als Aufsicht bezeichnet wird; ihr kommt im Falle zurückgenommener Präventivkontrolle besondere Bedeutung zu; s. unter dem Aspekt der repressiven Zugriffsoption VI.2.b.

[125] Sie müssen von bestimmten Erzeugern überwachungsbedürftiger oder besonders überwachungsbedürftiger Abfälle aufgestellt werden, vgl. §§ 19, 20 KrW-/AbfG sowie §§ 7 ff. der Verordnung über Abfallwirtschaftskonzepte und Abfallwirtschaftsbilanzen vom 13. 9. 1996 (BGBl. I, 1447). In beiden Fällen handelt es sich um ein (hier langfristiges, dort kurzfristiges) internes Planungsinstrument, das der reflexiven Steuerung dient, vgl. *Frenz* Kreislaufwirtschafts- und Abfallgesetz, 1996, § 19 Rdn. 7 f., § 20 Rdn. 1, 3. Eine Kontextsteuerung durch Mobilisierung öffentlichen Drucks ist rechtlich ausgeschlossen, da die zuständige Behörde das Abfallwirtschaftskonzept zwar anfordern kann, dies aber nur zu Zwecken der Abfallwirtschaftsplanung ohne Bekanntgabe nach außen erfolgen darf. Angesichts der „Strukturgleichheit" der §§ 19, 20 KrW-/AbfG gilt dies auch im Falle der Abfallwirtschaftsbilanzen, obwohl der Gesetzgeber insoweit keine Zweckbestimmung getroffen hat, zutr. *Frenz* ebd., § 20 Rdn. 3. Zum weitergehenden Steuerungskonzept (betrieblicher) Öko-Bilanzen *Corino,* Ökobilanzen, 1995, 19 ff., 173 ff.

rückgenommen oder gar nicht erst begründet wird.[126] Fest verankert in der Verwaltungsrechtstradition, verschafft der Genehmigungsvorbehalt der Verwaltung seit jeher die Möglichkeit, sich der Unbedenklichkeit privater Betätigung zu versichern und sie erst nach positivem Prüfungsergebnis freizugeben.[127] Mit dem *Verzicht hierauf* wird – unter *Beibehaltung des materiellen Rechts* – staatliche Präventivkontrolle durch *private Selbstkontrolle und Eigenverantwortung* ersetzt. Paradebeispiel ist das *bauordnungsrechtliche Genehmigungsfreistellungsverfahren*, das – mit Varianten im einzelnen – inzwischen in allen Bundesländern für einfach gelagerte plankonforme Wohnbauvorhaben im Interesse der Verfahrensbeschleunigung eingeführt ist.[128]

---

[126] Vgl. hierzu *Pietzcker* (Fn. 20) S. 285 f., und *Ritter* (Fn. 20) S. 15 f., die von „Entscheidungsverzicht" sprechen (letzterer allerdings nur unter Bezugnahme auf genehmigungsfreie Vorhaben); dieser Begriff legt jedoch eher die Ebene der Einzelfallentscheidung nahe, während es hier um die durch Gesetz erfolgende Aufhebung der präventiven Kontrolle geht. – S. a. die in Art. 1 § 4 des Gesetzentwurfs zur Regelung der Rahmenbedingungen für Informations- und Kommunikationsdienste (BR-Drucks. 966/96) zugunsten der „Handlungs- und Gewerbefreiheit" (S. 21, ferner S. 18) vorgesehene Ablehnung der Einführung einer Präventivkontrolle im Multi-Media-Bereich; dazu allg. *Hoffmann-Riem* RuF 1995, 125 (132 ff.). –
Dem Jugendschutz im Privatfernsehen dient die „Freiwillige Selbstkontrolle Fernsehen (FSF)", die als eingetragener Verein organisiert ist; zu ihrer Struktur und Prüfungspraxis *von Gottberg* (Fn. 80) S. 28 ff., 70 ff.; unter dem Aspekt der Selbstregulierung *Hoffmann-Riem* (Fn. 80) § 6 Rdn. 113 f.; *Rossen* ZUM 1994, 224 (228 ff.). Aufgabe der Landesmedienanstalten ist es, die Einhaltung der einschlägigen Jugendschutzbestimmungen der §§ 3, 3 a RfStV durch die privaten Rundfunkanbieter sicherzustellen und etwaige Ausnahmegenehmigungen zu erteilen; zur (begrenzten) Anknüpfung der rundfunkrechtlichen Jugendschutzkontrolle an Freigabeentscheidungen nach dem JÖSchG vgl. *Wagner* ZUM 1991, 299 (300 f.), auf der Grundlage des RfStV a. F. S. ferner Fn. 80, dort auch zur „Freiwilligen Selbstkontrolle der Filmwirtschaft (FSK)".

[127] S. *Maurer* (Fn. 6) § 9 Rdn. 51 ff.; *Krebs* ZLR 1990, 362 (365 f.); zum Stellenwert präventiver Steuerung im öffentlichen Recht grds. *Schmidt-Aßmann* (Fn. 13) S. 22; s. ferner BVerfGE 53, 30 (58); BVerwGE 85, 368 (374 f.).

[128] Vgl. hier nur § 67 BauO NW (GVBl. [1995] 218); Art. 70 BayBauO (GVBl. [1994] 251); § 62 b BauO Sachsen (GVBl. [1994] 1401). Zur Fortgeltung des materiellen Rechts vgl. z. B. Art. 70 Abs. 5 i. V. m. Art. 69 Abs. 5 BayBauO. Konzeptionell befürwortend *Jäde* GewArch. 1995, 187 (189 ff.), mit Differenzierung zwischen Genehmigungsfreistellungsverfahren, planungsrechtlicher Genehmigung (Art. 73 BayBauO), Anzeigeverfahren, vereinfachtem Genehmigungsverfahren und Fiktion; *ders.* NVwZ 1995, 672 f.; dagegen krit. *H.-J. Koch* (Fn. 20) S. 175 ff., 181, der nur das Modell des Anzeigeverfahrens empfiehlt; vom Ansatz her abl. *Ortloff* NVwZ 1995, 112 (118 f.). S. a. die Gesamtwürdigung im Bericht der Kommission zur Kostensenkung und Verringerung von Vorschriften im Wohnungsbau „Mehr Wohnungen für weniger Geld", BT-Drucks. 13/2247, S. 63 ff.

2. *Schutzpflicht und Kompensationsgebot*

Jede Rücknahme der Präventivkontrolle muß allerdings der *staatlichen Schutzpflicht*[129] genügen. Sie fordert den Genehmigungsvorbehalt freilich nur dort, wo die Wahrung von Rechtsgütern Dritter allein mit repressiven Mitteln in Anbetracht drohender Risiken nicht mehr garantiert ist. Unterhalb dieser Schwelle kann der Staat den gebotenen Schutz auch unter Mobilisierung selbstregulativer Verantwortung sicherstellen.[130]

a) *Qualitative und institutionelle Gewährleistung*

Hierbei muß er im Sinne der Gewährleistungsfunktion *kompensatorisch*[131] dafür Sorge tragen, daß die materiell-rechtlichen Standards durchgesetzt werden. Zu diesem Zweck kann er sich *privater Sachverständiger* bedienen.[132] Insoweit verlangt die Schutzpflicht[133] ein risikoadäquates Maß an Fachkunde und Unabhängigkeit.[134] Dabei muß der Staat im Sinne der *Kontrolle der Kontrolle*[135] in Übereinstimmung mit Art. 3[136]

---

[129] S. o. II.2 sowie BVerfGE 53, 30 (59): Über die Bindung der Behörde an strenge Zulassungsvoraussetzungen hinaus werde der staatlichen Schutzpflicht dadurch Rechnung getragen, daß die Genehmigungserteilung „von einem formalisierten Genehmigungsverfahren abhängig ist, in dem die Genehmigungsvoraussetzungen von Amts wegen zu prüfen … sind". Vgl. aus der Lit. *Steinberg/Allert/Grams/Scharioth* Zur Beschleunigung des Genehmigungsverfahrens für Industrieanlagen, 1991, 122.

[130] Insoweit kommt das Postulat größtmöglicher Aktivierung selbstregulativer Beiträge (s. o. II.1) zum Zuge. Namentlich ist zu unterstreichen, daß es *kein staatliches ex-ante-Kontroll-Monopol* gibt. Von einer vorgegebenen Staatsaufgabe „Präventivkontrolle" kann schon deshalb nicht gesprochen werden, weil es an einer verfassungsrechtlich abgestützten, allgemein anerkannten Staatsaufgabenlehre fehlt (s. o. Fn. 29).

[131] S. o. Fn. 37.

[132] Vgl. *Ritter* (Fn. 20) S. 17 ff., der vom „Sachverständigenmodell" spricht.

[133] Vgl. *Scholz* Deutsches Ingenieurblatt 1995, 44 (45 f.); *Lübbe-Wolff* (Fn. 38) S. 163: „nicht nur im Bereich der in jeder Hinsicht ungefährlichen Anlagen erhebliche Spielräume"; *Hermes* Das Grundrecht auf Schutz von Leben und Gesundheit, 1987, 261 f.; *Dahlke* (Fn. 18) S. 70; sehr zurückhaltend zur Schutzpflicht im Hinblick auf die Rücknahme der Präventivkontrolle *Korioth* DÖV 1996, 665 (674); kontrapunktisch dazu *Koenig* NVwZ 1984, 937 (940, 941). Zur Schutzpflicht als verfassungsrechtlicher Eckwert s. o. II.2.

[134] Vgl. *Scholz* Deutsches Ingenieurblatt, 1995, 44 (45 f.); zum Gleichwertigkeitsgebot *Steiner* DVBl. 1987, 1133 (1136); *Dahlke* (Fn. 18) S. 70; UGB-AT-E (Fn. 8) S. 177. S. a. die risikogewichtete Abstufung z. B. in Art. 70 Abs. 4 BayBauO. – Nicht entscheidend ist eine funktionale Äquivalenz zwischen substituierter staatlicher und sie ersetzender privater Kontrolle als solche.

[135] S. o. Fn. 38. Sie ist hier dreistufig ausgestaltet und umfaßt den Staat, der u. a. Anforderungsprofile definiert, die Berufskammern, die Zugang und Fachniveau absichern, und die privaten Sachverständigen. S. a. *Ritter* (Fn. 20) S. 28: Rückkopplung „zum Hoheitsbereich". Zur Funktion der Berufskammern näher u. bei Fn. 139.

und 12 Abs. 1 GG[137] aufgabenspezifische *subjektive sowie fachlich-qualitative Anforderungen*[138] normativ definieren und durch *institutionelle Vorkehrungen* – etwa unter Zuhilfenahme der Berufskammern[139] – dauerhaft absichern.

b) Repressive Zugriffsoption

Schließlich werden die Rahmenbedingungen selbstregulativer Eigenprüfung durch die staatliche Zugriffsoption abgerundet. So muß der Verwaltung das *repressive Eingriffsinstrumentarium*[140] als flankierendes Korrektiv jederzeit *ungeschmälert* zur Verfügung stehen, um dem materiellen Recht effektiv[141] zum Durchbruch zu verhelfen.[142] Hiervon hängt

---

136 Vgl. zur Erstreckung des Kreises der Bauvorlageberechtigten über die Architekten hinaus auf die Bauingenieure BayVerfGHE n. F. 31, 1 (9 ff.): kein Verstoß gegen Art. 118 Abs. 1 BV (= Art. 3 Abs. 1 GG).

137 Danach müssen – erstens – die abgeforderten Qualifikationen im Hinblick auf das Risikopotential geeignet, erforderlich und zumutbar sein; zur Frage der Geltung des Art. 12 Abs. 1 GG bei staatlich gebundenen Berufen s. z. B. BVerfGE 64, 72 (82 ff.), betr. Prüfingenieure für Baustatik; BVerfGE 73, 301 (316 ff.), wo das Gericht in der Sache – unabhängig vom Hinw. auf Art. 33 GG – die Stufenlehre anwendet, s. dazu *Tettinger* (Fn. 30) Art. 12 Rdn. 51; vgl. ferner BVerwGE 97, 267 (270), zum Zusammenhang zwischen Gefahrenabwehr und fachlich-qualitativen Anforderungen. Zweitens ist der Zugang zum Markt der Prüftätigkeiten offen zu halten, so der Duktus in BVerfGE 86, 28 (41 ff.), zu den öffentlich bestellten Sachverständigen gem. § 36 GewO (restriktiv dagegen BVerfG, NVwZ 1988, 143, zu § 24 c Abs. 4 GewO a. F.); VGH Mannheim, ESVGH 46, 65 (67 ff.); ferner *von Heimburg* (Fn. 16) S. 149 ff.; *H. J. Roth* WiVerw. 1986, 44 (46 ff.); *Denninger* Verfassungsrechtliche Anforderungen an die Normsetzung im Umwelt- und Technikrecht, 1990, Rdn. 201. Zu den Grundrechten in ihrer negatorischen Funktion s. o. II.3.

138 Vgl. BVerwGE 57, 55 (57), zur Beauftragung von sog. Zivilingenieuren mit der Durchführung der statischen Prüfung von Bauvorhaben gem. § 95 Abs. 1 der Hamburgischen Bauordnung vom 10. 12. 1969 (GVBl. S. 249).

139 Vgl. für Nordrhein-Westfalen *Ritter* (Fn. 20) S. 18, 20; *Dahlke* (Fn. 18) S. 67. In den §§ 2 ff., 8 ff., 13 ff. der Verordnung über staatlich anerkannte Sachverständige nach der Landesbauordnung NW (SV-VO) vom 14. 6. 1995 (GVBl. NW S. 592), sind die Einzelheiten der Anerkennung durch die Architektenkammer oder die Ingenieurkammer-Bau geregelt (zur Befähigung s. o. Fn. 18, 38). Im einzelnen zur Funktion der Kammern *Badura* Deutsches Architektenblatt 1979 (Ausgabe Bayern), S. 67 ff.; *von Heimburg* (Fn. 16) S. 79 ff.; *Redeker* NJW 1972, 1844 f.

140 Dies sind vor allem die klassischen Eingriffsermächtigungen zur Stillegung, Beseitigung und Nutzungsuntersagung, vgl. z. B. Art. 88, 89 BayBauO. S. ferner etwa die Anordnungsbefugnis gem. § 12 GSG im Bereich der überwachungsbedürftigen Anlagen, dazu VG Ansbach, GewArch. 1995, 418 f.

141 Zu diesem Kriterium der Schutzpflicht *Hermes* (Fn. 133) S. 261.

142 Daher muß jedenfalls der repressive Zugriff eröffnet sein. Diesem Gebot ist auch dann entsprochen, wenn das Gesetz der Behörde eine Überprüfung der vom

die innere Balance zurückgenommener Präventivkontrolle maßgeblich ab. Der antragsunabhängige Vollzug trägt ohnehin schwer an strukturellen Schwächen der ex-post-Implementierung.[143] Wollte man ihn noch reduzieren, bestünde tatsächlich die Gefahr einer faktischen Absenkung des materiellen Schutzniveaus.

3. *Drittschutzproblematik*

Da die Rücknahme der Präventivkontrolle das *Substrat* einer Drittanfechtungsklage oder eines Aussetzungsantrags – den Verwaltungsakt – entfallen läßt, scheint ein selbstregulatives *Drittschutzdilemma* unausweichlich. In Wahrheit ist dem nicht so. Nach wie vor steht verwaltungsgerichtlicher Nachbarschutz rasch zur Verfügung – freilich nicht mehr im Aussetzungsverfahren, sondern im Wege der einstweiligen Anordnung. Daß dieser wegen der Ermessensabhängigkeit des Anspruchs auf Einschreiten und des Ausnahmecharakters einer Reduzierung auf Null eine Einschränkung darstellt, ist zunächst zuzugeben. Unter Rechtsschutzaspekten sind insoweit aber Korrekturen nicht ausgeschlossen.[144] Im übrigen steht Zivilrechtsschutz zur Verfügung, wenn auch der Dritte hier mit einem Schadensersatzrisiko belastet ist.[145]

---

privaten Sachverständigen vorgelegten Unterlagen zwar nicht auferlegt, aber ermöglicht (Vermutungsmodell, vgl. § 72 Abs. 7 S. 1 BauO NW zu Bescheinigungen des anerkannten Sachverständigen). Das Fiktionsmodell – das die Behörde an die Ergebnisse privater Prüftätigkeit bindet – ist nur unbedenklich, soweit es auf den Präventivbereich beschränkt bleibt.

143 S. nachdrücklich *Lübbe-Wolff* NuR 1989, 295 (299 ff.), sowie *dies.* in: Roßnagel/Neuser (Hrsg.), Reformperspektiven im Umweltrecht, 1996, 97 (99 ff.); *dies.* (Fn. 38) S. 1 ff., 71 ff.; grdl. bereits *Mayntz u. a.* Vollzugsprobleme der Umweltpolitik, 1978, 31 ff., 54 ff.; *Ule/Laubinger* Gutachten B zum 52. DJT, 1978, S. B 13 ff.

144 Vgl. – allerdings zu weitgehend – VGH München, B. v. 26. 7. 1996, 1 CE 96.2081, Ausfertigung, S. 12; zuvor VG München, BayVBl. 1997, 54 (55), beide unter Bezugnahme auf VGH Mannheim, NVwZ-RR 1995, 490 f., der im Hinblick auf Art. 19 Abs. 4 GG einen Anspruch auf baubehördliches Einschreiten bereits dann bejaht, wenn die Nachbarbelange mehr als nur geringfügig berührt werden und im übrigen ernst zu nehmende Zweifel an der Rechtmäßigkeit des Bauvorhabens glaubhaft gemacht sind. Für eine Stärkung des Drittschutzes in diesem Sinne *Degenhart* NJW 1996, 1433 (1437 ff.); *Blümel* in: FS Boujong, 1996, 521 (529); *Pfaff* VBlBW 1996, 281 (285); *Uechtritz* NVwZ 1996, 640 (642 f.); dagegen *Schmaltz* in: Grosse-Suchsdorf/Lindorf/Schmaltz/Wiechert, Niedersächsische Bauordnung, 6. Aufl., 1996, § 69 a Rdn. 46, 54; *ders.* NdsVBl. 1995, 241 (246 ff.); *ders.* NST-N 1995, 124; *Manssen* NVwZ 1996, 144 (146).

145 Vgl. *Schmaltz* (Fn. 144) § 69 a Rdn. 54, sowie *ders.* NdsVBl. 1995, 241 (248); *Simon* BayBauO 1994, Art. 70 Rdn. 30 (Loseblatt, Stand: Januar 1996); *Dirnberger* in:

4. *Abbau der Präventivkontrolle und Öko-Audit*

Die Eröffnung selbstregulativer Eigenverantwortung[146] durch Rücknahme der Präventivkontrolle ist – im Bauordnungsrecht,[147] aber auch darüber hinaus – hochaktuell. So hat die jüngste Beschleunigungsgesetzgebung bereits Änderungen im Immissionsschutzrecht – sofern nachteilige Auswirkungen offensichtlich gering sind – zulassungsfrei gestellt. Gleiches gilt im allgemeinen Verfahrensrecht für Planfeststellungsbeschlüsse und Plangenehmigungen in Fällen unwesentlicher Bedeutung.[148] Ein weiterer Schub ergibt sich fast zwangsläufig aus der auffälligen *Doppelspurigkeit* von traditionell staatlicher ex-ante-Prüfung und institutionalisierter privater Selbstkontrolle des Öko-Audit. Damit stellt sich von ganz allein die Frage nach möglichen Entlastungs- oder sogar Substitutionseffekten anstelle einer beziehungslosen Kumulierung.[149] Daß dies nicht nur Zukunftsmusik ist, zeigt die Pionierregelung zu den *Entsorgungsfachbetrieben*. Sie sind vom Erfordernis der präventiven Transport- und Vermittlungsgenehmigung freigestellt, wenn sie – im Sinne der *Kontrolle der Kontrolle*[150] – von einer anerkannten privaten Entsorgergemeinschaft zertifiziert sind oder einen Vertrag mit einer Technischen Überwachungsorganisation abgeschlossen haben.[151] In

---

Jäde/Weinl/Dirnberger/K. Bauer/Eisenreich, Die neue Bayerische Bauordnung, Art. 70 Rdn. 155 (Loseblatt, Stand: September 1995).

146 Sie hat als Kehrseite zur Folge, daß der Bauherr nicht nur Vorteile genießt, sondern auch den Nachteil in Kauf nehmen muß, mit der Genehmigung der durch sie vermittelten Legalisierungswirkung verlustig zu gehen. Im übrigen zum Begriff der Verantwortung s. o. Fn. 13.

147 S. die geplanten Änderungen der Bayerischen Bauordnung im Entwurf eines Zweiten Gesetzes zur Vereinfachung und Beschleunigung baurechtlicher Verfahren, die als „zweite Stufe“ die Ausdehnung des Baugenehmigungsfreistellungsverfahrens bis zur Grenze der Sonderbauten (Sen-Drucks. 396/96) zum Gegenstand haben.

148 Vgl. einerseits §§ 15, 16 BImSchG i. d. F. v. Art. 1 Nr. 8 und 10 des Gesetzes zur Beschleunigung und Vereinfachung immissionsschutzrechtlicher Genehmigungsverfahren vom 9. 10. 1996 (BGBl. I, 1498), s. dazu BT-Drucks. 13/5100, S. 17, 24 f.; andererseits § 74 Abs. 7 VwVfG (BGBl. I [1996], 1354), dazu BT-Drucks. 13/3995, S. 10.

149 Vgl. *Hufen* ZLR 1993, 233 (241), der für eine Zusammenarbeit zwischen privaten und öffentlichen Überwachungsformen im Bereich des Lebensmittelrechts plädiert.

150 S. o. Fn. 38.

151 §§ 51, 52 KrW-/AbfG. Vorbild sind die Fachbetriebe i. S. d. § 191 WHG, denen u. a. der Einbau von Anlagen zum Umgang mit wassergefährdenden Stoffen nach § 19 g Abs. 1 und 2 WHG in besonderer Weise anvertraut ist; vgl. Art. 37 Abs. 4 S. 2 Nr. 5 BayWG und § 27 der Verordnung über Anlagen zum Umgang mit wassergefährdenden Stoffen und über Fachbetriebe (Anlagenverordnung – VAwS) vom 3. 8. 1996, GVBl. Bayern S. 348.

beiden Fällen bietet ihnen die Teilnahme am Öko-Audit erleichterten Zugang.[152] Ob demnächst das Immissionsschutzrecht – etwa im Wege einer Rahmengenehmigung[153] – folgt, bleibt abzuwarten.[154] Hier kann man sicherlich nicht wegdiskutieren, daß ein nachträgliches Öko-Audit in puncto *Prüftiefe und Detaillierungsgrad* mit der staatlichen ex-ante-Kontrolle nicht voll mithalten kann.[155] Die verbleibende Lücke könnte aber möglicherweise durch die geschilderte Kontextsteuerung des Öko-Audit – vor allem motivationalen Systemdruck und Öffentlichkeitswirkung[156] – sowie durch Reflexivität geschlossen werden.[157] Jedenfalls

---

[152] Vgl. § 13 Abs. 4 Nr. 1 der Entsorgungsfachbetriebeverordnung vom 10. 9. 1996 (BGBl. I, 1421), wonach die technische Überwachungsorganisation bei der Überprüfung des Anforderungsprofils die Ergebnisse von Prüfungen heranziehen soll, „die durch einen unabhängigen Umweltgutachter oder eine Umweltgutachterorganisation im Rahmen des Öko-Audits bzw. eine akkreditierte Prüfstelle im Rahmen eines Qualitätsmanagements vorgenommen wurden" (BR-Drucks. 353/96, S. 51). Auf diese Weise können „Doppelprüfungen" (ebd., S. 30, 51) vermieden werden. S. a. § 6 Abs. 7 Nr. 1 der als Allgemeine Verwaltungsvorschrift verabschiedeten „Richtlinie für die Tätigkeit und Anerkennung von Entsorgergemeinschaften" vom 9. 9. 1996, BAnz. Nr. 178 vom 20. 9. 1996, S. 10909; s. dazu BR-Drucks. 359/96, S. 13 f. Im übrigen entsprechen sich die Anerkennungsvoraussetzungen für die Entsorgergemeinschaften und die Maßstäbe für die Zustimmung zu Überwachungsverträgen, vgl. *Petersen/Stöhr/Kracht* DVBl. 1996, 1161 (1169).

[153] So der Vorschlag der Unabhängigen Expertenkommission (Fn. 66) Tz. 541 ff. sowie – unter dem Aspekt des „gestreckten" Genehmigungsverfahrens – Tz. 274. Vgl. ferner die „Empfehlungen der Arbeitsgruppe aus Vertretern der Koalitionsfraktionen und der Bundesressorts zur Umsetzung der Vorschläge der unabhängigen Expertenkommission zur Vereinfachung und Beschleunigung von Planungs- und Genehmigungsverfahren" (Juni 1995) 40 ff., 43: „Zustimmung zum Grundansatz, das Umwelt-Audit mit dem Ordnungsrecht zu verzahnen und damit die Prüftiefe bei den Behörden zu verringern." Für ein „Genehmigungsaudit" *Bohne* (Fn. 97) S. 125 ff., 139 ff.

[154] Nach dem neu eingefügten § 4 Abs. 1 S. 2 der 9. BImSchV ist bei der Beurteilung des Umfangs der Antragsunterlagen zu berücksichtigen, ob für den Anlagenstandort eine validierte Umwelterklärung nach der Öko-Audit-VO vorliegt. Eine Heranziehung des dort angefallenen Materials ist dann möglich, wenn Aussagekraft und Detaillierungsgrad hinreichend für die Beurteilung der Genehmigungsvoraussetzungen sind, vgl. BT-Drucks. 13/3996, S. 16. Der weitergehenden Prüfungsbitte des Bundesrates (ebd., S. 12) ist in diesem Gesetzesvorhaben noch nicht entsprochen worden. – S. im übrigen die Vollzugserleichterungen, die der Freistaat Bayern auf Grund des Umweltpakts Bayern (s. u. Fn. 223) am Öko-Audit teilnehmenden Unternehmen im Rahmen von Verwaltungsverfahren einräumt (ebd., S. 16 Ziff. 2).

[155] S. o. Fn. 97; ferner *Lübbe-Wolff* ZUR 1996, 173 (178).

[156] Vgl. *Schmidt-Aßmann* DVBl. 1993, 924 (933), nach dem eine „informierte, wache Öffentlichkeit ... die Verwaltung von manchen Kontrollaufgaben entlasten (kann), indem die Eigenverantwortlichkeit der Akteure gestärkt wird und sie zu

dürfte sich der Gesetzgeber von einer solchen Prognose im Rahmen seiner *Einschätzungsprärogative* leiten lassen. Daß die derzeitige Erfahrungsbasis noch schmal ist, kann durch die strenge Beachtung einer gesetzgeberischen *Nachsorge- und Korrekturpflicht* berücksichtigt werden. Die kompensatorischen Anforderungen subjektiver und fachlich-sachlicher Qualifikation und ihrer institutionellen Verifizierung sind durch die EG-Verordnung[158], das Umweltauditgesetz[159] und die Aufsicht über die – beliehene – Zulassungsstelle[160] im Sinne der *Kontrolle der Kontrolle* gewahrt.[161] Im übrigen bliebe die Zugriffsoption kraft repressiver Befugnisse unangetastet. Angesichts der vor wenigen Tagen verabschiedeten *Richtlinie über die integrierte Vermeidung und Verminderung der Umweltverschmutzung*,[162] die auf der Existenz von Genehmigungsvorbehalten gründet, stehen allerdings derzeit nur einfache Anlagen der Einführung

Transparenz und Glaubwürdigkeit ihrer Tätigkeiten vor dem Forum der Öffentlichkeit angehalten werden."

157 Abl. zur Verknüpfung zwischen Öko-Audit und einer Rücknahme der Präventivkontrolle im Sinne der Rahmengenehmigung *Lübbe-Wolff* ZUR 1996, 173 (178); Rat von Sachverständigen für Umweltfragen, Umweltgutachten 1996 – Zur Umsetzung einer dauerhaft-umweltgerechten Entwicklung, 1996, Tz. 93.

158 Art. 6 Abs. 4 mit Anhang III der Öko-Audit-VO.

159 §§ 4 ff. des Gesetzes zur Ausführung der Verordnung (EWG) Nr. 1836/93 des Rates vom 29. Juni 1993 über die freiwillige Beteiligung gewerblicher Unternehmen an einem Gemeinschaftssystem für das Umweltmanagement und die Umweltbetriebsprüfung (Umweltauditgesetz – UAG) vom 7. 12. 1995, BGBl. I, 1591; s. dazu *Lübbe-Wolff* NuR 1996, 217 ff.; *Lütkes* NVwZ 1996, 230 ff.

160 Nach § 1 der Verordnung über die Beleihung der Zulassungsstelle nach dem Umweltauditgesetz (UAG-Beleihungsverordnung – UAGBV) vom 18. 12. 1995, BGBl. I, 2013, ist Beliehene die „Deutsche Akkreditierungs- und Zulassungsgesellschaft für Umweltgutachter mit beschränkter Haftung" (im folgenden: DAU).

161 So unterliegt die Zulassungsstelle (s. o. Fn. 160) der Aufsicht des Bundesministeriums für Umwelt, Naturschutz und Reaktorsicherheit (§ 29 UAG), das zugleich die Rechtsaufsicht über den sog. Umweltgutachterausschuß (vgl. *J.-P. Schneider* Die Verwaltung 28 [1995] 361 [371]: „Scharnier zwischen Verwaltung und privater Selbstorganisiation") ausübt (§ 27 Abs. 1 UAG), der Richtlinien für die Zulassungsstelle aufstellt (§ 21 Abs. 1 Nr. 1 UAG). Die DAU läßt die unabhängigen Umweltgutachter zu, die ihrerseits die Umwelterklärungen der teilnehmenden Unternehmen validieren. S. o. zur Kontrolle der Kontrolle Fn. 38.

162 Richtlinie des Rates vom 24. 9. 1996 (96/61/EG), ABl. L 257 (vom 10. 10. 1996) S. 26 (in folgenden: IVU-Richtlinie); s. zuvor den Vorschlag der Kommission vom 30. 9. 1993, ABl. C Nr. 311 (vom 17. 11. 1993) S. 6; dazu *Krämer* in: Rengeling (Hrsg.), Integrierter und betrieblicher Umweltschutz, 1996, 51 (68 ff.); *Di Fabio* ebd., S. 183 (187 ff.); *Steinberg* NVwZ 1995, 209 (213 ff.).

eigenverantwortlicher Selbstkontrolle offen.[163] Eine solche Restriktion durch EG-Recht ist freilich kaum konsequent, da auch in Brüssel Deregulierung und Beschleunigung auf der Tagesordnung stehen[164] und es im übrigen gerade die Gemeinschaft war, die im Wege der *Versicherungs-Richtlinien* die Aufhebung des – dem deutschen Versicherungsaufsichtsrecht über Jahrzehnte ans Herz gewachsenen – präventiven Genehmigungsvorbehalts für Tarifänderungen erzwungen hat.[165]

VII. Private Normgebung

1. *Selbstregulative Bedeutung und Staatsentlastung*

Wendet man sich nunmehr der Ebene abstrakt-genereller Regeln zu, eröffnet sich mit der *privaten Normgebung* ein breites Feld gesellschaftlicher Selbstregulierung par excellence.[166] Die Bedeutung der Tätigkeit

[163] Da die IVU-Richtlinie im Kern die Emissionsbegrenzung nach dem Stand der Technik („best available technology") betrifft und diese durch die Genehmigungsbehörde sichergestellt wissen will, ist eine Substitution der Präventivkontrolle durch das Öko-Audit insoweit ausgeschlossen. – Die Unabhängige Expertenkommission (Fn. 66, Tz. 413 ff., 422 ff.) geht im Falle der von ihr vorgeschlagenen Rahmengenehmigung im gestreckten Verfahren von der Konformität mit der IVU-Richtlinie aus.

[164] Vgl. „Bericht der Gruppe Unabhängiger Experten für die Vereinfachung der Rechts- und Verwaltungsvorschriften" vom 21. 6. 1996, KOM (95) 288 endg/2.

[165] S. Drittes Gesetz zur Durchführung versicherungsrechtlicher Richtlinien des Rates der Europäischen Gemeinschaften (Drittes Durchführungsgesetz/EWG zum VAG) vom 21. 7. 1994, BGBl. I, 1630, mit der Neufassung u. a. der §§ 11 ff. VAG; dazu BT-Drucks. 12/6959, S. 44 ff.; *Miersch* Versicherungsaufsicht nach den Dritten Richtlinien, 1996, S. 86 f. Kompensatorisch ist – anstelle der Präventivkontrolle – in der Lebens- und Krankenversicherung ein sog. *Verantwortlicher Aktuar* (§§ 11 a, 12 Abs. 2 und 3 VAG) eingeführt, der – i. d. R. als Unternehmensangehöriger – mit der Wahrung der Belange der Versicherten betraut ist (vgl. *Kaulbach* in: Fahr/Kaulbach, VAG, 2. Aufl., 1997, § 11 a Rdn. 1; zum Schutzkonzept des Versicherungsaufsichtsrechts allg. *ders.* ebd., Vor § 1 Rdn. 1 ff.; zum Vorbild des Aktuars im britischen Aufsichtssystem BT-Drucks. 12/6959, S. 56 f.). Vgl. insoweit auch den unabhängigen Treuhänder in der privaten Krankenversicherung, ohne dessen Zustimmung eine Prämienänderung aufgrund einer Änderungsklausel nicht in Kraft gesetzt werden darf (§ 12 b VAG; s. auch § 178 g Abs. 2 und 3 VVG); zur Kontrollfunktion des Treuhänders *Kaulbach* ebd., § 12 b Rdn. 1 f.; *R. Schmidt* in: Prölss, VAG, 11. Aufl., 1997, § 12 b Rdn. 4 f.

[166] Vgl. *Marburger/Gebhardt* in: Endres/Marburger (Hrsg.), Umweltschutz durch gesellschaftliche Selbststeuerung, 1993, 1 (2 ff.); *Brennecke* Normsetzung durch private Verbände, 1996, 105 ff.; *Voelzkow* Staatseingriff und Verbandsfunktion: Das verbandliche System technischer Regelsetzung als Gegenstand staatlicher Politik, MPIFG Discussion Paper, 93/2, S. 9 ff., 23 ff.

privater Normungsgremien – beispielhaft genannt sei nur das *Deutsche Institut für Normung*, das die Bundesrepublik auch in der Gemeinschaft sowie international vertritt – ist enorm.[167] Ihre Regelwerke dienen der technischen Sicherheit, gewährleisten Produktqualität, ermöglichen Standardisierung und stärken Chancengleichheit im Wettbewerb. Mit ihrer Normungsarbeit leisten sie einen immensen Beitrag zur *Staatsentlastung*. Sicherlich geht es dabei nicht nur um wertneutrale fachliche Aussagen und objektive Feststellungen, sondern vielfach auch um interessengebundene Kompromisse und Wertungen.[168] Richtig ist auch, daß private Regelwerke – deren mangelnder Rechtssatzcharakter außer Frage steht[169] – weithin *faktische Bindungswirkung* haben.

2. *Steuernde Rezeption*

Allein deshalb kann aber nicht die Meßlatte des *staatlich ausgerichteten Demokratiegebots* an ein selbstregulatives, meist in der Rechtsform eines Vereins tätiges Normungsgremium angelegt werden.[170] Ebensowenig kommt steuerndes Hineinwirken in die Regelgebung in Betracht, weil

---

[167] Neben dem DIN sind insbesondere der Verein Deutscher Ingenieure e.V. (VDI), der Verband Deutscher Elektrotechniker e.V. (VDE), der Deutsche Verein des Gas- und Wasserfaches e.V. (DVGW) und die Abwassertechnische Vereinigung e.V. (ATV) zu nennen. Die elektrotechnische Normung wird von der Deutschen Elektrotechnischen Kommission (DKE) wahrgenommen, die von DIN und VDE gemeinsam getragen wird. S. insges. den Überblick z. B. bei *Marburger/Gebhard* (Fn. 166) S. 6 ff.; vgl. aus sozialwissenschaftlicher Sicht *Voelzkow* Private Regierungen in der Techniksteuerung, 1996, 91 ff., 95 ff.

[168] S. BVerwGE 77, 285 (291): Die Normenausschüsse des DIN seien zwar sachverständig zusammengesetzt, doch handele es sich bei den von ihnen verabschiedeten Normen „zumindest auch um Vereinbarungen interessierter Kreise". Gegenüber technischen Normen sei dort besondere Zurückhaltung geboten, „wo ihre Aussagen nicht als ‚außerrechtliche Fachfragen' eingestuft werden können, sondern … Bewertungen entgegengesetzter Interessen einschließen, die an sich einer demokratisch legitimierten politischen Entscheidung in der Form einer Rechtsetzung bedürften".

[169] Vgl. BVerwG, NJW 1962, 506 r. Sp. Zum Begriff der Norm s. Nr. 2 S. 1 DIN 820 Teil 1, in: DIN-Normenheft 10: Grundlagen der Normungsarbeit des DIN, 6. Aufl., 1995, 81: „Normung ist die planmäßige, durch die interessierten Kreise gemeinschaftlich durchgeführte Vereinheitlichung von materiellen und immateriellen Gegenständen zum Nutzen der Allgemeinheit."

[170] Bisher wurde das Demokratieprinzip in diesem Zusammenhang vornehmlich im Hinblick auf dynamische Verweisungen erörtert, vgl. *Marburger* in: Müller-Graff (Hrsg.), Technische Regeln im Binnenmarkt, 1991, 27 (40); *Ossenbühl/Di Fabio* Rechtliche Kontrolle ortsfester Mobilfunkanlagen, 1995, 38 ff., 86 ff.; *Denninger* (Fn. 137) Rdn. 144 f.; BVerfGE 78, 32 (35 f.).

den Privaten eine aus der Berufs- und Vereinigungsfreiheit resultierende grundrechtliche *Normungsautonomie*[171] zusteht. Über die institutionelle Mitwirkung seiner Repräsentanten etwa in Lenkungsausschüssen des DIN kann der Staat aber immerhin öffentliche Schutzinteressen einbringen.[172] Der eigentliche Ort für die Wahrnehmung seiner gemeinwohlorientierten Gewährleistungsfunktion ist jedoch dort, wo sich Normung und Gesetz begegnen, nämlich bei der Anwendung von *Technikklauseln*, namentlich der allgemein anerkannten Regeln der Technik[173] oder des Standes der Technik,[174] und von sonstigen unbestimmten Rechtsbegriffen.[175] Angesichts der Risiken schleichender Entmachtung

---

[171] Vgl. auch *Battis/Gusy* Technische Normen im Baurecht, 1988, Rdn. 435 ff., die für Art. 12 und 14 GG plädieren, während Art. 9 Abs. 1 GG nur die „Existenz" der Normungsverbände schütze.

[172] S. § 2 des Vertrages zwischen der Bundesrepublik Deutschland und dem DIN, in: DIN-Normenheft 10 (Fn. 169) S. 43 ff., sowie die Erläuterungen dazu (S. 50). Im übrigen hat sich das DIN verpflichtet, den Inhalt der Normen „an den Erfordernissen der Allgemeinheit zu orientieren" (Nr. 5.7 DIN 820 Teil 1, ebd. S. 81). Erhebliche Bedeutung für die Normungsarbeit des DIN hat inzwischen der Umweltschutzbereich gewonnen, dem sich der Normenausschuß „Grundlagen des Umweltschutzes" (NAGUS) widmet, s. DIN Geschäftsbericht 1995/96, 22 ff.

[173] Vgl. § 7a Abs. 1 S. 1 WHG a. F.; § 3 Abs. 1 S. 2 GSG; Art. 3 Abs. 2 S. 4 BayBauO; *Kloepfer/Meßerschmidt* Innere Harmonisierung des Umweltrechts, 1986, 44 f.

[174] S. §§ 5 Abs. 1 Nr. 2, 3 Abs. 6 BImSchG; § 7a Abs. 1 und 5 WHG n. F., geändert bzw. eingeführt durch das Sechste Gesetz zur Änderung des Wasserhaushaltsgesetzes vom 11. 11. 1996, BGBl. I, 1690; zur Problematik *Breuer* Korrespondenz Abwasser 1996, 1002 ff.; vgl. auch den Stand der „best available technology" in Art. 2 Nr. 11 der IVU-Richtlinie (Fn. 162). Da es bei den „allgemein anerkannten Regeln der Technik" um eine Orientierung an der „herrschenden Meinung" geht, sind Regeln privater Normungsgremien, die für Publizität und Repräsentanz Gewähr bieten, ohne weiteres zur Konkretisierung dieses Standards in der Lage. Auch beim anspruchsvolleren Niveau des „Standes der Technik" ist dies nicht von vornherein ausgeschlossen; ebenso – auf der Grundlage des antizipierten Sachverständigengutachtens – *Breuer* in: HdUR II, 2. Aufl., 1994, Sp. 1870 (1877 f.); *Müller-Foell* Die Bedeutung technischer Normen für die Konkretisierung von Rechtsvorschriften, 1987, 75; *Redeker* in: DIN-Normungskunde Heft 14: Technische Normung und Recht, 1979, 19 (23); a. A. *Lübbe-Wolff* in: Hoffmann-Riem/Schmidt-Aßmann (Hrsg.), Konfliktbewältigung durch Verhandlungen, Bd. II, 1990, 87 (93, 96), die den von ihr angenommenen schwer widerlegbaren „prima-facie-Beweis" nur im Bereich der allgemein anerkannten Regeln der Technik akzeptiert; ebenso *Lamb*, Kooperative Gesetzeskonkretisierung, 1995, 93, 96 f.

[175] Zu denken ist dabei z. B. an den Terminus der Erheblichkeit i. S. d. § 3 Abs. 1 BImSchG. Daß sich Generalklauseln und unbestimmte Rechtsbegriffe normstrukturell nicht unterscheiden, unterstreicht zu Recht *Scholz* in: Der Bundesminister für Wirtschaft (Hrsg.), Sicherheitstechnische Rechtsvorschriften im deutschen und europäischen Recht, 1984, 123 (127). Das enorme Gewicht privater Regelwerke wird

durch selbstregulative Kräfte im Wege der *Generalklauselmethode*[176] ist der Rechtsstaat hier nachhaltig zu einer *steuernden Rezeption* berufen.[177] Da er *seinerseits* demokratisch verpflichtet ist, darf er sich nicht *kollektiven Privatinteressen* ausliefern und deren Normungswerke durch *unbesehene Übernahme* privilegieren. Von daher müssen private Normungsverbände im eigenen Interesse reflexhaft *demokratisch-rechtsstaatliche Mindeststandards* erfüllen wie Transparenz und Publizität – namentlich Zugänglichkeit und Begründung von Normungs-Entwürfen –, ferner ausgewogene Beteiligung interessierter Kreise – etwa auch von Verbraucherschutzgruppen – sowie schließlich Eröffnung von Einwendungsmöglichkeiten und Bereitstellung eines Schiedsverfahrens. Nur wenn – wie z. B.

---

u. a. auch daran deutlich, daß sie von der Rspr. praktisch mit derselben rechtlichen Wirkungskraft herangezogen werden wie administrative Regelwerke (gegen eine solche Gleichwertigkeit *Jarass* [Fn. 13] § 48 Rdn. 24). Dies offenbart die Judikatur, die z. B. TA Lärm und VDI Richtlinie 2058 Bl. 1 austauschbar verwendet und mit denselben Attributen (Anhaltspunkt, Beachtlichkeit, Orientierung, Einschlägigkeit etc.) versehen zur Konkretisierung der Erheblichkeitsschwelle heranzieht, vgl. hier nur OVG Lüneburg, UPR 1996, 74 r. Sp., sowie GewArch. 1996, 117 f.; VGH München, BayVBl. 1996, 243 (245); VGH Mannheim, VBlBW 1995, 26 (27). Dies ist deshalb nicht überraschend, weil auch „normkonkretisierende" Verwaltungsvorschriften die Gerichte nicht binden, sondern lediglich die Funktion von *exekutivischen Auslegungsofferten* haben (*Schmidt-Preuß* [Fn. 84] S. 234 ff.).

[176] S. hier nur *Marburger* (Fn. 170) S. 34; Bundesministerium für Wirtschaft: Bericht der Arbeitsgruppe „Rechtsetzung und technische Normung" (o. J.) S. 3 ff., 10 ff.

[177] Vgl. auch *Nicklisch* BB 1983, 261 (262). Bei der indirekten Rezeption von Technikklauseln im Sinne der Generalklauselmethode greift die Steuerung (erst) Platz, wenn es im Einzelfall um die Konkretisierung durch Behörden und Gerichte geht, s. insoweit *Marburger* (Fn. 170) S. 34. Eine formalisierte Variante der steuernden Rezeption ist die „Einführung" privater Regelwerke als Verwaltungsvorschrift, s. Art. 3 Abs. 2 S. 1 BayBauO; *Di Fabio* UTR 27 (1994) 51 (75 ff.). Die bloße Publikation von privaten Regelwerken durch staatliche Organe führt *nicht zu einer rechtlichen Aufwertung*, vgl. zutr. für die Veröffentlichung von sicherheitstechnischen Regeln durch den Bundesminister für Umwelt, Naturschutz und Reaktorsicherheit gem. § 31 a Abs. 4 BImSchG *Jarass* (Fn. 13) § 31 a Rdn. 5. Entsprechendes gilt z. B. auch für die von der Senatskommission vorgeschlagenen MAK- und BAT-Werte, soweit sie vom Ausschuß für Gefahrstoffe (AGS) übernommen und sodann als Technische Regeln für Gefahrstoffe vom Bundesminister für Arbeit und Sozialordnung im Bundesarbeitsblatt veröffentlicht werden; s. insoweit *Greim* Der Experte – Sachverstand und Vertrauenswürdigkeit (Manuskript) S. 7; *Nicklisch* Grenzwerte und technische Regeln aus rechtlicher Sicht, in: Ders. (Hrsg.), Prävention im Umweltrecht, 1988, 95 (100 ff.). Es bleibt vielmehr bei indiziellen Hinweisen für die Behörde bzw. einer Auslegungsofferte für die Gerichte; vgl. auch BVerwG, DVBl. 1993, 1149 (1150 f.), zur Heranziehung von technischen Regelwerken der Reaktorsicherheitskommission und des Kerntechnischen Ausschusses.

beim DIN[178] – diese Voraussetzungen gegeben sind, bestehen gegen die Konkretisierungsfunktion privater Normung[179] keine Bedenken.[180] Dies gilt im übrigen auch für gemischte Gremien wie den Kerntechnischen Ausschuß.[181]

---

[178] Vgl. Nr. 3.4 Abs. 2 und 3 S. 1 DIN 820 Teil 1 (Fn. 169): Bei der Zusammensetzung der Arbeitsausschüsse sei zu berücksichtigen, „daß die interessierten Kreise in einem angemessenen Verhältnis vertreten sind". S. ferner Nr. 5.3 zur Veröffentlichung von Normungsanträgen und Norm-Entwürfen mit Gelegenheit der Öffentlichkeit zur Information, zum Einspruch und – bei Erfolglosigkeit – zur Beantragung eines Schlichtungs- und ggf. Schiedsverfahrens, in letzter Hinsicht näher Nr. 2. 4. 7 DIN 820 Teil 4, ebd., S. 331. Die Verfahrensvorschriften des VDI (s. Nr. 3 Abs. 3, 4.1 und 4.3 der VDI 1000 [„Richtlinienarbeit – Grundsätze und Anleitungen" – Oktober 1981]) entsprechen im wesentlichen denen des DIN.

[179] Weitergehend die in § 161 UGB-AT-E (Fn. 8) enthaltene Regelung für eine Aufwertung selbstregulativer Regelgebung durch Einführung einer – an bestimmte materielle und verfahrensmäßige Kriterien gebundenen – Vermutung (mit Begründung S. 482 f.). Noch einen Schritt hierüber hinaus geht der Vorschlag von *Kloepfer/Elsner* DVBl. 1996, 964 (972 ff.), das Institut eines normersetzenden Vertrages als Möglichkeit zur „Schaffung staatlicher Normen durch Vereinbarung zwischen Staat und Gesellschaft" (S. 972) einzuführen. Ein Hauptproblem des unterbreiteten Vorschlags liegt m. E. darin, die gewünschte Verbindlichkeit *auch für dissentierende Mitglieder* der Verbände sicherzustellen und zugleich dem Verbot von Verträgen zu Lasten Dritter zu genügen. Bei einer Vereinbarung zwischen Staat und einzelnem Unternehmen ergeben sich insoweit keine Schwierigkeiten. Darüber hinaus wirft die in Betracht gezogene „Verbindlicherklärung" Fragen im Hinblick auf die Rechtspositionen der *Außenseiter* auf. Insges. darf nicht übersehen werden, daß die Ausgangsbedingungen des Tarifvertrags-Modells – Regelungsautonomie beiderseitig freier Grundrechtsträger (Art. 9 Abs. 3 S. 1 GG) – in der Konstellation des normersetzenden Vertrags zwischen Staat und Verbänden bzw. Unternehmen nicht gegeben sind.

[180] Für Korrekturen in puncto Interessenrepräsentation *Marburger/Gebhard* (Fn. 166) S. 40: Es bedürfe „strikterer Verfahrensgarantien", s. aber auch *Marburger/Enders* UTR 27 (1994) 333 (364); zu negativ in der Bewertung des tatsächlichen Normungsgeschehens *Führ* Wie souverän ist der Souverän?, 1994, 28 ff., 38 ff., der im Hinblick auf das DIN bemängelt, daß Umweltschutzaspekte nicht hinreichend berücksichtigt würden und es an prozeduralen Vorgaben fehle, die eine angemessene Vertretung der Belange des Umwelt-, Gesundheits- und Nachweltschutzes gewährleisten (S. 38); s. a. *ders.* ZUR 1993, 99 (100 ff.); vgl. in verfassungspolitischer Perspektive Sachverständigenrat für Umweltfragen (Fn. 157, Tz. 883 ff., 896 ff.), der gesetzliche Verfahrensregeln für die Aufstellung von Umweltstandards im hoheitlichen und im privaten Bereich gefordert und hierzu das Modell eines „Mehrstufenverfahrens" vorgelegt hat.

[181] Seine Mitglieder werden vom zuständigen Minister berufen, s. Bekanntmachung des Bundesministers für Umwelt, Naturschutz und Reaktorsicherheit vom 20. 7. 1990, BAnz. Nr. 144 vom 4. 8. 1990, 3981; vgl. *Jarass* (Fn. 77) S. 418: öffentlichrechtliches Gremium, „nebengeordneter Ausschuß"; für öffentlich-rechtliche Einord-

3. *Produktharmonisierung auf europäischer Ebene*

a) *Vermutungswirkung nach der „Neuen Konzeption“*

Auf *europäischer Ebene* hat die private Normung eminente Bedeutung für die Entwicklung des innergemeinschaftlichen Handels.[182] Einen selbstregulativen „Dammbruch“ löste der Rat mit der Einführung der *Neuen Konzeption im Jahre 1985*[183] aus. Sie reduziert die Regelungsintensität von Richtlinien im Bereich technischer Sicherheit auf die Formulierung grundsätzlicher Anforderungen, deren Konkretisierung den privaten europäischen Normungsgremien – vor allem CEN und CENELEC[184] – überlassen wird.[185] Selbstregulierung und Steuerung

---

nung auch *Vieweg* Atomrecht und technische Normung, 1982, 55 ff.; zur Arbeitsweise des KTA *Lamb* (Fn. 174) S. 120 ff. – Weitere gemischte Ausschüsse sind z. B. der Technische Ausschuß für Anlagensicherheit (§ 31 a BImSchG; Beratung der Bundesregierung, aber auch Vorschlag sicherheitstechnischer Regeln), die Störfall-Kommission (§ 51 a BImSchG; Beratung der Bundesregierung), die technischen Ausschüsse nach § 11 Abs. 2 GSG (Beratung der Bundesregierung und Vorschlag von Vorschriften und Technischen Regeln im Bereich überwachungsbedürftiger Anlagen) sowie der Ausschuß für Gefahrstoffe (§ 52 GefStoffV).

[182] Vgl. Mitteilung der EG-Kommission zum Ausbau der Europäischen Normung vom 16. 10. 1990 (Grünbuch) KOM (90) 456 endg., ABl. C 20 (vom 28. 1. 1991) S. 6 ff.

[183] Entschließung des Rates vom 7. 5. 1985 über eine neue Konzeption auf dem Gebiet der technischen Harmonisierung und der Normung, ABl. C 136 (vom 4. 6. 1985) S. 1. Vgl. zu Einzelheiten Grünbuch (Fn. 182) S. 8 ff.; ferner etwa *Rönck* Technische Normen als Gestaltungsmittel des Europäischen Gemeinschaftsrechts, 1995, 52 ff., 70 ff., 98 ff.; *Marburger/Enders* UTR 27 (1994) 333 (347 ff.); *U. Becker* in: FS Wlotzke, 1996, 446 ff., 456 ff.; *Tünnesen-Harmes* DVBl. 1994, 1334 (1336 f.); *Berghaus* DIN-Mitt. 73 (1994) 90 ff.; *Anselmann* Technische Vorschriften und Normen in Europa, 1991, 25 ff., 65 ff., sowie die Beiträge von *Vieweg* und *Anselmann* in: Müller-Graff (Hrsg.), Technische Regeln im Binnenmarkt, 1991, 57 ff., 101 ff.; *Korinek* DIN-Mitt. 75 (1996) 436 (437 f.). Zu den bisherigen Richtlinien im Rahmen der „Neuen Konzeption“ und den dazu ergangenen Europäischen Normen vgl. *Grützner* Normung, Zertifizierung und Akkreditierung im EU-Binnenmarkt, 1994, 65, 89 f.; DIN (Hrsg.), Europäische Normung (15. 4. 1996) S. 4, 6.

[184] CEN (Comité Européen de Normalisation) und CENELEC (Comité Européen de Normalisation Electrotechnique) sind private Vereine belgischen Rechts mit Sitz in Brüssel. Zu den Gremien des CEN/CENELEC vgl. Geschäftsordnung, Teil 1 (Organisation und Verwaltung), Teil 2 (Gemeinsame Regeln für die Normungsarbeit), in: DIN-Normenheft 10 (Fn. 169) S. 433 ff., 447 ff.; Grünbuch der EG-Kommission (Fn. 182) S. 8 ff. – Im Telekommunikationsbereich wird die Normung durch das Europäische Institut für Telekommunikationsnormen (ETSI) wahrgenommen.

[185] S. vor allem die Vereinbarung zwischen der EG-Kommission und CEN/CENELEC vom 13. 11. 1984 (DIN-Mitt. 64 [1985] 78 f.), in dem sich jene verpflichtet, diesen Normungsaufträge zu erteilen (Nr. 4). Vgl. darüber hinaus ausdrücklich

sind damit integrale Bestandteile einer filigranen Gesamtarchitektur, die Gemeinschaftgewalt und mitgliedstaatliche Kontrolle einerseits sowie europäische und nationale Normung andererseits verzahnt.[186] Hersteller können vielfach selbst – z. B. sogar bei gefährlichen Maschinen[187] – mit der *Konformitätserklärung eigenverantwortlich* bekunden, daß ihre Produkte mit den Detailanforderungen einer harmonisierten Norm übereinstimmen, was die *Vermutung* begründet, daß auch die Sicherheitsstandards der Richtlinie bzw. der sie umsetzenden innerstaatlichen Rechtsvorschrift erfüllt sind.[188]

b) Gemeinschaftsrechtliche Anforderungen an die Normgebung

Die Richtliniengebung im Stile der Neuen Politik – die den europäischen Normen immense faktische Bedeutung eröffnet – ist nicht zu

---

z. B. Art. 7 Abs. 1 der Richtlinie des Rates vom 21. 12. 1988 zur Angleichung der Rechts- und Verwaltungsvorschriften der Mitgliedstaaten über Bauprodukte (89/106/EWG), ABl. L 40 (vom 11. 2. 1989) S. 12 (im folgenden: Bauprodukten-Richtlinie): Danach sind „Normen von den europäischen Normungsorganisationen auf der Grundlage von Mandaten zu erstellen, die die Kommission ihnen ... erteilt". – Im übrigen zur Besonderheit des Art. 12, wonach die Kommission den Ständigen Ausschuß für das Bauwesen mit der Ausarbeitung von – die Anforderungen präzisierenden – Grundlagendokumenten beauftragen kann, *Krieger* UPR 1992, 401 (402); *Molkenbur* DVBl. 1991, 745 (747); *Hoppe* NVwZ 1990, 816 (819).

[186] S. hierzu *Di Fabio* (Fn. 38) S. 31 ff., 45 ff., 57 ff.; *Korinek* DIN-Mitt. 75 (1996) 436 (437 f.). Zur Arbeitsweise von CEN und CENELEC im einzelnen *Breulmann* Normung und Rechtsangleichung in der Europäischen Wirtschaftsgemeinschaft, 1993, 41 ff.; *Rönck* (Fn. 183) S. 52 ff.; in sozialwissenschaftlicher Perspektive *Voelzkow* (Fn. 167) S. 110 ff., 114 ff.

[187] Vgl. Art. 8 Abs. 2 c) 1. tirét der Richtlinie des Rates vom 14. 6. 1989 zur Angleichung der Rechtsvorschriften der Mitgliedstaaten für Maschinen (89/392/EWG), ABl. L 183 (vom 29. 6. 1989) S. 9 (im folgenden: Maschinen-Richtlinie); für die gefährlichen Anlagen des Anhangs IV (wie z. B. Holzbearbeitungsmaschinen) genügt es danach, daß der Hersteller der normkonformen Maschine Unterlagen – insbesondere eine technische Dokumentation – vorlegt, deren Eingang von der „gemeldeten Stelle" lediglich bestätigt, nicht aber inhaltlich geprüft wird. Nur wenn der Hersteller der Produkte des Anhangs IV von harmonisierten Normen abweichen will, muß er sich der vergleichsweise aufwendigen Baumusterprüfung zwingend unterziehen; das gilt auch für den Fall, daß entsprechende Normen nicht existieren, vgl. jeweils Art. 8 Abs. 2 b) der Maschinen-Richtlinie. Zu den Modulen s. Fn. 199.

[188] Die Normen sind nicht bindend, begründen aber eine Vermutung, daß die grundlegenden Sicherheitsanforderungen eingehalten werden, vgl. pars pro toto die doppelte Vermutung in Art. 5 Abs. 1 S. 1 und Abs. 2 S. 1 der Maschinen-Richtlinie; s. dazu *Reuter* CR 1990, 540 (543). – Die Umsetzung der Richtlinien im Rahmen der „Neuen Politik" erfolgt in Deutschland vielfach durch Verordnungen auf der Grundlage von § 4 GSG, s. z. B. für die Maschinen-Richtlinie die 9. Verordnung zum

beanstanden, soweit unverzichtbare gemeinschaftsrechtliche Grenzen gewahrt sind. Erstens müssen die *grundlegenden Anforderungen* jedenfalls ein Mindestmaß an *Bestimmtheit* aufweisen, um verantwortlicher Richtliniengebung zu entsprechen. Zweitens ist die massive Transformation privater Normen in Richtlinien unter Aspekten *gemeinschaftsrechtlicher Demokratie- und Rechtsstaatsgehalte*[189] nur dann hinnehmbar, wenn Mindestanforderungen der Transparenz, Publizität und Repräsentanz interessierter Kreise sowie eines Einspruchsverfahrens gewahrt sind.[190] Freilich kann dem im wesentlichen auch dadurch Rechnung getragen werden, daß die nationalen Normungsverbände ihrerseits – im Interesse der Willensbildung „von unten nach oben" – die notwendige *Öffnung* sicherstellen.[191] Vor diesem Hintergrund kann auch von einem Verstoß

Gerätesicherheitsgesetz (Maschinenverordnung – 9. GSGV) vom 12. 5. 1993, BGBl. I, 704.

[189] Vgl. zu *Demokratie*gehalten: EuGH, Slg. 1991, S. I – 2867 (2900) – Kommission/Rat: „auf Gemeinschaftsebene ein grundlegendes demokratisches Prinzip"; Slg. 1980, 3333 (3360) – Roquette Frères/Rat; ferner BVerfGE 89, 155 (184 ff.); *Cremer* EuR 1995, 21 (34 ff.); *Geiger* (Fn. 34), Art. 137 Rdn. 3 ff.; *Beutler* in: Ders./Bieber/Pipkorn/Streil, Die Europäische Union, 4. Aufl., 1993, 50; s. a. Art. F Abs. 1 Unions-Vertrag. –
Zu den *rechtsstaatlichen* Grundsätzen EuGH, Slg. 1981, 1931 (1942) – Zollverwaltung/Gondrand Frères: „Grundsatz der Rechtssicherheit"; *Pernice* (Fn. 33), Art. 164 Rdn. 88 ff. (Loseblatt, Stand: Mai 1995); *Geiger* (Fn. 34), Art. 164 Rdn. 25 ff.; *Streinz* (Fn. 34), Rdn. 369.

[190] In diesem Sinne im gemeinschaftsrechtlichen Kontext *Rönck* (Fn. 183), S. 225; *Korinek* DIN-Mitt. 75 (1996), 436 (437); s. a. die generellen Bedenken – unter dem Aspekt des Demokratie- und des Rechtsstaatsprinzips des Grundgesetzes – bei *Di Fabio* (Fn. 38) S. 93 ff., daß mit der neuen Harmonisierungskonzeption das Entstehen „eines neuen unechten Kondominiums" (S. 102) bzw. die Entwicklung hin zu diffusen staatlich-gesellschaftlichen Mischverhältnissen drohe (S. 94 ff., 103 ff.).

[191] Vgl. auch *Korinek* DIN-Mitt. 75 (1996) 436 (438): „mittelbare Legitimation"; a. A. *Rönck* (Fn. 183) S. 170 ff., 194 ff., 215 ff., der wegen der faktischen Bindung an die technischen Normen einen Verstoß gegen „das Demokratieprinzip" (gemeinschaftsrechtlich) annimmt. Ein „deutliches" Defizit „demokratischer Legitimation" auf europäischer Ebene monieren ferner *Marburger/Enders* UTR 27 (1994) 333 (364 ff.), die u. a. auch das Prinzip nationaler Repräsentanz und das Ausbleiben inhaltlicher Prüfung durch die Kommission nach Erteilung des Normungsmandats rügen; weitergehend die grundsätzliche Kritik bei *Führ* (Fn. 180) S. 34, 38 ff.; *ders.* ZUR 1993, 99 (102). – Ziff. 2 der Entschließung des Rates vom 4. 11. 1988 über die Verbesserung der Verbraucherbeteiligung bei der Normung, ABl. C 293 (vom 17. 11. 1988) S. 1, sieht keinerlei institutionelle Verankerung in den Gremien des CEN/CENELEC vor. Zur Einsetzung eines Beratenden Verbraucherrates bei der Kommission s. deren Beschluß vom 17. 12. 1989 (90/55/EWG), ABl. L 38 (vom 10. 2. 1990) S. 40. Zur Problematik der Pluralisierung der Normungsgremien *Di Fabio* (Fn. 38) S. 114 ff.

gegen den Grundsatz der begrenzten Einzelermächtigung durch Überantwortung faktischer Richtliniengebungsgewalt an ein privates Normungsgremium nicht die Rede sein.[192]

c) Verdrängung mitgliedstaatlicher ex-ante-Kontrolle

Da die Mitgliedstaaten das Inverkehrbringen richtlinienkonformer Produkte nicht behindern dürfen, schlagen die privaten europäischen Normen über den Vermutungsmechanismus innerstaatlich durch.[193] Die Neue Harmonisierungspolitik *schließt damit jegliche nationale ex ante-Kontrolle aus.*[194] Dies bedeutet eine fast schon dramatische Akzentuierung der bereits wiederholt deutlich gewordenen *Europäisierung* des deutschen Verwaltungsrechts, das auf dem Feld der Produktnormung an breitflächiger Eigenständigkeit und Steuerungskraft beträchtliche Einbußen hat hinnehmen müssen. Letztlich ist dies aber eine Folge des Vorrangs des Gemeinschaftsrechts.[195] Das ist auch dann erträglich, wenn man die Grenzen zulässiger Übertragung von Hoheitsrechten durch die Integrationsgesetzgebung im Auge hat,[196] weil die Richtlinien jedenfalls einen *stichprobenartigen repressiven Zugriff* durch mitgliedstaat-

---

[192] A. A. *Breulmann* (Fn. 186) S. 175 ff., 217 ff., 231; *Rönck* (Fn. 183) S. 192 ff., 206 f., jeweils unter Hinw. auf die Meroni-Rspr. des EuGH, Slg. 1958, S. 9 (36 ff., 40 f., 46 f.) und S. 51 (75 ff.); s. demgegenüber unter dem Aspekt der Integrationsidee *Di Fabio* (Fn. 38) S. 88 ff. Da die Verweisungstechnik der Harmonisierungsrichtlinien keine unzulässige Abgabe von Richtliniengebungskompetenz darstellt, scheidet auch die Annahme einer Verletzung des institutionellen Gleichgewichts aus (s. im Ergebnis auch *ders.* ebd., S. 92 f.).

[193] Plastisch *Krieger* UPR 1992, 401 (406), der in Bezug auf genormte Produkte von einem „Freifahrschein" spricht.

[194] Vgl. z. B. *Pietzcker* (Fn. 20) S. 301, für den Bereich der Bauprodukten-Richtlinie; *Di Fabio* (Fn. 38) S. 64, für die Maschinen-Richtlinie; ferner S. 68 f.

[195] S. speziell Art. 4 Abs. 1 der Maschinen-Richtlinie; allg. EuGH, Slg. 1964, 1251 (1276) – Costa/E. N. E L.

[196] Zur innerstaatlichen Beachtung von Rechtsakten der Gemeinschaft s. *Randelzhofer* in: Maunz-Dürig, GG, Art. 24 Rdn. 137 (Loseblatt, Stand: Dezember 1992): Die Pflicht, Recht einer zwischenstaatlichen Einrichtung vorrangig anzuwenden, ende „erst dort, wo der Gesetzgeber selbst seine Kompetenzen nach Art. 24 I GG überschritten, also letztlich *ultra vires* gehandelt hätte" (kurs. i.O.). S. a. BVerfGE 75, 223 (242), mit der Feststellung, daß es „verfassungsrechtlich erheblich" sei, „ob eine zwischenstaatliche Einrichtung im Sinne des Art. 24 Abs. 1 GG sich in den Grenzen der ihr übertragenen Hoheitsrechte hält oder aus ihnen ausbricht". Für die Beurteilung der 1985 vom Rat eingeführten Neuen Konzeption ist Art. 24 GG a. F. einschlägig (s. allg. BVerfGE 92, 203 [230]).

liche Behörden erlauben.[197] Daneben können europäische Normen in einem – zwar aufwendigen und bislang kaum praktizierten – *Schutzklauselverfahren*[198] inhaltlich überprüft und ggf. verworfen werden. Sofern schließlich die Konformitätserklärung eine Zertifizierung bedingt[199], müssen die hierzu berufenen – zumeist privaten – Stellen immerhin vom Staat im Sinne der *Kontrolle der Kontrolle akkreditiert* werden.[200] All dies mildert den selbstregulativen, gemeinschaftsrechtlich vermittelten *Verdrängungseffekt zu Lasten von Verwaltung und Verwaltungsrecht deutscher Provenienz*.

VIII. Substitutive Eigenvornahme

Für den Gestaltungsmodus gesellschaftlicher Selbstregulierung ist der Vorrang *substitutiver Eigenvornahme* von besonderer Bedeutung.

---

[197] Vgl. z. B. Art. 7 Abs. 1 S. 1 der Maschinen-Richtlinie. Ermächtigungsgrundlage für Eingriffsmaßnahmen der Gewerbeaufsicht sind die §§ 5, 6 GSG, vgl. VGH Mannheim, GewArch. 1996, 246 f.

[198] S. z. B. Art. 7 Abs. 2 der Maschinen-Richtlinie; Art. 7 Abs. 2 der Richtlinie des Rates vom 3. 5. 1988 zur Angleichung der Rechtsvorschriften der Mitgliedstaaten über die Sicherheit von Spielzeug (88/378/EWG), ABl. L 187 (vom 16. 7. 1988) S. 1.

[199] Zu den einzelnen zur Verfügung stehenden sog. Modulen s. den Beschluß des Rates vom 22. 7. 1993 über die in den technischen Harmonisierungsrichtlinien zu verwendenden Module für die verschiedenen Phasen der Konformitätsbewertungsverfahren und die Regeln für die Anbringung und Verwendung der CE-Konformitätskennzeichnung, ABl. L 220 (vom 30. 8. 1993) S. 23. Danach bieten sich die „interne Fertigungskontrolle", die „Baumusterprüfung" – ergänzt um die „Konformität mit der Bauart", die „Qualitätssicherung Produktion", die „Qualitätssicherung Produkt" oder die „Prüfung der Produkte" –, die „Einzelprüfung" und die „umfassende Qualitätssicherung" an; zur weitgehenden Verwendung dieser Module s. etwa Art. 11 mit Anhängen II bis VI der Richtlinie 93/42/EWG des Rates vom 14. 6. 1993 über Medizinprodukte, ABl. L 169 (vom 12. 7. 1993) S. 1. Die jeweiligen Prüfungen bzw. Konformitätsbewertungen werden von benannten Stellen, d. h. Prüflaboratorien bzw. Zertifizierungsstellen, durchgeführt. Die von ihnen zu erfüllenden Anforderungen sind in den jeweiligen Richtlinien festgelegt bzw. aus den Normen der Reihe DIN EN 45000 ff. zu erschließen; vgl. hierzu *Loch* DIN-Mitt. 75 (1996) 345 ff.

[200] S. o. Fn. 38. Für die Akkreditierung von Prüflaboratorien und Zertifizierungsstellen gem. § 9 GSG ist die vom Freistaat Bayern errichtete Zentralstelle der Länder für Sicherheitstechnik (ZLS) zuständig, s. das Abkommen über die Zentralstelle der Länder für Sicherheitstechnik und über die Akkreditierungsstelle der Länder für Meß- und Prüfstellen zum Vollzug des Gefahrstoffrechts in der Fassung der Bekanntmachung vom 25. 5. 1996, GVBl. Bayern S. 194. Die Mitgliedstaaten melden die benannten Stellen der Kommission, die eine entsprechende „Liste" im EG-Amtsblatt veröffentlicht, s. ABl. C 172 (vom 15. 6. 1996) S. 1 ff.

1. Vorrang individuell-selbstregulativer Eigenvornahme

Auf seine *individuelle* Variante stößt man angesichts einer erstaunlichen Fülle von Normen, die den Erlaß eines Verwaltungsakts unter den ausdrücklichen Vorbehalt *privater Aufgabenerledigung* stellen. Besonders ausdrucksstark ist die Modellnorm des Gerätesicherheitsgesetzes, nach der die Behörde u. a. von einer Untersagungsverfügung absieht, wenn die gebotene Gefahrenabwehr durch eigene Maßnahmen des Verantwortlichen sichergestellt wird.[201] Im Bereich wechselbezüglicher Konfliktlagen springen die rundfunkrechtlichen Vorrangregelungen ins Auge, die bei einer Einigung der Konkurrenten über eine Aufteilung der Rundfunklizenzen ausdrücklich eine medienanstaltliche Hoheitsentscheidung ausschließen.[202] Eine substitutive *Abwendungsbefugnis* enthält sogar das klassisch-imperative Polizeirecht, das dem Pflichtigen vorrangig Gelegenheit einräumt, durch ein gleichwertiges Mittel einen polizeiwidrigen Mißstand selbst zu beseitigen.[203] Mit aller gebotenen Vorsicht

---

[201] § 6 Abs. 1 S. 3 GSG. Es handelt sich um eine strikte Rechtspflicht zum Verzicht auf behördliches Handeln ohne jeglichen Ermessensspielraum, vgl. *Peine* (Fn. 18) § 6 Rdn. 3.

[202] S. § 4 Abs. 3 S. 3 und 4 des Gesetzes über den privaten Rundfunk und neue Medien in Sachsen vom 27. 6. 1991, GVBl. S. 178. – In Bayern, wo der Rundfunk gem. Art. 111a Abs. 2 S. 1 BV in öffentlicher Verantwortung und Trägerschaft betrieben wird, ist zunächst eine (genehmigungsbedürftige) Einigung zwischen den sog. Medienbetriebsgesellschaften und den Anbietern vorgesehen (Art. 27 Abs. 2 des Gesetzes über die Entwicklung, Förderung und Veranstaltung privater Rundfunkangebote und anderer Mediendienste in Bayern [Bayerisches Mediengesetz] vom 24. 11. 1992, GVBl. S. 584, im folgenden: MEG); nur wenn diese ausbleibt, kann die Landeszentrale die Aufnahme eines Beitrags anordnen (Art. 29 MEG); s. VGH München, ZUM 1988, 417 (418), zur Poolvereinbarung von Anbietern privater Hörfunkprogramme; *G. Hermann* Das Bayerische Medienrecht kurz vor der Jahrtausendwende, 1996, 110, 130 ff.; allg. zu Vor- und Nachteilen des Frequenzsplitting *Bumke* Die öffentliche Aufgabe der Landesmedienanstalten, 1995, 456 f.

[203] Vgl. z. B. Art. 5 Abs. 2 S. 2 PAG; entscheidend ist, daß es sich um ein „ebenso wirksames Mittel" handelt, s. *Honnacker/Beinhofer/Samper* PAG, 16. Aufl., 1995, Art. 5 Anm. 8. Nach *Götz* Allgemeines Polizei- und Ordnungsrecht, 12. Aufl., 1995, Rdn. 340, geht das Recht zum Angebot eines Austausch- oder Ersatzmittels weitgehend im strikten Grundsatz des geringsten Eingriffs auf; s. a. *Vogel* in: Drews/Wacke/Vogel/Martens, Gefahrenabwehr, 9. Aufl., 1986, 428 ff.; *Knemeyer* Polizei- und Ordnungsrecht, 6. Aufl., 1995, Rdn. 237 ff.; *Schoch* JuS 1994, 754 (757); *Gusy* Polizeirecht, 3. Aufl., 1996, Rdn. 317; *Gallwas/Mößle* Bayerisches Polizei- und Sicherheitsrecht, 2. Aufl., 1996, Rdn. 576. Aus der Rspr. OVG Lüneburg, DVBl. 1975, 275 (277 r. Sp.), sowie BauR 1996, 538 r. Sp.; OVG Münster, NJW 1980, 2210 (2211). – Selbst im Kernbereich staatlichen Zwangs – im Verwaltungsvollstreckungsrecht – besteht in Form der regelmäßig gebotenen Androhung eine private Abwendungsbefugnis, vgl. *Selmer/Gersdorf* Verwaltungsvollstreckungsverfahren, 1996, 12, die das gestreckte

läßt sich aus dem breitgefächerten, hier nur beispielhaft[204] angedeuteten, vom Verhältnismäßigkeitsprinzip geprägten Normenmaterial ein *Postulat vorrangiger selbstregulativer Eigenvornahme* im Sinne einer *referenzgebietsüberschreitenden, ungeschriebenen „facultas alternativa"*[205] entnehmen.[206] Es zeitigt rechtliche Wirkung als Leitlinie bei der Ausfüllung von Er-

---

Verwaltungsvollstreckungsverfahren als „ein auf Schonung individueller Freiheitsräume bedachtes Verfahren" bezeichnen, „weil es dem Bürger ... immer wieder ‚die Hand reicht' und ihm die Möglichkeit gibt, der ihm auferlegten Verpflichtung ... zu entsprechen und auf diese Weise die Anwendung von Verwaltungszwang zu verhindern". S. a. *Pietzner* VerwArch. 84 (1993) 261 (262 f., 270).

[204] S. weiterhin etwa § 17 Abs. 3 Nr. 2 und 3 bzw. Abs. 5 AtG (Vorbehalt, daß nicht „in angemessener Zeit Abhilfe geschaffen wird"); § 17 Abs. 3 a S. 1 BImSchG („in einem vom Betreiber vorgelegten Plan", dazu *Jarass* [Fn. 13] § 17 Rdn. 64 ff., sowie Nr. 4. 2. 10 TA Luft); § 27 Abs. 1 BauGB (Abwendung bei Vorkaufsrecht), § 87 Abs. 2 S. 1 BauGB (Vorrang freihändigen Erwerbs vor Enteignung); § 110 Abs. 1 BauGB (Primat der Einigung im Enteignungsverfahren); allg. für das Enteignungsrecht z. B. Art. 3 Abs. 2 Nr. 1 BayEG; § 11 Abs. 4 und 6 TKG (Versteigerungs- und Ausschreibungsverfahren); § 103 Abs. 5 S. 2 Nr. 4, Abs. 6 GWB (Vorrang einverständlicher Durchleitung; dazu *Schmidt-Preuß* RdE 1996, 1 [4 ff.]; vgl. auch Fn. 246 a. E.). Zur impliziten Vorrangregelung in § 175 Abs. 1 S. 2 BauGB *Krautzberger* in: Battis/Krautzberger/Löhr, BauGB, 5. Aufl., 1996, Vorb. §§ 175–179 Rdn. 4 sowie § 175 Rdn. 3 a, wonach die freiwillige, einvernehmliche Lösung „im Vordergrund" steht. Ein allgemeines – den Verwaltungsakt zurückdrängendes – Vertragsgebot gibt es allerdings nicht, s. *Krebs* VVDStRL 52 (1993) 248 (263). – Für den Leistungsbereich vgl. auch § 7 Abs. 1 S. 2 und Abs. 2 S. 2 BHO; § 10 Abs. 4 Hs. 1 BSHG.

[205] *Walter Jellinek* Gesetz, Gesetzesanwendung und Zweckmäßigkeitserwägung, 1913, 210: „Verpflichtung mit facultas alternativa, mit anderweitiger Befreiungsmöglichkeit" (gesperrt i. O.). S. a. *ders.* Verwaltungsrecht, 3. Aufl., 1931 (unveränderter Nachdruck 1948) S. 439 f.

[206] Vgl. auch *Hufen* ZLR 1993, 233 (240): „Vorrang von Selbstregulierung und Selbstabhilfe"; *Ossenbühl* Umweltpflege durch behördliche Warnungen und Empfehlungen, 1986, 71 f.; *Grupp* VerwArch. 69 (1978) 125 (142 ff.), der zu Recht für eine Anwendung des Austauschprinzips auch außerhalb des Polizeirechts plädiert. – Einen Primat mit instrumentellem Zuschnitt enthält § 6 Abs. 3 UGB-AT-E (Fn. 8), der Maßnahmen, die dem Bürger „Möglichkeiten eigenverantwortlicher Entscheidungen belassen", einen Vorrang vor Ge- und Verboten einräumt (zu eng die Beschränkung des Anwendungsbereichs auf flexible Instrumente in der Begründung, S. 163); krit. insoweit *H.-J. Koch* NVwZ 1991, 953 (954 r. Sp.): „stark erörterungsbedürftige ... Nachrangigkeit". Vgl. auch § 6 Abs. 1 S. 3 UGB-AT-E, wonach die Behörden nur tätig werden sollen, „soweit ein hinreichender Schutz der Umwelt nicht durch die Bürger erfolgen kann oder erfolgt". Zu Recht wird damit „Freiraum für gesellschaftliche Aktivitäten" erweitert (s. die Begründung, S. 159, wo auch von „Subsidiarität" gesprochen wird); krit. *Hoffmann-Riem* in: H.-J. Koch (Hrsg.), Auf dem Weg zum Umweltgesetzbuch, 1992, 108 (112 ff.); *Breuer* (Fn. 8) S. B 94 f.; demgegenüber wiederum *Kloepfer* (Fn. 102) S. 92 f.

messensspielräumen im antragsunabhängigen Vollzug,[207] aber auch im Rahmen von Zulassungsverfahren bei der Ausgestaltung von Nebenbestimmungen. Abermals ist *Privatautonomie im Verwaltungsrecht* eröffnet.

2. *Kollektive Eigenvornahme im Blick auf Gesetz- und Verordnungsgebung*

a) *Normakzessorische und normantizipierende Selbstbeschränkungsabkommen*

Die *kollektive* Alternative substitutiver Eigenvornahme betrifft Selbstverpflichtungserklärungen.[208] Sie zielen auf die *Normebene* ab und weisen zwei Varianten auf. Im *ersten* Fall – der *normakzessorischen Spielart* – soll die Realisierung eines Gesetz- oder Verordnungsbefehls vermieden werden. Der Induktionsprozeß wird durch *aktuell-belastende Primärpflichten rechtsförmlich* ausgelöst. Diesen Wirkungsmechanismus repräsentieren Verpackungsverordnung und Duales System. Für die *Gesetzge-*

---

[207] Vgl. i. d. S. für den Fall der nachträglichen Anordnung gem. § 17 BImSchG *Czajka* in: Feldhaus, Bundesimmissionsschutzgesetz, Band 1 (Loseblatt, Stand: Februar 1996) § 17 Anm. 10 (S. 33): „Entsprechend den Grundsätzen des allgemeinen Polizeirechts hat der Betreiber das Recht, einen Austausch der angeordneten Maßnahmen anzubieten. Die Behörde wird dieses Angebot durch eine entsprechende Änderung der nachträglichen Anordnung akzeptieren müssen, wenn hierdurch der angestrebte Zweck ebenso erreicht wird." S. a. *Sellner* Immissionsschutzrecht und Industrieanlagen, 2. Aufl., 1988, Rdn. 439. – Aus dem Vorrang individuell-selbstregulativer Eigenvornahme folgt auch, daß die periodische Sicherheitsüberprüfung auf freiwilliger Basis ohne gesetzliche Regelung – wie sie in § 19 a AtG des Referentenentwurfs für eine AtG-Novelle (1992) geplant war – zulässig ist und entsprechende repressive Maßnahmen insoweit subsidiär sind; für gesetzliche Grundlage *Blümel* Die atomrechtliche Aufsicht, Manuskript, S. 15 (ohne damit Selbstverpflichtungen der Betreiber in Frage zu stellen); *Papier* in: Lukes (Hrsg.), Reformüberlegungen zum Atomrecht, 1991, 111 (195).

[208] Zum politischen Umfeld s. die Koalitionsvereinbarung vom 11. 11. 1994, in der Selbstverpflichtungserklärungen ausdrücklich der Vorzug gegenüber ordnungsrechtlichen Maßnahmen eingeräumt wurde (sub VI.1). – Auf europäischer Ebene vgl. den Vorschlag für einen Beschluß des Europäischen Parlaments und des Rates über die Prüfung des Programms der Europäischen Gemeinschaft für Umweltpolitik und Maßnahmen im Hinblick auf eine dauerhafte und umweltgerechte Entwicklung, KOM (95) 647 endg. (vom 24. 1. 1996), wonach unter dem Aspekt „wirksamer marktorientierter Instrumente" auch „freiwillige(n) Vereinbarungen im Umweltbereich in Übereinstimmung mit Wettbewerbsvorschriften" besondere Beachtung geschenkt werden soll (Art. 3.1 c); Bericht der Gruppe Unabhängiger Experten (Fn. 164) S. 66 (Ziff. 16); speziell zum Abfallsektor Mitteilung der Kommission der Europäischen Gemeinschaft zur Überprüfung der Gemeinschaftsstrategie für die Abfallwirtschaft, BR-Drucks. 695/96 (18. 9. 1996) Tz. 72 f.

bungslehre[209] schält sich dabei als neuer Normtypus das *Androhungsgesetz* heraus, das bereits ein imperatives Reglement in Kraft setzt, aber den Privaten die Möglichkeit einräumt, *erfüllungshalber* selbst tätig zu werden und damit staatlichen Zwang durch private Eigenvornahme abzuwenden.

Im *zweiten* Fall – der *normantizipierenden Variante* – wird die Selbstbeschränkungserklärung als Ergebnis eines informal-kooperativen Dialogs induziert. Entstehungsgrund ist ein mehr oder minder konkretes Gesetz- oder Verordnungsvorhaben, dessen Realisierung die potentiell betroffenen privaten Adressaten vermeiden wollen.[210] Im *Außenverhältnis* kommt es dabei typischerweise zu Gesprächen und – *nicht auf Rechtsbindung abzielenden* – *Verständigungen oder Absprachen* zwischen Regierung und Verbänden.[211] Deren Bereitschaft zur Kooperation wird im Eigen-

---

209 Vgl. zur bisherigen Systematik *H. Schneider* Gesetzgebung, 2. Aufl., 1992, 131 ff.; *Hill* Einführung in die Gesetzgebungslehre, 1982, 33 ff.

210 S. *Kloepfer/Elsner* DVBl. 1996, 964 (967); *P. Kirchhof* (Fn. 38) § 59 Rdn. 158 ff.; *Oebbecke* DVBl. 1986, 794 (795); *Brohm* DÖV 1992, 1025 (2026 f.); *Scherer* DÖV 1991, 1 (2 f.); *Schulte* (Fn. 43) S. 98 ff.; *Oldiges* WiR 1973, 1 (5 ff.); Sachverständigenrat für Umweltfragen, Sondergutachten „Abfallwirtschaft" (Fn. 104) Tz. 275 ff. Daneben gibt es auch rein isolierte Selbstbeschränkungsvereinbarungen, die allein kartellrechtliche Fragen aufwerfen.

211 Vgl. (1) die „Freiwillige Selbstverpflichtung zur umweltgerechten Altautoverwertung (Pkw) im Rahmen des Kreislaufwirtschaftsgesetzes" (21. 2. 1996) S. 1 ff., die vor allem eine kostenlose Rücknahme von (rollenden) Autos bis zu 12 Jahren vorsieht, sowie zuvor den vom Bundesministerium für Umwelt, Naturschutz und Reaktorsicherheit 1992 vorgelegten Verordnungsentwurf (ferner Bericht der Bundesregierung „Umwelt 1994 – Politik für eine nachhaltige, umweltgerechte Entwicklung", BT-Drucks. 12/8451, S. 129; *Zimmermeyer* in: Rengeling [Hrsg.], Kreislaufwirtschafts- und Abfallrecht, 1994, 97 ff.); (2) die vom Bundesverband der Deutschen Industrie e.V. herausgegebene „Aktualisierte Erklärung der deutschen Wirtschaft zur Klimavorsorge" vom 27. 3. 1996 mit der von 18 Fachverbänden ausgesprochenen Zusage, die spezifischen CO_2-Emissionen bis zum Jahre 2005 um 20% auf der Basis des Jahres 1990 zu reduzieren (dazu Bulletin der Bundesregierung Nr. 26 vom 1. 4. 1996, 267; *Kuhnt* DVBl. 1996, 1082 [1089 ff.]); (3) die Selbstbeschränkungsabkommen zur Eingrenzung der Zigarettenwerbung (Verband der Cigarettenindustrie e.V. [Hrsg.], Werbebeschränkungen der Cigarettenindustrie in Deutschland [o. J.] S. 3 ff.); (4) die Vereinbarung zur stufenweise Einstellung der Produktion vollhalogenisierter FCKW (Verband der Chemischen Industrie, Freiwillige Vereinbarungen der chemischen Industrie [Stand: 26. 4. 1996], Anlage 17); (5) die Beschlüsse des Bundesverbandes der Pharmazeutischen Industrie vom 18. 11. 1975/13. 5. 1977 zur Beschränkung der Werbung mit Arzneimittelmustern (vgl. WuW/E BWM 175 und 183), dazu nachfolgend § 47 Abs. 4 AMG (2. Änderungsgesetz vom 16. 8. 1986, BGBl. I, 1296) sowie § 23 des „Kodex der Mitglieder des BPI"; (6) die „Publizistischen Grundsätze (Pressekodex)" des Deutschen Presserats vom 12. 12. 1973/14. 2. 1996; allg. *Bermes* Der Streit um die Presse-Selbstkontrolle: Der Deutsche Presserat, 1991, 393 ff.; *V. Wiede-*

interesse um so größer sein, als sie sich davon versprechen, schärfere staatliche Regelungen verhindern zu können. Verabschiedungsreife Gesetz- oder Verordnungsentwürfe dienen dabei als wirkungsvolles *Drohpotential*, um den verbandsinternen Willensbildungsprozeß zugunsten einer Selbstbeschränkungserklärung zu beeinflussen, wie dies jüngst etwa bei der Altautoentsorgung der Fall war.

b) Kartellrechtliche Problematik

Für die kollektive Erscheinungsform substitutiver Eigenvornahme ergibt sich freilich ein *Paradox staatlich induzierter Selbstregulierung*. Es betrifft das *Innenverhältnis* zwischen den Wirtschaftssubjekten und resultiert daraus, daß die private Aufgabenerledigung aus logistischen, technischen und wirtschaftlichen Gründen regelmäßig nicht in atomistischer Individualität, sondern nur durch Koordinierung wettbewerbsrelevanter Aktionsparameter bewältigt werden kann.[212] Damit scheint ein innerer *Bruch* zwischen dem Postulat größtmöglicher Aktivierung privater Beiträge und der vom Staat selbst gesetzten Wettbewerbsordnung[213] unvermeidlich – dies um so mehr, als die Geltung des Kartellverbots nicht etwa – wie früher weithin vertreten[214] – auf Grund eines globalen Umweltschutzvorbehalts oder eines immanenten Vorrangs öffent-

---

mann Freiwillige Selbstkontrolle der Presse, 1992, 237 ff.; (7) die Verhaltensregeln und Verlautbarungen des Deutschen Werberats (in: Jahrbuch Deutscher Werberat 1996, 63 ff.); allg. *Baumbach/Hefermehl* Wettbewerbsrecht, 18. Aufl., 1995, Einl. Rdn. 34.

212 Vgl. Bundesministerium für Wirtschaft (Hrsg.), Möglichkeiten der wettbewerbskonformen Erfüllung von Rücknahme- und Verwertungspflichten (Kriterienkatalog), Dezember 1994, S. 2.

213 Der Vorrang des öffentlichen Rechts läßt das Kartellrecht nur insoweit zurücktreten, als in casu eine konkrete Regelung vorliegt. Wo dies nicht der Fall ist, gilt das GWB, wie dies auch im Bereich des KrW-/AbfG prinzipiell der Fall ist, zutr. *von Köller* (Fn. 13) § 17 Anm. 2: „... das KrW-/AbfG befreit nicht von der Einhaltung des Kartellrechts". S. zur Problematik *Beckmann* UPR 1996, 41 (48): „Das KrW-/AbfG leistet Behinderungen des Wettbewerbs durch verschiedene kooperations- und konzentrationsfördernde Bestimmungen Vorschub." Die bloße Ausübung staatlichen Drucks läßt – etwa unter dem Aspekt mangelnden freiwilligen unternehmerischen Handelns – noch nicht die Anwendbarkeit des GWB entfallen (so aber *J. H. Kaiser* NJW 1971, 585 [586]; in dieselbe Richtung *Baudenbacher* JZ 1988, 689 [694 f.]), solange den Unternehmen Entscheidungsfreiheit verbleibt.

214 Vgl. BKartA, Brief vom 20. 2. 1960, WuW/E BKartA 145 (148 f.), in dem das Amt VDE-Empfehlungen wegen des vorrangigen Sicherheitszwecks nicht dem Schutzbereich des § 1 GWB unterstellte; *J. H. Kaiser* NJW 1971, 585 (588); s. a. Fn. 215.

licher Interessen in Frage gestellt werden kann.[215] Eine Legalisierungsmöglichkeit besteht aber in der flexiblen Handhabung des *Einschreitensermessens* durch das Bundeskartellamt, das aus Gründen vorrangiger selbstregulativer Eigenvornahme – wie im Fall des Dualen Systems – von einem kartellverwaltungsrechtlichen Vorgehen absehen kann.[216] Insoweit bedarf es keiner *Erlaubnis des Bundesministers für Wirtschaft*. Sie ist allerdings unabdingbar, wenn es um gesamtwirtschaftlich zentrale und politisch legitimationsbedürftige Entscheidungen geht.[217]

c) Verfassungsrechtliche Bindungen

In *verfassungsrechtlicher* Hinsicht darf sich der demokratische Rechtsstaat nicht durch Selbstbeschränkungsabkommen an organisierte Par-

---

[215] S. z. B. *Immenga* in: Ders./Mestmäcker (Hrsg.), GWB, 2. Aufl., 1992, § 1 Rdn. 382, 390 f. sowie § 8 Rdn. 13; *Biedenkopf* BB 1966, 1113 (1118 f.); *Säcker* ZHR 137 (1973) 455 (472 ff.); *Kloepfer* JZ 1980, 781 (786 ff.); *Oldiges* WiR 1973, 1 (16 f.); *Möschel* Recht der Wettbewerbsbeschränkungen, 1983, Rdn. 212; *Schmidt-Preuß* in: FS Lieberknecht, 1997 (sub III); a. A. *von Wallenberg* Umweltschutz und Wettbewerb, 1980, 200 ff.; letztlich auch *Bunte* in: Langen/Bunte, Kommentar zum deutschen und europäischen Kartellrecht, 7. Aufl., 1994, § 1 Rdn. 83 ff., der zunächst zwar ein „ökologisches Kartellprivileg" ablehnt (Rdn. 86), dann aber Umweltabsprachen u. U. für mit dem Kartellverbot vereinbar hält. Das BKartA hat – ohne durch einen Umweltschutzvorbehalt gehindert zu sein – in seinem bestandskräftigen Beschluß vom 24. 6. 1993, WuW/E BKartA 2561, die vorgesehene Entsorgung von Transportverpackungen durch das Duale System wegen Verstoßes gegen § 1 GWB untersagt. Zu dessen Kartellcharakter bei Verkaufsverpackungen s. *Schultz* in: Rengeling (Hrsg.), Kreislaufwirtschafts- und Abfallrecht, 1994, 141 (149): Kartelltatbestand im Hinblick auf die Beteiligung des Handels; *Fluck* DB 1993, 211 (214): Verstoß des Dualen Systems insges. gegen § 1 GWB; in diese Richtung auch *Hösel/von Lersner* Recht der Abfallbeseitigung, VerpackV (Ordnungsnummer 1242) Rdn. 28 (Loseblatt, Stand: Oktober 1995).

[216] Bericht des Bundeskartellamtes über seine Tätigkeit in den Jahren 1993/94 sowie über die Lage und Entwicklung auf seinem Aufgabengebiet, BT-Drucks. 13/1660, S. 128 f.; *Schultz* (Fn. 215) S. 149; *Burchardi/Sacksofsky* UTR 27 (1994) 23 (40 f.). Zur Kategorie der Duldung *Randelzhofer/Wilke* Die Duldung als Form flexiblen Verwaltungshandelns, 1981, 54 ff. Wegen der grenzüberschreitenden Komponente ist auch Art. 85 EGV zu beachten, dazu allg. *von Bernuth* Umweltschutzfördernde Unternehmenskooperation und das Kartellverbot des Gemeinschaftsrechts, 1996, 124 ff.; ferner *Schmidt-Preuß* in: FS Lieberknecht, 1997 (sub V).

[217] S. z. B. die Entscheidung des Bundesministers für Wirtschaft in Sachen Kohle-Öl-Kartell zur Stützung der deutschen Steinkohle, WuW/E BWM 117. Zur weiteren Praxis vgl. dessen gleichfalls auf § 8 GWB gestützten Erlaubnisse zur Begrenzung der Zigarettenwerbung, WuW/E BWM 143; zur Gestattung der Selbstbeschränkung bei Arzneimittelmustern, WuW/E BWM 153, 175 und 183; zum Mühlenkartell, WuW/E BWM 135. Unter rechtspolitischem Vorzeichen zu § 8 GWB s. das 11. Hauptgutachten der Monopolkommission 1994/95, BT-Drucks. 13/5309, Tz. 961.

tialinteressen und *korporatistische* Gruppenteilhabe ausliefern. Was Absprachen zum Verzicht auf den Erlaß von Verordnungen angeht, beläßt die Ermächtigungsnorm freilich Spielraum.[218] Noch weiter geht die Entscheidungsprärogative des Gesetzgebers. Erst mit einem förmlichen Normverzichtsvertrag würde die Grenze seines demokratischen Gestaltungsmandats überschritten.[219] Allerdings muß sich auch der *im informal-kooperativen Dialog Selbstbeschränkung induzierende Staat* an die Zuständigkeitsordnung halten.[220] Die *Verbandskompetenz* ist auch dann gewahrt, wenn der Bund im Bereich konkurrierender Gesetzgebung an Absprachen mitwirkt, ohne daß die Länder hieran teilnehmen. Ihre Kompetenzen werden nicht etwa ex negativo gesperrt.[221] Der *Organkompetenz* der Bundesregierung steht schließlich nicht entgegen, daß der formelle Gesetzesbeschluß durch den Bundestag gefaßt wird. Insofern genügt das verfassungsrechtlich begründete *Initiativrecht* der Regierung. Unter der Voraussetzung, daß es zu keinen förmlichen Verabredungen mit Rechtsbindungswillen kommt, sondern nur politische Absprachen getroffen werden, können auch gegen – nicht einklagbare – *„Zusagen"* im Rahmen von runden Tischen[222], Bündnissen für Arbeit, Um-

---

[218] Allg. zur Gestaltungsfreiheit des Verordnungsgebers s. *Ossenbühl* in: Isensee/Kirchhof (Hrsg.), HdbStR III, 1988, § 64 Rdn. 33 ff.; *von Danwitz* Die Gestaltungsfreiheit des Verordnungsgebers, 1989, 161 ff., 187 ff.; speziell zu den Anforderungen an Verordnungen zur Produktverantwortung nach dem KrW-/AbfG *M. Hoffmann* DVBl. 1996, 347 (348 ff.). – Zur Diskussion um Verordnungen in den Bereichen Elektroschrott (dazu *Struß* CR 1992, 310 ff.), Batterien und Altpapier s. Bericht der Bundesregierung „Umwelt 1994 – Politik für eine nachhaltige, umweltgerechte Entwicklung", BT-Drucks. 12/8451, S. 129; *Giesberts* BB 1993, 1376 ff.; *Rummler* in: Rengeling (Hrsg.), Kreislaufwirtschafts- und Abfallrecht, 1994, 87 (89 f.).

[219] Vgl. *Oebbecke* DVBl. 1986, 793 (795); ferner *Kloepfer* (Fn. 1) § 4 Rdn. 260, mit der Differenzierung zwischen echtem (auf Änderung gerichteten) und unechtem (auf Beibehaltung abzielenden) Normsetzungsvertrag. Aus Gründen der demokratischen Gestaltungsprärogative sind beide Typen von Normsetzungsverträgen unzulässig (ebenso *Hoppe/Beckmann* [Fn. 1] § 9 Rdn. 32, 33; für den Bereich des Bebauungsplans *Spannowsky* Grenzen des Verwaltungshandelns durch Verträge und Absprachen, 1994, S. 149 f.; a. A. *Meyer* in: Ders./Borgs-Maciejewski, VwVfG, 2. Aufl., 1982, § 54 Rdn. 54 ff.). Dies gilt auch für die Verordnungsgebung, da sie – wenn auch vermittelt – an politischer Führungsaufgabe und rechtlich zugewiesener Rechtsetzungsautonomie des Ermächtigungsgebers partizipiert. Insofern liegen die Dinge im Bereich der exekutivisch geprägten kommunalen Planaufstellung anders, s. dazu *Krebs* VerwArch. 72 (1981) 49 (50 f.).

[220] Vgl. *Oebbecke* DVBl. 1986, 793 (795 f.); *Schulte* (Fn. 43) S. 147 ff.

[221] Zutr. *Schulte* (Fn. 43) S. 149.

[222] Vgl. die Gespräche beim Bundeskanzler oder auch in formalisierter Form z. B. den Rat für Forschung, Technologie und Innovation mit Vertretern aus Wissenschaft, Wirtschaft, Gewerkschaften und Politik (s. hierzu Bericht der Bundesregierung zur Intensivierung des Dialogs zwischen Wirtschaft, Wissenschaft und Staat zu For-

weltpakten[223], Energiekonsensen[224] oder Kohlerunden Bedenken nicht erhoben werden. Der Vorwurf einer unzulässigen Selbstaufgabe des politischen Leitungsorgans oder sogar eines kollusiven Paktierens mit Partialinteressen ließe sich gegenüber einer derartigen *gouvernementalen Steuerung* – zumal im Blick auf die exekutivische Gestaltungsprärogative – nicht begründen.

Der Kritik[225] namentlich an ihrer Wirksamkeit vermögen Selbstbeschränkungsabkommen nur standzuhalten, wenn im Sinne eines Gleichwertigkeitskriteriums für ein Höchstmaß an *Durchsetzbarkeit* und *Implementierung* Vorsorge getroffen wird.[226] Allerdings kann ein Verbandsmitglied zur Befolgung zivilrechtlich nicht gezwungen werden, da

---

schung, Technologie und Innovation [1. 3. 1994], BT-Drucks. 12/6934, S. 3), unter Hervorhebung, daß „Grundlage der Gespräche … die volle Wahrung der jeweils originären Zuständigkeiten und der Selbstverantwortung der Gesprächsteilnehmer" ist. – Allg. zur Einordnung von Gesprächsrunden zwischen Staat und Wirtschaft als Beleg für die Kooperation beider Bereiche *Ritter* AöR 104 (1979) 389 (410).

223 „Umweltpakt Bayern – Freiwillige Vereinbarung zwischen der Bayerischen Wirtschaft und der Bayerischen Staatsregierung mit dem Ziel eines verstärkten Umweltschutzes" (vom 23. 10. 1995).

224 Vgl. *Hohlefelder* trend, IV. Quartal 1993, 26 ff.; *Schmidt-Preuß* NJW 1995, 985 ff.

225 Vgl. z. B. ZEW Zentrum für Europäische Wirtschaftsforschung GmbH: Möglichkeiten und Grenzen von freiwilligen Umweltschutzmaßnahmen der Wirtschaft unter ordnungspolitischen Aspekten (6. 5. 1996) S. 1 ff., 22 ff., 41 ff.; Deutsches Institut für Wirtschaftsforschung, Wochenbericht 14/95, S. 1 ff. Danach wird moniert, daß Selbstbeschränkungsabkommen wettbewerbs- und ordnungspolitisch problematisch seien, im Wege des „Tauschhandels" die Kompetenzen des Staates ausgehöhlt würden, die Industrie nur das zusage, was ohnehin in ihrem Interesse liege, eine tendenzielle Absenkung des Schutzniveaus befürchtet werden müsse bzw. die Zusagen der Wirtschaft nicht durchsetzbar seien. –
Positiv werden dagegen bewertet die Flexibilität und der hohe Implementierungsgrad, wobei letzterer dem Umstand zugesprochen wird, daß die Selbstbeschränkungsvereinbarungen von den Betroffenen selbst kreiert werden, vgl. Jahreswirtschaftsbericht 1994 der Bundesregierung (27. 1. 1994), BT-Drucks. 12/6676, Tz. 100; Antwort der Bundesregierung auf die Große Anfrage der SPD betr. „Umsetzung der Selbstverpflichtungserklärung deutscher Wirtschafts- und Industrieverbände zum Klimaschutz", BT-Drucks. 13/6704, S. 2 f.; *Kuhnt* DVBl. 1996, 1082 (1089); *Haeberlin* et 1995, 512 ff. S. a. § 6 Abs. 1 S. 4 UGB-AT-E (Fn. 8) mit Begründung, S. 162. Zu Für und Wider im Überblick *Kloepfer/Elsner* DVBl. 1996, 964 (971 f.); *Kloepfer* (Fn. 1) § 4 Rdn. 252 ff.; *Oldiges* WiR 1973, 1 (5 ff.); *Brohm* DÖV 1992, 1025 (1026 f.); *Breuer* (Fn. 55) S. 251; *Hoppe/Beckmann* (Fn. 1) § 9 Rdn. 32. –
Aus sozialwissenschaftlicher Sicht zu „Verhandlungen" zwischen Staat und Verbänden *Scharpf* in: FS Lehmbruch, 1993, 25 (36 ff.); *Voelzkow* (Fn. 167) S. 35 ff.; *Streeck/Schmitter* in: Journal für Sozialforschung 25 (1985) 133 (138 ff.).

226 Das kann auch durch ordnungsrechtliche Flankierung und Absicherung geschehen, wie das Beispiel der geplanten „Altauto-Verordnung" und der Ergänzung der StVZO zur Abstützung der Altauto-Selbstbeschränkungsvereinbarung zeigt, s.

– mangels individueller Bevollmächtigung – Vereinsrecht gilt und die Satzungen für spezielle Verpflichtungen zur Einhaltung bzw. Sanktionen zur Durchsetzung von Selbstbeschränkungserklärungen regelmäßig nichts hergeben.[227] Ein beachtlicher Schritt ist aber die im Klimaschutzabkommen[228] vereinbarte öffentliche *Verifizierung* durch ein System des *monitoring*, durchgeführt von einem *unabhängigen Wirtschaftsforschungsinstitut*; die vorgesehenen vierteljährlich zu publizierenden Fortschrittsberichte können – selbst in anonymisierter Form – einen nicht zu unterschätzenden öffentlichen Druck mobilisieren, der das Minus an rechtlicher Verbindlichkeit jedenfalls ein Stück weit kompensieren dürfte.[229] Unter diesen Voraussetzungen kann der Gesetz- oder Verordnungsgeber ohne Vernachlässigung des *staatlichen Steuerungsmandats* auf private Initiative setzen und so dem Postulat größtmöglicher Aktivierung selbstregulativer Beiträge entsprechen.[230]

Art. 1 und 2 des Entwurfs der Verordnung über die Entsorgung von Altautos und die Anpassung straßenverkehrsrechtlicher Vorschriften (BT-Drucks. 13/5998). Vgl. auch die Umrahmung des seinerzeitigen „Jahrhundert-Vertrags" durch das 3. Verstromungsgesetz, dazu *Schmidt-Preuß* NJW 1995, 985 (989).

[227] Vgl. *Palandt-Heinrichs* BGB, 56. Aufl., 1997, § 25 Rdn. 13 m. w. N.; *van Look* in: Reichert/van Look, Handbuch des Vereins- und Verbandsrechts, 6. Aufl., 1995, Rdn. 1587 ff. – Was die in der Literatur erörterte Problematik eines zulässigen Grundrechtsverzichts im Zusammenhang mit Selbstbeschränkungsabkommen und die hierzu vertretene These fehlender Freiwilligkeit (vgl. *Schulte* [Fn. 43] S. 102 ff., 138; ferner *Murswiek* JZ 1988, 985 [988]; *P. Kirchhof* Verwalten durch „mittelbares" Einwirken, 1977, 206; allg. *Hoffmann-Riem* [Fn. 4] S. 314; demgegenüber zurückhaltend *Trute* DVBl. 1996, 950 [958]) angeht, ist zu differenzieren, wem gegenüber in staatlichem Drohverhalten ein Eingriff liegen soll. Was den *Unternehmensverband* betrifft, ist angesichts der gegebenen Handlungsspielräume – abgesehen von Ausnahmefällen extremer Druckausübung – von Freiwilligkeit auszugehen. Anders können die Dinge für widersprechende *Verbandsmitglieder* liegen, denen aber vereinsinterne Möglichkeiten – bis hin zum Austritt – zu Gebote stehen. Auf einem anderen Blatt steht, daß bei negativen zurechenbaren Effekten eines Selbstbeschränkungsabkommens für *Außenseiter* (s. o. II.3 mit Fn. 43) selbstverständlich Eingriffswirkungen gegeben sein können.

[228] Bundesverband der Deutschen Industrie e.V.: Klimaschutzerklärung (Fn. 211), mit Anlage D sowie „CO_2-Monitoring – Konzept für die Erstellung von regelmäßigen Fortschrittsberichten zur transparenten und nachvollziehbaren Verifikation der Erklärung der deutschen Wirtschaft zur Klimavorsorge vom 10. 3. 1995" (7. 2. 1996); Bulletin der Bundesregierung Nr. 26 vom 1. 4. 1996, S. 267. Mit der Durchführung des monitoring wurde das Rheinisch-Westfälische Institut für Wirtschaftsforschung (RWI) betraut.

[229] Skeptisch dagegen *Hoffmann-Riem* GewArch. 1996, 1 (4 ff.), am Beispiel der Klimaschutzerklärung der Vereinigung Deutscher Elektrizitätswerke (VDEW).

[230] Als Instrument korrekter Umsetzung von EG-Richtlinien kommt eine Selbstbeschränkungsvereinbarung nicht in Betracht (zutr. *Bohne* VerwArch. 75 [1984] 343

IX. Steuerungstypologie und Handlungsformen

1. *Gestaltungsmodi im Überblick*

Die bisher erörterten *sektoriellen Steuerungstypen* lassen sich auf einer *gleitenden Skala zwischen den Polen klassisch-imperativen Zwangs und rein gesellschaftlicher Konfliktschlichtung* einordnen, wenn es sich angesichts der heterogenen Wirkungsfelder auch nicht um eine Reihung im strikten Sinne handelt. Die Typologie[231] ist zu komplettieren[232] durch die nicht auf Zwang, sondern auf Überzeugung beruhende *informationelle Steuerung.*[233] Von Bedeutung ist ferner die *finanzielle Steuerung.*[234] Diese umfaßt – positiv – die Induzierung privater Initiative durch geldwerte Belohnung, wobei im wirtschaftspolitischen Bereich die Existenzgründungshilfe zugunsten kleiner und mittlerer Unternehmen,[235] im sozia-

---

[362 f.]). Anders würden die Dinge aber liegen, wenn in der Richtlinie selbst Spielräume für normabwendende Absprachen eingeräumt wären.

231 Vgl. auch – mit anderen Einteilungskriterien – die systematischen Übersichten bei *Isensee* (Fn. 11) § 57 Rdn. 139; *Hoffmann-Riem* (Fn. 4) S. 300 ff.; *Schuppert* (Fn. 3) S. 29 ff.; *Ritter* (Fn. 20) S. 14 ff. Einer anderen Einteilung folgt die verbreitete Unterscheidung zwischen den Instrumenten der direkten und der indirekten Verhaltenssteuerung, zu letzteren *Kloepfer* (Fn. 102) S. 90 ff.; *Hoffmann-Riem* (Fn. 206) S. 109 ff. S. a. bereits *Hartkopf/Bohne* Umweltpolitik, 1983, 172 ff.; Sachverständigenrat für Umweltfragen (Fn. 104) Tz. 150 ff.

232 Einen Spezialfall stellt das *Angebot einer organisatorischen Sonderform* in § 17 KrW-/AbfG dar, der Herstellern und Besitzern von Abfällen die Bildung von „Verbänden" offeriert, auf die sie unter bestimmten Voraussetzungen – bei Vermeidung der Überlassungspflicht gem. § 13 Abs. 1 S. 2 KrW-/AbfG – ihre Entsorgungspflichten übertragen können, s. dazu *Breuer* (Fn. 13) S. 13 ff.; *Hoppe* (Fn. 13) S. 147 f. Hiermit wird ein Stück „Selbstorganisation der Wirtschaft" (Bundestags-Umweltausschuß, BT-Drucks. 12/7284, S. 18) im institutionellen Wege induziert; s. a. den Regierungsentwurf BT-Drucks. 12/5672, S. 44, wonach es Regelungsziel sei, die „Eigeninitiativen der Wirtschaft zu fördern, um deren Innovationskräfte und die Initiative des einzelnen zu nutzen zum beschleunigten Ausbau der angestrebten Kreislaufwirtschaft". Dieser Grundausrichtung ist bei der Ermessensentscheidung gem. § 17 Abs. 3 KrW-/AbfG Rechnung zu tragen, zutr. *Fluck* (Fn. 13) § 17 Rdn. 52.

233 Vgl. *Schulte* (Fn. 43) S. 50 ff. („Information"); *Hufen* (Fn. 38) § 12 Rdn. 128 ff.; *Lübbe-Wolff* NJW 1987, 2705 f.; *Ossenbühl* (Fn. 206) S. 8 ff.; *Berg* ZLR 1990, 565 ff.; zum Konzept des – mit den Mitteln der Überredung und Belehrung agierenden – praezeptoralen Staates *Willke* (Fn. 26) S. 144 ff.; *Di Fabio* JZ 1993, 689 (690 ff.); *ders.* Risikoentscheidungen im Rechtsstaat, 1994, 397. Zur informationellen Steuerung gehört auch der Einsatz von Umweltzeichen wie dem „Blauen Engel", dazu *Roller* EuZW 1992, 499 ff.

234 Vgl. *P. Kirchhof* (Fn. 38) § 59 Rdn. 72 („Geld als Handlungsmacht").

235 Vgl. hier nur Jahreswirtschaftsbericht 1996 der Bundesregierung „Vorrang für Beschäftigung" (31. 1. 1996), BT-Drucks. 13/3601, Tz. 21 (Ziff. 3–5).

len Sektor[236] das subtile Netz der Finanzierung der freien Wohlfahrtspflege[237], der Selbsthilfegruppen[238] und Jugendverbände[239], im Feld der Wissenschafts- und Forschungsförderung[240] schließlich die institutionelle Verteilung staatlicher und privater Mittel beispielhaft hervorzuheben ist.[241] Finanzielle Steuerung mit negativem Vorzeichen ermögli-

---

[236] Zur Selbstregulierung in diesem Bereich *Hufen* VVDStRL 47 (1989) 142 (157 ff., 267 f.); *Geis* Die öffentliche Förderung sozialer Selbsthilfe, 1997, 17 ff., 33 ff., 54 ff.; s. ferner *Becher/Grieger/Jakubowski/Renn* in: F.-X. Kaufmann (Hrsg.), Staat, intermediäre Instanzen und Selbsthilfe, 1987, 273 (278 ff.); *Öhlschläger* Freie Wohlfahrtspflege im Aufbruch, 1995, 57 ff.; *Neumann* Freiheitsgefährdung im kooperativen Sozialstaat, 1992, 425 ff. – Vgl. auch BVerfGE 22, 180 (200): Jugendhilfe und Sozialhilfe seien „zwar eine Aufgabe des Staates", doch könne er „diese Hilfe weder organisatorisch noch finanziell in ausreichendem Maße allein leisten". Es bedürfe „dazu vielmehr der gemeinsamen Bemühung von Staat und freien Jugend- und Wohlfahrtsorganisationen". Als einfachrechtliche Ausprägung kooperativer Aufgabenerledigung und zugleich als Konkretisierung des Postulats größtmöglicher Aktivierung selbstregulativer Beiträge s. § 17 Abs. 3 S. 1 und 2 SGB I (Zusammenarbeit der Leistungsträger mit gemeinnützigen sowie freien Einrichtungen und Organisationen).

[237] Zur Zusammenarbeit zwischen den Trägern der Sozialhilfe einerseits sowie den Kirchen und Religionsgesellschaften des öffentlichen Rechts und den Verbänden der freien Wohlfahrtspflege andererseits s. § 10 Abs. 2–4 BSHG (Achtung der „Selbständigkeit in Zielsetzung und Durchführung ihrer Aufgaben") sowie *Püttner* in: Achterberg/Püttner (Hrsg.), Besonderes Verwaltungsrecht, Bd. II, 1992, 8/3 Rdn. 302 ff.; *Rüfner* Einführung in das Sozialrecht, 2. Aufl., 1991, 25 f., 86 f.; *Neumann* (Fn. 236) S. 9 ff., 60 ff.; im einzelnen zur karitativen Betätigung der Kirchen *Isensee* in: Listl/Pirson (Hrsg.), HdbStKirchR, Bd. II, 2. Aufl., 1995, 665 (688 ff.). – Zum Dreiecksverhältnis zwischen Hilfesuchendem, öffentlichem sowie freiem Träger *Klinger/Kunkel* Sozialhilferecht, 5. Aufl., 1996, 16; *J. Schmitt* Leistungserbringung durch Dritte im Sozialrecht, 1990, 463 ff., 477 ff. – Grdl. zur Kooperation zwischen Staat und freien Wohlfahrtsorganisationen am Beispiel der Jugend- und Sozialhilfe BVerfGE 22, 180 (204 ff.); dazu *Scholz* in: von Campenhausen (Hrsg.), Kann der Staat für alles sorgen?, 1976, 9 (26): kein „Sozialmonopol" des Staates. Zur tatsächlichen Dimension der freien Wohlfahrtspflege s. *B. Schulte* ZIAS 6 (1992) 191 (202 ff.).

[238] Vgl. § 20 Abs. 3 a SGB V, wonach die gesetzlichen Krankenkassen Selbsthilfegruppen und -kontaktstellen mit gesundheitsfördernder oder rehabilitativer Zielsetzung durch Zuschüsse unterstützen können; s. hierzu Bundesministerium für Arbeit und Sozialordnung (Hrsg.), Übersicht über das Sozialrecht (Stand: 1. 1. 1995) S. 159. Umfassend zu den Formen der Selbsthilfegruppen *Geis* (Fn. 236) S. 126 ff.

[239] Der subventionspolitische und -rechtliche Charakter der Steuerung im sozialen Sektor manifestiert sich in OVG Münster, NWVBl. 1996, 309 f. (Förderung eines freien Trägers der Jugendhilfe gem. § 74 SGB VIII).

[240] Vgl. am Beispiel der Max-Planck-Gesellschaft und der DFG *Trute* Die Forschung zwischen grundrechtlicher Freiheit und staatlicher Institutionalisierung, 1994, 515 ff., 677 ff.; ferner *Röhl* Die Verwaltung 29 (1996) 487 (495 ff.).

[241] Vielfach wird die steuernde Finanzförderung von einer Eigenleistung des Privaten abhängig gemacht, um seine Initiative und Leistungsbereitschaft zu induzieren,

chen die indirekt wirkenden Umweltabgaben,[242] deren umweltökonomischer Grundansatz in Gestalt von *Zertifikats-Modellen* zu einem Steuerungstyp konzeptionell fortentwickelt wurde, der auf pretiale Lenkung zielt, freilich einen verordneten Markt darstellt.[243] Einen uneingeschränkt marktwirtschaftlichen Duktus weisen *Kompensationslösungen* auf, die eine Verrechnung von Emissionen verschiedener Anlagen erlauben und bei umweltverbesserndem Saldo den Erlaß einer nachträglichen Anordnung im Immissionsschutzrecht verzichtbar machen.[244] Was die Überführung von *Monopolen in die Marktwirtschaft* angeht, so handelt es sich um einen besonders sensiblen Bereich gesteuerter Selbstregulierung, da hier Freiheit und Zwang in einem von Grund auf unvermeidbaren Spannungsverhältnis stehen – das Beispiel der Kontrolle von Marktzugang und Preisen bei der Telekommunikation[245] oder der mit

---

s. z. B. § 34 Abs. 1 II. WoBauG („angemessene Eigenleistung" des Bauherrn) sowie dazu *Püttner* (Fn. 237) 8/5 Rdn. 516 ff.

[242] Vgl. *Breuer* (Fn. 124) Rdn. 85 ff.; *Lübbe-Wolff* (Fn. 38) S. 105 ff.; *Kloepfer* (Fn. 1) § 4 Rdn. 178 ff.; *P. Kirchhof* in: Isensee/Kirchhof (Hrsg.), HdbStR IV, 1990, § 88 Rdn. 221 ff.; unter gemeinschaftsrechtlichen Aspekten *Pieper* DÖV 1996, 232 (235 ff.); speziell zur „Öko-Steuer" *H.-W. Arndt* Rechtsfragen einer deutschen CO_2-/Energiesteuer entwickelt am Beispiel des DIW-Vorschlages, 1995, 33 ff., 130 ff.; *Klocke* Klimaschutz durch ökonomische Instrumente, 1995, 87 ff., 147 ff.; *Kloepfer/Thull* DVBl. 1992, 195 ff.; s. a. *Gawel* Zur politischen Ökonomie von Umweltabgaben, 1995, 53 ff. Aus der Rspr. s. z. B. BVerfGE 93, 319 (342 ff.), zur – als Gebühr qualifizierten – Abgabe auf die Entnahme von Wasser; zum Lizenzsystem nach § 10 LAbfG NW s. den mit kompetenzrechtlichen Mängeln begründeten Vorlagebeschluß des OVG Münster, NWVBl. 1996, 335 ff.

[243] Vgl. *Friauf* in: FS Börner, 1992, 701 (707); *Kloepfer* (Fn. 1) § 4 Rdn. 219 ff.; *Hoppe/Beckmann* (Fn. 1) § 9 Rdn. 15 ff.; *Bothe* NVwZ 1995, 937 (938 ff.); *Blankenagel* in: E. M. Wenz (Hrsg.), Ökologie, Ökonomie und Jurisprudenz, 1987, 71 (75 ff.); unter ökonomischen Aspekten *K. Hansmeyer/H. K. Schneider* Umweltpolitik, 2. Aufl., 1992, 57 f.

[244] Gem. § 17 Abs. 3 a BImSchG; s. a. Nr. 4. 2. 10 TA Luft; zur hiervon zu unterscheidenden „Immissionskompensation" s. *Jarass* (Fn. 13) § 5 Rdn. 21 f.; *Enders* Kompensationsregelungen im Immissionsschutzrecht, 1996, 169 ff., 246 ff.; *Voigtländer* Kompensationslösungen in der Luftreinhaltung, Diss. Bonn, 1995, 36 ff., 83 ff., 147; unter ökonomischem Vorzeichen *Hansmeyer/H. K. Schneider* (Fn. 243) S. 58 ff.

[245] Vgl. §§ 8 ff., 24 ff. des Telekommunikationsgesetzes (TKG) vom 25. 7. 1996, BGBl. I, 1120, sowie die Telekommunikations-Entgeltregulierungsverordnung (Fassung des Kabinettbeschlusses vom 2. 9. 1996, in: Bundesministerium für Post und Telekommunikation, Verordnungen zum TKG, Stand: September 1996, unter Ziff. 4). S. im übrigen z. B. Monopolkommission, Die Telekommunikation im Wettbewerb [Sondergutachten 24], 1996, 10 ff.; *Kruse* Wirtschaftsdienst 1996, 73 ff.; vor allem im gemeinschaftsrechtlichen Kontext *Rieß* Regulierung und Datenschutz im europäischen Telekommunikationsrecht, 1996, 50 ff.

Hilfe von Durchleitungsrechten erzwingbaren Öffnung der Strom- und Gasmärkte belegt dies.[246] Ohne Administrativakte kommt schließlich die Steuerung durch Einräumung von *subjektiven öffentlichen Rechten* oder sogar von Klagerechten ohne subjektiv-rechtlichen Einschlag zum Zweck der Durchsetzung objektiven Rechts aus.[247] In den Bereich der Steuerung im weiteren Sinne gelangt man, wenn der Staat auf öffentlich-rechtliche Regelungen verzichtet und stattdessen allein *zivilrechtliche Konfliktschlichtung* vorsieht[248] – etwa das Haftungs-[249], Versicherungs-[250] oder Arbeitsrecht.[251] Allerdings können Elemente beider

---

[246] S. § 103 Abs. 5 S. 2 Nr. 4 sowie §§ 22 und 26 Abs. 4 GWB, dazu BGHZ 128, 17 (26 ff.); *Schmidt-Preuß* RdE 1996, 1 (3 ff.); zu rechtspolitischen Vorschlägen für eine Öffnung der Strom- und Gasmärkte als Strategie einer „Re-Regulierung" *Hoffmann-Riem/J.-P. Schneider* in: Dies. (Hrsg.), Umweltpolitische Steuerung in einem liberalisierten Strommarkt, 1995, 13 (23 ff., 43 ff.); *Hoffmann-Riem* Die Verwaltung 28 (1995) 425 (435 ff.). Nach Art. 2 des Gesetzentwurfs der Bundesregierung zur Neuregelung des Energiewirtschaftsrechts sollen die §§ 103 und 103 a GWB auf die Versorgung mit Elektrizität und Gas nicht mehr angewendet werden (BR-Drucks. 806/96).

[247] Vgl. allg. *Lübbe-Wolff* in: Dies. (Hrsg.), Der Vollzug des europäischen Umweltrechts, 1996, 77 (102 ff.); zur Neuorientierung des subjektiven öffentlichen Rechts in multipolaren Konfliktlagen *Schmidt-Preuß* (Fn. 84) S. 247 ff. – Einen perse-Aufhebungsanspruch räumt § 29 Abs. 1 BNatSchG anerkannten Naturschutzverbänden bei Verletzung ihres Beteiligungsrechts ein, vgl. BVerwGE 87, 62 (67 f., 69 ff.). Zu den landesrechtlichen Spielräumen für die Einführung einer (altruistischen) Verbandsklage s. *Schmitt Glaeser* (Fn. 116) Rdn. 170 (gesetzliche Prozeßstandschaft); *Hufen* (Fn. 116) § 14 Rdn. 122 ff.; *Bender/Sparwasser/Engel* Umweltrecht, 3. Aufl., 1995, 3/Rdn. 261 ff.; BVerwGE 78, 347 (348 ff.), zu § 39 a NatSchG Bln.

[248] Vgl. *Schmidt-Aßmann* (Fn. 13) S. 16 ff.; *Hoffmann-Riem* (Fn. 4) S. 303 f.; *Trute* (Fn. 3) S. 183 ff.; *ders.* DVBl. 1996, 950 (958 ff.); zur Steuerungsfunktion des Zivilrechts s. *D. Schwab* Einführung in das Zivilrecht, 12. Aufl., 1995, Rdn. 95 ff.; *L. Raiser* JZ 1958, 1 (6 ff.); *Gerlach* Privatrecht und Umweltschutz im System des Umweltrechts, 1989, 135 ff. Gesellschaftsrechtliche Formen können sich als selbstregulativer Rahmen in besonderer Weise anbieten wie etwa die Genossenschaft oder der Verein auf Gegenseitigkeit.

[249] Zum Ansatz des Umwelthaftungsgesetzes s. hier nur *Kloepfer* ZAU 1996, 56 (66); *Paschke* Kommentar zum Umwelthaftungsgesetz, 1993, Einl. Rdn. 12 ff.; *Möllers* Rechtsgüterschutz im Umwelt- und Haftungsrecht, 1996, 105 ff., 193 ff.; allg. zu Selbstregulierung und Haftungsrecht *P. Kirchhof* NVwZ 1988, 97 (103).

[250] Vgl. *G. Wagner* in: Ahrens/Simon (Hrsg.), Umwelthaftung, Risikosteuerung und Versicherung, 1996, 97 (98 ff.). De lege ferenda für die Einführung von Versicherungsmodellen bei Rücknahme bzw. Modifizierung der immissionsschutzrechtlichen Genehmigungspflicht *Bohne* DVBl. 1994, 195 (196 ff., 200 ff.).

[251] Dies gilt einmal für die Konfliktschlichtung auf der Ebene der Betriebsräte (§ 87 BetrVG) und zum anderen für die rein selbstregulative Einigung über Löhne und Gehälter sowie sonstige Arbeitsbedingungen im Rahmen der Tarifautonomie (Art. 9 Abs. 3 S. 1 GG). Sie drückt sich im Arbeitskampf vor allem in Form des

Auffangordnungen ***auch nebeneinander bestehen*** und sich vielfältig ergänzen, indem z. B. private Verantwortungsübernahme die Absicherung von Haftungsrisiken nach sich zieht[252] oder etwa autonome Tarifvertragsvereinbarungen und gesetzliche Regelungselemente verwoben sind.[253]

2. *Systematik der Handlungsformen*

Von der Ebene der Steuerungstypen ist die der *Handlungsformen der Verwaltung* zu unterscheiden. Diese lassen sich jenen zuordnen, aber keineswegs im Sinne einer strengen Korrelation, sondern mit mannigfachen Überlappungen. So bedient sich imperative Verhaltenssteuerung auf der konkret-individuellen Ebene des vollstreckungsfähigen ge- und verbietenden *Verwaltungsakts.* Des weiteren hat die *informationelle Steuerung* dem *schlichten Verwaltungshandeln* wie Hinweisen, Warnungen und Empfehlungen seinen Platz in der Handlungsformenlehre auch weiterhin

---

Neutralitätsgebots aus; hier hat sich der Gesetzgeber – von § 116 AFG abgesehen – jeder Regelung enthalten und die Ausprägung der staatlichen Rahmenordnung der Rechtsprechung von BVerfG (E 92, 365 [393 ff.]; 84, 212 [223 ff.]) und BAG (E 23, 292 [306 ff.]; 33, 140 [149 ff.]) überlassen (vgl. auch *Zöllner/Loritz* Arbeitsrecht, 4. Aufl., 1992, 403 ff.; *Richardi* JZ 1992, 27 ff.; *Konzen* SAE 1991, 335 ff.; *Heenen* Kampfparität und bilaterales Monopol, 1988, 36 ff.; *Schmidt-Preuß* BB 1986, 1093 ff.).

[252] S. hierzu *Ortloff/Rapp* NJW 1996, 2346 (2347 ff.). Weitere Beispiele sind das Nebeneinander von öffenlichem und privatem Baunachbarschutz, das sich aus der Funktion drittschützender Vorschriften als Schutzgesetze i. S. d. § 823 Abs. 2 BGB ergibt, oder das Kartellrecht; vgl. auch *Schmidt-Aßmann* (Fn. 13) S. 11; *Trute* (Fn. 3) S. 193 ff.; *ders.* DVBl. 1996, 950 (959 f.); *Schmidt-Preuß* (Fn. 84) S. 120 ff., zur zivilrechtsbezogenen Konfliktschlichtung sowie speziell im Hinblick auf die Kostenmiete (§ 8 a Abs. 1–3 WoBindG) S. 374 ff. (insoweit subjektive öffentliche Rechte des Sozialmieters verneinend BVerwGE 72, 226 [227 ff.]) bzw. zum Kartellrecht S. 355 ff.

[253] Nach den §§ 3 ff. des Gesetzes zur Änderung des Entgeltfortzahlungsgesetzes i. d. F. v. Art. 3 des Arbeitsrechtlichen Gesetzes zur Förderung von Wachstum und Beschäftigung vom 25. 9. 1996 (BGBl. I, 1476) wird die Entgeltfortzahlung gesetzlich neu geregelt. Konstitutive Tarifvertragsvereinbarungen mit – im Einzelfall durch Auslegung zu ermittelndem – günstigem Regelungsinhalt bleiben unberührt. – Allg. zum Spannungsverhältnis zwischen der Normsetzungsprärogative der Tarifvertragsparteien und dem staatlichen Mandat zur Gemeinwohlkonkretisierung s. *Säcker*, Grundprobleme der kollektiven Koalitionsfreiheit, 1969, 46 ff.; *Scholz* in: Isensee/Kirchhof (Hrsg.), HdbStR VI, 1989, § 151 Rdn. 92 ff.; *Biedenkopf* Grenzen der Tarifautonomie, 1964, 93 ff.; *Schmidt-Preuß* Verfassungsrechtliche Zentralfragen staatlicher Lohn- und Preisdirigismen, 1977, 183 ff. Das Gesetz kann aber auch unter einem selbstregulativen Anwendungsvorbehalt stehen, wie dies im Bereich des Ladenschluß- bzw. des Arbeitnehmer-Entsendegesetzes der Fall ist.

gesichert.[254] Darüber hinaus begegnet es aber auch im Bereich informaler Entscheidungsvorbereitung wie z. B. in Form von Standortuntersuchungen. *Kooperation* von Hause aus repräsentiert schließlich der *Verwaltungsvertrag*,[255] dessen sich die Behörde bedienen kann, um in Ergänzung zum Verwaltungsakt oder ihn ersetzend Gemeinwohlzwecke im Konsens mit dem Bürger zu verwirklichen. Die Überführung der Vorschriften über städtebauliche Verträge[256] in das Dauerrecht des BauGB[257] sowie die ausdrückliche Verankerung des Vertragsnaturschutzes in der Novelle des Bundesnaturschutzgesetzes[258] bezeugen die Bedeutung dieser Handlungsform.

---

[254] Systematisch läßt sich unterscheiden zwischen schlichtem Verwaltungshandeln (= Realakt) einerseits und dem sog. informalen Verwaltungshandeln (Vorverhandlungen, Absprachen etc.) andererseits, vgl. *Erichsen* (Fn. 16) § 30 Rdn. 1 und § 32 Rdn. 1; s. demgegenüber mit umfassender Begriffsbildung *Schulte* (Fn. 43) S. 38 ff.; im Ergebnis in diese Richtung auch *Maurer* (Fn. 6) § 15 Rdn. 14, der das „informelle" Handeln „dem – ohnehin sehr weiten und diffusen – Begriff der Realakte" zuordnet; *Wolff/Bachof/Stober* Verwaltungsrecht I, 10. Aufl., 1994, § 57 Rdn. 6; ferner *Robbers* DÖV 1987, 272 (274 ff.). Krit. *Ossenbühl* JuS 1979, 681 (685): „rechtlich profillose Auffangkategorie". –
Informationelle Steuerung hat Eingriffscharakter, wenn die Beeinträchtigungen objektiv vorhersehbar und in diesem Sinne mittelbar-final sind, mögen sie auch erst durch autonome Handlungen – z. B. Kaufentscheidungen – Dritter vermittelt werden (vgl. *Ossenbühl* [Fn. 206] S. 30; BVerwG, DVBl. 1996, 807 r. Sp.; insoweit für eine Orientierung am Schutzzweck der Grundrechte *Schulte* [Fn. 43] S. 96 f.). Daher bedarf es einer Ermächtigungsgrundlage; auch hier gilt, daß nicht von einer Aufgabenzuweisung auf eine Befugnis geschlossen werden kann, zutr. BVerwG, DVBl. 1996, 807 (808). S. zuvor jedoch BVerwGE 87, 37 (46 f.), abl. *Schoch* DVBl. 1991, 667 (672 f.); *Hufen* (Fn. 38) § 12 Rdn. 132.

[255] S. hierzu die Berichte von *Burmeister* und *Krebs* VVDStRL 52 (1993) 190 ff. bzw. S. 248 ff.

[256] Vgl. insges. zum städtebaulichen Vertragsrecht als Ausdruck der Aufgabenerfüllung durch Private und Kommunen *H.-J. Koch* (Fn. 20) S. 172 ff.; s. a. *Krebs* in: Schmidt-Aßmann (Hrsg.), Besonderes Verwaltungsrecht, 10. Aufl., 1995, 4. Abschn. Rdn. 175.

[257] S. § 11 BauGB i. d. F. v. Art. 1 Nr. 13 des Gesetzentwurfs der Bundesregierung zur Änderung des Baugesetzbuchs und zur Neuregelung des Rechts der Raumordnung (Bau- und Raumordnungsgesetz 1998 – BauROG), BT-Drucks. 13/6392; die Überschrift des 4.Teils lautet: „Zusammenarbeit mit Privaten; ...". Vgl. auch das Votum im Bericht der Expertenkommission zur „Novellierung des Baugesetzbuches" (Fn. 88) Tz. 137 ff.; zum bisherigen § 6 BauGB-MaßnG *Hoppe/Grotefels* (Fn. 88) § 5 Rdn. 169 ff. – S. weiterhin die vorgesehene Regelung des Ausgleichs für Eingriffe in Natur und Landschaft anstelle bauplanerischer Festsetzungen in Art. 2 § 1 a Abs. 5 S. 3 BauROG-E und Begründung S. 119, 134.

[258] Art. 1 § 5 des Gesetzentwurfs der Bundesregierung zur Neuregelung des Rechts des Naturschutzes und der Landschaftspflege, zur Umsetzung gemeinschafts-

X. Schlußbemerkung

Läßt man am Schluß die zunehmende Öffnung bislang klassisch staatlicher Prozeduren für eigenverantwortliche private Beiträge in all ihren Erscheinungsformen und Weiterungen Revue passieren, ergibt sich dieses Fazit: Die Entwicklung zu selbstregulativer Steuerung ist in vollem Gang. Sie wirft fundamentale Strukturfragen auf. Verwaltung und Verwaltungsrecht sind gewappnet, diese Herausforderung anzunehmen und zu bestehen.

rechtlicher Vorschriften und zur Anpassung anderer Vorschriften, BT-Drucks. 13/6441; allg. *Rengeling/Gellermann* ZG 1991, 317 (320 ff.); *Gellermann/Middeke* NuR 1991, 457 (458 ff.); vgl. auch §§ 215, 170 des von *Jarass/Kloepfer/Kunig/Papier/Peine/Rehbinder/Salzwedel/Schmidt-Aßmann* Umweltgesetzbuch – Besonderer Teil, 1994, vorgeschlagenen Gesetzentwurfs (mit S. 442 f.).

Leitsätze des 1. Berichterstatters über:

Verwaltung und Verwaltungsrecht zwischen gesellschaftlicher Selbstregulierung und staatlicher Steuerung

I. Grundlagen und Themenabgrenzung

1. Die Erscheinungsformen moderner Verwaltung zwischen den Polen gesellschaftlicher Selbstregulierung und staatlicher Steuerung sind durch die Abkehr vom klassischen Gestaltungsmodus imperativer Zweckverwirklichung zugunsten arbeitsteiliger Gemeinwohlkonkretisierung durch Staat und Private gekennzeichnet.

2. Gesellschaftliche Selbstregulierung ist die individuelle oder kollektive Verfolgung von Privatinteressen in Wahrnehmung grundrechtlicher Freiheiten zum legitimen Eigennutz. Unter staatlicher Steuerung i. w. S. ist jede Gestaltung der Lebensverhältnisse durch einen Träger öffentlicher Gewalt zu verstehen; die operative – in der Regel administrative, bisweilen gouvernementale – Beeinflussung des Verhaltens Privater zur Durchsetzung von Gemeinwohlzielen steht als staatliche Steuerung i. e. S. im Mittelpunkt.

3.a) Mit verzahnten Mischformen gesteuerter Selbstregulierung induziert der Staat freiwillige private Initiative und Aktivität als Beitrag zur arbeitsteiligen Erfüllung öffentlicher Aufgaben. Insoweit bedeutet (Gemeinwohl-)Verantwortung für den Privaten nicht – wie auf Seiten des Staates – Pflicht, sondern selbst auferlegte Bindung in der Freiheit oder allenfalls Obliegenheit.

b) Verfahrensprivatisierung ist die Aktivierung selbstregulativer Beiträge im Rahmen staatlicher Steuerungsprozesse. Erfaßt werden hiervon vor allem administrative Prozeduren, aber etwa auch die projektbezogene Satzungsgebung.

4. Das Vordringen kooperativer Instrumente belegt nicht notwendig die These eines inhärenten Mangels an staatlicher Steuerungskapazität, sondern kann Ausdruck einer Strategie sein, die auf Nutzung privater Effizienzvorteile und Schonung knapper Ressourcen zielt.

II. Verfassungsrechtliche Eckwerte

5. Die Grundrechte – insbesondere die allgemeine Handlungsfreiheit und die wirtschaftsspezifischen Freiheitsrechte – sowie das Ordnungsprinzip der freiheitlich-sozialen Marktwirtschaft ergeben leitbildhaft Elemente der Privatinitiative, des Wettbewerbs und der individuellen Risikoübernahme, die sich in der Summe zu einem Postulat größtmöglicher Aktivierung selbstregulativer Beiträge verdichten.

6. Auf der anderen Seite setzen verfassungsrechtliche Eckwerte gesellschaftlicher Selbstregulierung auch Grenzen:

a) So folgt aus der grundrechtlichen Schutzpflicht eine Gewährleistungsverantwortung des Staates in um so stärkerem Maße, je mehr er sich zugunsten selbstregulativer Beiträge zurücknimmt und je größer die involvierten Risiken sind. Der sich hieraus ergebenden Beobachtungspflicht muß er durch Wahrnehmung einer Begleitkontrolle nachkommen. Bei Überlassung von Prüftätigkeiten an Private hat der Staat eine dem Gefahrenpotential adäquate Kontrolle der Kontrolle sicherzustellen. Für den Fall, daß die privaten Kräfte Gemeinwohlergebnisse verfehlen, muß er sich eine Zugriffsoption vorbehalten. Der Maßstab hierfür kann nur dem geltenden Recht, nicht dagegen einer dieses überformenden Prozeduralisierung entnommen werden.

b) Kommt es im Zuge selbstregulativ ausgerichteter Steuerungsmodelle zu punktuellen Belastungseffekten, stehen grundrechtliche Abwehrpositionen uneingeschränkt zu Gebote.

c) Die aus dem Demokratieprinzip abzuleitende Verwaltungskompetenz verpflichtet zu verantwortlicher Entscheidung nach Gesetz und Recht unter Beachtung von Verfahrensherrschaft und Letztentscheidungsmandat der Behörde. Das Rechtsstaatsprinzip verlangt überdies Klarheit und Transparenz ebenso wie Neutralität, Distanz, Fairneß und Objektivität behördlichen Handelns.

III. Administrative Entscheidungsautonomie

7. In allen Phasen administrativer Entscheidungsvorbereitung bestehen Spielräume für die Einbeziehung selbstregulativer Beiträge.

a) Der kooperativ-informale Dialog zwischen Behörde und Betreiber außerhalb formeller Verwaltungsverfahren – sei es im ungeregelten Bereich des Vorstadiums, sei es danach verfahrensbegleitend – unterliegt den rechtlichen Bindungen der demokratisch-rechtsstaatlichen Verwaltungskompetenz. Das Vorbelastungsverbot verwehrt es der Behörde, sich durch einseitige, präjudizielle Parteinahme ihrer inneren Entscheidungsfreiheit zu begeben.

b) Im formell-verfahrensrechtlich ausgeformten Prozeß administrativer Entscheidungsvorbereitung läßt die Verfahrensherrschaft Raum für Verfahrensprivatisierung.

aa) Sie manifestiert sich in der geregelten Phase vor Antragstellung bzw. Planeinreichung – dem Vorverfahren – als Formalisierung des Informalen im Scoping des § 5 UVPG und in der vorgelagerten Beratung des § 71c VwVfG.

bb) Ein weiteres Aktionsfeld für private Beiträge ist das Hauptverfahren; hier kann den Betreiber die Obliegenheit treffen, umfassenden Sachverhalt auch außerhalb seiner Sphäre beizubringen (§ 6 UVPG), wobei sich die Behörde im Grundsatz auf eine bloß nachvollziehende Ermittlung beschränken darf. Die Verfahrens-

herrschaft verlangt aber bei unzureichender oder einseitiger privater Sachverhaltsbeibringung eine Vollprüfung.

8. Demokratisch-rechtsstaatliche Verwaltungskompetenz kulminiert mit Verfahrensabschluß im Mandat zu autonomer administrativer Letztentscheidung. Hier ist kein Raum für selbstregulative Einflußnahme bzw. korporatistische oder sonstige Entscheidungsteilhabe von Partialinteressen. Unbedenklich sind dagegen beratende Ausschüsse.

9.a) Selbstregulativ bedingte Fehler in der Entscheidungsvorbereitung infizieren die nachfolgende Sachentscheidung und führen zu ihrer Rechtswidrigkeit. Ob ein Aufhebungsanspruch besteht, ergibt sich aus den allgemeinen Regeln.

b) Eine Parallele auf der Ebene – projektbezogener – Satzungsgebung besteht in Form des Vorhaben- und Erschließungsplans. Die Inkorporierung privater Planung in kommunale Satzungen unterliegt uneingeschränkt dem Abwägungsgebot, so daß die Letztverantwortung dem Hoheitsträger verbleibt.

IV. Kontextsteuerung

10. Kontextsteuerung als neuartiger Gestaltungsmodus liegt vor, wenn der Staat selbstregulative, gemeinwohlfördernde Systeme installiert, den Privaten aber die Freiheit läßt, ob sie sich hieran beteiligen und wie sie die systeminternen Ziele und Anforderungen erreichen bzw. verwirklichen wollen.

11. Dabei induziert der Staat das Verhalten Privater, indem er Alternativen strukturell vorprägt und die Wirtschaftssubjekte einem motivationalen Systemdruck aussetzt.

a) Dieser kann sich einmal aus einer Kombination von ordnungsrechtlichen Primärpflichten mit einer Abwendungsbefugnis zugunsten derjenigen ergeben, die sich freiwillig einem selbstregulativen, gemeinwohlrealisierenden System anschließen; Prototyp ist die Verpackungsverordnung.

b) Der verhaltensinduzierende motivationale Druck kann zum anderen faktisch-ökonomischer Natur sein, wie das Beispiel des fakultativen Öko-Audit zeigt. Als gewichtiger Steuerungsfaktor erweist sich dabei die Mobilisierung der Öffentlichkeit. Hier dokumentiert sich die Europäisierung als ein Strukturmerkmal gesteuerter Selbstregulierung.

c) Zu den kontextsteuernden Systemen zählen schließlich Zielvorgaben, wie sie auch im Kreislaufwirtschafts- und Abfallgesetz vorgesehen sind.

12. Kontextsteuerung ist in allen Varianten im Sinne der Gewährleistungsfunktion auf staatliche Rahmenbedingungen und Vorgaben, auf Begleitkontrolle und Zugriffsoptionen angewiesen. Dabei übernimmt der Verwaltungsakt eine innovative Verklammerungsfunktion als Scharnier an der Schnittstelle zwischen gesellschaftlicher Selbstregulierung und staatlicher Steuerung.

13. Die objektiv-finale Logik der Induzierung von Gemeinwohlbeiträgen Privater gestattet es, bei ordnungsrechtlichen Primärpflichten und faktisch-ökonomischem

Zwang von einer Erwirkung zu sprechen und in ihr den Eingriff – vor allem in die Berufsfreiheit – zu sehen. Jene dürfen nicht praktisch unerfüllbar sein, dieser muß echte Entscheidungsalternativen belassen. Rechtsschutzmöglichkeiten gegenüber Erwirkungseffekten der Kontextsteuerung sind eröffnet.

V. Reflexive Steuerung

14. Reflexive Steuerung ist dadurch gekennzeichnet, daß der Staat private Wirtschaftssubjekte internen Informations-, Lern- und Selbstkontrollprozessen aussetzt. Auf diese Weise sollen sie veranlaßt werden, das gewünschte gemeinwohlfördernde Verhalten in freier Einsicht an den Tag zu legen. Hauptbeispiel hierfür ist das Öko-Audit.

VI. Verzicht auf administrative Präventivkontrolle

15. Mit dem Verzicht auf administrative ex-ante-Prüfung wird staatliche Präventivkontrolle durch private Selbstkontrolle und Eigenverantwortung im Interesse höherer Effizienz und beschleunigter Abläufe ersetzt. Paradefall ist das bauordnungsrechtliche Genehmigungsfreistellungsverfahren.

16. Jede Rücknahme der Präventivkontrolle muß der Schutzpflicht genügen. Sie fordert den Genehmigungsvorbehalt im Sinne staatlicher Gewährleistungsverantwortung freilich nur dort, wo die Wahrung von Rechtsgütern Dritter allein mit repressiven Mitteln in Anbetracht drohender Risiken nicht mehr garantiert ist. Unterhalb dieser Schwelle kann der Staat den gebotenen Schutz auch unter Mobilisierung selbstregulativer Verantwortung sicherstellen. Hierbei muß er eine hinreichende Kontrolle der Kontrolle ausüben, d. h. kompensatorisch fachlich-qualitative Anforderungsprofile etwa privater Sachverständiger definieren und sich zu ihrer Absicherung geeigneter institutioneller Vorkehrungen wie der Berufskammern bedienen.

17. Unter dem Aspekt staatlicher Zugriffsoption muß das repressive Eingriffsinstrumentarium der Verwaltung als flankierendes Korrektiv jederzeit ungeschmälert zur Verfügung stehen, um einer faktischen Absenkung des materiellen Schutzniveaus zu wehren.

18. Nach Rücknahme der Präventivkontrolle steht verwaltungsgerichtlicher Eilrechtsschutz zwar nicht mehr im Aussetzungsverfahren, wohl aber im Wege der einstweiligen Anordnung zur Verfügung. Daneben kommt Zivilrechtsschutz in Betracht.

19. Eine Verknüpfung von reduzierter Präventivkontrolle und Öko-Audit – in der Entsorgungsfachbetriebe-Verordnung erstmals realisiert – ist auch im Immissionsschutzrecht nicht von vornherein ausgeschlossen. Die geringere Prüftiefe des nachträglichen Öko-Audit wird möglicherweise durch die Effekte der Kontextsteuerung und die Reflexivität des Öko-Audit ausgeglichen. Jedenfalls dürfte sich der Gesetzgeber von einer solchen Prognose im Rahmen seiner Einschätzungsprärogative – bei strenger Beachtung einer Nachsorge- und Korrekturpflicht – leiten lassen.

VII. Private Normgebung

20. Auf der Ebene abstrakt-genereller Regeln ist die Aufstellung privater technischer Normen mit ihrer immensen faktischen Bedeutung Kennzeichen gesellschaftlicher Selbstregulierung par excellence; sie tragen in erheblichem Maße zur Staatsentlastung bei.

21. Die Meßlatte des Demokratiegebots kann an ein selbstregulatives Normungsgremium nicht unmittelbar angelegt werden. Ebensowenig kommt steuerndes Hineinwirken in die Regelgebung in Betracht, weil den Privaten eine aus der Berufs- und Vereinigungsfreiheit resultierende Normungsautonomie zusteht.

22. Der demokratische Rechtsstaat ist bei der Anwendung von Technikklauseln und sonstigen unbestimmten Rechtsbegriffen zu steuernder Rezeption berufen. Insoweit müssen private Normungsverbände im eigenen Interesse reflexhaft demokratisch-rechtsstaatliche Mindeststandards erfüllen wie insbesondere Transparenz, Publizität und ausgewogene Beteiligung interessierter Kreise.

23. Die „Neue Konzeption" der europäischen Produktharmonisierung macht die selbstregulative, richtlinienkonkretisierende Normgebung zum integralen Bestandteil einer filigranen Gesamtarchitektur, die Gemeinschaftsgewalt und mitgliedstaatliche Kontrolle einerseits sowie europäische und nationale Normung andererseits verzahnt.

24. Die massive Transformation privater Normen in Richtlinien, wie sie die Neue Harmonisierungspolitik vor allem im Wege der „Vermutungswirkung" herbeiführt, ist unter Aspekten gemeinschaftsrechtlicher Demokratie- und Rechtsstaatsgehalte nur dann hinnehmbar, wenn Mindestanforderungen insbesondere der Transparenz, Publizität und Repräsentanz interessierter Kreise gewahrt sind. Dabei genügt, daß die nationalen Normungsverbände ihrerseits – im Interesse der Willensbildung „von unten nach oben" – die notwendige Öffnung sicherstellen.

25. Soweit Hersteller mit der Konformitätserklärung eigenverantwortlich bekunden, daß ihre Produkte mit den Detailanforderungen einer harmonisierten Norm übereinstimmen, wird nationale ex-ante-Kontrolle ausgeschlossen. Dieser Verdrängungseffekt kraft Europäisierung ist auch im Hinblick auf Grenzen der Integrationsgesetzgebung insbesondere deshalb erträglich, weil die Richtlinien einen stichprobenartigen repressiven Zugriff durch mitgliedstaatliche Behörden erlauben und die europäischen Normen in einem Schutzklauselverfahren überprüft werden können.

VIII. Substitutive Eigenvornahme

26. Der Vorrang substitutiver Eigenvornahme ergibt sich in seiner individuellen Variante aus einer Fülle von Normen mit selbstregulativem Einschlag; aus ihnen läßt sich ein Postulat vorrangiger selbstregulativer Eigenvornahme im Sinne einer referenzgebietsüberschreitenden, ungeschriebenen „facultas alternativa" entnehmen.

27. Mit der kollektiven, auf die Normebene abzielenden Variante substitutiver Eigenvornahme sind Selbstverpflichtungserklärungen angesprochen.

a) In ihrer normakzessorischen Spielart sollen sie die Aktualisierung eines Gesetz- oder Verordnungsbefehls vermeiden. Der Induktionsprozeß wird durch belastende Primärpflichten rechtsförmlich ausgelöst. Für die Gesetzgebungslehre schält sich dabei als neuer Normtypus das Androhungsgesetz heraus, das den Privaten die Möglichkeit einräumt, erfüllungshalber selbst tätig zu werden und damit staatlichen Zwang abzuwenden.

b) In ihrer normantizipierenden Funktion sind Selbstbeschränkungserklärungen Ergebnis eines informal-kooperativen Dialogs, wobei der Staat die Realisierung von Gesetz- und Verordnungsvorhaben als Drohpotential anführt, deren Verabschiedung die betroffenen privaten Wirtschaftssubjekte selbstregulativ verhindern wollen.

c) Sofern die vom Staat eröffnete kollektive Eigenvornahme Kartellcharakter aufweist, darf es nicht zum Bruch mit der Wettbewerbsordnung kommen. Zwar ist ein genereller Vorrang öffentlicher Interessen nicht nachweisbar, doch besteht eine Legalisierungsmöglichkeit in der flexiblen Handhabung des Einschreitensermessens durch das Bundeskartellamt. Insoweit bedarf es keiner Erlaubnis des Bundesministers für Wirtschaft. Sie ist allerdings unabdingbar, wenn es um gesamtwirtschaftlich zentrale und politisch legitimationsbedürftige Entscheidungen geht.

28. In verfassungsrechtlicher Hinsicht darf sich der demokratische Rechtsstaat nicht durch Selbstbeschränkungsabkommen an organisierte Partialinteressen und korporatistische Gruppenteilhabe ausliefern. Die Ermächtigungsnorm beläßt dem Verordnungsgeber Spielraum. Noch weiter geht die Entscheidungsprärogative des Gesetzgebers; erst mit einem förmlichen Normverzichtsvertrag würde er die Grenzen seines demokratischen Gestaltungsmandats überschreiten.

29. Allerdings muß sich auch der im informal-kooperativen Dialog Selbstbeschränkung induzierende Staat an die Zuständigkeitsordnung halten.

a) Die Verbandskompetenz ist auch dann gewahrt, wenn der Bund im Bereich konkurrierender Gesetzgebung an Absprachen mitwirkt, ohne daß die Länder hieran teilnehmen.

b) Der Organkompetenz der Bundesregierung steht nicht entgegen, daß der formelle Gesetzesbeschluß durch den Bundestag gefaßt wird. Insofern genügt das verfassungsrechtlich begründete Initiativrecht der Regierung.

30. Sofern keine förmlichen Verabredungen mit Rechtsbindungswillen, sondern nur politische Absprachen getroffen werden, bestehen gegen gouvernementale Steuerung durch „Zusagen" im Rahmen von informal-kooperativen Gesprächsrunden keine Bedenken.

31. Der Kritik an ihrer Wirksamkeit vermögen Selbstbeschränkungserklärungen nur standzuhalten, wenn im Sinne eines Gleichwertigkeitskriteriums für ein Höchstmaß an Durchsetzbarkeit und Implementierung Vorsorge getroffen wird. Hilfreich kann hierbei z. B. die öffentliche Verifizierung durch ein System des monitoring sein. Unter diesen Voraussetzungen darf der Gesetz- bzw. Verordnungsgeber ohne Vernachlässigung des staatlichen Steuerungsmandats privater Initiative den Vorzug geben und damit dem Postulat größtmöglicher Aktivierung selbstregulativer Beiträge entsprechen.

IX. Steuerungstypologie und Handlungsformen

32. Die sektoriellen Modi gesteuerter Selbstregulierung lassen sich auf einer gleitenden Skala zwischen den Polen klassisch-imperativen Zwangs und rein gesellschaftlicher Konfliktschlichtung einordnen. Die Typologie ist zu komplettieren durch die informationelle und namentlich die finanzielle Steuerung, die private Initiative positiv induziert durch geldwerte Belohnung wie z. B. die Förderung von freien Wohlfahrtsverbänden und Selbsthilfegruppen im sozialen Bereich oder negativ durch Auferlegung monetärer Belastungen wie Umweltabgaben. Weiter sind zu erwähnen: Zertifikatsmodelle, Kompensationslösungen, Steuerungsformen bei der Überführung von Monopolen in die Marktwirtschaft sowie schließlich die Statuierung von Klagerechten. Als Steuerung i. w. S. kann der Staat statt öffentlich-rechtlicher Gestaltung allein auf zivilrechtliche Konfliktschlichtung setzen. Freilich sind auch vielfältige Verbindungen beider Auffangordnungen möglich.

33. Von der Ebene der Steuerungstypen ist die der Handlungsformen der Verwaltung zu unterscheiden. Diese lassen sich jenen zuordnen, aber keineswegs im Sinne einer strengen Korrelation, sondern mit mannigfachen Überlappungen.

Zweiter Beratungsgegenstand:

Verwaltung und Verwaltungsrecht zwischen gesellschaftlicher Selbstregulierung und staatlicher Steuerung

2. Bericht von Prof. Dr. Dr. *Udo Di Fabio*, Trier

Inhalt

A. Themenbereich

Dem großen Weltdeuter *Niklas Luhmann* verdanken wir die Einsicht, daß die Welt, je mehr sie sich entfaltet, desto mehr um das Geheimnis ihrer nützlichen Paradoxien fürchten muß.[1] Der Siegeszug der Moderne gründete auf konstruktiven Unterscheidungen, mit denen die Gesellschaft parzelliert und sodann in logisch faßbaren Beziehungen wieder zusammengesetzt wurde. Eine dieser grundlegenden, rationalitätsstiftenden Unterscheidungen, die eine fruchtbare Differenz in eine fortbestehende Einheit setzen, ist diejenige von Gesellschaft und Staat, die subkutan das Thema des heutigen Tages beherrscht. Der Staat steuert mit dem Gesetz als dem zentralen Instrument verfassungsgebundener Herrschaft[2] und ist damit im Sinne *Hegels* Subjekt: das zwecksetzende Unbewegte, „welches selbst bewegend ist".[3] Die für den Staat residuale Gesellschaft ist das Objekt dieser Anstrengungen – aber es ist ein lebendiges, vielfältiges, sich selbst gestaltendes und auch den Staat dirigierendes Objekt, also ebenso Subjekt wie dieser. Das Paradoxon der Unterscheidung gelangt an die Oberfläche, wenn der Staat seine eigene

---

[1] *Niklas Luhmann* Das Recht der Gesellschaft, 1995, 308 f., in bezug auf das rechtliche Entscheiden und die Notwendigkeit des Mystifizierens der dabei zugrundeliegenden Paradoxie.

[2] Die Rede von „staatlicher Steuerung" ist nicht neu, doch als gesellschaftswissenschaftlicher Import dem Recht eigentlich immer fremd und wegen der Behandlung von Menschen als Steuerungsobjekt wohl auch immer suspekt geblieben. Wer von Steuerung redet, bekennt sich nolens volens zu einem Denkansatz, in dem Politik und Staat als Steuerungssubjekt und die außerstaatliche Gesellschaft als Objekt der Steuerungsbemühungen erscheinen. *Renate Mayntz* Politische Steuerung und gesellschaftliche Steuerungsprobleme – Anmerkungen zu einem theoretischen Paradigma, in: Jahrbuch zur Staats- und Verwaltungswissenschaft Band 1, 1987, 89 ff.; *Rüdiger Voigt* Politische Steuerung aus interdisziplinärer Perspektive, Post-Diskussionspapiere Nr. 1, 1991; *Renate Mayntz / Fritz W. Scharpf* Steuerung und Selbstorganisation in staatsnahen Sektoren, in: dies. (Hrsg.), Gesellschaftliche Selbstregelung und politische Steuerung, 1995, 9; *Gunnar Folke Schuppert* Verwaltungsrechtswissenschaft als Steuerungswissenschaft. Zur Steuerung des Verwaltungshandelns durch Verwaltungsrecht, in: Wolfgang Hoffmann-Riem / Eberhard Schmidt-Aßmann / Gunnar Folke Schuppert (Hrsg.), Reform des Allgemeinen Verwaltungsrechts, 1993, 65 ff. (68). Neben den Begriff der Steuerung tritt derjenige der Regulierung. Auch dieser Terminus muß seine Aussagekraft und Tauglichkeit im Recht erst noch erweisen, auch wenn der Begriff der „Regulierung" bereits Einzug in die Gesetzessprache gehalten und im neuen Telekommunikationsgesetz eine nachgerade inflationär anmutende Verwendung gefunden hat. Siehe z. B. die §§ 2, 3 Nr. 13, 25, 66 Telekommunikationsgesetz vom 25.Juli 1996, BGBl. I, 1120.

[3] *Georg Wilhelm Friedrich Hegel* Phänomenologie des Geistes, 1807, Vorrede, S. XXV.

Leistungsfähigkeit überfordert und beginnt, die Grenzzäune zwischen ihm und der Gesellschaft als Brennmaterial im Glutofen seines Gestaltungsdranges zu verfeuern. So ist denn die „freie Selbstregulierung" nicht mehr wie noch für *Ernst Rudolf Huber* der erklärte Gegenbegriff zu lenkenden Interventionen in die Wirtschaft[4], vielmehr gilt die Nutzung gesellschaftlicher Selbstregulierung als neues und wahrhaft intelligibles staatliches Steuerungsinstrument.[5] Der vom Thema nur umschriebene Zwischenraum, um den es geht, ist demnach die *instrumentelle Selbstregulierung*.[6] Organisierte gesellschaftliche Kräfte sollen staatlich definierte öffentliche Zwecke verwirklichen, auf eigene Kosten und in der selbstbezogenen Funktionslogik ihres jeweiligen Handlungssystems.

Dieser Ansatz ist politisch aus mehreren Gründen attraktiv:

- Zum einen ist der Verbundstaat europäischen und föderalen Zuschnitts kompetentiell inzwischen derart verflochten, daß klare hoheitliche Regelungen wie Gebote und Verbote leicht rechtliche und politische Konflikte mit anderen, insbesondere höherrangigen Rechtsebenen auslösen. Wo der Nationalstaat mit seiner begrenzt territorialen Radizierung ohnmächtig und in der Zusammenarbeit außerordentlich konsensabhängig wird, setzt er beinah notgedrungen auf freiwillige Selbstkontrolle, wie etwa in der technisch und manchmal auch moralisch entfesselten Medienwelt.[7]
- Zum anderen erliegen politische Akteure der Suggestion, das sogenannte Ordnungsrecht sei zu antiquiert, um neuen Herausforderungen etwa in der Umweltpolitik wirksam zu begegnen. In der unkritischen Grundüberzeugung, es herrsche ein stetes Vollzugsdefizit, er-

---

[4] *Ernst Rudolf Huber* Beliehene Verbände, DVBl. 1952, 456 ff.

[5] Siehe bereits *Wilhelm von Humboldt* Ideen zu einem Versuch, die Grenzen der Wirksamkeit des Staates zu bestimmen, o. J., S. 51, der von der hervorblühenden Stärke zu schwärmen wußte, „wenn jedes Wesen sich aus sich selbst organisierte", damit aber gerade nicht die Instrumentalisierung gesellschaftlicher Freiheit zu Staatszwecken meinte.

[6] Regelung heißt auch mit dem Präfix „Selbst" absichtsvolle Gestaltung, und darunter versteht zumindest die einschlägige sozialwissenschaftliche Begriffsbildung den Einsatz von negativ sanktionierten Verhaltensgeboten und -verboten sowie Verfahrens- und Organisationsregeln, über die der Staat mit seiner Rechtsetzungsmacht und seinem Gewaltmonopol verfügt. *Renate Mayntz / Fritz W. Scharpf* (Fn. 2) S. 19. Instrumentelle Selbstregulierung tritt als „Königsweg zwischen Aufgabenprivatisierung und staatlicher Überforderung" auf den Plan. *Hans-Heinrich Trute* Das Verwaltungsrecht zwischen gesellschaftlicher Selbstregulierung und staatlicher Steuerung, DVBl. 1996, 950 ff.

[7] *Helge Rossen* Selbststeuerung im Rundfunk – Modell »FSK« für kommerzielles Fernsehen?, ZUM 1994, 225 ff.

tönt der Ruf nach einer besseren und tieferen Steuerung bis in die strategischen Weichenstellungen von Unternehmen, bis in die Köpfe von Menschen hinein: auf lange Sicht angelegt, vorsorgend, dauerhaft, nachhaltig. Von „Umrüstung des Regelungsinstrumentariums“[8] und der Erschließung von „Steuerungsreserven“[9] ist die Rede, um sich gegen den Sog einer nicht mehr beherrschbaren Risikoentwicklung zu stemmen. Es gelte insbesondere, öffentliche Zwecke geeigneten gesellschaftlichen Akteuren zu „implementieren“ in der Erwartung, sie würden die Fremdzwecke als eigene aufnehmen und sie ohne sonderliches Zutun des Staates selbsttätig verfolgen und entwickeln. Der Vollzug der ehrgeizigen politischen Gestaltungsideen soll nicht allein müden Beamten, sondern den lebendigen Kräften des Marktes und dem Engagement gesellschaftlich aktiver Gruppen überlassen werden.

- Eine weitere wichtige Ursache für den Erfolg selbstregulativer Gesetzgebung ist das Unvermögen des europäischen Staatenverbundes, für einen einheitlichen Verwaltungsvollzug zu sorgen. Gegen die beharrende Kraft höchst heterogener nationaler Exekutiven werden gesellschaftliche Kräfte mobilisiert, um das Gemeinschaftsrecht durchzusetzen; Unionsbürger und Wirtschaft werden zu Instrumenten der Rechtsimplementierung.
- Aber der fruchtbarste aller Böden für die instrumentelle Selbstregulierung ist die Entlastungsidee. Denn der Staat hat sich – angefeuert durch die fordernde Erwartungshaltung seiner Bürger[10] – sichtlich übernommen.[11] Unter dem Diktat leerer Kassen stöhnt die öffentli-

---

[8] *Wolfgang Hoffmann-Riem* Von der Antragsbindung zum konsentierten Optionenermessen, DVBl. 1994, 605 ff. (607).

[9] *Gertrude Lübbe-Wolff* Rechtsprobleme der behördlichen Umweltberatung, NJW 1987, 2705 ff.; *Michael Kloepfer* Alte und neue Handlungsformen staatlicher Steuerung im Umweltbereich, in: Klaus König / Nicolai Dose (Hrsg.), Instrumente und Formen staatlichen Handelns, 1993, 329 ff.; *ders.* Zu den neuen umweltrechtlichen Handlungsformen des Staates, JZ 1991, 737 ff.; *Wolfgang Hoffmann-Riem* Vom Staatsziel Umweltschutz zum Gesellschaftsziel Umweltschutz, Die Verwaltung 1995, 425 ff. (427 f.); *Erik Gawel* Umweltpolitik durch gemischten Instrumenteneinsatz, 1991.

[10] „Der demokratische Staat orientiert sich an den Bedürfnissen der Bevölkerung und sucht besonders bei institutionalisierter Konkurrenz um den Zugang zur Macht (redundancy of potential command), die Bedürfnisbefriedigung zu verbessern. Als Folge nehmen die Bedürfnisse selbst zu, die Anspruchsniveaus steigen, und man erwartet schließlich vom »Staat« auch Leistungen, die technisch mit den Mitteln der Politik, mit kollektiv bindenden Entscheidungen, gar nicht zu erbringen sind.“ *Niklas Luhmann* Staat und Politik, in: ders., Soziologische Aufklärung 4, 1987, 74 ff. (98).

[11] So schon *Hermann Heller* Rechtsstaat oder Diktatur, 1930, 20 f.

che Gewalt wie Atlas unter dem Gewicht des Himmels.[12] Der Wohlfahrts- und Vorsorgestaat schöpfte in seinem Streben, die Risiken der Moderne zu mindern oder zu kompensieren[13], und in seinem Hang zu flächendeckender, prospektiver Sozialgestaltung[14] all jene klassischen Steuerungsressourcen aus, die eine möglichst konfliktfreie Durchsetzung seiner Zwecke erlaubten. Die vielbeschworene und keineswegs gebändigte Gesetzesflut[15] und eine gigantische Umverteilung von Geld[16] wurden gesellschaftlich lange akzeptiert, scheinen aber unter den Bedingungen der europäischen Integration und ob der nivellierenden Realität des Weltmarktes hart an Grenzen zu stoßen.

Zum Zwecke der eigenen Entlastung verschiebt nunmehr der Staat die Erfüllung der von ihm bestimmten öffentlichen Aufgaben auf die Gesellschaft, ganz so wie im Binnenbereich des Staates eine Verschiebung der Vollzugslasten auf die jeweils politisch schwächere Einheit stattfindet.[17] Die Instrumente der Selbstregulierung sind die Begrün-

---

[12] Der Ruf ist sicherlich nicht neu, im Grunde neigt der Staat ab ovo zur Selbstüberforderung. Die Prognose, daß „der moderne Gesetzgeber die Grenzen seiner technischen Leistungsfähigkeit so nachhaltig (habe) spüren müssen, daß die Forderung seiner Entlastung vorerst kaum von der Tagesordnung verschwinden dürfte", stammt von *Arnold Köttgen* aus dem Jahr 1957, geäußert vor dieser Vereinigung. *Arnold Köttgen* Die Organisationsgewalt, VVDStRL 16 (1958) 154 ff. (157).

[13] Die Diagnose, wonach der heutige Staat nicht mehr bereit sei, „die Risiken und Gefahren wirtschaftlicher Rückschläge ohne eigenes aktives Eingreifen auszuhalten", findet sich bei *Ulrich Scheuner* Die staatliche Intervention im Bereich der Wirtschaft, VVDStRL 11 (1954) 1 ff. (15 f.).

[14] *Dieter Grimm* Die Zukunft der Verfassung, 2. Aufl. 1994, 416.

[15] Ein Phänomen, dem inzwischen weltweites Vorkommen bescheinigt wird, wobei der „Furor teutonicus legativus" erschwerend hinzutrete. *Michael Ronellenfitsch* Selbstverantwortung und Deregulierung im Ordnungs- und Umweltrecht, 1995, 45.

[16] Krit. bereits *Josef Isensee* Umverteilung durch Sozialversicherungsbeiträge, 1973; *Hans F. Zacher* Zur Rechtsdogmatik der sozialen Umverteilung, DÖV 1970, 3 ff.

[17] Dem Lastenteilungsproblem widmete sich der 61. Deutsche Juristentag in seiner verfassungsrechtlichen Abteilung, siehe *Ferdinand Kirchhof* Empfehlen sich Maßnahmen, um in der Finanzverfassung Aufgaben- und Ausgabenverantwortung von Bund, Ländern und Gemeinden stärker zusammenzuführen?, in: Deutscher Juristentag, Verhandlungen des 61. Deutschen Juristentages, Band I (Gutachten), Teil D, 1996, S. D 66 ff.; s. a. *Werner Heun* Die Zusammenführung der Aufgaben- und Ausgabenverantwortung von Bund, Ländern und Gemeinden als Aufgabe einer Reform der Finanzverfassung – Probleme und Risiken, DVBl. 1996, 1020 ff.; *Hans Peter Bull / Felix Welti* Schwachstellen der geltenden Finanzverfassung, NVwZ 1996, 838 ff.; *Friedrich Schoch / Joachim Wieland* Finanzierungsverantwortung für gesetzlich veranlaßte kommunale Aufgaben, 1995; *Georg Trapp* Reform der grundgesetzlichen Lastenverteilung durch das Veranlassungsprinzip, ZRP 1996, 339 ff.

dung von Verwaltungspflichten – gesprochen wird heute von Eigenverantwortung –, Regelungsandrohungen oder Deregulierungsversprechen, finanzielle Anreize negativer und positiver Art, Informationsbeeinflussung, Schaffung organisatorischer Mischverhältnisse. Ein Blick in das Kreislaufwirtschafts- und Abfallgesetz zeigt die Wortwahl und verdeutlicht das Konzept: An mehreren Stellen des Gesetzes werden öffentliche Grundpflichten begründet, eine „gemeinwohlverträgliche" Abfallbeseitigung wird dem Besitzer von Abfall vorgeschrieben (§§ 10 und 11 Krw-/AbfG). Die Produktverantwortung trägt der Hersteller, Bearbeiter oder Handeltreibende „zur Erfüllung der Ziele der Kreislaufwirtschaft" (§ 22 Abs. 1 Krw-/AbfG); mit anderen Worten wird die Erfüllungsverantwortung für öffentliche Zwecke auf Private verlagert. Von Selbstregulierung kann dann gesprochen werden, wenn eine öffentliche Aufgabe von gesellschaftlichen Kräften außerstaatlich, insbesondere innerhalb des Marktes, in organisierter Form übernommen wird[18], wobei der Staat ein konkretes Interesse an der Erfüllung hat, die Organisationen stützt[19] und auf diese substantiell einwirkt.

B. Der Wandel des Gesetzesvollzuges

I. Konturverlust des Vollzugsbegriffs

Die Schaffung von Selbstregulativen dient maßgeblich der Verbesserung und Entlastung des Verwaltungsvollzuges bis hin zu seiner Substituierung. Damit rückt der Gesetzesvollzug bei der Behandlung des vorliegenden Themas in eine Schlüsselstellung. Der Gesetzesvollzug ist im Schema der Gewaltenteilung Sache der Exekutive; er ist diejenige Ausübung öffentlicher Gewalt, die dazu dient, Gesetzeszwecke zu verwirklichen.[20] Damit gerät in dogmatische Verlegenheit, wer die Verwirkli-

---

[18] *Renate Mayntz / Fritz W. Scharpf* (Fn. 2) S. 20.

[19] Die Rede ist insoweit auch von der „staatlich gestützten Selbstregulierung". *Winfried Brohm* Alternative Steuerungsmöglichkeiten als „bessere" Gesetzgebung?, in: Hermann Hill (Hrsg.), Zustand und Perspektiven der Gesetzgebung, 1989, 217 ff. (219).

[20] Verwaltung findet im Vollzug ihre Wesensbestimmung, auch wenn sie darüber hinaus alle rechtlich geregelte Staatstätigkeit umfaßt, die nicht zur Legislative und Judikative zählt. *Ernst Forsthoff* Lehrbuch des Verwaltungsrechts, Erster Band, Allgemeiner Teil, 10. Aufl. 1973, 3. Dieser Aussage steht nicht die Erkenntnis entgegen, daß der Verwaltung immer mehr Gestaltungsaufgaben zugewachsen sind, die nicht als mechanistischer Gesetzesvollzug verstanden werden können. In ihrer Richtung und in ihrem Ziel bleibt die Verwaltung auch im Reich der Gestaltungsfreiheit und des Ermessens auf das Gesetz fixiert. Das Gesetz ist auch dort für die Verwaltung nicht lästige Grenze, sondern zwecksetzende Orientierung.

chung von Gesetzen gesellschaftlichen Kräften zur eigenen Angelegenheit machen will, ohne Selbstverwaltungseinheiten zu begründen. Es ist durchaus offen, ob insoweit überhaupt der Vollzugsbegriff paßt oder ob nicht das Thema des Verwaltungsrechts und damit die Grenze zum Privatrecht überschritten ist.[21] Ein zu enger Vollzugsbegriff macht aber blind für neue Kooperationsformen des Gesetzesvollzuges[22], in denen staatliche Kräfte ebenso gestaltend mitwirken wie gesellschaftliche Kräfte, und so ein einheitliches Vollzugsbild staatlich-gesellschaftlicher Mischverwaltung[23] entsteht. Diese neuen Vollzugsformen, mit denen öffentliche Aufgaben externalisiert und organisierte gesellschaftliche Kräfte in Verwaltungsverfahren integriert werden, fangen öffentlichrechtliche Verabschiedungsbegriffe wie „Privatisierung" nur unzureichend ein, es kommt darauf an, die Gesetzesverwirklichung in hybriden Organisationsformen als neue Verwaltungswirklichkeit in das Verwaltungsrecht zurückzuführen.

II. Formen selbstregulativen Gesetzesvollzuges

1. Unterlagenprüfverfahren

Die heute vorfindliche Bandbreite selbstregulativen Gesetzesvollzuges ist beeindruckend. Die bunte Formenpalette beginnt gleichsam harmlos und eingebettet in den klassischen verwaltungsseitigen Gesetzesvollzug mit einer Verlagerung der Pflicht zur Sachverhaltsaufklärung auf den Antragsteller in Genehmigungs- oder Registrierungsverfahren.[24] In präventiven Genehmigungsverfahren des Umweltrechts und der Produktkontrolle ist das Unterlagenprüfverfahren zum vorherr-

---

[21] Zum Begriff der funktionellen Privatisierung: *Hartmut Bauer* Privatisierung von Verwaltungsaufgaben, VVDStRL 54 (1995) 243 ff. (252).

[22] *Jens-Peter Schneider* Kooperative Verwaltungsverfahren, VerwArch. 87 (1996) 38 ff.

[23] Zur innerstaatlichen Mischverwaltung: *Peter Lerche*, in: Theodor Maunz / Günter Dürig, Grundgesetz Kommentar, Loseblattsammlung, Stand: März 1994, Art. 83, Rdn. 84 ff.; *Michael Ronellenfitsch* Die Mischverwaltung im Bundesstaat, 1975. S. a. BVerfGE 63, 1 (37 ff.).

[24] Wer eine Chemikalie anmelden will oder die Zulassung für ein Pflanzenschutzmittel erstrebt, muß je nach Risikopotential Untersuchungen mit zum Teil hohem Finanz- und Zeitaufwand vornehmen, während sich die Behörde im Regelfall mit einer Vollständigkeits- und Plausibilitätskontrolle begnügt und in Einzelfällen eine Gegenkontrolle mit externen Sachverständigengutachten vornimmt. Wenn insoweit beispielsweise das Chemikalienrecht als Konzept staatlich kontrollierter Eigenverantwortlichkeit erscheint, *Udo Di Fabio* Risikoentscheidungen im Rechtsstaat, 1994, 153, so wird damit im Grunde nur deutlich, daß es sich um eine andere, staatsentlastende Form des Gesetzesvollzuges handelt.

schenden Typ geworden: Der Antragsteller ermittelt den entscheidungserheblichen Sachverhalt, häufig unter Einschaltung eigener oder unabhängiger Sachverständiger und dirigiert durch behördliche Verfügungen[25], die die erforderlichen Antragsunterlagen und den Untersuchungsaufwand näher bezeichnen.

2. *Kontrollierte Eigenüberwachung*

Auch in der sog. repressiven Anlagenüberwachung[26] oder der Marktkontrolle von Produkten wie Arznei- oder Lebensmitteln liegt ein Großteil der Sachverhaltsermittlungspflichten in der Hand des Überwachten.[27] Die Behörde rückt dabei in die zurückgenommene Rolle einer kognitiven Schaltstelle, die Wissen sammelt[28], Plausibilitäts- und Stichprobenkontrollen vornimmt und auf die Überschreitung von Eingriffsschwellen wenn nötig reagiert.

3. *Fremdüberwachung durch Dritte*

Überwachungsintensive Rechtsgebiete wie das Immissionsschutz- und das Wasserrecht sehen daneben die Fremdüberwachung durch Dritte vor (§§ 26, 29 a BImSchG, § 19 i WHG), wobei der Überwachte auf seine Kosten einem Dritten einen Prüfungsauftrag erteilen muß.[29] Diese Ausweitung der Selbstüberwachung durch Private knüpft nicht

[25] Durch die Beauftragung gemäß § 2 Abs. 2 Nr. 5 9. BImSchV wird auch die Einschaltung juristischer Sachverständiger („entliehene" Rechtsanwälte) möglich. Sie erhalten ihren Auftrag von der Behörde und werden vom Antragsteller entlohnt. Ihnen wird eine Mittlerstellung zwischen Antragsteller, Genehmigungsbehörde und Drittbetroffenen zugewiesen.

[26] Der Betreiber einer dem BImSchG unterfallenden Anlage wird nach Maßgabe der §§ 26 bis 30 BImSchG zu sog. Eigenüberwachungsmaßnahmen verpflichtet, teils unmittelbar durch Gesetz, teils durch Anordnung auf Grund des Gesetzes.

[27] Zum Unterlagenprüfverfahren im Arzneimittelrecht: *Di Fabio* (Fn. 24) S. 185 ff.

[28] Der Betreiber mißt Emissionen und Immissionen und übermittelt die Ergebnisse, teilweise heute direkt durch Datenfernübertragung, an die Überwachungsbehörde.

[29] Obwohl rechtlich zu trennen, versucht die Praxis mitunter fließende Übergänge zwischen beauftragten Verwaltungshelfern und betrieblicher Fremdüberwachung zu schaffen. Landesministerien gehen dazu über, die ihnen von Gesetzes wegen auferlegte Überwachung von genehmigungsbedürftigen Anlagen nach dem BImSchG systematisch auf private Gesellschaften zu übertragen, in der Erwartung, zum einen Kosten des Gesetzesvollzuges auf den Anlagenbetreiber abwälzen und zum anderen die Überwachungsintensität substantiell steigern zu können. *Udo Di Fabio* Die Verlagerung der immissionsschutzrechtlichen Überwachungsverantwortung auf Private, Der Betrieb 1996, Beilage Nr. 16/96 zu Heft Nr. 46, 1 ff.

nur an Traditionslinien der Technischen Überwachungsvereine an, sondern auch an die wirtschaftssachverständige Prüfung durch Private, wie sie das Aktienrecht, das Genossenschaftsrecht[30] oder die staatliche Aufsicht über das Kreditwesen kennen. Dabei entstehen neue Berufe wie der des Umweltgutachters[31], die im Rahmen ihres Erwerbsstrebens auf Gemeinwohlsicherung fixiert sind und öffentlicher Akkreditierungskontrolle unterliegen.[32]

Ein abgestuftes System der betrieblichen Eigenüberwachung und durch Dritte kontrollierter Selbstüberwachung breitet sich durch das europäische „Neue Harmonisierungskonzept“ sprunghaft aus.[33] Der Produkthersteller muß selbst die Richtlinienkonformität seines Produkts bescheinigen, je nach Risikopotential hat er sich im Wege der Eigenüberwachung einem Qualitätssicherungssystem zu unterziehen

---

[30] *Udo Steiner* Öffentliche Verwaltung durch Private, 1975, 136 ff.

[31] *Wolfgang Köck* Das Pflichten- und Kontrollsystem des Öko-Audit-Konzepts nach der Öko-Audit-Verordnung und dem Umweltauditgesetz, VerwArch. 87 (1996) 644 ff. (667 ff.); *Cornelius Rhein* Das Gemeinschaftssystem für das Umweltmanagement und die Umweltbetriebsprüfung, 1996, 151 ff.; *Dieter Schottelius* Der zugelassene Umweltgutachter – ein neuer Beruf, BB 1996, 1235 ff.; *Rolf Stober* Die Zulassung von Umweltgutachtern nach der Öko-Audit-VO – Umsetzungskonzepte zwischen Zentralismus, Föderalismus und Selbstverwaltung der Wirtschaft, in: Jörn Ipsen (Hrsg.), Verfassungsrecht im Wandel: Wiedervereinigung Deutschlands, Deutschland in der Europäischen Union, Verfassungsstaat und Föderalismus; Festgabe zum 180jährigen Bestehen der Carl Heymanns Verlag KG, 1995, 639 ff.

[32] Zur Akkreditierung von Prüfstellen im Rahmen des Gerätesicherheitsgesetzes s. § 9 GSG in der Fassung vom 27. 4. 1993, BGBl. I, 512.

[33] Zu diesem abgestuften Selbstüberwachungssystem: Beschluß des Rates vom 13. Dezember 1990 über die in den technischen Harmonisierungsrichtlinien zu verwendenden Module für die verschiedenen Phasen der Konformitätsbewertungsverfahren (90/683/EWG), ABl.EG Nr. L 380/13; bekräftigt im Beschluß des Rates vom 22. Juli 1993 über die in den technischen Harmonisierungsrichtlinien zu verwendenden Module für die verschiedenen Phasen der Konformitätsbewertungsverfahren und die Regeln für die Anbringung und Verwendung der CE-Konformitätskennzeichnung, ABl.EG Nr. L 220/23 vom 30. 8. 1993. S. a. *Christian Tünnesen-Harmes* Die CE-Kennzeichnung zum Abbau technischer Handelshemmnisse in der Europäischen Union, DVBl. 1994, 1334 ff. Zur Neuen Harmonisierungskonzeption: *Günter Breulmann* Normung und Rechtsangleichung in der Europäischen Wirtschaftsgemeinschaft, 1993; *Norbert Anselmann* Technische Vorschriften und Normen in Europa, 1991; diverse Beiträge in Peter-Christian Müller-Graff (Hrsg.), Technische Regeln im Binnenmarkt, 1991; *Helmut Voelzkow* Staatseingriff und Verbandsfunktion: Das verbandliche System technischer Regelsetzung als Gegenstand staatlicher Politik, 1993; *Udo Di Fabio* Produktharmonisierung durch Normung und Selbstüberwachung, 1996. Zur Entwicklungsgeschichte der europäischen Normungsorganisationen vgl. auch: Grünbuch der EG-Kommission zur Entwicklung der europäischen Normung, KOM (90) 456 endg., ABl.EG Nr. C 20/8 v. 28. 1. 1991.

oder einer Fremdüberwachung durch privatrechtlich agierende Prüfstellen. Diese Prüfstellen können, wie die Bundesanstalt für Materialprüfung, auch durchaus aus dem staatlichen Verbandsbereich stammen, aber die Prüfaufgaben in einem privatrechtlich ausgestalteten Handlungsfeld vollführen, wobei offen bleibt, ob sie dann fiskalisch, hoheitlich oder verwaltungsprivatrechtlich handeln. Bemerkenswert ist jedenfalls die mit einer Beteiligung von Behörden am selbstregulativen Überwachungssystem verbundene Tendenz zur Ökonomisierung der Verwaltung.

4. *Kooperative Normkonkretisierung, insbesondere technische Normung*

Geradezu als Musterbeispiel selbstregulativen Gesetzesvollzuges entpuppt sich das europäische System der Produktüberwachung, wenn man sich vergegenwärtigt, daß die dirigierenden öffentlichen Vollzugsstandards, etwa Sicherheits-, Gesundheits- oder Umweltanforderungen, in den sektoralen Richtlinien nur allgemein niedergelegt sind und im Regelfall durch technische europäische Normen bis zur Vollzugsreife konkretisiert werden. Diese technischen Normen entstehen in einem typischen Selbstregulierungsprozeß: typisch insofern, als daß interessierte Wirtschaftskreise die Normung national, europäisch und international grundsätzlich auf eigene Initiative, unter eigener Verantwortung und auf eigene Kosten betreiben, typisch aber auch, weil der Staat in mannigfaltiger Weise Einfluß nimmt, durch Verträge und Absprachen mit den Normungsorganisationen, durch Normungsaufträge, durch die Gestaltung der Rahmenbedingungen, durch personelle Mitarbeit in Normungsausschüssen und durch die Entscheidung, welche Normen hoheitlich rezipiert werden.[34] Hier ist ein Mischsystem der vollzugsleitenden Normkonkretisierung entstanden, in dem die nutznießende öffentliche Gewalt keineswegs die Zügel aus der Hand gibt, aber die Identifizierung von Zurechnungspunkten staatlicher Herrschaftsausübung immer schwerer fällt.[35]

5. *Gemeinwohlausrichtung der Organisationsstruktur*

Besonders deutlich wird der Ansatz instrumenteller Selbstregulierung im Bemühen des Gesetzgebers, gesellschaftliche Organisationsstruktu-

---

[34] Dazu näher *Peter Marburger / Alfred Endres* Technische Normen im europäischen Gemeinschaftsrecht, in: UTR Band 27 (1994) 333 ff.; *Di Fabio* (Fn. 33) S. 31 ff.

[35] Auch hier stößt man wie so häufig bei näherem Hinschauen auf eine „eigenartige" Teilung der Vollzugskompetenz. *Steiner* (Fn. 30) S. 177. Zur Frage, ob es ein verfassungsrechtliches *Segmentierungsgebot* gibt, um die Verantwortungsanteile des Staates erkennbar zu machen, vgl. BVerfGE 83, 238 (307).

ren auf Gemeinwohlbelange, insbesondere die Verwirklichung von Gesetzesvorgaben, auszurichten.[36] Der selbstregulative Ansatz möchte Rezeptoren für öffentlich festgelegte Belange in „egoistische" außerstaatliche Systeme einbauen[37], so wie die Handelsüberwachungsstelle jüngst durch das Zweite Finanzmarktförderungsgesetz als „Agent des Gemeinwohls" in die Börse eingebaut worden ist.[38]

---

[36] Dabei wird angeknüpft an die übergreifend-identitäre Bedeutung des Gemeinwohls, auf das Bürger, Gesellschaft und Staat gleichermaßen verpflichtet sein sollen. Die Rede vom Gemeinwohl aus staatlichem Mund löst indes zu Recht Mißtrauen aus, denn „Gemeinwohl ist im staatlichen Bereich das, was das dafür zuständige Organ als Gemeinwohl hält", *Peter Lerche* Verfassungsfragen um Sozialhilfe und Jugendwohlfahrt, 1963, 35. Es tritt rechtlich als öffentlicher Zweck in Erscheinung. Das schließt nicht aus, daß im außerstaatlich gesellschaftlichen Raum um andere oder neue Gemeinwohldefinitionen gerungen wird, die dann auf den dafür vorgesehenen Verfahrenswegen in die staatliche Sphäre als Gesetzeszwecke übertragen werden und sich dann wiederum von Zeit zu Zeit gesellschaftlicher Kritik stellen müssen. Es gilt aber, stets die Systemreferenz im Auge zu behalten; ein identitärer Begriffsgebrauch richtet sich gegen die auf Differenz angewiesene juristische Rationalität. Zur Diskussion um den zwischen Gesellschaft und Staat changierenden Gemeinwohlbegriff: *Peter Häberle* Die Gemeinwohlproblematik in rechtswissenschaftlicher Sicht, in: Rechtstheorie 14 (1983) 257 ff.; *ders.* Öffentliches Interesse als juristisches Problem, 1970; *Josef Isensee* Gemeinwohl und Staatsaufgaben im Verfassungsstaat, in: ders. / Paul Kirchhof (Hrsg.), Handbuch des Staatsrechts der Bundesrepublik Deutschland, Band III, 1988, § 57; *Walter Leisner* Privatinteresse als öffentliches Interesse, DÖV 1970, 217 ff.

[37] Die Eigenschaft hochspezialisierter Teilsysteme, „hohe Sensibilität für die eigenen Angelegenheiten mit weitgehender Indifferenz für alle fremden" Belange zu verbinden, gilt vielen als das eigentliche Hindernis für wirksame staatliche Sozialgestaltung. *Grimm* (Fn. 14) S. 414.

[38] Die Börse wird häufig zu Unrecht der Selbstverwaltung zugerechnet. So auch die Begründung zum Gesetzesentwurf der Bundesregierung zum Zweiten Finanzmarktförderungsgesetz, BT-Drucks. 12/6679 S. 36. Selbstverwaltung erfordert öffentlich-rechtliche Verwaltungsträger, d. h. Körperschaften, Anstalten oder Stiftungen des öffentlichen Rechts, die durch Gesetz errichtet werden. Börsen wie die Frankfurter Börse, die als Aktiengesellschaften geführt werden und einer staatlichen Zulassung bedürfen, erfüllen diese organisationsrechtlichen Voraussetzungen nicht. Zweifel deshalb zu Recht bei *Carsten Peter Claussen* Bank- und Börsenrecht, 1996, 276 ff. Die Handelsüberwachungsstelle soll als Organ der Börsengesellschaft das Tagesgeschäft laufend kontrollieren, Untersuchungen bis zur Entscheidungsreife durchführen und die Ergebnisse an die neu geschaffene staatliche Börsenaufsichtsbehörde weiterleiten. Die Börse war zuvor einer besonderen Staatsaufsicht unterworfen, wobei durch die Länder bestellte Staatskommissare am Tisch der Börsenorgane saßen und über die Rechtmäßigkeit der Börsengeschäfte wachten. Nunmehr wird die Aufsicht über die Börse zu einer sogenannten Rechts- und Handelsaufsicht ausgeweitet. BT-Drucks. 12/6679, 36.

Dem Steuerungsziel, die angenommene Indifferenz wirtschaftlicher Akteure gegen sich mehrendes Recht zu mindern, dient auch § 52a BImSchG[39], der auf höchster Betriebsebene persönliche Verantwortung für die Einhaltung des Immissionsschutzrechts herstellt und eine den Gesetzesvollzug begünstigende betriebliche Organisation verlangt. Indem der Gesetzgeber die Unternehmen zwingt, Betriebs- oder Störfallbeauftragte in ihre Betriebsorganisation einzugliedern, hofft er, ebenfalls dauerhaft Einfluß auf die Beachtung des von ihm gesetzten Rechts im Betrieb nehmen zu können. Der Betriebsbeauftragte wird zum sogenannten Überwachungsgaranten[40], der strafrechtlich mit behördlichen Amtsträgern verglichen wird.[41]

Diese Entwicklung ist bemerkenswert, wird doch hier versucht, mit den Staatszweckanliegen an die Eigenlogik von Wirtschaftsunternehmen personell oder organisatorisch „anzudocken" und die vermuteten Immunbarrieren gegen das sogenannte Ordnungsrecht intelligent zu überwinden. Der Gesetzgeber erwartet ebenso wie bei Versicherungs-, Haftungs- und Genossenschaftsmodellen[42], daß das Eigeninteresse eines Unternehmens und das Risikominderungsinteresse Dritter, wie Ver-

---

[39] Die in § 52a BImSchG vorgesehenen Mitteilungspflichten sollen die Beachtung gesetzlicher Zweckvorgaben sicherstellen.

[40] OLG Frankfurt, NJW 1987, 2753 (2756); *Hans Dahs* Zur strafrechtlichen Verantwortung des Gewässerschutzbeauftragten nach § 324 StGB, NStZ 1986, 97 ff. (99 f.).

[41] *Frank Fischer* Der Betriebsbeauftragte im Umweltschutzrecht, 1996, 225. Betrachtet man die mit der persönlichen Verantwortlichmachung verbundenen Strafandrohungen und das schärfere Haftungsrecht, so erinnert diese sich so neu gerierende Steuerungstechnik an die persönlichen Leistungszwänge der römischen Stadträte, der curiales, denen in der Spätantike wegen der drückenden Finanzforderungen des Imperiums die Gemeinden – mit dem Bild Max Webers – hinterherjagen mußten wie hinter dem entlaufenen Gemeindebullen. S. etwa *Karl Christ* Die Römer, 1994, 204 f.

[42] Zu Versicherungsmodellen: *Eberhard Bohne* Versicherungsmodelle zur Investitionsbeschleunigung und zum Abbau von Vollzugsdefiziten im Anlagenzulassungsrecht, DVBl. 1994, 195 ff. (196 f.). Zum Haftungsrecht als umweltpolitisches Steuerungsinstrument: *Gebhard Kirchgässner* Haftungsrecht und Schadensersatzansprüche als umweltpolitische Instrumente, ZfU 1992, 15 ff.; *Helmut Karl* Mehr Umweltschutz durch zivilrechtliche Umwelthaftung? – Überblick und Anmerkungen zu den jüngsten Trends im Umwelthaftungsrecht, ZAU 1993, 35 ff.; *Michael Kloepfer* Umweltschutz als Aufgabe des Zivilrechts – aus öffentlich-rechtlicher Sicht, NuR 1990, 337 ff.; *Peter Marburger* Grundsatzfragen des Haftungsrechts unter dem Einfluß der gesetzlichen Regelungen zur Produzenten- und Umwelthaftung, AcP 192 (1992) 1 ff. Zu Umweltgenossenschaften: *Alfred Endres / Peter Marburger* Umweltschutz durch gesellschaftliche Selbststeuerung, gesellschaftliche Umweltnormierungen und Umweltgenossenschaften, 1993, 116 ff.

sicherungen, die Einhaltung gesetzlicher Anforderungen sicherstellen, so daß sich die staatliche Überwachung mit ihrem öffentlich-rechtlichen Befugnisinstrumentarium in die Reserve zurückziehen kann. Dieser Idee folgt auch das Konzept des Öko-Audits für Unternehmen[43], von dem je nach Grundeinstellung Deregulation[44] oder intensiverer Gesetzesvollzug[45] erwartet werden.[46]

Ähnliche, zum Teil phantasiereiche Methoden zur organisatorischen Ausrichtung auf Gemeinwohlbelange wurden im förderalen Rundfunk-

---

[43] Verordnung (EWG) Nr. 1836/93 des Rates vom 29. 6. 1993 über die freiwillige Beteiligung gewerblicher Unternehmen an einem Gemeinschaftssystem für das Umweltmanagement und die Umweltbetriebsprüfung, ABl.EG Nr. L 168/1; s. a. das Ausführungsgesetz (Umweltauditgesetz – UAG) vom 7. 12. 1995, BGBl. I, 1591. Aus der wachsenden Begleitliteratur siehe nur *Köck* VerwArch. 87 (1996) 644 ff.; *Gertrude Lübbe-Wolff* Das Umweltauditgesetz, NuR 1996, 217 ff.; *Jens-Peter Schneider* Öko-Audit als Scharnier in einer ganzheitlichen Regulierungsstrategie, Die Verwaltung 1995, 361 ff.

[44] Die Wirtschaft selbst, aber auch hoheitliche Akteure wie der Freistaat Bayern sehen in der freiwilligen Installierung eines Umweltmanagements keinen Vollzug hoheitlicher Aufgaben durch Private, sondern Übernahme von gesellschaftlicher Eigenverantwortung, die an die Stelle der Staatsaufgabe tritt und insofern mit einem deregulativen Rückbau staatlicher Kontrollen verbunden sein soll. Siehe insofern den „Umweltpakt Bayern", Miteinander Umwelt schützen. Freiwillige Vereinbarung zwischen der Bayerischen Wirtschaft und der Bayerischen Staatsregierung mit dem Ziel eines verstärkten Umweltschutzes, 1995. In dieser Sichtweise wäre die Subsumtion des Öko-Audits unter das Thema selbstregulativen Gesetzesvollzuges im Grunde verfehlt, weil aus der Staatsaufgabe Umweltschutz ein Teilbereich der Gesellschaft zurückgegeben oder überlassen würde.

[45] In Deutschland spricht viel dafür, daß betriebliche Umwelt-Management-Systeme und in diesem Rahmen stattfindende Selbstverpflichtungen von Betrieben und Unternehmen als begrüßenswerte Ergänzung auf dem Weg zum optimierten Gesetzesvollzug begriffen und entsprechend ausgestaltet werden. Spätestens beim ersten größeren Unfall in der Chemieindustrie wird vom Versagen des Öko-Audits und von verstärkter staatlicher Kontrolle die Rede sein. Das Öko-Audit kann in vollzugsorientierter Sicht als eine zusätzliche Eigenleistung der Unternehmen verstanden werden, die sich komplementär in den behördlichen Gesetzesvollzug einfügt und diesen dadurch verbessert und erleichtert, so *Schneider* Die Verwaltung 1995, 361 ff. Zu den unterschiedlichen Erwartungshaltungen s. a. Bundesministerium für Umwelt, Öko-Audit. Umweltschutz in Eigenverantwortung und nicht mehr als Staatsaufgabe?, Wien 1995.

[46] In die eingeschlagene Richtung paßt ferner die Umweltinformationsrichtlinie und ihr innerstaatliches Umsetzungsgesetz; hier wird damit gerechnet, daß Einzelbürger und vor allem organisierte Umweltschützer Druck auf die unter der Daueranklage des Vollzugsdefizits stehende Umweltverwaltung, aber auch auf die im Anklagefall bloßgestellten Unternehmen ausüben und es somit zum Hauptinteresse der Public-Relation-Abteilung werden muß, aus den Schlagzeilen zu bleiben – der Industriekritiker würde sagen: notfalls durch strenge Beachtung gesetzlicher Vorschriften.

recht bei der Aufsicht über private Veranstalter entwickelt.[47] Der Gestaltungswille gesellschaftlicher Gruppen wird durch Beiräte in den Rundfunk getragen, die freiwillig oder durch Anordnung der Landesmedienanstalten entstehen und dem Auftrag der Sicherung der Meinungsvielfalt verpflichtet sind.[48]

6. *Selbständige Erfüllungsorganisationen*

In die Nähe der Selbstverwaltung bewegt sich der Selbstregulierungsansatz dann, wenn nicht nur partiell die Aufmerksamkeit für staatliche Vollzugsinteressen gesteigert wird, sondern Gesellschaft und Wirtschaft dazu veranlaßt werden, neue selbständige Organisationen zu bilden, deren primäre Gründungsidee in der Erfüllung öffentlicher Zwecke liegt. Dabei ist an Fälle gedacht wie die Duale System Deutschland GmbH, zu der sich § 6 Abs. 3 der VerpackVO verhält. Die Wissenschaftsförderung ist ein weiterer selbstregulativer Sachbereich[49], der sich durch eine korporative Gemengelage von öffentlichen und privaten Organisationen auszeichnet. In den Zusammenhang selbständiger Erfüllung von öffentlichen Aufgaben durch gesellschaftliche Kräfte gehört auch die Praxis, ein Netz privater Aufklärungsvereine oder Organisationen für Produktkennzeichnungen ins Leben zu rufen oder finanziell am Leben zu halten.[50]

---

[47] Landesmedienanstalten, die wie Selbstverwaltungsträger ausgelagert sind, wirken mit Veranstalter- und Betriebsgemeinschaften wie in NRW beim lokalen Rundfunk zusammen. Näher *Wolfgang Hoffmann-Riem* Öffentliches Wirtschaftsrecht der Kommunikation und der Medien, in: Reiner Schmidt (Hrsg.), Öffentliches Wirtschaftsrecht, BT I, 1. Auflage 1995, 563 ff. (624 f.).

[48] Eine typische Einschaltung privater Akteure findet statt bei dem durch den Rundfunkstaatsvertrag vorgesehenen Bericht über Medienverflechtung und Konzentration, der von einem unabhängigen Institut erstellt werden soll, wobei als Informationsquellen aber nur die Landesmedienanstalten und nicht direkt der Programmanbieter vorgesehen sind. *Hoffmann-Riem* (Fn. 47) S. 679 f. Das entstandene unübersichtliche Gesamtsystem der staatlichen Einwirkung entfernt sich deutlich von der Vorstellung eines mechanischen Gesetzesvollzuges, deshalb gedeiht hier die Rede von der *Gemeinwohlsicherung*, auf die der Staat fraglos ausgerichtet ist, auf die nunmehr aber zusätzlich auch nichtstaatliche Organe wie Beiräte verpflichtet sein sollen.

[49] *Hans-Heinrich Trute* Die Forschung zwischen grundrechtlicher Freiheit und staatlicher Institutionalisierung, 1994; *Claus-Dieter Classen* Wissenschaftsfreiheit außerhalb der Hochschule. Zur Bedeutung von Art. 5 Abs. 3 GG für außeruniversitäre Forschung und Forschungsförderung, 1994; *Friedhelm Neidhard* Selbststeuerung in der Forschungsförderung, 1988.

[50] Immer wieder wird die Idee kolportiert – so im jüngsten Programmentwurf einer Regierungspartei, Entwurf des neuen Parteiprogramms der F. D. P., siehe: Das Parlament v. 12./19. Juli 1996, S. 4. –, knappe Umweltgüter mit Lizenzen zu regle-

7. Komplementärerfüllung

Ein wichtiger innerstaatlicher Impulsgeber für die auf Selbstregulierung setzende Steuerungsform ist das Sozialrecht, das die freie Wohlfahrtspflege als organisierten gesellschaftlichen Akteur gezielt und *komplementär* in die Erfüllungsverantwortung einbindet oder die ärztliche Versorgung der sozialversicherten Bevölkerung mit einem Mischsystem aus hierarchischer Steuerung, Selbstverwaltung und Selbstregulierung gewährleistet.[51] Die Sozial- und Jugendhilfe[52] bedient sich in weitem Umfang der freien Wohlfahrtsverbände zur Erfüllung gesetzlicher Leistungsansprüche.[53] Im dadurch entstehenden Dreiecksverhältnis muß der hoheitliche Leistungsträger sowohl die Autonomie der freien Verbände achten[54] als auch die Verantwortung für die rechtmä-

---

mentieren, die in einem artifiziellen Markt, der von der Wirtschaft zu organisieren wäre, verteilt werden, wobei der Staat die kraftsparende Rolle der Dosierung übernimmt, indem er nach seinem Ermessen die Lizenzen abwertet und den Ordnungsrahmen des Handels schafft und variiert. Zu Lizenzmodellen: *John Harkness Dales* Pollution, Property and Prices, Toronto 1968; *Holger Bonus* Umweltschutz durch Umweltzertifikate, in: Umwelt 1977, 248 ff.; *Klaus Robert Kabelitz* Eigentumsrechte und Nutzungslizenzen als Instrumente einer ökonomisch rationalen Luftreinhaltepolitik, 1984; *Gerhard Maier-Rigaud* Umweltpolitik mit Mengen und Märkten, 1994; *Alfred Endres / Eckard Rehbinder / Reimund Schwarze* Umweltzertifikate und Kompensationslösungen aus ökonomischer und juristischer Sicht, 1994; *Hellmut Wagner* Effizienz des Ordnungsrechts für den Umweltschutz, NVwZ 1995, 1046 ff. (1051); *Michael Bothe* Rechtliche Voraussetzungen für den Einsatz von handelbaren Emissionszertifikaten, NVwZ 1995, 937 ff.

[51] Dazu näher *Jochem Schmitt* Leistungserbringung durch Dritte im Sozialrecht, 1990.

[52] Auch das Jugendstrafrecht kennt den eher zarten Diversionsansatz nach § 45 Abs. 2 JGG, wonach von der Strafverfolgung abzusehen ist, wenn bereits eine erzieherische Maßnahme durchgeführt oder eingeleitet ist, die in Grenzen auch von gesellschaftlichen Vereinigungen organisiert werden kann. Zum stärker selbstregulativ ausgeprägten US-amerikanischen Diversionsmodell: *Udo Dirnaichner* Der nordamerikanische Diversionsansatz und rechtliche Grenzen seiner Rezeption im bundesdeutschen Jugendstrafrecht, 1990.

[53] Nach § 3 Abs. 1 SGB VIII ist die Jugendhilfe gekennzeichnet durch die Vielfalt von Trägern unterschiedlicher Wertorientierung und die Vielfalt von Inhalten und Methoden und Arbeitsformen.

[54] Ganz im Sinne der Selbstregulierungsidee bestimmt dabei § 17 Abs. 3 Satz 2 SGB I ebenso wie § 10 Abs. 2 BSHG, daß die öffentlichen Leistungsträger die Selbständigkeit der privaten Organisationen „zu achten" haben. Aber trotz dieser gesetzlichen Regelungen bleibt unklar, welche genaue Rolle die mit der Aufgabenwahrnehmung betrauten außerstaatlichen Organisationen beim Gesetzesvollzug einnehmen. Der Beleihungsmodus will im Grunde nicht recht passen, aber über den Status bloßer Verwaltungshelfer reicht die selbständige Aufgabenerfüllung allzumal hinaus. Und wie ist der Verantwortungsbehalt der Verwaltung zu verstehen? Welche

ßige Erfüllung übernehmen[55], eine widersprüchlich angelegte Doppelrolle[56], die von § 17 Abs. 3 SGB I zum Einwirkungsauftrag sublimiert wird.[57]

III. *Umbau der Verwaltung*

Soweit die Verwaltung vollziehende Gewalt ist, trifft sie selbstregulativer Vollzug öffentlicher Zwecke unter Beibehaltung einer behördlichen Gewährleistungsverantwortung[58] in ihrem Wesenskern. Der Rückbau der Erfüllungsverantwortung begünstigt kooperative[59], informelle[60] und präzeptorale[61] Handlungsformen und dienstleistungsähnliche Organisationsformen. Es entsteht durch Verschlankung der Verwaltungsorganisation allerdings die Gefahr, daß „Gewährleistungsverantwortung"[62] oder „nachvollziehende Amtsermittlung"[63] zu einer bloßen Notarfunktion verkümmern, denn – so der weitsichtige *Ernst Forsthoff* – „es muß einleuchten, daß eine staatliche Verwaltung, welche

---

Einwirkungsgrenzen auf die privaten Einrichtungen und Organisationen hat der öffentliche Leistungsträger zu beachten?

55 Rechtsvorschriften wie § 17 Abs. 3 SGB I oder § 10 BSHG erlauben eine Verlagerung des Gesetzesvollzuges auf organisierte gesellschaftliche Kräfte. So bestimmt § 10 Abs. 5 BSHG, daß die Träger der Sozialhilfe die Verbände der freien Wohlfahrtspflege allgemein an der Durchführung ihrer gesetzlichen Aufgaben beteiligen können oder ihnen die Durchführung solcher Aufgaben übertragen können. Es schließt sich daran der Satz an, wonach die Träger der Sozialhilfe dem Hilfesuchenden gegenüber verantwortlich bleiben. Auch nach § 79 SGB VIII behalten die Träger der öffentlichen Jugendhilfe die „Gesamtverantwortung" und Gewährleistungspflichten.

56 Hier lag ein früher Hauptkritikpunkt: *Hans F. Zacher* Freiheit und Gleichheit in der Wohlfahrtspflege, 1964, 49 f.; vgl. auch *Ernst Forsthoff* (Fn. 20) S. 80.

57 Vgl. auch § 10 Abs. 3 BSHG.

58 Die Gewährleistung hat begrifflich Eingang in das Grundgesetz gefunden: Art. 87 e Abs. 4 Satz 1, Art. 87 f Abs. 1 GG.

59 *Ernst-Hasso Ritter* Das Recht als Steuerungsmedium im kooperativen Staat, in: Dieter Grimm (Hrsg.), Wachsende Staatsaufgaben – Sinkende Steuerungsfähigkeit des Rechts, 1990, 69 ff.

60 *Martin Schulte* Schlichtes Verwaltungshandeln. Verfassungs- und verwaltungsrechtsdogmatische Strukturüberlegungen am Beispiel des Umweltrechts, 1995.

61 *Udo Di Fabio* Grundrechte im präzeptoralen Staat, JZ 1993, 689 ff.

62 Die Rede ist auch von „Auffangverantwortung" und „Gesamtverantwortung". Siehe *Hans-Heinrich Trute* Verzahnungen von öffentlichem und privatem Recht, in: Wolfgang Hoffmann-Riem / Eberhard Schmidt-Aßmann (Hrsg.), Öffentliches Recht und Privatrecht als wechselseitige Auffangordnungen, 1996, 167 ff. (201 f.).

63 *Wolfgang Hoffmann-Riem* DVBl. 1994, 605 ff.; *Schneider* VerwArch. 87 (1996) 38 ff. (55 f.).

ihre Beurteilungsmaßstäbe und die Maximen ihres Handelns nicht mehr aus eigenem Wissen produziert, sondern von dritter Seite übernimmt, sich in einer wesentlich anderen Situation befindet als die Verwaltung herkömmlichen Stils"[64]. Bei sorglosem Umgang rückt die beruhigende Formulierung von der Gewährleistungsverantwortung in die Nähe der weitverbreiteten Polit-Euphemismen. Denn wer nach nur *rezipierten* Beurteilungsmaßstäben arbeitet, kann auch nur *reduzierte* Sachverantwortung tragen.[65]

Damit Maß und Richtung beim Umbau des Gesetzesvollzuges nicht verloren gehen, ist es notwendig, die neuen Steuerungsmethoden im Hinblick auf die verfassungsrechtlichen Rahmenbedingungen zu vermessen.

C. Selbstregulierung im Spannungsfeld zwischen Subsidiarität und Freiheitsgefährdung

I. Gefährdung individueller Grundrechtspositionen durch Mediatisierung staatlicher Herrschaftsausübung

Wenn die Ausgangsüberlegung zutreffend ist, daß mit Hilfe selbstregulativer Steuerung der Staat zugleich die Gesellschaft tiefer und kraftsparender zu gestalten vermag, dann drängt sich die Frage auf, welche Grenzen die Rechtsordnung diesem Unterfangen setzt. Denn es gibt mit den Worten *Peter Lerches* keine „Blankovollmacht für den einfachen Gesetzgeber (...), in den Dingen der Rangentscheidung zwischen Staat und Gesellschaft jede beliebige Lösung zu wählen"[66]. Wer tiefer gestalten will, dringt womöglich auch tiefer und intensiver in Freiheitsrechte ein, wer sich entlasten will, hat ihm vorbehaltene Vollzugspflichten und Staatsstrukturen mit ihren Ausgestaltungsaufträgen zu beachten. Die Erurierung dieser Rechtsgrenzen bekommt es in eigentümlicher Weise mit der Paradoxie selbstregulativer Gestaltungsideen zu tun, denn Selbstregulierung verkürzt und verlängert den Arm der Staatsgewalt zugleich; vergrößert und verkleinert damit den Raum grundrechtlicher Freiheitsausübung.[67]

Mit der überkommenen Grundrechtsdogmatik ist der sich hier auftuenden Staatspraxis nur schwer beizukommen. Die Rede von Steue-

---

[64] *Forsthoff* (Fn. 20) S. 76.
[65] *Forsthoff* (Fn. 20) S. 76.
[66] *Lerche* (Fn. 36) S. 29.
[67] So schon *Lerche* (Fn. 36) S. 34.

rung, Selbstregulierung und Vollzugserfolg ist eine politikwissenschaftliche, seinsbezogene Terminologie. Sie verführt in normativen Zusammenhängen zu einem technizistischen Rechtsverständnis, in dem Menschen mit ihren subjektiven Rechten Gefahr laufen, in eine Statistenrolle zu geraten. Dieser sanften Lenkung ins Technokratische wirken grundrechtliche Fragestellungen entgegen, zumal, wenn man sich auf ihre Fundamentalfunktion der Freiheitssicherung zurückbesinnt.

Die Grundrechte bilden eine Verhältnisordnung, die die Bereiche Staat und Bürger abgrenzt[68] und deshalb diese Bereiche in einem fundamentalen Sinne als getrennte voraussetzt. Die Mitgestaltung grundrechtlicher Schutzbereiche durch eingeschaltete private Verbände kann sowohl *für* die Freiheit im Sinne einer Zurückdrängung staatlicher Herrschaftsansprüche positiv verbucht als auch wegen der entstehenden Abhängigkeit des einzelnen von Organisationen und wegen des Organisierungszwangs als freiheitseinschränkend empfunden werden. Im ersteren Sinne mag man sich auf Subsidiarität und Autonomie berufen.[69] Im letzteren Sinne kann und muß demgegenüber aber auch auf den wohltuenden Fortschritt moderner Verfassungen hingewiesen werden, Distanz zwischen dem Individuum und Kollektiven geschaffen zu haben. Daß der einzelne endlich nur noch einem Akteur – dem Staat – gegenübersteht und nicht mehr notwendig in beherrschende soziale Machtzusammenhänge verwoben ist, erlaubt es überhaupt erst, den Menschen in ungeteilter Subjektivität wahrzunehmen.[70] Jede Mediatisierung der Staatsgewalt durch organisierte gesellschaftliche Kräfte bedeutet auch eine Mediatisierung individueller Freiheitsausübung durch die Macht von Kollektiven.[71] Denn: „Der Staat ist nicht der einzige Träger von Macht". Gegenüber den moralischen, politischen und ökonomischen Zumutungen kollektiven Ursprungs kann der Staat für den einzelnen auch Zuflucht sein.[72] Für den Bürger entfernt sich der Staat mit der selbstregulativen Mediatisierung staatlicher Herrschaftsausübung. Damit entrückt ein gebändigter und kontrollierter Antagonist,

---

[68] *Klaus Stern* Gedanken über den wirtschaftslenkenden Staat aus verfassungsrechtlicher Sicht, DÖV 1961, 325 ff. (327).

[69] *Josef Isensee* Subsidiaritätsprinzip und Grundgesetz, 1968. *Peter Badura* Der Sozialstaat, DÖV 1989, 491 ff.; *Klaus Stern* Staatsrecht Band I, 2. Auflage, 1984, 924 f.

[70] *Zacher* (Fn. 56) S. 131 f.

[71] *Saladin* spricht von „pouvoirs intermédiaires" und denkt dabei an Unternehmen und Verbände. *Peter Saladin* Verantwortung als Staatsprinzip, 1984, 121.

[72] *Zacher* (Fn. 56) S. 59. Vgl. auch *Hans-Heinrich Rupp* Die Unterscheidung von Staat und Gesellschaft, in: Josef Isensee / Paul Kirchhof (Hrsg.), Handbuch des Staatsrechts der Bundesrepublik Deutschland, Band I, 1987, § 28, Rdn. 52.

der eine definierte Distanz wahrt und deshalb wohltuend greifbar bleibt; ganz so wie für den Landvermesser K. das Schloß in Kafkas beklemmendem Roman umso weiter in die Ferne rückt, je dringlicher der Protagonist die Distanz zu überbrücken sucht.

II. Änderungen in Grundrechtsverhältnissen

1. Der strukturelle Zwang zur Kooperation

Die Folgewirkungen dieses Distanzverlustes auf Grundrechtsverhältnisse sind vielfältig. Eine vom Eingriffsdenken nicht immer faßbare Relativierung des Grundrechtsschutzes tritt ein, wenn der einzelne abhängig von gesellschaftlichen Verbänden wird. Das Korsett des Tarifsystems[73] – staatsentlastend und selbstregulativ wie es ist – bestimmt die Berufs- und Unternehmerfreiheit maßgeblich und wirkt für den einzelnen auch dort als kollektive Freiheitseinschränkung, wo der Staat nicht wie mit Allgemeinverbindlichkeitserklärungen seine Herrschaftsgewalt mit ins Feld führt. Gesellschaftliche Selbstregulierung im Dienst staatlicher Steuerungsziele begünstigt oder erfordert regelmäßig die Bildung von Organisationen und ihren Zusammenschluß, sei es, um überhaupt als berechenbarer Partner des Staates anerkannt zu werden, sei es, um die sachlichen Voraussetzungen für die öffentliche Aufgabenerfüllung zu schaffen.[74] Auch freiwillige Selbstverpflichtungen der Wirtschaft[75] setzen gleichsam naturgemäß einen koordinierenden und diszi-

---

[73] Im Hinblick auf die Tarifvertragsparteien ist in der Zeit nach 1918 vorgeschlagen worden, sie als öffentlich-rechtliche Zwangsverbände zu organisieren. Dazu *Dieter Reuter* Betriebsverfassung und Tarifvertrag, RdA 1994, 152 ff. (160). Auch der Blick in die gemeinsame Selbstverwaltung der Kassenärzte zeigt Affinitäten zur Tarifautonomie – und auch ähnliche Fehlentwicklungen –, das gesetzliche Krankenversicherungswesen insgesamt kann aber nicht einheitlich der Selbstverwaltung zugeschlagen werden, es handelt sich um ein Mischsystem aus hierarchischer Steuerung, Selbstverwaltung und Selbstregulierung.

[74] § 6 Abs. 3 der VerpackVO beispielsweise setzt ein System der Sammlung und Verwertung von Verpackungsabfall voraus. § 17 Abs. 3 SGB I erkennt für die Ergänzungszusammenarbeit nur Einrichtungen und Organisationen an. Die staatliche Forschungsförderung durch rechtlich selbständige Einrichtungen wie der DFG bedingt institutionelle Mitarbeit von Forschern und Forschungseinrichtungen. Für den einzelnen Forscher, der als Berechtigter im Zentrum von Art. 5 Abs. 3 GG steht, macht es indes nur graduelle Unterschiede, von der Geldverteilung durch staatliche oder durch gemischt staatlich-gesellschaftliche Organisationen abhängig zu sein. Zur personellen Referenz der Forschungsfreiheit: *Classen* (Fn. 49) S. 246.

[75] Selbstverpflichtungen der Wirtschaft sind vor allem im Umweltbereich wichtig, *Michael Kloepfer* Umweltschutz als Verfassungsrecht: Zum neuen Art. 20 a GG, DVBl. 1996, 73 ff.; *ders.* Zu den neuen umweltrechtlichen Handlungsformen des Staates, JZ

plinierenden Verband voraus.[76] Der sanfte Zwang zum Zusammenschluß und zur Kooperation läßt Netze der wechselseitigen Abhängigkeit entstehen, und es ist dann nicht angeraten, selbstbewußt sein Recht zu suchen; wer den anderen braucht und auf künftige Vorteile rechnen darf, hält sich mit dem scharfen Schwert der Klage zurück; in kooperative Flechtwerke fällt selten das Licht richterlicher Entscheidungsrationalität.

Für den einzelnen hat nicht nur unmittelbar der Organisierungs- und Kooperationsdruck Bedeutung, instrumentelle Selbstregulierung gestaltet auch das vorfindliche Feld grundrechtlicher Betätigung, etwa indem Wettbewerbsbedingungen verändert werden. Im Bereich wirtschaftlicher Selbstregulation wirkt der Staat mit seinem Erfüllungs- und Gemeinwohlinteresse regelmäßig deformierend auf den freien Wettbewerb ein.[77] Der Staat begünstigt mit selbstregulativer Steuerungstechnik die Entstehung artifizieller Märkte wie in der Abfallwirtschaft und greift in den freien Wettbewerb bis hin zur Herbeiführung faktischer Monopolstellungen ein. Der Druck auf das Kartellrecht nimmt zu, für die Verwirklichung öffentlicher Aufgaben Ausnahmen zu machen.[78] Auch in der Sozialverwaltung ist längst eine Monopolisierung dahin gehend entstanden, daß Interessen des einzelnen von Hilfs- und Selbsthilfegruppen für ihn kollektiv gebündelt und nach außen geltend gemacht werden.[79]

2. *Die Entstehung mehrpoliger Grundrechtsbeziehungen*

Durch das Dreiecksverhältnis von Staat, Organisation und Individuum entsteht eine Mehrpoligkeit der grundrechtlichen Wirkungsbezie-

---

1991, 737 ff. (739 f.). S. aber auch die Freiwillige Selbstkontrolle für den Bereich Fernsehen, *Rossen* ZUM 1994, 224 ff.

[76] *Brohm* (Fn. 19) spricht von „genossenschaftlicher Selbstdisziplinierung".

[77] Dem regelnden Staat sind einheitliche und überschaubare Organisationen schon deshalb willkommen, weil sie sich besser kontrollieren lassen. Das Duale System der Verpackungswirtschaft ist schwer zu überblicken, so daß es für die Aufsichtsbehörden der Länder wohltuend ist, wenn sie es nur mit einer juristischen Person des Privatrechts zu tun haben, die dann aber mißtrauisch vom Bundeskartellamt betrachtet wird, weil den Entfaltungsmöglichkeiten unternehmerischer Initiative im Bereich der Abfallverwertung Grenzen durch die Organisationsmacht des Monopols gesetzt werden.

[78] *J. F. Baur* Kooperative Wirtschaftslenkung und Kartellrecht, in: FS Otto-Fiedrich Frhr. v. Gamm, 1990, 525 ff.; *Winfried Brohm* Rechtsgrundsätze für normersetzende Absprachen, DÖV 1992, 1025 ff.

[79] Für Selbsthilfegruppen s. etwa *Sabine Schafft* Die Bewältigung von Krebserkrankungen in Familie und medizinischer Versorgung: Der „schwarze Peter" der Selbst-

hungen. Während dem Staat selbst mit entschlossener Geste die Berufung auf Grundrechte aus guten Gründen verwehrt wird[80], sind diejenigen, die an seine Stelle treten, nicht Grundrechtsgebundene, sondern Grundrechtsträger.[81] Für den einzelnen Bürger wird damit der Weg zur Durchsetzung grundrechtlicher Abwehr- oder Leistungsansprüche länger und kann in relativierenden Abwägungen enden.[82] Ein freier Träger der Jugendhilfe kann sich auf Grundrechte berufen[83], sicherlich auf Art. 9 Abs. 1, auf Art. 2 Abs. 1, möglicherweise auch auf Art. 4 des Grundgesetzes.[84] Aber sein freiheitlicher Aktionsradius ist verengt. Er verzichtet im Falle freiwilliger Kooperation auf einen Teil seiner Freiheit zur Grundrechtsausübung.[85] Die Kooperation von Staat und Gesellschaft nötigt dem Staat einen Teilverzicht auf imperative Herrschaftsmittel ab, im Gegenzug muß die in der Gesellschaft wurzelnde Organisation in dem Maße auf Freiheit verzichten, wie sie Staatszwecke als verbindlich anerkennt.[86] Aber der Grundrechtsverzicht ist ebenso

---

hilfegruppen, in: Franz-Xaver Kaufmann (Hrsg.), Staat, intermediäre Instanzen und Selbsthilfe, 1987, 143 ff. (154).

[80] S. nur etwa *Rupp* (Fn. 72) Rdn. 31.

[81] Für den Fall der Beleihung *Steiner* (Fn. 30) S. 59.

[82] Warnend bereits *Scheuner* VVDStRL 11 (1954) 1 ff. (38); *Gallwas* Die Erfüllung von Verwaltungsaufgaben durch Private, VVDStRL 29 (1971) 211 ff. (216 f.).

[83] *Ernst-Wolfgang Böckenförde* Grundrechtsgeltung gegenüber Trägern gesellschaftlicher Macht?, in: Rudolf Wassermann / Diether Posser (Hrsg.), Freiheit in der sozialen Demokratie, 1975, 77 ff. Eine Verschiebung der Grundrechtspflichtigkeit auf Erfüllungsorganisationen wird diskutiert, aber abgelehnt bei *Hans-Joachim Menzel* Legitimation staatlicher Herrschaft durch Partizipation Privater, 1980, 265 ff.

[84] *Max-Emanuel Geis* Die öffentliche Förderung sozialer Selbsthilfe. Verfassungsrechtliche Grundlagen und verwaltungsrechtliche Ausgestaltung, 1997, B. I. 3. a), 96. Es kann zwischen unspezifischen Grundrechten und solchen unterschieden werden, die zum grundrechtlich geschützten Identitätskern der Organisation etwa im Fall der Religions- oder der Wissenschaftsfreiheit gehören. Für die Caritas der Kirchen: *Josef Isensee* Die karitative Betätigung der Kirchen und der Verfassungsstaat, in: Joseph Listl / Dietrich Pirson (Hrsg.), Handbuch des Staatskirchenrechts der Bundesrepublik Deutschland, Zweiter Band, 2. Auflage 1995, § 59, 665 ff. (705 ff.).

[85] Ein freier Träger verzichtet zum Teil auf die Grundrechtsausübung, wenn er sich in eine kooperative Bindung zum Staat begibt, indem er egalisierende amtliche Richtlinien befolgt und auf das Grundgesetz verpflichtet wird (§ 75 Abs. 1 Nr. 4 SGB VIII). Zur schillernden Figur des Grundrechtsverzichts: *Klaus Stern* Staatsrecht Band III/2, 1994, § 86; *Jost Pietzcker* Die Rechtsfigur des Grundrechtsverzichts, Der Staat 17 (1978) 527 ff.

[86] Die erforderliche Freiwilligkeit für einen Grundrechtsverzicht kann entfallen, wenn Verbände in existenzielle Abhängigkeit vom Staat geraten. Der Grundrechtsverzicht muß freiwillig erfolgen. Setzen Verwaltungsträger ihre Übermacht ein, um einseitig sie begünstigende vertragliche Regelungen durchzusetzen, können an der Freiwilligkeit Zweifel entstehen. Dazu näher: *Volker Neumann* Freiheitsgefährdung

wenig wie der staatliche Herrschaftsverzicht ein vollständiger. Grundrechte der gesellschaftlichen Organisationen, die öffentliche Aufgaben erfüllen, können deshalb gleichwohl eine Sperrwirkung für staatliche und das heißt immer auch demokratische Kontrolle entfalten.

3. *Materielle Grundrechtsgefährdung durch Selbstregulative*

Dort, wo gesellschaftliche Organisationen Behörden und Gerichten ihre Hilfe anbieten, sei es beim Kinder- und Jugendschutz oder in der Schwangerschafts- und Familienberatung, ist nicht ausgemacht, ob diese Staatsentlastung nicht bedenklich auf die Grundrechtspositionen Betroffener einwirkt. Der vom Gesetzgeber gewollte und von Verfassungs wegen geforderte Schutz des ungeborenen Lebens schlägt ins Gegenteil, wenn die Schwangerschaftsberatung eine junge Frau auf Abtreibung drängt. Umgekehrt sehen andere die freie Willensentschließung der Schwangeren gefährdet, wenn Beratung durch katholische Stellen erfolgt.[87] Ideologisch gefärbte Gutachten von Kinderschutzorganisationen können in Verwaltungs- und Gerichtsverfahren nicht nur Verwirrung stiften, sondern auch Grundrechte gefährden.[88] Gefährdungslagen für die Religionsfreiheit können entstehen, wenn privaten Vereinen durch staatliche Kampagnenfinanzierung der Kampf gegen das Sektenwesen und für die „Psychohygiene" zur Aufgabe gemacht wird.[89] Für den Betreiber einer genehmigungsbedürftigen Anlage mit seinen Grundrechten aus Art. 12 und 14 GG ist es nicht belanglos, ob er Betriebs- und Geschäftsgeheimnisse einem Beamten der staatlichen Gewerbeaufsicht offenbaren muß oder dem Ingenieur einer Privatfirma, der vielleicht schon morgen bei der Konkurrenz tätig wird oder der ein wirtschaftliches Interesse an möglichst eingehender Überprüfung aller Unterlagen hat, weil seine Firma nach aufgewendeter Arbeitszeit bezahlt wird.

Man muß nicht gleich in die Rolle der Kassandra schlüpfen, um die Gefahr einer schleichenden Verformung grundrechtlicher Schutzfunktionen für die individuelle Freiheit dort zu fürchten, wo eine osmotische Verschränkung staatlicher Herrschaftsgewalt mit gesellschaftlichen

---

im kooperativen Sozialstaat, 1992, 417 f., unter Berufung auf BVerfG, NJW 1990, 1469 ff.

[87] Die Verweigerung öffentlicher Finanzmittel wird aus diesem Grunde gefordert. So die nordrhein-westfälischen Grünen/Bündnis 90, FAZ vom 26. Sept. 1996, Nr. 225, S. 7.

[88] Einen ähnlichen Hinweis gibt bereits *Gallwas* VVDStRL 29 (1971) 211 ff. (217).

[89] BVerwGE 90, 112 ff.

Kräften stattfindet.[90] Die Verheißung, daß die gesellschaftliche Entdifferenzierung der Staatsgewalt ein Instrument sei, die Bürger aus der Position der Untertanen unmittelbarer in die Subjektrolle zu befördern, als das die Idee und die Wirklichkeit der repräsentativen Demokratie vermögen, könnte sich als weitere identitäre Utopie erweisen.[91]

4. *Grundrechtliche Grenzen selbstregulativer Inpflichtnahme*

Unmittelbar in Grundrechte eingegriffen wird durch denjenigen Umbau staatlicher Wirtschaftsüberwachung, der auf eine Neuverteilung von Verantwortungslasten zielt und die Last der Gesetzmäßigkeitskontrolle auf die Überwachungsunterworfenen verlagert. Die hier in Umlauf befindlichen Vokabeln wie „Stärkung der Eigenverantwortung", „Eigenüberwachung", „kooperative" oder „konsensuale" Verwaltung wecken angenehme Gefühle, verdecken aber mitunter Eingriffslagen. Die Grundrechte schützen auch vor hoheitlich auferlegter „Eigenverantwortung". Die Verlagerung der Erfüllungslasten vom Staat auf die Gesellschaft ist rechtfertigungsbedürftiger Freiheitseingriff und nicht deklaratorische Bestätigung von – in die Verfassung hineininterpretierten – Verantwortungszurechnungen.[92] Daß dies auch für den Umweltschutz gilt, bekräftigt Art. 20 a des Grundgesetzes.[93]

---

[90] Warnungen galten zunächst entsprechenden Phänomenen des Wohlfahrtsstaates, *Forsthoff* (Fn. 20) S. 36; *ders.* Rechtsfragen der leistenden Verwaltung, 1959, S. 18. Heute ist die Agenda osmotischer Beziehungsgefüge vor allem durch das Umwelt- und Risikoverwaltungsrecht erweitert. Gerade das Umweltrecht scheint in seiner monothematischen Rechtsgutperspektive zu verführen, Wirtschaftsgrundrechte wegzuinterpretieren und in ein Feld multilateraler Betroffenheit aufzulösen. Vgl. etwa *Hoffmann-Riem* DVBl. 1994, 605 ff. (607).

[91] Die Realitätswahrnehmung korporativer pluralisierter Gremien und ihre darauf gründende Gemeinwohlinterpretation muß nicht besser sein als in der traditionellen Staatsverwaltung; und daß der Geist der Freiheit dort besonders gedeiht, wo gruppenorientierte Rechtfertigungszwänge und die nivellierende Macht der Anpassung an die Gruppenidentität herrschen, mag glauben wer will.

[92] In manchen Fällen wird diese Rechtfertigung fragwürdig. So blieb es nicht unumstritten, ob das Luftverkehrsgesetz zu Recht den Luft- und Flughafenunternehmen die Gefahrenabwehr gegen terroristische Anschläge auf den Luftverkehr in Eigenverantwortung als sogenannte Eigensicherung übertrug. Siehe insoweit §§ 19 b und 20 a LuftVG sowie die Luftsicherheitsverordnung vom 17. 5. 1985, BGBl. I, 788. Dazu näher: *Fritz Ossenbühl* Eigensicherung und hoheitliche Gefahrenabwehr, 1981. S. a. die Regierungsbegründung zum 9. Änderungsgesetz zum Luftverkehrsgesetz, BT-Drucks. 8/3431 S. 10; BVerwG, ZLW 1986, 67; NVwZ 1989, 864. Allgemein: *Christian Bracher* Gefahrenabwehr durch Private, 1987; *Lothar Mahlberg* Gefahrenabwehr durch gewerbliche Sicherheitsunternehmen, 1988; *Siegfried Schiller / Fritz Drettmann* Probleme einer gesetzlichen Verpflichtung zur Eigensicherung gefährdeter Ob-

Rechtsvorschriften, die einem Betrieb eine aufwendige Organisationsform abverlangen, die ihn zwingen, Beauftragte zu bestellen, Alarmpläne zu erlassen, private Gutachter oder Sachverständige zu beauftragen und zu entlohnen, können im Sinne einer Beschneidung unternehmerischer Dispositionsfreiheit ebenso tief in das Grundrecht der Berufsfreiheit eingreifen, wie es präventive Verbote oder spezielle Anforderungen an Anlagen oder Produkte tun.[94] Aber die Belastung ist subtiler, erfolgt häufig sukzessive und seltener in Form des prozessual gut bekämpfbaren Verwaltungsaktes, sondern durch Gesetz und unter dem Geleitschutz des Verursacher- und des Vorsorgeprinzips[95]

---

jekte, DVBl. 1977, 956 ff.; *Wolfgang Hoffmann-Riem* Übergang der Polizeigewalt auf Private?, ZRP 1977, 277 ff.; *Peter Schneider* Die Abwehr äußerer Gefahren im Luftverkehr, 1993. Eine solche gesetzliche Formulierung von Verwaltungspflichten knüpfte nicht an die Gefährlichkeit eines Objekts an, sondern an dessen Gefährdung durch Einwirkung Dritter. Insofern konnte der Gesetzgeber zur Rechtfertigung dieses Eingriffs in Art. 12 und 14 GG nicht auf polizeirechtlich tradierte Verantwortungsstrukturen zurückgreifen, vielmehr mußten die vernünftigen Gründe des Gemeinwohls in der besonderen Sach- und Fachkenntnis und in der besonderen Ablaufnähe der zur Eigensicherung herangezogenen Privaten gesucht werden. Vgl. BT-Drucks. 8/3431, S. 17 f.

[93] *Kloepfer*, DVBl. 1996, 73 ff.; *Arnd Uhle* Das Staatsziel „Umweltschutz" im System der grundgesetzlichen Ordnung, DÖV 1993, 947 ff.; *Ulrich Becker* Die Berücksichtigung des Staatsziels Umweltschutz beim Gesetzesvollzug, DVBl. 1995, 713 ff.; *Heinz-Joachim Peters* Art. 20 a – Die neue Staatszielbestimmung des Grundgesetzes, NVwZ 1995, 555 ff.

[94] Zu sonstigen bereits früher eingeschlagenen Wegen einer Verantwortungsabbürdung: BVerfGE 22, 380 ff.; 30, 292 ff.

[95] Zum umweltrechtlichen Vorsorgeprinzip: *Bernd Bender* Gefahrenabwehr und Risikovorsorge als Gegenstand nukleartechnischen Sicherheitsrechts, NJW 1979, 1425 ff.; *Udo Di Fabio* Voraussetzungen und Grenzen des umweltrechtlichen Vorsorgeprinzips, in: Max Dietrich Kley / Eckart Sünner / Arnold Willemsen (Hrsg.), FS Wolfgang Ritter, 1997, S. 807 ff.; *Gerhard Feldhaus* Der Vorsorgegrundsatz des Bundesimmissionsschutzgesetzes, DVBl. 1980, 133 ff.; *Roland Fleury* Das Vorsorgeprinzip im Umweltrecht, Diss. jur., Erlangen/Nürnberg 1995; *Eberhard Grabitz* Zweck und Maß der Vorsorge nach dem Bundesimmissionsschutzgesetz, WiVerw 1984, 232 ff.; *Matthias Germann* Das Vorsorgeprinzip als vorverlagerte Gefahrenabwehr, 1993; *Michael Kloepfer* Umweltrecht, 1988, 74 ff.; *Ernst Kutscheidt* Immissionsschutzrechtliche Vorsorge und Drittschutz, in: Bernd Bender / Rüdiger Breuer / Fritz Ossenbühl / Horst Sendler (Hrsg.), Rechtsstaat zwischen Sozialgestaltung und Rechtsschutz, FS Konrad Redeker, 1993, 439 ff.; *Moltke* The Vorsorgeprinzip in West German Environmental Policy, London/Bonn 1987; *Fritz Ossenbühl* Vorsorge als Rechtsprinzip im Gesundheits-, Arbeits- und Umweltschutz, NVwZ 1986, 161 ff.; *Frank Petersen* Schutz und Vorsorge, 1993; *Hans-Werner Rengeling* Die immissionsschutzrechtliche Vorsorge, 1982; *ders.* Umweltvorsorge und ihre Grenzen im EWG-Recht. Zu Grenzwerten für Pflanzenschutzmittel in der EWG-Richtlinie über die Qualität von Wasser für den

mit deren vorgestanzten Rechtfertigungen für strukturelle Eingriffe in Wirtschaftsgrundrechte.[96] Jeder, der wirtschaftlich handelt, insbesondere wenn er produziert und gestaltet, kann als Risikoerzeuger beinah umstandslos in die Eigenverantwortung genommen werden.[97] Ganz allgemein gilt aber: Rechtfertigungsgrund für abbürdende Erfüllungspflichten darf nicht allein die Staatsentlastung sein. Vielmehr müssen öffentlicher Zweck und der Grund für die Eigenverantwortung in einem engen sachlichen Zusammenhang stehen, damit die Sonderbelastung einzelner oder einzelner Gruppen gerechtfertigt werden kann.[98]

Selbstregulierung erzwingende Grundrechtseingriffe sind unabhängig von ihrer Rechtfertigung unzulässig, wenn sie in vorhersehbarer Weise die Grundvoraussetzungen der jeweiligen Freiheitsbetätigung zerstören.[99] Es besteht eine Parallelle zu den Grenzen der Ausgestaltung des Eigentums [100], die bei anderen Grundrechten wie der Berufsfreiheit früher erreicht sein können. Das Interesse eines Unternehmens am Fortbestand als Wertschöpfungseinheit und damit sein Rentabilitätsinteresse darf ebenso wenig zerbrochen werden[101] wie die ideelle Identität von Wohlfahrtsverbänden oder die politische von Umweltschutz-

---

menschlichen Gebrauch, 1989; *Hans-Heinrich Trute* Vorsorgestrukturen und Luftreinhaltung im Bundesimmissionsschutzgesetz, Diss. jur., Heidelberg 1989; *Berthold Viertel* Vorsorge im Abwasserrecht, 1995; *Rainer Wahl / Ivo Appel* Prävention und Vorsorge. Von der Staatsaufgabe zur rechtlichen Ausgestaltung, in: Rainer Wahl (Hrsg.), Prävention und Vorsorge, 1995, 1 ff.

[96] Zu Rechtfertigungsgründen bei der Bestimmung der Sozialbindung des Eigentums *Fritz Ossenbühl* Die Erfüllung von Verwaltungsaufgaben durch Private, VVDStRL 29 (1971) 137 ff. (179 f.).

[97] Im modernen Umweltrecht mit seiner monothematischen Sichtweise ist im Grunde keine funktionierende Wirtschaftseinheit davor gefeit, auf ihre Frage, warum gerade sie mit Selbstüberwachungsaufwendungen belastet werde, eine prompte Antwort zu erhalten. Siehe insoweit die Fragestellung bei *Karl Heinrich Friauf* Öffentliche Sonderlasten und Gleichheit der Steuerbürger, in: Institut für Völkerrecht und ausländisches öffentliches Recht der Universität zu Köln (Hrsg.), FS Hermann Jahrreiß zum 80. Geburtstag, 1974, 45 ff. (65).

[98] *Ossenbühl* VVDStRL 29 (1971) 137 ff. (181).

[99] Parallelen bestehen insofern auch zur Mitbestimmungsgesetzgebung, in deren Zusammenhang die Funktionsfähigkeit des Unternehmens begrenzende Richtschnur für die konkrete Ausgestaltung sein muß, BVerfGE 50, 290 (334 f., 352, 357).

[100] Zur „Erdrosselungswirkung": BVerfGE 23, 288 (314 f.); 30, 250 (271 f.); 63, 312 (327).

[101] *Thomas von Danwitz* Vom Verwaltungsprivat- zum Verwaltungsgesellschaftsrecht – zu Begründung und Reichweite öffentlich-rechtlicher Ingerenzen in der mittelbaren Kommunalverwaltung, AöR 120 (1995) 595 ff. (612), unter Berufung auf die Lehre vom Unternehmensinteresse.

gruppen.[102] Die Pflicht, die Funktionslogik des gesellschaftlichen Subsystems zu respektieren, ist der Preis für die vertiefte und die eigenen Ressourcen schonende Steuerung. Verbunden damit ist der Abbau eines kohärenten, souveränen und wertgeleiteten Staatswillens, weil außerstaatliche Identitäten, seien sie wirtschaftlicher, ideeller, politischer oder religiöser Art, vom Staat im Rahmen eines erweiterten Gesetzesvollzuges zu achten sind und ihm demgemäß Neutralität aufnötigen.[103]

5. *Verhältnismäßigkeitsprüfung diffuser Wirkungsbeziehungen*

Ein vom Denkansatz an sich leicht nachzuvollziehender Vorzug selbstregulativen Staatshandelns liegt in der vorgeblichen strukturellen Verhältnismäßigkeit dieses Mittels. Wenn der Staat es für ökologisch sinnvoll hält, Windmühlen zu fördern, könnte er den deutschen Stromerzeugern aufgeben, einen bestimmten Prozentsatz der Energieproduktion der Windkraft vorzubehalten. Dies wäre ein rechtfertigungsbedürftiger imperativer Eingriff in die Berufsfreiheit der Energieerzeuger. Aber ist es nicht ungleich schonender, wenn das Stromeinspeisungsgesetz[104] nur eine Abnahmepflicht für die von Dritten regenerativ erzeugte Energie zu bestimmten Vergütungskonditionen den Energieversorgungsunternehmen vorschreibt? Damit wird für Dritte dasjenige rentabel gemacht, was für die Energieversorger nicht rentabel schien. Und wenn die dergestalt belasteten etablierten Energieversorger dem neuen Windradbetreiber die Rendite nicht gönnen, errichten sie vielleicht doch selbst Windmühlen, ganz ohne imperativen Zwang. In der Tat mag dies ein milderes Mittel sein, um das gesetzgeberische Ziel der Förderung regenerativer Energien zu verwirklichen.[105] Aber ein solch

---

[102] Dies gilt allgemein wegen Art. 9 Abs. 1 GG oder verstärkt im Falle besonderer grundrechtlicher Garantien, wie etwa für die Religionsfreiheit, wobei die Kirchen auch in ihrer Autonomie durch Art. 140 GG i. V. m. Art. 137 Abs. 3 Satz 1 WRV geschützt sind. *Isensee* (Fn. 84) S. 724 ff.

[103] Gegenüber den multiplen ideellen Zielen von Organisationen, die den Staat etwa im Wohlfahrtsbereich entlasten, muß der Staat sich mit eigenen Wert- und Erziehungsprogrammen zurückhalten, weil er die jeweilige Eigenlogik der ihn entlastenden Organisationen achten muß.

[104] Gesetz über die Einspeisung von Strom aus erneuerbaren Energien in das öffentliche Netz vom 7. 12. 1990, BGBl. I, 2633, geändert durch Gesetz vom 19. 7. 1994, BGBl. I, 1622.

[105] So *Hoffmann-Riem* Die Verwaltung 1995, 425 ff. (440), der aber nicht verhehlt, daß es sich gleichwohl um ein „regulatives Diktat" handele (a. a. O., S. 439). S. a. *Hans-Wolfgang Arndt* Zur finanzverfassungsrechtlichen Zulässigkeit subventionierender Vergütungen nach dem Stromeinspeisungsgesetz vom 7. Dezember 1990, RdE 1995, 41 ff.

„intelligentes" Steuerungsinstrument löst auch rechtliche Bedenken aus. Indirekte Regulierungen sind nicht genau berechenbar; die durch Art. 3 Abs. 1 GG geforderte Gleichmäßigeit der Lastenverteilung ist vom Staat schwerlich durchzusetzen, wenn der Umfang der Belastung vom ungewissen Verhalten Dritter abhängt. Wenn über den Preis die Kosten selbstregulativer Politik – hier nicht anders als beim Dualen System der Verpackungsverordnung – schließlich beim Endverbraucher „angelastet" werden, ergibt sich die weitere Frage, ob denn auch für ihn die schonendste Variante staatlicher Handlungsmöglichkeiten gewählt wurde. Das Risiko von Fehlallokationen und Fehlinvestitionen – dies zeigt die zunehmend selbstregulativ verfaßte Abfallwirtschaft – wird bei artifiziellen Märkten über den Preis beim Bürger und der Volkswirtschaft abgeladen.[106] Das gefeierte Bündnis von Staat und Wirtschaft könnte den Bürger in die Rolle des zahlenden Zaungastes versetzen, der – und dies ist für die Frage der Verantwortungszurechnung nicht unwesentlich – gar nicht genau weiß, warum er mehr als bisher zahlen muß. Hier lauern Verdunkelungsgefahren indirekter Steuerung.[107] Staatliches Handeln entzieht sich, wie schon bei der präzeptoralen Informationspolitik sichtbar wurde, der grundrechtlichen Eingriffstypik, auf die effektiver Grundrechtsschutz angewiesen ist.

III. Staatsaufsicht über Selbstregulative als Grundrechtsgebot

Derlei Bedenken müssen ernster als bislang genommen werden, sie münden aber nicht in ein Verdikt gegen den immer deutlicher eingeschlagenen Weg, gesellschaftliche Selbstregulierung als staatliche Steuerungsreserve einzusetzen. Es gilt jedoch zu erkennen, daß in grundrechtssensiblen Bereichen Grenzen für den Teilrückzug des Staates gezogen sind und daß seine Gewährleistungsverantwortung sich in handfesten Aufsichtsbefugnissen und in der Pflicht, diese Aufsicht auch tatsächlich wahrzunehmen[108], niederschlagen muß, soll nicht der an-

---

[106] Dies liegt in der Logik selbstregulativer Gesetzgebung, weil der Staat sich ja entlasten wollte und deshalb Verluste nicht aus öffentlichen Haushalten beglichen werden und der Staat zugleich dafür zu sorgen hat, daß der wirtschaftliche Prozeß der Selbstregulierung nicht mangels Rentabilität zum Erliegen kommt.

[107] „Der Staat kann den Bürger um seine Rechte bringen, nicht nur indem er sie ihm entzieht, sondern auf viel subtilere Weise, indem er sie – jedenfalls vielen – unsichtbar macht". *Ossenbühl*, VVDStRL 29 (1971) 137 ff. (171). S. a. *Walter Leisner* Auf dem Weg zum unsichtbaren Staat, in: Johannes Hengstschläger u. a. (Hrsg.), Für Recht und Staat, FS Herbert Schambeck, 1994, 295 ff.

[108] Zur Notwendigkeit eines entsprechenden Wandels der Staatsaufsicht: *Gunnar Folke Schuppert* Privatisierung und Regulierung – Vorüberlegungen zu einer Theorie der Regulierung im kooperativen Verwaltungsstaat, Diskussionspapier, 1996, 9 ff.

spruchsvolle Begriff der Gewährleistungsverantwortung zur hohlen Beruhigungsvokabel verkümmern. Dieser Befund einer verfassungsrechtlichen Gefährdungslage für das allgemeine Grundrechtsrechtsverhältnis zwischen Bürger und Staat muß zudem Niederschlag in der verwaltungsdogmatischen Systembildung finden.[109] Es gilt, die öffentliche Gewalt auch dort zu identifizieren und ihre Verfassungsbindung durchzusetzen, wo sie sich in die Rolle des aus der Ferne Bewirkenden und Fäden Spinnenden zurückzieht.

D. Vereinbarkeit mit dem Demokratieprinzip

Sowohl die Externalisierung von Staatszwecken als auch die Inkorporierung unabhängiger gesellschaftlicher Kräfte in den Prozeß des Verwaltungshandelns wirft die Frage auf, bis zu welchem Punkt ein solcher Umbau möglich ist, ohne das Demokratieprinzip zu verletzen. Schon früh ist erkannt worden, daß die weit ausholende Verschiebung von öffentlicher Zweckerfüllung aus dem Bereich speziell demokratisch legitimierter und kontrollierter Gebilde in einen Bereich prinzipiell freier Verbandsgestaltung auf Kosten des demokratischen Staates gehe.[110] Indes verbieten sich eilige pauschalierende Aussagen. Dies vor allem, weil in der hier thematisierten Zwischenzone gar nicht so einfach auszumachen ist, ob lediglich die Rückübertragung von Freiheiten und Pflichten in Rede steht, oder ob es sich um mediatisierte und womöglich camouflierte Staatsgewalt handelt.

Die einfachgesetzliche Ausgestaltung ist zu einem Teil eine Frage rechtspolitischer Opportunität, zu einem anderen Teil aber greifen die Vorgaben des Demokratieprinzips. Der für die Wirkung des Demokratieprinzips einschlägige Schlüsselbegriff ist der der Staatsgewalt. Da nach Art. 20 Abs. 2 Satz 1 GG alle Staatsgewalt vom Volke ausgeht, muß sie sich in jeglicher Erscheinungsform auf das Volk zurückführen lassen. Dies führt zu dem zwingenden Gebot, daß jede Emanation von Staatsgewalt in einer ununterbrochenen Legitimationskette auf das

---

[109] Dies gilt auch für die Staatshaftung, denn jede Mediatisierung der öffentlichen Gewalt durch instrumentelle Selbstregulierung wirft die Frage auf, ob der Staat nur noch für Auswahlentscheidungen haftet und ob und inwieweit ihm Organisationsverschulden zugerechnet werden kann. Siehe bereits für die Verwaltungshilfe *Ossenbühl* VVDStRL 29 (1971) 137 ff. (196 ff.); *Gallwas* VVDStRL 29 (1971) 211 ff. (217).

[110] *Lerche* (Fn. 36) S. 33; *Hoffmann-Riem* ZRP 1977, 277 ff. (278 f.); *Horst Dreier* Hierarchische Verwaltung im demokratischen Staat, 1991, 303 f.

Staatsvolk zurückführbar sein muß, so daß kein konkretes Amt unverbunden neben dieser Kette stehen darf.[111]

Aber was genau ist die Ausübung öffentlicher Gewalt? Üben Normungsorganisationen öffentliche Gewalt aus, wenn sie die grundlegenden Sicherheitsanforderungen für Kinderspielzeug oder Herzschrittmacher konkretisieren und damit den maßgeblichen Sicherheitsstandard fixieren? Übt der Umweltgutachter öffentliche Gewalt aus, wenn er die Umweltverträglichkeitsprüfung sachlich vornimmt und mit seiner Bewertung der Genehmigungsbehörde vorlegt? Übt die Duale System Deutschland GmbH öffentliche Gewalt aus, wenn sie Lizenzgebühren erhöht oder sich weigert, beim Verbraucher dessen gelbe Müllsäcke einzusammeln? Fest steht, daß die öffentliche Aufgabe nicht mit öffentlicher Gewalt identisch ist. Ebenso fest steht aber auch, daß der Staat, der mit seiner Ausgestaltung der Rechtsordnung Organisationen faktisch mächtig macht und ihnen die Erfüllung von öffentlichen Aufgaben überträgt, die Privatrechtsordnung mit Elementen öffentlicher Gewalt imprägniert; man ist fast versucht, einen Kampfbegriff der achtundsechziger Kulturrevolution zu bemühen und von „struktureller Gewalt"[112] zu sprechen.

Wenn Staatsgewalt in hybriden Organisationsverhältnissen verschlungene Wege geht, verlangt das Demokratieprinzip eine Ausgestaltung, die entweder effektive parlamentarische Kontrolle dennoch möglich hält oder die auf klare Separierierung zwischen gesellschaftlicher Freiheit und staatlichem Herrschaftsanspruch gerichtet ist. Das Trennungsgebot ist Resultat der Anforderungen des Demokratieprinzips, es steht aber auch für rechtsstaatliche Transparenzanforderungen wie für die Sicherung der erwähnten grundrechtlichen Funktionsbedingungen. Das Trennungsgebot wirkt nach zwei Seiten. Die öffentliche Verwaltung ist dort, wo hoheitlich entschieden wird, grundsätzlich freizuhalten von autonomen gesellschaftlichen Partikularkräften; die Entscheidung des Bundesverfassungsgerichts zur Bundesprüfstelle für jugendgefährdende Schriften sollte als einen exemtorischen Bereich betreffend nicht Schule

---

[111] In den Worten des BVerfG: „Demokratischer Legitimation bedarf die Ausübung der Staatsgewalt in ihrer jeweiligen Funktion. Der demokratische Legitimationszusammenhang, den eine ununterbrochene Legitimationskette für einen Amtswalter begründet, bezieht sich jeweils auf das im Wege solcher Legitimation verliehene Amt, ..." BVerfG, NVwZ 1996, 574 (575).

[112] *Johan Galtung* Strukturelle Gewalt, 1975.

machen.[113] Aber der jüngst ins Leben gerufene Umweltgutachterausschuß ist nach § 22 Umweltauditgesetz wiederum plural besetzt und erläßt Richtlinien für die Auslegung und Anwendung von Rechtsvorschriften (§ 21 Abs. 1 Nr. 1 UAG[114]), also Verwaltungsvorschriften. Die Bestrebungen zur neoständischen Pluralisierung des Verwaltungsverfahrens lösen nicht das Demokratieproblem[115], mitunter verschärfen sie es. Auf der anderen Seite müssen in Dienst genommene gesellschaftliche Selbstregulative gesetzlich entweder so ausgestaltet werden, daß sie nicht in den Bannkreis öffentlicher Gewaltausübung geraten, oder aber sie müssen als Beliehene dem öffentlichen Sonderrecht und der Staatsaufsicht unterstellt werden[116]. Zudem bedürfen Zurechnungspunkte und Rezeptionsakte wie die Einführung technischer Normen oder die Akkreditierung von Umweltgutachtern einer klaren Kennzeichnung als Hoheitsakt.[117]

Im klassischen parlamentarischen Demokratiemodell ist Herrschaft des Volkes identisch mit Herrschaft des Gesetzes (*Martin Kriele*)[118]. Das Gesetz leistet den Ausgleich verschiedener gesellschaftlicher Interessen[119] und zwar in einem dialektisch gesteigerten, aufhebenden Sinne,

---

[113] „Die staatliche Verwaltung nimmt es danach nicht in Anspruch, die Wertmaßstäbe für die Indizierungsentscheidung mit dem eigenen monokratisch strukturierten Beamtenapparat zu bestimmen. Sie stellt vielmehr ein Forum zur Verfügung, auf dem die widerstreitenden Wertvorstellungen ermittelt und die Entscheidung im Hinblick auf ein ganz bestimmtes Werk aufgrund einer Erörterung gefällt wird." BVerfGE 83, 130 (150).

[114] Gesetz zur Ausführung der Verordnung (EWG) Nr. 1836/93 des Rates vom 29. Juni 1993 über die freiwillige Beteiligung gewerblicher Unternehmen an einem Gemeinschaftssystem für das Umweltmanagement und die Umweltbetriebsprüfung (Umweltauditgesetz – UAG) vom 7. Dezember 1995, BGBl. I, 1591. Die Richtlinien bedürfen zwar der Genehmigung durch den zuständigen Bundesminister (§ 27 Abs. 3 UAG), es handelt sich aber um eine bloße Maßnahme der Rechtsaufsicht. *Lübbe-Wolff* NuR 1996, 217 ff., (220); *Köck* VerwArch. 87 (1996) 644 ff. (670).

[115] *Geis* (Fn. 84) B. II. 1., 105 ff.; a. A. *Trute* DVBl. 1996, 950 ff.; *Schneider* VerwArch. 87 (1996) 38 ff. (47), der in einem gesellschaftlich geöffneten Verwaltungsverfahren gerade ein Heilmittel gegen „Refeudalisierungsprozesse" sieht.

[116] So ausdrücklich für die Zulassungsstelle nach dem Umweltauditgesetz: UAG-Beleihungsverordnung – UAGBV, vom 18. Dezember 1995, BGBl. I, 2013.

[117] Es dürfte wenig klarstellend sein, wenn die Akkreditierung wiederum staatlich-gesellschaftlichen Stellen übertragen wird, wie im Fall der Deutschen Akkreditierungs- und Zulassungsgesellschaft für Umweltgutachter (DAU). Jedenfalls ist dann eine Beleihung vonnöten, siehe § 1 UAG-Beleihungsverordnung.

[118] *Martin Kriele* Das demokratische Prinzip des Grundgesetzes, VVDStRL 29 (1971) 46 ff. (49).

[119] *Peter Lerche* Vorbereitung grundrechtlichen Ausgleichs durch gesetzgeberisches Verfahren, in: Peter Lerche / Walter Schmitt Glaeser / Eberhard Schmidt-Aßmann (Hrsg.), Verfahren als staats- und verwaltungsrechtliche Kategorie, 1984, 97 ff.

nicht als bloß rechnerische Addition heterogener Interessen zu einem Minimalkompromiß. Wenn dem zumindest konzeptionell so ist, kommt es – und daran hält die klassische Rechtsanwendung fest – auf die exakte Ermittlung und intentional korrekte Durchsetzung dieser legislativen Ratio an. Dies kann bei aller Akzeptanz von Verwaltungstrabanten[120] nur durch einen auf die Rechtsanwendung professionalisierten öffentlichen Dienst, der die Pflege eines auf den Vollzug des Gesetzes gerichteten Amtsethos voraussetzt[121], und eine ebenso vorgebildete Rechtsprechung erfolgen: es muß ein spezielles Subsystem geben, das auf den Vollzug der maßgeblichen demokratischen Willensbekundung im Wesenskern ausgerichtet ist. Die klassische hierarchische Verwaltung wird um so unentbehrlicher[122], je mehr die demokratische Gesetzgebung um materielle Gerechtigkeit in einer Gesellschaft ohne Einheit ringt. Das Mißtrauen gegen eine obrigkeitsstaatliche Exekutive, die *Hermann Heller* noch dazu bewog, selbstverwaltenden Gesetzesvollzug zu fordern, um die mit zunehmender Gesetzgebung verbundene staatliche Vollzugsmacht zu zähmen[123], ist heute antiquiert; manche sehen immer noch Pickelhauben, wo in Wirklichkeit schon längst Überforderung, manchmal auch hedonistische Gesinnung in den Amtsstuben Probleme bereiten.[124]

Der neben der gesellschaftlichen Öffnung des Verwaltungsverfahrens[125] eingeschlagene Weg zur Ökonomisierung der Verwaltung führt

---

[120] *Gunnar Folke Schuppert* Die Erfüllung öffentlicher Aufgaben durch verselbständigte Verwaltungseinheiten, 1981, 72 ff.

[121] *Josef Isensee* (Fn. 36) Rdn. 64, S. 30.

[122] *Horst Dreier* (Fn. 110) S. 305.

[123] „Zweifellos hat man dem heutigen Staate zuviel zugemutet; er hat sich übernommen, nicht in der Gesetzgebung, wohl aber in der Verwaltung. (...) Und je weiter der Rechtsstaat in die Arbeits- und Güterordnung eindringt, desto notwendiger wird die Beseitigung der staatseigenen zugunsten einer Selbstverwaltung." *Hermann Heller* (Fn. 11) S. 20 f.

[124] Mit jedem Gesetz, das eine entfesselte Wirtschaft und Gesellschaft in die Bahnen integrativ angelegter Gerechtigkeit zwingen soll, mehren sich die Vollzugsaufgaben der Verwaltung, doch steigert sich damit nur auf dem Papier die Macht der Exekutive, weil Macht als Vollzugskompetenz und Ohnmacht als Vollzugszwang nahe beieinander liegen. Vgl. dazu *Forsthoff* (Fn. 20) S. 79; *Walter Leisner* Beamtentum in Anarchiegefahr, ZBR 1981, 148 f.; *Rudolf Steinberg* Faktoren bürokratischer Macht, Die Verwaltung 1978, 309 ff.

[125] Durch die gesellschaftliche Öffnung staatlicher Verwaltungsverfahren soll einer künstlichen Beatmung gleich zusätzliche Legitimation beschafft werden. *Trute* DVBl. 1996, 950 ff. (963). Mitunter gewinnen durch die Pluralisierung von Verwaltungsverfahren gerade diejenigen gesellschaftlichen Gruppen Einfluß auf die Ausübung öffentlicher Gewalt, die alles in ihren Kräften Stehende getan haben, um die

über rechtsstaatliche und demokratische Haltelinien hinaus. So begrüßenswert mehr Bürgerfreundlichkeit ist, so sind doch Kommunalverwaltungen keine Konzernzentralen[126] und staatliche Untersuchungsämter dürfen nicht zu Profit-Centern mutieren, ohne daß die spezifische Funktionslogik der gesetzesgebundenen Verwaltung Schaden nähme.[127] Ein Vollzugsbeamter kann das gesetzlich abverlangte Ermessen bei der Ahndung von Ordnungswidrigkeiten nicht mehr rechtmäßig ausüben, wenn die Ausstattung seiner Abteilung von seinen „erwirtschafteten" Bußgeldeinnahmen abhängt; auch hier gilt es – und dies gilt unter dem anderen Blickwinkel der Wissenschaftsfreiheit auch für die Universitäten –, die Distanz von Haushaltzuweisungen und sachlicher Verwaltungsarbeit zu retten. Eine Politik, die nicht maßhält mit der Gesetzgebung[128], aber erwägt, den tradierten öffentlichen Dienst bis auf ein Skelett zu verschlanken und das Beamtentum zu verabschieden, schwächt die Grundlagen demokratischer und rechtsstaatlicher Kontrolle.[129] Nachdem der Gesetzgeber immer ehrgeiziger und immer redseliger geworden ist[130], wäre es fatal, wenn etwa Planungs- oder Risikoentscheidungen nur noch dem Namen nach hoheitlich gefällt würden, wie es der Fall ist, wenn eine Bauplanungsbehörde einem ressourcenstarken Bauträger die gesamte Planerstellung überträgt und sich dessen

---

demokratische Legitimation des Gesetzes in Zweifel zu ziehen und seinen Vollzug zu hindern.

[126] *Elgin Mohnen-Behlau / Dirk Bruns* Dienstleistungsunternehmen Stadt: Wer kontrolliert die Controller? Wo bleibt die Politik?, VR 1996, 234 ff.

[127] Entsprechende modische „Umsteuerungsideen" setzen sich mit leichter Hand über das Faktum hinweg, daß gerade wohlhabende und ausgewogene Gesellschaften über leistungsfähige Verwaltungen verfügen, die nach klassisch bürokratischen Steuerungskonzepten geführt werden. *Klaus König* Unternehmerisches oder exekutives Management – die Perspektive der klassischen öffentlichen Verwaltung, VerwArch. 87 (1996) 19 ff. (20). Krit. gegenüber einer syndikalistischen Technisierung des Staates bereits: *Ulrich Scheuner* Das Wesen des Staates und der Begriff des Politischen in der neueren Staatslehre, in: Konrad Hesse / Siegfried Reicke / Ulrich Scheuner (Hrsg.), Staatsverfassung und Kirchenordnung, Festgabe für Rudolf Smend, 1962, 225 ff. (238).

[128] *Karlmann Geiß* Mehr Gesetze, weniger Rechtsgewährung, DRiZ 1996, 5 ff.

[129] Das moderne Berufsbeamtentum zeichnet sich dabei durch eine Doppelleistung aus: durch seine Eingebundenheit in die hierarchische Verwaltung läßt sich der Beamte politisch dirigieren, durch seine Eigenverantwortung gegenüber dem Gesetz stellt er gesetzmäßiges Handeln auch gegen politsche Übergriffe sicher. S. dazu *Otto Depenheuer* Die „volle persönliche Verantwortung" des Beamten für die Rechtmäßigkeit seiner dienstlichen Handlungen, DVBl. 1992, 404 ff.

[130] Schon *Scheuner* VVDStRL 11 (1954) 1 ff. (54) beklagte eine „Verunklärung des Gesetzesbegriffes".

alternativloses Ergebnis durch „nachvollziehende Abwägung" zu eigen macht[131]. Auf dem breiten Feld des selbstregulativen Gesetzesvollzuges droht die von *Zacher* schon frühzeitig befürchtete „Paralyse der Verantwortung"[132], wenn nicht der bewährte und noch besser qualifizierte öffentliche Dienst personell und sachlich die Befähigung zur Durchsetzung und Anwendung des Rechts behält.[133]

E. Beiträge des Verwaltungsrechts zur Sicherung verfassungsrechtlicher Strukturvorgaben

Eingedenk dieses, alles andere als beruhigenden Befundes stellt sich die Frage, welchen Beitrag das Verwaltungsrecht zur Sicherung verfassungsrechtlicher Strukturvorgaben zu leisten vermag. Das Verwaltungsrecht hat nach den Worten *Fritz Fleiners* die Aufgabe, „die verwickelten und vielgestaltigen Beziehungen zwischen dem verwaltenden Staat (...) und dem Bürger auf einfache juristische Grundformen zurückzuführen"[134]. Diese große, dem Rechtsstaat verpflichtete Aufgabe ist seitdem nicht einfacher geworden. Der bewußte Verzicht auf staatliche Kohärenz nach innen und nach außen[135] führt zu vertikalen und horizontalen Verbundsystemen, die sich der verwaltungsrechtlichen Einordnung

---

[131] Zur alternativlosen Planungsvorbeitung: BVerwG DVBl. 1987, 1273 f. Krit. dazu: *Hans-Joachim Koch* (Verfahrens-)Privatisierung im öffentlichen Baurecht, in: Wolfgang Hoffmann-Riem / Jens-Peter Schneider (Hrsg.), Verfahrensprivatisierung im Umweltrecht, 1996, 170 ff. (180 ff.); s. a. *Werner Hoppe / Herbert Bleicher* Rechtsprobleme bei der Verfahrensprivatisierung von Standortauswahlverfahren im Abfallrecht, NVwZ 1996, 421 ff.; *Herbert Bleicher* Standortauswahlverfahren bei der Planung von Abfallentsorgungsanlagen durch private Gutachter, 1996. Zu ähnlichen Vorstrukturierungen im Rahmen der Umweltverträglichkeitsprüfung: *Jens-Peter Schneider* Nachvollziehende Amtsermittlung bei der Umweltverträglichkeitsprüfung, 1991.

[132] Vor der Paralyse einer Verantwortung, die als Letztverantwortung ausgeflaggt wird, aber ohne entsprechende Zuständigkeiten und Vollzugspotentiale bleibt, wurde eindringlich gewarnt von *Zacher* (Fn. 56) S. 124 f.; 49 f.

[133] Gerade auch eine wirtschaftsfreundliche Exekutive ist auf Distanz und klares Bewußtsein der Bereichszugehörigkeit angewiesen. Nur dann kann verhindert werden, daß die Standortdebatte Deformationsergebnisse zeitigt. Vgl. zu den Anforderungen an eine wirtschaftsfördernde Verwaltung: *Rolf Stober* Rückzug des Staates im Wirtschaftsverwaltungsrecht?, 1996, 77 ff.

[134] *Fritz Fleiner* Institutionen des Deutschen Verwaltungsrechts, 8. Auflage 1928, 44 f.; s. a. *Peter Badura* Das Verwaltungsrecht des liberalen Rechtsstaates, 1967.

[135] Zu Kohärenzverlusten des Staates: *Grimm* (Fn. 14) S. 431 ff.; *Peter Saladin* Wozu noch Staaten?, 1995; *Urs W. Saxer* Die Zukunft des Nationalstaates, 1994; *Di Fabio* (Fn. 33) S. 129 ff.

und Bändigung sperren. Dem rechtsstaatlich verpflichteten Verwaltungsrecht kommt die Aufgabe zu, selbstregulative Vollzugsformen in den Bahnen der sektoralen Freiheits- und Staatsidee zu halten.[136] Zuvörderst gilt es, dogmatische Kategorien fortzuentwickeln, die auf die Erfassung von mediatisierter Staatsgewalt zugeschnitten sind. Dazu zählen: Selbstverwaltung, Verwaltungspflichten und -obliegenheiten, Beleihung, Beauftragung sowie Verwaltungshilfe.[137]

Selbstregulierung sollte nicht als „mittelbare" Selbstverwaltung ausgeflaggt werden.[138] Bei allen gemeinsamen geschichtlichen Wurzeln[139]

---

[136] *Josef Isensee* Staat und Verfassung, in: HStR, Bd. I (Fn. 72) § 13, Rdn. 50 ff., 58 ff.; *ders.* (Fn. 36) Rdn. 12. S. a. *Dieter Grimm* Zur politischen Funktion der Trennung von öffentlichem und privatem Recht in Deutschland, in: Studien zur europäischen Rechtsgeschichte, FS Helmut Coing, 1972, 224 (239 f.).

[137] Die Schwierigkeiten, auf die man hier stößt, rühren nicht nur aus einer dynamischen Rechtsentwicklung her, das Verwaltungsrecht hat sich auch nur zögerlich der Aufgabe gestellt, einer immer bunteren Vollzugswirklichkeit ihren normativen Stempel aufzudrücken. Die schon vor 26 Jahren zum Thema „Die Erfüllung von Verwaltungsaufgaben durch Private" vor dieser Vereinigung angemahnte Typologie – Redebeitrag *Klaus Vogel* VVDStRL 29 (1971) 257 – steht jedenfalls noch aus. Sie ist heute um so schwerer zu leisten, als daß dogmatische Trennbegriffe zwar notwendiger, aber weniger trennscharf werden.

[138] So *Gunnar Folke Schuppert* Selbstverwaltung als Beteiligung Privater an der Selbstverwaltung?, in: ders., Die Erfüllung öffentlicher Aufgaben durch verselbständigte Verwaltungseinheiten, 1981, 183 ff. (197 f., 205). Der extensive Gebrauch des Selbstverwaltungsbegriffs hat insbes. im Wirtschaftsverwaltungsrecht Tradition. Obwohl unter der Geltung der Weimarer Reichsverfassung zunächst an echte Selbstverwaltung gedacht war (Art. 156 Abs. 2 WRV), entstanden doch eher Selbstregulative, die unscharf als „wirtschaftliche Selbstverwaltung" bezeichnet wurden. *Friedrich Glum* Selbstverwaltung der Wirtschaft, 1924, 119 ff.; *Reinhard Hendler* Selbstverwaltung als Ordnungsprinzip, 1984, 155 ff., 160 f.; *Peter Badura* Wirtschaftsverfassung und Wirtschaftsverwaltung, 1971, 176.

[139] Gemeinsame geistesgeschichtliche wie funktionale Quelle der Selbstverwaltung wie der Selbstregulierung ist die Idee, gesellschaftliche Kräfte für staatliche Zwecke zu nutzen, und dabei deren Eigenständigkeit nicht als Störung staatlicher Herrschaftsausübung anzusehen, sondern sie als Kraft auf die Mühlräder der öffentlichen Gewalt zu lenken. Dies ist die große Idee der Autonomie. Die Mobilisierungsidee geht maßgeblich auf *Rudolf von Gneist* zurück. Im Kern sollte Selbstverwaltung – auch diejenige, die bereits früh seit 1881 in der staatlichen Sozialversicherung praktiziert wurde (dazu: *Hendler* [Fn. 138] S. 77 ff.) – Bürger zur Wahrnehmung staatlich vorgegebener und vorgeprägter Aufgaben ehrenamtlich heranziehen und ihnen bei dieser Aufgabenerfüllung Freiheiten belassen. Insoweit haben sich die Gedanken *von Gneists*, die bereits im 19. Jahrhundert prägend waren, auch in der Gegenwart wieder verstärkt durchgesetzt. *Rudolf von Gneist* Der Rechtsstaat und die Verwaltungsgerichte in Deutschland, 1879, 286 ff. Näher zur Entwicklung der Selbstverwaltungsidee und des Einflusses *von Gneists: Hendler* (Fn. 138) S. 57 ff. und 112 ff.

von gesellschaftlicher Selbstregulierung und staatlicher Selbstverwaltung, die für die Neuzeit bis auf die Lehensfreiheiten der Lokatoren und Kolonisten des 12. Jahrhunderts zurückreichen[140], gilt der Satz: Selbstverwaltung ist Staat, Selbstregulierung bleibt Gesellschaft. Selbstverwaltung kann nur durch öffentliche Verwaltungsträger erfolgen. Selbstregulative handeln in Organisations- und Rechtsformen des Privatrechts.[141]

Selbstregulativer Gesetzesvollzug ist vom Verwaltungsprivatrecht zu scheiden. Im Zuge von Privatisierungen wie im Telekommunikationsbereich kann es zu einem stufenweisen Überwechseln von der einen in die andere Zone kommen. Soweit der Staat die Existenz und Rentabilität gesellschaftlicher Organisationen mit seinen Finanzzuweisungen oder mit begünstigenden Rahmenbedingungen maßgeblich ermöglicht, damit dadurch unmittelbar öffentliche Zwecke erfüllt werden, gleicht diese Konstruktion indes dem Verwaltungsprivatrecht, denn ob der Staat zur Erfüllung von Verwaltungszwecken eine GmbH selbst gründet oder eine bestehende juristische Person des Privatrechts auf Dauer widerruflich alimentiert, ändert nichts an seinen Beherrschungsmöglichkeiten. Konsequenz einer solchen Gleichstellung wäre die Geltungserweiterung der Zweistufentheorie[142], wonach der Staat bei entsprechenden gegen ihn gerichteten subjektiven Rechten zur Einwirkung auf die gesellschaftliche Organisation verpflichtet wäre.[143] Aber die für das Verwaltungsprivatrecht entwickelte Einwirkungspflicht setzt die Einwir-

---

[140] *Hans Hattenhauer* Europäische Rechtsgeschichte, 2. Auflage, 1994, 263.

[141] *Rüdiger Breuer* Selbstverwaltung und Mitverwaltung Beteiligter im Widerstreit verfassungsrechtlicher Postulate, Der Staat 10 (1977) 1 ff.; prägnant zur Unterscheidung zwischen öffentlicher Verwaltung in weitem Sinne und privaten Trägern in der Leistungsverwaltung: *Hans F. Zacher / Francis Kessler* Die Rolle der öffentlichen Verwaltung und der privaten Träger in der sozialen Sicherheit, ZAIAR 1990, 97 ff. (104 f.).

[142] Begründet von *Hans Peter Ipsen* Haushaltssubventionierung über zwei Stufen – Rückblick auf einen rechtsstaatlichen Ansatz, in: Klaus Vogel / Klaus Tipke (Hrsg.), Verfassung, Verwaltung, Finanzen, FS Gerhard Wacke zum 70. Geburtstag, 1972, 139 ff.; BVerwGE 1, 308 (310). Krit. zuletzt *Dirk Ehlers* in: Friedrich Schoch / Eberhard Schmidt-Aßmann / Rainer Pietzner (Hrsg.), Verwaltungsgerichtsordnung, Kommentar, 1996, § 40, Rdn. 255 ff. S. speziell für Selbstregulative: *Fritz Ossenbühl* Umweltpflege durch hoheitliche Produktkennzeichnung, 1995, 54 ff.

[143] Im Fall des finanzierten privaten Aufklärungsvereins etwa könnte auf dem Verwaltungsrechtsweg dann nicht nur die Finanzierung oder Finanzierungsmaßgaben angegriffen werden, mit der Leistungsklage könnte auch eine Einwirkung der zuständigen Behörde zur Beachtung subjektiver öffentlicher Rechte, etwa von Grundrechten durch den Verein erzwungen werden.

kungsmöglichkeit und eine formell faßbare Beherrschungskonstellation voraus.[144] Die durch selbstregulative Mechanismen bewirkte Mediatisierung der Staatsgewalt und die korporative Vermischung staatlicher und privater Akteure erlaubt in den meisten Fällen eine solche sichere Zurechnung auf die öffentliche Gewalt aber gerade nicht.

Die dogmatische Figur der Beleihung dosiert je nach Reichweite die formelle und materielle Herrschaft des öffentlichen Rechts und wirkt mit dem Gesetzesvorbehalt zusammen. Der eingriffsbezogene, klassische Gesetzesvorbehalt greift dann, wenn selbstregulierende private Verbände mit drittgerichteten Hoheitsbefugnissen ausgestattet werden.[145] Der demokratisch-institutionelle Gesetzesvorbehalt greift allerdings bereits dort, wo im Rahmen des Gesetzesvollzuges substantielle Teile der exekutiven Erfüllungsverantwortung auf Private verlagert werden. Trotz fortbestehender Zweifel hat sich ein eher enges Beleihungsverständnis durchgesetzt. Beleihung setzt danach voraus, daß natürlichen oder juristischen Personen des Privatrechts nicht nur öffentliche Aufgaben übertragen werden, sondern auch hoheitliche Befugnisse mit unmittelbarer Außenwirkung gegen Bürger. Der Beleihungsbegriff lehnt sich im Grunde an die Befugnis an, Verwaltungsakte (oder untergesetzliche Rechtsnormen) selbständig zu erlassen.[146] Während es an-

---

[144] Zu den Problemen und Lösungsmöglichkeiten: *Günter Püttner* Die Einwirkungspflicht. Zur Problematik von öffentlichen Einrichtungen in Privatrechtsform, DVBl. 1975, 353 ff.; *Walter Leisner* Der Vorrang des Gesellschaftsinteresses bei den Eigengesellschaften der öffentlichen Hand, WiVerw. 1983, 212 ff.; *Ernst Thomas Kraft* Das Verwaltungsgesellschaftsrecht, 1982; *von Danwitz* (Fn. 101).

[145] Zugleich ist hier Beleihung gefordert. *Udo Steiner* Möglichkeiten und Grenzen kommunaler und privater Verkehrsüberwachung, DAR 1996, 272 ff. (274).

[146] Paradigmatisch war die Diskussion über die Technischen Überwachungsvereine. *Hans Peters* sah hier noch reine Beratungs- und Hilfstätigkeit, die Verwaltung bediene sich lediglich des Sachverstandes. *Hans Peters* Öffentliche und staatliche Aufgaben, in: Rolf Dietz / Heinz Hübner (Hrsg.) FS Hans Carl Nipperdey zum 70. Geburtstag, Band II, 1965, 877 ff. (883 ff.). *Ernst Forsthoff* befand etwas sybillinisch, daß ein Privater Verband wie der TÜV, auch wenn er öffentliche Aufgaben wahrnehme, deshalb nicht automatisch in die Rechtsstellung einer öffentlichen Körperschaft hineinwachse. *Ernst Forsthoff* (Fn. 20) S. 492. Auf der anderen Seite mußte sich *Hans-Heinrich Rupp* wie schon vor ihm *Georg Jellinek* des Etatismus zeihen lassen, weil er ähnlich wie *Udo Steiner* einen weiten Beleihungstatbestand vertrat. *Hans-Heinrich Rupp* Privateigentum an Staatsfunktionen, 1963, 26 ff.; *Peters* FS Nipperdey, Bd. II, 877 ff. (883); *Heinrich Triepel* Delegation und Mandat im öffentlichen Recht, 1942, 100, über *Georg Jellinek* System der subjektiven öffentlichen Rechte, 2. Auflage 1905, 246. Der Streit kreiste insofern um das rechte Verständnis der Begriffe *staatliche* und *öffentliche* Aufgabenerfüllung. Mit der Rede von öffentlichen Aufgaben sollte eine Zwischenzone zwischen Staat und Gesellschaft benannt sein, die institutionell der Gesellschaft, aber funktionell dem staatsnahen Gemeinwesen zuzurechnen ist. *Steiner*

sonsten opinio communis des Verwaltungsrechts ist, daß längst andere Handlungsformen an die Seite des Verwaltungsaktes getreten sind, und es darauf ankommt, sie rechtsstaatlich besonders im Hinblick auf den effektiven Rechtsschutz dem Verwaltungsakt gleichzustellen[147], ist die Dogmatik der Beleihung davon unberührt geblieben.[148] Indem auf die gesetzliche Einräumung einer Befugnis zur drittgerichteten Regelung bestanden wird, entsteht eine eigentümliche Zirkularität im Hinblick auf die Aussage, die Beleihung unterfiele dem Gesetzesvorbehalt, weil eine Beleihung ohne Gesetz schon definitorisch unmöglich ist. Für einen Großteil der Selbstregulierungsfälle fände der enge Beleihungsbe-

---

(Fn. 30) S. 63; *Herbert Krüger* Allgemeine Staatslehre, 2. Auflage 1966, 875. Durchgesetzt hat sich ein eher enges Beleihungsverständnis, das darauf abstellt, daß natürlichen oder juristischen Personen des Privatrechts nicht nur öffentliche Aufgaben übertragen werden, sondern auch hoheitliche Befugnisse mit unmittelbarer Außenwirkung gegen Bürger.

[147] In anderen Zusammenhängen wurde wiederholt festgestellt, daß hoheitliche Warnungen vor Produkten oder Religionsgesellschaften unter Umständen ähnliche Grundrechtsauswirkungen wie Verbote oder Auflagen haben können und deshalb etwa dem Gesetzesvorbehalt unterfallen. Zur ausgreifenden Diskussion über die rechtsstaatliche Behandlung von staatlichen Informationsakten: *Fritz Ossenbühl* Informelles Hoheitshandeln im Gesundheits- und Umweltschutz, UTR Band 3 (1987) 27 ff.; *ders.* Zur Staatshaftung bei behördlichen Warnungen vor Lebensmitteln, ZHR 155 (1991) 329 ff.; *Klaus Stern* Staatsrecht, Band III/1, § 67 V und Band III/2, § 90 III 6; *Friedrich Schoch* Staatliche Informationspolitik und Berufsfreiheit, DVBl. 1991, 667 ff.; *Tobias Leidinger* Hoheitliche Warnungen, Empfehlungen und Hinweise im Spektrum staatlichen Informationshandelns – Zum aktuellen Stand der Diskussion in Rechtsprechung und Literatur, DÖV 1993, 925 ff.; *Renate Philipp* Staatliche Verbraucherinformationen im Umwelt- und Gesundheitsrecht, 1989; *Gerhard Robbers* Behördliche Auskünfte und Warnungen gegenüber der Öffentlichkeit, AfP 1990, 84 ff.; *Gunther Schwerdtfeger* Verbrauchslenkung durch Information – Die Transparenzkommission beim Bundesgesundheitsamt, in: Dieter Wilke (Hrsg.), FS zum 125jährigen Bestehen der Juristischen Gesellschaft zu Berlin, 1984, 715 ff.; *Martin Schulte* Informales Verwaltungshandeln als Mittel staatlicher Umwelt- und Gesundheitspflege, DVBl. 1988, 512 ff.; *Markus Heintzen* Staatliche Warnungen als Grundrechtsproblem, VerwArch. 81 (1990) 532 ff.; *ders.* Behördliches Informationshandeln bei ungewissem Sachverhalt, NuR 1991, 301 ff.; *Di Fabio* JZ 1993, 689 ff.; *Christof Gramm* Aufklärung durch staatliche Publikumsinformationen – Staatshandeln als Aufklärung?, Der Staat 30 (1991) 51 ff.; *Michael Kloepfer* Information als Intervention in der Wettbewerbsaufsicht, 1973; *Marian Paschke* Behördliche Auskünfte und Warnungen gegenüber der Öffentlichkeit – zivil- und wirtschaftsrechtliche Aspekte, AfP 1990, 89 ff.

[148] Worin genau liegt der Unterschied, ob auf der einen Seite der Staat per Gesetz einem privaten Verein erlaubt, belastende Verwaltungsakte zu erlassen oder ob er auf der anderen Seite einen privaten Verein zu über 95% finanziert und ihn dazu verpflichtet, gegen Sekten zu agitieren? BVerwGE 90, 112 ff.

griff keine Anwendung. Dies änderte sich, wenn man als Tatbestandsmerkmal der Beleihung an die Stelle der Befugnis zum Erlaß außenwirksamer Regelungen die Übertragung öffentlicher Aufgabenerfüllung unter Einräumung zwar nur faktischer, aber normativ abgestützter Hoheitsgewalt treten ließe. Soweit am engen Beleihungsbegriff festgehalten wird, könnte die Figur des „selbständigen Verwaltungshelfers", der hoheitliche Aufgaben eigenverantwortlich bis zur Entscheidungsreife vorbereitet[149], in die Nähe des Beliehenen gerückt und zumindest dem Gesetzesvorbehalt unterworfen werden.[150]

Gesetzlich als Eigenverantwortung begründete Verwaltungspflichten werden in Privatrechtsform erbracht und hoheitlich kontrolliert. Erfüllungsverträge des Verwaltungspflichtigen mit Dritten sind privatrechtlicher Natur, auch wenn ihr Zweck die Erfüllung öffentlicher Aufgaben im weiten Sinne ist. Verträge unter Privaten, die die Ausgestaltung von übertragenen Verwaltungspflichten betreffen, sind keine öffentlichrechtlichen Verträge, weil sie nicht über das öffentliche Recht disponieren.[151] Anderes gilt für Verträge des Staates mit Privaten, die die Rahmenbedingungen selbstregulierender öffentlicher Aufgabenerfüllung festlegen.

F. Perspektiven

Der von der Politik eingeschlagene Weg einer stärkeren Öffnung des Staates für gesellschaftliche Kräfte und der Implementierung von

---

[149] Ein Beispiel dafür bietet die „Deutsche Einheit Fernstraßenplanungs- und Baugesellschaft mbH" (DEGES). Dazu: *Franz-Joseph Peine* Verfahrensprivatisierung in der Verkehrswegeplanung, in: Wolfgang Hoffmann-Riem / Jens Peter Schneider (Hrsg.), Verfahrensprivatisierung im Umweltrecht, 1996, 107 ff., der in der DEGES aber einen unselbständigen Erfüllungsgehilfen der zuständigen Behörden sieht.

[150] Ähnlich *Trute* DVBl. 1996, 950 ff. (957). Rechtsfolge einer selbständigen Verwaltungshilfe wäre die Geltung des Gesetzesvorbehalts für die behördlichen Organisationsakte zur Einrichtung der Verwaltungshilfe und das Eingreifen besonderer hoheitlicher Aufsichtspflichten, die über die bloße Rechtsaufsicht hinausreichen und auf das Faktum der Selbständigkeit ausgerichtet sind. Damit korrespondieren staatshaftungsrechtliche Fragen. Klärungsbedürftig ist, ob Dritten subjektive Rechte auf eine bestimmte Ausgestaltung des Rechtsverhältnisses zwischen Behörde und selbständigem Verwaltungshelfer erwachsen können, wenn der Verwaltungshelfer grundrechtsrelevante Entscheidungen maßgeblich vorbereitet oder sogar für die letztverbindlich entscheidende Behörde unentrinnbar vorprägt. Eine Typologisierung der Verwaltungshelfer regte bereits *Ossenbühl* VVDStRL 29 (1971) 137 ff. (195), an.

[151] *Ehlers* in: Schoch / Schmidt-Aßmann / Pietzner (Fn. 142) § 40, Rdn. 317. Gleichwohl können derlei Verträge – wie alle Rechtsgeschäfte des Privatrechts –

Gemeinwohlbelangen in die Gesellschaft ist verwaltungsrechtlich nicht leicht zu fassen und das Verdikt der Rechtswidrigkeit wird selten sein, zumindest dann, wenn ein Parlamentsgesetz die Grundlage der Verlagerung bildet. Aber aufs Ganze gesehen könnte eine legislative Praxis mit einem übersteigerten Konzept der Selbstregulierung sich aus dem von der Verfassung gezogenen Rahmen einer gesetzesgebundenen, demokratisch kontrollierten und durch Grundrechte in ihrem Aktionsradius begrenzten Verwaltung bewegen. In die Zone der Verfassungswidrigkeit geriete eine solche Praxis, weil die Idee des sektoralen Staates Verfassungsgebot ist.[152] Dieser Einsicht wird man sich nicht verschließen können, weil rechtsstaatliche Begrenzung und demokratische Ausübung der Staatsgewalt sowie grundrechtliche Freiheitssicherung zwar in *einem* Ziel zusammenfinden, aber zu ihrer Wirkungsentfaltung auf konstruktive Unterscheidungen angewiesen bleiben: zu unterscheiden ist zwischen öffentlicher Gewalt mit ihrem Herrschaftsanspruch und individueller Freiheit in der sich selbstentfaltenden Gesellschaft.[153]

Daraus folgt die Aufgabe des Verwaltungsrechts, Abgrenzungen immer wieder auch dort sichtbar zu machen, wo Durchmischungen ent-

---

besonderen öffentlich-rechtlichen Bestimmungen unterfallen, die nach § 17 Abs. 2 Satz 1 Gerichtsverfassungsgesetz auch von ordentlichen Gerichten zu beachten sind.

[152] Als normative Aussage ist die sektorale Staatsidee immun gegen tatsächliche oder vermeintliche Anhaltspunkte dafür, daß Staat und Gesellschaft ineinander übergingen. Eine Aufweichung der Unterscheidung von Staat und selbstregulativer Gesellschaft deutete sich dort an, wo Zweifel angemeldet wurden, ob es überhaupt noch so etwas wie gesellschaftliche Selbstregulierung gebe. Schon 1972 hat *Ernst-Wolfgang Böckenförde* die Auffassung, es gebe keine „sich selbst regulierende Gesellschaft mehr", als opinio communis der Juristen bezeichnet und sich gegen diese Ansicht gewandt. *Ernst-Wolfgang Böckenförde* Die Bedeutung der Unterscheidung von Staat und Gesellschaft im demokratischen Sozialstaat der Gegenwart, in: Rechtsfragen der Gegenwart, Festgabe für Wolfgang Hefermehl zum 65. Geburtstag, 1972, 11. Demgegenüber wird vertreten, daß Staat und Gesellschaft in der Demokratie ineinanderfielen und der Staat zur Selbstorganisation der Gesellschaft werde und dieser wiederum sich nur in gesellschaftlichem Zusammenwirken konstituiere. *Konrad Hesse* Grundzüge des Verfassungsrechts der Bundesrepublik Deutschland, 20. Auflage 1995, 8, im Anschluß an *Hermann Heller* Staatslehre, 1934, 95 ff.

[153] Konstruktive Unterscheidungen bewahren das Wissen um die Einheit des Unterschiedenen und nehmen die Unterscheidung dennoch zur Grundlage sich verzweigenden Denkens. Wenn die Unterscheidung antinomisch überzogen wird, verliert sie ihre konstruktive Gestaltungskraft und macht blind für die Einheit, in die die Differenz gesetzt worden ist. Zur Gefahr ideologischer Überzeichnung der Differenz zwischen öffentlichem Recht und Privatrechtsordnung: *Eberhard Schmidt-Aßmann* Öffentliches Recht und Privatrecht: Ihre Funktionen als wechselseitige Auffangordnungen, in: Wolfgang Hoffmann-Riem / Eberhard Schmidt-Aßmann (Hrsg.), Öffentliches Recht und Privatrecht als wechselseitige Auffangordnungen, 1996, 7 ff. (13).

stehen, und auch diejenigen Gestaltungsformen aufzudecken, die der Wirkkraft von Staatsstrukturprinzipien und Freiheitsrechten im Wege stehen. Auch im Rahmen einer einheitlichen Rechtsordnung bleibt die Abgrenzung zwischen öffentlichem Recht und Privatrecht konstitutiv. Das Privatrecht wird immer häufiger Opfer publifizierender Aufladungen, das öffentliche Recht hat Schwierigkeiten, seine Konsistenz zu wahren und seine Sonderrechtsbindungen greifen zu lassen. Viel spricht dafür, daß der zwischen Privatrecht und öffentlichem Recht plazierte hybride Komplex selbstregulativer Steuerung von der gerichtlichen Kontrolle nicht erreicht und vom Staats- und Verwaltungsrecht ebenso wenig befriedigend rezipiert wird, wie zuvor schon das Planungsrecht und einige Teile des Rechts der Risikoverwaltung. Es steht zu befürchten, daß das öffentliche Recht seine Einheit verliert, wenn disparate Zirkel von Eingeweihten entstehen. Eine Gruppe wird dann im Jargon der Sozialwissenschaften versuchen, die Entwicklung als ganze angemessen zu beschreiben, um überhaupt rechtliche Systemfragen in einem geordneten Kontext stellen zu können[154], eine andere wird die Nase lediglich in den Wind politischer Entwicklungen halten[155], jede gesetzliche Novität bejubelnd, um von der Thermik des Aktuellen hoch in das Licht der Aufmerksamkeit getragen zu werden, und wiederum eine andere Gruppe wird – als wäre nichts geschehen – mit Bienenfleiß Gerichtsentscheidungen sammeln und kommentieren. Es besteht die Gefahr, daß dabei der Zusammenhang zu einer systematischen, entscheidungsfördernden Dogmatik verloren geht und Juristen sich untereinander gleichsam nicht mehr verstehen. Auch der Versuch interdisziplinären Zusammenwirkens könnte unversehens zu einer ungewollten neuen Separierung innerhalb der Rechtswissenschaft führen. Ein solches Verschwimmen und Neuformieren von Systemgrenzen ist kein alleiniges Problem der Rechtswissenschaft; auch sie wird von einer Bewegung ergriffen, die sich weit über ihr Gebiet hinweg längst abzeichnet: Eine Entdifferenzierung und Neudifferenzierung der Gesellschaft. So wie die Grenze zwischen öffentlichem Recht und Privatrecht nur noch mühsam gegen den Ansturm unbekümmerten legislatorischen

[154] „Denn man könnte sich denken, daß das Rechtssystem nach dem Zusammenbruch von naturrechtlichen, transzendentalen oder logisch-axiomatischen Grundlagen selbst daran interessiert sein könnte, sich nach gesellschaftstheoretischen Vorgaben umzusehen." *Luhmann* (Fn. 1) S. 565.

[155] Insbes. rechtlich unspezifische, wertgeladene Begriffe zeigen die Tendenz, „politisierend" im Recht zu wirken. *Walter Leisner* Effizienz als Rechtsprinzip, Recht und Staat in Geschichte und Gegenwart, Heft 402/403, 1971, 5.

Gestaltungseifers und der Organisationsmacht der Exekutive verteidigt werden kann, so verschwimmt sie auch wieder zwischen Wirtschaft und Verwaltung, zwischen Gesellschaft und Staat.[156] Unterscheidungen wie die von öffentlichem Recht und Privatrecht sind erkämpfte Errungenschaften der Moderne[157], die zwar nicht sakrosankt sind, aber auch nicht wie so vieles aus diesem Strukturarsenal mit leichter Hand auf dem Weg in ein neues mediävales Zeitalter über Bord geworfen werden sollten.[158] So lenkt denn manch einer – wie dies *Martin Bullinger* schon 1963 vorgedacht hat[159] – seinen Blick zurück auf *Lorenz von Stein*[160] und *Otto von Gierke*, die gegen die scharfe Grenzziehung von Staat und Gesellschaft eine Einheit betonten, in deren Licht etwa die kommunale Selbstverwaltung als gesellschaftliche Einrichtung und ein Wirtschaftsunternehmen als „freie Verwaltung" erscheinen konnten.

Aber hier sollte innegehalten werden. Das Fundamanent westlicher Verfassungen, zu denen das Grundgesetz ohne Abstriche rechnet, ruht auf der differenzierten Gesellschaft, in der das Recht imstande ist und

---

[156] Zum essentiellen Zusammenhang ausdifferenzierter Staatlichkeit, selbständigen öffentlichen Rechts und Moderne jüngst: *Michael Stolleis* Öffentliches Recht und Privatrecht im Prozeß der Entstehung des modernen Staates, in: Wolfgang Hoffmann-Riem / Eberhard Schmidt-Aßmann (Hrsg.), Öffentliches Recht und Privatrecht als wechselseitige Auffangordnungen, 1996, 41 ff. (53). Zu Verwischungserscheinungen zwischen Parteien und Staat, gerade auch im Hinblick auf personelle Fehlallokationen im öffentlichen Dienst zum Zwecke der Klientelversorgung: *Karl-Heinz Ladeur* Postmoderne Verfassungstheorie, in: Ulrich K. Preuß (Hrsg.), Zum Begriff der Verfassung. Die Ordnung des Politischen, 1994, 304 ff. (313 f.).

[157] *Martin Bullinger* Öffentliches Recht und Privatrecht. Studien über Sinn und Funktionen der Unterscheidung, 1968. „Schließlich ist Differenziertheit eine Bedingung aller rechtlichen Schutzmechanismen", so *Eberhard Schmidt-Aßmann* Der Rechtsstaat, in: HStR, Bd. I (Fn. 72) § 24, Rdn. 27.

[158] Vielleicht ist es ja gar nicht – wie Stolleis meint – paradox, daß der Nationalsozialismus (dabei keine Ausnahme zu anderen Dikaturen des 20. Jahrhunderts bildend) durch Aufhebung und Indienstnahme gesellschaftlicher Freiräume die Erosion der Dichotomie von öffentlichem Recht und Privatrecht beschleunigt hat. *Stolleis* (Fn. 156) S. 58.

[159] *Martin Bullinger* Staatsaufsicht in der Wirtschaft, VVDStRL 22 (1965) 264 ff. (283 f.).

[160] *Lorenz v. Stein* Handbuch der Verwaltungslehre und des Verwaltungsrechts, mit Vergleichung der Literatur und Gesetzgebung von Frankreich, England und Deutschland, 3. Auflage in 3 Teilen 1887/88, Zweither Teil, S. 217 ff.; *Otto v. Gierke* Das Deutsche Genossenschaftsrecht, Band 1 (1868), Neudruck 1954. Im ungewöhnlich breit angelegten Werk des *Lorenz v. Stein* lassen sich allerdings auch Belege für die Notwendigkeit einer gesellschaftlich ausdifferenzierten, gesetzmäßig funktionierenden Staatsverwaltung finden, so etwa *Lorenz v. Stein* Handbuch der Verwaltungslehre und des Verwaltungsrechts, Erster Theil, S. 22 ff.

imstande bleibt, zu unterscheiden zwischen Sein und Sollen, zwischen Recht und Politik, zwischen Verwaltung und Wirtschaft, zwischen Staat und Gesellschaft.[161] Wenn um der als Tagesparole ausgegebenen „Guten Sache" willen die Einheit nunmehr über Systemgrenzen hinweg erreicht werden soll, zieht am Horizont die entdifferenzierte Gesellschaft wieder herauf, wo die Verwaltung mittels Kleinbudgetierung ökonomisiert und die Wirtschaft durch die Indienstnahme für öffentliche Aufgaben wieder publifiziert wird und schließlich den Menschen die Freiheit abhanden kommt, in vernünftigen Grenzen des Rechts selbst festzulegen, wie weit Eigennutz getrieben werden darf und Gemeinsinn geboten ist.

[161] Differenzierungsverluste und die spürbare Erschöpfung der Unterscheidungsbereitschaft verflachen das Denken und erschweren rationales Handeln. Hier zieht eine der großen Gefahren für die Gegenwartsgesellschaft herauf. Die Ausdifferenzierung der Gesellschaft in Teilsysteme hat zu einem nie gekannten Maß an allgemeinem Wohlstand, Freiheit und Rationalität geführt. Gleichwohl fortbestehende Einheitsanliegen werden vor allem an die Politik gerichtet. Die Komplexität der Weltgesellschaft läßt aber allzu ehrgeizige Einheitsbestrebungen von Politik und Staat aufs Ganze gesehen immer illusorischer und zu einer eigenen Quelle für Probleme werden, für deren Lösung dann wiederum die ohnehin überforderte Politik notfalls mit ihrer fundamentalen Legitimationsgrundlage einzustehen hat.

Leitsätze des Mitberichterstatters über:

Verwaltung und Verwaltungsrecht zwischen gesellschaftlicher Selbstregulierung und staatlicher Steuerung

A. Themenbereich

1. Der sozialwissenschaftliche Begriff der gesellschaftlichen Selbstregulierung konstruiert keinen Gegensatz zur staatlichen Steuerung, sondern propagiert ein neues Steuerungsinstrument. Organisierte gesellschaftliche Kräfte sollen Staatszwecke in ihrer Eigenlogik wirtschaftlicher, ideeller oder politischer Art verwirklichen.

2. Das Begriffspaar „gesellschaftliche Selbstregulierung und staatliche Steuerung" kennzeichnet eine Einheit, die die Verschiedenheit von Staat und Gesellschaft sowohl voraussetzt als auch überschreitet. Der Staat mobilisiert Steuerungsressourcen, indem er normative und faktische Grenzen zwischen Staat und Gesellschaft gezielt unscharf werden läßt.

3. Die Ziele, die mit Selbstregulationskonzepten verfolgt werden, richten sich auf dauerhaftere Erfolge bei der Verwirklichung staatlicher Zwecke, aber vor allem auf eine personelle und finanzielle Entlastung des Staates von Vollzugsaufgaben. Insofern wird vom Wandel der Erfüllungsverantwortung zur Gewährleistungsverantwortung gesprochen.

4. Die Instrumente der Selbstregulierung sind Verantwortungs- und Pflichtenstatuierung, Regelungsandrohung oder Deregulierungsversprechen, finanzielle Anreize negativer und positiver Art, Informationsbeeinflussung, Schaffung organisatorischer Mischverhältnisse.

B. Wandel des Gesetzesvollzuges

5. Die Schaffung von Selbstregulativen dient der Entlastung oder der Substituierung des Verwaltungsvollzuges. Ein zu enger Vollzugsbegriff macht das Verwaltungsrecht blind für neue Kooperationsformen des Gesetzesvollzuges, in denen staatliche Kräfte gestaltend oder in Reservefunktion ebenso mitwirken wie gesellschaftliche Kräfte und so ein einheitliches Vollzugsbild staatlich-gesellschaftlicher Mischverwaltung entsteht.

6. Soweit Verwaltung vollziehende Gewalt ist, trifft sie selbstregulativer Vollzug im Kern der ihr von der Verfassung zugewiesenen Rolle. Der Rückbau der Erfüllungsverantwortung begünstigt kooperative, informelle und präzeptorale Handlungsformen und dienstleistungsähnliche Organisationsformen der Verwaltung. Es ent-

steht durch die Verschlankung der Verwaltungsorganisation die Gefahr, daß die sogenannte Gewährleistungsverantwortung zu einer bloßen Notarfunktion verkümmert.

7. Verschiedene Formen selbstregulativen Gesetzesvollzuges haben sich neben einer Integration gesellschaftlicher Kräfte in Verwaltungsverfahren herausgebildet:

a) Unterlagenprüfverfahren, wobei die Aufklärung des Sachverhaltes auf den Antragsteller oder gesellschaftliche Kräfte verlagert wird und Behörden nur noch Plausibilitäts- und Stichprobenkontrollen vornehmen,

b) Eigenüberwachung, die an die Stelle der laufenden Überwachung durch Behörden tritt, wobei die Behörde ebenfalls Dokumente der Eigenüberwachungstätigkeit überprüft sowie Stichproben vornimmt,

c) Fremdüberwachung, eine intensivierte Eigenüberwachung, die durch Dritte im Auftrag des Überwachten vorgenommen wird,

d) kooperative Gesetzeskonkretisierung, insbesondere technische Normung,

e) Ausrichtung der Organisationsstruktur juristischer Personen des Privatrechts auf öffentliche Vollzugsbelange, Bildung von Organen oder Stellen, die Erfüllungsverantwortung tragen oder zur Gemeinwohlsicherung berufen sind,

f) autonomer Gesetzesvollzug durch außer- oder halbstaatliche Organisationen,

g) komplementärer Gesetzesvollzug in der Leistungsverwaltung.

C. Selbstregulierung im Spannungsfeld zwischen Subsidiarität und Freiheitsgefährdung

8. Die Grundrechte bilden eine Verhältnisordnung, die die Bereiche Staat und Bürger abgrenzt und deshalb die Abgrenzbarkeit in einem fundamentalen Sinne voraussetzt.

9. Selbstregulativer Vollzug öffentlicher Zwecke verringert die Distanz zwischen Gesellschaft und Staat. Die Bilanz für die individuelle Freiheitssphäre kann positiv sein, wenn an die Stelle rigider Verwaltungskontrolle Verwaltungspflichten zur eigenverantwortlichen Wahrnehmung treten. Die Bilanz kann aber auch negativ sein, wenn die Einschaltung privater Verbände zu einer Relativierung grundrechtlicher Schutzgehalte führt.

10. Eine Relativierung des Grundrechtsschutzes für den einzelnen Bürger tritt ein, wenn er abhängig von gesellschaftlichen Verbänden wird oder sein vorgefundenes Handlungsfeld von diesen Organisationen beherrscht ist. Zwar kann er seine grundrechtlichen Abwehransprüche gegen den staatlichen Gewährleistungsträger richten und diesen zur Einflußnahme zwingen, aber die gesellschaftlichen Verbände sind ebenfalls Grundrechtsträger, so daß den Individualschutz relativierende Abwägungslagen entstehen können.

11. Das staatliche Vollzugsinteresse fördert Verbände, deren verstetigte Organisationsform und deren soziale Mächtigkeit eine dauerhafte Erfüllung von öffentlichen Zielvorgaben gewährleistet. Der Staat begünstigt mit selbstregulativer Steue-

rungstechnik die Entstehung artifizieller Märkte wie in der Abfallwirtschaft und greift in den freien Wettbewerb bis hin zur Herbeiführung faktischer Monopolstellungen ein.

12. Indirekt ansetzende, an Marktmechanismen anknüpfende Regelungen können für den Kreis der unmittelbar Betroffenen schonender sein als direkt wirkende Gebote oder Verbote. Es kann aber auch zu einer Verdunkelung von Eingriffsverhältnissen kommen, wenn Lasten faktisch verschoben werden, wo sie zuvor normativ verteilt wurden.

13. Gesellschaftliche Verbände bleiben auch dann Grundrechtsträger, wenn sie maßgeblich öffentliche Vorgaben verwirklichen. Aber im freiwilligen Kooperationsverhältnis mit dem Staat verzichten sie abhängig von ihrem jeweiligen Bindungswillen auf Grundrechtspositionen.

14. Die Grundrechte schützen auch vor hoheitlich auferlegter Eigenverantwortung. Die Verlagerung der Erfüllungslasten vom Staat auf die Gesellschaft (Abbürdung) ist rechtfertigungsbedürftiger Freiheitseingriff und nicht deklaratorische Bestätigung von aus der Verfassung abgeleiteten Verantwortungszurechnungen. Daß dies auch für den Umweltschutz gilt, bekräftigt Art. 20 a GG.

15. Rechtfertigungsgrund für abbürdende Erfüllungspflichten darf nicht allein der Staatsentlastungszweck sein. Vielmehr müssen öffentlicher Zweck und der Grund für die Eigenverantwortung in einem engen sachlichen Zusammenhang stehen, damit die Sonderbelastung einzelner oder einzelner Gruppen gerechtfertigt werden kann.

16. Selbstregulierung erzwingende Grundrechtseingriffe sind unabhängig von ihrer Rechtfertigung unzulässig, wenn sie in vorhersehbarer Weise die Grundvoraussetzungen der jeweiligen Freiheitsbetätigung zerstören. Es besteht eine Parallele zu den Grenzen der Ausgestaltung des Eigentums, die bei anderen Grundrechten wie der Berufsfreiheit früher erreicht sein können.

D. Vorgaben des Demokratieprinzips

17. Der für die Wirkung des Demokratieprinzips einschlägige Schlüsselbegriff ist der der Staatsgewalt. Wenn Staatsgewalt in hybriden Organisationsverhältnissen verschlungene Wege geht, verlangt das Demokratieprinzip eine Ausgestaltung, die entweder effektive parlamentarische Kontrolle dennoch möglich hält oder die auf klare Separierung zwischen gesellschaftlicher Freiheit und staatlichem Herrschaftsanspruch gerichtet ist.

18. Das Trennungsgebot ist Resultat der Anforderungen des Demokratieprinzips, es steht aber auch für rechtsstaatliche Transparenzanforderungen wie für die Sicherung der erwähnten grundrechtlichen Funktionsbedingungen. Es wirkt nach zwei Seiten. Zum einen ist die öffentliche Verwaltung dort, wo hoheitlich entschieden wird, grundsätzlich freizuhalten von autonomen gesellschaftlichen Partikularkräften. Zum anderen müssen in Dienst genommene gesellschaftliche Selbstregulative gesetz-

lich entweder so ausgestaltet werden, daß sie nicht in den Bannkreis öffentlicher Gewaltausübung geraten oder aber sie müssen als Beliehene dem öffentlichen Sonderrecht und der Staatsaufsicht unterstellt werden.

19. Im parlamentarischen Demokratiemodell des Grundgesetzes ist Herrschaft des Volkes identisch mit Herrschaft des Gesetzes (Martin Kriele). Das Gesetz leistet den Ausgleich verschiedener gesellschaftlicher Interessen, und zwar in einem dialektisch gesteigerten, aufhebenden Sinne, nicht als bloß rechnerische Addition heterogener Interessen zu einem Minimalkompromiß. Die Umsetzung dieser zentralen demokratischen Willensbekundung kann in aller Regel nur durch einen auf die Rechtsanwendung professionalisierten öffentlichen Dienst erfolgen.

20. Der neben der gesellschaftlichen Öffnung des Verwaltungsverfahrens eingeschlagene Weg zur Ökonomisierung der Verwaltung führt über rechtsstaatliche und demokratische Haltelinien hinaus. Das anspruchsvolle Konzept der Selbstregulierung erfordert innere Geschlossenheit und Selbstgewißheit des Staates im Gesetz. Für die Verwaltung muß die Fixierung auf den rechtsstaatlichen Gesetzesvollzug beibehalten werden; einer Ökonomisierung und der Unterstellung unter betriebswirtschaftliche Imperative sind verfassungsrechtliche Grenzen gesetzt.

E. *Verwaltungsrechtliche Sicherungen der sektoralen Staatsidee*

21. Dem rechtsstaatlich verpflichteten Verwaltungsrecht obliegt die Aufgabe, selbstregulative Vollzugsformen in den Bahnen der sektoralen Freiheits- und Staatsidee zu halten. Besondere Bedeutung kommt dogmatischen Kategorien zu, die auf die Erfassung von mediatisierter Staatsgewalt zugeschnitten sind. Dazu zählen: Selbstverwaltung, Verwaltungspflichten und -obliegenheiten, Beleihung, Beauftragung sowie Verwaltungshilfe.

22. Selbstverwaltung ist Staat, Selbstregulierung bleibt Gesellschaft. Selbstverwaltung kann nur durch öffentliche Verwaltungsträger erfolgen, gesellschaftliche Verbände können nach gesetzlicher Maßgabe mitwirken. Selbstregulative handeln in Organisations- und Rechtsformen des Privatrechts, wobei Träger öffentlicher Gewalt wiederum mitwirken können.

23. Selbstregulativer Gesetzesvollzug ist vom Verwaltungsprivatrecht zu scheiden. Wenn der Staat selbst in Privatrechtsform handelt, dominieren öffentliche Zwecke, so daß bereits begrifflich keine Selbstregulation vorliegt. Im Zuge von Privatisierungen wie im Telekommunikationsbereich kann es zu einem stufenweisen Überwechseln von der einen in die andere Zone kommen.

24. Die dogmatische Figur der Beleihung dosiert je nach Reichweite die formelle und materielle Herrschaft des öffentlichen Rechts. Trotz fortbestehender Zweifel hat sich ein eher enges Beleihungsverständnis durchgesetzt. Beleihung setzt danach voraus, daß natürlichen oder juristischen Personen des Privatrechts nicht nur öffentliche Aufgaben übertragen werden, sondern auch hoheitliche Befugnisse mit unmittelbarer Außenwirkung gegen Bürger. Hält man am engen Beleihungstatbestand fest, emp-

fiehlt sich die Kategorie des „selbständigen Verwaltungshelfers", der hoheitliche Aufgaben eigenverantwortlich bis zur Entscheidungsreife vorbereitet.

25. Der eingriffsbezogene (klassische) Gesetzesvorbehalt gilt dort, wo selbstregulierende private Verbände mit drittgerichteten Hoheitsbefugnissen ausgestattet werden. Der demokratisch-institutionelle Gesetzesvorbehalt greift bereits dann, wenn im Rahmen des Gesetzesvollzuges substantielle Teile der exekutiven Erfüllungsverantwortung auf Private verlagert werden.

26. Gesetzlich als Eigenverantwortung begründete Verwaltungspflichten werden in Privatrechtsform erbracht und hoheitlich kontrolliert. Erfüllungsverträge des Pflichtigen mit Dritten sind privatrechtlicher Natur, auch wenn ihr Zweck die Erfüllung öffentlicher Aufgaben im weiten Sinne ist. Anderes gilt für Verträge des Staates mit Privaten, die die Rahmenbedingungen selbstregulativer öffentlicher Aufgabenerfüllung festlegen.

F. Perspektiven

27. Das sektorale Staatskonzept mit einer rechtlich distinktiven Abgrenzung von Kompetenzen und Befugnissen des Staates in der Gesellschaft und zur Gesellschaft ist Verfassungsgebot.

28. Auch im Rahmen einer einheitlichen Rechtsordnung bleibt die Abgrenzung zwischen öffentlichem Recht und Privatrecht konstitutiv.

29. Die Einheit des Staats- und Verwaltungsrechts ist durch eine gesellschaftliche Bewegung zur Entdifferenzierung gefährdet.

3. Aussprache und Schlußworte

Verwaltung und Verwaltungsrecht zwischen gesellschaftlicher Selbstregulierung und staatlicher Steuerung

Vorsitzender: Die Berichterstatter haben die heutige Diskussion mit außerordentlich fundierten Beiträgen, für die ich Ihnen im Namen der Vereinigung vielmals zu danken habe, hervorragend vorbereitet. Ich möchte an das „Losungswort" der Staatsmodernisierung von *David Osborne* und *Ted Gaebler* erinnern, unter das ich heute morgen die Auseinandersetzung mit unserer Problematik gestellt habe: „Steuern statt Rudern!"

Für die Diskussion habe ich keine Gliederung vorgesehen. Die den Wortmeldungen beigefügten Stichworte legen keine zwingende Reihenfolge der Diskussionsredner nahe. Ich mache deswegen von meiner Freiheit als Moderator Gebrauch, die Reihenfolge der Disukussionsteilnehmer mit einer gewissen Willkür festzulegen, wobei ich bitte, von vornherein die Beiträge möglichst auf 5 Minuten zu begrenzen.

Ich darf Herrn *Ossenbühl* bitten, die Diskussion zu eröffnen.

Ossenbühl: Wir haben heute morgen zwei glänzende Referate gehört, die uns mit Problemperspektiven geradezu zugedeckt haben, und Schwierigkeiten bestehen in der Frage, wo soll man eigentlich in der Diskussion ansetzen? Ich möchte zwei Bemerkungen machen, die eine zum Thema, die andere zum Lösungsansatz. Was die Thematik angeht, liegt der Vorstand nicht nur im Trend der Zeit, sondern auch in der Traditionslinie bisheriger Veranstaltungen. Ich bin natürlich erinnert worden an die Tagung von vor 26 Jahren. Wir haben 1970 über die Erfüllung von Verwaltungsaufgaben durch Private gesprochen und in gewisser Weise ist es heute die Fortsetzung unter dem Thema „Gesellschaftliche Selbstregulierung und staatliche Steuerung". In der gestrigen Veranstaltung hatten wir alte Begriffe mit neuem Inhalt, heute haben wir neue Begriffe mit fraglichem Inhalt. Das Problem ist nicht ganz neu, aber es hat natürlich eine neue Dimension erhalten und zwar sowohl in quantitativer wie auch in qualitativer Hinsicht, was schon durch die Stichworte Verpackungsverordnung, Ökoaudit, Produktnormierung angedeutet wird. Die Hauptschwierigkeit besteht in meinen Augen zunächst einmal darin, den Sachverhalt abzuklären. Es ist ja eine alte

Regel, daß Juristen sich erst dann äußern sollen, wenn der Sachverhalt hinreichend dargelegt und analysiert worden ist. Und insoweit bestehen nun erhebliche Schwierigkeiten, denn gesellschaftliche Selbstregulierung umfaßt höchst heterogene Dinge, die rechtlich durchaus nicht alle in einen Topf geworfen werden können. Die Referenten haben uns notgedrungen nur einen kleinen Ausblick in die Selbstregulierungslandschaft darstellen können. Das ist keine Kritik an den Referenten, sondern liegt in der Thematik, die uns gestellt ist. Ich möchte es einmal in Abwandlung eines Ausspruches von *Shakespeare* sagen: Zwischen Gesellschaft und Staat bestehen Strukturen der Gemeinwohlverwirklichung, von denen sich unsere Schulweisheit nichts träumen läßt. Dieser Satz, den man vor 26 Jahren sagen konnte, gilt auch heute noch. Und heute wie damals besteht zunächst eine der Hauptaufgaben darin, eine nüchterne und sachliche Darstellung der Selbstregulierungslandschaft mit ihren jeweiligen Besonderheiten zu erarbeiten und zwar in verständlicher Sprache und ohne die im Nebel liegenden soziologischen und politologischen Termini. Bisher ist ja diese tatsächliche Bestandsaufnahme – da Rechtstatsachenforschung bei uns Juristen kleingeschrieben wird – eine Domäne der Politologen und Soziologen. Deshalb dürfen wir uns dann nicht wundern, wenn wir den Sachverhalt auch in der Terminologie dieser Disziplinen serviert bekommen. Ich darf gleich eines noch anschließen: In eine solche Rechtstatsachenforschung müßte auch einbezogen werden die weitere Frage: Welche Motive und Ursachen liegen der gesellschaftlichen Selbstregulierung zugrunde? Auch hier scheint mir erheblicher Aufklärungsbedarf vorzuliegen. Die laut vorgetragenen Gründe, die man immer wieder hört – Staatsentlastung, Verschlankung des Staates – sind mir viel zu undifferenziert. Ich sehe zum Beispiel auch unter den Gesichtspunkten der Effizienz der Staatsaufgabenerfüllung oder der Deregulierung – die ja auch immer wieder angeführt wird – keinen Gewinn darin, wenn an die Stelle der staatlichen Erlaubnis einer Behörde ein Zertifikat einer privaten Prüfstelle treten soll.

Ich komme damit zum zweiten Punkt, nämlich zu der Frage: Wie kann und soll man das Thema angehen? Insoweit gibt es zwei Ebenen der Erwägung, die uns auch in beiden Referaten dargeboten worden sind, freilich mit unterschiedlichen Akzenten. Einmal ergibt sich die Frage: Ist die Selbstregulierung überhaupt ein verfassungsrechtlich zulässiger Modus der Staatsaufgabenverwirklichung? Und ich wähle bewußt hier den Begriff Staatsaufgabenverwirklichung und nicht Gemeinwohlverwirklichung, weil nämlich der Begriff der Gemeinwohlverwirklichung eigentlich die Mauern zwischen Staat und Gesellschaft, die wir ja aufrecht erhalten wollen, einreißt. Und hier lautet dann die Antwort bei beiden Referenten: Ja – aber Grundrechtsschutz, Demokratiegebot und Rechtsschutz müssen niveauvoll erhalten bleiben. So weit so gut. Für uns Staatsrechtslehrer ergibt sich dann aber die weitere Frage, wo wir die Akzente setzen sollen. Und ich brauche kein Prophet zu sein, um vorauszusagen, daß in der Diskussion sich jetzt zwei Richtungen auftun werden: die eine, die mehr getrieben ist von der Sorge um den Rechtsstaat und die Demokratie, die dann als konservativ gelten wird und diejenige, die nach Innovationen unseres Rechtssystemes ruft und die dann möglicherweise als die Fortschrittlichen gelten wird. Der verfassungsrechtliche Ansatz einer Lösung muß nach umfassender Eruierung der Selbstregulierungslandschaft und der Ursachen ihrer Entstehung sein, in erster Linie strenger und aufmerksamer als bisher die Zulässigkeitsfrage ganz in den Vordergrund zu stellen. Denn es geht hier um eine fundamentale Frage der Staatlichkeit und der Staatsstruktur. In Rede steht nicht nur irgendwie ein Modus effizienter Aufgabenerfüllung. Es geht nicht um Effizienz, sondern es geht um die Grundlagen und Errungenschaften der Bürgerfreiheit und es steht deshalb einem Staatsrechtslehrer in dieser Situation gut an, wenn er angesichts dieser Thematik in den Vordergrund stellt ein Plädoyer für den demokratischen Rechtsstaat. Zweitens – und damit komme ich zum Schluß – kann man natürlich dabei nicht stehenbleiben, sondern man muß ohne modernistischen Strömungen anheim zu fallen, sich auch Gedanken darüber machen, wie man den nun tatsächlich vorhandenen Prozeß in der Realität kritisch und auch innovativ begleitet. Aber Vorrang haben müssen hier bereits die erprobten Figuren und Kategorien, wie sie uns Herr *Di Fabio* vorgetragen hat, beispielsweise Selbstverwaltung, Beleihung, Bürgerpflichten usw. Warum? Weil sich in diesen Kategorien bereits der Standard rechtsstaatlicher Garantien ausdrückt und zur Wirkung gebracht werden kann. Und erst wenn diese Kategorien versagen, erst dann ist es, um die neu entstandene Wirklichkeit rechtsstaatlich gewissermaßen zu bändigen, erforderlich, über weitere Innovationen des Verwaltungsrechts nachzudenken. Wir sollten also nicht – das wäre meine Mahnung jetzt gewissermaßen – in einem fortschrittlichen Eifer schnell unsere alten Kategorien über Bord werfen und nach neuen Systemen und Kategorien Ausschau halten.

Korinek: Zunächst dem Vorstand eine herzliche Gratulation zur Wahl dieses Themas. Es ist nicht nur aktuell, es ist auch kaum umfassend bearbeitet. Meine Gratulation auch zur Wahl der Referenten. Ich glaube, ich habe selten einen so spannenden Vormittag auf einer Tagung erlebt wie heute.

Der erste Referent hat – wie mir scheint – in einer letzlich sehr ausgewogenen Weise die Phänomene geordnet und dargestellt, die man im übrigen für Österreich ganz genauso ordnen und darstellen könnte. Man könnte für jeden ihrer Typusbereiche Beispiele aus unserer Rechtsordnung finden. Die Zeit hat Ihnen nicht gereicht und Sie haben auf einem relativ hohen Abstraktionsniveau argumentieren müssen. Ich möchte die Bitte äußern – wenn das in der schriftlichen Ausfertigung nicht möglich ist, dann in einer Folgepublikation –, das reiche Rechtstatsachenmaterial, das ja ihrer Gliederung zugrundeliegt, auch zu präsentieren. Der zweite Referent hat sich nicht nur rhetorisch großartig, sondern wie ich finde – geradezu martialisch – für den starken Staat engagiert. Dem stehe ich skeptisch gegenüber. Herr *Ossenbühl*, mir ist es noch selten passiert, daß ich mich bei einer Gruppierung, wo man Konservative und andere gegenüberstellt, nicht zu den Konservativen zuordnen kann. Aber in diesem Fall ist es so, das möchte ich zugeben.

Ich möchte zwei allgemeine Bemerkungen machen, zunächst eine zu Herrn Kollegen *Schmidt-Preuß*: Ist das alles, was Sie am Anfang als verfassungsrechtliche Eckpfeiler dargestellt haben, ist das alles wirklich aus der Verfassung als verfassungsrechtliche Pflicht ableitbar? Ich halte das alles für vernünftig, ich unterschreibe das alles, ich glaube, daß das in den verfassungsrechtlichen Wertentscheidungen angelegt ist. Aber ist das verfassungsrechtlich geboten oder sind wir da nicht doch in der Argumentation einen Schritt zu weit gegangen? Und zu Herrn Kollegen *Di Fabio* eine Bemerkung: Darf man sich, wenn man sich um Ausgewogenheit bemüht, darauf beschränken zu sagen, daß diese Entwicklungen gefährlich sind; es ist ja auch die Konzentration beim Staat nicht ungefährlich. Kommt es nicht immer darauf an, mit welchen Rechtsschutzinstrumenten man den Gefahren steuern kann. Da müßte man wahrscheinlich das Rechtsschutzinstrumentarium des Privatrechts stärker betonen. Also zumindest bei uns hängt der Rechtsschutz an der Handlungsform und wenn sich in dieser gesellschaftlichen Selbstregulierung etwas in Handlungsformen des Privatrechts abspielt, dann ist es wohl auch der privatrechtliche Rechtsschutz der hier eine Bedeutung bekommt. Ich meine Kategorien wie Kontrahierungszwang, Teilnichtigkeit, Schadenersatz. Das sind ja die Dinge, wo letztlich auch über die Grundrechtswirkung in diesem privatrechtlichen Bereich dann an Rechtsschutz vieles zu holen ist. Hingegen halte ich es für äußerst verdienstlich, daß Sie so stark die große Bedeutung der Aufsicht betont haben. Ich würde sogar soweit gehen, daß ich sagen möchte, zum Begriff der Ausgliederung von Staatsaufgaben ist der notwendige Komplementärbegriff die Verstärkung der Staatsaufsicht. Ich halte das für ganz wesentlich.

Darf ich noch einen zweiten Punkt kurz anschneiden und etwas zu der privaten Normungstätigkeit sagen, zur privaten Normungstätigkeit, wie wir sie in den Staaten Westeuropas finden im Gegensatz zu der ja staatlichen Normungstätigkeit, die man in den früheren kommunistischen Staaten kannte; da waren diese Normungen eben Sache der entsprechenden Ministerien. Mir ist in beiden Referaten etwas zu wenig deutlich geworden, daß es ganz unterschiedliche rechtliche Wirkungen dieser Normen gibt. Zunächst sollte man bedenken, daß die meisten dieser Normierungen schlicht faktisch wirken. Die Normen über die Größe von Schrauben und Muttern oder von Briefpapier und Kuverts übernimmt die Wirtschaft, weil es vernünftig ist, nicht weil es jemand anordnet. Wenn die Transportkette genormt wird, so daß Kisten in den Container und der Container ins Schiff und in das Flugzeug und in den Lastwagen paßt, dann sind das Dinge, die überhaupt nicht angeordnet werden, sondem die sich einfach aus Effizienzgründen durchsetzen. Aus meiner Kenntnis der Normung betrifft diese Art der Wirkung von Normen sicherlich weit mehr als 3/4 der Normen. Dann gibt es Normen, deren Einhaltung schlicht privatrechtlich vereinbart wird, z. B. wenn wir uns ein Haus bauen lassen und sagen, man soll die Planung nach einer behindertengerechten Architekturnorm machen; und dasselbe ist es, wenn das eine Gebietskörperschaft macht.

Dann gibt es die Vermutung der Normkonformität, die im Zusammenhang mit der neuen Konzeption der Gemeinschaften eine große Rolle spielt. Ich möchte darauf hinweisen, daß hier der Ausdruck „Konkretisierung der allgemeinen Sicherheitsvorschriften durch die europäischen Normen“ irreführt. Das ist nicht eine Konkretisierung, die zwingend vorgeschrieben ist, sondern das ist juristisch etwas anderes: wenn ich diese Norm als Produzent einhalte, dann vermutet man, daß die allgemeinen Sicherheitsbestimmungen eingehalten sind. Wenn ich sie nicht einhalte, kann ich das auch anders nachweisen. Ich möchte nicht, daß man das als „Verbindlichkeit der Norm“ bezeichnet. Das ist doch rechtsdogmatisch etwas anderes und ich glaube eher ähnlich der Ausfüllung der Technikklauseln.

Schließlich gib es den Bereich der wirklichen Verbindlicherklärung der Normung, also was sich etwa im Baurecht oder im Vergaberecht in Österreich häufig findet. In diesem Fall ordnet der Gesetzgeber oder Verordnungsgeber an: Du hast die Norm einzuhalten. Und das finde ich rechtsstaatlich überhaupt nicht problematisch. Denn das ist ja die Verantwortung des staatlichen Rechtsetzungsorgans, daß es das tut und dieses hat ja dafür geradezustehen und es kann sich nicht „abputzen“ an irgendwelchen Normungsinstituten, wenn es da eine Fehlentscheidung getroffen hat.

Dennoch glaube ich, daß es materiell gesehen sehr wichtig ist, daß wir großen Wert auf eine breite demokratische Legitimation der Normungsarbeit, die Einbeziehung aller beteiligten Gruppen, die Konsensorientierung, ein öffentliches Auflage- und Einspruchsverfahren, also auf eine Kultur legen sollten, die so im DIN und im österreichischen Normungsinstitut, aber nicht in allen europäischen Normungsinstituten vorhanden ist. Wir sollten diese Kultur in die europäische Ebene hineintragen. Denn dort sind diese Dinge leider gar nicht so selbstverständlich.

Geis: Herr Vorsitzender, meine Damen und Herren,
ich danke für die Ehre, als Dritter sprechen zu dürfen. Es hat mich ganz überrascht. Ich habe auch keinen dahingehenden Antrag gestellt. Ich habe eine kurze Anmerkung zu ganz konkreten Thesen von Herrn *Schmidt-Preuß* und eine Frage an Herrn Kollegen *Di Fabio*. Zunächst zu den Thesen 15 und 16 von Herrn *Schmidt-Preuß*: Ich glaube, Selbstregulierung, wie wir es heute gehört haben, ist in aller Munde und hat auch eine gewisse Sympathie für sich. Hier scheint mir aber, was durchaus richtig skizziert ist, eines der Hauptprobleme zu liegen. In diesen Thesen 15 und 16 wird nämlich auf das Problem des Drittschutzes eingegangen und ich glaube, daß die Sympathie für Selbstregulierung – zumindest im derzeitigen Stadium – noch geeignet ist, diese Drittschutzprobleme noch etwas zu verschleiern. Zumindest müßte hier dogmatisch das Augenmerk verschärft werden. Nur ein kleines Beispiel: Es wird hier die bauordnungsrechtliche Genehmigungsfreistellung zitiert. Es ist ja nun bekannt, daß die Baugenehmigung seit alters her eine gewisse Schutz- und Gestaltungswirkung für den Bauherrn und für alle Nachbarn hat. Diese Gestaltungswirkung entfällt natürlich zumindest in Teilen, wenn dieses Genehmigungsverfahren nicht mehr präventiv durchgeführt wird, sondern möglicherweise erst in einem repressiven Verfahren die Einhaltung gewährleistet wird. Es stellt sich also hier die Frage, ob man nicht mit einer solchen selbstregulativen Tendenz zumindest in bestimmten Situationen den Beteiligten Steine statt Brot gibt, indem man auch die Rechtssicherheit in einem gewissen Maße aufweicht. Das wäre die Anmerkung zu These 16. Wenn ich es noch einmal zusammenfassen darf. Man muß unbedingt diese Drittschutzkomponente, die hier vielleicht ein bißchen versteckt ist, aus meiner Sicht als eines der zentralen Probleme im Bereich der Selbstregulierung anerkennen. Zu These 14 von Herrn Kollegen *Di Fabio*: „Die Grundrechte schützen auch vor hoheitlich auferlegter Eigenverantwortung". Diesen Satz muß man sich richtig auf der Zunge zergehen lassen, finde ich. Denn wenn wir realisieren, daß ja das Grundgesetz eigentlich vom Freiheitsbegriff des eigenverantwortlichen Menschen, von selbstgestaltenden Menschen ausgeht, und eben das Gegenbild zum Staat der Pik-

kelhaube – wie er so schön skizziert worden ist – sein soll, dann verbirgt sich doch hier – ich kann mich irren – ein kleiner dogmatischer Salto, wenn auch kein Salto mortale. Denn es ist ja eigentlich so, daß der Staat zunächst die Freiheit wegnimmt, zumindest in der historischen Entwicklung, und wenn er dann die Freiheit als Eigenverantwortung quasi wieder auskehrt – ich möchte den Begriff Auferlegung ganz bewußt vermeiden, den halte ich hier für fragwürdig – ich würde eher sagen, er verlagert sie zurück –, dann ist doch zumindest verstärkt begründungsbedürftig, wieso darin ein Eingriff liegen soll, wenn die Freiheit an und für sich wieder vermehrt wird. Es mag Situationen geben, wo dies so sein mag, aber grundsätzlich glaube ich, auch wenn man jetzt nicht wieder in die alte Diskussion über den Satz „*in dubio pro libertate*" eintreten will, daß ein Mehr an Eigenverantwortung, das den Bürgern im Verfahren wieder gewährt wird, von vornherein und hier relativ pauschal als Grundrechtseingriff bezeichnet werden kann. Also da müßte man doch noch deutlicher nachhaken.

Steinberg: Herr Vorsitzender, meine Damen und Herren, zu den außerordentlich beeindruckenden, facettenreichen Referaten möchte ich drei Bemerkungen machen:

1. Ich möchte die Warnung von Herrn *Di Fabio* vor der schleichenden Verformung grundlegender Strukturen und Institutionen unserer Rechtsordnung mit Nachdruck unterstreichen. Zwar ist es vollkommen außer Streit, daß angesichts der Veränderungen der Aufgaben und Handlungsformen des Staates neuartige Sicherungen und Gewährleistungen erwogen werden müssen und auf hohem theoretischen Niveau auch geliefert werden können. Ich fürchte allerdings, daß die Betrachtung neuer Instrumente ihre Tücken im Detail erweist. Ich möchte hier als Beispiel die sogenannten neuen Instrumente des Umweltschutzes erwähnen. Wenn diese neuen Instrumente, die ja in aller Munde sind, und die auch von beiden Referenten in mannigfachen Beispielen heute morgen vorgestellt wurden, nicht zu einer Senkung des Schutzniveaus führen sollen, so bedarf es vielfach derart ausgeklügelter neuer staatlicher Instrumente, daß sehr schnell ihr angeblicher Vorsprung gegenüber den alten Instrumenten des Ordnungsrechts dahinschmilzt. Ich möchte deshalb auch vor einer vorschnellen Ersetzung ordnungsrechtlicher Instrumente durch das neue Institut des Ökoaudits warnen. Hier sollten – wie es auch der Sachverständigenrat für Umweltfragen vorschlägt – doch erst einmal Erfahrungen gesammelt und abgewartet werden, wie sich dieses System der Zertifizierung auswirken wird. Wenn sich hier ein ernsthaftes Instrument entwickelt, das nicht nur eine Public-Relation-Veranstaltung darstellt, dann mag man über den Abbau des Ord-

nungsrechts nachdenken. Die funktionale Äquivalenz des Öko-Audits mit dem regulativen Umweltschutz ist zur Zeit jedenfalls noch nicht erwiesen. Deshalb scheint mir – anders als Herr *Schmidt-Preuß* es gesehen hat – dieser Gedanke im Augenblick ein wenig vorschnell zu sein.

Man könnte überhaupt ein wenig ketzerisch fragen, warum man die ungemein große Energie auf Seiten der Politik wie auch der Wirtschaft auf die Entwicklung der neuen Instrumente verwendet, während die Reformmöglichkeiten des klassischen Ordnungsrechts zum Beispiel durch eine Harmonisierung des Umweltrechts noch längst nicht ausgeschöpft sind.

2. Für viele der im Augenblick in Deutschland in der Politik, in der Politikwissenschaft und der Rechtswissenschaft diskutierten Phänomene könnte man Aufschluß gewinnen durch einen Blick in ein Land, in dem derartige Entwicklungen bereits weitgehend abgeschlossen sind, durch einen Blick nach England. Wir können hier feststellen, daß die zunehmende Entstaatlichung und Privatisierung zu einer dramatischen Einschränkung des Bereichs des Öffentlichen geführt hat. Die Städte werden durch private Entwicklungsträger entwickelt, und das führt auch räumlich zu einer Einschränkung der Zugangsmöglichkeiten etwa zu Einkaufszentren, zu *shopping-malls* und ähnlichem. Das System der Selbstverwaltung – ich begrüße außerordentlich, daß Sie, Herr *Di Fabio,* diesen Gedanken so unterstrichen haben – ist in England ersetzt worden durch ein System organisierter Verantwortungslosigkeit durch Tausende von Quangos. Die Privatisierung bislang staatlicher Dienstleistungen macht aus Bürgern Konsumenten und über die Inanspruchnahme des Bürgerrechts – des früheren Bürgerrechts – entscheidet in Zukunft die Zahlungsfähigkeit. Was sich nicht rechnet, das wird ausgemustert. Betrachten Sie nur die Entwicklung der juristischen Fakultäten in England, in denen alle Grundlagenfächer – von wenigen Ausnahmen abgesehen – abgeschafft wurden, da sie natürlich zu nichts nütze sind. Man könnte noch viele Beispiele aus dem öffentlichen Bereich bringen: etwa die Verschlechterung der öffentlichen Versorgungsleistungen durch die Schaffung von privaten Monopolen, deren greifbarer Ertrag eine Verschlechterung der öffentlichen Versorgungsleistung der Allgemeinheit zum Beispiel mit Energie und Wasser, aber eine mehrere 100% ausmachende Steigerung der Bezüge der Vorstände darstellt.

3. Ich komme zum letzten Punkt: Genau wie Herr *Ossenbühl* denke ich, daß es auf einer Staatsrechtslehrertagung angebracht ist, an die besonderen Leistungen des Staates zu erinnern. Ich glaube, Herr *Ossenbühl,* daß hier die Unterscheidung von konservativ und fortschrittlich wie in vielen anderen Bereichen auch nicht mehr trägt. Die besondere Leistungsfähigkeit des Staates – vielleicht wundert es manche, daß ge-

rade ich an die Tradition der deutschen Staatslehre erinnere – besteht ja doch in der Gemeinwohlorientierung im Unterschied zum Marktkalkül der Gesellschaft. Ich wundere mich ein klein wenig, daß in demselben Moment, in dem das Vollzugsdefizit und die Steuerungsunfähigkeit des Rechts im alten ordnungsrechtlichen Bereich viel beschrieben und beklagt wird, man in gewisser Weise naiv erwartet, daß die neue Gewährleistungsverantwortung des Staates funktionieren soll. Warum werden wir nicht dort und vielleicht noch in viel größerem Maße Vollzugsdefizite feststellen, und dann gibt es eben, wie Sie es genannt haben, Herr *Di Fabio*, bei Schlechterfüllung keine staatliche Sanktion, weil der Staat da bereits abgedankt hat.

Ich denke, daß eine Betrachtung der neuen Entwicklung wichtig ist, aber wir sollten vielleicht auch stärker noch als bisher dazu beitragen, die überkommenen Handlungsinstrumente des Staates, insbesondere das staatliche Verwaltungsrecht den Erfordernissen und Gegebenheiten anzupassen. Ich nenne nur Stichworte wie Haushaltsrecht, Dienstrecht, allgemeines und besonderes Verwaltungsrecht. Denn gerade die gelegentlich zu beobachtende Reformunfähigkeit dieser Bereiche ist ja in vielen Fällen dafür verantwortlich, daß es zu einer Flucht in die Privatisisierung und in die Gestaltung mit den Mitteln des Privatrechts führt. Es könnte aber auch sein, daß derartige Reformen des überkommenen Verwaltungsrechts den Zeitgeist nicht mehr einholen können. Dann bleibt aber dem Juristen am Ende nichts anderes mehr übrig, als vielleicht noch die Fragen auf Antworten zu formulieren, die Technik und Wirtschaft bereits längst gegeben haben.

Hoffmann-Riem: Wir haben heute – wie ich glaube – zwei exzellente Referate gehört, die deutlich gemacht haben, daß das Verwaltungsrecht Teil einer einheitlichen Staats- und Verwaltungswissenschaft ist. In diesen Referaten ist z. T. die Terminologie von anderen Wissenschaften als der Rechtswissenschaft herangezogen worden. Wenn Herr *Ossenbühl* dies jetzt kritisiert, dann beanstandet er eigentlich, daß die Rechtswissenschaft die Terminologieherrschaft über ihren Gegenstandsbereich zu verlieren droht oder schon verloren hat. Ein solcher Verlust könnte auch Ausdruck dafür sein, daß die Analyseherrschaft verlorenzugehen droht oder verloren ist. Denn die Terminologie spiegelt ja meist die Analysefähigkeit wider. Wenn Kritik an einer neuen, auch nach meiner Einschätzung aussagefähigeren Begrifflichkeit geübt wird, dann müßten die Kritiker auch die Frage beantworten, ob die bisherige Begrifflichkeit die Wirklichkeit, und zwar die normative und die normgeprägte Wirklichkeit, hinreichend in den Blick bekommt. Ich habe Zweifel. Wenn – wovon auch ich ausgehe – Herr *Schmidt-Preuß* mit seiner überblicksartigen Darstellung neuer Erscheinungsformen staatlichen Handelns recht hat, und wenn dieser Befund mit dem verglichen wird, was davon in unseren Lehrbüchern des Verwaltungsrechts verarbeitet wird, dann zeigt sich, daß Welten zwischen der Realität und ihrer wissenschaftlichen Aufarbeitung in den Lehrbüchern klaffen. Ich persönlich habe den Eindruck, daß ein solcher Befund Ausdruck dessen ist, daß wir uns in der Rechtswissenschaft nicht hinreichend auf die radikalen Veränderungen in der praktischen Realität eingelassen haben. Deshalb bin ich dankbar, daß der Vorstand uns dieses Thema gesetzt hat und daß die beiden Referenten dazu Weiterführendes gesagt haben.

Ich möchte allerdings einen Punkt andeuten, in dem die beiden Referate noch tiefer hätten ansetzen können. Das ist die Analyse der Gründe, warum wir diesen Veränderungsprozeß jetzt erleben. Wer nach den Gründen sucht, kommt schnell auf den allseits beobachtbaren Anstieg an Unsicherheit, auf die gewachsene Aufgabenkomplexität und die zu verarbeitende Multipolarität der Interessenbeziehungen. Hier greifen unsere tradierten Rechtsinstrumente nur begrenzt, jedenfalls soweit sie vorrangig bipolar konzipiert sind und eindimensionale Kausalverknüpfungen bevorzugen.

An den Referaten ist die instrumentelle Überforderung des Staates deutlich geworden. Die Verwaltungspraxis und z. T. auch die Gesetzgebung, jedenfalls in Nischenbereichen, ist phantasievoll im Erfinden immer neuer Ausnahmen, Verfeinerungen und Ergänzungen des Tradierten, weil die schon bereitgestellten Instrumente die Ziele nicht erreichen oder für die Aufgabenerfüllung unzulänglich sind. Dabei erfindet die Verwaltung auch Instrumente, die das Gesetz gar nicht vorsieht, manchmal auch gar nicht vorsehen dürfte. Wenn ich das umformulieren darf, was Herr *Hoppe* heute als Motto gesagt hat „Steuern statt Rudern", dann würde ich sagen: Wir steuern häufig ohne Ruder. Jedenfalls manchmal ohne ein Ruder, das rechtsstaatlich hinreichend abgesichert ist und trotzdem den Kurs halten hilft. Wenn die Praxis sich genötigt sieht, Instrumente auszuwählen, die das Gesetz so gar nicht vorsieht, bei denen wir z. T. sogar rechtsstaatliche Bedenken haben, dann zeigt dies, daß wir der Praxis nicht das Richtige bereitstellen.

Das dritte Wichtige, das heute auch angedeutet worden ist, scheint mir die finanzielle Lage des Staates zu sein, besser seine finanzielle Krise. Der Rechtsstaat hat bei den haushaltspolitischen Verteilungskämpfen keine Lobby. Aber auch wenn er sie hätte: Es gibt immer weniger zu verteilen. Vor diesem Hintergrund fällt es sehr schwer, bei den Haushaltsverteilungskämpfen Erfolge auch für die Durchsetzung aufwendiger rechtsstaatlicher Garantien bis hin zur Sicherung der Funktionsfähigkeit des Gerichtssystems zu haben. Die Wissenschaft tut gut daran, die Effizienzzwänge, die in rasanter Geschwindigkeit auf den Staat zukommen, stärker als bisher in ihre Überlegungen zu integrieren. Es ist nicht mit einem Grundsatz getan, den Herr *Di Fabio* vorhin wieder wachgerufen hat, den ich schon bei Herrn *Wacke* in der Polizeirechtsvorlesung gehört habe: der Staat dürfe seine Aufgabenerfüllung nicht mit Rücksicht auf das Fehlen von Haushaltsmitteln zurückstellen. Dieser Grundsatz ist heute nicht mehr realisierbar. In meiner gegenwärtigen Rolle als Politiker erlebe ich vielfach, daß der Staat seine Aufgaben wegen fehlender Haushaltsmittel nicht mehr oder nicht mehr vollständig durchführt oder auch nicht durchführen kann. Rechtliche Rhetorik und Realität klaffen hier auseinander. Es hilft nicht, darüber nur zu klagen und z. B. einerseits eine Verschlankung des Staates und den Abbau der Schulden zu verlangen, andererseits aber bisherige Standards der Aufgabenerfüllung einzufordern. Vielmehr müssen wir überlegen, wie wir den Staat in die Lage versetzen können, mit den immer geringer werdenden Haushaltsmitteln in möglichst optimaler Weise seine Aufgaben zu erfüllen. Wenn wir dabei Mängel feststellen, ist es nicht damit getan, die Trennung zwischen Sein und Sollen heraufzubeschwören und auf die Beachtlichkeit des Sollens zu pochen. Denn das Sein prägt nun einmal das Sollen-Können. Die Rechtswissenschaft hat ein Defizit bei der Berücksichtigung des Seins in ihren Strukturen. Die Möglichkeiten der rechtsstaatlichen Reaktion müssen auf das gegenwärtige Sein so abgestimmt werden, daß eine Kompatibilität der Sollens-Strukturen mit der Seins-Möglichkeiten besteht. Das fordert uns alle heraus. Viele der überkommenen rechtsdogmatischen Konstruktionen, die Herr *Di Fabio* aufgezählt hat, können zwar weiter Bestand haben. Es gilt aber auch, sie weiterzuentwickeln und neue herauszuarbeiten.

Ich möchte stichwortartig zwei besonders wichtige Bereiche benennen. Der erste zielt darauf, ein Verfahrensrecht und ein Organisationsrecht der privaten oder auch nur der privatgestalteten Selbstregulierung zu entwickeln. Im staatlichen Bereich haben wir Verfahren und Organisation als Steuerungsressourcen entdeckt und schon relativ gut in unser Rechtssystem integriert. Dies gilt aber nicht in den Bereichen, in denen öffentliche Aufgaben in den außerstaatlichen Bereich ausgelagert werden oder in denen im staatlichen Kontext vermehrt selbstregulative Mechanismen eingerichtet werden. Die Kernelemente eines Privatverfahrens- und -organisationsrechts sind noch zu entwickeln, dafür können die entsprechenden Vorkehrungen staatlicher Verwaltung nicht schlicht imitiert werden.

Der zweite Bereich – Herr *Korinek* hat ihn eben besonders betont –, ist das Aufsichtsproblem. Bei den mehr oder minder aus der staatlichen Regie ausgelagerten Bereichen greift das traditionelle Konzept von

Rechts-, Dienst-, Fach- und Haushaltsaufsicht nicht mehr. Es greift sogar nicht mehr im staatlichen Bereich, soweit dort neue Steuerungsmodelle eingesetzt werden. Insofern brauchen wir ein neues Konzept von Aufsicht, eine Art output-orientierte Aufsicht, die Spielraum bei der Aufgabenerfüllung respektiert, aber die Erreichung gemeinwohlorientierter Ziele gleichwohl ermöglicht. Bei dieser Aufsicht geht es nicht um Detailsteuerung, sondern um eine Art Globalsteuerung oder output-orientierter Produktsteuerung. In den nichtjuristischen Diskussionen spricht man z. B. vom Controlling und meint dabei nicht Kontrolle, sondern Steuerung. Zu erfinden ist eine steuerungsgeeignete Aufsicht, eine Art Steuerungsaufsicht in Bereichen, in denen selbstregulative Elemente ausgebaut, und in denen vermehrt betriebswirtschaftlich geprägte Steuerungskonzepte eingesetzt werden. Insbesondere müssen wir geeignete Wege für ein komplexes Berichtswesen, für Evaluation und vor allem für Nachbesserungsmöglichkeiten in das Aufsichtskonzept einbauen.

Diese Aufgabe ist ein Beispiel dafür, und das sage ich jetzt zum Schluß zu Herrn *Ossenbühl*, daß Innovation und Rechtsstaat zusammengehören. Denn wenn viele Prämissen der Anwendung unserer Rechtsinstitute sich verändert haben, dann werden die rechtsstaatlichen Garantien nur zu halten sein, wenn wir innovativ an die Anpassung und Umformung der rechtsstaatlichen Instrumente herangehen, damit sie nicht bloße Fiktionen bleiben. Wir müssen sie zukunftstauglich machen. Das aber heißt, wirklich innovativ sein.

Schmidt-Aßmann: Herr Vorsitzender, meine Damen und Herren, ich will zunächst an ein Jubiläum erinnern: Vor 25 Jahren haben wir in Regensburg ein ähnlich großes und zentrales Thema des Öffentlichen Rechts behandelt: Das allgemeine Verwaltungsrecht vor den Gegenwartsaufgaben der Verwaltung. Die damals von Herrn *Brohm* geforderte wirklichkeitswissenschaftliche Öffnung des Verwaltungsrechts ist in der Zwischenzeit vollzogen. Die beiden Referate des heutigen Tages haben das gezeigt. Nachdem etwa auf der Tübinger und der Hannoverschen Tagung allgemein-verwaltungsrechtliche Themen auf dem Hintergrund großer Bereiche des Besonderen Verwaltungsrechts aufgegriffen worden waren, geht es heute erneut um einen Blick auf das Gesamtsystem: Erscheinungsformen der gesellschaftlichen Selbstregulierung, der Kooperation und einer darauf abgestellten staatlichen Steuerung begegnen uns in der ganzen Breite administrativen Handelns. Ebenso unbefangen kann allerdings festgestellt werden, daß es große Bereiche gibt, in denen die Verwaltung sich nach wie vor nach eher traditionellen Mustern vollzieht. Um die Allgegenwart kooperativen Handelns richtig zu erfassen, sind Typologien notwendig. Beide Referenten haben eine solche Typologie vorgelegt. Bei Herrn *Schmidt-Preuß* bildet sie einen der Hauptgliederungspunkte. Herr *Di Fabio* hat sie in seinem Leitsatz 7 zusammengezogen. Typologien erleichtern es, Gefährdungen, die vom kooperativen Handeln für die demokratisch-rechtsstaatliche Verfassung ausgehen können, besser zu analysieren. Rechtsstaatliche Überschaubarkeit und demokratische Legitimationen sind zwei unverzichtbare Zielpunkte jeder verwaltungsrechtlichen Systembildung, in die sich jede Art administrativer Steuerung, auch wenn sie in zurückgenommener Form erfolgt, einordnen lassen muß. Als dritten Zielpunkt nenne ich die Gemeinwohlfähigkeit der Steuerungsergebnisse. Der Begriff des Gemeinwohls darf und muß hier benutzt werden. Wenn es nicht gelingt, den Staat auf die Gemeinwohlfähigkeit seiner Entscheidungen festzulegen und ihn dabei zu halten, dann ist seine Legitimation verspielt. Das Zusammentreffen der im Thema genannten Steuerungsvorgänge ist also alles andere als spannungsfrei. Auch das haben beide Referate eindrucksvoll gezeigt. – Nicht in jeder Hinsicht einverstanden bin ich mit den Therapievorschlägen, die die Referenten unterbreitet haben. Herr *Di Fabio* erwartet in seiner These 19 die notwendige Disziplinierung kooperativen Handelns durch eine klare Ausrichtung am Gesetz. Natürlich ist das parlamentarische Gesetz ein Schnittpunkt rechtsstaatlicher und demokratischer Verfassungslinien. Aber kann man heute wirklich noch von so einfachen Vorstellungen des Gesetzesvollzuges ausgehen, wie sie zuweilen in die Periode des liberal-rechtsstaatlichen Verwaltungsrechts projeziert werden und wahrscheinlich selbst damals nicht gegolten haben? Heute jedenfalls ist Gesetzesanwendung ein hochkomplexer Vorgang der Zusammenstellung der einschlägigen nationalen und supranationalen Vorschriften und der Konkretisierung offener Tatbestände; und gerade hier setzt das Zusammenwirken gesellschaftlicher Selbststeuerung und staatlicher Steuerung an. *Richard Thoma* hat zutreffend von einer spiralförmigen Entwicklung rechtsstaatlicher Schutzmechanismen gesprochen. Eine Rückanknüpfung an überkommene Muster allein hilft nicht weiter. Das gilt auch für die Hoffnung auf die ordnende Kraft bürokratisch-hierarchischer Verwaltungsführung. Man muß auf die einzelnen Elemente dieser Muster, ihren Sinn und ihre Leistungsfähigkeit sehen und sie gegebenenfalls zu neuen „Arrangements“ zusammenfügen. In diesem Punkt schöpft auch die These 33 von Herrn *Schmidt-Preuß* die Problematik noch nicht aus. Sie stellt Steuerungstypologien und Handlungsformen zwar kurz gegenüber; aber hier beginnt die eigentliche Aufgabe verwaltungsrechtlicher Systembildung erst. Handlungsformen sind Speicher, die etwas über Erfahrungen mit rechtsstaatlichen Schutzmechanismen aussagen, und sie sind zugleich der Reflexionsrahmen, um Neues mit Altem zu verbinden.

Schuppert: Ich stehe noch ganz unter dem Eindruck des Szenarios von Herrn *Di Fabio* mit dem Ende der rechtsstaatlichen Gewißheiten, dem Verlust von Anknüpfungspunkten für die Disziplinierung der öffentlichen Gewalt und des Heraufdämmems eines Zeitalters der Konturenlosigkeit, in dem öffentlicher Sektor und privater Sektor sich auf eine Weise miteinander verzahnen und verweben, daß die Rechtswissenschaft Schwierigkeiten hat, eine juristische Analyse der komplexen Verwaltungswirklichkeit vorzunehmen. Deswegen glaube ich, daß Herr *Ossenbühl* recht hat mit dem Bemühen, zunächst einmal erste Fixpunkte zu finden, anhand derer man sich in diesem unübersichtlichen Terrain orientieren kann Zu dieser Suche nach Fixpunkten möchte ich etwas beizutragen versuchen, indem ich vier Stichworte nenne, die vielleicht eine Rolle spielen könnten.

Das erste Stichwort ist der Begriff der Aufgabenverantwortung. Ich glaube, daß diesem Begriff angesichts der beschriebenen Orientierungsschwierigkeiten eine zentrale Bedeutung zukommt. Wir können hier anknüpfen an eine von Herrn *Schmidt-Aßmann* entwickelte, ausgefächerte Typologie der Aufgabenverantwortung, die ich schon so häufig zitiert habe, daß ich mir fast einbilde, ich hätte sie selbst erfunden. Daran anknüpfend, kann man das nautische Begriffspaar von Herrn *Hoppe* in Verantwortungskategorien übersetzen und statt Steuern Gewährleistungsverantwortung sagen und statt Rudern Erfüllungsverantwortung. Das heißt, es geht nicht um Aufgabenabbau, um Aufgabenrückführung, um Abdankung des Staates, sondern es geht um Verantwortungsvarianten bei der Erfüllung öffentlicher Aufgaben. Es handelt sich m. E. primär um einen Wandel des Aufgabenverständnisses, mit dem wir es zu tun haben und die schon von Herrn *Hoppe* zitierte Schrift von *Osborne/Gaebler* trägt ja auch nicht umsonst den Titel „*Re-Inventing Government*". Es geht also um die neuartige Funktionsbestimmung der Rolle von Staat und Verwaltung im Verhältnis zur sich ausdifferenzierenden Gesellschaft. Wenn das richtig ist, dann ergeben sich daraus drei Konsequenzen. Erste Konsequenz: Wir haben es nicht primär mit einer Aufgabendebatte zu tun, sondern vor allem mit einer Trägerschaftsdebatte, in der die zentrale Frage lautet: Wer soll welche Aufgaben erfüllen? Deshalb darf man von einer häufig als Allheilmittel angepriesenen Aufgabenkritik – glaube ich – nicht zu viel erwarten. Diese Trägerschaftsdebatte wird ergänzt um eine Instrumentendebatte, also um eine Diskussion über die tauglichen Steuerungsinstrumente. Insofern scheint mir die heute morgen in den Vordergrund gestellte modale Problemperspektive angemessen zu sein. Zweite Konsequenz: Die Regulierung – sei es als hoheitliche Regulierung, sei es als kooperative Regulierung, sei es als Selbstregulierung – ist eine Modalität staatlicher Aufgabenerfüllung. Daraus folgt, daß man diesen Vorgang nicht als Abdankung des Staates zugunsten des privaten oder intermediären Sektors verstehen kann, sondern es handelt sich bei dem Umsteigen von Rudern und Steuern um die Karriere des regulierenden Staates. Ich glaube, das muß man ganz deutlich sehen. Die dritte Konsequenz: Wir haben es nahezu täglich mit Auswahlentscheidungen zu tun, nämlich Auswahlentscheidungen hinsichtlich der „richtigen" Träger der Aufgabenerfüllung und Auswahlentscheidungen hinsichtlich der dabei einzusetzenden Instrumente. Das bedeutet, daß man sich über die Kriterien für solche Auswahlentscheidungen vergewissern muß, will man diese zentralen Weichenstellungen nicht der politischen Beliebigkeit überantworten.

Zweiter Punkt: Rückzug des Staates, Staatsentlastung, Aufgabenwandel und Aufgabenkritik, so lauten die gängigen Vokabeln, denen Herr *Ossenbühl* zu Recht mangelnde Präzision attestiert hat. Es geht auch gar nicht um den Rückzug des Staates. Denn das suggeriert ja, daß Terrain preisgegeben wird, das dann von Privaten und gemeinwohllos umherirrenden Akteuren besetzt wird, sondern es geht darum, daß eine neue Aufgabenverteilung stattfindet und sich dadurch ein Funktionswandel der staatlichen Verwaltung vollzieht, es geht nicht um ein Abdanken des Staates, indem er sich gänzlich aus weiten Aufgabenbereichen zurückzieht, sondern er ändert die Modalitäten seiner Aufgabenwahrnehmung. Das ist der Punkt.

Dritter Punkt: Verantwortungsteilung im kooperativen Verwaltungsstaat. Diesen Begriff der Verantwortungsteilung verdanken wir dem schönen Begleitaufsatz von Herrn *Trute* und auch heute morgen ist wiederholt von der arbeitsteiligen Gemeinwohlkonkretisierung gesprochen worden. Das ist ja ein schönes Bild; aber man muß natürlich versuchen, diese Arbeitsteilung präziser zu umschreiben, indem man insbesondere die besondere Rolle der staatlichen Verwaltung hervorhebt. Es geht nicht um eine beliebige Arbeitsteilung nach Zweckmäßigkeitsgesichtspunkten, sondern es geht um die Gemeinwohlverantwortung des Staates und insoweit erlauben Sie mir, ausnahmsweise meine etatistische Seele hervorzukehren. Es geht darum, den Staat aus dieser Verantwortung für das Gemeinwohl nicht zu entlassen. Das bedeutet z. B., daß er sich nicht seines Sachverstandes begeben darf. Wenn er sich ausliefert an privaten Sachverstand, kann er nicht mehr steuern. Steuern kann man nur, wenn man weiß, wie Steuerung funktioniert. Es bedeutet ferner, daß wir das Verwaltungsorganisationsrecht und das Verwaltungsverfahrensrecht auf ihre Steuerungskapazitäten überprüfen müssen, also die Frage stellen müssen, inwieweit Verwaltungsorganisation und Verwaltungsverfahren zur gemeinwohlorientierten Steuerung in der Kooperation mit Privaten verwendet werden können.

Vierter Punkt: Grenzen. Natürlich ist es beeindruckend, wenn Herr *Di Fabio* sagt, Konturenlosigkeit bedeute Rechtsschutzlosigkeit und die Grundrechte stünden am Abgrund. Ich möchte dazu doch zwei relativierende Bemerkungen machen: Erstens glaube ich, daß die Funktionslogik der kooperativen Steuerung in der Parallelschaltung von privaten und öffentlichen Interessen besteht, und zwar durchweg auf freiwilliger Basis. Kooperative Steuerung und Regulierung funktioniert nur, wenn auch die privaten Unternehmen das für eine sinnvolle Veranstaltung halten, d. h. sie werden in der Regel nicht zur Teilnahme gezwungen, sondem es geht um eine vom gegenseitigen Interessenkalkül gesteuerte Austauschlogik. Das ist, glaube ich, keine extreme grundrechtliche Gefährdungslage. Zweiter Gesichtspunkt: Es geht ja nicht so sehr um die Entgegensetzung von Staat und Individuum, sondem es geht in der Regel bei Selbstregulierung und kooperativer Regulierung um die Kooperation von Staat mit organisierten Bürgern, sei es in wirtschaftlichen Unternehmen, sei es in anderen Organisationen. Die Gesellschaft, die immer beschworen wird, ist ja – darüber sind sich alle Fachleute einig – in Wirklichkeit eine Organisationsgesellschaft. Durch die beschriebene instrumentelle Selbstregulierung nutzen wir – um mit *Köttgen* zu sprechen – die jeder Organisation innewohnende Regulierungs- und Verwaltungskraft, und es ist nur eine logische Konsequenz der Qualifizierung der Gesellschaft als Organisationsgesellschaft, daß diese organisierten Gebilde, seien es Selbsthilfegruppen, seien es Verbände, seien es Kammern, seien es Berufsverbände, wie auch immer, in die Gemeinwohlverfolgung kooperativ eingebunden werden.

Brohm: Ich erinnere mich an den gestrigen Empfang durch den Ministerpräsidenten dieses Landes, unseren Kollegen, Herrn *Biedenkopf*, als er sagte, er vermisse, daß die Rechtswissenschaft die umwälzenden Neuerungen aufnehme und rechtlich in den Griff zu bekommen suche. Ich habe bedauert, daß er heute nicht hier sein konnte. Ich meine, daß diese Aufgabe den Referenten mit einem großen Anstoß doch gelungen ist. Insofern empfehle ich Ihnen, Ihr Manuskript dem Herrn Ministerpräsidenten zu schicken. Er wird Sie dann ganz sicher in seinen Beirat berufen – und nach Herrn *Schmidt-Preuß* bestehen ja keine Bedenken gegenüber einer beratenden Tätigkeit; in diesem Falle würde ich ihm auch zustimmen.

Aber jetzt zur Sache: Was ist denn so neu, an dem, was die Referenten heute aufgezeigt haben? Wir haben hier schon vor 25 Jahren diskutiert, daß unser rechtsstaatliches – und man kann noch ergänzend hinzufügen demokratisches – verwaltungsrechtliches System nach dem Modell des staatspolitischen Liberalismus auf Gesetz und Vollzug aufgebaut ist und daß dieses Modell nicht mehr die Wirklichkeit trifft. Vor allem anhand des räumlichen Planungsrechts wurde deutlich gemacht, daß der Gesetzgeber die Verwaltung hier durch Normen nicht mehr vollständig zu determinieren vermag, sondern nur noch Zielvorgaben treffen kann. Das ist also nicht mehr neu. Aber bei der räumlichen Planung werden diese Zielvorgaben der staatlichen Gesetze durch Entscheidungen der Selbstverwaltungseinheiten weiter konkretisiert. Herr *Di Fabio* hat zu Recht hervorgehoben, daß dies etwas ganz anderes ist, als das, was wir jetzt vor Augen haben. Jetzt werden Zielvorgaben – Sie können auch sagen: staatliche Aufgaben – im Gesetz durch den Staat normiert; aber sie werden nicht zur Durchführung an Selbstverwaltungseinheiten gegeben, wo – da würde ich Herrn *Di Fabio* voll zustimmen – Beamte mit einer bestimmten Gemeinwohlverpflichtung tätig werden und mit ihren hoheitlichen Entscheidungen den rechtsstaatlichen Schranken unterliegen, sondern sie werden an gesellschaftliche Institutionen abgegeben. Damit haben wir, wie Herr *Di Fabio* herausgearbeitet hat, eine tripolare Situation vor uns: der Staat, der die Aufgabe stellt, dann dazwischengeschaltet eine private Organisation und schließlich der Einzelne. Ich meine, daß sich hier in der Tat eine neue Problematik stellt. Herr *Di Fabio* hat zu Recht – vielleicht überzogen, Herr *Schuppert*, aber letztlich doch gar nicht so neben der Sache – darin Anklänge an den Ständestaat gesehen. Dem sollte man einmal näher nachgehen. Entscheidend an dieser Entwicklung ist doch, daß die Grenzen, wo der Staat steuert, und die Grenzen, wo die Steuerung der gesellschaftlichen Institution beginnt, nicht mehr zu markieren sind. Hier setzt dann die rechtsstaatliche Problematik an, etwa die Frage des Rechtsschutzes des einzelnen, aber in gleicher Weise auch die demokratische Problematik der Legitimation. Das ist die zentrale Fragestellung, die beide Referenten, und besonders scharf Herr *Di Fabio*, herausgearbeitet haben. Angesichts dieser Feststellung können wir nicht einfach sagen, dagegen ist nichts zu machen, hier geht die Entwicklung darüber hinweg. Vielmehr müssen wir uns dieser neuen Aufgabe stellen und fragen, wie können wir unsere rechtsstaatlichen und demokratischen Sicherungen und Kautelen auf diese neue konkrete Situation anwenden, wie können wir sie gegenüber diesen neuen Formen der Steuerung zur Geltung bringen. Sicher sind diese neuen Phänomene lediglich „Modalitäten" der alten, aber diese Modalitäten haben erhebliche Auswirkungen auf unsere rechtsstaatlichen Formen und Sicherungen. Daher können wir sie nicht mit diesem Bemerken abtun. Die vielfältigen Erscheinungen, in denen die Entwicklung praktisch schon über unser dogmatisches System hinausgegangen ist, sind recht gut in dem Katalog und dem Raster, das Herr *Schmidt-Preuß* uns vorgestellt hat, erfaßt worden. An die damit aufgeworfenen Fragen können wir aber nur herangehen, nicht indem wir von Privatisierung, Staatsentlastung, Modalitäten oder sonst etwas sprechen, sondern indem wir anhand von ganz konkreten typischen Fällen einzelne Konstellationen herausgreifen und sie im Hinblick auf die angedeuteten Fragestellungen untersuchen. Dafür ist das dargebotene Raster meines Erachtens sehr hilfreich und nachvollziehbar.

Ich möchte das an zwei Beispielen kurz verdeutlichen. Bei der Verfahrensprivatisierung – der Ausdruck verschleiert vielleicht das Problem – wird die Amtsermittlung durch eine private Datensammlung im Auftrage der Behörde abgelöst. Aus der Sicht des Einzelnen stellt sich die Frage, wo die Grenzen für dieses Scoping-Verfahren zu ziehen sind; aus der Sicht der Behörde, inwieweit sie im Hinblick auf die Kosten solche Aufträge an den einzelnen Antragsteller erteilen kann; sind einmal in ihrem Auftrag teure Gutachten erstellt worden, besteht die Gefahr einer Bindung; schließlich kann eine Behörde nicht laufend noch weitere Gutachten anfordern. Aber nicht nur die Unbefangenheit der Behörde steht in Frage, sondern auch ihre Sachkunde, wenn sie von der Seite der Antragsteller das ganze Material geliefert bekommt. Auch aus diesem Grunde ist sie wahrscheinlich gar nicht imstande, im einzelnen zu entscheiden, wo noch nachgegriffen und wo noch genauer eruiert werden muß. Allein daß man hier auf die Plausibilität verweist, zeigt schon, wie stark die Kontrollmechanismen zurückgesteckt werden müssen. Ein zweites Beispiel – Herr *Geis* hat es vorhin bereits kurz angeschnitten – besteht im Hinblick auf die Freistellung im Baugenehmigungsverfahren für den Rechtsschutz des Nachbarn. Einstweiligen Rechtsschutz können wir kaum geben, weil das Einschreiten der Behörde in ihrem Ermessen liegt. Bislang wurde in diesen Fällen Nachbarschutz nur gewährt, wenn es sich um schwerwiegende Beeinträchtigungen handelte. Kann an dieser Voraussetzung noch festgehalten werden, muß sie erleichtert oder muß sie gar noch verschärft werden? Die Frage wird in Rechtsprechung und Literatur bereits kontrovers behandelt. Die einen meinen, den Rechtsschutz im Hinblick auf den Rückzug des Staates aus der Präventivkontrolle reduzieren zu müssen, die anderen wollen gerade im Hinblick auf die Freistellung von einer bauaufsichtlichen Genehmigung auch einstweiligen Rechtsschutz großzügiger gewähren. Angesichts dieser Streitfrage wird weiter deutlich, daß wir bei konkreten Problemlösungen uns auch überlegen müssen, was denn die Gesamtkosten einer Rechtsänderung sind. Der Staat – nämlich die Baurechtsbehörde – erspart sich die Beschäftigung mit dem Bauantrag, dafür fallen die Kosten u.U. beim Gerichtswesen an, sie werden also nur verlagert. Insofern meine ich, muß neben den rechtsstaatlichen und demokratischen Legitimationsaspekten auch im Hinblick auf eine staatliche Entschlackung und Kosteneinsparung immer typisiert nach Fallgruppen zuerst beurteilt werden, ob eine Deregulierung überhaupt sinnvoll ist. Der heutigen Privatisierungswelle ist kritisch entgegenzuhalten, daß ihr ein Konzept in dieser Hinsicht häufig fehlt.

Engel: Im Gegensatz zu den meisten meiner Vorredner habe ich nicht den Eindruck, daß die Referenten mutig zu weit vorgeprescht sind, sondern daß es ihnen vielleicht sogar an Mut gefehlt hat. Sie haben nach meinem Eindruck nämlich den Versuch unternommen, dem Thema seine Schärfe zu nehmen nach dem Motto „wasch mir den Pelz und mach mich nicht naß". Denn sie haben beide die staatliche Letztverantwortung für den Inhalt des Ergebnisses der Selbstregulierung hochgehalten. Wenn man das tut, verspielt man den eigentlichen Vorzug, den diese Art von staatlich geordneter oder staatlich abgeleiteter gesellschaftlicher Regulierung haben könnte.

Nun könnte man natürlich sagen, dann verzichten wir auf das ganze Instrument. Ich glaube, das können wir uns aber nicht leisten. Die Stichworte hat Herr *Hoffmann-Riem* schon angesprochen. Wir leben etwa in einem Großteil des Umweltrechts mit dramatischen Steuerungsdefiziten. Man kann nun einmal nicht neben jeden Schornstein einen Polizisten stellen. Auch wo sie theoretisch vielleicht noch möglich wäre, ist die Anwendung von Ordnungsrecht unerschwinglich geworden. Manche Maßnahmen wären schlicht unbezahlbar. Bei anderen müßten wir die Prioritäten im Vergleich so setzen, daß Ziele, die dem Staat viel wichtiger sind, gar nicht oder nicht mehr im gleichen Umfang wie früher erfüllt werden können. Der dritte Gesichtspunkt scheint mir noch wichtiger. Staatliche Steuerung hat notwendige Steuerungsdefizite, die darauf beruhen, daß zentral für alle auf einmal entschieden werden muß. Gesellschaftliche Selbstregulierung kann dagegen oft die innovatorische Kraft einer Vielzahl eigenständig handelnder Individuen freisetzen. Ich möchte der überbordenden Fülle an Beispielen, die uns die Referenten vorgetragen haben, ein weiteres hinzufügen, das diesen Punkt illustriert. In der Telekommunikation ist die Preisregulierung inzwischen keine echte Preisaufsicht mehr, sondern der Staat gibt den Unternehmen nur sogenannte *Price Caps* vor. Er sagt den Unternehmen gleichsam: „Ihr könnt damit machen, was ihr wollt. Wenn ihr exorbitante Gewinne erzielt, um so besser. Das ist der Anreiz, damit ihr euer Produkt in der Zwischenzeit möglichst kreativ fortentwickelt".

Wenn man sich aber auf die Vorstellung einer staatlich geordneten Selbstregulierung einläßt, für die der Staat keine Ergebnisverantwortung mehr übernimmt, dann kostet das natürlich etwas. Der Staat verzichtet auf die Sicherheit, sein Steuerungsziel zu erreichen. Er begnügt sich mit der bloßen Wahrscheinlichkeit. Er selbst setzt nur noch Außenanreize oder reguliert nur noch Organisation und Verfahren. Dieses Vorgehen verliert seinen gesamten Vorzug, wenn man über eine staatliche Letztverantwortung den Adressaten die rechtliche Sicherheit vor späteren staatlichen Interventionen nimmt. Denn nur wenn sie diese Sicherheit haben, besteht die von Herrn *Schuppert* bereits benannte Chance der Interessenidentität zwischen den regulierten Individuen und dem regulierenden Staat.

Quaritsch: In der eindrucksvollen horizontalen Umschau des Herrn Erstberichterstatters sind etwa 90 Prozent der Beispiele erst nach dem Zweiten Weltkrieg entstanden oder problematisch geworden, vom Strahlenschutz bis zum Abfallrecht. Demgegenüber sind die „alten" Verwaltungsbereiche – z. B. Vollzugspolizei und Steuern – strukturell unverändert geblieben, dort haben sich auch keine neuen Handlungsformen entwickelt. Die neue Lage ist im wesentlichen beschränkt auf neue und neu geregelte Sachverhalte. Die enorme Ausweitung der staatlichen Verantwortung ist nicht begleitet von einer mitgewachsenen Kompetenz in der Sache selbst. Das hat seine Gründe. Den Angehörigen der Verwaltung fehlt die notwendige, in der Regel technische und naturwissenschaftliche Ausbildung. Kenntnisreiche Spezialisten kann der Staat, weil zu teuer, nicht einstellen. Die Verwaltung ist daher auf Zusammenarbeit („Kooperation") mit den privaten Unternehmen angewiesen, will sie nicht untätig bleiben oder fehlgreifen. Ein zweites und institutionalisiertes Mittel des Gesetzgebers sind die sog. Betriebsbeauftragten, die von den Unternehmen selbst einzusetzen sind: für Arbeitsschutz und Unfallverhütung, Betriebsärzte, Sicherheitsingenieure und Strahlenschutzbeauftragte, auch BundesimmissionsschutzG, AbfallG und WasserhaushaltsG kennen solche „Verwaltungshelfer". Die Verwaltung läßt die Unternehmen sich selbst kontrollieren, die Kontrolleure sind dem Staat verantwortlich, die Kosten trägt das Unternehmen – eine wirklich intelligente Problemlösung. Eine solche „Indienstnahme" empfiehlt sich auch für jene Bereiche, aus denen sich der überanstrengte Staat zurückziehen muß; die Technik bleibt dann nicht unkontrolliert unternehmerischem Handeln und Fortschritt überlassen. Drittens sind jene Technikbereiche zu nennen, die der Staat von vornherein privaten überbetrieblichen Organisationen überlassen hat. DIN und VDE, VDI und der bereits 1867 gegründete „Germanische

Lloyd", die bekanntesten Repräsentanten von fast 200 derartigen Vereinen und Gesellschaften, sorgen nicht nur für Normung, sondern auch und keinesfalls nachrangig für Sicherheit. Der Staat, von dieser Aufgabe entlastet, beteiligt sich im Gegenzug (bei den größeren Verbänden) durch offizielle Vertreter in Gremien und Ausschüssen, aber auch durch finanzielle Beiträge. Schließlich sind dem Beginn besonders sensibler „Anlagen" staatliche Genehmigungsverfahren vorgeschaltet, der Betrieb wird regelmäßig überwacht. Aber diese sichtbare Herrschaft über Technik – vornehmlich ihr widmeten sich die Referenten unserer Tagung in Hannover 1989 – ist nach Methode und Gegenstand älter als BImmissionsschutzG und AtomG; im 19. Jahrhundert bildeten die §§ 16 ff. GewO von 1869 die Grundlage für die Genehmigung von Dampfkesseln, Paternostern u. ä. nützlichen, aber riskanten Einrichtungen. In alten wie neueren Fällen ist die Verwaltung regelmäßig auf gutachtliche Vor- und Zuarbeit der Fachleute nichtstaatlicher Organisationen angewiesen. Nach dem Zweiten Weltkrieg haben sich die einschlägigen Tatbestände gewiß deutlich vermehrt, auch ist Tschernobyl anders zu bewerten als die Explosion jenes Dampfkessels einer Mannheimer Bierbrauerei, die 1866 zur Gründung des ersten Dampfkessel-Überwachungs-Vereins (DÜV) führte. Die hier skizzierten Formen der gesellschaftlichen Selbstkontrolle, kombiniert mit staatlicher Überwachung, haben sich seit nunmehr 130 Jahren erfolgreich entwikkelt. Das System als solches muß jedenfalls nicht geändert werden.

Badura: Verehrte Kollegen! Die beiden Referenten haben uns in beeindruckender Weise die Brave New World der Verwaltung vor Augen gestellt. Dies ist allerdings, wie ich glaube, nur zu einem Teil wirklich von der Verwaltungslehre bisher noch nicht aufgenommen worden. Wenn man in die neueren Auflagen der Lehrbücher des Verwaltungsrechts hineinsieht, zeigt sich, daß die Frage, um die es hier hauptsächlich geht, schon grundsätzlich angegangen worden ist, ganz zu schweigen von Monographien und anderen Arbeiten. Praktisch formuliert, lautet die Frage: Wie kann die Verwaltung in den Stand versetzt werden, ihre Aufgaben sachgerecht und rechtstaatlich zu erfüllen? Es ist, in meinen Augen, eine praktische Aufgabe, um die es hier geht und die die Referenten in der Fülle ihrer Einzelheiten erläutert haben. In der Diskussion ist, jedenfalls bisher, die theoretische Frage etwas weniger zum Tragen gekommen, nämlich: Wie kann die rechtsstaatliche Bindung der öffentlichen Verwaltung unter den sich verändernden Bindungen aufrechterhalten bleiben und gewährleistet sein? Wie es dem heutigen Denken des Staatsrechts entspricht, ist hier dazu hauptsächlich mit den Kategorien des Verfassungsrechts vorgetragen worden.

Es ist aber, wie ich glaube – und vor allem bei dem Vortrag von Herrn *Di Fabio* hatte ich diesen Eindruck sehr stark –, das Bestreben erkennbar, diesen Fragenkomplex wieder an den Ort zu bringen, wo er hingehört, nämlich zu den Lehren des Allgemeinen Verwaltungsrechts. Das Allgemeine Verwaltungsrecht ist das Forum, ist das Medium, in dem die rechtsstaatlichen Anforderungen an die öffentliche Verwaltung, die sich aus dem Verfassungsrecht als allgemeine Anforderungen ergeben, in harte juristische Formen umgesetzt werden. Das ist zugleich, wie ich finde, die wesentliche Aufgabe, vor der wir uns befinden. Das bedeutet, daß es vor allem um die Frage geht: Was bedeutet heutzutage der Grundsatz der Gesetzmäßigkeit der Verwaltung? Das betrifft die These 21 von Herrn *Di Fabio*, auf die ich in diesem Zusammenhang hinweisen darf, und weiter die These 25, die uns zum „Eingriffsvorbehalt" führt. Hier habe ich ein Fragezeichen zu machen. Ich bezweifle, ob es richtig ist, mit immer neuen Erweiterungen des Gesetzesvorbehalts – vor allem wenn man dazu das rein politische Argument des sog. Demokratieprinzips verwendet – immer mehr Lasten auf den ohnehin kaum noch nachkommenden Gesetzgeber zu legen. Man sollte sich vielmehr wieder stärker des selbständigen Vollzugsauftrags der Verwaltung bewußt werden, die ja auch in der Frage der Formen und der sonstigen Mittel, die sie verwendet – die von beiden Referenten vor uns gestellt worden sind –, einen gewissen Spielraum haben muß. Es kann m. E. nicht richtig sein – was ich heute nicht gehört, aber anderwärts gelesen habe, daß selbst die Frage, ob sich die Verwaltung privatrechtlicher Organisations- oder Handlungsformen bedienen darf, unter gewissen Voraussetzungen dem Gesetzesvorbehalt unterliegen könnte. Es mag sein, daß es Grenzfälle gibt. Aber dies als Grundsatz aufzustellen, halte ich für eine Übertreibung.

Es muß also die Gesetzmäßigkeit der Verwaltung neu durchdacht werden, und zwar unter dem besonderen Aspekt des – darüber wird ja immer englisch gesprochen – government overload. Wir haben das Problem vor uns – sonst würde man gar nicht solche Fragen stellen, wie sie der Vorstand den Referenten und uns gestellt hat –, nämlich: Wie sollen die Aufgaben neu verteilt werden? Eine solche Frage stellt man, wenn man das Gefühl hat – und ich glaube, zu Recht –, daß der Staat sich zuviel vorgenommen hat, daß er überanstrengt worden ist. Das nicht nur wegen „müder Beamter", oder was hier gesagt worden ist, sondern durch uns alle, durch die Wähler und dann durch die Parteien und die Verbände, die unausgesetzt vom Staat immer mehr verlangen, und auch wegen der Staatsrechtler, die „Gesetzesvorbehalt" sagen – immer neue Gesetze, d. h. Politisierung, d. h. daß immer mehr vom Staat gemacht werden soll.

Um diese Fragen geht es. Sie werden natürlich zunächst, sagen wir, soziologisch oder politisch formuliert – der Vorstand hat auch so formuliert –, müssen aber juristisch umgesetzt werden. Herr *Di Fabio* hat, glaube ich, ganz zu Recht sich in These 1 durch den Vorstand nicht durch dessen Formulierung erschrecken lassen, sondern hat sogleich versucht, die sozialwissenschaftlichen Begriffe in juristische Formen umzusetzen. Es ist ganz klar – und das ist in dem Vortrag von Herrn *Di Fabio* besonders betont worden –, daß das nicht nur eine Frage des Rechtsstaats ist. Es ist natürlich auch eine Frage des Rechtsstaates, aber es ist auch eine Frage der Demokratie und wie die Demokratie funktionieren kann. Hier darf ich die These 19 nennen, wo auch ein Satz unseres Kollegen *Martin Kriele* erwähnt ist. In der Tat: Es ist das Gesetz, in dem sich der Wille des Volkes artikuliert, und weiterhin – das ist nur ganz am Rande gesagt, aber doch gesagt, und außerordentlich wichtig und aktuell (der letzte Satz in These 19) – benötigt man dazu auch ein bestimmtes Personal professioneller Art und unter Pflichtbindung, die Beamten. Das Berufsbeamtentum ist eine Prämisse der rechtsstaatlichen und demokratischen Verwaltung. Diese These möchte ich nachdrücklich betonen.

Ein kritischer Punkt allerdings – und das soll der letzte Punkt meines Votums sein – ist das, was in These 19 von Herrn *Di Fabio* steht. Rechtfertigungsgrund für abbürdende Erfüllungspflichten, so heißt es, darf nicht allein der Staatsentlastungszweck sein. Natürlich – in dieser allgemeinen Form ist das richtig. Andererseits aber ist zu sagen, daß wir solche Diskussionen nicht führen würden, wenn der Staat nicht überlastet wäre. Selbst das Bundesverfassungsgericht hat anerkannt, daß die Sanierung der Staatsausgaben ein verfassungsrechtlich erheblicher Gesichtspunkt sein kann; und wir sind ja in einer Lage, in der der Staat sich zuviel vorgenommen hat. Das was der Staat im Übermaß übernommen hat, hat er den einzelnen zuvor in gewisser Weise genommen. Der teuere Staat hat natürlich, weil er teuer ist, den Privaten einiges erspart, was sie sonst vielleicht hätten selbst aufwenden müssen. Wenn nun die Forderung erhoben wird und bis zu einem gewissen Grad auch in die Realität umgesetzt worden ist, daß sich der Staat wieder entlastet, was natürlich die Privaten wiederum Geld kostet, würde mir das für sich allein noch nicht genügen, zu sagen, das sei irgendwie irregulär. Der Staat hat viel zuviel von dem Nationalreichtum an sich gezogen und in seinen Haushalten und mit seinem Gesetzesvollzug in Verwaltung genommen. Er wird nun glücklicherweise endlich dazu kommen, nicht nur in der Theorie, sondern in der politischen Praxis, daß der Staat – und das ist, glaube ich kein überholter Begriff, Herr *Schuppert* – eine „Kritik" der Aufgaben vornimmt. Das sollten wir richtig sehen und sollten auch unsererseits dazu beitragen. Das ist ja der Sinn und, wie ich glaube, auch der schöne Erfolg unserer Tagung von heute, daß wir versuchen, dem Staat vor Augen zu führen, in welcher Weise es denn möglich ist, mit welchen juristischen Mitteln und im Rahmen der Verfassung, daß die Verwaltung und der dahinter stehende Staat wieder in der Lage sind, sachgerecht und wirksam ihre Aufgaben zu erfüllen.

Koch: Meine Damen und Herren,
beide Referenten haben sich grundrechtlich inspirieren lassen, und zwar gegensätzlicher wie es eigentlich nicht geht. Ich habe mir sicherheitshalber als Gedankenstütze die Thesen mitgenommen und habe bei Ihnen – Herr *Schmidt-Preuß* – gefunden, daß die Freiheitsrechte geradezu auf ein Postulat der Einführung selbstregulierender Instrumente drängen, während ich bei Herrn *Di Fabio* das exakte Gegenteil gelesen habe, daß nämlich genau diese Freiheitsrechte davor schützen, Eigenverantwortung auferlegt zu bekommen. Ich will beiden Kollegen einmal, von ihren grundrechtlichen Inspirationen ausgehend, kurz folgen.

Herr *Schmidt-Preuß*, nachdem Sie also ein Postulat der Einführung selbstregulativer Instrumente sehen, unterbreiten Sie uns in hervorragender und transparenter Weise das heute vorfindliche und diskutierte Arsenal der Gestaltungsmittel und geben uns implizit zu erkennen, damit könne die Steuerungsleistung erbracht werden, die uns fehlt. Genau da möchte ich einmal nachfragen. Sie sichern sich in Ihrem Vortrag ab, indem Sie mit Recht die grundrechtlichen Schutzpflichten nennen, die den Staat verpflichteten, „nirgends die Letztverantwortung aus der Hand zu geben", aber das ist zu wenig. Ich möchte deshalb etwas näher in der gebotenen Kürze fragen: Was bringen denn die neuen Steuerungsinstrumente?

Verfahrensprivatisierung ist ein Instrument, das Sie angesprochen haben. Der Staat zieht sich partiell aus der Sachverhaltsermittlung zurück. Das tut er meines Erachtens nicht deshalb, weil er weniger Geld hat als früher, sondern weil insbesondere die industrielle Entwicklung Dimensionen angenommen hat, die zu derart komplizierten Vorgängen und einem solchen Ermittlungsaufwand führen, wie – verehrter Herr Kollege *Quaritsch* – man sich das vor 40 oder 50 Jahren gar nicht hat vorstellen können. Insofern steht der Staat faktisch aufgrund der industriellen Entwicklung vor neuen Herausforderungen und er kommt – wie ich finde – prinzipiell zu der richtigen Antwort, daß diejenigen, die Risiko erzeugen – Herr *Di Fabio*, in Ihren Worten –, den Sachverhalt so aufbereiten sollen, daß er problemlos zugänglich ist und nicht noch von staatlichen Behörden mit enormen Aufwand ermittel werden muß. Allerdings gerät diese „Delegation" von Sachverhaltsermittlung dann in fragwürdige Bahnen, wenn es nicht mehr um eine nachvollziehende Tatsachenermittlung geht, sondern um eine nachvollziehende Abwägung, wie etwa beim Vorhaben- und Erschließungsplan. In dem Moment werden meines Erachtens doch in problematischer Weise Kompetenzen, die der Staat wahrnehmen muß, zumindest gefährdet. Grundsätzlich scheint es mir aber richtig zu sein, diejenigen, die risikoerzeugende Verhaltensweisen ausführen möchten, auch dafür heranzuziehen, daß sie belegen, daß das Risiko hinreichend gering sein wird.

Ein zweiter Punkt, Herr *Schmidt-Preuß,* Sie haben die Rücknahme präventiver Kontrollen angesprochen, die in diesen Tagen Gesetz wird, wenn auch noch in vorsichtiger Form im Bundesimmissionsschutzgesetz hinsichtlich der Änderungsgenehmigungen, die weitgehend durch Anzeigen ersetzt werden, und sie haben dabei auf das Öko-Audit hingewiesen, das hier vielleicht einen Ausgleich bringen könnte. Zunächst einmal allgemein zur Bedeutung der präventiven Kontrollen: Deren Bedeutung wird gerade dann klar, wenn man sich fragt, was leistet die Verwaltung, falls präventive Kontrollen nicht stattfinden. Dann kommt die Überwachung. Herr *Ossenbühl,* Sie haben dazu empirische Studien eingefordert. Ich betreibe gerade eine solche zur Überwachungssituation bei gefährlichen Anlagen. Das klare Ergebnis ist, daß Überwachung nach wie vor weitgehend Anlaßüberwachung, und das heißt zufällig und selten ist. Ich kann es Ihnen sogar statistisch belegen. In einem Bundesland beispielsweise hat jeder überwachungsbedürftige Betrieb alle 10,8 Jahre einen Besuch des Staates zu gewärtigen. Wenn wir dieses zusammennehmen: Abbau präventiver Kontrollen und Defizite in der Überwachung, dann kann von einer Risikosteuerung durch den Staat kaum noch gesprochen werden. Ob das den grundrechtlichen Schutzpflichten noch genügt, wage ich zu bezweifeln. Sie rekurrieren an dieser Stelle auf das Öko-Audit. Ich glaube dagegen, daß dieses Instrument in seiner gegenwärtigen Ausgestaltung überhaupt nicht geeignet ist, an die Stelle präventiver Kontrollen und staatlicher Überwachung zu treten, und zwar deshalb, weil es weder hinsichtlich der Ermittlung der Daten noch hinsichtlich der Dokumentation diejenige Tiefe hat, die auch nur annähernd die präventiven Kontrollen ersetzen könnte. Ich spreche nicht aus der Theorie, sondern ich habe mir solche Verfahren erläutern lassen. Die Unternehmen haben auf den Einwand mangelnder Tiefe und Detailiertheit vorgetragen, der Bericht sei, wie es im Gesetz stehe, an die Öffentlichkeit gerichtet und die könne man nicht überfordern. In dem Umweltpakt, den das Land Bayern mit Teilen der Industrie geschlossen hat, ist immerhin der Versuch gemacht worden, einen langen Katalog von Maßnahmen zu formulieren, auf die der Staat verzichten würde, falls das Öko-Audit eine entsprechende Detailliertheit erreichen würde. Das ist sicherlich das Interessanteste, was es gegenwärtig in diesem Feld gibt. Sie konnten das nicht vertiefen. Ich leider auch nicht, aber ich wollte doch ansprechen, daß wir uns im einzelnen um die Effektivität der selbstregulativen Instrumente kümmern müssen.

Vielleicht ein allerletzter Punkt, in dem ich sicherlich wesentlich skeptischer bin als Sie, Herr *Schmidt-Preuß*: das betrifft die Selbstverpflichtungserklärungen der Wirtschaft, die immer moderner werden. An die Erklärung zum Klimaschutz darf ich erinnern. Ich bin außerordentlich skeptisch, was der staatliche Rückzug bringt. Gerade Selbstbeschränkungserklärungen sind unter kartellrechtlichen Gesichtspunkten sehr problematisch, weil man überhaupt nicht weiß, was hinter den Schleiern der Selbstbeschränkung geschieht. Zweitens entbehren sie bis heute der erforderlichen Explizitheit hinsichtlich dessen, was zugesagt wird, in welchem Zeitraum und wie eine zuverlässige Erfolgskontrolle aussehen soll.

Erlauben Sie in aller Kürze noch, Herr *Di Fabio*, weil ich auch Ihren Vortrag überaus anregend fand, daß ich auf ganz wenige Punkte, die dem Beitrag natürlich nicht gerecht werden können, eingehe. Mich hat ein Aspekt – ich darf es vielleicht so sagen – etwas gereizt; der grundrechtliche Ausgangspunkt nämlich, daß man Unternehmen nicht zur Wahrnehmung von Eigenverantwortung in Anspruch nehmen dürfe. Grundrechtlich möchte ich zunächst auf einen Punkt, den Sie selbst angesprochen haben, eingehen, die durch § 52a BImSchG im Grunde geforderten Managementstrukturen. Sie haben das als problematisch angesehen, daß man Unternehmen verpflichtet, intern Organisationen aufzubauen, die eine staatliche Überwachung ersetzen können. Ich sehe es ganz anders: Das Bundesimmissionsschutzgesetz verpflichtet die Betreiber gefährlicher Anlagen, bestimmte materielle Standards einzuhalten. Wenn und soweit dies gerechtfertigt sei, und soweit ich sehe, bestreitet das gegenwärtig niemand, dann ist es meines Erachtens ebenso eindeutig gerechtfertigt, daß der Staat darauf achtet, daß die Unternehmen in einer Weise strukturiert sind, daß sie überhaupt in der Lage sind,die Pflichten einzuhalten, die ihnen auferlegt werden. Gerade das soll durch Einrichtungen wie den Betriebsbeauftragten und die Anordnung von bestimmten Management-Strukturen, also von Verantwortlichen in der Geschäftsleitung, erreicht werden. Insofern glaube ich, daß solche Indienstnahmen mehr oder minder „Appendix" der materiellen Pflichten zur Gefahrabwehr sind, die den Einzelnen auferlegt werden. Und vielleicht noch ein Wort – das haben Sie auch angesprochen Herr *Di Fabio*: Die Indienstnahme zur Sachverhaltsermittlung. Mit Freude habe ich natürlich gehört, daß Sie die Regelungen des Vorhaben- und Erschließungsplans, den Sie nicht genannt, aber in der Sache angesprochen haben, auch skeptisch sehen. Aber im übrigen scheint mir die Indienstnahme zur Sachverhaltsermittlung „Annex" dessen zu sein, daß grundrechtlich überhaupt präventive Kontrollen im Interesse des Schutzes Dritter gefordert werden dürfen. Und wenn das der Fall ist, dann darf auch eine entsprechend ausgiebige Beibringung der Datenlage von den Risikoerzeugern verlangt werden, denn sie wollen Risiken den anderen zumuten. Es ist nicht einzusehen, daß diese Kosten von der Allgemeinheit durch Vorhaltung eines riesigen Staatsapparats allein getragen werden.

Häberle: Herr Vorsitzender, verehrte Damen und Herren: Ich möchte mich auf zwei Punkte konzentrieren. Erstens, in Fortführung von Herrn *Schmidt-Aßmanns* wissenschaftsgeschichtlichem Votum auf die Kontinuität und Diskontinität zur Regensburger Staatsrechtslehrertagung (2. Tag), mit den so innovationsreichen Referaten der Herren *Bachof* und *Brohm*, zweitens zu dem als Schlüsselbegriff von beiden heutigen Referenten gebrauchten Begriff „Gemeinwohl", von dem auch in der Diskussion schon mehrfach die Rede war.

Erstens: In der Tat besteht Grund auf das heute 25-jährige Jubiläum von „Regensburg" hinzuweisen. „Die Dogmatik vor den Gegenwartaufgaben der Verwaltung". Einerseits hat sich in der Tat vom damaligen Programm mittlerweile viel erfüllt. Stichworte waren ja die stärker prozedurale Sicht des Verwaltungsakts und des Verwaltens sowie die „Einstellung" auf den Leistungsstaat. Andererseits hat sich in Verwaltung und Verfassungs- und Verwaltungswirklichkeit aber auch viel verändert: Etwa ist als Korrektur an mancher Überforderung des „Leistungsstaates" heute der Glaube an die Vernunft und Steuerungskraft des Marktes bzw. der privaten Wirtschaft und des Wettbewerbs gewachsen, die Europäisierung hat sich intensiviert. Geringer geworden ist der Glaube an staatliche Planung, denken Sie an die Planungseuphorie der späten 60er Jahre. Zugenommen hat neben dem Kooperativen die Ökonomisierung des Denkens und Handelns. Herr *Di Fabio* sprach schon von „Ökonomisierung der Verwaltung" (LS 20). Mir scheint, daß heute die Gefahr einer Ökonomisierung des Verwaltungsrechts besteht, der vom Grundgesetz her Grenzen zu ziehen sind, z. B. via Rechtsstaat, wie übrigens noch einmal wie in Halle an die sozialstaatlichen Grenzen der Privatisierung bzw. an die Gebote „guter Verwaltung" zu erinnern ist. Sodann zum zweiten Punkt: Beide Referenten haben mehrfach dem Wort oder der Sache nach vom „Gemeinwohl" gesprochen, auch fiel das längst bekannte Wort von der arbeitsteiligen Verwirklichung des Gemeinwohls. Doch ist dieser – unverzichtbare – Schlüsselbegriff des Verfassungsstaates näher zu umreissen, offenzulegen und zu rationalisieren, zumal er weniger gegeben als aufgegeben ist – die Referenten sind ja klüger als wir, sie sehen in der nächsten Generation weiter als wir. Gemeinwohl wird einmal von den Verfassungsdirektiven im Grundrechts- und organisatorischen Teil inhaltlich mitbestimmt, was in der verfassungsstaatlichen Lehre von den Staatszwecken bzw. Staatsaufgaben anklingt, zum anderen hat er eine pluralistisch-prozessuale Seite. Erinnert sei an die pluralistische Gemeinwohltheorie von *Fraenkel* und an die von einem großen Staatsrechtslehrer der 60er Jahre verfochtene Unterscheidung zwischen staatlichen, öffentlichen und privaten (am Eigennutz orientierten) Aufgaben. Ich meine *Hans Peters*, den damaligen Rektor von Köln. Hinzu kommt der von einigen Diskussionsrednern soeben, im Zweifel auch von Herrn *Badura*, vertretene Gedanke, daß wir an der Gemeinwohlbindung der Verwaltung festhalten müssen: Arbeit in sachlicher, unpersönlicher, auch unbefangener Art, das glückt mit Hilfe des Berufsbeamtentums dank des „professionellen" Personals. Meine Bitte an die Referenten: ihr materielles und/oder prozessuales Gemeinwohlkonzept offenzulegen.

Schachtschneider: Besonderen Dank, Herr Vorsitzender, dafür, daß ich noch vor den Zwischenstatements zu Worte komme. Herr *Di Fabio* hat durchaus bemerkenswerte Warnzeichen gesetzt, aber sein Begriffshaushalt war weitestgehend dem so vertrauten Liberalismus des monarchischen Konstitutionalismus verpflichtet. Seine Leitbegriffe Staat, Gesellschaft, Selbstverwaltung, Beleihung, insbesondere die der Freiheit und der Staatsgewalt, aber auch der der öffentlichen Aufgabe könnten alle auch anders, nämlich republikanisch, verstanden werden. Es ist bezeichnend, daß der Begriff des Bürgers in dem Begriffsgebäude von Herrn *Di Fabio* keine Stätte hat und folglich auch der Begriff der Gesellschaft den herkömmlichen Dualismus von Staat und Gesellschaft impliziert. Wenn man den Begriff Freiheit politisch faßt und nicht wesentlich im Sinne von Abwehrrechten des Bürgers gegen den Staat (trotz aller Anerkennung der objektiven Dimension der Grundrechte), dann ist der Verlust an Freiheit, der durch die Mediatisierung zu besorgen ist, eher gering. Herr *Brohm* und auch Herr *Hendler* haben das in ihren Arbeiten zur Selbstverwaltung schon deutlich gemacht. Den Begriff des Staates hat Herr *Di Fabio* vom monarchischen Prinzip her zentralistisch und bürokratisch bestimmt. Als Rechtlichkeit erfährt die Staatlichkeit eine andere Institutionalität. Insbesondere lassen sich in einer solchen Konzeption des Staatlichen verschiedene Ebenen der Staatlichkeit institutionalisieren, auch die der Selbstverwaltung. Von dem Begriff des Staatlichen hängen auch die Begriffe der öffentlichen Aufgabe und des Hoheitlichen ab, welche keinesfalls obrigkeitlich verstanden werden dürfen. Eine obrigkeitlich dogmatisierte Selbstverwaltung stößt sich am Begriff des Bürgers. Der Bürger ist eine sowohl staatliche als auch private Persönlichkeit; denn er hat die Gesetze zu verwirklichen. Jeder Bürger, der nach den Gesetzen lebt, verwirklicht das Gemeinwohl. Wegen der Gesetzlichkeit ist die Rechtlichkeit und Rechtsstaatlichkeit und damit die Möglichkeit, das Gemeinwesen zu steuern, *grosso modo* nicht zu besorgen. Aber die Staatlichkeit differenziert sich in der neuen Welt neu, in die der Europäischen Gemeinschaft und der weltweiten Gemeinschaft etwa, vor allem aber in die der Kommunen, u. a. der berufsständischen und wirtschaftlichen Selbstverwaltung. Der Begriff der Staatsgewalt muß freilich bedacht werden. Jeder Mensch übt Gewalt. Gewalt ist sein Vermögen. Alles Handeln ist bewirken, einwirken, Gewaltausübung, auch das private. Es kommt auf die Legalität der Gewaltausübung an, sei diese staatlich oder privat. Auch Selbstverwaltung ist Gewaltausübung im Rahmen der Gesetze. Die Selbstverwaltung, die grundrechtlich fundiert ist, sehe ich positiv. Sie hat Teil an der Privatheitlichkeit der Lebensbewältigung. Herr *Schmidt-Preuß* hat die Selbstregulierung in seinem informativen Vortrag gestärkt und sogar die Privatautonomie als ein verwaltungsrechtliches Institut vorgestellt. Das mag überraschen, ist aber richtig. Wenn man für Privatautonomie Bürgerlichkeit sagt, wird das augenfällig. Der einzelne Bürger verwirklicht in seiner Bürgerlichkeit das gemeine Wohl, soweit die allgemeinen Gesetze das zulassen. Er nimmt dadurch an der Verwaltung des Gemeinwesens teil. Ein Problem ist, das darf ich noch kurz bemerken, die Gebietshoheit als die Befugnis zur allen überlegenen Gewaltausübung, nicht aber die Staatlichkeit, wenn diese mit Gesetzlichkeit identifiziert wird.

Schmidt-Preuß: Wenn Sie erlauben, möchte ich mit den Beiträgen beginnen, die sich um die verfassungsrechtliche Rahmenordnung ranken. In der Tat – Herr *Koch* und Herr *Korinek*, Sie haben nach den verfassungsrechtlichen Leitaussagen für Selbstregulierung gefragt – ist es so, daß sich aus den Grundrechten und dem Ordnungsprinzip der Sozialen Marktwirtschaft eine Direktive, eben dieses Postulat größtmöglicher Aktivierung selbstregulativer Beiträge, ergibt – freilich nur eine Direktive, also mit einer entsprechenden Steuerungskraft. In der verfassungsrechtlichen Gesamtbilanz habe ich im nachfolgenden Leitsatz – und dies geht an die Adresse all derer, die, wie ich meine zu Recht, auch auf die Risiken der Selbstregulierung hingewiesen haben – sehr deutlich auf der Sollseite all die Posten aufgeführt, die bei der Eröffnung selbstregulativer Elemente zu beachten sind: Demokratieprinzip, Rechtsstaatsprinzip, grundrechtliche Schutzpflicht mit der Zugriffsoption. Insofern möchte ich zu den Beiträgen von Herrn *Ossenbühl* und Herrn *Steinberg* – der aus anderem Blickwinkel hier kritisch fragte, ob sich der Staat nicht zu weit in die Hände der Privaten gibt – sagen: Ich habe immer wieder – auch in den einzelnen Problemsektoren – unterstrichen, daß die Letztentscheidungsmacht beim Staat verbleiben muß. Ich habe bei der privaten Normgebung dafür plädiert, daß die letzten Sicherungen auch hier – einschließlich der europäischen Dimension – beim Staat verbleiben. Ich habe – Herr *Brohm* hat dies angesprochen – beim Scoping immer wieder auf die Letztentscheidungs- und Beurteilungskompetenz der Behörde hingewiesen. Ich meine – und das Beispiel des Vorhaben- und Erschließungsplans deutet dies auch wieder an: Die Abwägungskompetenz bleibt bei der Kommune – , in sämtlichen Sektoren, ich will jetzt nicht alles wiederholen, kann man den roten Faden nachziehen, daß durchaus keine einseitige Selbstaufgabe des Staates stattfindet, sondern daß sehr wohl – einschließlich des Öko-Audit, ich komme gleich darauf zurück – die Sicherungen der bewährten demokratisch-rechtsstaatlichen Ordnung voll greifen. Vielleicht erlauben Sie, Herr *Ossenbühl*, ein Wort auch zu Ihrem Hinweis, daß die bisherigen Kategorien der Beleihung und Verwaltungshilfe in den Mittelpunkt gestellt werden müßten. Genau das tue ich. Nur müssen wir doch sehen, daß – wenn man etwa im nordrhein-westfälischen Bauordnungsrecht den Bereich der Baugenehmigungsfreistellung betrachtet – der Sachverständige dort zwar anerkannt wird, aber kein Beliehener ist. Gleichwohl wird er eingeschaltet in den Prozeß der selbstregulativen Prüfung, und die Baugenehmigungsbehörde zieht sich zurück, wenn der Sachverständige votiert hat. Dies geht also mit der Anerkennung viel weiter als die Regelung in Bayern. Es gibt nach meinem Dafürhalten über den klassischen Beliehenen und über den Verwaltungshelfer, dem ich ein Element der Weisungsgebundenheit zuweise, hinaus offenbar das, was ich mit dem Terminus der selbstregulativen Beiträge zu beschreiben versuche. Eine neue Entwicklung vollzieht sich mit dieser Einbeziehung Privater, die für sich gesehen Grundrechte in Anspruch nehmen – Art. 12 GG für Sachverständige oder etwa private Zertifizierungsgesellschaften, die längst bei der Produkteinführung tätig sind. Es gibt diese neue Form der Einschaltung Privater, und nichts anderes wollte ich mit dem Begriff der Beiträge im Rahmen der Verfahrensprivatisierung zum Ausdruck bringen.

Dann noch einmal speziell zu Herrn *Steinberg*. Sie haben gesagt: „Vollzugsdefizite im Ordnungsrecht bekämpfen." Völlig d'accord. Die Philosophie, die etwa beim Öko-Audit oder anderen neuen kontextsteuernden Systemen zu Buche schlägt, ist aber doch gerade die, daß vielleicht ein höheres Maß an de-facto-Vollzug erreicht wird, wenn wir das

Eigeninteresse der Unternehmen aktivieren. Ich bin völlig mit Ihnen einer Meinung: Nachher muß Bilanz gezogen werden. Ich sage ja auch nicht, daß man jetzt wellenartig in all den Bereichen, die wir heute diskutieren, das Ordnungsrecht abschaffen sollte. Wo wir aber punktuelle Möglichkeiten sehen, sollten wir – so meine ich – mutig genug sein, die Aktivierungspotentiale zu nutzen, die sich bei der privaten Selbstregulierung bieten. Wenn sich im Nachhinein ergibt, daß die Erwartungen nicht erfüllt werden, besteht – dies habe ich ausdrücklich betont – die Nachsorge- und Korrekturpflicht des Gesetzgebers.

Zu einigen Grundsatzfragen: Herr *Hoffmann-Riem* und Herr *Schuppert*, Sie haben die neue Dimension anklingen lassen. Ich habe sie modale Problemsicht genannt. Das ist, meine ich, genau der zentrale Punkt. Es geht nicht wie bei der Privatisierungsdebatte um die materielle Frage, was wohin gehört – zum privaten oder zum öffentlichen Sektor. Vielmehr bewegen wir uns auf einer Ebene der Steuerung, die ich, Herr *Schmidt-Aßmann*, abheben würde von der Ebene der Handlungsformen. Insofern ist für mich das Neuartige und dogmatisch zu Bewältigende auf der höheren Ebene der Steuerungstypik angesiedelt. Wir bewegen uns hier auf einer modalen Ebene, auf der der Staat versucht, privates Handeln im Sinne von Gemeinwohl zu beeinflussen.

Und jetzt der Gemeinwohlbegriff: Natürlich, Herr *Häberle* hat zu Recht auf *Hans Peters* und die Kategorie der öffentlichen Aufgabe hingewiesen. Ich könnte ergänzen: Der Gesetzgeber bestimmt in erster Linie das Gemeinwohl. Insofern möchte ich freilich ausdrücklich hervorheben, daß ich den Terminus der Verfahrensverantwortung – der arbeitsteiligen Gemeinwohlkonkretisierung durch Verfahrensverantwortung – sehr differenziert gesehen habe. Auf Seiten des Staates ist sie Pflicht, aber auf Seiten des Privaten Freiheit und höchstens Obliegenheit. In diesem Zusammenhang möchte ich an dem Unterschied zwischen freiheitlichen Eigenbeiträgen und staatlicher Setzung von Zielen festhalten. Herr *Quaritsch* hat dankenswerterweise die historische Perspektive angesprochen, ebenso Herr *Schmidt-Aßmann* und Herr *Häberle.* In der Tat, wenn wir uns hier über die neuen Formen der modalen Steuerung unterhalten, dann fällt ins Auge, daß es um Umweltbereiche geht, um Baurecht, Produkteinführungsrecht, Normungsrecht und dergleichen. Insofern kann man sagen, daß diese Materien vielleicht eine Art Führungsrolle für Ansätze einer neuen Dogmatik bilden. Andere Bereiche, da bin ich völlig Ihrer Meinung, wie etwa Steuerrecht oder Polizeirecht – obwohl auch hier ein Element der privaten Abwendungsbefugnis zu würdigen war – werden nach wie vor dem klassisch imperativen Modus verhaftet bleiben – und das aus guten Gründen.

Wenn Sie erlauben, gehe ich noch auf einige Einzelsektoren ein. Herr *Quaritsch* hat die Betriebsbeauftragten und damit die reflexive Steuerung thematisiert. Seinen Ausführungen kann ich voll zustimmen. Das Baurecht ist von Herrn *Geis* und Herrn *Brohm* angesprochen worden. Der Drittschutz ist ein nur scheinbares Dilemma. Ich meine die jüngste Rechtsprechung – und gerade die beiden Kollegen aus Baden-Württemberg haben sicher den VGH Mannheim vor Augen, dem jetzt der VGH München gefolgt ist. Wir können die Anforderungen bei der Ermessensreduzierung auf Null verringern und auch die Maßstäbe der Erfolgsprognose bei § 123 VwGO etwas an die §§ 80 a Abs. 3 und 80 Abs. 5 VwGO angleichen. Wir können also dem Dritten ein Stück weit mehr zum Drittschutz verhelfen, auch wenn das Substrat – der Verwaltungsakt – entfallen ist. Im übrigen, Herr *Geis*, was die Frage des „Schutzschildes" der Legalisierungswirkung angeht: Das ist eben die Kehrseite. Man kann nicht alles haben – den Schutz qua Legalisierungswirkung und die Beschleunigung. Auf eines muß verzichtet werden. Und die Bauordnungsgesetzgeber der Länder haben sich entschieden, hier zu Lasten des Bauherrn nachzulassen, was die Legalisierungswirkung und den durch sie bewirkten Schutz angeht. Insgesamt glaube ich, hiermit auch auf das eingehen zu können, was Herr *Brohm* sagte. Hier sind Spielräume für eine stärkere Drittschutzberücksichtigung, als wir es bisher bei § 123 VwGO kennen.

Nochmals zu Herrn *Steinberg* – zur Verknüpfung von Öko-Audit und Zulassungsverfahren – und Herrn *Koch* – zur Skepsis gegenüber den Möglichkeiten des Öko-Audit. Eines nur vorab: Sie müßten diese Einwände ja nun auch geltend machen gegenüber der vor eineinhalb Wochen in Kraft getretenen neuen Regelung bei den Entsorgungsfachbetrieben zugunsten der Einführung von selbstregulativen Kontrollelementen durch das Öko-Audit. Ich habe es kurz erwähnt. Im übrigen: Wir haben seit der Novelle zum Immissionsschutzrecht bei der Sachverhaltsermittlung den § 4 der 9. BImSchV, wonach bereits jetzt Unterlagen aus dem Öko-Audit einen Stellenwert für die behördliche Kontrolle haben. Das BImSchG wird – aber das ist jetzt Prognose – möglicherweise folgen, wenn auch die IVU-Richtlinie uns zunächst nur Spielraum für Projekte etwa der Spalte 2 der 4. BImSchV läßt. Ich betone noch einmal: Ich möchte die weiteren Schritte an die Kautelen demokratischer Kontrolle anbinden. Ich fordere nachdrücklich die Zugriffsoption. Die repressive Kontrolle muß immer möglich sein. Es gibt ja auch Vorschläge, die für das repressive Instrumentarium auf selbstregulative Elemente setzen, die dann den Staat ausschließen. Ich möchte unter keinen Umständen auf die Rückanbindung an den Staat – was Herrn *Engel* sogar stört, denn er meint, hier müßte man weiter gehen – verzichten. Hier also ein dezidiertes „Nein". Die Letztentscheidungskompetenz bleibt auch im Falle der Verknüpfung von Zulassungsverfahren und Öko-Audit beim Staat.

Herr *Korinek* hat die private Normgebung auch auf europäischer Ebene angesprochen. Volle Zustimmung: Bei den Mitgliedstaaten, bei denen die nationalen Normungsgremien noch nicht den Standard der Repräsentanz und der Installierung von Schiedsverfahren erreicht haben wie bei uns das DIN, müssen hier entsprechende Schritte folgen, damit die Gesamtbalance stimmt.

Und ein allerletztes bei dieser Zwischenrunde: Kartellverbot und Selbstbeschränkungsabkommen. Die Zusicherungen beim Klimaschutzabkommen, Herr *Koch*, sind ja sehr konkret: bis 2005 minus 20%, heruntergerechnet auf 1990, wobei das Ganze vom Rheinisch-Westfälischen Institut für Wirtschaftsforschung kontrolliert werden soll. Kartellrechtlich stünde notfalls – das habe ich eingeräumt – die Ministererlaubnis nach § 8 GWB zur Verfügung. Auch das bewegt sich also innerhalb der rechtsstaatlichen Bahnen. Ich möchte es hierbei bewenden lassen, Herr Vorsitzender.

Di Fabio: Ich möchte die lange Liste der Redner der Reihe nach abarbeiten, wobei ich vielleicht mehr auf „Dissidenten" eingehe als auf diejenigen, von denen ich Zustimmung erfahren habe. Herr *Schachtschneider* hat mir Befangenheit im liberalen Denken vorgeworfen, Herr *Korinek* hat in meinem Vortrag ein martialisches Plädoyer für den starken Staat gesehen. Ich würde mich da schon eher bei Herrn *Schachtschneider* wiederfinden, aber lassen Sie mich angesichts der weit auseinanderfallenden Beurteilungen etwas konkretisieren, was erklärungsbedürftig ist. Mein Plädoyer für den Staat ist keines für den „starken" Staat, denn diese Begrifflichkeit ist durch Assoziationen zum Obrigkeitsstaat vorgeformt und belastet. Ich sehe den Staat nicht in einer Position der Stärke, sondern der Schwäche. Er dehnt zwar seine Aufgaben weiter aus, verliert aber innere Kohärenz. Das Gespenst des starken Staates scheint mir deshalb nicht die Gefahr; das Plädoyer für die Erhaltung von Staatlichkeit erfolgt aus der Defensive. Es geht demnach nicht darum, daß der Staat stark wie der Obrigkeitsstaat wird, sondern daß er seine Kohärenz behält. Dies setzt voraus – und mehrere Redner haben das betont –, daß der Staat Aufgabenverantwortung walten läßt. Er steht in einer dauerhaften Verantwortung, seine Aufgaben selbstkritisch zu überprüfen. Dies gilt für seinen Aufgabenbestand, der sich immer weiter ablagert, und auch für neue Steuerungsziele, die die Politik jeweils setzt. Die somit geforderte stete Aufgabenkritik ist aber nicht das eigentliche Thema der Selbstregulierung.

Das Thema Selbstregulation wird meines Erachtens dadurch geprägt, daß der Staat einerseits keine Diät hält bei der Aufgabensuche, aber daß er andererseits neuerdings sehr auf Diät bedacht ist bei der Mittelzuweisung für die Aufgabenwahrnehmung. Nach außen wird dem wählenden Souverän gesetzgeberische Aktivität demonstriert, die in Leistungsbilanzen und Wahlkampfbroschüren herausgestellt wird. Hier sehe ich stets weiter wachsende Gesetzgebung auf uns zukommen, auch damit die Politik dergestalt Betätigungsnachweise erbringen kann. Die Politik wäre gut beraten, wenn sie sich der dauerhaften Anstrengung einer fallweisen Aufgabenreduzierung unterzöge. Der gegenwärtig als Aufgabenreduzierung ausgeflaggte Politikansatz verwendet Begriffe indes in einer Weise, die ich für bedenklich halte – ich komme damit zu einem Einwand von Herrn *Geis*, der aber wohl auch von Herrn *Koch* und zum Teil von Herrn *Badura* erhoben wurde. Die Vorstellung einer Rückverlagerung von Aufgaben nährt die Vorstellung, daß es eine Sphäre gesellschaftlicher Freiheit gibt, aus der der Staat sich bedient hat und die er stückweise großzügig wieder zurückgibt. Es mag solche Phänomene geben. Dann sprechen wir auch zurecht von Deregulation. Thema der Selbstregulierung ist aber die Auskehrung dessen, was zuvor in der Sphäre des Staates bearbeitet wurde und in seinem Gestaltungszugriff verbleibt. Der Staat gibt nicht eine naturwüchsige unbearbeitete Freiheit zurück, sondern er formuliert Eigenverantwortungen. Hoheitlich definierte Eigenverantwortung – entschuldigen Sie, wenn ich trotz der vorgetragenen Einwände daran festhalte – ist eine im Kern euphemistische Begriffsbildung. Was eigenveranwortlich ist, bestimmen Bürger und Gesellschaft. Wenn der Staat dagegen die Eigenverantwortung der Bürger bestimmt, dann handelt es sich um Fremdverantwortung. Nur wenn man dieses Faktum außer acht läßt, mag es merkwürdig klingen, daß die Auferlegung von Eigenverantwortung Grundrechtseingriff sei. Die nüchterne Feststellung eines Grundrechtseingriffs sagt zudem ja noch nichts über die Rechtmäßigkeit eines solchen Eingriffs aus, ermöglicht aber eine rationalitätsstiftende Rechtskontrolle. Wenn heute ein Produzent von Verpackungsmaterial seine Verpackungen nach Gebrauch wieder aufgenötigt bekommt, ist das für mich schon so etwas wie ein Eingriff in das Eigentum, denn die aufgedrängte „Bereicherung" von Unerwünschtem kann Eigentumsbeeinträchtigung sein. In derlei Fällen wird man doch nicht sagen können, hier würde nur etwas zurückgegeben, was ohnehin zur Verantwortungssphäre des Produzenten gehöre. Denn diese Verantwortungsbehauptung ist eine Fremdzurechnung der öffentlichen Gewalt, für die die Grundrechtsbindung gilt, andernfalls verspielten wir gegenüber diesem neuen Steuerungsansatz Möglichkeiten der Rechtskontrolle und damit den Weg, rechtliche Rationalität in diese neuen instrumentellen Felder des Staates hineinzutragen. Dies scheint mir ganz wichtig zu sein und wenn ich mich hier zum Teil mißverstanden fühle, so mag das an meinen Ausführungen liegen, Mißverständnisse könnten aber auch von solchen Begriffsbildungen wie „Eigenverantwortung" ausgehen. Wenn man in neuere Gesetzesmaterialien hineinschaut, dann wird dort die neue Überwachungsform der Handelsaufsicht an der Börse als Deregulation bezeichnet. Es handelt sich aber um eine gesteigerte Regulation. Gesetzgeber und Politik neigen hier zu einer etwas unklaren Begrifflichkeit. Es ist unseres Amtes, diese Begrifflichkeit zu juridifizieren und ihr nicht einfach nachzulaufen.

Am Redebeitrag von Herrn *Hoffmann-Riem* hat mir besonders gefallen, wenn dort bündig festgestellt wurde, der Rechtsstaat habe keine Lobby. Rechtsstaatliche Argumente spielen in der gesellschaftlichen Diskussion selten eine Rolle und jemand, der derlei Argumente in den öffentlichen Diskurs einspeist, gilt leicht als Spielverderber oder als jemand, der Sand ins Getriebe streut. Mit rechtsstaatlichen Argumenten dem Umweltschutz etwa Zügel anlegen zu wollen, ist jedenfalls im politischen Diskurs ein nicht ungefährliches Unterfangen.

Lassen Sie mich auch etwas zum schönen Bild vom Steuern und vom Rudern sagen. Der ganze Steuerungsbegriff, glaube ich, muß systemtheoretisch noch einmal durchdacht werden. Wie jedes Steuerungsmittel, hat auch die Idee zu steuern, indem man sich der Organisiertheit der Gesellschaft bedient, seinen Preis. Der Preis, der für die so raffiniert klingende Vorgehensweise zu zahlen ist, liegt im Diffuswerden des Subjekts, unklar wird nämlich, wer steuert. Die Duales-System Deutschland GmbH steuert den Gesetzesvollzug in ähnlichem Maße, wie das Bundesumweltministerium den Kontext steuert, ich glaube, Herr *Koch* hat darauf hingewiesen. Staat und gesellschaftliche Selbstregulative steuern beide, und beide sind voneinander abhängig. Es ist das Faszinierende dieser Thematik, daß die Subjekt-Objekt-Vorstellung zu verschwimmen beginnt und die Gesellschaft als das erscheint, was sie in Wirklichkeit ist, nämlich Subjekt und Objekt zugleich. Allerdings haben wir uns in unserer Verfassungsordnung darauf festgelegt, daß die Gesellschaft bei der Ausübung von Herrschaftsgewalt nicht unmittelbar als Subjekt in Erscheinung treten darf. Denn dies liefe auf eine identitäre Demokratievorstellung hinaus. Ohne Hegel und die Rechtsphilosophie übermäßig strapazieren zu wollen, hält die Verfassung im Grunde an der Vorstellung fest, daß im Staat die gesellschaftliche Vernunft institutionell zum Ausdruck kommt. Die Verfassungsordnung des Grundgesetzes sieht jedenfalls den demokratisch verfaßten Staat mit seinem primären Steuerungsinstrument, dem Gesetz, als diejenige Instanz, die den politischen Willen umsetzt und veralltäglicht. Schon deshalb bleibt die Verfassungsinterpretation aus konstruktiven Gründen auf die Unterscheidung von Staat und Gesellschaft angewiesen. Die hier thematisierte instrumentelle Selbstregulierung ist vor diesem Hintergrund nicht nur ein neues intelligentes Steuerungsmittel, sondern auch ein zweischneidiges Instrument.

Herr *Schmidt-Aßmann* hat die sehr schwierige Frage aufgeworfen, ob die Fixierung auf den Gesetzesvollzug überhaupt die Verwaltungswirklichkeit erfasse, oder ob eine solche Perspektive nicht ein zu enges Korsett schnüre. Soweit der Gesetzesvollzug eine Kernaufgabe der Exekutive bleibt, besteht ein Zusammenhang zu der von Herrn *Schmidt-Aßmann* wohl in Abrede gestellten Leistungsfähigkeit von Verwaltungshierarchien. Auch wenn man nicht genau sagen kann, wie leistungsfähig Hierarchien sind, für einen geordneten Gesetzesvollzug sind sie notwendig, denn die Hierarchie ist letztlich das Instrument zur Rückbindung der ausgeübten öffentlichen Gewalt an den Souverän, an das Volk. Wenn Netzwerke ohne hierarchische Ordnung entstehen, sehe ich nicht, wie parlamentarische Verantwortung in einem solchen Sachbereich sichergestellt werden soll. Ein hierarchischer Verwaltungsaufbau scheint mir zumindest in seiner Grundstruktur Verfassungsgebot zu sein. Das Festhalten an hierarchischen Verwaltungsstrukturen halte ich demnach für normativ geboten und nicht organisationssoziologisch für disponibel. Und auch der Gesetzesvollzug ist ein normativ vorausgesetztes Modell, ein normatives Konstrukt, auf das schlechterdings nicht verzichtet werden kann, ohne die Barriere zwischen Recht und Sozialwissenschaft einzureißen. Deshalb habe ich den Gesetzesvollzug ungeachtet der empirischen Bedeutung anderer Verhaltensweisen der Verwaltung und nicht etwa die Gemeinwohlausrichtung zum Schlüsselbegriff meines Vortrags gewählt, weil hier – systemtheoretisch gesprochen – der Kern unseres normativen Modells liegt. Die Ausübung öffentlicher Gewalt erfolgt nun einmal über die Formulierung von Gesetzen und deren Durchsetzung. Und was in der Wirklichkeit für die Verwaltung noch alles dazu kommt, das ist zwar interessant, darf aber die öffentlichrechtliche Fixierung auf das Gesetzesvollzugsmodell nicht zum Einsturz bringen.

Herr *Schuppert* hat von der Organisationsgesellschaft gesprochen. Das Interessante am Begriff der Selbstregulierung ist m. E., daß eine vorfindliche Organisationsgesellschaft gestärkt und z. T. auch neu geschaffen wird. Das Duale System der Verpackungswirtschaft ist ja nicht vom Himmel gefallen, sondern staatlich angeregt und gefördert worden. Hier können aber Bedenken angemeldet werden, wenn der Staat um der Steuerung willen Organisationen schafft, und den einzelnen in Organisationen quasi hineinbugsiert. Es scheint mir grundrechtlich – entschuldigen Sie, wenn ich daran festhalte – problematisch zu sein, wenn Strukturen geschaffen werden, die jemanden, der wirtschaftet, nur noch in Organisationen wirtschaften läßt.

Nun schaut mich Herr *Hoppe* bereits etwas mahnend an, aber lassen Sie mich noch zu einem Schlüsselbegriff Stellung nehmen, dem Begriff der Eigenverantwortung. Herr *Quaritsch* hat darauf hingewiesen, daß es im Grunde völlig gleich sei, mit welchen Mitteln man Wohltätiges erzeuge. Das scheint mir indes nicht die Idee des Rechtsstaates zu sein. Ich möchte auf ein Mißverständnis hinweisen, daß immer um die Begriffe „Gefahr" und „Risiko" sich rankt. Herr *Koch* hat die Position vertreten, daß derjenige, der Risiken setzt, selbstverständlich auch belastet werden könne. Im Grunde, wenn ich Sie richtig verstanden habe, läge dann kein Grundrechtseingriff vor. Denn wer ein Risiko in die Welt setze, müsse sich auch den Schuh anziehen, wenn der Staat Risikominderungspflichten aufgibt. Ich glaube, ganz so einfach ist es nicht. Wir haben diese Sichtweise einer Handlungs- und Zustandsverantwortlichkeit im Gefahrbegriff dogmatisch aufbewahrt. Der Risikobegriff hat demgegenüber m. E. den Vorzug, daß er notwendigerweise von seiner Genese und Bedeutung her etwas anderes einblendet, nämlich auch den Nutzen. Man kann nicht vom Risiko reden, ohne zugleich an den Nutzen zu denken. Derjenige, der nichts tut in einer Gesellschaft, der setzt sich kaum der Auferlegung von Eigenverantwortung aus. Derjenige, der handelt, der gestaltet, der produziert und der damit enormen Nutzen schafft, der ist natürlich risikosetzend. Und wenn wir diesen Risikoerzeuger dann mit einem dichten Kokon staatlich auferlegter Eigenverantwortung umhüllen, dann glaube ich nicht, daß es sich um Pflichten handelt, die sozusagen verfassungsrechtlich ohnehin in der individuellen Pflichtensphäre wurzeln. Vielmehr gilt es, jeden Einzelfall zu betrachten, und das geht nur, wie bereits ausgeführt, wenn die Auferlegung von Eigenverantwortung als Freiheitseingriff gesehen wird.

Und vielleicht noch ein letztes Wort: Herr *Badura* hat mir entgegengehalten, daß ich den Gesetzesvorbehalt ausdehnen würde. Ich teile Ihre Einschätzung, Herr *Badura*, daß in der Vergangenheit mit dem Gesetzesvorbehalt ein gewisser Mißbrauch getrieben wurde, indem diese probate dogmatische Figur auf alles und jedes angewandt wurde und wir insoweit vielleicht dazu beigetragen haben, die Gesetzgebungsmaschinerie zu ölen. Dennoch liegt es mir unter Hinweis auf den demokratisch institutionellen Gesetzesvorbehalt auf dem Herzen, ihn dort einer Ausdehnungsbewegung nachfolgen zu lassen, die die Verwaltungspraxis vorgibt. Denn wenn einem Privatrechtssubjekt die Amtsermittlung, die Entscheidungsvorbereitung mehr oder minder zur Gänze eigenverantwortlich übergeben wird, entspricht dies nicht der dogmatischen Kategorie der Verwaltungshilfe, die auf unselbständige Erfüllung von Verwaltungsaufgaben abstellt. Indes soll die Beleihung auch nicht passen, weil ja Beleihung auf die Einräumung einer hoheitlichen Befugnis, die nach außen wirksam wird, zugeschnitten ist. Damit bleibt offen, wie diejenigen Fälle behandelt werden, in denen Private eigenverantwortlich Verantwortungsaufgaben bis zur förmlichen Entscheidungsreife vorbereiten und die Verwaltung solche Konstruktionen bewußt wählt, um sich zu entlasten. Dies scheint mir eine wesentliche Organisationsfrage zu sein, weil es um den Vollzug von Gesetzen und um die Ausübung von Hoheitsgewalt geht. Hier könnte der Gesetzesvorbehalt ein Warnsignal für den Gesetzgeber sein, über die Organisationsstrukturen bei der Ausführung von Gesetzen zu entscheiden, insbesondere dann, wenn die Verwirklichung des Gesetzes – und damit des zentralen demokratischen Steuerungsinstruments – gesellschaftlichen Kräften übertragen wird.

Es hat mich im übrigen etwas eigenartig berührt, wenn Herr *Häberle* jemanden, der jünger ist, als klüger ansieht, ich hatte das immer umgekehrt gesehen. Wenn Nachwachsende gleichwohl manchmal etwas mehr sehen, dann deshalb, weil sie auf den Schultern von Riesen stehen. Herr *Häberle* hat nachhaltig nachgefragt, wie es um den Begriff des Gemeinwohls stehe. Sie haben dabei wohl unterstellt, das wäre für uns beide ein Schlüsselbegriff. Lassen Sie mich deshalb klarstellen: für mich ist der Begriff des Gemeinwohls im hier gegebenen thematischen Rahmen kein Schlüsselbegriff. Im Rahmen instrumenteller Selbstregulierung ist der Gesetzesvollzug der Schlüsselbegriff. Den Begriff des Gemeinwohls würde ich hier nur mit einer gewissen Distanz verwenden und ihn im Grunde in Anführungsstriche setzen wollen. Im Verwaltungsrecht würde besser von öffentlichen Aufgaben des Staates geredet. Bei aller Unklarheit auch dieses Begriffs wird damit deutlicher, was staatsrechtlich und verwaltungsrechtlich gemeint ist. Demgegenüber scheint mir der Begriff des Gemeinwohls zu oszillieren zwischen Staat und Gesellschaft, als dogmatische Kategorie weicht er, glaube ich, die Grenzziehung zwischen beiden auf.

Gröschner: Vielen Dank, Herr Vorsitzender. Nun bin ich direkt nach dem Zwischenwort von Herrn *Di Fabio* dran, und dies veranlaßt mich zu einer rechtsphilosophischen Bemerkung: Sie haben in vornehmer Zurückhaltung Ihre Hegelkompetenz offengelassen. Ich darf Ihnen aber das Kompliment machen, daß nach meiner Auffassung hier eine durchaus zutreffende, nämlich dialektische Deutung *Hegels* zugrundeliegt, Ihrem Referat ausdrücklich und, Herr *Schmidt-Preuß*, Ihrem zumindest implizit.

Sie haben *Hegel* so gegen den nicht verstummenden Vorwurf verteidigt, in der Hegelschen Rechtsphilosopie seien Staat und Gesellschaft voneinander getrennt als isolierte Bereiche auseinandergerissen worden. Tatsächlich hat der Dialektiker *Hegel* die beiden Bereiche aber nur begrifflich unterschieden, um sie als Momente des Ganzen in der höheren Einheit des sittlichen Staates wieder aufeinander beziehen zu können und ich glaube wirklich, daß die beiden Referate auf der dogmatischen Ebene der beste Beweis dafür waren, daß die dialektische Grundthese richtig ist, zwei gegensätzliche Pole nur aufeinander beziehen zu können, wenn man vorher begrifflich unterschieden hat, daß es sich um zwei Pole handelt. Ich darf eine zweite Bemerkung anschließen dogmatischer Art. Hier fand ich besonders erfreulich die unaufdringliche Präsenz der Figur des Rechtsverhältnisses. Bei Ihnen, Herr *Schmidt-Preuß*, auf den Begriff gebracht in den dialogischen Formen der Gemeinwohlverwirklichung und bei Herrn *Di Fabio* in der Mehrpoligkeit grundrechtlicher Wirkungsverhältnisse. Ich sehe hier eine neue Phase in der Verwaltungsrechtsdogmatik, nämlich das Ende des unfruchtbaren Streits über die Fruchtbarkeit des Rechtsverhältnisses und den Beginn der fruchtbaren Arbeit mit dem Rechtsverhältnis.

Burmeister: Ich glaube, ich kann mich kurz fassen. Trotz Ihres Schlußwortes, Herr *Di Fabio*, ist folgendes festzuhalten: Der Gemeinwohlbegriff bleibt ungeachtet aller Schwierigkeiten seiner inhaltlichen Präzisierung Schlüsselbegriff für die Erfaßbarkeit von Staatlichkeit. Gleichgültig ist dabei, ob man die Tätigkeit als öffentliche Aufgabe oder Angelegenheit von öffentlichem Interesse bezeichnet; auch hinter der öffentlichen Aufgabe steht letzten Endes der Gemeinwohltatbestand und es ist das schlechthin konstituierende Element des Rechtsstaates, daß jede staatliche Handlung einen Gemeinwohlbezug aufweist. Der Rechtsstaat ist hinsichtlich seiner Funktionen durch den Gemeinwohltatbestand gekennzeichnet. Damit bin ich bei dem zentralen Problem, das ich kurz andeuten möchte.

Man muß sich vergegenwärtigen, daß alle Erscheinungen oder Formen der Entstaatlichung letztlich zwei verschiedene Grundmodelle aufweisen: Entweder handelt es sich um die Verlagerung der Wahrnehmungsbefugnis einer bestimmten Staatsaufgabe in die gesellschaftliche Sphäre unter Aufrechterhaltung des Gemeinwohlbezuges der Aufgabe, d. h. ihrer Qualität als öffentliche Aufgabe, oder es handelt sich um eine Aufgabenabtretung unter Auflösung ihres Gemeinwohlbezugs, d. h. unter qualitativer Verwandlung in eine privatwirtschaftliche Betätigungsbefugnis. Der letztgenannte Fall liegt z. B., um es deutlich zu machen, bei der Privatisierung der Telekommunikation vor: Der Gesetzgeber hat die bisherige Verwaltungsaufgabe privatisiert durch rechtsqualitative Verwandlung in erwerbswirtschaftlich-private Betätigung, die Wahrnehmung der Tätigkeit wandert aus dem Bereich grundrechtsgebundener Erfüllung einer Staatsaufgabe hinüber in den Bereich grundrechtsgeschützter Wirtschaftsbetätigung, wobei sich ihre Motivation, Zielsetzung und Darbietung als öffentliche Versorgungsaufgabe ändert und damit ein Wandel ihrer juristischen Qualität verbunden ist. Nunmehr werden letzten Endes Private bzw. privatwirtschaftliche Unternehmungen diese Aufgabe auf der Grundlage grundrechtsgeschützter wirtschaftlicher Betätigungsfreiheit wahrnehmen wollen, wobei sie – und dies ist das zentrale Problem, auf das ich hinweisen möchte – sich aber gleichwohl nicht der Grundrechtsbindung des Art. 10 GG entledigen können. Es dürfte kein Zweifel bestehen, daß die Pflicht zur Wahrung des Post- und Fernmeldegeheimnisses doch wohl auch für privatwirtschaftliche Wahrnehmung der Tätigkeit Geltung beanspruchen muß, nur weiß ich nicht recht, wie sich die fortbestehende Grundrechtsbindung bei der privatwirtschaftlichen Betätigung konstruieren läßt. Es drängt sich dann die Frage auf, ob es sich wirklich um eine echte Aufgabenprivatisierung im Sinne einer Umwandlung in erwerbswirtschaftliche Betätigung handelt oder in Wahrheit um eine Aufgabenabtretung unter Aufrechterhaltung ihrer Qualität als öffentliche Aufgabe und der sich daraus ergebenden Pflichtbindungen.

Die andere Möglichkeit der Entstaatlichung besteht in der Aufgabenverlagerung unter Wahrung ihres Gemeinwohlbezugs, also der Eröffnung der Möglichkeit, daß Private die öffentliche Aufgabe bzw. den öffentlichen Auftrag zum Gegenstand eigener Betätigung machen, was sie – worauf Herr *Engel* völlig zutreffend hingewiesen hat – dann tun werden, wenn die Aufgabenwahrnehmung ihren eigenen Interessen, vornehmlich wirtschaftlichen Interessen, entspricht. Private werden sich zur Wahrnehmung der Aufgabe veranlaßt sehen, wenn die Tätigkeit trotz ihres Gemeinwohlbezuges und der sich daraus ergebenden Handlungsbindungen für Sie wirtschaftlich interessant ist. Dies ist letzten Endes entscheidend für die Bereitschaft zur Übernahme der Tätigkeit als öffentliche, den Belangen des Gemeinwohls verpflichtete Aufgabe durch Private, nicht hingegen ist dafür die Herstellung der Interessenkongruenz zwischen staatlicher und privater Aufgabenwahrnehmung ausschlaggebend. Der prägende Unterschied zwischen kompetenzrechtlicher Aufgabenerfüllung durch einen staatlichen Funktionsträger und freiwilliger subjektiv-rechtlicher Betätigung des Privaten, auf den sich das Prinzip der Trennung von Staat und Gesellschaft gründet, bleibt auch bei der aus erwerbswirtschaftlichen Motiven heraus erfolgenden Bereitschaft des Einzelnen zur Betätigung im Interesse des Gemeinwohls und unter Wahrung der spezifischen Gemeinwohlbindungen bestehen. Der Gemeinwohlbezug einer Aufgabe verwandelt die erwerbswirtschaftlich motivierte Wahrnehmung durch einen Privaten nicht in einen kompetenzrechtlichen, grundrechtsgebundenen Handlungsauftrag, vielmehr bleibt insoweit der unauflösliche Gegensatz und rechtsqualitative Unterschied von staatlicher und privater Aufgabenwahrnehmung bestehen.

Meine konkrete Frage an Sie, Herr *Di Fabio*, ist, ob und ggfs. wie Sie die Möglichkeit sehen, wie man vor dem Hintergrund dieser beiden Grundmodelle der Entstaatlichung den Vorgang der Privatisierung der Telekommunikation unter Aufrechterhaltung der Grundrechtsbindung der privatwirtschaftlich agierenden Unternehmen konstruieren kann. Ich vermag dies nicht, insbesondere erscheint mir die Aktualisierung eines aus den grundrechtlichen Schutzpflichten hergeleiteten Auftrags des Gesetzgebers, für den Schutz des Post- und Fernmeldegeheimnisses durch Erlaß strafrechtlicher Vorschriften Sorge zu tragen, nicht hinreichend zu sein, um einen effektiven Grundrechtsschutz zu gewährleisten.

Püttner: Meine Damen und Herren, Herr *Burmeister*, man kann so wie Sie konstruieren, am besten unter Bezug auf die Schutzpflicht. Ich müßte es zwar überdenken, glaube aber, daß es gehen würde. Wir haben davon auszugehen, daß jede Privatisierung einen Schub an Regulierung mit sich bringt, was leider unsere Kollegen von der anderen Fakultät (für Wirtschaftswissenschaft) nicht wahrhaben wollen. Sie haben, Herr *Burmeister*, eben das Gemeinwohl und dessen Wahrung angesprochen; unsere volkswirtschaftlichen Kollegen würden Ihnen widersprechen und auf Adam Smith verweisen. Nach dessen Vorstellung lenkt die unsichtbare Hand (invisible hand) die Privaten, die je ihrem Erwerbsstreben folgen, in Wirklichkeit heimlich zum Gemeinwohl, ohne daß diese es merken. Das stimmt zwar so nicht ganz, wird aber von ganzen Fakultäten vertreten.

Eigentlich wollte ich mich aber mit den Referaten befassen, die mich sehr beeindruckt haben. Aber gerade deshalb stellt sich mir die eine oder andere kritische Frage. Offenbar liegt Ihren Ausführungen stillschweigend die Vorstellung von der mangelnden Modernität, ja vom Versagen der deutschen Verwaltung zugrunde, und so gelangen Sie zu Ihren Modellen. Vielleicht ist das nur eine der Ursachen für die neuen Modelle, die Herr *Hoffmann-Riem* auf den augenblicklichen Geldmangel zurückführt. Es steht schlimmer, als öffentlich bekannt ist, und die (Auslagerungs-)Modelle dienen oft nur dazu, den Abbau von Staatsleistungen in einem angenehmeren Licht erscheinen zu lassen, zu versüßen, als Reform auszugeben. In Wirklichkeit werden, der Not gehorchend, durchaus nützliche und gute Leistungen, die bisher erbracht wurden, nun eingestellt. Frido Wagener hat vor Jahren in dieser Vereinigung, ohne auf Widerspruch zu stoßen, die deutsche Verwaltung und ihre Leistungen als gut, ja hervorragend bewertet. Der jetzige Verwaltungsrückbau muß also eigentlich als ein Nachteil eingestuft werden; natürlich verstehe ich das Bemühen, ihn zur Wahrung des Gesichts als Wohltat auszugeben.

Aber mich bewegt noch ein zweiter Punkt, den der Herr Vorsitzende so nett gekennzeichnet hat mit „Steuern statt Rudern". Ich bin im Ruderboot groß geworden und habe dort gelernt, daß es vor allem auf das Rudern ankommt, wenn man vorwärts kommen will, und daß das Steuern nur eine eher unwesentlichtliche Zutat ausmacht. Vielleicht liegt ein kritischer Punkt unserer Verwaltung darin, daß zu viele steuern wollen und zu wenige rudern. Es ist für das „Staatsschiff" (Herr *Quaritsch*!) schon von Wichtigkeit, daß genügend Leute wirklich rudern und nicht zu viele nur steuern. Das muß bedacht werden.

Wenn ich diese Überlegung mit den Referaten in Verbindung bringe, wird mir bewußt, daß auch in anspruchsvollen Referaten das Rudern, der Alltag, nicht ausgeblendet werden darf. Also stelle ich den Referenten eine Testfrage: Wenn es zutrifft, daß der Alltag des Verwaltungsrechts sich immer noch in den Lehrbüchern des Verwaltungsrechts spiegelt, dann frage ich: Wenn sich Herr *Maurer* aufs Altenteil zurückzöge und Sie beauftragt würden, die Neuauflage seines Buches zu besorgen, was würden Sie aufgrund Ihres heute vorgetragenen Konzepts ändern? Würden Sie nur einen entsprechenden Vorspann anbringen (eine theoretische Vorbemerkung) und dann den Text wie bisher stehenlassen? Oder müßten Sie das ganze Buch umschreiben oder wie sähe sonst die Lösung aus? Ich bin gespannt auf Ihre Antwort.

Hoppe: Ich bitte um Nachsicht, daß ich nicht im Ruderboot großgeworden bin.

Mußgnug: Auch ich kann eine Erfahrung aus der Welt der Ruderer zum Besten geben: Ein Boot, in dem nicht gerudert wird, ist nicht steuerbar, weil ihm der Vortrieb fehlt. Aber das nur nebenbei zur weiteren Relativierung der wenig sachkundigen Parole „Steuern, nicht rudern!". Der eigentliche Grund meiner Wortmeldung ist ein anderer:

Es ist viel Berechtigtes zum Lob unseres heutigen Beratungsthemas und seiner Behandlung durch die Referenten gesagt worden. Das verbietet mir, zu weiteren Lobesreden auszuholen. Darum möchte ich nur einen Aspekt ansprechen, der mich sowohl bei dem Thema als auch bei den beiden Referaten besonders beeindruckt hat: Mir hat das Thema die Ambivalenz des Juristenberufs bewußt gemacht, die darin besteht, daß wir stets dem Neuen aufgeschlossen sein und die Rechtsordnung ihm anpassen müssen, daß wir darüber aber nicht vergessen dürfen, daß es ebenso unsere Aufgabe ist, an den bewährten alten Regeln des Rechts festzuhalten und sie vor allem zügellosen Innovieren nur um des Innovierens willen zu behüten. *Franz Wieacker* hat das auf die Formel vom „Gründen und Bewahren" gebracht. Ich finde es der Hervorhebung wert, daß dieses janusköpfige Gründen und Bewahren beide Referate so deutlich geprägt hat.

Ein wenig Beckmessern möchte ich aber doch: Herr *Schmidt-Preuß* hat in seiner These Nr. 26 dem aus dem Polizeirecht altvertrauten Angebot des Austauschmittels eine meines Erachtens mehr irre- als weiterführende Bedeutung beigemessen, wenn er dieses Angebot als „substitutive Eigenvornahme" auffaßt. Wer unter dem Druck einer Polizeiverfügung, die ihm das Einfrieden einer gefährlichen Grube befiehlt, anbietet, die Grube gleich ganz zuzuschütten, entfaltet keine echte „Eigeninitiative". Wenn ihn die Polizeibehörde in Ruhe gelassen hätte, so hätte er schließlich nichts unternommen. Er tut zwar mehr, als er tun müßte, aber er tut auch das allein, weil er muß. Deshalb sollten wir seine „Eigeninitiative" und seine Bereitschaft zur Verständigung mit der Behörde nicht überbewerten. Wir geraten sonst in die Gefahr, auch in der Verwaltungsvollstreckung ein Element der substitutiven Eigenvornahme zu entdecken. Auch sie legt schließlich nahe, substitutiv selbst zu tun, was die Vollstreckungsbehörde sonst im Wege der Ersatzvornahme oder des unmittelbaren Zwangs tun wird. Wenn ich noch ein wenig weiter übertreiben darf, dann entpuppt sich sogar das Strafrecht als Anreiz zur substitutiven Eigenunterlassung, mit der die rechtstreuen Bürger der Strafjustiz, Arbeit und sich selbst Ärger ersparen. Damit wird vollends klar, daß das Ausweichen vor dem staatlichen Zwang in ein falsches Licht gerät, wenn man es als Eigeninitiative feiert. Ich fürchte, daß derartige Verschiebungen der Blickwinkel die Praxis und die Dogmatik des Verwaltungsrechts auf Holzwege führen könnte. Das beginnt, wenn die Polizeibehörde zu erkennen gibt, daß sie auf das Angebot des Austauschmittels wartet, das sie nicht anordnen kann, weil es unverhältnismäßig wäre, und es deshalb „induzieren" muß, um mit Hilfe der Regel „volenti non fit iniuria" zu erreichen, was für sie sonst unerreichbar bliebe.

Ich möchte noch einen zweiten Punkt berühren, der mir als Mitglied einer akademischen Ethik-Kommission nahe geht. Diesen bei den Medizinischen Fakultäten und den Landes-Ärztekammern gebildeten Kommissionen ist, ganz im Sinne unseres Themas, Konkurrenz aus privaten Ethik-Kommissionen entstanden, weil das Arzneimittelgesetz zwar verlangt, daß vor der Arzneimittelerprobung am Menschen die Stellungnahme einer Ethik-Kommission einzuholen ist, aber nicht näher regelt, wie diese Ethik-Kommissionen zu organisieren und zu besetzen sind. Das läßt – zumindest scheinbar – Raum für die Gründung selbstorganisierter privater Kommissionen, die, wenn nicht kommerziell, so doch zumindest semikommerziell arbeiten. Damit haben sie die öffentlichen Ethik-Kommissionen genötigt, für ihre Arbeit ebenfalls Gebühren zu fordern. Schon das stört mich, weil ich meine Tätigkeit in der Ethik-Kommission als eine ehrenamtliche Beratertätigkeit im Dienste der Universität und meiner Kollegen auffasse. Noch mehr stört mich, daß ich mit der Frage nicht ganz fertig werde, wie es um die Legitimation der privaten Ethik-Kommissionen bestellt ist. Die öffentlichen Ethik-Kommissionen werden von akademischen Gremien oder von den zuständigen Gremien der Ärztekammer gewählt und beziehen daraus das erforderliche Mindestmaß an wissenschaftlich-demokratischer Legitimation. Die privaten Ethik-Kommissionen dagegen legitimiert lediglich das Grundrecht der Berufsfreiheit, das auch den pensionierten Ärzten, Pfarrern und Oberlandesgerichtsräten erlaubt, sich überall dort Einkommensquellen zu erschließen, wo sie zu sprudeln versprechen. Für mein Empfinden reicht das nicht aus. Es zeigt sich an der privaten Ethik-Kommission, daß die Verlagerung von Verwaltungsaufgaben in die Hand privater Unternehmen nicht völlig der Eigeninitiative der privaten Wirtschaft überantwortet werden darf, sondern einer genaueren gesetzlichen Regelung und vor allem Steuerung bedarf.

Hufen: Ich will der Versuchung widerstehen, mich an der hier aufgekommenen Gemeinwohldebatte zu beteiligen. Statt dessen möchte ich mich auf das allgemeine Verwaltungsrecht konzentrieren, das ja auch schon Herr *Badura* als ganz wesentlich für unser Thema angesprochen hat. Genauer: Es geht mir um die bündelnde, ja bändigende Funktion des allgemeinen Verwaltungsrechts im Bezug auf die vielfältigen Erscheinungsformen der Selbstregulierung. Mehrere Vorredner haben schon betont, daß der Kern des allgemeinen Verwaltungsrechts und auch die guten Lehrbücher zum allgemeinen Verwaltungsrecht vor dem Hintergrund unseres heutigen Problems nicht umgeschrieben werden müssen. Das ändert aber nichts daran, daß wir im Vergleich zur Situation zur Zeit der Regensburger Staatsrechtslehrertagung (1971/1972, also vor 25 Jahren) doch eine quantitativ und – wie ich meine – auch qualitativ neue Situation durch die Vielfalt und Disparität der Formen haben, über die wir heute diskutieren. Und insofern kann man den beiden Referenten nur dankbar sein, wie sie diese eminent wichtige Herkulesarbeit geleistet haben, hier über die Beschreibung hinaus zu sortieren und zu systematisieren. Bis zum heutigen Tage hat sich die dogmatische Arbeit zur Selbstregulierung fast ausschließlich in den hochspezialisierten Fächern und den sogenannten „Referenzgebieten" abgespielt. Es ist der ganz große Verdienst der Referenten, daß wir mit ihrer Hilfe heute eine Brücke zurückschlagen können zum allgemeinen Verwaltungsrecht. Wenn man sich in einem solchen Referenzgebiet tummelt, wie ich das vor einigen Jahren im Lebensmittelrecht begonnen habe, ist man zunächst einmal geradezu erschlagen von der Vielfalt scheinbar völlig neuer Handlungsformen, Instrumente und Normen. Gerade im Lebensmittelrecht spielten einige der Instrumente, die wir heute diskutieren, eine große Rolle (Formen der Selbstregulierung, Kooperation im Bereich der Lebensmittelüberwachung, Selbstüberwachung, Lebensmittel-Audit, Zertifizierung, Akkreditierung). Dies alles nicht nur im nationalen, sondern auch im internationalen und europarechtlichen Kontext. Wenn man sich dann eine zeitlang mit diesen Dingen wirklich beschäftigt, merkt man aber bald, daß selbst im Bezug auf diese neuen Erscheinungsformen die Räder des allgemeinen Verwaltungsrechts keineswegs neu erfunden werden müssen, daß nämlich die Rückbesinnung auf das allgemeine Verwaltungsrecht gelingen kann, auch wenn bisher vergleichsweise wenig zur dogmatischen Aufarbeitung in diesem Sinne geschehen ist. Es geht also nicht um eine Ersetzung der Formenlehre, sondern nur um die Rückbindung neuartiger Erscheinungen an eben diese Formenlehre. Dazu nur wenige Beispiele: Der Verwaltungsakt ist auch im Hinblick auf die neuen Instrumente keinesfalls antiquiert. Was ist es denn anderes als ein feststellender Verwaltungsakt, wenn das Ergebnis einer privaten Überprüfung oder ein offizielles Zertifikat an eine staatliche Autorität zurückgebunden wird, die damit auch die Letztverantwortlichkeit übernimmt. Was ist es denn anderes als eine klassische Beleihung, wenn eine private Stelle beauftragt und ermächtigt wird, solche offiziell anerkannte Zertifikate zu vergeben, problematisch wird das erst dann, wenn sich staatliche Untersuchungsstellen selbst in diesem Sinne akkreditieren und dann den privaten Konkurrenz machen – aber das ist eine andere Frage. Wir haben die Rechtsform des öffentlichen Vertrags, die die Vielfalt der Kooperationsformen, an denen Behörden beteiligt sind, aufnehmen kann, wenn wir sie nicht nur als beschränkt einsatzfähige Hülse betrachten. Formen der Selbstregulierung können, soweit sie zur Grundlage staatlicher Normierung werden, eingehen in ein Verfahren der Normsetzung, das – auch abgesehen von den traditionellen Formen, Satzung und Rechtsverordnung – eine Rolle spielen kann. Rein private Normierungen mit

Verbindlichkeit sind natürlich problematisch. Schon deshalb müssen sie überführt werden in staatlich beaufsichtigte, damit auch staatlich legitimierte Normsetzungsverfahren, in dem Private und der Staat zusammenwirken können. Informationen, Auskünfte, Empfehlungen, Richtlinien ohne normativen Charakter usw.: Bei diesen handelt es sich um Formen des tatsächlichen Verwaltungshandelns, also Realakte, die gleichfalls sowohl in der Praxis als auch in der Dogmatik des allgemeinen Verwaltungsrechts immer wichtiger werden, aber auch beileibe nichts Neues sind.

Ein Wort zur gerichtlichen Kontrolle, die Herr *Schmidt-Preuß* gleichfalls angesprochen hat. Auch ich meine, daß die bestehenden Klagearten völlig ausreichen. Wir müssen nur Leistungs- und Feststellungsklage endlich so mobilisieren und dies auch den Gerichten nahebringen, daß die vielfältigen neuartigen Rechtsverhältnisse, die hier zu nennen sind, Gegenstand gerichtlicher Kontrolle werden können.

Fazit: Das traditionelle Instrumentarium des allgemeinen Verwaltungsrechts und des Verwaltungsprozeßrechts ist nicht so unflexibel, wie es scheint. Es ist auch hinreichend modern, um die neuartigen Erscheinungsformen aufzunehmen. Das hat sich nicht zuletzt im Rückblick auf die Regensburger Staatsrechtslehrertagung gezeigt. Ob dann die Grenzen und Grenzverschiebungen, gegen die sich Herr *Di Fabio* hier gestemmt hat, so gewichtig sind, mag dahingestellt sein. Ein letztes Wort zur Europäisierung: Diese Entwicklung wird niemand zurückdrehen können und vieles von dem, was wir heute gehört haben, kommt aus dem europäischen Bereich. Wir hätten gar keine Audit-Diskussion, wenn es nicht den Europäischen Binnenmarkt gäbe. Die Kontrolle derartiger Entscheidungen ist also nicht mehr Kontrolle auswärtiger Gewalt, wie es gestern zu hören war, das Problem ist vielmehr längst ein integraler Bestandteil unserer eigenen Rechtsordnung. Ebensowenig können wir der traditionellen Trennung von Innenbereich und Außenbereich des Staates nachtrauern. Die Dinge sind nun einmal transparent geworden. Wichtiger scheint mir, ungeachtet solcher traditioneller Grenzen von „staatlich/überstaatlich", „Innenbereich/Außenbereich", daß es zu keinem Verlust im Hinblick auf die Geltung der Grundrechte kommt, daß der Vertrauensschutz gewahrt und die Transparenz gesichert ist, daß die Verfahren den Beteiligten offen sind und daß hinreichender Rechtsschutz besteht. Dann wird es auch viel leichter sein, die Selbstregulierung als Freiheitschance und nicht als Freiheitsbedrohung zu empfinden und sie mit den klassischen Mitteln der Dogmatik in das Öffentliche Recht einzubinden.

Breuer: Herr Vorsitzender, meine Damen und Herren, ich kann unmittelbar an den Beitrag von Herrn *Hufen* anknüpfen. Das Thema, das wir heute behandelt haben, verlangt meines Erachtens noch eine Bemerkung zum Ausgangsbefund. In den beiden hervorragenden Referaten war der europäische Bezug hergestellt. Mir scheint aber, daß die Diskussion, die wir bis jetzt geführt haben, an der europäischen Rahmenlage vollkommen vorbeigegangen ist, und deshalb möchte ich dazu doch noch einige Bemerkungen machen. Es ist auffällig, daß die Beispiele, etwa der europäischen Produktharmonisierung, der Umweltverträglichkeitsprüfung, der Umweltinformationsrichtlinie und des Öko-Audits, samt und sonders durch die supranationale europäische Rechtsebene in die deutsche Verwaltungsrechtsordnung eingespeist worden sind, so sehr man darüber streiten kann, ob nun das ordnungsrechtliche Modell der deutschen Verwaltungsrechtsordnung seine Funktionen nicht oder nicht mehr erfülle oder ob auf der anderen Seite innovative neue Instrumente im Sinne der regulativen Selbstbestimmung fruchtbarer seien, ist meines Erachtens der europäische Ansatz erst imstande, die wahre Erklärung für die Debatte zu liefern, die wir heute führen müssen. Dabei braucht man jetzt nicht umständlich das ordnungsrechtliche Modell des deutschen Verwaltungsrechts zu erklären. Der Gesetzesvollzug in der Hand von Verwaltungsbehörden, die zentrale Rolle von Verwaltungsverfahren und die zentrale Rolle des Verwaltungsaktes, die hochgradige materielle Verrechtlichung sowie die nachgeschaltete verwaltungsgerichtliche Kontrolle sind die typischen Merkmale. Angesichts dieses Befundes hat das Europarecht in einer besonderen Situation und in einer besonderen Verlegenheit andere Instrumente erfunden, und dies sind genau die Instrumente der Selbstregulierung, um die es heute geht. Bekanntlich hat die Gemeinschaft keinen eigenen Vollzugsapparat in Gestalt dafür geeigneter Verwaltungsbehörden. Bekanntlich hat die Gemeinschaft seit einigen Jahren versucht, die Öffentlichkeit und die Marktbürger zu mobilisieren, um dieses europäische Vollzugsdefizit zu kompensieren. Bekanntlich sind auch die materiellen Umweltstandards im europäischen Recht während der letzten Jahre eher rückläufig, sehr zum Kummer der Bundesrepublik Deutschland, die auf den Ansatz materieller Umwelt- und Technikstandards, insbesondere in bezug auf die technische Sicherheit und die Emissionsseite, drängt. Verfahrensansätze, neue Instrumente im Sinne der Selbstregulierung, sollen nun an die Stelle dessen treten, was man vom deutschen Verwaltungsrechtsdenken her mit den materiellen Standards versucht hat. Und was die gerichtliche Kontrolle anbelangt, so ist bekannt, daß die Verrechtlichung in Verbindung mit der Gerichtsform eine deutsche Besonderheit ist, die es so weder in anderen Mitgliedstaaten der Gemeinschaft noch auf der europäischen Ebene gibt.

Die beiden Referenten haben nun versucht, mit unterschiedlichen Akzenten, aber im Prinzip auf einer gemeinsamen Linie diese neuen Instrumente der Selbstregulierung, so wie sie von der europäischen Ebene gekommen sind, in das deutsche Recht einzubauen. Herr *Schmidt-Preuß* hat hier eine harmonische Kompatibilität der beiden Ansätze festzustellen versucht, und Herr *Di Fabio* hat hier eher händeringend versucht, die Kernprinzipien des deutschen Staats- und Verwaltungsrechts dagegenzusetzen, damit man nicht das Instrumentarium völlig umbricht. Die Wahrheit kann wohl nur in der Mitte liegen, aber ich gebe doch zu bedenken, daß der Rekurs auf materielle staats- und verwaltungsrechtliche Prinzipien erst einmal gemeineuropäischer Konsens werden müßte, wenn man sich darauf beruft und versucht, die Balance wiederzugewinnen. Das Grundrechtsdenken einschließlich der grundrechtlichen Schutzpflichten ist so nicht in allen Staaten der europäischen Gemeinschaft gleichermaßen verbreitet. Auch auf der europäischen Ebene ist das Grundrechtsdenken noch lange nicht aus seinem Gärungsprozeß herausgelangt. Was den Gesetzesvorbehalt anlangt, so treffen wir ebenfalls sehr unterschiedliche Traditionen an. Deshalb ist mit Sicherheit noch lange nicht ausgestanden, ob es gelingen wird, mit diesen staats- und verwaltungsrechtlichen Grundprinzipien die gewünschte Balance zu erhalten. Lassen Sie mich in vier kurzen Fragen an die Referenten den Versuch unternehmen, das Problem zu konkretisieren:

1. Herr *Schmidt-Preuß*, Sie haben die europäische Produktharmonisierung in Ihren Thesen 23 ff. hervorgehoben. Sie haben allerdings selbst von einem Dammbruch gesprochen, von einem dramatischen Dammbruch. Wenn man bedenkt, daß die neue Konzeption der Europäischen Gemeinschaften die Richtlinien ausgedünnt hat und daß europäische Produktnormen in privaten Gremien gefunden werden und dort nicht die Rückkopplung an den Staat haben, wie wir das in Deutschland beim DIN und ähnlichen Institutionen gewohnt sind, dann kann man doch gewisse Sorgen haben. Und wenn die Erklärung eines Produzenten im Sinne der Konformität seiner Produkte mit den europäischen Anforderungen genügen soll, das Produkt innerhalb der gesamten Gemeinschaft zu verbreiten, dann stellt sich doch die Frage, wo angesichts dieser Öffnung eigentlich die staats- und verwaltungsrechtlichen Grundpostulate bleiben sollen, auf die Sie ja auch Wert gelegt haben. Dazu wäre mir eine Ergänzung wünschenswert.

2. Herr *Di Fabio*, Sie haben in Ihrer These 16 die Energiewirtschaft angesprochen und schon für den deutschen Rechtsbereich darauf hingewiesen, daß mit dem Energieeinsparungsgesetz und den Förderungsmaßnahmen mehr artifizielle Märkte geschaffen würden als eine wahre

Selbstregulierung. Ich möchte noch hinzufügen, daß die supranationalen europäischen Bemühungen, den Energiesektor zu privatisieren und zu deregulieren, wohl höchst problematisch sind, solange das Energierecht und das Umweltrecht in den europäischen Mitgliedsstaaten so unterschiedlich sind. Wenn also die Staaten eine unterschiedliche Energiepolitik betreiben und zum Beispiel die Kernenergie oder die Windenergie so unterschiedlich beurteilt und rechtlich behandelt wird, dann ist für mich schwer vorstellbar, wie eine Deregulierung des Energiesektors eigentlich funktionieren soll. Vielleicht können Sie auch das in Ergänzung Ihrer These 16 noch ein wenig vertiefen.

3. Es ist zum Ökoaudit zwar schon viel gesagt worden. Einiges sollte man trotzdem noch einmal in aller Schärfe hervorheben. Das Ökoaudit ist hoch reguliert und hoch kompliziert und bringt keine Vereinfachung des Verwaltungsrechts, wie man sich das vorgestellt hat. Zusätzlich zum ordnungsrechtlichen Modell hat man also ein hochkompliziertes Instrument in Gestalt dieses Ökoaudits hinzugefügt. Wie weit das alles funktionsfähig ist mittels des Umweltgutachterausschusses und der Akkreditierung von Gutachtern durch eine private Gesellschaft, die die Rechtsfigur eines Beliehenen haben soll, möchte ich hier nicht vertiefen. Erwähnen will ich aber, daß die europarechtliche Einbindung dieses Instrumentes doch wieder gewisse Einfallstore besorgen läßt. Es gibt ja nicht nur das deutsche Umweltaudit-Gesetz, das die europäische Rechtsverordnung umzusetzen hat, sondern es gibt auch ein Recht anderer Mitgliedstaaten. Großbritannien etwa verfolgt eine andere Politik. Das Grundmodell stammt ja aus dem angelsächsischen Bereich. Auf der europäischen Ebene sollten die Zertifizierungs- und Akkreditierungsverfahren eigentlich harmonisiert werden, gelungen ist das nicht. Die Bundesrepublik hat sich bei diesen Bemühungen lange dagegen gesträubt, daß das britische Modell im Sinne des *British Standard* von der Kommission abgesegnet würde. Die Bundesrepublik hat sich nicht damit durchgesetzt; schließlich ist gegen den Willen der Bundesrepublik durch eine supranationale Entscheidung das Modell des *British Standard* eingeführt worden, so daß also auch ganz andere Möglichkeiten, die aus anderen nationalen Rechtsordnungen unter dem EG-rechtlichen Dach kommen, das Ökoaudit verwirklichen können. Wie weit hier die deutschen Versuche der Einbindung in den Staat, in die staats- und verwaltungsrechtlichen Prinzipien auf die Dauer das Maß der Dinge sein werden, erscheint mir doch zweifelhaft.

4. Man wird wohl, da gebe ich Herrn *Hufen* gerne Recht, an den Einflüssen des Europarechts auf die Dauer nicht vorbeigehen können, und man soll natürlich die Instrumente der Selbstregulierung jetzt auch nicht in Bausch und Bogen verwerfen, trotz aller kritischen Bemerkun-

gen, die man dort anbringen kann. Es sollte aber nicht eine reine Kumulation ordnungsrechtlicher und neuer Instrumente am Ende herauskommen. So, wie wir in Deutschland bisher die Dinge angegangen sind, scheint aber bisher noch die Kumulation das vorläufige Resultat zu sein. Das ist unbefriedigend. Eine reine Substitution ordnungsrechtlicher Modelle durch die neuen Regulierungsinstrumente ist wohl auch kaum diskutabel. Da würde eben doch zu viel von den Schutzprinzipien, die unser Staat zu erfüllen hat, verlorengehen. Es kann also nur eine Kombination am Ende der Entwicklung stehen. Wie diese aussehen kann, vermag ich nicht in wenigen Worten zu beschreiben. Aber eines kann man wohl festhalten, und auch dazu wäre die Meinung der Referenten meines Erachtens wichtig. Alleine über Instrumente zu sprechen, hat wenig Sinn, wenn man nicht Klarheit darüber schafft, welche Mindeststandards der Verwaltungsrechtsordnung vom Staat mit staatlichem Recht und staatlichen Vollzugsbehörden gewährleistet sein müssen und welche weitergehenden Wunschpostulate zusätzlich mit neuen Instrumenten verwirklicht werden könnten. Insoweit stehen wir sicherlich am Anfang der Arbeit, aber zusätzlich zur Instrumentendiskussion ist, wie auch in der Debatte schon gesagt worden ist, die Diskussion über die materiellen Maßstäbe geboten. Was muß eigentlich der Staat aus den grundrechtlichen Schutzprinzipien heraus mit dem Gesetz und mit dem behördlichen Gesetzesvollzug gewährleisten, und was ist sozusagen eine Wunschpalette, die man darüber hinaus mit neuen Instrumenten realisieren kann?

Meyer: Ich fühlte mich beleidigt, wenn man mich mit *Ossenbühl* als einen Konservativen bezeichnete, nur weil ich für die Demokratie eintrete. Ich wäre aber ein Konservativer, ja in meinen Augen ein altväterlicher Mensch, wenn ich mit Herrn *Kriele* und mit der These 19 von Herrn *Di Fabio*, die Herrn *Badura* so entzückt hat, die Demokratie identifizierte mit der Herrschaft des Gesetzes, auf das zudem noch ohne jeden Anflug von Zweifel ein so hohes Lied gesungen worden ist wie auf den öffentlichen Dienst. Ich habe mit Freuden gehört, Herr *Di Fabio*, daß Sie in der Zwischenbemerkung das hohe Lied auf das Gesetz schon eine Oktave tiefer angesetzt haben. Würden wir das Thema hier ernsthaft beraten, dann kämen wir wohl zu dem Kontrabaß als dem richtigen Instrument. Auch was den öffentlichen Dienst angeht, so glaube ich, daß *Frido Wagener* heute eine sehr differenzierte Ansicht zu dem öffentlichen Dienst, wie er heute ist, äußern würde, ohne daß ich in das Klischee des faulen Beamten verfallen wollte; dazu habe ich wirklich keinen Anlaß. Vielleicht ist die Demokratie, Herr *Di Fabio*, doch etwas mehr als die Herrschaft des Gesetzes, und vielleicht hat eine richtige Erfassung der Demokratie etwas mit der Erkenntnis zu tun, daß jene Unterscheidung von Staat und Gesellschaft zwar eine leicht handhabbare Grundthese darstellt, aber keineswegs die volle Wahrheit ist. Wenn Sie, Herr *Di Fabio*, in Ihrer klugen Analyse in These 2 sehen, daß der Befund, den Sie erhoben haben, die Verschiedenheit von Staat und Gesellschaft überschreitet, wie Sie formulieren, dann wäre es konsequent, wenn Sie die Neuentwicklung im Bausch und Bogen für unzulässig erklären würden, was Sie aber nicht getan haben.

Kommt man auf die Gründe für das Phänomen, das wir hier behandelt haben und das, wie ich denke, in beiden Referaten hervorragend und sehr präzise dargestellt ist, zurück, so sind es, glaube ich, zwei wesentliche Gründe: Der eine Grund ist die Tatsache, daß viele dieser Erscheinungen im Umweltrecht auftauchen, also einem traditionellen Gefahrenabwehrrecht, wenn Sie so wollen. Die Besonderheit dieses Rechtsgebietes ist, daß die Gefahr nicht dem Einzelnen zuzurechnen ist, sondern daß die Gefahr erst entsteht durch die Summierung gleichen Verhaltens und daß deshalb die normalen Abwehrmechanismen unseres Gefahrenabwehrrechts nicht funktionieren. Der zweite Grund liegt in der Erkenntnis des Staates, daß er sich mit seinen Aufgaben übernommen hat, und in dem Unwillen, die Staatsaufgaben, die zusätzlich auf ihn zukommen, nicht mehr mit seinem Personal, nicht mehr mit seinen Mitteln und nicht mehr mit seinen Finanzen zu realisieren. Würde er es tun, würde er selbst sich schwächen. Denn je stärker der Staat in die gesellschaftliche Sphäre hineinwirkt, umso schwächer wird er automatisch, oder aber er wird hybride und das führt zum selben Ergebnis. Daher ist die Entwicklung, die beide Referate zu Recht bezeichnet und dargestellt haben, meines Erachtens folgerichtig. Unsere Aufgabe ist, und da stimme ich Herrn *Hoffmann-Riem* ebenso wie Herrn *Schmidt-Aßmann* zu, dieser Entwicklung mit neuen Ideen zu begegnen, nicht mit dem alten Verwaltungsrecht und nicht mit den alten Vorstellungen von Grundrechten etc. Das Alte müssen wir zwar beibehalten, aber möglicherweise modifizieren und neue Ideen hinzuzunehmen.

Ich möchte Ihnen das an einem Beispiel zu zeigen versuchen. Herr *Di Fabio* hat in These 14 gesagt, daß der in Anspruch genommene Private ohne jede Einschränkung eine grundrechtliche Abwehrposition hat, und zwar unabhängig davon, inwieweit er für die abzuwehrende Gefährdung verantwortlich ist. Ich halte das für falsch. Ich würde aber noch weitergehen. Falls der Staat Private nicht nur ermächtigt, sondern sogar bestimmt, eine Selbstregulierung zur Erfüllung staatlicher Aufgaben vorzunehmen und ihnen damit strukturelle Gewalt verleiht, die sie gegenüber dritten Privaten ausüben, dann halte ich jene Privaten für grundrechtsverpflichtet. Insofern würde ich weitergehen, als wir bisher gehen. Es geht nicht um den Staat, sondern um den Privaten, dem durch staatlichen Auftrag oder Anregung strukturelle Gewalt im Verhältnis zu anderen Privaten gegeben wird. Wenn Sie das ebenso wie ich sehen, dann wäre das ein weiteres Beispiel dafür, daß die kategoriale Unterscheidung zwischen Staat und Gesellschaft auch in diesem Punkte nicht funktioniert oder jedenfalls keine dirigierende Wirkung haben kann.

Bogs: Sehr geehrter Herr Vorsitzender, meine Damen und Herren, ich habe nur ein Detail, keine generelle Erkenntnismethode noch zu so später Stunde anzubringen. Ein Detail zum Bauordnungsrecht, das in den Leitsätzen 16 und 17 von Herrn *Schmidt-Preuß* ja sehr konkret angesprochen wurde, ist nachzutragen. Ich bin etwas mitgetragen von der Stimmung von Herrn Kollegen *Brohm*. Ich bin auch etwas skeptisch, daß die verbleibende Gewährleistungsverantwortung überall so gut wie wünschenswert durchsetzbar ist, gerade im Bereich heute kritischen Baurechts, geotechnische Bausicherheit als Stichwort nur schon im Vorhinein.

Meine Frage vor allem an Sie, Herr *Schmidt-Preuß*, ist folgende: Würden Sie mitmachen, wenn ich mir den Wunsch erlauben darf, daß Sie die Ergänzung, die soeben grundsätzlich von Herrn *Korinek* angeregt wurde, vielleicht auch in folgende Richtung machen: Könnte man sagen, die Durchsetzung dieser Gewährleistungsverantwortung im Baurecht kann nicht ohne Rücksicht auf das private Baurecht, Baudeliktsrecht, Bauvertragsrecht geschehen? Das Primat des Bauherrnrisikos ist eine heilige Kuh des ganzen Baurechts, das Polizeirecht grenzt dieses Risiko ja irgendwie bisher ein, das traditionelle Baurecht. Wenn wir jetzt sozusagen Baugenehmigungsverfahren und überhaupt Prüfung der Einhaltung öffentlichen Baurechts liberalisieren, deregulieren, privatisieren, stellt sich die Frage: Wollen wir dann hoffentlich nicht zugleich die Standards beliebig herunterfahren, das wäre dann doch wohl fatal? Gewisse Spielräume gibt es hier sicherlich, aber es bleibt doch der Wunsch, daß man in einer Gesamtschau von öffentlichem Recht und Privatrecht des Bauherrnrisikos zu einer Mindestkontinuität des Rechts sichernden, breiten Realisierung der Gewährleistungsverantwortung kommt, die Ihnen, glaube ich, sehr am Herzen liegt. Ganz überzeugend wegen der verfassungsrechtlichen Hintergründe: Schutzpflicht aus Grundrechten oder auch Demokratie, rechtsstaatliche Erhaltung eines substantiellen Eigenkompetenz-Feldes von öffentlicher Verwaltung. Das war der erste Punkt. – Und dann möchte ich mir zur Ergänzung noch etwas Weiteres wünschen: Sollte man nicht gerade bei diesen sehr schwierigen Fragen der Bausicherheit im geotechnischen Bereich, wo ich mir mit Ingenieurwissenschaftlern vor einigen Jahren etwas Anschauung verschaffen konnte, folgendes machen: Sollte man nicht den Staat verpflichten, eine Anregung nur zum Nachdenken für uns vielleicht, das Recht des einzelnen Bauherrn – es kann auch eine AG sein –, gut teilzuhaben an gesellschaftlichen, halbstaatlichen, staatlichen Informationssystemen, zu verbessern? An Informationssystemen zur Gefahrenvorsorge sollte ich konkret sagen, zur Bausicherheitsgefahrenvorsorge. Wir haben hier teilweise, das wissen Sie als unser Referent viel besser als ich, sehr große Wissenslücken, wo elementare (Groß-) Schadenspotentiale nicht einfach zu lokalisieren sind, zu punktieren sind; teils sind es Altlastverdachtsflächen, teils sind es geotechnische Naturrisiken. Hierüber wünschte ich mir als grundrechtliche Realisierung, vielleicht etwas mit Übertreibung wieder verfassungsrechtlich argumentiert und sicherlich nicht voll justitiabel, daß man die Informationssystemteilhaber-Ansprüche der einzelnen Bauherren auch wieder mit der Tendenz, auf alle Fälle einen Bruch in der Schutzintensität des öffentlichen Baurechts zu vermeiden, intensiviert. Das ist der zweite Punkt der Ergänzung auf Ihre sehr spannenden und großartigen Ausführungen. – Ich würde gern noch – aber die Zeit ist schon zu weit fortgeschritten – vom Sozialrecht her zur Gewährleistungsverantwortung einiges sagen. Pflegeversicherung, hochinteressante Konfiguration. Aber ich möchte abbrechen.

Blümel: Ich habe zwei kurze Bemerkungen zu machen. Bei der ersten knüpfe ich an etwas an, was schon Herr *Ossenbühl* in seinem Eingangsstatement erwähnt hat. Das ist die Frage der ausreichenden Rechtstatsachenforschung auf diesem Gebiet. Ich knüpfe ferner an zwei Bereiche im Vortrag von Herrn *Schmidt-Preuß* an, das sind die Thesen 8 und 9. Es ist zu unterstreichen, daß an dem Mandat zu autonomer administrativer Letztentscheidung festzuhalten sei. Nur scheint mir das ein bißchen blauäugig, wenn man die Praxis betrachtet. Wir haben in Speyer untersucht, wie in der Wirklichkeit die Verfahren eigentlich ablaufen. Ich will nicht auf den Vorhaben- und Erschließungsplan eingehen, der ist schon genannt worden, sondern auf den Bereich, der auch hier in Ostdeutschland interessiert, nämlich die Verwirklichung der Verkehrsprojekte Deutsche Einheit. Wenn man sich einmal anschaut, wie die Verfahren hier gelaufen sind, dann habe ich doch hin und wieder Zweifel, ob man da in Einzelfällen noch von einer administrativen Letztentscheidung sprechen konnte. Sie haben so schön gesagt, die Behörde wägt nochmal ab. Wenn ich aber die Entwicklung betrachte, dann war es am Anfang doch so, daß Planungsgesellschaften geschaffen wurden, weil es gar keine kompetenten Behörden gab. Diese Planungsgesellschaften haben den Planfeststellungsbeschluß fertig vorgelegt, der dann von irgendeiner Behörde nur noch unterschrieben wurde. Heute ist das alles ein bißchen besser, aber es ist in der Praxis immer noch so, daß die Planungsgesellschaften die ausschlaggebende Rolle spielen. Welche Bedeutung das hat, jetzt auch für den Rechtsschutz des Bürgers, ist klar. Und ich würde Ihnen empfehlen, bei der Planung der Magnetschwebebahn von Hamburg nach Berlin einmal nachzuprüfen, wer dort eigentlich plant. Da sitzen nämlich in der Planungsgesellschaft genau die Konzerne drin, die an dem Vorhaben besonders interessiert sind. Und dann frage ich Sie, was die Behörden in diesem Spiel dann eigentlich noch machen. Ich finde schon, man sollte die einschlägigen Unterlagen einmal sammeln und auch darüber berichten. Ich bin dabei und komme zu dem Ergebnis, daß es etwas blauäugig ist zu sagen, daß dann, wenn die Behörde tätig wird, noch eine Abwägung stattfindet. Da ist der Zug längst abgefahren.

Meine zweite Bemerkung bezieht sich auf Ihre Thesen 26 ff. Zu den Selbstverpflichtungserklärungen ist in der Diskussion eigentlich sehr wenig gesagt worden. Wir alle kennen die typischen Fälle, einige sind hier auch genannt worden. Aber es gibt Bereiche, wo ich doch erhebliche Zweifel habe, ob eine Selbstverpflichtung überhaupt ausreichend ist. Ich hatte vor vier Wochen die Gelegenheit, bei der Tagung der Deutschen Landesgruppe der Internationalen Atomrechtsvereinigung (AIDN/INLA) in Meißen über die atomrechtliche Aufsicht zu sprechen. Die atomrechtliche Aufsicht ist in § 19 AtG geregelt, sie wird auch ausgeübt. Daneben gibt es als Ergänzung dieser atomrechtlichen Aufsicht in der Praxis die sog. Periodische Sicherheitsüberprüfung für Kernkraftwerke, PSÜ genannt. Sie ist seit 1985 eingeführt, entweder auf freiwilliger Basis oder aufgrund von Auflagen nach § 17 AtG. Im Falle der Kernkraftwerke Gundremmingen B und C jedoch hat der Betreiber im August 1995 einen öffentlich-rechtlichen „PSÜ-Vertrag" mit dem Freistaat Bayern abgeschlossen, in dem die Modalitäten der Periodischen Sicherheitsüberprüfung im Abstand von 10 Jahren festgelegt sind. Zweck dieser Periodischen Sicherheitsüberprüfung als Ergänzung der atomrechtlichen Aufsicht ist es, Schwachstellen beim Kernkraftwerk herauszufinden. Sie können sich denken, daß die Betreiber Angst davor haben, daß dieses Instrument auch für den ausstiegsorientierten Gesetzesvollzug verwendet wird.

Die Frage ist natürlich, bedarf diese Periodische Sicherheitsüberprüfung eigentlich nicht einer gesetzlichen Grundlage? Herr *Papier* hat 1991, als es um die Reformüberlegungen zum Atomrecht ging, gesagt, nach der Wesentlichkeitsrechtsprechung des Bundesverfassungsgerichts sei ganz klar, daß diese Periodische Sicherheitsüberprüfung nur durch Gesetz eingeführt werden könne. Im Entwurf zur Änderung des Atomgesetzes von 1992/94 war in § 19a eine Regelung vorgesehen; die Modalitäten im einzelnen sollten einer Rechtsverordnung vorbehalten bleiben. Der Entwurf ist damals gescheitert, wie verfährt man jetzt? Unsere Bundesumweltministerin hat im Mai 1996 auf der Jahrestagung Kerntechnik mit einem solchen Gesetz gedroht, das Sie Androhungsgesetz nennen. Sie hat gesagt, wir regeln die Periodische Sicherheitsüberprüfung durch Gesetz, wenn Ihr Euch nicht selbst verpflichtet, diese durchzuführen. Und zwar nach einem bundeseinheitlichen Leitfaden: ein neuer Begriff, diese Leitfäden, bei denen kein Mensch weiß, was sie ihrer Rechtsnatur nach eigentlich sind, und welche Verbindlichkeit sie besitzen; sie werden auch von den Betreibern noch mit ausgearbeitet! Ich habe erhebliche Zweifel, ob man im Wege der Selbstverpflichtung eine so wichtige Angelegenheit auf diese Weise traktieren kann. Mir ist in der Diskussion in Meißen entgegengehalten worden, daß diese Selbstverpflichtung inzwischen bereits erfolgt sei, was jedoch nach Auskunft des Bundesumweltministeriums mitnichten der Fall ist. In der Sache habe ich mich der Meinung von Herrn *Papier* angeschlossen, daß nach der Rechtsprechung des Bundesverfassungsgerichts eine gesetzliche Regelung erforderlich ist. Denn es geht ja nicht nur um die Betreiber, sondern es geht auch um den Schutz der Bürger vor den Gefahren, die von der Kernenergie ausgehen. Es kommt noch hinzu, daß wir seit 1994 eine Nukleare Sicherheitskonvention haben. Das Ratifizierungsgesetz liegt dem Deutschen Bundestag vor. Zwar steht in der Begründung des Gesetzentwurfs, das deutsche Recht brauche nicht geändert zu werden, es entspreche in jeder Hinsicht dieser Nuklearen Sicherheitskonvention. In bin jedoch der Meinung, daß das nicht der Fall ist, daß es in Ansehung der Periodischen Sicherheitsüberprüfung vielmehr einer Umsetzung durch Gesetz bedarf, und zwar aus zweierlei Gründen. Einmal wegen der tangierten Grundrechte, aber auch wegen der internationalen Verpflichtung kommt eine Selbstverpflichtung nicht in Betracht.

Zacher: Meine Wortmeldung liegt sehr auf der Linie von Herrn *Breuer*. Ich hatte den Eindruck, daß die Thesis des heutigen Tages, die von Herrn *Schmidt-Preuß* kam, sehr stark von den europarechtlichen Impulsen geprägt war, daß dagegen die Antithesis von Herrn *Di Fabio* sehr deutlich unsere deutschen Wertvorstellungen und deren rechtstechnische Ausprägung geltend gemacht hat. Ich möchte betonen, daß ich mich sehr mit ihm identifizieren kann, daß aber die europäische Demension in dieser Antithesis noch nicht hinreichend deutlich geworden ist. Deren Verarbeitung ist, glaube ich, die Aufgabe, die nach dieser Tagung noch vor uns liegt.

Ich wollte zu der Thesis noch einmal sagen, die europäischen Impulse – das hat Herr *Breuer* schon gesagt – kommen ja von einer Gesetzgebung, die es nötig hat, Lösungen zu finden, die an allen Unterschieden der Verwaltungsziele und der Verwaltungsrechte vorbeigehen. Sie kommen aber auch von einem Gesetzgeber, der nicht verwaltungsgeprägt ist. Unsere nationale Gesetzgebung ist ja verwaltungsgeprägt durch die Ministerialbürokratien, die sie vorbereitet, auf beiden Ebenen: der Bundesregierung wie des Bundesrates. Die Kommission dagegen ist keine verwaltungsgeprägte Bürokratie. Sie entsteht isoliert von Verwaltungsaufgaben. Das sind wichtige Gründe dafür, daß die Verwaltungsferne des europäischen Rechts eine sehr große ist, daß auch das Verwaltungsmißtrauen ein sehr großes ist.

Nun komme ich noch einmal zurück zur Antithesis. Herr *Hufen* war es, der gesagt hat, der europäische Zug ist einfach abgefahren. Das ist eine Bemerkung, die uns nichts nützt; die natürlich wahr ist, aber auch Wahrheiten können unnütz sein. Wir müssen das bewältigen; und gerade weil ich im wesentlichen alles, was von Herrn *Di Fabio* gesagt worden ist, für gut halte, bin ich der Meinung: Wir müssen die Wege finden, wie wir unsere Wertvorstellungen in die europäische Gesetzgebung hineinbringen; und wir müssen andererseits auch unsere Techniken erweitern, daß wir die Wertverluste, die uns über Eurpoa drohen, abfedern, daß wir kompensatorische Mechanismen in unserer Rechtsordnung entwickeln, um unseren Wertvorstellungen so weit als möglich Rechnung zu tragen. Und wir brauchen hier entschieden mehr ein Denken im Sinne der Rechtsvergleichung. Herr *Schwarze* hat hier ja wesentliche Wege bereits beschritten. Aber ich glaube, es muß für uns in der Zukunft sehr viel alltäglicher werden, daß wir uns mit einer europäischen Rechtsvergleichung befassen: Wenn wir unsere Wertvorstellungen nach Europa tragen wollen, wenn wir kreative Lösungen dergestalt finden wollen, daß wir sehen, wo können wir denn gemeinsame Lösungen finden, in denen unsere Wertvorstellungen und die der anderen Platz haben und wie können wir notfalls kompensatorische Wege beschreiten für unseren eigenen Bereich. Das wollte ich zum Schluß noch deponieren. Keine Kritik an Ihrem Referat, Herr *Di Fabio*, man kann nicht alles in einem, aber ich glaube, es ist doch wichtig, daß wir uns das alle zusammen vornehmen, die Rechtsvergleichung wird das Überleben unserer Rechtswerte wesentlich zu tragen haben. Das war meine Bemerkung.

Und wenn ich schon das „Wort zum Sonntag" habe, um das mich der Vorsitzende als letzten Diskussionsredner der diesjährigen Tagung gebeten hat, dann wollte ich doch auch den Faden, den am Anfang viele aufgenommen haben, auch zum Schluß noch einmal aufnehmen: Ich glaube, dieses war für diese Vereinigung ein ungewöhnlich guter Tag. Ich persönlich, der ich, wie jeder weiß, an dieser Vereinigung hänge und auch an der Verantwortung, die diese Vereinigung gegenüber unserem Gemeinwesen und unserer Gesellschaft hat, ich bin einfach erfreut darüber, daß es einen solche Tag gegeben hat. Ich gratuliere dem Vorstand, ich gratuliere den Referenten und ich gratuliere auch der Vereinigung zu diesem Tag.

Di Fabio (Schlußwort): Nach den Worten von Herrn *Zacher* wage ich kaum wieder in die Niederungen des Themas hinabzusteigen und eigentlich habe ich mein Schlußwort ja durch Vorwegnahme auch schon verwirkt. Gestatten Sie mir dennoch, einige ganz wenige Bemerkungen:

Mir wurden Testfragen gestellt von Herrn *Püttner* und Herrn *Burmeister.* Die Frage von Herrn *Burmeister* ist so schwierig, daß ich es einfach aufs Zeitbudget schieben möchte, sie nicht zu beantworten. Herr *Püttner* hat die Frage gestellt, wie denn ein Verwaltungsrechtsbuch heute konzipiert werden müsse. An dem angesprochenen Lehrbuch von Herrn *Maurer* würde ich mich nicht vergehen, weil es so gut und so eindrucksvoll ist. Aber würde man ein Lehrbuch ganz neu und jungfräulich konzipieren, dann könnte ich mir vorstellen, daß der Grundlagenteil mehr zum Modell der gesetzesgebundenen Verwaltung sagt und dabei das einfängt, was wir hier heute behandelt haben. Man könnte sicherlich daran denken, daß Kapitel über Realakte auszudehnen und mehr praktische Beispiele zu erwähnen. Die Beleihung wäre m. E. neu zu konzipieren mit einem etwas anderen Akzent. Bei der Verwaltungshilfe würde ich weniger von den Schülerlotsen reden, ich weiß gar nicht, ob es die überhaupt noch gibt, sondern mehr über diejenige Verwaltungshilfe, die uns hier beschäftigt hat. Das Thema Verwaltungsgebühren verdiente es, wieder stärker ins Allgemeine Verwaltungsrecht hineingenommen zu werden. Dies ist deshalb wichtig, weil der Staat sich ja nicht nur durch Selbstregulierung entlastet, sondern auch mit dem Gebührenrecht immer weiter ausgreift. Man könnte zudem das Verwaltungsverfahren stärker im Hinblick auf seine Pluralisierung problematisieren. Das sind einige wenige Stichworte, die mir zu dieser Frage einfallen, Sie werden sicherlich auch nicht verlangen, daß ich jetzt das Inhaltsverzeichnis eines Lehrbuchs vorlege.

Herr *Breuer* und Herr *Zacher* haben, glaube ich, völlig zu Recht darauf hingewiesen, daß wir es auch beim Thema Selbstregulierung mit einem Europäisierungseffekt zu tun haben, der angemessen verarbeitet werden muß. Ich bin allerdings nicht der Auffassung, daß es sich um ein rein europäisches Phänomen handelt. Der innerstaatliche Gesetzgeber scheint durch das, was aus Brüssel kommt, eher inspiriert als gezwungen zu werden. Herr *Blümel* hat auf den Verkehrswegebau in den neuen Bundesländern hingewiesen und dies ist ein Sachbereich, der wenig europäischen Einflüssen ausgesetzt ist. Daß der Staat stärker auf instrumentelle Selbstregulierung setzt, scheint doch eher am Entlastungswillen zu liegen. Dennoch glaube ich, daß wir in Zukunft dem Thema Selbstregulation schon deshalb nicht entgehen werden, weil es einen europäischen Integrationsdruck gibt, dessen eben noch einmal in der Diskussion dargestellten Sachzwänge selbstregulative Handlungsweisen begünstigen. Schon wegen der schwachen administrativen Verfaßtheit der Europäischen Kommission wird dieser Prozeß sich fortsetzen oder sogar intensivieren.

Herrn *Zacher* würde ich insofern beitreten wollen, als wir von Deutschland aus auf die europäische Entwicklung in zweifacher Hinsicht Einfluß ausüben sollten. Einmal können wir auf die Entstehung des Richtlinienrechts selbstverständlich wie jeder andere Mitgliedstaat Einfluß nehmen. Die Richtlinien halten sich sehr häufig dort bedeckt, wo es um ihren innerstaatlichen Vollzug geht, die sektoralen Richtlinien der Neuen Harmonisierungskonzeption bilden mit ihrer eigenständigen Konkretisierungs- und Selbstüberwachungsidee eine Ausnahme. Aber bei vielen anderen Richtlinien ist es im Grunde gleich, ob die Mitgliedstaaten die Ziele der Richtlinie mit hoheitlichen Mitteln verwaltungsmäßig verwirklichen oder ob sie den Richtlinienauftrag mit dem Mittel gesellschaftlicher Selbstregulierung vollführen. Wenn ich das richtig sehe, wird die Unterscheidung von öffentlichem Recht und Privatrecht in EG-Richtlinien selten getroffen, so daß die Mitgliedstaaten es in der Hand haben, in welcher Rechtsform sie Richtlinien umsetzen. Der zweite Einflußpunkt betrifft den innerstaatlichen Rezeptionsvorgang europäischen Sekundärrechts. Das, was europäisch gewollt ist, muß in dem Bewußtsein rechtsstaatlicher Verfaßtheit in Deutschland übernommen werden und nicht in einer Art Nachgalopp: Die Richtlinie kommt und die deutsche Verwaltungs- und Ministerialbürokratie versucht, diese zu verstehen, was nicht immer einfach ist, und dann irgendwie umzusetzen – tunlichst ohne daß die Kommission hernach ein Vertragsverletzungsverfahren einleitet. Das scheint mir zur Zeit mehr Wirklichkeit zu sein als das, was Herr *Zacher* für die Zukunft angeregt hat. Ich würde mir wünschen, daß sich in Deutschland ein Verständnis und ein Bewußtsein für die alltägliche Integrationsarbeit ausbreitet. Wir müßten dann konsequent unsere besten Beamten nach Brüssel schicken und die daheimgebliebenen auf das europäische Recht hin besser ausbilden. Und wir müßten systematische Vorstellungen davon haben, wie man europäisches Recht selbstbewußt vom Maßstab des Grundgesetzes geleitet umsetzt. Es bestehen dieserhalb manchmal mehr Spielräume, als man denkt.

Vielleicht noch ein letztes Wort zu Herrn *Meyer*: Sie haben einen – wie ich finde – überaus interessanten Gedanken mit der Frage in die Diskussion gebracht, ob nicht in den Fällen, in denen gesellschaftliche Organisationen vom Staat faktisch mächtig gemacht werden – sei es durch staatliche Rahmengesetzgebung, sei es durch administratives Handeln –, eine Grundrechtsbindung der Organisation oder des Selbstregulativs selbst angenommen werden müsse. Dies kann in der Tat überlegt werden, allerdings halte ich es letztlich wegen des Trennungsgebots von Staat und Gesellschaft für nicht möglich, ohne die Idee des sektoralen Staates zu beschädigen. In diesem Punkt unterscheiden wir uns, ich würde in derlei Fällen nur eine notfalls klagbare Einwirkungspflicht des staatlichen Garanten annehmen, der ja ausgestaltet und kontrolliert. Die dahinter stehenden schwierigen Fragen müßten sicherlich weiter diskutiert werden.

Schmidt-Preuß (Schlußwort): Herr *Burmeister*, private Interessen und öffentliche Interessen sind nicht identisch – gar keine Frage. Andererseits müssen Sie, so meine ich, aber auch das Potential dessen berücksichtigen, was ich reflexive Steuerung genannt habe – also die Implantierung von Systemen, die dann im Unternehmen zu Ablauforganisation, Controlling und Informationssträngen führen. Hieraus kann sich dann auch eine Änderung der Unternehmenspolitik ergeben. Ich glaube, da wird ein Katalysatoreffekt ausgelöst, der zwar nicht zur Deckung bringt, aber doch etwas aneinander heranführt, was Sie jetzt mit den privaten und öffentlichen Interessen angesprochen haben. Herr *Mußgnug*, kein Zweifel, natürlich ist auch die Abwendungsbefugnis im gestreckten Verwaltungsvollstreckungsverfahren ein wichtiges Element. Was ich aber in Leitsatz 26 anspreche, geht weit darüber hinaus. Es ist ein allgemeines Postulat, das rechtliche Wirkung hat – zum Beispiel für die Ausübung von Widerrufsbefugnissen oder die Ausgestaltung von Nebenbestimmungen. Dieses allgemeine Prinzip bietet beträchtlichen Spielraum für selbstregulative Elemente und gewinnt damit eine beachtliche Dimension.

Dann nehme ich die Bemerkungen von Herrn *Püttner*, Herrn *Mußgnug* und Herrn *Hufen* gerne zum Anlaß, noch einmal etwas zu dem zu sagen, was ich Kontrolle der Kontrolle genannt habe. Dies hat einen allgemein-verwaltungsrechtlichen Hintergrund – Herr *Badura*, Sie haben sehr stark auf das allgemeine Verwaltungsrecht abgestellt. Für alle Erscheinungsformen kontextsteuernder Systeme – nehmen wir die

Produktzulassung oder die Entsorgungsfachbetriebe oder etwa auch das bauordnungsrechtliche Genehmigungsfreistellungsverfahren – ist folgendes zu beobachten: Nicht mehr der Staat läßt das Vorhaben eines Unternehmens, eines Betreibers zu, sondern er akkreditiert eine zulassende Stelle, gibt dieser qualitative Vorgaben und überwacht dann nur noch die Tätigkeit dieser Stelle, die ihrerseits die Unternehmen zertifiziert. Das ist mindestens ein dreistufiger Vorgang, den wir bereits in weiten Bereichen vor uns haben, und den wollte ich mit dem Stichwort der Kontrolle der Kontrolle bezeichnen.

Herr *Hufen*, ich bin Ihnen dankbar für den Hinweis auf das Lebensmittelrecht. In der Tat steht die nächste Etappe der Selbstregulierung an, weil in der Verordnung zum Lebensmittelgesetz neue Formen der Zertifizierung geplant sind. Herr *Breuer*: Ja, es stimmt, ich habe im Hinblick auf die private Normgebung nach der „Neuen Konzeption" ganz bewußt vom dramatischen Dammbruch gesprochen. Ich sehe es also in der Analyse genau wie Sie. Ich meine aber, daß wir letztlich drei hinreichende Sicherheitsbarrieren haben. Mit der verbleibenden, von den Richtlinien bewußt aufrecht erhaltenen Zugriffsoption bleibt die repressive Kontrolle durch die Gewerbeaufsichtsämter, also eine erste Sicherung. Dann haben wir das Schutzklauselverfahren. So problematisch es vielleicht noch ist, es bietet doch – glaube ich – Entwicklungsspielraum; das Verfahren ist noch nicht genug erprobt. Zum dritten greife ich auf, was Herr *Korinek* sagte: In den Anforderungen an die Normungsgremien im Hinblick auf Repräsentanz und Publizität steckt noch ein Steuerungspotential, das man nicht gering veranschlagen sollte. Wenn im übrigen nicht alles täuscht, werden wir bald EG-Richtlinien haben, die ganz ausdrücklich eine Umsetzung auch im Wege von Selbstbeschränkungsabkommen vorsehen.

Herr *Breuer*, Sie hatten auch noch die Frage des materiellen Maßstabs angesprochen. Das Interessante ist ja, daß das materielle Recht gleich bleibt, also der Maßstab der Gefahrenabwehr oder etwa des Standes der Technik im Gerätesicherheitsgesetz. Nur der modale Steuerungseffekt – ich komme erneut darauf zurück – ändert sich, und zwar in der Tat dramatisch: Ich nenne nur das Stichwort „Kontrolle der Kontrolle". Herr *Bogs*, das materielle Baurecht verändert sich nicht, und was das Zivilrecht angeht, kann jetzt natürlich auf der Grundlage von § 823 Abs. 2 BGB in Verbindung mit dem gleich gebliebenen bauplanungs- oder bauordnungsrechtlichen Schutzgesetz auch vor den Zivilgerichten gleichwertiger Rechtsschutz begehrt werden. Herr *Blümel*: Letztentscheidungskompetenz – sicherlich, die Verwaltung entscheidet im Lichte dessen, was das Verfahren ergeben hat, gar keine Frage. Nur, wenn Sie so rigoros werten, wie es bei Ihnen eben anklang, muß ich natürlich sagen, daß dann auch alles, was sich von Floatglas bis zum Standortauswahlverfahren bei der abfallrechtlichen Planfeststellung entwickelt hat, mit einem dicken Fragezeichen zu versehen wäre. Was schließlich die Problematik von Selbstverpflichtungen bei § 19 AtG im Rahmen der atomrechtlichen Aufsicht angeht, so stimme ich Ihnen zu. Ohne weiteres ließe sich in dieser Hinsicht eine gesetzliche Regelung – für die Herr *Papier* seinerzeit plädiert hat – vorstellen. Zwingend geboten erscheint sie mir allerdings nicht. Die bisherige selbstregulative Praxis ist jedenfalls nicht zu beanstanden.

Zum Schluß möchte ich mich bei Ihnen allen sehr herzlich bedanken für die anregenden Beiträge, die mich auch weiterhin beschäftigen werden. Dem Vorstand danke ich für die Gelegenheit, hier heute sprechen zu dürfen.

Hoppe (Schlußwort): Bevor, wie ich annehme, der Herr Vorsitzende noch das Wort ergreift, möchte ich mich bei beiden Berichterstattern für die „Herkulesarbeit" der beiden Referate bedanken, um einen Ausdruck von Herrn *Hufen* aufzugreifen, und für die interessante und fruchtbringende Diskussion. Das Wesentliche hat Herr *Zacher* gesagt bei seinem ‚Wort zum Sonntag', wenn ich das noch einmal aufgreifen darf. Ich schließe hiermit die Diskussion und damit auch die Beratung über den zweiten Gegenstand unserer diesjährigen Tagung.

Rudolf (Schlußwort): Meine Damen und Herren, ich möchte mich bei Herrn *Hoppe* und auch bei Herrn *Klein* herzlich für die Diskussionsleitung heute und gestern bedanken. Es war eine milde, aber glanzvolle Diskussionsleitung. Ich darf mich auch noch einmal bei den Referenten heute und bei den Referenten gestern und bei Ihnen allen bedanken, daß unsere Themen von Ihnen so gut angenommen worden sind, und ich hoffe, daß wir als Staatsrechtslehrer-Vereinigung einen kleinen Beitrag zur weiteren Entwicklung in diesen Bereichen geleistet haben.

Und schließlich hoffe ich, Sie alle in Osnabrück am 01. Oktober nächsten Jahres wiederzusehen, und zwar nicht nur die hier Anwesenden, sondern alle Mitglieder unserer Vereinigung. Der wissenschaftliche Teil der Dresdener Tagung ist beendet.

Verzeichnis der Redner

Verzeichnis der Mitglieder der Vereinigung der Deutschen Staatsrechtslehrer

Stand: 1. Februar 1997

Vorstand

1. *Rudolf*, Dr. Walter, o. Professor,
Rubensallee 55a, 55127 Mainz, (0 61 31) 7 19 42,
Fax (0 61 31) 7 81 88;
FB Rechts- und Wirtschaftswissenschaften, Universität Mainz,
55099 Mainz, (0 61 31) 39 24 12, Fax (0 61 31) 39 54 39

2. *Hoppe*, Dr. Werner, o. Professor, Rechtsanwalt,
Erphostr. 36, 48145 Münster, (02 51) 39 18 99,
Fax (02 51) 39 24 71;
c/o Rechtsanwälte Gleiss Lutz Hootz Hirsch & Partner, Stuttgart,
(07 11) 8 99 73 29, Fax (07 11) 85 50 96

3. *Klein*, Dr. Eckart, Universitätsprofessor,
Heideweg 45, 14482 Potsdam;
Universität Potsdam, Juristische Fakultät, Lehrstuhl für Staatsrecht,
Völkerrecht und Europarecht, Postfach 90 03 27, 14439 Potsdam,
(03 31) 9 77 35-16, od. -11, Fax (03 31) 48 21 71

Mitglieder

1. *Abelein*, Dr. Manfred, o. Professor
c/o European Bank for Reconstruction and Development
122, Leadhall St., London, EC3 V 4 / QL, England

2. *Adamovich*, Dr. Ludwig, Professor
Roosevelt-Platz 4, A-1090 Wien, (00 43-1) 4 08 55 70;
Präsident des österreichischen Verfassungsgerichtshofs
Judenplatz 11, A-1010 Wien, (00 43-1) 5 31 22-4 15

3. *Alexy*, Dr. Robert, o. Professor,
Klausbrooker Weg 122, 24106 Kiel, (04 31) 54 97 42;
Universität Kiel, 24098 Kiel, (04 31) 8 80 35 43

4. *Antoniolli*, Dr. Dr.h.c. Walter, Universitätsprofessor,
Hasnerstr. 3/I, A-3100 St. Pölten, (00 43 27 42) 7 59 17;
Universität Wien

5. *Arndt*, Dr. Hans-Wolfgang, o. Professor,
Waldstr. 34, 67434 Neustadt/Weinstr. (0 63 21) 3 33 85;
Universität Mannheim, 68131 Mannheim, (06 21) 2 92-51 95

6. *v. Arnim*, Dr. Hans Herbert, o. Professor,
Im Oberkämmerer 26, 67346 Speyer, (0 62 32) 9 81 23;
Hochschule f. Verwaltungswiss.,
67324 Speyer, (0 62 32) 6 54 3 43

7. *Arnold*, Dr. Rainer, o. Professor,
Plattenweg 7, 93055 Regensburg, (09 41) 7 44 65;
Universität Regensburg, 93053 Regensburg,
(09 41) 9 43-26 54/5

8. *Autexier*, Dr. Christian, Professor,
Egon-Reinert-Str. 19, 66111 Saarbrücken, (06 81) 37 14 87;
Universität Saarbrücken, Postfach 15 11 50,
66041 Saarbrücken, (06 81) 3 02-21 85

9. *Baade*, Dr. Hans W., Professor,
6002 Mountain Climb Drive, Austin/Texas, USA, 78 731,
(0 01-5 12) 4 52 50 71; dienstl., (0 01-5 12) 4 71 51 51

10. *Bachof*, Dr.Dres.h.c. Otto, o. Professor,
Auf dem Kreuz 3, 72076 Tübingen, (0 70 71) 6 11 44;
Universität Tübingen, Wilhelmstr. 7, 72074 Tübingen,
(0 70 71) 29 25 49

11. *Badura*, Dr. Peter, o. Professor,
Am Rothenberg Süd 4, 82431 Kochel am See,
(0 88 51) 52 89;
Universität München, Prof. Huber-Platz 2, 80539 München,
(0 89) 21 80-35 76

12. *Barfuß*, Dr. iur. Dr. rer. pol. Walter, a.o. Universitätsprofessor,
Tuchlauben 13, A-1014 Wien, (00 43-1) 5 34 37-1 22,
Fax (00 43-1) 5 33-25 21

13. *Bartlsperger*, Dr. Richard, o. Professor,
Schleifweg 55, 91080 Uttenreuth, (0 91 31) 5 99 16;
Universität Erlangen, (0 91 31) 85 28 18

14. *Battis*, Dr. Ulrich, Professor
Beiersdorfer Weg 42, 12589 Berlin-Rahnsdorf,
(0 30) 6 48 19 47;
Humboldt-Universität Berlin, (0 30) 20 93-35 33,
Fax (0 30) 20 93-36 89

15. *Bauer*, Dr. Hartmut, Professor,
Am Hegereiter 13, 01462 Cossebaude, (03 51) 4 52 16 03;
TU Dresden, Juristische Fakultät, 01062 Dresden,
(0 35 1) 4 63 73 13 od. 4 63 73 14, Fax (0 35 1) 4 63 72 07

16. *Bayer*, Dr. Hermann-Wilfried, Professor,
Henkenbergstr. 45a, 44797 Bochum, (02 34) 79 17 44;
Universität Bochum, 44780 Bochum, (02 34) 7 00 57 24

17. *Becker*, Dr. Jürgen, Professor,
Kellerstr. 7, 81667 München;
dienstl., (0 89) 480 03 00

18. *Becker*, Dr. Ulrich, Professor,
Fichtenstr. 1, 97228 Rottendorf, (0 93 02) 32 38

19. *Berchthold*, Dr. Klaus, Universitätsprofessor,
Bräunerstr. 4–6/22, A-1010 Wien, (00 43-1) 53 14 34

20. *Berg*, Dr. Wilfried, o. Professor,
Waldsteinring 25, 95448 Bayreuth, (09 21) 9 31 25;
Universität Bayreuth, 95440 Bayreuth, (09 21) 55 28 76

21. *Berka*, Dr. Walter, o. Universitätsprofessor,
Birkenweg 2, A-5400 Hallein, (00 43-62 45) 7 67 58;
Inst. f. Verfassungs- und Verwaltungsrecht der Universität
Salzburg, Kapitelgasse 5–7, A-5020 Salzburg,
(00 43-6 62) 80 44 36 21, Fax (00 43-6 62) 8 04 43 03

22. *Bernhardt*, Dr. Dr. h.c. Rudolf, o. Professor,
Gustav-Kirchhoff-Str. 2a, 69120 Heidelberg,
(0 62 21) 41 36 99;
MPI für Ausl. Öffentliches Recht und Völkerrecht,
69120 Heidelberg, (0 62 21) 48 22 53

23. *Bethge*, Dr. Herbert, o. Professor,
Am Seidenhof 8, 94034 Passau, (08 51) 4 16 97;
Universität Passau, (08 51) 50 91 97

24. *Bettermann*, Dr. Dr.h.c. Karl-August, o. Professor,
Alte Landstr. 173, 22339 Hamburg, (0 40) 5 38 40 64;
Universität Hamburg, (0 40) 41 23-45 57

25. *Beyerlin*, Dr. Ulrich, apl. Professor,
Luisenstr. 7, 69151 Neckargmünd;
MPI für Ausl. Öffentliches Recht und Völkerrecht,
Im Neuenheimer Feld 535, 69120 Heidelberg, (0 62 21) 48 22 36

26. *Biaggini*, Dr. Giovanni, Privatdozent,
Sahlistraße 1, CH-3012 Bern,
(00 41 31) 302 59 62;
c/o Bundeshaus für Justiz, Bundeshaus West,
CH-3003 Bern, (00 41 31) 322 41 61,
Fax (00 41 31) 312 20 45

27. *Bieber*, Dr. Roland, o. Professor,
5, chemin du Chateau Sec, CH-1009 Pully/Lausanne;
Universität Lausanne, CH-1015 Lausanne-Dorigny,
(00 41-21) 6 92 27 91, Fax (00 41-21) 6 92 27 85

28. *Binder*, Dr. Bruno, Universitätsdozent,
Mozartstr. 1, od. Wischerstr. 30, A-4020 Linz,
(00 43-70) 27 51 10 od. 23 99 26;
Universität Linz, Altenbergerstr. 69,
A-4040 Linz, (00 43-70) 23 13 81-4 11

29. *Birk*, Dr. Dieter, o. Professor,
Borkumweg 43, 48159 Münster, (02 51) 21 84 78,
Fax (02 51) 21 84 78;
Universität Münster, 48143 Münster,
(02 51) 83 22 795, Fax (02 51) 83 28 386

30. *Blankenagel*, Dr. Alexander, Professor,
Güntzelstraße 63, 10717 Berlin, (0 30) 85 49 582;
Humboldt-Universität Berlin, (0 30) 20 93-19 45,
Fax (0 30) 20 93-19 39

31. *Bleckmann*, Dr. Dr. Albert, Universitätsprofessor,
Thomas-Morus-Weg 10f, 48147 Münster,
(02 51) 23 58 67;
Universität Münster, 48143 Münster, (02 51) 83 20 21

32. *Blümel*, Dr. Willi, Universitätsprofessor,
Angelhofweg 65, 69259 Wilhelmsfeld,
(0 62 20) 18 80;
Hochschule f. Verwaltungswiss.,
67324 Speyer, (0 62 32) 6 54-3 62/3 60,
Fax (0 62 32) 9 10-2 08 od. 9 10-2 90

33. *Blumenwitz*, Dr. Dieter, o. Professor,
Tannenstr. 2, 85598 Baldham, (0 81 06) 3 32 52;
Universität Würzburg, (09 31) 31 23 08,
Fax (09 31) 31 23 17

34. *Böckenförde*, Dr. iur. Dr. phil. Dr. h.c. Ernst-Wolfgang,
o. Professor,
Türkheimstr. 1, 79280 Au bei Freiburg, (07 61) 40 56 23;
Universität Freiburg, 79098 Freiburg,
(07 61) 2 03 22 63 od. 22 62

35. *Böckstiegel*, Dr. Karl-Heinz, Professor,
Parkstr. 38, 51427 Bergisch-Gladbach, (0 22 04) 6 62 68;
Universität Köln, Albertus-Magnus-Platz, 50923 Köln,
(02 21) 4 70 23 37

36. *Böhm*, Dr. Monika, Professor,
Im Klingen 15, 65719 Hofheim/Ts., (0 61 92) 24 829;
Juristische Fakultät, Universität Halle-Wittenberg,
Universitätsring 2, 06108 Halle, (03 45) 55-23 210,
Fax (03 45) 55-27 093

37. *v. Bogdandy*, Dr. Armin, Privatdozent
Windscheidstr. 22, 10627 Berlin, (030) 32 44 085;
Humboldt-Universität Berlin,
(030) 20 93 35 53 od. -35 68,
Fax (030) 20 93 34 36

38. *Bogs*, Dr. Harald, o. Professor,
Dresdenerstr. 7, 37120 Bovenden, (05 51) 8 15 95,
Fax (05 51) 83 598;
Universität Göttingen, (05 51) 39 73 92, Fax (05 51) 39 48 72

39. *Bothe*, Dr. Michael, Universitätsprofessor,
Theodor-Heuss-Str. 6, 64625 Bensheim,
(0 62 51) 43 45;
Universität Frankfurt a. M.,
60054 Frankfurt a. M., (0 69) 7 98 22 64

40. *Brandt*, Dr. Edmund, Professor,
FB Umweltwissenschaften,Universität Lüneburg,
21332 Lüneburg, (0 41 31) 78 25 21, Fax (0 41 31) 78 25 29

41. *Brenner*, Dr. Michael, Professor,
Bauerstr. 21, 80796 München, (0 89) 2 71 85 24;
Lehrstuhl für Deutsches und Europäisches Verfassungs- und Verwaltungsrecht, Universität Jena, Carl-Zeiss-Str. 3,
07743 Jena, (0 36 41) 63 16 30, Fax (0 36 41) 63 16 32

42. *Breuer*, Dr. Rüdiger, Professor,
Buschstr. 56, 53113 Bonn, (02 28) 21 79 72,
Fax (02 28) 22 48 32;
Universität Bonn, Adenauerallee 44, 53113 Bonn,
(02 28) 73 91 51, Fax (02 28) 73 55 82

43. *Brohm*, Dr. Winfried, o. Professor,
Wydenmööslistr. 11, CH-8280 Kreuzlingen,
(00 41 71) 688 15 25;
Universität Konstanz, (0 75 31) 88 21 69 od. 21 76

44. *v. Brünneck*, Dr. Alexander, Professor,
Blumenhagenstr. 5, 30167 Hannover, (05 11) 71 69 11;
Europa-Universität Viadrina, Frankfurt/O,
(03 35) 55 34-2 64 od. 2 95, Fax (03 35) 55 34-305

45. *Brugger*, Dr. Winfried, LL.M., Universitätsprofessor,
Blumenstr. 16, 69115 Heidelberg, (0 62 21) 16 13 19;
Universität Heidelberg, Friedrich-Ebert-Anlage 6–10,
69117 Heidelberg, (0 62 21) 5 47 4 62,
Fax (0 62 21) 5 47 6 54

46. *Brunner*, Dr. Georg, o. Professor,
Belvederestr. 94, 50933 Köln, (02 21) 4 97 35 94;
Universität Köln, Ubierring 53, 50678 Köln,
(02 21) 31 51 10 od. 51 49

47. *Bryde*, Dr. Brun-Otto, o. Professor,
Stettiner Str. 10, 35435 Wettenberg,
(0 64 06) 7 41 91;
Universität Gießen; Hein-Heckroth-Str. 5,
35390 Gießen, (0 64 17) 02 50 15

48. *Bull*, Dr. Hans Peter, o. Professor,
Falckweg 16, 22605 Hamburg,
Tel./Fax (040) 88 05 652;
Universität Hamburg, Seminar für Verwaltungslehre,
Schlüterstraße 28, 20146 Hamburg,
(040) 41 23-35 03, Fax (040) 41 23-50 62

49. *Bullinger*, Dr. Dr.h.c. (Universität de Dijon), Martin,
o. Professor,
Altschlößleweg 4, 79280 Au bei Freiburg,
(07 61) 40 23 89;
Universität Freiburg, 79085 Freiburg,
(07 61) 2 03 22 48 od. 22 47

50. *Burmeister*, Dr. Joachim, o. Professor,
Schlehecker Str. 1, 53797 Lohmar, (0 22 05) 8 88 16;
Universität Köln, Albertus-Magnus-Platz, 50923 Köln,
(02 21) 4 70-44 54, Fax (02 21) 4 70-51 35

51. *Frhr. v. Campenhausen*, Dr. Axel, Professor,
Oppenbornstr. 5, 30559 Hannover, (05 11) 52 81 74;
Klosterkammer Hannover, Postfach, 30161 Hannover,
(05 11) 34 82 671

52. *Classen*, Dr. Claus Dieter, Professor,
Knud-Rasmussen-Str. 21, 17493 Greifswald,
(0 38 34) 84 49 63;
Ernst-Moritz-Arndt-Universität Greifswald,
(0 38 34) 86 21 21 od. 21 24, Fax (0 38 34) 86 20 02

53. *Czybulka*, Dr. Detlef, Universitätsprofessor
Heinrich-Reck-Str. 5a, 18211 Admannshagen;
Allg. und Bes. Verwaltungsrecht, Verwaltungslehre,
Staats- und Finanzrecht, Universität Rostock,
18051 Rostock, Hausanschrift: Richard-Wagner-Str. 31,
(Haus 1), 18119 Rostock-Warnemünde,
(03 81) 5 72 26, Fax (03 81) 5 72 16

54. *v. Danwitz*, Dr. Thomas, Professor,
Sechtemer Straße 8, 50321 Brühl, (02 232) 31 624;
Lehrstuhl für Öffentliches Recht u. Europarecht,
Universität Bochum, 44780 Bochum, (02 34) 700-28 18,
Fax (02 34) 70 94-281

55. *Dagtoglou*, Dr. Prodromos, Professor,
Hippokratous 33, GR-Athen 144, (00 30-1) 3 22 11 90;
dienstl., (0 03 01) 3 62 90 65

56. *Davy*, Dr. Benjamin, Universitätsdozent,
Schottenring 31/7, A-1010 Wien, (0 04 31) 3 14 80 93;
Technische Universität Wien, (00 43-1)5 88 01-44 86

57. *Degenhart*, Dr. Christoph, Universitätsprofessor,
Stormstr. 3, 90491 Nürnberg, (09 11) 59 24 62,
Fax (09 11) 59 24 62;
Juristenfakultät, Universität Leipzig,
Otto-Schill-Str. 2, 04109 Leipzig, (03 41) 97-3 51 91,
Fax (03 41) 97-3 51 99

58. *Delbrück*, Dr. Jost, Professor,
Schoolredder 20, 24161 Altenholz;
Universität Kiel, 24098 Kiel, (04 31) 8 80 21 49,
Fax (04 31) 8 80 16 19

59. *Denninger*, Dr. Erhard, Professor,
Am Wiesenhof 1, 61462 Königstein, (0 61 73) 7 89 32;
Lehrstuhl für Öffentliches Recht u. Rechtsphilosophie II,
Universität Frankfurt, Senckenberganlage 31,
60325 Frankfurt a. M., (0 69) 7 98 26 54

60. *Depenheuer*, Dr. Otto, Professor,
Kaiser-Friedrich-Str. 15, 53113 Bonn,
(02 28) 21 39 32, Fax (02 28) 21 39 32;
Universität Mannheim, Schloß, Westflügel,
68131 Mannheim, (06 21) 2 92-14 64,
Fax (06 21) 2 92-24 35

61. *Detterbeck*, Dr. Steffen, o. Professor,
Stettinerstr. 60, 35274 Kirchhain, (0 64 22) 45 31;
Institut für Öffentliches Recht, Universität Marburg,
Universitätsstr. 6, 35032 Marburg, (0 64 21) 28 31 23,
Fax (0 64 21) 27 38 53

62. *Di Fabio*, Dr. Dr. Udo, Professor,
In der Olk 8, 54290 Trier, (06 51) 4 48 45,
Fax (06 51) 7 54 07;
Universität Trier, (06 51) 2 01 25 56,
Fax (06 51) 2 01 39 03

63. *Dittmann*, Dr. Armin, o. Professor
Karl-Brennenstuhl-Str. 11, 72074 Tübingen, (0 70 71) 8 24 56;
Universität Hohenheim – Schloß,
Postfach 70 05 62, 70593 Stuttgart,
(07 11) 4 59-27 91, Fax (07 11) 4 59-34 82

64. *Doehring*, Dr. Dr. h.c. Karl, o. Professor,
Mühltalstr. 117/3, 69121 Heidelberg, (0 62 21) 40 98 80;
Universität: (0 62 21) 54 74 46;
MPI für Ausl. Öffentliches Recht und Völkerrecht,
Im Neuenheimer Feld 535, 69120 Heidelberg, (0 62 21) 4 82-264

65. *Dörr*, Dr. Dieter, Professor,
Am Stadtwald 6, 66123 Saarbrücken, (06 81) 37 27 00;
Lehrstuhl für Öffentliches Recht, einschl. Völker-
und Europarecht, Universität Mainz, 55099 Mainz,
(0 61 31) 39 26 81 od. 39 30 44, Fax (0 61 31) 39 56 97

66. *Dolzer*, Dr. Dr. Rudolf, Professor,
Am Pferchelhang 4/1, 69118 Heidelberg,
(0 62 21) 80 33 44;
Rechts- und staatswissenschaftliche Fakultät,
Universität Bonn, Adenauerallee 24–42,
53113 Bonn, (02 28) 73 91 72, Fax (02 28) 73 91 71

67. *Dreier*, Dr. Horst, o. Professor,
Bismarckstr. 13, 21465 Reinbek, (0 40) 7 22 58 34;
Lehrstuhl für Rechtsphilosophie, Staats- und
Verwaltungsrecht, Universität Würzburg,
Domerschulstraße 16, 97070 Würzburg,
(09 31) 31 23 21, Fax (09 31) 31 29 11

68. *Dreier*, Dr. Ralf, o. Professor,
Wilhelm-Weber-Str. 4, 37073 Göttingen, (05 51) 5 91 14;
Universität Göttingen, 37073 Göttingen, (05 51) 39 73 84

69. *Eberle*, Dr. Carl-Eugen, Professor,
Kapellenstr. 68a, 65193 Wiesbaden, (06 11) 52 04 68;
ZDF, 55100 Mainz, (0 61 31) 70-41 00,
Fax (0 61 31) 7 05 4 52

70. *Ebsen*, Dr. Ingwer, Professor,
Alfred-Mumbächer-Str. 19, 55128 Mainz, (0 61 31) 33 10 20;
FB Rechtswissenschaft, Universität Frankfurt, Postfach 11 19 32,
60054 Frankfurt a. M., (0 69) 7 98 27 03

71. *Ehlers*, Dr. Dirk, Professor,
Am Mühlenbach 14, 48308 Senden, (0 25 97) 84 15;
Institut für Wirtschaftsverwaltungsrecht, Universität Münster,
Universitätsstr. 14–16, 48143 Münster, (02 51) 832 27 01,
Fax (02 51) 832 83 15

72. *Ehmke*, Dr. Horst, o. Professor,
Konrad-Adenauer-Str. 19, 53117 Bonn;
Bundeshaus, Görresstr. 15, 53113 Bonn,
(02 28) 16 34 29 od. 16 48 34

73. *Eichenberger*, Dr. Dr. h.c. Kurt, o. Professor,
Bärenbrunnenweg 4, CH-4144 Arlesheim bei Basel,
(00 41 61) 7 01 33 86;

74. *Enders*, Dr. Christoph, Universitätsprofessor,
Bußstraße 32, 79102 Freiburg, (07 61) 7 12 70;
FB Rechts- und Wirtschaftswissenschaft, Universität Mainz,
55099 Mainz, (06 1 31) 39-34 53 od. 51 26,
Fax (06 1 31) 39-30 90

75. *Engel*, Dr. Christoph, Professor,
Werderstr. 6, 49076 Osnabrück, (05 41) 4 72 88;
FB Rechtswissenschaft, Universität Osnabrück,
Heger-Tor-Wall 12, 49069 Osnabrück, (05 41) 9 69-61 77,
Fax (05 41) 9 69-45 79

76. *Epiney*, Dr. Astrid, Professeur associée,
Avenue du Moléson 18, CH-1700 Fribourg,
(00 41 26) 323 42 24;
Universität Fribourg, Seminar für Völkerrecht und
Öffentliches Recht, Route d'Englisberg 7,
CH-1763 Granges-Paccot, (00 41 26) 300 80 94,
Fax (00 41 26) 300 97 76

77. *Erbel*, Dr. Günter, Professor,
Burbacher Str. 10, 53129 Bonn;
Universität Bonn, Adenauerallee 24–42, 53113 Bonn,
(02 28) 73 55 83

78. *Erbguth*, Dr. Wilfried, Professor,
Friedrich-Franz-Str. 38, 18119 Rostock-Warnemünde;
Universität Rostock, 18109 Rostock, (03 81) 71 41 12,
Fax (03 81) 71 41 29

79. *Erichsen*, Dr. Hans-Uwe, o. Professor,
Falkenhorst 17, 48155 Münster, (02 51) 3 13 12;
Kommunalwissenschaftliches Institut, Universität Münster,
Universitätsstr. 14–16, 48143 Münster, (02 51) 83 27 41

80. *Faber*, Dr. Heiko, Professor,
Wunstorfer Str. 1, 30989 Gehrden, (0 51 08) 22 34;
Universität Hannover, Königsworther Platz 1,
30167 Hannover, (05 11) 7 62-82 06

81. *Fastenrath*, Dr. Ulrich, Professor,
Liliensteinstraße 4, 01277 Dresden, (03 51) 254 05 36;
Juristische Fakultät der TU Dresden, Bergstr. 53,
01069 Dresden, (03 51) 4 63-73 33, Fax (03 51) 4 63-72 13

82. *Fechner*, Dr. Frank, Privatdozent,
Juristische Fakultät, Universität Tübingen, Wilhelmstraße 7,
72074 Tübingen, (0 70 71) 29-74 504

83. *Fiedler*, Dr. Wilfried, o. Professor,
Am Löbel 2, 66125 Saarbrücken-Dudweiler, (0 68 97) 76 64 01;
Rechts- und Wirtschaftswissenschaftliche Fakultät,
Universität des Saarlandes, Postfach 15 11 50, 66041 Saarbrücken,
(06 81) 3 02-32 00, Fax (06 81) 3 02-43 30

84. *Fink*, Dr. Udo, Privatdozent,
Institut für Völkerrecht, Georg-August-Universität,
Platz der Göttinger Sieben 5, 37073 Göttingen,
(05 11) 39-46 61 od. 46 62

85. *Fleiner-Gerster*, Dr. Dr.h.c. Thomas, o. Professor,
rte. Beaumont 9, CH-1700 Fribourg, (00 41 26) 424 66 94;
Institut f. Föderalismus, Universität Fribourg,
rte. Englisberg 7, CH-1763 Granges-Paccot,
(00 41 26) 300 81 25 od. 28, Fax (00 41 26) 300 97 24

86. *Folz*, Dr. Hans-Ernst, Professor,
Bispinger Weg 11, 30625 Hannover,
(05 11) 57 57 19 od. 56 28 92;
Universität Hannover, Königsworther Platz 1,
30167 Hannover, (05 11) 7 62-82 48 od. 82 49

87. *Frank*, Dr. Dr. h. c. Götz, Professor,
Cäcilienplatz 4, 26122 Oldenburg, (04 41) 7 56 89;
Carl von Ossietzky Universität Oldenburg,
(04 41) 7 98-83 38 oder 82 71, Fax (04 41) 7 98-82 87

88. *Friauf*, Dr. Karl Heinrich, o. Professor,
Eichenhainallee 17, 51427 Bergisch-Gladbach,
(02204) 6 19 84;
Universität Köln, 50923 Köln

89. *Fromont*, Dr. Dr.h.c. Michel, Professor,
12, Boulevard de Port Royal, F-75005 Paris,
(00 33 1) 45 35 73 71;
Universität Paris I Panthéon-Sorbonne, Etudes
Internationales et Européennes, 12, place du Panthéon,
F-75231 Paris Cédex 05, (00 33 1) 46 34 97 32

90. *Frotscher*, Dr. Werner, Professor,
Habichtstalgassse 32, 35037 Marburg/Lahn,
(0 64 21) 3 29 61;
Universität Marburg, Universitätsstr. 6, 35037 Marburg/Lahn,
(0 64 21) 2 83-1 22

91. *Frowein*, Dr. Dr. h. c. Jochen Abr., o. Professor,
Blumenthalstr. 53, 69120 Heidelberg, (0 62 21) 47 46 82;
MPI für Ausl. Öffentliches Recht und Völkerrecht,
Im Neuenheimer Feld 535, 69120 Heidelberg, (0 62 21) 4 82-258

92. *Funk*, Dr. Bernd-Christian, o. Professor,
Schönbrunngasse 46a, A-8010 Graz,
(00 43-3 16) 3 10 82;
dienstl., (00 43-3 16) 3 80-33 66 od. 33 68

93. *Gallent*, Dr. Dr. Kurt, Universitätsprofessor,
Obersenatsrat i.R.
Pestalozzistr. 1/III, A-8010 Graz, (00 43-3 16) 84 76 22

94. *Gallwas*, Dr. Hans-Ulrich, Professor,
Hans-Leipelt-Str. 16, 80805 München, (0 89) 32 83 66;
Universität München, Prof.-Huber-Platz 2, 80539 München,
(0 89) 21 80-32 62

95. *Gassner*, Dr. Ulrich, Privatdozent,
Juristisches Seminar, Universität Heidelberg,
Friedrich-Ebert-Anlage 6–10, 69117 Heidelberg,
(0 62 21) 54 74 64, Fax (0 62 21) 54 76 54

96. *Geis*, Dr. Max-Emanuel, Professor,
Mögginger Steig 20, 78315 Radolfzell,
(0 77 32) 13 575;
Universität Konstanz, Postfach 55 60 D 115, 78434 Konstanz,
(0 75 31) 88-23 13 od. 34 58, Fax (0 75 31) 88-25 63

97. *Goerlich*, Dr. Helmut, Professor,
Juristenfakultät, Universität Leipzig, Otto-Schill-Str. 2,
04109 Leipzig, (03 41) 97-3 51 71, Fax (03 41) 97-3 51 79

98. *Göldner*, Dr. Detlef, Privatdozent,
Wilhelmshavener Str. 20, 24105 Kiel, (04 31) 8 16 44

99. *Götz*, Dr. Volkmar, o. Professor,
Geismarlandstr. 17a, 37083 Göttingen, (05 51) 4 31 19;
Universität Göttingen, (05 51) 39-73 91 od. -47 61

100. *Gornig*, Dr. Gilbert, Professor,
Pfarracker 4, 35043 Marburg-Bauerbach,
(0 64 21) 16 35 66, Fax (0 64 21) 16 37 66;
Institut für Öffentliches Recht, Universität Marburg,
Universitätsstr. 6, 35032 Marburg,
(0 64 21) 28-31 31 od. 28-31 27, Fax (0 64 21) 28-38 53

101. *Gramlich*, Dr. Ludwig, Professor,
Justus-Liebig-Str. 38 A, 64839 Münster;
Fakultät für Wirtschaftswissenschaften,
TU Chemnitz-Zwickau, Postfach 9 64, 09009 Chemnitz
(03 71) 5 31 4164, -65, Fax (03 71) 5 31 39 61

102. *Grawert*, Dr. Dr. h.c. Rolf, o. Professor,
Aloysiusstr. 28, 44795 Bochum, (02 34) 47 36 92;
Universität Bochum, 44721 Bochum, (02 34) 7 00 28 09

103. *Grewe*, Dr. Dr. h.c. Wilhelm G., o. Professor,
Zum kleinen Ölberg 28, 53639 Königswinter,
(0 22 44) 68 74;

104. *Griller*, Dr. Stefan, Universitätsprofessor,
Hungerbergstr. 11–13, A-1190 Wien, (00 43-1) 32 24 05;
Forschungsinstitut für Europafragen, Wirtschaftsuniversität
Wien, Althanstr. 39–45, A-1090 Wien,
(00 43-1) 3 13 36-41 35 od. 41 36,
Fax (00 43-1) 3 13 36-7 58

105. *Grimm*, Dr. Dieter, o. Professor, Bundesverfassungsrichter,
Universität Bielefeld, 33615 Bielefeld, (05 21) 1 06-44 05;
Bundesverfassungsgericht, PF 1771, 76006 Karlsruhe,
(07 21) 91 01-220

106. *Gröschner*, Dr. Rolf, o. Professor,
Stormstr. 39, 90491 Nürnberg, (09 11) 59 14 08;
Rechtswissenschaftliche Fakultät, Universität Jena;
Carl-Zeiss-Straße 3, 07743 Jena,
(0 36 41) 63 16 15, Fax (0 36 41) 63 16 16

107. *Grupp*, Dr. Klaus, Universitätsprofessor,
Stephanienufer 5, 68163 Mannheim, (06 21) 82 21 97,
Fax (06 21) 82 21 97;
Universität des Saarlandes, Am Stadtwald, 66041 Saarbrücken,
(06 81) 3 02-35 08 od. -35 48, Fax (06 81) 3 02-42 13

108. *Gusy*, Dr. Christoph, Professor,
Rockwinkeler Heerstr. 128, 28355 Bremen,
(04 21) 2 57 45 73;
Universität Bielefeld, Universitätsstr. 25,
33615 Bielefeld, (05 21) 1 06 43 82

109. *Häberle*, Dr. Dr. h.c. Peter, o. Professor,
Universität Bayreuth, Universitätsstraße 30,
95447 Bayreuth, (09 21) 55 29 47, Fax (09 21) 55 29 85

110. *Häde*, Dr. Ulrich, Privatdozent,
Leisenmahd 43, 86179 Augsburg, (08 21) 86 829

111. *Häfelin*, Dr. Ulrich, o. Professor,
Müseliweg 1, CH-8049 Zürich, (00 41-1) 56 84 60

112. *Hänni*, Dr. Peter, o. Professor,
Stadtgraben 6, CH-3280 Murten, (00 41-26) 670 58 15;
Lehrstuhl für Staats- und Verwaltungsrecht, Universität Fribourg, Les Portes de Fribourg, Route d'Englisberg 7, CH-1763 Granges-Paccot, (00 41-26) 300 81 29,
Fax (00 41-26) 300 97 24

113. *Hafner*, Dr. Felix, Privatdozent,
Hirzbrunnenschanze 67, CH-4058 Basel,
(00 41-61) 6 91 40 64;
Justizdepartement des Kantons Basel-Stadt, CH-4001 Basel,
(00 41-61) 2 67 81 19, Fax (00 41-61) 2 67 81 37

114. *Hahn*, Dr. Dr. h.c. Hugo J., LL.M. (Harvard), o. Professor,
Frankenstr. 63, 97078 Würzburg, (09 31) 28 42 86;
Universität Würzburg, (09 31) 31 23 10, Fax (09 31) 31 23 17

115. *Hailbronner*, Dr. Kay, o. Professor,
Toggenbühl, CH-8559 Fruthwilen, (00 41-71) 664 19 46;
Universität Konstanz, (0 75 31) 88 22 47

116. *Haller*, Dr. Herbert, a.o. Professor,
Felix-Mottl-Str. 48, Haus 2, A-1190 Wien,
(00 43-1) 3 42 93 82;
Wirtschafts-Universität Wien, (00 43-1) 3 13 36-46 68

117. *Haller*, Dr. Walter, o. Professor,
Burgstr. 264, CH-8706 Meilen, (00 41-1) 9 23 10 14;
Universität Zürich, Institut f. Völkerrecht u. ausländ. Verfassungsrecht, Hirschengraben 40, CH-8001 Zürich,
(0041-1) 2 57 20 51, Fax (00 41-1) 2 61 78 39

118. *Hangartner*, Dr. Yvo, o. Professor,
Am Gozenberg 2, CH-9202 Gossau, (00 41-71) 85 15 11;
Hochschule St. Gallen

119. *Hatje*, Dr. Armin, Privatdozent,
Hebelstraße 6, 79356 Eichstätten, (0 76 63) 9 98 01;
Institut für Öffentliches Recht, Universität Freiburg, Postfach, 79085 Freiburg, (07 61) 2 03-22 51 od. 22 38,
Fax (07 61) 2 03-22 34

120. *Haverkate*, Dr. Görg, Universitätsprofessor,
Klingenweg 26, 69118 Heidelberg, (0 62 21) 80 05 81;
Universität Heidelberg, Friedrich-Ebert-Anlage 3,
69117 Heidelberg (0 62 21) 54 77 23

121. *Heckel*, Dr. Martin, o. Universitätsprofessor,
Lieschingstr. 3, 72076 Tübingen, (0 70 71) 6 14 27;
Universität Tübingen, Wilhelmstr.7, 72074 Tübingen,
(0 70 71) 29 29 71

122. *Heckmann*, Dr. Dirk, Universitätsprofessor,
Am Wimhof 33, 94034 Passau, (08 51) 75 38 83;
Universität Passau, Innstraße 40, 94032 Passau,
(08 51) 509-22 90, Fax (08 51) 509-22 92

123. *Heintschel von Heinegg*, Dr. Wolff, Professor
Hegelstr. 22, 45219 Essen-Kettwig, (0 20 54) 47 77,
Fax (0 20 54) 1 67 82;
Universität Augsburg, Eichleitnerstr. 30, 86159 Augsburg

124. *Heintzen*, Dr. Markus, Professor,
Friedenstr. 10, 06114 Halle, (03 45) 53 23 219;
Juristische Fakultät, Universität Halle-Wittenberg,
06099 Halle, (03 45) 21 79-459, Fax (03 45) 21 79-450

125. *Hendler*, Dr. Reinhard, Universitätsprofessor,
Tulpenstraße 21, 35096 Weimar/Lahn, (0 64 21) 7 73 05;
Universität Regensburg, Universitätsstr. 31, 93040 Regensburg,
(09 41) 9 43-26 57 oder 26 56, Fax (09 41) 9 43-19 74

126. *Hengstschläger*, Dr. Johann, o. Universitätsprofessor,
Auf der Halde 16, A-4020 Linz, (00 43-70) 28 10 81;
Universität, (00 43-70) 24 68-4 01 od. -4 55,
Fax (00 43-70) 2 46 89 01

127. *Herdegen*, Dr. Matthias, Professor,
Ahornweg 2, 53359 Rhinbach, (0 22 26) 29 83;
Rechts- und Staatstswissenschaftliche Fakultät,
Universität Bonn, Adenauerallee 44, 53113 Bonn,
(02 28) 73 55 70 / 73 55 80, Fax (02 28) 73 79 01

128. *Herrmann*, Dr. Günter, Professor,
Wankweg 13, 87642 Buching/Allgäu, (0 83 68) 16 96;
Universität München, Prof.-Huber-Weg 2, 80539 München

129. *Herzog*, Dr. Roman, Professor, Bundespräsident,
Schloß Bellevue, Spreeweg 1, 10557 Berlin,
(0 30) 3 90 84-7 00

130. *Hesse*, Dr. Dres.h.c. Konrad, o. Professor,
Schloßweg 29, 79249 Merzhausen, (07 61) 40 38 11;
Universität Freiburg, 79085 Freiburg,
(07 61) 2 03 35 14

131. *Heun*, Dr. Werner, Professor,
Bürgerstraße 5, 37073 Göttingen, (05 51) 70 62 48;
Universität Göttingen, Institut für Allgemeine Staatslehre und Politische Wissenschaften, Goßlerstraße 11,
37073 Göttingen, (05 51) 39-46 93

132. *Heyen*, Dr. iur. Lic. phil. Erk Volkmar,
Universitätsprofessor,
Arndtstraße 22, 17489 Greifswald, (0 38 34) 50 27 16;
Ernst Moritz Arndt-Universität, Domstr. 20,
17489 Greifswald, (0 38 34) 63-248,
Fax (0 38 34) 63-340

133. *Hilf*, Dr. Meinhard, Universitätsprofessor,
Schelpsheide 12, 33613 Bielefeld, (05 21) 88 92 82;
Universität Hamburg, (0 40) 41 23-45 64,
Fax (0 40) 41 23 63 52

134. *Hill*, Dr. Hermann, Professor,
Habichtstr. 15, 67373 Dudenhofen;
Hochschule für Verwaltungswiss.,
Postfach 14 09, 67324 Speyer, (0 62 32) 6 54-3 28

135. *Höfling*, Dr. Wolfram, Professor, M.A.
Bruchweg 4, 52441 Linnich, (0 24 62) 36 16;
Justus-Liebig-Universität Gießen, Licher Str. 64,
35394 Gießen, (06 41) 7 02-50 25, Fax (06 41) 7 02-50 97

136. *Hoffmann*, Dr. Dr. h.c. Gerhard, o. Professor,
Ernst-Lemmer-Str. 10, 35041 Marburg, 06421/8 16 45;
Universität Marburg, 35037 Marburg

137. *Hoffmann-Riem*, Dr. Wolfgang, Professor,
c/o Justizbehörde, Drehbahn 36, 20354 Hamburg,
(0 40) 34 97-601, Fax (0 40) 34 97-35 72

138. *Hofmann*, Dr. Hasso, o. Professor,
Christoph-Mayer-Weg 5, 97082 Würzburg, (09 31) 8 73 88,
od. Torstr. 176, 10115 Berlin, (0 30) 2 81 30 75;
Humboldt-Universität zu Berlin,
Unter den Linden 6, 10099 Berlin, (0 30) 20 93 25 68,
Fax (0 30) 20 93 29 36

139. *Hofmann*, Dr. Dr. Rainer, Universitätsprofessor,
Bergstr. 83, 69121 Heidelberg, (0 62 21) 40 10 04;
Rechtswissenschaftl. Fakultät der Universität Köln,
Gottfried-Keller-Str. 2, 50931 Köln, (02 21) 4 70 38 34,
Fax (02 21) 4 70 51 46

140. *Hollerbach*, Dr. Alexander, o. Professor,
Hugstetten, Parkstr. 8, 79232 March, (07665) 22 51;
Universität Freiburg, Europaplatz, 79085 Freiburg,
(0761) 203 22 07

141. *Holoubek*, Dr. Michael, Universitätsdozent,
Stiftgasse 12/7, A-1070 Wien, (00 43 1) 52 68 972;
Institut für Staats- und Verwaltungsrecht,
Wirtschaftsuniversität Wien, Althanstraße 39–54,
A-1010 Wien, (00 43 1) 31 31 36/46 60,
Fax (00 43 1) 31 33 6/7 13

142. *Holznagel*, Dr. Bernd, LL.M., Privatdozent,
Ahrensburger Weg 129 B, 22359 Hamburg, (040) 60 95 735,
Fax (040) 60 91 16 47;
Juristische Fakultät (KWI), Universität Münster,
Universitätsstr. 14–16, 48143 Münster, (02 51) 83 27 41/45

143. *Hoppe*, Dr. Werner, o. Professor,
Erphostr. 36, 48145 Münster, 0251/39 18 99,
Fax (0251) 39 24 71;
Zentralinst. f. Raumplanung, Universität Münster,
Wilmergasse 12–13, 48143 Münster, (0251) 832 9781,
Fax (0251) 4 74 99

144. *Hotz*, Dr. Reinhold, Professor,
Rötelistr. 12, CH-9000 St. Gallen, (00 41 71) 24 67 77;
dienstl., (00 41 71) 22 03 03

145. *Huber*, Dr. Peter M., o. Professor,
An der Osterwiese 12, 07749 Jena, (0 17 15) 25 50 36;
Lehrstuhl für Staats- und Verwaltungsrecht, Öffentliches
Wirtschafts- und Umweltrecht, Universität Jena,
Carl-Zeiss-Str.3, 07740 Jena, (0 36 41) 63 16 10,
Fax (0 36 41) 63 16 09

146. *Hufen*, Dr. Friedhelm, o. Professor,
Backhaushohl 62, 55128 Mainz, (0 61 31) 3 44 44;
FB Rechts- und Wirtschaftswissenschaft, Universität Mainz,
Saarstr. 21, 55099 Mainz, (0 61 31) 39-23 54 od. -30 45

147. *Ipsen*, Dr. Dr. h.c. Hans-Peter, o. Professor,
Augustinum App. 1142, 23879 Mölln, (0 45 42) 81 31 42,
od. 21335 Lüneburg, (0 41 31) 40 11 31

148. *Ipsen*, Dr. Jörn, o. Professor,
Luisenstr. 41, 49565 Bramsche, (0 54 61) 44 96,
Fax (0 54 61) 63 462;
Institut für Kommunalrecht, Universität Osnabrück,
49069 Osnabrück, (05 41) 969-61 69 od. -61 58,
Fax (05 41) 969-61 70

149. *Ipsen*, Dr.Dr.h.c. mult. Knut, o. Professor,
Nevelstr. 59,, 4795 Bochum, (0234) 43 12 66;
Universität Bochum, 44780 Bochum, (0234) 700 28 20

150. *Isensee*, Dr. Josef, o. Professor,
Meckenheimer Allee 150, 53115 Bonn, (0228) 69 34 69;
Universität Bonn, Adenauerallee 24–42, 53113 Bonn,
(0228) 73 79 83

151. *Jaag*, Dr. Tobias, o. Professor,
Bahnhofstr. 22, CH-8022 Zürich, (00 41-1) 2 11 25 50;
Universität, (00 41 1) 2 57 31 70

152. *Jachmann*, Dr. Monika, Privatdozentin,
Obere Hauptstraße 8, 85354 Freising;
Universität Augsburg, Universitätsstr. 2, 86135 Augsburg,
(08 21) 598-45 48, od. -45 46, Fax (08 21) 598-45 47

153. *Jaenicke*, Dr. Günther, Professor,
Waldstr. 13, 69181 Leimen, (0 62 24) 7 25 71;
Universität Frankfurt, 60054 Frankfurt a. M.

154. *Jakob*, Dr. Wolfgang, o. Professor,
Wilhelmstr. 25, 80801 München, (0 89) 39 05 06;
Universität Augsburg, 86159 Augsburg

155. *Janssen*, Dr. Albert, apl. Professor, Landtagsdirektor
Langelinienwall 16, 31134 Hildesheim, (0 51 21) 8 34 67;
Niedersächsischer Landtag, Hinrich Wilhelm Kopf-Platz 1,
30159 Hannover, (05 11) 30 30-2 26 od. -2 27

156. *Jarass*, Dr. Hans D., LL.M. (Harvard), o. Professor,
Baumhofstr. 37 d, 44799 Bochum, (02 34) 77 20 25;
Institut für Umwelt- und Planungsrecht, Universität Münster,
Universitätsstr. 14–16, 48143 Münster, (02 51) 83 297 93,
Fax (02 51) 83 292 97

157. *Jeand'Heur*, Dr. Bernd, Professor,
M 2.1, 68161 Mannheim, (06 21) 2 03 23;
Universität Rostock, Möllner Straße 10, 18109 Rostock,
(03 81) 49 83 790, Fax (03 81) 49 83 770

158. *Kadelbach*, Dr. Stefan, LL.M., Privatdozent,
Friedberger Landstraße 105, 60318 Frankfurt a. M.;
Institut für Öffentliches Recht, FB I, Universität Frankfurt,
Senckenberganlage 31, 60054 Frankfurt a. M.,
(0 69) 79 82 39 29, Fax (0 69) 79 82 87 50

159. *Kästner*, Dr. Karl-Hermann, Professor,
Alt-Rathausstr. 5, 72511 Bingen, (0 75 71) 32 23;
Juristische Fakultät, Universität Halle-Wittenberg,
Universitätsplatz 10a, 06108 Halle, (03 45) 21 79 451,
Fax (03 45) 21 79 450

160. *Kaiser*, Dr. jur. Dr. rer. pol.h.c. Joseph H., o. Professor,
Rothofweg 7, 79219 Staufen i. Br., (0 76 33) 57 28;
Universität Freiburg, 79085 Freiburg, (07 61) 2 03 35 67

161. *Karpen*, Dr. Ulrich, Professor,
Oldenfelder Str. 32, 22143 Hamburg, (0 40) 6 77 83 98;
Universität Hamburg, Schlüterstr. 28, 20146 Hamburg,
(0 40) 41 23-30 23 od. -45 14 od. -45 55

162. *Kempen*, Dr. iur. Bernhard, Universitätsprofessor,
Am Hohlweg 21, 97286 Winterhausen, (0 93 33) 14 79,
Fax (0 93 33) 14 79;
Bayerische Julius-Maximilians-Universität Würzburg,
Domerschulstraße 16, 97070 Würzburg, (09 31) 31 23 09,
Fax (09 31) 31 23 17

163. *Khol*, Dr. Andreas, Universitätsprofessor,
Cuviergasse 23, A-1130 Wien, (00 43-1) 84 15 73;
dienstl., (00 43-1) 40 110-44 00

164. *Kilian*, Dr. Michael, Professor,
Richter am Landesverfassungsgericht Sachsen-Anhalt
Am Burgwall 15, 06198 Brachwitz;
Juristische Fakultät, Universität Halle-Wittenberg,
Advokatenweg 37, 06114 Halle, (03 45) 55 23 171,
Fax (03 45) 55 27 201

165. *Kimminich*, Dr. Otto, o. Professor,
Killermannstr. 6, 93049 Regensburg, (09 41) 3 28 54;
Universität Regensburg, 93053 Regensburg, (09 41) 9 43 26 60

166. *Kirchhof*, Dr. Ferdinand, o. Professor,
Panoramastraße 95, 72766 Reutlingen, (0 71 21) 49 02 81,
Fax (0 71 21) 47 94 47;
Juristische Fakultät, Universität Tübingen, Wilhelmstr.7,
72074 Tübingen, (0 70 71) 297-25 61, od. -81 18,
Fax (0 70 71) 29 43 58

167. *Kirchhof*, Dr. Paul, o. Professor, Bundesverfassungsrichter
Am Pferchelhang 33/1, 69118 Heidelberg, (06221) 80 14 47;
Universität Heidelberg, 69117 Heidelberg, (06221) 54 74 57,
od. Bundesverfassungsgericht PF 1771, 76006 Karlsruhe,
(07 21) 91 01-3 25

168. *Kirn*, Dr. Michael, o. Professor,
Rummelsburgerstr. 3, 22147 Hamburg, (0 40) 6 47 38 42;
Universität der Bundeswehr, Postfach 70 08 22, 22043 Hamburg,
(0 40) 65 41-27 82

169. *Kisker*, Dr. Gunter, Universitätsprofessor,
Waldstr. 74, 35440 Linden, (0 64 03) 6 10 30;
Universität Gießen, 35394 Gießen, (06 41) 7 02 50 25

170. *Klein*, Dr. Eckart, Universitätsprofessor,
Heideweg 45, 14482 Potsdam, (03 31) 70 58 47;
Lehrstuhl für Staatsrecht, Völkerrecht und Europarecht,
Universität Potsdam, Postfach 90 03 27, 14439 Potsdam,
(03 31) 9 77-35 16, od.-35 11, Fax (03 31) 9 77-32 24

171. *Klein*, Dr. Hans Hugo, o. Professor,
Heilbrunnstr. 4, 76327 Pfinztal-Söllingen, (0 72 40) 73 00;
Universität Göttingen (05 51) 39 46 35

172. *Kloepfer*, Dr. Michael, o. Professor,
Davoser Str. 13a, 14199 Berlin, (0 30) 8 25 24 90,
Fax (0 30) 8 25 26 90;
Humboldt-Universität Berlin, Unter den Linden 6,
10099 Berlin, (0 30) 20 93-19 27 od. -19 28,
Fax (0 30) 20 93-19 38

173. *Kluth*, Dr. Winfried, Privatdozent,
Weinsbergstraße 74, 50823 Köln, 0172 95 13 109;
Institut für Staatsrecht, Universität Köln,
Albertus-Magnus-Platz, 50923 Köln
(02 21) 470-33 94 od. 33 95, Fax (02 21) 470-50 75

174. *Knemeyer*, Dr. Franz-Ludwig, o. Professor,
Unterdürrbacher Str. 353, 97080 Würzburg, (09 31) 9 61 18;
Universität Würzburg, 97070 Würzburg, (09 31) 31 28 99,
Fax (09 31) 31 23 17

175. *Knies*, Dr. Wolfgang, o. Professor,
Am Botanischen Garten 5, 66123 Saarbrücken, (06 81) 39 98 88;
Universität Saarbrücken, Postfach 11 50, 66041 Saarbrücken,
(06 81) 3 02 31 58

176. *Knöpfle*, Dr. Franz, o. Professor,
Höhenweg 22, 86391 Leitershofen;
Universität Augsburg, Eichleitnerstr. 30, 86135 Augsburg,
(08 21) 5 98-3 52

177. *Koch*, Dr. Hans-Joachim, Professor,
Wendlohstr. 80, 22459 Hamburg,
Tel./Fax (0 40) 5 51 88 04;
Universität Hamburg, FB Rechtswissenschaft II,
Edmund-Siemers-Allee 1, 20146 Hamburg,
(0 40) 41 23-39 77 od. 54 43, Fax (0 40) 41 23-62 80

178. *Koenig*, Dr. Christian, LL.M. (London), Universitätsprofessor,
Wettergasse 8, 35037 Marburg;
Lehrstuhl für Öffentliches Recht, Universität Marburg,
Universitätsstr. 6, 35032 Marburg,
(0 64 21) 28-31 32 od. 38 08, Fax (0 64 21) 28-89 82

179. *Kokott*, Dr.Dr. Juliane, LL.M. (Am. Un.),
S.J.D. (Harvard), Universitätsrofessorin,
Mönchhofstr. 42, 69120 Heidelberg,
(0 62 21) 45 16-17 od. -16, Fax (0 62 21) 45 16 18;
Universität Düsseldorf, Universitätsstr. 1, 40225 Düsseldorf,
(02 11) 81 11-436 od. -426, Fax (02 11) 81 11-457

180. *König*, Dr. Dr. Klaus, Universitätsprofessor,
Albrecht-Dürer-Str. 20, 67346 Speyer, (0 62 32) 29 02 16;
Hochschule f. Verwaltungswissenschaften Speyer,
Postfach 14 09, 67324 Speyer, (0 62 32) 654-369 od. -350 od. -355

181. *Kopetzki*, DDr. Christian, Universitätsdozent,
Institut für Staats- und Verwaltungsrecht, Universität Wien,
Schottenbastei 10–16, A-1010 Wien

182. *Korinek*, Dr. Karl, o. Professor,
Mitglied des Österreichischen Verfassungsgerichtshofs,
Auhofstr. 225–227, A-1130 Wien, (00 43-1) 8 76 48 76;
Institut für Staats- und Verwaltungsrecht, Universität Wien,
Schottenbastei 10–16, A-1010 Wien,
(00 43-1) 4 01 03 od. 31 54, Fax (00 43-1) 5 33 76 93

183. *Korioth*, Dr. Stefan, Professor,
Rechts- u. staatswissenschaftl. Fakultät,
Ernst-Moritz-Arndt-Universität, Domstraße 20a,
17489 Greifswald, (0 38 34) 86 21 51, Fax (0 38 34) 86 20 02

184. *Krause*, Dr. Peter, o. Professor,
Weinbergstr.12, 54317 Korlingen, (0 65 88) 73 33;
Universität Trier, 54286 Trier, (06 51) 201-25 87,
Fax (06 51) 201-38 03

185. *Krawietz*, Dr. Werner, o. Professor,
Nienbergweg 29, 48161 Münster, (02 51) 86 14 51;
Lehrstuhl für Rechtssoziologie, Universität Münster,
Bispinghof 24–25, 48143 Münster, (02 51) 83 25 91

186. *Krebs*, Dr. Walter, Professor,
Kaulbachstraße 33–35, 12247 Berlin, Tel/Fax (030) 771 07 58;
Freie Universität Berlin, Boltzmannstr. 4, 14195 Berlin,
(0 30) 8 38-59 21, Fax (0 30) 8 38-59 22

187. *Kreßel*, Dr. Eckhard, Professor,
Spiegelstr. 1, 97070 Würzburg;
Universität Würzburg, 97070 Würzburg, (09 31) 3 13 05

188. *Kriele*, Dr. Martin, o. Professor,
Richard-Wagner-Str. 10, 51375 Leverkusen, (0214) 515 64;
Universität Köln, 50678 Köln, (0221) 470 22 30

189. *Kröger*, Dr. Klaus, Universitätsprofessor,
Hölderlinweg 14, 35396 Gießen, (06 41) 522 40;
Universität Gießen, 35394 Gießen, (06 41) 99 23 130,
Fax (06 41) 99 23 059

190. *Krüger*, Dr. Hartmut, Professor,
Sielsdorfer Str. 10, 50935 Köln, (02 21) 43 49 27;
Universität Köln, Institut für Deutsches und Europäisches
Wissenschaftsrecht, Albertus-Magnus-Platz, 50923 Köln,
(02 21) 4 70 29 49, Fax (02 21) 2 15 703

191. *Küchenhoff*, Dr. Erich, Professor,
Dachsleite 65, 48157 Münster, (02 51) 24 72 71;
Universität Münster, 44780 Münster,
(02 51) 83-27 06 od. -27 05

192. *Kühne*, Dr. Jörg-Detlef, Professor,
Münchhausenstr. 2, 30625 Hannover, (0511) 55 65 63;
Universität Hannover, Königsworther Platz 1,
30167 Hannover, (05 11) 7 62-82 25 od. -82 26

193. *Kunig*, Dr. Philip, Professor,
Institut f. Staatslehre, Staats- u. Verwaltungsrecht,
FU Berlin, Thielallee 52, 14195 Berlin,
(0 30) 8 38-30 10, Fax (0 30) 8 38-30 11

194. *Lange*, Dr. Klaus, Universitätsprofessor,
Lilienweg 22, 35423 Lich, (0 64 04) 56 81;
Universität Gießen, (06 41) 99 211 80 od. -81,
Fax (06 41) 99 211 89

195. *Laubinger*, Dr. Hans-Werner, M.C.L., Professor,
Philipp-Wasserburg-Str. 45, 55122 Mainz, (0 61 31) 4 31 91;
Universität Mainz, 55099 Mainz, (0 61 31) 39 59 42

196. *Laurer*, DDr. Hans René, a.o. Universitätsprofessor,
Scheffergasse 27a, A-2340 Mödling, (00 43-26 36) 2 04 02;
Wirtschafts-Universität, Augasse 2–6, A-1190 Wien,
(00 43-1) 31 336 od. 46 69 od. 41 58

197. *Lecheler*, Dr. Helmut, o. Professor,
FU Berlin, Institut für Völkerrecht, Europarecht,
u. ausl. öffentl. Recht, Ehrenbergstraße 17, 14195 Berlin,
(0 30) 83 84 949, Fax (0 30) 83 82 071

198. *Lehner*, Dr. Moris, Universitätsprofessor,
Holsteinische Str. 26, 10717 Berlin;
Lehrstuhl für Öffentliches Recht und Steuerrecht, FU Berlin,
Van't-Hoff-Str. 8, 14195 Berlin,
(0 30) 8 38-21 65 oder 21 66, Fax (0 30) 8 38 40 88

199. *Leisner*, Dr. Walter, o. Professor,
Pienzenauerstr. 99, 81925 München, (089) 98 94 65;
Universität Erlangen, 91054 Erlangen, (09131) 85 22 60

200. *Lerche*, Dr. Peter, o. Professor,
Junkersstr. 13, 82131 Gauting, (0 89) 8 50 20 88;
Universität München, Professor-Huber-Platz 2,
80539 München, (0 89) 21 80-33 35

201. *Link*, Dr. Heinz-Christoph, o. Professor,
Staffelweg 4, 91054 Erlangen, (0 91 31) 20 93 35;
Hans-Liermann-Institut für Kirchenrecht, Hindenburgstr. 34
91054 Erlangen, (0 91 31) 85 22 42

202. *Lipphardt*, Dr. Hanns-Rudolf, apl. Professor,
Auf der Weide 7, 69126 Heidelberg, (0 62 21) 38 23 12;
Universität Heidelberg, 69120 Heidelberg, (0 62 21) 41 03 21

203. *Listl*, Dr. Joseph, o. Professor,
Universitätsstr. 10, 86159 Augsburg, (08 21) 59 827 20 od. -30
dienstl. (stets für die Post benutzen!):
Institut f. Staatskirchenrecht der Diözesen Deutschlands,
Lennéstr. 15, 53113 Bonn

204. *Löwer*, Dr. Wolfgang, Professor,
Hobsweg 15, 53125 Bonn, (02 28) 25 06 92,
Fax (02 28) 25 04 14;
Universität Bonn, Adenauerallee 24–42, 53113 Bonn

205. *Lorenz*, Dr. Dieter, o. Professor,
Bohlstr. 21, 78465 Konstanz, (0 75 33) 68 22;
Universität Konstanz, Postfach 55 60 D 100,
78434 Konstanz, (0 75 31) 88 25 30

206. *Losch*, Dr. Dr. Bernhard, Professor,
Dürerstr. 9, 42119 Wuppertal, (02 02) 42 35 25;
Bergische Universität – Gesamthochschule Wuppertal, FB 1,
Gesellschaftswissenschaften, Gaußstr. 20, 42097 Wuppertal,
(02 02) 4 39-22 85/22 81, Fax (02 02) 4 39-29 27

207. *Loschelder*, Dr. Wolfgang, Professor,
Schlüterstr. 3, 14471 Potsdam, (03 31) 97 36 80;
Universität Potsdam, Postfach 90037,
August-Bebel-Str. 89, 14439 Potsdam, (03 31) 9 77-34 12

208. *Luchterhandt*, Dr. Otto, Professor,
Eißendorfer Str. 98, 21073 Hamburg;
Seminar für Deutsche und Nordische Rechtsgeschichte,
Universität Hamburg, Moorweidenstr. 7, 20148 Hamburg

209. *Lübbe-Wolff*, Dr. Gertrude, Professorin,
Kollwitzstr. 55, 33613 Bielefeld, (05 21) 88 26 59;
Universität Bielefeld, Universitätsstr. 25, 33615 Bielefeld,
(05 21) 106-43 86

210. *Lücke*, Dr. Jörg, LL.M (Berkeley), Universitätsprofessor,
Körnerstr. 5 a, 53173 Bonn, (02 28) 35 61 10;
FB Rechts- und Wirtschaftswissenschaften,
Universität Mainz, Jakob-Welder-Weg 9, 55099 Mainz,
(0 61 31) 39-33 75, Fax (0 61 31) 39-35 29

211. *Magiera*, Dr. Siegfried, o. Professor,
Feuerbachstr. 1, 67354 Römerberg, (0 62 32) 8 48 98;
Hochschule Speyer, Freiherr-vom-Stein-Str. 2–6,
67324 Speyer, (0 62 32) 65 43 48 od. -331,
Fax (0 62 32) 65 42 08

212. *Majer*, Dr. Diemut, Professorin,
Welfenstr. 30, 76137 Karlsruhe, (0721) 81 65 50 od-41 12;
Fachhochschule f. Öff. Verwaltg., Bundeswehrverw.,
Seckenheimer Landstr. 8–10, 68163 Mannheim,
(0621) 40 80 91

213. *v. Mangoldt*, Dr. Hans, Professor,
Goetheweg 1, 72147 Nehren, (0 74 73) 79 08;
Universität Tübingen, Wilhelmstr.7, 72074 Tübingen,
(0 70 71) 29 33 02

214. *Manssen*, Dr. Gerrit, Universitätsprofessor,
Birkenweg 3, 17498 Weitenhagen, (01 72) 3 82 21 54;
Rechts- und Staatswissenschaftliche Fakultät,
Ernst-Moritz-Arndt-Universität Greifswald, 17487 Greifswald,
(0 38 34) 63-3 60

215. *Mantl*, Dr. Wolfgang, o. Universitätsprofessor,
Wiener Str. 256/XI/33, A-8051 Graz XIII,
(00 43-3 16) 68 13 06;
Universität Graz, (00 43-316) 3 80-33 70

216. *März*, Dr. Wolfgang, Privatdozent,
Charlottenstr. 6, 72070 Tübingen, (0 70 71) 4 46 76;
Juristische Fakultät, Universität Tübingen, Wilhelmstraße 7,
72074 Tübingen, (0 70 71) 29 72 695, Fax (0 70 71) 29 50 39

217. *Marko*, Dr. Josepf, Universitätdozent,
Kasernstr. 35, A-8010 Graz, (00 43-3 16) 46 22 38;
Universität Graz, Elisabethstr. 27, A-8010 Graz,
(00 43-3 16) 3 80-0, Fax (00 43-3 16) 38 40 93

218. *Marti*, Dr. Hans, a.o. Professor,
Waldriedstr. 29, CH-3074 Bern, (00 41 31) 52 12 66;
dienstl., (00 41 31) 22 16 83

219. *Maurer*, Dr. Hartmut, o. Professor,
Säntisblick 10, 78465 Konstanz, (0 75 33) 13 12;
Universität Konstanz, (07 53 1) 88 36 57,
Fax (07 53 1) 88 31 96

220. *Mayer-Tasch*, Dr. Peter Cornelius, Professor,
Am Seeberg 11, 86938 Schondorf, (0 81 92) 86 68;
Universität München, Prof.-Huber-Platz 2, 80539 München,
(0 89) 21 80-30 20 od. -30 21, Fax (0 89) 21 80-30 22

221. *Meessen*, Dr. Karl Matthias, Professor,
Zobelstr. 18, 86153 Augsburg, (08 21) 55 59 89;
Universität Jena, (0 36 41) 63 16 34, Fax (0 36 41) 63 16 33

222. *Meissner*, Dr. Boris, o. Professor,
Kleine Budengasse 1, 50667 Köln, (02 21) 23 97 54

223. *Melichar*, Dr.Dr.h.c. Erwin, o. Universitätsprofessor,
Schulerstr. 20, A-1010 Wien I;
dienstl. (00 43-1) 5 13 12 70

224. *Meng*,, Dr. Werner, Universitätsprofessor
Lafontainestr. 26, 06114 Halle, (03 45) 522 36 45;
Martin-Luther-Universität Halle-Wittenberg, Advokatenweg 37,
06114 Halle, (03 45) 55 23 181, Fax (03 45) 55 27 201

225. *Menger*, Dr. Christian-Friedrich, o. Professor,
Piusallee 109, 48147 Münster, (02 51) 2 30 33 15;
Universität Münster, (02 51) 83 27 41

226. *Merli*, Dr. Franz, Universitätsprofessor,
Zähringerstr. 71, 69115 Heidelberg;
od. Grieskai 50/6, A-8020 Graz;
Juristisches Seminar, Universität Heidelberg,
Friedrich-Ebert-Anlage 6–10, 69117 Heidelberg,
(0 62 21) 54 77 08, Fax (0 62 21) 54 76 54

227. *Merten*, Dr. Dr. Detlef, o. Professor,
Von-Dalberg-Str. 8, 67487 St. Martin, (0 63 23) 18 75;
Hochschule für Verwaltungswiss., Freiherr-vom-Stein-Str. 2–6,
67346 Speyer, (0 62 32) 6 54-3 49; od. -3 30

228. *Meyer*, Dr. Dr. h. c. Hans, Professor,
Georg-Speyer-Str. 28, 60487 Frankfurt a. M., (0 69) 77 57 94;
FB Rechtswissenschaften, Universität Frankfurt,
Senckenberganlage 31, 60325 Frankfurt a. M.,
(0 69) 79 82 38 63, Fax (0 69) 79 82 38 64

229. *Meyn*, Dr. Karl-Ulrich, Professor,
Leyer Str. 36, 49076 Osnabrück, (05 41) 12 64 82;
Universität Jena, Carl-Zeiss-Str. 3, 07740 Jena,
(0 36 41) 63 20 15, Fax (0 36 41) 63 16 22

230. *Mößle*, Dr. Dr. Wilhelm, o. Professor,
Heinr.-Heine-Str. 22, 95447 Bayreuth, od.
Postfach 100 808, 95408 Bayreuth;
Universität Bayreuth, Universitätsstr. 30, Gebäude RW,
95447 Bayreuth, (09 21) 55 28 66

231. *Mössner*, Dr. Jörg Paul, Professor,
Uhlandstr. 53, 49134 Wallenhorst, (0 54 07) 5 92 96,
Fax (0 54 07) 45 09;
FB 10, Universität Osnabrück, Martinistr. 10,
49069 Osnabrück, (05 41) 9 69-61 61, Fax (05 41) 9 69-61 67

232. *Morlok*, Dr. Martin, Professor,
Beethovenstraße 34 a, 07743 Jena, (0 36 41) 505 38;
Lehrstuhl für Öffentliches Recht, Rechtstheorie
u. Rechtssoziologie Universität Jena, Carl-Zeiss-Str. 3,
07743 Jena, (0 36 41) 63 16 25, Fax (0 36 41) 63 16 27

233. *Morscher*, Dr. Siegbert, o. Universitätsprofessor,
Tschiggyfreystr. 11a, A-6020 Innsbruck, (00 43-5 12) 28 62 10;
Universität Innsbruck, (00 43-5 12) 5 07-82 10 od. -82 11,
Fax (00 43-5 12) 5 07-28 28

234. *Mosler*, Dr. Dr.h.c. Hermann, Professor,
Mühltalstr. 117a, 69121 Heidelberg, (0 62 21) 48 00 82

235. *Muckel*, Dr. Stefan, Privatdozent,
Ottostraße 47, 50823 Köln, (02 21) 55 67 41;
Institut für Kirchenrecht und rheinische
Kirchenrechtsgeschichte, Universität Köln, 50923 Köln,
(02 21) 47 02 288 od. 37 77

236. *Müller*, Dr. Georg, o. Professor,
Sugenreben 10, CH-5015 Untererlinsbach, (00 41-62) 8 44 38 73;
Universität Zürich, Wilfriedstr. 6, CH-8032 Zürich,
(00 41-1) 2 57-30 03 od. 30 04, Fax (00 41-1) 2 61-04 88

237. *Müller*, Dr. Jörg Paul, o. Professor,
Kappelenring 42a, CH-3032 Hinterkappelen,
(00 41 31) 901 05 70;
Seminar für Öffentliches Recht, Hochschulstraße 4,
CH-3012 Bern, (00 41-31) 631 88 94 oder 88 99,
Fax (00 41-31) 631 38 83

238. *Müller-Volbehr*, Dr. Jörg, Universitätsprofessor,
Universität Marburg, Universitätsstr. 6, 35037 Marburg,
(0 64 21) 2 83-8 10

239. *v. Münch*, Dr. Dr. h. c. Ingo, Professor,
Hochrad 9, 22605 Hamburg, (0 40) 82 96 24;
Universität Hamburg, (0 40) 41 23 46 01, Fax (0 40) 41 23 62 62

240. *Murswiek*, Dr. Dietrich, Universitätsprofessor,
Lindenaustr. 17, 79199 Kirchzarten, (0 76 61) 99 237;
Institut für Öffentliches Recht, Universität Freiburg,
79085 Freiburg, (07 61) 2 03-22 37 od. -22 41,
Fax (0 761) 2 03-22 40

241. *Mußgnug*, Dr. Reinhard, o. Professor,
Keplerstr. 40, 69120 Heidelberg, (0 62 21) 4 62 22;
Universität Heidelberg, Friedrich-Ebert-Anlage 6–10,
69117 Heidelberg, (0 62 21) 54 74 66

242. *v. Mutius*, Dr. Albert, o. Professor,
Hof Altwasser, 24811 Brekendorf, (0 42 53) 5 15;
Universität Kiel, 24098 Kiel, (04 31) 8 80 35 36

243. *Neumann*, Dr. Volker, Professor,
Juristische Fakultät, Universität Rostock,
Möllner Str. 10, 18109 Rostock, (03 81) 4 98 37 95,
Fax (03 81) 4 98 37 70

244. *Nicolaysen*, Dr. Gert, Professor,
Bockhorst 68a, 22589 Hamburg, (0 40) 8 70 17 47;
Universität Hamburg, (0 40) 41 23-46 88,
Fax (0 40) 41 23-62 52

245. *Nierhaus*, Dr. Michael, Professor,
Am Moosberg 1 c, 50997 Köln, (0 22 36) 6 36 29;
Universität Potsdam, Juristische Fakultät,
(03 31) 9 77-32 84, od. -35 19, Fax (03 31) 9 77- 35 35;
od. Kommunalwissenschaftliches Institut der
Universität Potsdam, (03 31) 9 77-32 52 od. -32 15,
Fax (03 31) 9 77-45 31

246. *Novak*, Dr. Richard, o. Professor,
Thadd.Stammel-Str. 8, A-8020 Graz, (00 43-3 16) 5 35 16;
Universität, (00 43-3 16) 3 80-33 71

247. *Oberndorfer*, Dr. Peter, o. Professor,
Wolfauerstr. 94, A-4045 Linz, (00 43-70) 34 96 94

248. *Oebbecke*, Dr. Janbernd, Universitätsprofessor,
Kronacher Weg 36, 40627 Düsseldorf, (02 11) 27 48 34;
Universität Düsseldorf, Universitätsstraße 1,
40225 Düsseldorf, (02 11) 3 90 90-20,
Fax (02 11) 3 90 90-24

249. *Öhlinger*, Dr. Theo, o. Universitätsprofessor,
Tolstojgasse 5/6, A-1130 Wien, (00 43-1) 8 77 12 60;
Universität Wien, Schottenbastei 10–16, A-1010 Wien,
(00 43-1) 4 01 03-31 36

250. *Oldiges*, Dr. Martin, Universitätsprofessor,
Am Voßberge 6, 33615 Bielefeld, (05 21) 12 18 32;
Universität Leipzig, Juristenfakultät, Otto-Schill-Str. 2,
04109 Leipzig, (03 41) 97-3 51 31, Fax (03 41) 97- 3 51 39

251. *v. Olshausen*, Dr. Henning, o. Professor,
Johann-Fesser-Str. 10, 67227 Frankenthal, (0 62 33) 2 05 04;
Universität Mannheim, (06 21) 2 92-55 97 od. -56 31

252. *Oppermann*, Dr. Dr. h.c. Thomas, o. Professor,
Burgholzweg 122, 72070 Tübingen, (0 70 71) 4 95 33,
Fax (0 70 71) 4 47 02;
Universität Tübingen, (0 70 71) 29 78 101,
Fax (0 70 71) 29 43 58

253. *Ossenbühl*, Dr. Fritz, Professor,
Im Wingert 12, 53340 Meckenheim, (0 22 25) 1 74 82;
Universität Bonn, 53113 Bonn, (02 28) 73 55-72 od. -73

254. *Osterloh*, Dr. Lerke, Universitätsprofessorin,
Esperantostr. 28, 60598 Frankfurt a. M., (0 69) 6 31 16 38;
Institut für Öffentliches Recht, Universität Frankfurt,
Postfach 11 19 32, 60054 Frankfurt a. M.,
(0 69) 7 98-2 27 11 od. 2 86 11, Fax (0 69) 79 82 25 62

255. *Papier*, Dr. Hans-Jürgen, o. Professor,
Mitterfeld 5 a, 82327 Tutzing, (0 81 58) 99 32 40/41,
Fax (0 81 58) 96 94;
Institut für Politik und Öffentliches Recht,
Universität München, Prof.-Huber-Platz 2, 80539 München,
(0 89) 21 80-62 94 od. -6295, Fax (0 89) 34 14 40

256. *Pauger*, Dr. Dietmar, Universitätsprofessor,
Engelgasse 51, A-8010 Graz, (00 43-3 16) 3 17 97;
Universität Graz, Universitätsplatz 3, A-8010 Graz,
(00 43-3 16) 3 80-33 75

257. *Pauly*, Dr. Walter, Professor,
Herweghstr. 1, 06114 Halle;
Lehrstuhl für Öffentliches Recht, Neuere Rechtsgeschichte
u. Rechtsphilosophie, Martin-Luther-Universität, 06099 Halle,
(03 45) 83 24 62, Fax (03 45) 29 515

258. *Pechstein*, Dr. Matthias, Universitätsprofessor,
Lindenallee 40, 14050 Berlin, (0 30) 3 01 94 17,
Fax (0 30) 3 01 94 17;
Jean-Monnet-Institut für Öffentliches Recht u. Europarecht,
Europa-Universität Viadrina Frankfurt/O,
Große Scharrnstr. 59, 15230 Frankfurt/O,
(03 35) 5 53 47 60

259. *Peine*, Dr. Franz-Joseph, Professor,
Kurpromenade 71 b, 14089 Berlin, (0 30) 3 65 61 93;
Georg-August-Universität, Platz der Göttinger Sieben 6,
37073 Göttingen, (05 51) 39 47 23, Fax (05 51) 39 79 78

260. *Pernice*, Dr. Ingolf, Universitätsprofessor,
Forsthausstr. 6, 61479 Glashütten,
(0 61 74) 61 61 3 od. 96 42 29;
Lehrstuhl für Öffentliches Recht, Völker- u. Europarecht,
Humboldt-Universität Berlin, Unter den Linden 6,
10099 Berlin, (0 30) 20 93-34 40, Fax (0 30) 20 93-34 49

261. *Pernthaler*, Dr. Peter, o. Universitätsprofessor,
Philippine-Welser-Str. 27, A-6020 Innsbruck,
(00 43-5-12) 41 82 84;
Universität Innsbruck, Innrain 80, A-6020 Innsbruck,
(00 43-5 12) 5 07 26 70

262. *Pesendorfer*, Dr. Wolfgang, Universitätsprofessor,
Vizepräsident d. Verwaltungsgerichtshofs Wien,
Judenplatz 11, A-1014 Wien 1, (00 43-1) 0222 53 111-254,
Fax (00 43-1) 0222 53 28 921

263. *Graf v. Pestalozza*, Dr. Christian, o. Professor,
FU Berlin, Thielallee 52, 14195 Berlin, (0 30) 8 38-30 14

264. *Petersmann*, Dr. Ernst-Ulrich, o. Professor,
35, Chemin des Voisons, CH-1246 Coppet,
(00 41-22) 7 76 57 30;
Europa-Institut, Hochschule St. Gallen, Bodanstr. 4,
CH-9000 St. Gallen, (00 41-71) 30 24 46,
Fax (00 41-71) 30 24 41

265. *Pieroth*, Dr. Bodo, Professor,
Zumsandestr. 31, 48145 Münster, (02 51) 3 94-1 59;
Lehrstuhl für Öffentliches Recht, Universität Münster,
Wilmergasse 28, 48143 Münster, (02 51) 51 04 90,
Fax (02 51) 51 04 919

266. *Pietzcker*, Dr. Jost, Professor,
Hausdorffstr. 95, 53129 Bonn, (02 28) 23 39 54;
Universität Bonn, 53113 Bonn, (02 28) 73 91 77

267. *Pirson*, Dr. Dr. Dietrich, o. Professor,
Brunnenanger 15, 82418 Seehausen, (0 88 41) 4 78 68;
Universität München, Prof.-Huber-Weg 2, 80539 München,
(0 89) 21 80-27 15

268. *Pitschas*, Dr. Rainer, o. Universitätsprofessor,
Marktstr. 35, 76829 Landau, (0 63 41) 8 88 29;
Universität Speyer, Postfach 14 09, 67324 Speyer,
(0 62 32) 654-321, Fax (0 62 32) 654-208

269. *Potacs*, Dr. Michael, Universitätsdozent,
Leidesdorfgasse 11–13/1/14, A-1090 Wien,
(00 43-1) 3 24 66 23;
Institut für Verfassungs- und Verwaltungsrecht
Wirtschaftsuniversität Wien, Augasse 2–6, A-1090 Wien,
(00 43-1) 3 13 36/46 67

270. *Preuß*, Dr. Ulrich K., Professor,
Eichendorffstr. 15, 28211 Bremen;
Zentrum für Europäische Rechtspolitik, Universität Bremen,
Universitätsallee GW 1, 28359 Bremen, (04 21) 2 18 22 47,
Fax (04 21) 2 18 34 03

271. *Püttner*, Dr. Günter. o. Professor,
Mörikestr. 21, 72076 Tübingen, (0 70 71) 6 63 94;
Universität Tübingen, 72074 Tübingen,
(0 70 71) 29 52-62 od. -63, Fax (0 70 71) 29 49 05

272. *Puhl*, Dr. Thomas, o. Professor,
In der Aue 26a, 69118 Heidelberg, (0 62 21) 80 36 64;
Universität Mannheim, Schloß W 115, 68131 Mannheim,
(06 21) 292.15 33

273. *Quaritsch*, Dr. Helmut, o. Professor,
Otterstadter Weg 139, 67346 Speyer, (0 62 32) 6 31 81;
Hochschule für Verwaltungwiss.,
Freiherr-vom-Stein-Str. 2–6, 67346 Speyer,
(0 62 32) 6 54-3 34, Fax (0 62 32) 6 54-3 05

274. *Rack*, Dr. Reinhard, a.o. Universitätsprofessor,
Obere Teichstr. 19, A-8010 Graz, (00 43-3 16) 43 88 42;
Universität Graz, (00 43-3 16) 3 80-33 73

275. *Randelzhofer*, Dr. Albrecht, o. Professor,
Wulffstr. 12, 12165 Berlin, (0 30) 7 92 60 85;
FU Berlin, Ehrenbergstr. 17, 14195 Berlin

276. *Raschauer*, Dr. Bernhard, o. Universitätsprofessor,
Pfeilgasse 7/2/6, A-1080 Wien, (00 43-1) 4 08 33 53;
Universität Wien, Schottenbastei 10–16, A-1010 Wien,
(00 43-1) 40 1 03 31 44, Fax (00 43-1) 5 35 52 02

277. *Rasenack*, Dr. Christian A.L., LL.M., Professor,
Taunustr. 8, 12309 Berlin, (0 30) 7 45 25 43;
TU Berlin, Institut für Rechtswissenschaft, H 81,
Straße des 17. Juni 135, 10623 Berlin,
(0 30) 31 42-58 74 od. -58 75, Fax (0 30) 7 45 25 43

278. *Rauschning*, Dr. Dr. h.c. Dietrich, o. Professor,
Rodetal 1, 37120 Bovenden, (0 55 94) 93 174,
Fax (0 55 94) 93 175;
Institut für Völkerrecht, Universität Göttingen,
Platz der Göttinger Sieben 5, 37073 Göttingen,
(05 51) 39 47 51

279. *Reinhardt*, Dr. Michael, LL.M., Professor,
Auf dem Stumpelrott 9, 50999 Köln, (02 21) 35 17 30;
Universität Trier, FB V, 65286 Trier, (06 51) 201-25 78

280. *Rengeling*, Dr. Hans-Werner, o. Professor,
Langeworth 143, 48159 Münster, (02 51) 21 20 38;
Universität Osnabrück, Martinistr. 8, 49069 Osnabrück,
(05 41) 9 69-45 05 od. -45 04, Fax (05 41) 9 69-45 02

281. *Ress*, Dr. iur. Dr. rer.pol. Dr. h.c. mult., Georg,
Universitätsprofessor,
Am Botanischen Garten 6, 66123 Saarbrücken,
(06 81) 3 02 30 55;
Lehrstuhl für öffentliches Recht, Völkerrecht u. Europarecht,
Universität des Saarlandes, Europa-Institut, Postfach 11 50,
66041 Saarbrücken, (06 81) 3 02-25 03 od. -36 53,
Fax (06 81) 3 02 43 69

282. *Rhinow*, Dr. René, o. Professor, Ständerat,
Jurastr. 48, CH-4411 Seltisberg, (00 41-61) 9 11 99 35,
Fax (00 41-61) 9 11 82 88;
stets für Post benutzen: Institut für Rechtswissenschaft,
Maiengasse 51, CH-4056 Basel,
(00 41-61) 2 67-25 67, Fax (00 41-61) 2 67-25 68

283. *Riedel*, Dr. Eibe H., Universitätsprofessor,
Haagwiesenweg 19, 67434 Neustadt, (0 63 21/8 48 19;
Lehrstuhl für Deutsches und Ausländisches Öffentliches Recht,
Völkerrecht und Europarecht, Universität Mannheim,
Schloß/Westflügel, 68131 Mannheim,
(06 21) 2 92-56 07, od. -56 31, od. -33 69,
Fax (06 21) 2 92 57 04

284. *Rill*, Dr. Heinz Peter, Universitätsprofessor,
Peter-Jordan-Str. 145, A-1180 Wien, (00 43-1) 4 79-86 74;
Wirtschaftsuniversität Wien, (00 43 1) 3 13 36 46-65 od. -66

285. *Rinken*, Dr. Alfred, Professor,
Treseburger Str. 37, 28205 Bremen, (04 21) 44 07 62;
Universität Bremen, Bibliothekstr. 1, 28359 Bremen,
(04 21) 2 18-21 36

286. *Robbers*, Dr. Gerhard, Universitätsprofessor,
Dagobertstr. 17, 54292 Trier, (06 51) 5 37 10;
Universität Trier, Postfach 38 25, 54286 Trier,
(06 51) 20 12 542, Fax (06 51) 2 01-39 05

287. *Roellecke*, Dr. Gerd, o. Professor,
Kreuzackerstr. 8, 76228 Karlsruhe, (07 21) 49 17 39;
Universität Mannheim, 68131 Mannheim,
(06 21) 2 92 51 86

288. *Ronellenfitsch*, Dr. Michael, o. Professor,
Augusta-Anlage 15, 68165 Mannheim, (06 21) 41 23 34;
Universität Tübingen, Wilhelmstr. 7, 72074 Tübingen,
(0 70 71) 29 21 09, Fax (0 70 71) 29 49 05

289. *Rozek*, Dr. Jochen, Privatdozent,
Wittgasse 3, 94032 Passau, (08 51) 36 968;
Lehrstuhl für Staats- u. Verwaltungsrecht sowie
Wirtschaftsverwaltungsrecht, Universität Passau,
94030 Passau, (08 51) 509-22 23, Fax (08 51) 509-22 03

290. *Ruch*, Dr. Alexander, o. Professor, Ständerat,
Gartenstr. 85, CH-4052 Basel, (00 41-61) 2 72 36 22;
ETH Zentrum, D-REOK, Rämistr. 101, CH-8092 Zürich,
(00 41-1) 2 56 40 06

291. *Rudolf*, Dr. Walter, o. Professor,
Rubensallee 55a, 55127 Mainz, (0 61 31) 7 19 42;
FB Rechts- und Wirtschaftswissenschaften, Universität Mainz,
55099 Mainz, (0 61 31) 39-24 12, Fax (0 61 31) 39-54 39

292. *Rüfner*, Dr. Wolfgang, Professor,
Hagebuttenstr. 26, 53340 Meckenheim, (0 22 25) 71 07;
Universität Köln, 50923 Köln, (02 21) 4 70-26 79 od. -37 77

293. *Ruland*, Dr. Franz, Professor,
Im Langenfeld 17a, 61350 Bad Homburg, (0 61 72) 3 11 09;
Verband der Deutschen Rentenversicherungsträger,
Eysseneckstr. 55, 60322 Frankfurt a. M., (0 69) 1 52 22 00

294. *Rupp*, Dr. Hans Heinrich, o. Professor,
Am Marienpfad 29, 55128 Mainz, (0 61 31) 3 45 88

295. *Sachs*, Dr. Michael, Universitätsprofessor,
Dattenfelder Str. 7, 51109 Köln, (02 21) 84 46 57,
Fax (02 21) 84 06 70;
Lehrstuhl für Staats- und Verwaltungsrecht, Universität Düsseldorf, Universitätsstr. 1, 40225 Düsseldorf,
(02 11) 3 11 53 51, Fax (02 11) 3 11 53 55

296. *Saladin*, Dr. Dr. h.c. Peter, o. Professor,
Forrerstr. 26, CH-3006 Bern, (00 41-31) 3 52 80 06;
dienstl., (00 41-31) 6 31 88 94, Fax (00 41-31) 6 31 38 83

297. *Salzwedel*, Dr. Jürgen, o. Professor,
Siebengebirgsstr. 86, 53229 Bonn, (02 28) 48 17 10;
c/o Gaedertz, Vieregge, Quack, Kreile, Köln,
(02 21) 77 16-2 16, Fax (02 21) 77 16-1 10

298. *Sattler*, Dr. Andreas, Professor,
Ludwig-Beck-Str. 17, 37075 Göttingen, (05 51) 2 23 40

299. *Schachtschneider*, Dr. Karl Albrecht, o. Professor,
Hubertusstraße 6, 94091 Nürnberg, (09 11) 59 94 36;
Wirtschafts- u. Sozialwissenschaftliche Fakultät,
Universität Erlangen-Nürnberg, 90403 Nürnberg,
(09 11) 53 02-3 29

300. *Schäffer*, Dr. Heinz, o. Universitätsprofessor,
Große Neugasse 6/14, A-1040 Wien, (00 43-1) 581 17 21;
Universität Salzburg, Kapitelgasse 5–7, A-5020 Salzburg,
(00 43 6 62) 80 44-36 31, Fax (00 43 6 62) 80 44-3 03

301. *Schambeck*, Dr.Dr.h.c. mult. Herbert, o. Universitätsprofessor,
Hofzeile 21, A-1190 Wien, (00 43-1) 36 34 94;
Universität Linz, (00 43-7 32) 24 68/4 24

302. *Schenke*, Dr. Wolf-Rüdiger, o. Professor,
Beim Hochwald 30, 68305 Mannheim, (06 21) 74 42 00;
Universität Mannheim, 68131 Mannheim, (06 21) 2 92 52 14

303. Scherer, Dr. Joachim, LL.M., apl. Professor,
Privatweg 9, 64342 Seeheim-Jugenheim, (0 62 57) 23 14;
Kanzlei Döser Amereller Noack / Baker & McKenzie,
Bethmannstr. 50–54, 60311 Frankfurt a. M.,
(0 69) 29 90 81 89, Fax (0 69) 29 90 81 08

304. *Scheuing*, Dr. Dieter H., o. Professor,
Finkenstr. 17, 97204 Höchberg, (09 31) 4 83 31,
Fax (09 31)40 81 98
Universität Würzburg, 97070 Würzburg,
(09 31) 31 23 24, Fax (09 31) 31 23 17

305. *Schick*, Dr. Walter, o. Professor,
Strindbergstr. 27, 90482 Nürnberg, (09 11) 50 14 22;
Universität Erlangen-Nürnberg, Postfach, 90403 Nürnberg,
(09 11) 5 30 23 53 od. 4 96

306. *Schiedermair*, Dr. Hartmut, o. Professor,
Universität Köln, Gottfried-Keller-Str. 2, 50931 Köln,
(02 21) 470 23 64

307. *Schilling*, Dr. Theodor, Privatdozent,
13, rue de Moutfort, L-5355 Oetrange, (0 03 52) 35 85 76;
Gerichshof der EG, L-2925 Luxemburg, (0 03 52) 43 03-34 13

308. *Schindler*, Dr.Dr.h.c. Dietrich, Professor,
Lenzenwiesstr. 8, CH-8702 Zollikon;
Universität Zürich, (00 41-1) 3 91-71 18 od. 41 40,
Fax (00 41-1) 3 91-71 18

309. *Schlaich*, Dr. Klaus,o. Professor,
Wolkenburgstr. 2, 53757 St. Augustin, (0 22 41) 33 75 09;
Universität Bonn, (02 28) 73 91 25

310. *Schlink*, Dr. Bernhard, Professor,
Endenicher Allee 16, 53115 Bonn, (02 28) 65 23 58;
Institut für Öffentliches Recht, Humboldt-Universität Berlin,
Ziegelstr. 13 c, 10099 Berlin, (0 30) 20 93-19 05,
Fax (0 30) 20 93-19 06

311. *Schmid*, Dr. Gerhard, Professor,
Hochwaldstr. 24, CH-4059 Basel, (00 41-61) 3 31 84 25;
c/o Wenger, Mathys, Plattner, Aeschenvorstadt 55,
CH-4010 Basel, (00 41-61) 2 79-70 00,
Fax (00 41-61) 2 79-70 01

312. *Schmidt*, Dr. Reiner, o. Professor,
Bachwiesenstr. 5, 86459 Gessertshausen, (0 82 38) 41 11,
Fax (0 82 38) 49 37;
Lehrstuhl für Öffentliches Recht, Wirtschaftsverwaltungsrecht
und Umweltrecht, Universität Augsburg, Universitätsstr. 2,
86135 Augsburg, (08 21) 5 98-45 50, Fax (08 21) 5 98-45 52

313. *Schmidt*, Dr. Walter, Universitätsprofessor,
Brüder-Knauß-Str. 86, 64285 Darmstadt, (0 61 51) 6 47 10;
Universität Frankfurt, 60054 Frankfurt a. M.,
(0 69) 7 98 21 89

314. *Schmidt-Aßmann*, Dr. Eberhard, o. Professor,
Höhenstr. 30, 69118 Heidelberg, (0 62 21) 80 08 03;
Universität Heidelberg, 69117 Heidelberg, (0 62 21) 54 74 28

315. *Schmidt-Jortzig*, Dr. Edzard, o. Professor,
Bundesminister der Justiz
Bundesministerium der Justiz, 53170 Bonn,
(02 28) 58-0, Fax (02 28) 58-45 25;
Universität Kiel, 24118 Kiel, (04 31) 8 80-35 45

316. *Schmidt-Preuß*, Dr. Matthias, o. Professor,
Am Römerlager 23, 53117 Bonn, (02 28) 67 80 91;
Lehrstuhl für Öffentliches Recht, Institut für Staats- und Verwaltungsrecht, Universität Erlangen-Nürnberg,
Schillerstr. 1, 91054 Erlangen, (0 91 31) 8 54-7 81,
Fax (0 91 31) 85 64 39

317. *Schmitt Glaeser*, Dr. Dr. h. c. Walter, o. Professor,
Rübezahlweg 9 A, 95447 Bayreuth, (09 21) 3 20 70;
Universität Bayreuth, 95440 Bayreuth, (09 21) 55 29 42,
Fax (09 21) 55 29 96

318. *Schmitt-Kammler*, Dr. Arnulf, Universitätsprofessor,
Renthof 33, 35037 Marburg/Lahn, (0 64 21) 6 49 02;
Universität Köln, Rechtswissenschaftliche Fakultät,
Albertus-Magnus-Platz, 50923 Köln,
(02 21) 4 70-35 44 od. -35 00

319. *Schnapp*, Dr. Friedrich E., o. Professor,
Efeuweg 22, 44869 Bochum, (0 23 27) 7 42 13;
Universität Bochum, 44780 Bochum, (02 34) 7 00 22 39

320. *Schneider*, Dr. Hans, o. Professor,
Ludolf-Krehl-Str. 44, 69120 Heidelberg, (0 62 21) 48 03 81;
Universität Heidelberg, 69117 Heidelberg, (0 62 21) 54 74 46

321. *Schneider*, Dr. Dr. h.c. Hans-Peter, o. Professor,
Echternfeld 16, 30657 Hannover, (05 11) 65 08 58,
Fax (05 11) 65 05 99;
FB Rechtswissenschaften, Universität Hannover,
Königsworther Platz 1, 30167 Hannover,
(05 11) 7 62-81 85 od. 81 86

322. *Schneider*, Dr. Litt.D. h.c. Peter, o. Professor,
Goldenluftgasse 4, 55116 Mainz, (0 61 31) 22 32 73

323. *Schoch*, Dr. Friedrich, o. Professor,
Kastelbergstr. 19, 79189 Bad Krozingen, (0 76 33) 948 104,
Fax (0 76 33) 948 105;
Institut für Öffentliches Recht, Universität Freiburg,
Postfach, 79085 Freiburg, (07 61) 2 03-22 57 od. 22 58

324. *Scholler*, Dr. Heinrich, Professor,
Zwengauerweg 5, 81479 München, (0 89) 79 64 24;
Universität München, Institut für Politik und
Öffentliches Recht, Ludwigstr. 28/RG, 80539 München,
(0 89) 21 80-27 24

325. *Scholz*, Dr. Rupert, o. Professor,
Koenigsallee 71a, 14193 Berlin;
Universität München, Institut für Politik und
Öffentliches Recht, Ludwigstr. 28/RG, 80539 München,
089/21 80-21 13

326. *Schröder*, Dr. Meinhard, o. Professor,
Zum Wingert 2, 54318 Mertesdorf, (06 51) 5 78 87;
Universität Trier, 54286 Trier, (06 51) 2 01 25 86

327. *Schulte*, Dr. Martin, Professor,
Thomas-Mann-Straße 10, 01219 Dresden, (03 51) 47 22 550;
Lehrstuhl für Öffentliches Recht, Umwelt- und Technikrecht,
Juristische Fakultät, TU Dresden, von-Gerber-Bau,
Bergstr. 53, 01069 Dresden, (03 51) 4 63-73 62,
Fax (03 51) 4 63-72 20

328. *Schulze-Fielitz*, Dr. Helmuth, Professor,
Drosselbartstr. 8, 81739 München, (0 89) 60 10 469,
Fax (0 89) 60 10 462;
Institut für Öffentliches Recht, Umweltrecht und
Verwaltungswissenschaften, Universität Würzburg,
Domerschulstr. 16, D-97070 Würzburg, (09 31) 31 23 31/2,
Fax (09 31) 31 23 17

329. *Schuppert*, Dr. Gunnar Folke, Professor,
Brüsseler Straße 9, 13353 Berlin, (0 30) 4 54 58 96;
Humboldt-Universität, Ziegelstr. 13, 10099 Berlin,
(0 30) 20 93-35 02, Fax (0 30) 20 93-33 44

330. *Schwabe*, Dr. Jürgen, Professor,
Erlenweg 1, 21614 Buxtehude, (0 41 61) 8 71 41;
Universität Hamburg, 20146 Hamburg, (0 40) 41 23 44 54

331. *Schwarze*, Dr. Jürgen, Professor,
Universität Freiburg, Institut für Öffentliches Recht,
Europaplatz 1, 79098 Freiburg, (07 61) 2 03-22 38, od. -22 51
Fax (07 61) 2 03-22 34

332. *Schwarzer*, Mag., Dr. Stephan, Universitätsdozent,
Rodlergasse 7/10, A-1190 Wien, (00 43-1) 3 69 17 46;
Bundeswirtschaftskammer, Wiedner Hauptstr. 63,
A-1045 Wien, (00 43-1) 5 01 05-41 95

333. *Schweitzer*, Dr. Michael, Professor,
Göttweiger Str. 135, 94032 Passau, (08 51) 3 45 33;
Universität Passau, 94032 Passau, (08 51) 5 09-3 13 od. -3 11

334. *Schweizer*, Dr. Rainer J., o. Professor,
Webergasse 8, CH-9000 St. Gallen, (00 41-71) 2 23 56 24;
Hochschule St.Gallen, Forschungsgemeinschaft für
Rechtswissenschaften, Tigerbergstr. 21, CH-9000 St.Gallen,
(00 41 71) 22 42 836, Fax (09 41 71) 22 42 162

335. *Schwerdtfeger*, Dr. Gunther, Universitätsprofessor,
Hülsebrinkstr. 23, 30974 Wennigsen/Deister, (0 51 03) 13 11;
FB Rechtswissenschaften, Universität Hannover,
Königsworther Platz 1, 30167 Hannover, (05 11) 7 62-82 80

336. *Seewald*, Dr. Otfried, o. Professor,
Peter-Griesbacher-Weg 11, 94032 Passau, (08 51) 3 51 45,
Fax (08 51) 3 51 45;
Universität Passau, Innstr. 40, Postfach 25 40, 94030 Passau,
(08 51) 50 9-23 40 od. -23 41, Fax (08 51) 5 09-23 42

337. *Seidl-Hohenveldern*, Dr. Dr. h.c. Ignaz, o. Professor,
Schwertgasse 4, A-1010 Wien I, (00 43-1) 5 33 15 60,
Fax (0043-1) 5 33 15 60

338. *Selmer*, Dr. Peter, Professor,
Akazienweg 9, 22587 Hamburg, (0 40) 86 47 43;
Universität Hamburg, 20146 Hamburg, (0 40) 41 23 45 76

339. *Siedentopf*, Dr. Dr. h.c. Heinrich, o. Professor,
Hauptstr. 170, 76829 Landau, (0 63 41) 6 07 57;
Hochschule für Verwaltungswiss.,
Freiherr-vom-Stein-Str. 2–6, 67324 Speyer,
(0 62 32) 6 54-3 65 od. -3 58

340. *Siekmann*, Dr. Helmut, Professor,
Hustadtring 143, 44801 Bochum;
Ruhr-Universität Bochum, Juristische Fakultät,
44780 Bochum, (02 34) 7 00 52 52

341. *Silagi*, Dr.Dr. Michael, Privatdozent,
Institut für Völkerrecht, Universität Göttingen,
Platz der Göttinger Sieben 5, 37073 Göttingen,
(05 51) 39-47 34

342. *Skouris*, Dr. Wassilios, Professor,
Nikolaou Manou 18, GR-54643 Thessaloniki,
(00 30-31) 83 14 44;
Universität Thessaloniki, (00 30 31) 47 34 03,
Fax (00 30-31) 43 41 00

343. *Sobota*, Dr. Katharina, Privatdozentin,
Kommunalwissenschaftliches Institut, Universität Münster,
Universitätsstraße 14–16, 48143 Münster

344. *Söhn*, Dr. Hartmut, o. Professor,
Eppanerstr. 9, 94036 Passau, (08 51) 5 85 20;
Universität Passau, 94032 Passau, (08 51) 50 91 92

345. *Sodan*, Dr. Helge, Privatdozent,
Mimberger Straße 4, 90592 Schwarzenbruck, (0 91 28) 15 495;
Lehrstuhl für Öffentliches Recht, Juristische Fakultät,
Universität Regensburg, 93040 Regensburg,
(09 41) 943-42 84 od. -26 67

346. *Sommermann*, Dr. Karl-Peter, Regierungsdirektor,
Forschungsinstitut für öffentliche Verwaltung,
Hochschule für Verwaltungswiss.,
Postfach 14 09, 67324 Speyer, (0 62 32) 654-387 od. -386,
Fax (0 62 32) 654-290

347. *Spannowsky*, Dr. Willy, Privatdozent,
Falkenweg 18, 72555 Metzingen, (0 71 23) 1 48 49 od.
Brucknerstr. 5, 69256 Mauer, (0 62 26) 23 67;
Lehrstuhl für Öffentliches Recht, Bau-, Planungs-,
Wirtschaftsverwaltungs- und Umweltrecht, Postfach 30 49,
67653 Kaiserslautern, (06 31) 2 05-39 75

348. *Staff*, Dr. Ilse, Universitätsprofessorin,
Am Forum 4, 65779 Kelkheim, (0 61 95) 33 08;
Universität Frankfurt, 60054 Frankfurt a. M.,
(0 69) 7 98 29 91

349. *Starck*, Dr. Christian, o. Professor,
Schlegelweg 10, 37075 Göttingen, (05 51) 5 54 54;
Universität Göttingen, Juristisches Seminar,
Platz der Göttinger Sieben 6, 37073 Göttingen,
(05 51) 3 97-4 12 od. -4 13

350. *Steiger*, Dr. Heinhard, Universitätsprofessor,
Oberhof 16, 35440 Linden, (06 41) 2 32 52;
Universität Gießen, 35394 Gießen, (06 41) 7 02 50 30

351. *Stein*, Dr. Ekkehart, o. Professor,
Christoph-Daniel-Schenck-Str. 20, 78464 Konstanz,
(0 75 31) 3 18 40;
Universität Konstanz, Postfach 55 60 D 104,
78434 Konstanz, (0 75 31) 88 23-29 od. -28

352. *Stein*, Dr. Torsten, Universitätsprofessor,
Ludolf-Krehl-Str. 1 b, 69120 Heidelberg,
Tel/Fax (0 62 21) 48 04 38;
Universität des Saarlandes, Europa-Institut,
Am Stadtwald, 66041 Saarbrücken,
(06 81) 3 02-45 67 od. -36 95, Fax (06 81) 3 02-48 79

353. *Steinberg*, Dr. Rudolf, Universitätsprofessor,
Wingertstr. 2a, 65719 Hofheim;
Universität Frankfurt, Senckenberganlage 31,
60054 Frankfurt a. M., (0 69) 7 98 24 38

354. *Steinberger*, Dr. Helmut, o. Professor,
MPI für Ausl. Öffentliches Recht und Völkerrecht,
Im Neuenheimer Feld 535, 69120 Heidelberg;
Juristisches Seminar, Universität Heidelberg,
Friedrich-Ebert-Anlage 6–10, 69117 Heidelberg
(0 62 21) 54-74 54 od. -74 55

355. *Steiner*, Dr. Udo, o. Professor,
Bundesverfassungsrichter,
Am Katzenbühl 5, 93055 Regensburg, (09 41) 70 09 13;
Universität Regensburg, 93040 Regensburg,
(09 41) 9 43-26 66 od. -26 67, Fax (09 41) 9 43-49 93,
od. Karlsruhe (07 21) 91 01-230 od. -231,
Fax (07 21) 91 01-382

356. *Stelzer*, Dr. Manfred, Universitätsprofessor,
Neblingergasse 8–10/11, A-1130 Wien, (00 43-1) 8 23-01-13;
Universiät Wien, Schottenbastei 10–16, A-1010 Wien,
(00 43-1) 4 01 03-31 41, Fax (00 43-1) 5 35 57 41

357. *Stern*, Dr. Dr. h.c. mult. Klaus, o. Professor,
Am Stockberger Busch 10, 51515 Kürten, (0 22 68) 61 67;
Universität Köln, 50923 Köln, (02 21) 4 70 22 89

358. *Stettner*, Dr. Rupert, Professor,
Jahnstr. 6, 85221 Dachau, (0 81 31) 1 32 44;
Insitut für Staatswissenschaften, Universität der
Bundeswehr München, Werner-Heisenberg-Weg 39,
85579 Neubiberg, (0 89) 60 04-38 64 od. -37 02 od. -20 43,
Fax (0 89) 60 04-28 41

359. *Stober*, Dr. Rolf, Professor,
Am Blütenhain 33, 48163 Münster, (0 25 36) 17 34,
Fax (0 25 36) 68 38;
Institut für Recht der Wirtschaft, Universität Hamburg,
Max-Brauer-Allee 60, 22765 Hamburg, (040) 41 23-46 37,
Fax (040) 41 23-64 41

360. *Stock*, Dr. Martin, Professor,
Lina-Oetker-Str. 24, 33615 Bielefeld, (05 21) 12 19 95;
Fakultät für Rechtswissenschaft, Universität Bielefeld,
Postfach 10 01 31, 33501 Bielefeld, (05 21) 1 06 43 89,
Fax (05 11) 1 06 44 31

361. *Stolleis*, Dr. Michael, Universitätsprofessor,
Waldstr. 15, 61476 Kronberg;
Universität Frankfurt, 60054 Frankfurt a. M.,
(0 69) 7 98 31 92

362. *Stolzlechner*, Dr. Harald, o. Universitätsprofessor,
Gneiser Straße 57, A-5020 Salzburg, (00 43-6 62) 82 39 35;
Universität Salzburg, (00 43-6 62) 80 44 36 01

363. *Streinz*, Dr. Rudolf, o. Professor,
Waldsteinring 26, 95448 Bayreuth, (09 21) 9 47 30;
Rechts- und Wirtschaftswiss. Fakultät, Universität Bayreuth,
95440 Bayreuth, (09 21) 55 35 20, Fax (09 21) 55 28 97

364. *Tettinger*, Dr. Peter J., o. Professor,
Bergstr. 30, 50999 Köln, (0 22 36) 6 68 56;
Universität Bochum, 44780 Bochum, (02 34) 7 00 52 75

365. *Thieme*, Dr. Werner, Professor,
Am Karpfenteich 58, 22339 Hamburg, (0 40) 5 38 49 92;
Universität Hamburg, 20146 Hamburg, (0 40) 41 23 45 69

366. *Thienel*, Dr. Rudolf, a.o. Universitätsprofessor,
Pfeilgasse 31/10, A-1080 Wien;
Institut für Staats- und Verwaltungsrecht,
Universität Wien, Schottenbastei 10–16, A-1010 Wien,
(00 43-1) 4 01 03-32 60, Fax (00 43-1) 5 33 40 99

367. *Thürer*, Dr. Daniel, o. Professor,
Abeggweg 20, CH-8032 Zürich, (00 41-1) 3 62 65 47;
Universität Zürich,
Institut für Völkerrecht und Ausländ. Verfassungsrecht,
Hirschgraben 40, CH-8001 Zürich, (00 41-1) 2 57 20 51,
Fax (00 41-1) 2 61 78 39

368. *Tomuschat*, Dr. Christian, Professor,
Humboldt-Universität zu Berlin, Institut für Völker- und Europarecht, Unter den Linden 6, 10099 Berlin,
(0 30) 20 93-33 35 od. -33 05 od. -33 22,
Fax (0 30) 20 93 33 65

369. *Trute*, Dr. Hans-Heinrich, Universitätsprofessor,
Wettinplatz 3, 01896 Pulsnitz, (03 59 55) 4 53 01;
TU Dresden, Juristische Fakultät, Mommsenstr. 13,
01062 Dresden, (03 51) 4 63-73 17 od. -73 18,
Fax (03 51) 4 63 72 08

370. *Trzaskalik*, Dr. Christoph, Professor,
Stockheimer Str. 30, 55128 Mainz, (0 61 31) 36 94 14;
Universität Mainz, Saarstr. 21, 55099 Mainz,
(0 61 31) 39 21 38

371. *Tsatsos*, Dr. Dimitris Th., o. Professor,
Am Waldesrand 10e, 58119 Hagen, (0 23 31) 58 66 68;
Fernuniversität Hagen, 58097 Hagen, (0 23 31) 8 04 28 76

372. *Uber*, Dr. Giesbert, o. Professor,
Roseneck 5, 48165 Münster, (02 51) 31 59;
Universität Münster, (02 51) 83 27 01

373. *Umbach*, Dr. Dieter C., Professor,
Steinstr. 23, 76133 Karlsruhe, (07 21) 69 11 34,
Fax (07 21) 37 37 22;
Universität Potsdam, (03 31) 9 77-32 64

374. *v. Unruh*, Dr. Georg-Christoph, o. Professor,
Steenkamp 2, 24226 Heikendorf, (04 31) 23 14 59;
Universität Kiel, L.v.Stein-Institut, 24106 Kiel,
(04 31)8 80 35-22 od. -29

375. *Vallender*, Dr. Klaus A., Professor,
Unterbach 4, CH-9043 Trogen, (00 41 71) 94 27 69;
Institut für Finanzwirtschaft und Finanzrecht,
Varnbüelstr. 19, CH-9000 St. Gallen, (00 41 71) 22 42 111

376. *Vedder*, Dr. Christoph, Professor,
Georgenstr. 46, 80799 München, (0 89) 34 61 04;
Fakultät für Rechtswissenschaft, Universität Bielefeld,
33501 Bielefeld, (05 21) 1 06-44 12, Fax 0521/106-5844

377. *Vesting*, Dr. Thomas, Universitätsprofessor,
Fruchtallee 25, 20259 Hamburg;
Juristische Fakultät, Universität Augsburg,
Eichleitnerstraße 30, 86159 Augsburg, (08 21) 598 45 36,
Fax (08 21) 598 45 03

378. *Graf Vitzthum*, Dr. Wolfgang, o. Professor,
Im Rotbad 19, 72076 Tübingen, (0 70 71) 6 38 44,
Fax (0 70 71) 6 38 88;
Universität Tübingen, Juristische Fakultät, Wilhelmstr. 7,
72074 Tübingen, (0 70 71) 29 52 66, Fax (0 70 71) 29 49 05

379. *Vogel*, Dr. Klaus, o. Professor,
Ottostr. 36, 82319 Starnberg, (0 81 51) 1 32 21 u. 88 81;
Institut für Politik und Öffentliches Recht,
Professor-Huber-Platz 2, 80539 München,
(0 89) 21 80-27 18, Fax (0 89) 34 14 40

380. *Waechter*, Dr. Kay, Professor,
Ceciliengärten 12, 12159 Berlin;
FB Rechtswissenschaft, Universität Hannover,
Königsworther Platz 1, 30167 Hannover, (05 11) 7 62-82 27

381. *Wagner*, Dr. Heinz, o. Professor,
Tietzenweg 54, 12203 Berlin, (0 30) 8 33 21 67;
FU Berlin, 14195 Berlin, (0 30) 8 38 36 39

382. *Wahl*, Dr. Rainer, o. Professor,
Hagenmattenstr. 6, 79117 Freiburg, (07 61) 6 59 60;
Universität Freiburg, Institut für Öffentliches Recht VI,
Werderring 10, 79085 Freiburg,
(07 61) 2 03-22 52 od. -22 53, Fax (07 61) 2 03 22 93

383. *Wallerath*, Dr. Maximilian, Universitätsprofessor,
Gudenauer Weg 86, 53127 Bonn, (02 28) 28 32 02;
Universität Greifswald, Rechts- und
Wirtschaftswissenschaftl. Fakultät, 17487 Greifswald,
(0 38 34) 86 21 44

384. *Weber*, Dr. Albrecht, Professor,
Weidenweg 20, 49143 Bissendorf, (0 54 02) 39 07;
Universität Osnabrück, 49069 Osnabrück,
(05 41) 6 08-61 88

385. *Weber*, Dr. Karl, o. Universitätsprofessor,
Noldinstr. 14, A-6020 Innsbruck, (00 43-5 12) 57 45 37;
Universität Innsbruck, Innrain 80, A-6020 Innsbruck,
(00 43-5 12) 5 07-26 87

386. *Weber-Dürler*, Dr. Beatrice, o. Professorin,
Ackermannstr. 24, CH-8044 Zürich, (00 41-1) 2 62 04 20;
Universität Zürich, Rechtswissenschaftliches Seminar,
Wilfriedstraße 6, CH-8032 Zürich, (00 41-1) 2 57 30 03

387. *Wendt*, Dr. Rudolf, o. Professor,
Schulstr. 45, 66386 St. Ingbert-Hassel, (0 68 94) 5 32 87;
Universität des Saarlandes, Institut für Finanz-
und Steuerrecht, Postfach 11 50, 66041 Saarbrücken,
(06 81) 3 02-31 04 od. -21 04

388. *Wenger*, DDr. Karl, Universitätsprofessor,
Meytensgasse 18, A-1130 Wien, (00 43-1) 8 22 72 44

389. *Wiederin*, Dr. Ewald, Universitätsdozent,
Institut für Staats- und Verwaltungsrecht,
Universität Wien, Schottenbastei 10–16, A-1010 Wien

390. *Wieland*, Dr. Joachim LL.M., Universitätsprofessor,
Johann-Strauß-Str. 17, 33647 Bielefeld,
(05 21) 43 29 293 od. 295, Fax (05 21) 43 29 294;
Fakultät für Rechtswissenschaften, Universität Bielefeld,
Universitätsstraße, 33501 Bielefeld, (05 21) 1 06-44 22,
Fax (05 21) 1 06-60 48

391. *Wielinger*, Dr. Gerhart, Universitätsdozent,
Bergmanngasse 22, A-8010 Graz, (00 43-3 16) 31 87 14;
dienstl. (00 43-3 16) 70 31 24 28

392. *Wildhaber*, Dr. Luzius, o. Professor,
Auf der Wacht 21, CH-4104 Oberwil, (0041 61) 401 25 21;
Universität Basel

393. *Wilke*, Dr. Dieter, Universitätsprofessor, a.D.,
apl. Professor (FU Berlin), Präs. d. OVG,
Hardenbergstr. 21, 10623 Berlin;
dienstl., Kirchstr. 7, 10557 Berlin, (0 30) 39 79-89 26,
Fax (0 30) 39 79- 88 08

394. *Wimmer*, Dr. Norbert, o. Universitätsprofessor,
Hörtnaglstr. 16, A-6020 Innsbruck, (00 43-5 12) 83 02 63;
Universität Innsbruck, Innrain 80, A-6020 Innsbruck,
(00 43-5 12) 5 07 26 71

395. *Winkler*, Dr. DDr. h.c. Günther, o. Universitätsprofessor, Reisnerstr. 22/5/11, A-1030 Wien, (00 43-1) 7 13 44 15; Universität Wien, Schottenbastei 10–16, A-1010 Wien, (00 43-1) 4 01 03-31 31

396. *Wittmann*, Dr. Heinz, a.o. Universitätsprofessor, Steinböckengasse 4/14, A-1140 Wien, (00 43-1) 9 14 31 75; Verlag Medien und Recht GmbH, Danhausergasse 6, A-1040 Wien, (00 43-1) 5 05 27 66

397. *Wolf*, Dr. Joachim, Professor, Am Schrebergarten 8, 44625 Herne, (0 23 23) 45 96 25; Juristische Fakultät, Universität Bochum, Umweltrecht, Verwaltungsrecht und Verwaltungslehre, Gebäude CG, Universitätsstr. 150, 44789 Bochum, (02 34) 700-49 50 od. -52 52, Fax (02 34) 70 94

398. *Wolfrum*, Dr. Rüdiger, o. Professor, Mühltalstr. 117, 69121 Heidelberg, (0 62 21) 47 52 36; MPI für Ausl. Öffentliches Recht und Völkerrecht, Im Neuenheimer Feld 535, 69120 Heidelberg, (0 62 21) 48 22-55 od. -56, Fax (0 62 21) 48 22 88

399. *Wollenschläger*, Dr. Michael, Professor, An den Forstäckern 15, 97204 Höchberg, (09 31) 4 91 96; Universität Würzburg, 97070 Würzburg, (09 31) 31 23 05, Fax (09 31) 31 23 17

400. *Würtenberger*, Dr. Thomas, o. Professor, Beethovenstr. 9, 79100 Freiburg, (07 61) 7 86 23; Universität Freiburg, Postfach, 79085 Freiburg (07 61) 2 03-22 46 od. -22 49

401. *Wyduckel*, Dr. Dieter, Professor, Juristische Fakultät, TU Dresden, 01062 Dresden, (03 51) 4 63-73 21, Fax (03 51) 4 63-72 09

402. *Zacher*, Dr.Dr.h.c.mult. Hans F., o. Professor, Starnberger Weg 7, 82343 Pöcking, (0 81 57) 13 84; MPI für Ausl.und internationales Sozialrecht, Leopoldstraße 24, 80802 München, (0 89) 38 60 2-338

403. *Zeh*, Dr. Wolfgang, Professor, Ministerialdirigent, Gotenstr. 157, 53175 Bonn, (0228)37 56 52; Deutscher Bundestag, Bundeshaus, Görresstr. 15, 53113 Bonn, (02 28) 1 62 23 00 od. 30 44, Fax (02 28) 1 68 68 03

404. *v. Zezschwitz*, Dr. Friedrich, Universitätsprofessor,
Petersweiher 47, 35394 Gießen, (06 41) 4 51 52;
Universität Gießen, 35390 Gießen, (06 41) 7 02 50 20

405. *Ziekow*, Dr. Jan, Universitätsprofessor,
Am Steinbrink 15, 32105 Bad Salzuflen, (05 222) 10 978;
Fakultät für Rechtswissenschaft, Universität Bielefeld,
Postfach 10 01 31, 33501 Bielefeld, (05 21) 106-43 99,
Fax (05 21) 106-44 31

406. *Ziemske*, Dr. Burkhardt, o. Professor
Rennbahnstraße 61, 90453 Nürnberg, (09 11) 63 60 46;
Universität Erlangen, Schillerstr. 1, 91054 Erlangen,
(0 91 31) 85 28 20, Fax (0 91 31) 85 63 81

407. *Zimmer*, Dr. Gerhard, Professor,
Bamberger Str. 22, 10779 Berlin, (0 30) 8 54 46 56;
Universität der Bundeswehr Hamburg, 22043 Hamburg,
(0 40) 65 41 21 35

408. *Zippelius*, Dr. Reinhold, o. Professor,
Niendorfstr. 5, 91054 Erlangen, (0 91 31) 5 57 26;
Universität Erlangen-Nürnberg, 91054 Erlangen,
(0 91 31) 85 28 20

409. *Zitzelsberger*, Dr. Heribert, Privatdozent,
Willi-Stammer-Str. 9, 82031 Grünwald, (0 89) 6 41 27 85;
Bayer AG / K-KF Steuern, Bayerwerk Leverkusen,
Leverkusen, (02 14) 30 8 10 28

410. *Zuleeg*, Dr. Manfred, Professor,
Kaiser-Sigmund-Str. 32, 60320 Frankfurt a. M.,
(0 69) 56 43 93;
FB Rechtswissenschaft, Institut für Öffentl. Recht,
Völker- und Europarecht, Universität Frankfurt,
Senckenberganlage 31, 60325 Frankfurt a. M.,
(0 69) 798-22 382, Fax (0 69) 798-28 750

Satzung

(Nach den Beschlüssen vom 21. Oktober 1949, 19. Oktober 1951
14. Oktober 1954, 10. Oktober 1956, 13. Oktober 1960
5. Oktober 1962, 1. Oktober 1971, 6. Oktober 1976 und
3. Oktober 1979)

§ 1

Die Vereinigung der Deutschen Staatsrechtslehrer stellt sich die Aufgabe:

1. wissenschaftliche und Gesetzgebungsfragen aus dem Gebiet des öffentlichen Rechts durch Aussprache in Versammlungen der Mitglieder zu klären;
2. auf die ausreichende Berücksichtigung des öffentlichen Rechts im Hochschulunterricht und bei staatlichen und akademischen Prüfungen hinzuwirken;
3. in wichtigen Fällen zu Fragen des öffentlichen Rechts durch Eingaben an Regierungen oder Volksvertretungen oder durch öffentliche Kundgebungen Stellung zu nehmen.

§ 2

Mitglied der Vereinigung kann werden, wer auf dem Gebiet des Staatsrechts und mindestens eines weiteren öffentlich-rechtlichen Fachs

a) seine Befähigung zu Forschung und Lehre durch hervorragende wissenschaftliche Leistung nachgewiesen hat* und

---

* Mit der oben abgedruckten, am 1. 10. 1971 in Regensburg beschlossenen Fassung des § 2 hat die Mitgliederversammlung den folgenden erläuternden Zusatz angenommen:

„Eine hervorragende wissenschaftliche Leistung im Sinne dieser Vorschrift ist eine den bisher üblichen Anforderungen an die Habilitation entsprechende Leistung."

b) an einer deutschen oder deutschsprachigen Universität** oder der Hochschule für Verwaltungswissenschaften in Speyer als Forscher und Lehrer tätig ist oder gewesen ist.

Das Aufnahmeverfahren wird durch schriftlichen Vorschlag von drei Mitgliedern der Vereinigung eingeleitet. Ist der Vorstand einstimmig der Auffassung, daß die Voraussetzungen für den Erwerb der Mitgliedschaft erfüllt sind, so verständigt er in einem Rundschreiben die Mitglieder von seiner Absicht, dem Vorgeschlagenen die Mitgliedschaft anzutragen. Erheben mindestens fünf Mitglieder binnen Monatsfrist gegen die Absicht des Vorstandes Einspruch oder beantragen sie mündliche Erörterung, so beschließt die Mitgliederversammlung über die Aufnahme. Die Mitgliederversammlung beschließt ferner, wenn sich im Vorstand Zweifel erheben, ob die Voraussetzungen der Mitgliedschaft erfüllt sind. Von jeder Neuaufnahme außerhalb einer Mitgliederversammlung sind die Mitglieder zu unterrichten.

§ 3

Eine Mitgliederversammlung soll regelmäßig einmal in jedem Jahre an einem vom Vorstand zu bestimmenden Orte stattfinden. In dringenden Fällen können außerordentliche Versammlungen einberufen werden. Die Tagesordnung wird durch den Vorstand bestimmt. Auf jeder ordentlichen Mitgliederversammlung muß mindestens ein wissenschaftlicher Vortrag mit anschließender Aussprache gehalten werden.

§ 4

Der Vorstand der Vereinigung besteht aus einem Vorsitzenden und zwei Stellvertretern. Die Vorstandsmitglieder teilen die Geschäfte untereinander nach eigenem Ermessen. Der Vorstand wird am Schluß jeder ordentlichen Mitgliederversammlung neu gewählt. Zur Vorbereitung der Mitgliederversammlung kann sich der Vorstand durch Zuwahl anderer Mitglieder verstärken. Auch ist Selbstergänzung zulässig, wenn ein Mitglied des Vorstandes in der Zeit zwischen zwei Mitgliederversammlungen ausscheidet.

** In Berlin hat die Mitgliederversammlung am 3. 10. 1979 die folgende zusätzliche Erläuterung angenommen:

„Universität im Sinne dieser Vorschrift ist eine wissenschaftliche Hochschule, die das Habilitationsrecht in den Fächern des öffentlichen Rechts und die Promotionsbefugnis zum Doctor iuris besitzt und an der Juristen durch einen Lehrkörper herkömmlicher Besetzung ausgebildet werden."

§ 5

Zur Vorbereitung ihrer Beratungen kann die Mitgliederversammlung, in eiligen Fällen auch der Vorstand, besondere Ausschüsse bestellen.

§ 6

Über Eingaben in den Fällen des § 1 Ziffer 2 und 3 und über öffentliche Kundgebungen kann nach Vorbereitung durch den Vorstand oder einen Ausschuß im Wege schriftlicher Abstimmung der Mitglieder beschlossen werden. Ein solcher Beschluß bedarf der Zustimmung von zwei Dritteln der Mitgliederzahl; die Namen der Zustimmenden müssen unter das Schriftstück gesetzt werden.

§ 7

Der Mitgliedsbeitrag wird von der Mitgliederversammlung festgesetzt. Der Vorstand kann den Beitrag aus Billigkeitsgründen erlassen.

FSC
www.fsc.org
MIX
Papier | Fördert gute Waldnutzung
FSC® C083411

Kolibri 360 GmbH
Ferdinand-Jühlke-Straße 7
99095 Erfurt, Deutschland
produktsicherheit@kolibri360.de